Les bébés de la consigne automatique

RYÛ
MURAKAMI

Les bébés de la consigne automatique

Traduit du japonais
par Corinne Atlan

J'AI LU

Titre original :

COIN LOCKER BABIES

Préface

Hashi et Kiku, deux bébés abandonnés dans une consigne de gare en 1972, passent leur petite enfance dans un orphelinat, puis sont adoptés par un couple du sud du Japon. Leurs jeunes années se déroulent sur cette île méridionale, une mine abandonnée devient leur terrain de jeux, ils y rencontrent un marginal étrange qui les initie à la violence. La recherche de leur identité les entraînera dans les bas-fonds de Tōkyō, où Hashi se prostitue avant de devenir un chanteur de rock adulé, tandis que Kiku, champion de saut à la perche, se retrouve en prison pour parricide.

Le roman suit en parallèle les destins des deux frères, décrivant avec une précision quasi clinique le mécanisme qui les pousse à revivre sans cesse le traumatisme de leur enfance et les maintient éternellement dans une *prison* intérieure ou réelle. Peu à peu, ces deux enfants purs et attachants passent du statut de victimes à celui de bourreaux. La violence monte en un crescendo angoissant, jusqu'au paroxysme final, dans une puissante évocation de la société moderne et de ses problèmes les plus actuels. Crise économique, pollution, perte de valeurs, société du spectacle, crime banalisé, terrorisme servent de toile de fond au manque d'amour, à la solitude, à la folie.

Dans un style déroutant mêlant la poésie à des images de bande dessinée, avec une imagination foisonnante évoquant les romans de Gabriel Garcia Marquez, Murakami nous offre une vision de cauchemar du Japon de cette fin de siècle, et un reflet à peine déformé de notre monde moderne. A grands traits d'humour (noir) et de démesure dans l'horreur ou le comique, Murakami brosse une effrayante caricature du monde moderne, un portrait terriblement pessimiste que vient seulement éclairer un vague espoir final de rédemption.

Murakami Ryû est reconnu au Japon comme l'un des chefs de file de la littérature moderne. La violence et l'érotisme de son premier roman *Bleu presque transparent* firent sensation au Japon en 1976, et ce best-seller lui valut le prestigieux prix Akutagawa. *Coin Locker Babies* est considéré par les critiques japonais comme l'œuvre la plus achevée et la plus forte de cet auteur. La parution de la traduction anglaise a été saluée par des metteurs en scène tels que Roger Corman ou Oliver Stone, et il est vrai que certaines séquences très cinématographiques de cette *Pulp Fiction* à la japonaise nous rappellent que Murakami Ryû est également cinéaste (metteur en scène notamment de *Tokyo Decadence*).

L'action de ce roman paru en 1980 se situe dans le futur proche d'alors : les années quatre-vingt-dix. L'actualité récente (attentats au gaz dans le métro de Tōkyō, vague de terrorisme en France) donne aujourd'hui à cette œuvre une dimension prémonitoire. Au-delà du propos psychanalytique (quête de la mère, image du père), telle est la question que soulève l'histoire des *Bébés de la consigne automatique* : hormis le cercle infernal de la violence et de la répression, quelle réponse la société moderne — pareille à une mère monstrueuse — a-t-elle su donner au mal-être de sa jeunesse ? Chez nous comme au Japon ou ailleurs, banlieues, chômage, matérialisme à outrance et vide spirituel sont quelques-uns des nombreux « casiers de consigne » où le monde d'aujourd'hui abandonne ses *Enfants tristes*. Mais pour oublier leur vague à l'âme, les héros de Murakami, descendants de ceux de Roger Nimier, J.D. Salinger ou Scott Fitzgerald, sont devenus des assassins.

Corinne ATLAN

1

La femme appuya sur le ventre du bébé et prit le petit sexe dans sa bouche. Il était plus fin que les cigarettes américaines mentholées qu'elle fumait d'ordinaire, et avait un goût de poisson cru. Elle leva la tête pour voir si le bébé pleurait et s'aperçut qu'il ne bougeait plus, bras et jambes complètement immobiles. Alors elle enleva le film de plastique qui recouvrait le visage de l'enfant, mit deux serviettes au fond d'une boîte en carton, posa le bébé dedans, entoura le tout de scotch puis de ficelle. Sur le dessus et les côtés du carton, elle traça en gros caractères un nom et une adresse purement imaginaires. Elle posa la dernière touche à son maquillage, passa une robe à pois, puis, toujours debout, se mit à masser de la main droite ses seins encore gonflés de lait pour soulager la douleur. Sans même essuyer le liquide blanc qui avait goutté sur le tapis, elle enfila ses sandales et sortit, serrant dans ses bras la boîte en carton contenant le bébé. Au moment où elle arrêtait un taxi, elle repensa au napperon au crochet qu'elle avait presque terminé, et décida qu'elle s'en servirait pour poser un pot de géranium dessus. Il faisait si chaud debout en plein soleil, cela lui donnait le vertige. Dans le taxi, la radio annonça que la canicule avait causé la mort d'au moins six personnes, des vieillards et des malades. Une fois à la gare, elle fourra sa boîte en carton dans un casier de la consigne automatique, le plus au fond possible, et enveloppa la clé dans une serviette hygiénique qu'elle jeta dans les toilettes. Quittant l'enceinte étouffante et poussiéreuse de la gare, elle entra dans un grand magasin et resta dans la salle de repos à fumer des cigarettes, jusqu'à ce que sa sueur sèche complètement. Elle acheta des collants, de la lessive, du rouge à ongles, but un jus d'orange (elle avait une soif inextinguible). Puis elle se rendit aux toilettes où elle s'enduisit soigneusement les ongles du vernis qu'elle venait d'acheter.

Au moment où elle finissait d'étaler le vernis sur l'ongle de son pouce gauche, le bébé, au fond des ténèbres de sa boîte, à la gare, était déjà en état de mort apparente. La sueur qui commençait à perler de tous ses pores inonda d'abord son front, puis sa poitrine, ses aisselles, et refroidit tout son corps. Il remua alors les doigts, ouvrit la bouche et se mit soudain à hurler sous l'effet de la chaleur étouffante. L'air était humide, lourd, il était trop pénible de dormir enfermé dans cette boîte doublement hermétique. La chaleur intense, accélérant la circulation de son sang, l'avait réveillé. Dans l'insupportable fournaise de cette obscure petite boîte en carton, en plein été, il venait de naître une seconde fois, soixante-seize heures après être sorti du ventre de sa mère. Il continua à hurler de toutes ses forces jusqu'à ce qu'on le découvre.

L'enfant, recueilli dans un orphelinat après être passé par l'hôpital de la police, reçut un nom un mois après sa naissance : Kikuyuki Sekiguchi. Sekiguchi était le nom de famille inventé par la femme et inscrit sur la boîte en carton, Kikuyuki le dix-huitième prénom d'enfants abandonnés sur la liste des services sociaux du district nord de Yokohama. Kikuyuki Sekiguchi, trouvé le 18 juillet 1972.

Kikuyuki Sekiguchi fut élevé dans un orphelinat, d'où l'on apercevait un cimetière, à quelque distance au-delà des grilles de fer. A l'orphelinat Notre-Dame-de-la-Cerisaie, il y avait une allée plantée de cerisiers. Kikuyuki Sekiguchi avait beaucoup de camarades, on prit l'habitude de l'appeler simplement Kiku. Quand il fut en âge de parler, Kiku commença à retenir les prières qu'il entendait les bonnes sœurs répéter chaque jour, avec les mêmes mots. Croyez en Dieu Notre Père qui nous protège du haut des cieux. Dieu le Père dont parlaient les bonnes sœurs se trouvait dans un tableau accroché au mur de la chapelle. Il avait une longue barbe, et du haut d'une falaise face à la mer, il brandissait en offrande vers le ciel un agneau nouveau-né. Kiku posait toujours la même question : où était sa place à lui, dans cette image ? Dieu le Père n'était pas japonais, c'est un étranger ! Et les sœurs lui répondaient : Ceci est une image de Dieu le Père avant ta naissance. Il donne naissance à de nombreux êtres, pas uniquement à toi. La couleur de ses cheveux ou de ses yeux n'a aucune importance.

Ses petits camarades de l'orphelinat furent adoptés les uns après les autres, les plus mignons en premier. Le dimanche, après la prière, de nombreux couples venaient observer Kiku et ses camarades qui jouaient dans la cour. Kiku n'était pas particulièrement laid, mais les enfants qui avaient perdu leurs parents dans des accidents de la route étaient les meilleurs candidats à l'adoption. Les enfants abandonnés n'étant pas très demandés, il fallait qu'ils soient particulièrement mignons. Et Kiku resta dans les invendus jusqu'à ce qu'il soit en âge de gambader.

A cette époque de sa vie, il ignorait encore qu'il était né dans une consigne automatique. C'est un autre enfant nommé Hashi qui le lui apprit. Hashio Mizouchi, lui non plus, ne trouvait pas preneur. Hashi avait abordé Kiku dans le bac à sable : On n'est que deux, hein, tu sais ! Tous les autres sont morts. Il n'y a que toi et moi à avoir survécu dans une consigne. Hashi était un enfant malingre et amblyope. Il sentait le médicament, et ses yeux larmoyants qui semblaient toujours regarder au loin donnaient à Kiku l'impression d'être transparent quand il s'adressait à lui. Contrairement à Kiku que la police avait découvert grâce à ses cris vigoureux poussés du fond de sa boîte obscure et étouffante, Hashi, lui, avait été sauvé par sa faiblesse. La femme qui avait abandonné le bébé l'avait fourré tout nu sans le laver dans un sac en papier déposé dans un casier de consigne, et le talc dont il était recouvert, à cause d'un eczéma dû à une allergie à l'albumine, l'avait fait tousser jusqu'aux vomissements. L'odeur de médicaments et de déjections qui émanait de ce casier de consigne avait fait aboyer un chien d'aveugle qui passait là par hasard. Un grand chien noir, tu sais. C'est pour ça, tu vois, je fais attention aux chiens, moi. Je les aime, les chiens.

La première fois que Kiku vit une consigne automatique, c'était dans un parc d'attractions de banlieue, assez loin de l'orphelinat. Hashi lui en avait montré une du doigt, à l'entrée de la piste de patins à roulettes. Un homme qui venait de mettre ses patins avait ouvert la petite porte et déposé dans le casier sa veste et son sac. C'est juste une étagère, s'était dit Kiku, s'approchant pour jeter un coup d'œil à l'intérieur. C'était plein de poussière, il s'était sali les mains. T'as vu, ça ressemble à un nid d'abeilles, hein ? T'en as jamais vu à la télé ? avait dit Hashi. Les abeilles pondent des œufs dans chacune de ces boîtes. Enfin, toi et moi, on n'est pas des abeilles, donc c'étaient des œufs d'humains, c'est sûr, mais pour les abeilles, ça doit être pareil, non ? Elles pondent un tas d'œufs, mais il y en a beaucoup qui meurent...

Kiku imagina un instant Dieu le Père, celui de la chapelle, avec sa grande barbe, déposant des œufs humains tout humides dans chacun de ces casiers, mais quelque chose ne collait pas. Ce devait être des femmes qui déposaient les œufs. Oui, c'est ça, et après, Dieu le Père offre au ciel les bébés qui sortent de ces œufs. Hashi l'appela : Hé, regarde ! Une femme aux cheveux teints en roux, portant des lunettes de soleil, cherchait son casier, sa clé à la main. Ça doit être des femmes avec de gros derrières comme celle-là, qui pondent les œufs et les déposent ici. Je te parie qu'elle en a pondu un. La femme, immobilisée devant un casier, introduisait sa clé dans la serrure. La porte s'ouvrit, un objet rond et rouge roula à terre. Hashi et Kiku poussèrent un cri. La femme se précipita mains en avant pour retenir les choses rondes qui tombaient les unes après les autres, l'une d'entre elles vint rouler aux pieds des deux enfants. Ce n'étaient pas des œufs, mais des tomates. Kiku écrasa de toutes ses forces celle qui avait roulé à ses pieds. Le jus éclaboussa ses chaussures. Ni frère ni sœur dans cet œuf écarlate.

Quand quelqu'un tourmentait Hashi, Kiku prenait toujours sa défense. Peut-être à cause de sa faiblesse physique, il ne se laissait approcher par personne d'autre que Kiku. Il craignait particulièrement les hommes adultes. Kiku se disait que le corps de son ami devait être un récipient plein de larmes, tant il pouvait en verser. A peine le livreur de pain de l'orphelinat tapotait-il l'épaule de Hashi en disant : Tu pues toujours le médicament, toi ! qu'il se mettait à pleurnicher. Kiku ne venait pas le consoler mais restait simplement à côté de lui, en silence, attendant que Hashi retrouve son calme, quand il faisait une de ses crises de larmes et pleurait à gros sanglots, tremblant de peur et s'excusant alors que personne ne le réprimandait. Du coup Hashi le suivait partout, même aux toilettes, mais Kiku ne le repoussait jamais. Lui aussi il avait besoin de Hashi. Ils étaient liés comme la maladie et le corps. Kiku avait besoin de Hashi, comme le corps d'un homme qui, confronté à une crise impossible à résoudre, se réfugie dans la maladie.

Chaque année au moment de la floraison des cerisiers, Hashi était tourmenté par une toux qui lui emportait la gorge. Cette année-là, les crises furent particulièrement terribles. Son asthme accompagné d'une fièvre qui ne baissait pas l'empêchait de jouer dehors avec Kiku et sa tendance à se renfermer se renforça. Il se passionna pour un étrange jeu de dînette. Il alignait bien en ordre sur le plancher de petits couverts en plastique, plats, casseroles, machine à laver, Frigidaire en miniature, les disposant de façon à former une cuisine fonctionnelle. Chacune de ces cuisines en modèle réduit avait un point commun : une fois qu'il les avait installées, Hashi refusait de laisser quiconque déplacer quoi que ce soit. Si quelqu'un changeait un ustensile de place, touchait par erreur sa cuisine ou la démolissait, cela le plongeait dans des colères démentielles à l'encontre des bonnes sœurs ou de ses camarades, chose dont personne ne l'aurait cru capable jusque-là. La nuit, il dormait à côté de ses petites cuisines, et vérifiait le matin en se levant que rien n'avait changé pendant la nuit. Il restait alors un moment en contemplation devant son œuvre, avec sur le visage une expression satisfaite, qui se muait bientôt en un air d'insupportable désagrément. Marmottant avec brusquerie, il détruisait violemment sa construction. Hashi ne se contenta pas longtemps de cuisines ou de salles à manger. Il agrandit bientôt son royaume, utilisant pour cela des bouts d'étoffe, des bobines de fil, des clous, des boutons, des pièces détachées de vélo, des cailloux, du sable, des fragments de verre. Un jour, une fille trébucha sur une tour de bobines de fil qui s'effondra, et il se jeta sur elle pour essayer de l'étrangler. Il n'en eut heureusement pas la force, mais l'excitation déclencha cette nuit-là chez lui une interminable crise d'asthme accompagnée d'une forte fièvre.

Hashi fut tout heureux le jour où Kiku vint visiter son royaume en miniature. Il lui expliqua tout en détail : là, c'est le bar, là la bouteille de gaz, ici le cimetière... Kiku attendit la fin des explications, puis demanda : Où est la consigne ? Là, répondit Hashi, désignant un feu arrière de vélo carré. Derrière la petite grille de plastique jaune, il y avait une minuscule ampoule. L'armature de métal, soigneusement astiquée, n'avait pas un point de rouille, et un fil électrique bleu et rouge était enroulé avec art tout autour. L'éclat de cet objet se remarquait à l'intérieur du domaine. Hashi était tout excité de faire visiter son royaume à Kiku, mais ce dernier ressentit une étrange irritation. Quand Hashi pleurait pour un rien, ou se montrait émotif, Kiku avait la même impression qu'un malade qui regarde une radiographie de la partie de son corps atteinte : cela donne un habit concret à l'angoisse et à la peur encore tapies à l'intérieur de lui. Kiku aurait pu attendre simplement que se cicatrise la blessure pour laquelle un autre pleurait à sa place. Mais Hashi s'était mis à dormir à côté de ses modèles réduits. Il s'était mis à trembler et à pleurer pour son royaume sans plus se soucier de Kiku. La plaie avait quitté le corps pour commencer à vivre extérieurement à lui. Une blessure peut se cacher à l'intérieur, mais le corps qui a perdu sa blessure en réclame une nouvelle.

Un jour, une des sœurs accompagna Kiku à un dispensaire pour le faire vacciner contre la polio, mais il disparut sur le chemin du retour et fut finalement retrouvé au garage des bus municipaux. Un chauffeur de bus raconta qu'il était monté dans son véhicule au départ de la gare de Yokohama, sortie ouest, était resté jusqu'au terminus au port de yachts de Negishi, et avait fait ainsi quatre aller-retour sans descendre du bus. Le chauffeur lui avait demandé plusieurs fois où il allait, mais comme l'enfant s'obstinait à regarder par la fenêtre sans répondre, il l'avait finalement mis en sécurité au garage avant de prévenir les autorités. Et ce n'était que le début. Trois jours plus tard, Kiku s'enfuit tout seul de l'orphelinat en plein midi, et arrêta un taxi. Comme il avait seulement murmuré Shinjuku, le chauffeur l'avait conduit à la gare de Shinjuku, mais une fois arrivé à destination, l'enfant avait demandé Shibuya. Pris d'un doute, le chauffeur de taxi l'avait déposé à un poste de police devant la gare de Shibuya, et c'est ainsi que Kiku fut retrouvé une deuxième fois. Quand il monta dans la remorque du marchand de vin venu livrer des boissons à l'orphelinat, il fut découvert avant même d'avoir quitté les lieux, mais une autre fois, il réussit à se faire conduire jusqu'à Kamakura en bernant un couple venu se recueillir sur une tombe au cimetière en face de l'orphelinat : il leur raconta qu'il venait de Kamakura et s'était perdu.

Il fut désormais soumis à une stricte surveillance. La jeune sœur chargée de le surveiller ne le grondait pas beaucoup, mais faisait des efforts pour le comprendre. Elle essayait de parler avec lui, l'emmenait se promener dans la voiture qu'elle avait empruntée à son père, dans la limite des heures autorisées. Dis-moi, Kiku, pourquoi aimes-tu autant les véhicules à moteur ? Tu aimes les bus, et les bicyclettes aussi, n'est-ce pas, Kiku ? Parce que la Terre tourne, répondit Kiku. La Terre, elle bouge, non ? Alors, c'est pas normal de faire du surplace. En réalité, ce n'était pas à cause de la Terre. Kiku ne comprenait pas très bien lui-même pourquoi, mais il ne supportait pas l'immobilité. Rester sans bouger sur la surface du sol lui était intolérable. A côté de lui, *quelque chose* tournait à une vitesse folle. A une vitesse aveuglante, cette espèce de fusée s'envolait Dieu sait vers où avec des étincelles de lumière, généralement dans un bruit terrible qui faisait trembler le sol. Il goûtait chaque fois le désespoir d'être laissé en arrière au moment du décollage. Il commençait aussitôt les préparatifs du prochain départ. Dans une odeur d'essence, les pétarades et le ronronnement du moteur s'élevaient, faisant trembler le sol et l'air. On aurait dit que ça allait fendre l'espace, il lui semblait qu'il allait lui aussi s'envoler d'un instant à l'autre, il arrivait également que se produise un tremblement venu du fin fond de la Terre. Quoi qu'il en soit, l'immobilité lui était insupportable. Au fur et à mesure que s'enflaient les pétarades et les tremblements préparant le décollage, grandissaient la peur et le dégoût. Il fallait qu'il fasse quelque chose. Qu'il monte à bord de cette fusée géante.

Un jour, la jeune sœur qui s'occupait de lui emmena Kiku en voiture jusqu'à un parc d'attractions, et il monta pour la première fois sur les montagnes russes, dont il ne voulut plus redescendre. Il resta assis sur son siège, le visage inexpressif, sans pousser de cris de joie comme les autres enfants. Quand les employés dirent à la sœur de le faire descendre, Kiku s'agrippa à son siège. Il était blême, transpirait de tous ses pores et avait la chair de poule. La jeune sœur dut arracher un à un du siège les petits doigts crispés de l'enfant tétanisé. La sœur se rendit compte pour la première fois que l'amour de Kiku pour les véhicules dépassait le simple engouement et était d'ordre maladif. Les bonnes sœurs décidèrent donc un beau jour de l'emmener en consultation, de même que Hashi qui avait brisé l'aiguille d'une seringue pendant qu'on le soignait, parce que quelqu'un avait touché à son royaume hétéroclite de jouets, de briques et de déchets.

Le psychiatre, tout en examinant des photos du royaume en modèle réduit construit par Hashi sur le sol du dortoir, s'adressa aux sœurs :

— Vous êtes, je suppose, accoutumées à voir des orphelins sombrer dans l'autisme, tant ils ont soif de ce rapport parental dont ils sont privés. Voyez-vous, à part les maladies mentales héréditaires, les maladies mentales chez l'enfant et le nourrisson sont toujours liées soit à la relation à la mère, soit à un autre facteur environnemental. Je suis certain que vous, mes sœurs, en tant qu'éducatrices, êtes conscientes du fait que ces enfants souffrent tous plus ou moins de troubles nerveux. L'esprit des enfants se construit dans le même ordre que leur corps, mais un développement harmonieux nécessite des stimuli de la part de l'entourage, un soutien, une nourriture psychique. Cependant, l'apport idéal de tous ces éléments est absolument impossible, en outre, il faut compter avec les limites des propres forces d'assimilation de l'enfant, si bien que les enfants en pleine croissance psychique rencontrent généralement un certain nombre de problèmes. Maintenant, en ce qui concerne ces deux enfants, il s'agit peut-être des symptômes précoces de schizophrénie infantile, causée par une anomalie organique, un dommage cérébral, un dysfonctionnement métabolique ou encore une cause héréditaire, malheureusement, en l'état actuel, je ne peux me prononcer. S'il s'agit d'autisme, nous sommes face à deux cas bien particuliers, mais je pense qu'il y a de fortes possibilités qu'il s'agisse bien de cela. Voyons, cela s'appelle psychose symbiotique infantile, et pour vous dire ce que ces cas ont de particulier, eh bien, cette maladie est causée par des difficultés insurmontables à supporter la séparation d'avec la mère. Vers six mois, le nourrisson apprend à se différencier d'autrui, et perd le sentiment de ne faire qu'un avec la mère. L'enfant cherche alors à se réfugier dans l'illusion de l'agréable sentiment de toute-puissance que lui procurait l'identification à la mère. Incapable de faire face au monde extérieur, ce dernier lui apparaît comme un lieu hostile qui le sépare de sa mère, il tente donc de détruire ce monde hostile pour s'enfermer dans son illusion d'identification. Dans les cas qui nous occupent, voyons d'abord Hashio Mizouchi : cet enfant refuse presque complètement toute relation avec autrui, pour créer son étrange monde miniature personnel. On distingue deux sortes d'autisme : fertile et pauvre. Dans le cas où le psychisme du patient qui s'est coupé du monde extérieur est vide, on le dit pauvre, dans le cas où ce monde psychique est riche, on le dit fertile. Dans le cas de cet enfant, naturellement, il s'agit d'autisme fertile. Puisqu'il construit des œuvres très imaginatives. Maintenant, en ce qui concerne Kikuyuki Sekiguchi, malgré le désir de mouvement rapide dans l'espace et l'angoisse de l'immobilité dont est atteint cet enfant, il ne semble pas s'agir à proprement parler d'un refus du monde extérieur, je pense plutôt que c'est une tentative de rentrer en lui-même par le biais de la vitesse. Ensuite, la paranoïa qui lui fait imaginer que quelque chose à côté de lui vrombit et s'apprête à exploser est en fait la peur de lui-même. Ce que Hashio se passionne à construire dans ses mondes miniatures et ce que Kikuyuki craint sont une seule et même chose, et que croyez-vous que ce soit ? Eh bien, l'énergie tout simplement ! Après votre coup de téléphone, mes sœurs, je me suis intéressé à ce genre de cas et me suis renseigné sur les nourrissons trouvés dans des consignes automatiques. Entre 1969 et 1975, voyez-vous, il y a eu soixante-huit cas similaires sur l'ensemble du Japon. La majorité des enfants ont été retrouvés à l'état de cadavres, la plupart ayant été déposés déjà morts, les autres étant morts à l'intérieur de la consigne, et on note seulement quelques cas exceptionnels de bébés qui respiraient encore au moment de leur découverte, et qui ont été emmenés à l'hôpital où ils sont morts à leur tour. Autrement dit, ces deux enfants sont les uniques survivants parmi de nombreux cas semblables. Les nouveau-nés n'ont naturellement pas de souvenirs conscients, on peut cependant penser que leurs circuits de mémoire gardent, quelque part dans le subconscient, une trace de l'état de terreur qu'ils ont vécu confrontés à l'imminence de la mort et de la lutte farouche qu'ils ont menée pour rester en vie, et qu'ils ont gagnée. Cette énergie extraordinaire qu'il leur a fallu pour simplement survivre a dû rester programmée quelque part dans leurs circuits, et à certains moments cette énergie échappe au contrôle de leur encéphale. Autrement dit, ils disposent d'une énergie trop forte pour la maîtriser eux-mêmes et il leur faudra sans doute de nombreuses années pour apprendre à la canaliser.

— Mais que peut-on faire ? demandèrent les bonnes sœurs. Ces deux enfants vont bientôt aller à l'école, et ils seront peut-être adoptés. S'ils restent enfermés dans leur autisme, ils ne pourront pas grandir normalement.

— Il y a une thérapie qui pourrait s'avérer efficace : on endort l'énergie pendant une période de temps donnée, elle reste enfouie dans les replis du cerveau jusqu'à ce que le patient soit capable d'en contrôler la force, autrement dit il s'agit de geler des structures du métabolisme et des cellules psychiques... Cette thérapie a été développée aux Etats-Unis où elle est utilisée dans les cas de schizophrénie aiguë liée à l'usage de stupéfiants. On fait retourner le patient dans le ventre maternel, ce qui lui procure un bien-être et un calme absolus. On lui fait entendre un son, un battement de cœur amplifié électriquement, le battement du cœur maternel que l'enfant entend dans l'utérus, n'est-ce pas. Le battement de cœur retentit avec une extrême amplitude dans le corps du fœtus parce qu'il n'est pas transmis par l'air mais à travers le liquide amniotique, ce n'est pas un simple son, n'est-ce pas, mais une vibration transmise par divers organes, le sang, la lymphe, et il est donc ressenti par le fœtus comme une gamme de sons très complexe. Quand la reproduction de ce timbre et de cette gamme de sons a été publiée l'année dernière aux Etats-Unis à un congrès de psychiatrie, le professeur Michael Goldsmith de l'université de technologie du Massachusetts, un chercheur en chimie neurologique, a émis un avis intéressant. Ce monsieur, qui écrit des romans de science-fiction, n'est-ce pas, a fait remarquer une forte ressemblance entre ces battements de cœur et les signaux émis par un satellite artificiel lancé par le département astronautique dans le but d'établir un contact avec des extraterrestres, c'est sans doute un hasard, mais enfin j'ai moi-même fait l'expérience et écouté ce battement de cœur et vraiment, c'est extraordinaire. Quand on écoute ce son dans un état de semi-somnolence, on ressent une paix et une extase extraordinaires. Il est sans doute fort impoli de ma part de dire cela à des religieuses, mais les états d'extase que l'on croyait autrefois inspirés par le Christ n'ont probablement pas d'autre origine que ce souvenir intra-utérin, n'est-ce pas...

A partir du lendemain, Kiku et Hashi se rendirent régulièrement à la clinique : on leur faisait écouter pendant une heure ou deux ce battement de cœur maternel que perçoivent les fœtus, après leur avoir administré une dose appropriée de somnifère.

Le sol et les murs de la salle de soins, d'une largeur de dix tatamis environ, étaient recouverts d'un revêtement de liège pour éviter que les patients ne se blessent en cas de crise de violence. Les sons étaient diffusés par des haut-parleurs dissimulés dans les murs et le plafond sous une grosse toile. De petits spots de lumière qui s'alignaient le long d'un espace aménagé entre les murs et le plafond étaient réglés de manière que l'éclairage soit le même quel que soit l'endroit où l'on se trouve dans la pièce. La pièce contenait seulement un divan assez grand, face à un écran vidéo de soixante-douze pouces, situé de l'autre côté d'une vitre épaisse. Kiku et Hashi commençaient par boire un verre de jus de goyave mélangé au somnifère puis, accompagnés par le médecin, venaient s'asseoir sur ce divan. La pièce était lentement, presque imperceptiblement, plongée dans la pénombre. Sur l'écran vidéo étaient projetées diverses images : une plage du Pacifique sud battue par les vagues, des skieurs descendant dans la poudreuse, un troupeau de girafes galopant au ralenti sur fond de soleil couchant, un voilier blanc fendant les vagues, des milliers de poissons tropicaux évoluant dans des récifs de corail, des oiseaux et des planeurs, des ballerines et des trapézistes se succédaient sur l'écran. La taille des vagues, l'intensité du soleil couchant, les couleurs des fonds sous-marins, la vitesse du bateau à voile, les paysages, les scènes changeaient petit à petit, en fondus enchaînés graduels. Leurs consciences s'assoupissaient lentement et quand ils en arrivaient à ne plus remarquer ces changements de scène, la pièce était déjà entièrement plongée dans la pénombre. Les battements de cœur étaient également diffusés dès leur entrée dans la pièce, mais à un volume presque inaudible, qui augmentait peu à peu jusqu'à atteindre une amplitude maximum au moment où ils étaient plongés dans le sommeil. Environ cinquante à quatre-vingts minutes plus tard, les deux garçons se réveillaient, mais la vidéo diffusait toujours inlassablement les mêmes images, si bien qu'ils n'avaient aucune conscience du temps qui s'était écoulé. Le traitement commençait à deux heures et demie de l'après-midi, une heure où la course du soleil ne change pas de manière trop apparente, si bien qu'en repartant les garçons ne se rendaient pas compte du temps écoulé entre leur entrée et leur sortie de la pièce. Si par exemple il faisait beau à leur arrivée et qu'il pleuvait quand ils se réveillaient, on leur faisait entendre quelques minutes avant leur réveil un bruit de pluie pré-enregistré, et l'intensité de l'éclairage de la pièce était calquée sur la luminosité d'une journée pluvieuse. Kiku et Hashi n'étaient pas au courant du traitement qu'ils suivaient. Le docteur comme les bonnes sœurs leur disaient simplement qu'ils regardaient un film.

Les résultats se manifestèrent dès la fin de la première semaine. Encouragés à se rendre eux-mêmes à l'hôpital et à entrer dans la salle de traitement, ils n'eurent très vite plus besoin d'être accompagnés par une bonne sœur. Au bout d'un mois, le psychiatre remplaça les somnifères par l'hypnose et se mit à étudier les changements brutaux d'énergie au cours de leur état d'inconscience. Que voyez-vous quand vous entendez ce bruit ? demandait-il par exemple, et tous deux répondaient aussitôt en chœur : La mer. Kiku décrivait les images apparaissant derrière ses paupières closes : le Christ barbu du tableau suspendu au mur de la chapelle le tenait dans ses bras pour le faire monter au ciel, debout au bord d'une falaise escarpée surplombant la mer. Quelque chose de très doux l'enveloppait, une brise fraîche soufflait, la mer était calme et scintillante. Le traitement dura une centaine de jours. Le psychiatre annonça alors à la sœur qui s'occupait d'eux :

— Le traitement est presque terminé maintenant, mais il est primordial que les enfants continuent à ignorer le changement qui s'est produit en eux. Ne leur parlez surtout pas de ces battements de cœur qu'ils ont entendus ni du traitement en général.

Kiku et Hashi attendaient dans le couloir que la sœur ressorte du cabinet du psychiatre. Par la fenêtre, ils apercevaient le ciel doré étincelant de soleil, et en dessous le feuillage vert des ginkgos tremblant dans le vent. Tous deux se retournèrent en entendant la porte de l'ascenseur s'ouvrir. Un vieillard émacié, la poitrine enveloppée de pansements, un tube sortant d'une de ses narines, les dépassa, allongé sur une civière poussée par une infirmière qui parlait à une petite fille marchant à côté d'elle, les bras chargés d'un bouquet de lis. Kiku et Hashi s'approchèrent du vieillard. Sur la peau blafarde où ressortaient les veines, seules les lèvres rouges et humides se remarquaient. De l'aiguille à perfusion fixée à chacun de ses bras perlait un peu de sang, ses chevilles étaient retenues à la civière par une lanière de cuir. Le vieillard ouvrit les yeux. En apercevant les deux enfants qui l'observaient, les coins de sa bouche se tordirent, esquissant un sourire. Au bout d'un moment, les deux enfants lui sourirent en retour. La bonne sœur sortit alors du bureau au bout du couloir, se répétant les derniers mots du psychiatre :

— Ces deux enfants n'ont pas conscience de leur changement. Ils sont persuadés que c'est le monde qui a changé.

2

L'été précédant leur entrée à l'école primaire, une procédure d'adoption fut finalement engagée pour Kiku et Hashi. Les sœurs avaient persuadé un couple qui avait postulé pour des jumeaux d'adopter les deux enfants à la place.

La demande d'adoption, présentée *via* l'Association de charité de la Vierge Marie, émanait d'une petite île de l'ouest du Kyūshū. Les deux enfants commencèrent par refuser de quitter l'orphelinat, puis finirent par accepter après avoir vu une photo de leurs futurs parents adoptifs. A cause de la mer qui apparaissait en toile de fond sur la photo.

La veille de leur départ, une soirée d'adieu fut donnée en leur honneur, en présence des sœurs et de tous leurs camarades. Un enfant leur présenta un cadeau au nom de tous leurs camarades. C'était un mouchoir sur lequel étaient brodés des fleurs de cerisier et le nom de chacun des enfants. Hashi éclata en sanglots. Kiku s'échappa sans que personne s'en aperçût et se rendit à la chapelle. Cela sentait la poussière et le moisi. Il alluma la lumière et regarda l'image du Christ brandissant un agneau vers le ciel. Persuadé que bientôt il pénétrerait lui aussi dans ce tableau et contemplerait la mer du haut de cette falaise, Kiku resta en contemplation devant l'image, jusqu'à ce qu'une sœur partie à sa recherche vienne se joindre à ce qu'elle croyait être une prière.

Ils se rendirent en TGV jusqu'à Hakata, accompagnés par une sœur qui les confia alors à un homme en costume noir, en fait un membre des services sociaux de la préfecture de Nagasaki. Les deux enfants reprirent un train en compagnie de cet homme, descendirent à une petite gare, montèrent dans un bus. Kiku trouvait cet homme en veste noire incongru dans un bus où régnait une chaleur si étouffante que, même nu, on aurait encore dégouliné de sueur. Quand il fit part de cette remarque à Hashi à voix basse, celui-ci lui désigna en silence les mains de l'aide social : elles portaient des cicatrices de brûlures. Ah, c'est ça, il doit être habitué à la chaleur, s'il a été brûlé dans un incendie !

Au sommet d'une longue côte toute droite, on aperçut enfin la mer. Et également un ferry-boat à la coque rougie par la rouille, une île à gauche du cap, à l'horizon, des nuages moutonnants embrasés par le soleil couchant. A peine arrivés au port, Hashi et Kiku se précipitèrent vers la mer et grimpèrent sur la jetée en béton.

— Kiku ! Regarde jusqu'où on voit, c'est incroyable !

Tout le paysage semblait comme gonflé et embrumé de chaleur. Un pêcheur tendit un poisson à Hashi qui regardait fixement son panier. Le poisson au ventre gonflé et aux yeux ronds protubérants fit des soubresauts dans la poussière avant de retomber à plat, tout desséché. Kiku toucha la queue pointue puis le rejeta dans l'eau, trouvant qu'il sentait mauvais.

L'aide social en costume noir les appelait. Il tenait à la main leurs billets de ferry ainsi que des cornets de glace. Comme les enfants se relevaient pour retourner vers lui, un fuselage métallique apparut derrière les falaises abruptes qui encadraient le port. Au moment où l'avion argenté filait juste au-dessus d'eux, les roues se replièrent sous la carlingue. Tous deux, les yeux écarquillés, regardèrent l'avion qui volait si bas qu'ils avaient l'impression qu'il allait les emmener avec lui. L'ombre énorme aux ailes ouvertes couvrit un instant le port tout entier, rafraîchissant les corps surchauffés des deux enfants.

Sur le ferry, la chaleur et l'odeur de mazout les firent suffoquer. Le point de vente était fermé, et un papier annonçant *En panne* était collé sur la machine automatique de boissons, sur la télé et sur le ventilateur mural. L'aide social leur tendit les glaces à demi fondues. Le plastique des sièges passagers était déchiré, laissant échapper des morceaux de mousse jaune, répandus sur le sol tout crissant de sable. Le pantalon noir de l'aide social était maculé de glace. Il essuya les taches avec son mouchoir d'un air dégoûté, puis cracha sur le pont. Il marmotta à l'adresse des enfants quelque chose comme : Vous devez être fatigués ? Tous deux se sentaient de mauvaise humeur et ignorèrent la question. L'odeur de mazout et le balancement du bateau leur donnaient la nausée. Ils léchaient consciencieusement leurs glaces, espérant effacer ainsi l'odeur désagréable qui s'insinuait à travers leurs narines jusqu'au fond de leur gorge. Alors, vous êtes fatigués ? Pouvez pas répondre, non ? L'homme en noir avait haussé le ton. Hashi sursauta et éloigna la glace de sa bouche. Il répondit d'une petite voix comme s'il récitait une leçon : Nous avons quitté l'orphelinat Notre-Dame-de-la-Cerisaie pour aller vivre avec un nouveau papa et une nouvelle maman. La glace continuait à fondre, coulant sur sa main et par terre.

— C'est pas ça que je te demande. Je vous demande si vous êtes fatigués. Fatigués, tu comprends ? !

Hashi commença à trembler légèrement. Il avait toujours eu peur des hommes adultes. Au bord des larmes, il répéta : Notre-Dame-de-la-Cerisaie... pour... aller vivre... avec un nouveau papa et une nouvelle maman... L'employé des services sociaux lécha une trace de glace sur les cicatrices de sa main droite, et se mit à rire. C'est tout ce que tu sais dire ? Espèce de perroquet ! Kiku écrasa ce qui restait de sa glace sur la veste de l'homme puis s'enfuit en courant. Il voulait sauter par-dessus bord et se jeter à la mer, mais l'homme au costume noir plein de taches le rattrapa sur le pont et le plaqua au sol. Allez, demande pardon ! hurla-t-il dans l'oreille de Kiku. Son haleine puait, comme le poisson tout à l'heure sur le port. Kiku regarda l'homme et se mit à ricaner. L'homme lui donna une légère tape sur la joue. Pourquoi tu ris ? Allez, demande pardon ! Mais Hashi s'excusa à sa place. Tirant l'homme par le bord de sa veste, il répétait : Pardon, pardon, pardon ! Kiku n'aime pas beaucoup parler, alors les sœurs m'ont dit de parler à sa place. L'homme lâcha Kiku, enleva sa veste et alla la laver au robinet des toilettes. Kiku et Hashi s'allongèrent sur les sièges durs. Avant de s'endormir, pour oublier l'odeur du mazout, ils reniflèrent plusieurs fois les paumes de leurs mains, où s'attardait le parfum sucré des glaces à la vanille.

L'île avait une forme d'animal. Quand ils entrèrent dans le port, le soleil venait de se coucher et seuls se dessinaient les contours noirs de l'île, évoquant une tête de tigre en train d'avaler les derniers rayons de lumière.

Leurs parents adoptifs étaient venus les accueillir sur la jetée. Il faisait sombre. Hashi se dit que cette mère semblait déjà avoir un enfant, tant leur nouveau père, Shuichi Kuwayama, était petit. Tandis que l'aide social faisait les présentations, Kiku observait son père adoptif avec désespoir. Non seulement Shuichi Kuwayama était minuscule, mais ses mains et ses pieds à la peau blafarde étaient osseux, ses épaules, sa poitrine, ses cuisses et ses fesses tombantes et sans muscles, il n'avait pas de barbe et ses cheveux étaient clairsemés. Bref, il ne ressemblait en rien au Christ du tableau de la chapelle. Renversé à terre, vidé de son sang remplacé par de la sciure de bois, les rides de son visage tirées et recousues, il aurait fait à la rigueur un oreiller acceptable, et encore !

— Allons donc au restaurant ou quelque part, plutôt que de rester plantés là, suggéra Kuwayama.

En entendant la voix de fausset de son père, Hashi donna un coup de coude dans l'estomac de Kiku et se mit à rire. Hein, Kiku, on dirait un de ces robots qui font des calculs compliqués dans les astronefs, tu sais ! Dans un des restaurants du port, ils commandèrent du riz cantonais pour les enfants, du saké et des nouilles pour les adultes.

Pendant que Kuwayama lui versait du saké, l'homme du service social raconta l'épisode de la veste tachée par Kiku. Il faut les élever à la dure, ces deux-là, hein ! Ils ont été trop gâtés par les bonnes sœurs, et voilà le résultat ! Leur nouvelle maman avait le visage poudré de blanc seulement à partir du cou. Au-dessus de sa clavicule saillante, les traces du fond de teint que la sueur avait fait couler étaient bien visibles. La nouvelle maman de Kiku et Hashi, Kazuyo Kuwayama, avait six ans de plus que son mari, elle venait de dépasser la quarantaine.

Elle était arrivée sur l'île à l'époque où les mines de charbon sous-marin étaient florissantes. Elle venait de quitter son premier mari et était arrivée en compagnie de son oncle, un des cinq mille mineurs — célibataires pour plus de la moitié — qui venaient tenter leur chance sur cette île. Pour Kazuyo, apprentie dans un institut de beauté, ce fut une période de plaisir intense. Elle était grande, avec des yeux étroits et un nez un peu trop grand, mais il ne passait pas un jour sans qu'elle soit invitée par l'un ou l'autre des mineurs célibataires. Elle ne répondait jamais à leurs avances, cependant. Non parce qu'elle craignait de voir se renouveler l'échec qu'elle avait connu lors de son premier mariage, mais parce que tant d'hommes lui tournaient autour qu'elle avait fini par avoir un peu trop confiance en elle, et était persuadée qu'un homme valant mieux que tous ceux-là allait se présenter tôt ou tard. Les hommes lui disaient qu'elle était belle. Au début, elle ne les crut pas. De sa naissance jusqu'à sa venue dans cette île, personne ne le lui avait jamais dit. Quand elle avait fini son travail à l'institut de beauté, elle choisissait un homme avec qui elle allait dîner, jouer au *patchinko*, danser ou voir un film, après quoi elle rentrait chez elle et se regardait longuement dans le miroir avant de s'endormir. Elle se rappelait tous les mots que lui avait murmurés son soupirant, et cherchait longuement dans le miroir où se dissimulait cette beauté que l'on vantait en elle. Ce n'était pas facile à découvrir. Elle ne tarda pas à se persuader que c'était sa bouche qui était belle. Ça, et la blancheur et la finesse de sa peau. Si elle ne prit pas d'amant attitré, ce fut simplement parce qu'elle avait d'ordinaire autour d'elle au moins trois hommes dont elle se serait largement contentée avant sa venue sur l'île.

La première fois qu'elle coucha à nouveau avec un homme après son divorce, ce ne fut pas un mineur, ni un célibataire, mais un technicien de forage, rencontré au dancing où elle était allée en compagnie de deux jeunes mineurs. Il avait une voiture et l'emmenait en ferry jusqu'à Nagasaki ou Sasebo. Quand sa femme s'aperçut de leur liaison, elle fut choquée qu'il ait pu délaisser son foyer pour une femme « aussi moche ». Kazuyo fut surprise. Certes, la femme du technicien était bien plus jolie qu'elle, mais cela faisait si longtemps qu'on ne lui avait pas dit qu'elle était moche qu'elle ne pouvait pas le croire. A dater de ce jour, elle reprit l'habitude de s'examiner longuement dans son miroir. Sa bouche, la blancheur et la finesse de sa peau...

Kazuyo quitta l'institut de beauté où elle avait travaillé deux ans durant, et se fit engager comme serveuse dans un bar populaire. Elle blanchit encore davantage sa peau avec de la poudre, étala une épaisse couche de rouge à lèvres sur sa bouche. Elle se rappelait exactement combien de fois elle avait couché avec le technicien : dix-huit fois. Elle se rappelait aussi qu'elle avait commencé à vraiment aimer ça à partir de la quatrième fois. Oui, la quatrième fois. Dans un hôtel de Nagasaki, une chambre avec un lit rond et des glaces au plafond. Le technicien lui avait fait boire un cocktail à goût de café : un cacao-fizz. Le quatrième jour après son engagement au bar, un mineur lui offrit un cacao-fizz. De nostalgie, elle éclata en sanglots, et coucha ce soir-là avec le mineur dans une auberge de l'île. En un mois, elle prit l'habitude de passer chaque nuit avec un homme différent, et plus besoin de cacao-fizz pour ça.

Le bonheur de ces nuits, où elle se contemplait longuement dans le miroir après avoir couché avec un homme qui la complimentait sur sa beauté, prit fin avec la fermeture de la mine. Les conflits entre mineurs et patrons durèrent encore trois mois après la fermeture, mais presque plus personne ne venait boire au bar. Bientôt tous les hommes jeunes disparurent de l'île et la population fut réduite à un dixième de ce qu'elle était auparavant. Kazuyo venait d'avoir trente ans. Elle déménagea avec son oncle, affecté à un chantier naval de Shikoku, et trouva une place dans un autre bar à Niihama, mais il ne s'agissait plus d'une île à deux heures de bateau du reste du monde, et par conséquent il ne se trouvait plus beaucoup d'hommes pour lui dire qu'elle était belle. Kazuyo se regardait dans le miroir en se remémorant le visage et le sexe des hommes avec qui elle avait couché sur l'île. C'est ainsi qu'un soir elle découvrit des taches sur sa peau autrefois blanche et souple. Tandis qu'elle dénombrait ces taches sous ses yeux, sur ses joues, son décolleté, elle remarqua des rides, s'aperçut que ses lèvres se craquelaient, que sa peau se relâchait. La famille de son oncle, tout à l'organisation de leur nouvelle vie, n'avait pas le temps de se soucier du futur de Kazuyo, qui se mit à sentir la poudre même au sortir du bain.

Kazuyo quitta Niihama, travailla deux ans à Ōsaka, un an à Fukuoka, puis, lassée de cette vie, retourna sur l'île. Elle rencontra Kuwayama alors qu'elle séjournait dans l'unique auberge qui fût restée ouverte. Kuwayama était ce mineur qui lui avait offert un cacao-fizz autrefois. Il lui expliqua qu'il avait quitté la mine pour travailler dans une usine de métallurgie à Sasebo, y avait gagné un peu d'argent et était revenu monter une petite usine sur l'île. Il emmena Kazuyo voir sa petite cabane au toit en tôle et au sol de terre battue avec son unique machine toute rouillée. Kazuyo décida le soir même de vivre avec lui. Parce qu'il lui avait dit, les lèvres tremblantes, qu'elle était belle. Dans son usine, il fabriquait à l'aide d'une presse des boîtes à pique-nique compartimentées en polystyrène. La demande augmentant, il acheta de nouvelles machines, fabriqua différentes sortes de boîtes. Puis il acheta à crédit un salon de beauté pour Kazuyo. Une fois la moitié de l'emprunt remboursée, le couple s'était mis en quête d'enfants à adopter.

Kiku et Hashi, revêtus de pyjamas portant de petites locomotives imprimées, furent mis au lit. Hashi fut pris d'un accès de fièvre dû à la fatigue, Kazuyo prépara un sachet plein de glace à mettre sur son front et resta près de son lit à l'éventer. L'aide social à peine reparti, Kuwayama se remit au travail. Un papillon de nuit d'une couleur que Kiku n'avait jamais vue jusque-là entra par la fenêtre. Kiku regarda dehors : il faisait une nuit d'encre. A l'orphelinat, les lumières de la ville et les phares des voitures que l'on voyait avancer sur la route faisaient joli quand on regardait par la fenêtre la nuit. Ici, il faisait tout noir mais, en regardant bien, il vit frémir de grandes feuilles dans le vent tiède. Kuwayama avait mis en route le moteur de sa presse, et le bruit recouvrit le vrombissement des insectes au-dehors. Ça fait du boucan, mais il ne peut pas dormir s'il ne travaille pas un peu le soir, dit Kazuyo. Kiku écrasa un scarabée qui venait d'atterrir devant ses pieds. Ce n'est pas bien de tuer des êtres vivants ! fit Kazuyo. Kiku découvrit une minuscule lumière au loin, dehors, et la prit pour une étoile, mais Kazuyo lui expliqua que c'était un phare, allumé pour que les bateaux ne viennent pas s'écraser sur les récifs. Le faisceau lumineux pivota et vint éclairer un bref instant toute la surface de la mer de leur côté. Allez, dors maintenant ! Tu dois être fatigué, toi aussi, il faut te reposer. Kiku eut soudain envie de hurler. Il avait envie de devenir un avion géant qui ferait voler en éclats dans un bruit de bombe les insectes et les feuilles derrière la fenêtre, et la fenêtre aussi et la presse de Kuwayama et le phare et tout. L'odeur de cette nuit d'été, du vent rafraîchissant les arbres brûlés par le soleil, lui était insupportable. Kiku prit son courage à deux mains et déclara d'une petite voix tremblante : Je m'appelle Kikuyuki. Hashi et les sœurs m'appellent Kiku, mais... Ces mots à peine prononcés, il éclata en sanglots sans savoir lui-même pourquoi. Kazuyo continuait à éventer Hashi en silence. Kiku se remit au lit. Les draps tout propres furent trempés de sueur en un instant.

Quand les deux enfants se réveillèrent le lendemain matin, la presse de Kuwayama vrombissait déjà. Kazuyo leur donna à chacun un short, une chemise et des chaussures de sport flambant neufs, puis partit pour son institut de beauté. On rentre tous les deux déjeuner, vous pouvez mettre la télé en nous attendant, dit-elle. Kiku et Hashi prirent leur petit déjeuner — du riz mélangé à de la soupe de soja, avec un œuf cru — en comptant le nombre de bateaux à voile imprimés sur leurs chemises neuves, puis mirent la télé en marche, l'éteignirent aussitôt (c'était l'heure des émissions culinaires), firent un peu de lutte sur les tatamis, puis ils découvrirent une alène sur une table et s'amusèrent à la lancer dans les cloisons de papier, qu'ils perforèrent à plusieurs endroits, après quoi ils se précipitèrent au-dehors. Dans le jardin exigu poussaient tomates et aubergines. Un peu plus loin, ils apercevaient Kuwayama de dos dans son atelier. Le dos arrondi et trempé de sueur, en sous-vêtements, il montait et abaissait une grosse barre de fer. Un vrai robot, hein, tu trouves pas, Kiku ?

L'étroit petit sentier pentu qui partait de la maison rejoignait un peu plus bas la route principale de l'île, menant jusqu'à la mer. Des deux côtés du chemin fleurissaient des masses de cannas. Sous un gros arbre, trois enfants dorés par le soleil attrapaient des cigales. Quand Hashi et Kiku s'approchèrent, ils levèrent un regard ébloui vers leurs shorts et leurs chemises flambant neufs. A la question de Kiku : Qu'est-ce que vous faites ? l'un des enfants brandit un panier plein de cigales. Hashi prit la cage, bruissante comme une radio déréglée, et se mit à compter les insectes. Les enfants avaient fabriqué un piège habile en enduisant de glu une coquille fixée en haut d'un bâton. Mais Kiku et Hashi eurent beau regarder le tronc de l'arbre que leur montraient les enfants, ils n'arrivaient pas à distinguer les insectes de l'écorce tant le ciel, dans les interstices entre les branches, était aveuglant. Si bien que le spectacle du bâton avançant lentement le long du tronc et des cigales prises au piège battant des ailes comme de petits oiseaux mécaniques, avec des stridulations assourdissantes, les plongea dans une excitation intense, comme s'ils assistaient à un tour de prestidigitation. Un des enfants tendit le bâton à Kiku, le plus grand en taille d'eux tous. Je ne les vois pas ! dit Kiku, et un doigt boueux se tendit à côté de lui, désignant une grosse cigale sur le tronc, pareille à un nœud dans le bois. Kiku retint son souffle et s'approcha. La cigale stridulait, toujours hors de portée de Kiku, même en tendant le bâton le plus haut possible. Il grimpa sur un bloc de béton, les enfants lui apprirent comment faire monter le bâton dans l'angle mort des yeux de la cigale. Le bloc de béton se mit à pencher, le faisant vaciller dangereusement, Hashi poussa un cri de découragement, et Kiku projeta sa perche vers le haut d'une poussée comme pour l'enfoncer dans l'arrière-train de la cigale. L'extrémité atteignit les ailes et le bâton, avec la cigale au bout se débattant pour se libérer, retomba lentement à terre, décrivant un arc de cercle dans les airs tandis que Kiku tombait à la renverse. Des cris de joie s'élevèrent. Les enfants ramassèrent la cigale qui continuait à faire bouger le bâton en essayant de se dégager, ils essuyèrent la glu sur les ailes et tendirent l'insecte à Kiku. Hashi demanda aux enfants si ce chemin menait bien à la mer, mais ils répondirent qu'au bout du chemin se trouvait une falaise à pic, et qu'on ne pouvait pas aller au rivage par là, il fallait prendre la grand-route du bus et tourner au deuxième sentier de traverse pour rejoindre la plage.

Ils se mirent donc à marcher sur la grand-route, et

s'aperçurent que le salon de beauté de Kazuyo se trouvait au bord de la route à côté de l'arrêt de bus. Quand elle les vit passer, elle sortit de sa boutique et leur demanda en hurlant où ils allaient. Kiku lui montra la mer sans répondre. Bon, mais interdiction d'aller aux mines désaffectées, hein ! Kiku et Hashi n'avaient même jamais entendu le mot « mine ».

Le petit chemin de traverse indiqué par les enfants était tellement recouvert d'herbes que Kiku et Hashi passèrent devant sans le voir. Ils prirent à la place un autre sentier qui au bout d'un moment se divisait en tant de branches qu'ils finirent par tourner en rond comme dans un labyrinthe, incapables de retrouver leur chemin jusqu'à la route principale. Attaqués par les moustiques, les jambes griffées par les herbes coupantes, ils se sentaient perdus. Ils pensèrent appeler au secours mais personne ne les entendrait, sans doute. Le chemin se divisait à nouveau en deux, s'enfonçant à droite dans un tunnel sombre, aussi prirent-ils à gauche. Mais, voyant un serpent traverser devant eux, ils poussèrent un hurlement et s'enfuirent vers le tunnel. Le tunnel faisait une légère courbe et la sortie à l'autre bout apparaissait comme un minuscule rond de lumière. Il faisait frais à l'intérieur, le sol était tout boueux. Une des gouttes d'humidité qui suintaient du plafond tomba dans le cou de Hashi, déclenchant en lui un hurlement de terreur à faire s'effondrer le tunnel. Il se mit à courir de toutes ses forces mais trébucha et tomba. Prostré par terre, il commençait à pleurnicher mais Kiku hurla : Arrête de pleurnicher ! Allez, lève-toi, on est presque dehors ! Evitant les flaques d'eau croupie, il le conduisit vers le rond lumineux de la sortie. Quand ils émergèrent du tunnel, tout couverts de boue, ils trouvèrent le chemin bouché par des barbelés et de hautes herbes. Il y avait cependant à droite dans le grillage un trou par lequel des enfants de cinq ans pouvaient se faufiler, et Kiku et Hashi n'avaient aucune envie de retourner dans le tunnel. Les pointes rouillées des barbelés déchirèrent les petits bateaux de leurs chemises.

Kiku rappela à Hashi, qui rechignait à avancer, qu'en arrière il y avait plein de serpents et ils se mirent à progresser à plat ventre, en s'aidant des coudes. Bientôt leurs coudes effleurèrent du ciment : les herbes s'arrêtaient là. Ils se redressèrent alors, découvrant un spectacle ressemblant étonnamment à la ville en modèle réduit que Hashi avait fabriquée un an plus tôt.

Le royaume de briques, de jouets et de rebuts de Hashi se trouvait là sous leurs yeux écarquillés. Une ville déserte, et en ruine ! Des habitations de mineurs couleur cendre se succédaient, bien alignées, et sans les herbes folles poussant à travers les vitres brisées, on eût dit que la sirène annonçant la fin du travail venait à peine de sonner et que les hommes venaient de déserter les lieux à l'instant, laissant seulement ces deux orphelins en attente de quelque monstrueux sacrifice. Des affiches étaient encore placardées sur un panneau : Concert par le Kyûshû Brass Band, orchestre des forces navales d'autodéfense, au programme : *La Marche de la rivière Kwaï, Levons l'ancre, La Bannière étoilée*. Les deux enfants restèrent figés sur place un moment puis, se rendant compte qu'aucune voix humaine n'allait résonner dans ces lieux, ils s'enfuirent en courant entre les maisons. Seul résonnait le bruit de leurs pas. Ils s'arrêtèrent net à la vue d'un tricycle. Des herbes poussaient à travers la selle de plastique décolorée, mais cet objet enfantin les rassura, il leur sembla que leurs compagnons de jeu de tout à l'heure, les chasseurs de cigales, allaient surgir d'on ne sait où pour venir les rejoindre. Mais à peine Hashi eut-il posé la main sur le guidon que l'engin s'effondra avec un couinement de porc à l'abattoir. Un liquide gras, mélange d'huile et de rouille, s'échappa par les interstices des tubes. Cette soudaine désagrégation les terrorisa. Ils s'enfuirent à nouveau entre les maisons, grimpèrent des escaliers où les herbes avaient envahi le bois et le gravier. A perte de vue, le monde était rouge. Un interminable mur de brique, le soleil dardant ses rayons entre les interstices. Jetant un coup d'œil entre les fentes, ils découvrirent un enchevêtrement de constructions comme ils n'en avaient jamais vu. Une tour en forme d'entonnoir, un étang carré en béton divisé en compartiments, un fossé les reliant, des squelettes de ferraille dénudée, des cylindres de brique étouffés par la vigne vierge, tout cela rappelait quelque chose à Hashi. Il allait en parler à Kiku, mais s'arrêta net en voyant son compagnon blêmir ; ce paysage ressemblait au plan du système digestif humain collé dans la salle d'attente de l'hôpital où ils avaient été soignés. Kiku avait la chair de poule sur tout le corps. Ces ruines désertes, domaine d'ombre et de fournaise, lui évoquaient un paysage calciné après le décollage de l'engin rotatif géant qui venait souvent l'épouvanter.

Une fois passé ces entrailles de béton, ils découvrirent une école à demi écroulée. A travers les fentes du bassin d'une fontaine asséchée, des plantes aux feuilles épaisses dardaient le bout de leurs feuilles. Les feuilles pointues ressemblaient davantage à des machines qu'à un organisme vivant. Des machines avec lesquelles on fore des tunnels sous la mer. Autour de la fontaine, il y avait encore des bacs à fleurs, mais les graines oubliées, emportées par le vent, avaient fait germer quelques fleurs au fond d'une cuvette de W.-C. renversée abandonnée là. La moitié du bâtiment de l'école était recouverte d'une bâche imperméable. Plusieurs des cordes métalliques qui la maintenaient en place étaient brisées et le vent faisait voleter bruyamment des lambeaux de toile. A chaque claquement de la bâche, des centaines de corbeaux postés sur le toit, dérangés, s'envolaient, donnant l'impression qu'une partie de l'école venait de s'écrouler.

Hashi se demandait depuis un moment dans quel genre d'endroit ils avaient atterri. Il se rappelait tout de la journée jusqu'au moment où il était tombé dans le tunnel. Sa chemise pleine de boue séchée, si sale qu'on ne voyait plus la différence avec sa peau, dégageait une odeur nauséabonde d'huile et d'eau croupie, qui lui rappelait le passage dans le boyau sombre. Kiku s'aperçut que le soleil déclinait rapidement. Dès qu'il ferait noir, les ruines perdraient toute ressemblance avec un parc d'attractions. Il fallait trouver une sortie qui les ramène à l'endroit où les enfants jouaient à attraper des cigales.

Ils traversèrent le terrain de sport de l'école. Des barres de fer tordues étaient fichées çà et là en terre. Le bac à sable était plein de cactus, dont les épines flottaient à la surface trouble et verdâtre d'un bassin voisin. Trois poteaux télégraphiques brisés servaient de nids à des termites, dont les milliers d'ailes transparentes composaient des formes pareilles à des mirages. De l'autre côté de ce rideau à demi opaque, se trouvait la ville : des rangées de boutiques et de bars se faisant face de part et d'autre d'une route au revêtement arraché.

— Regarde comme c'est joli ! appela Hashi.

Des débris de lettres de néon, autrefois enseignes de bars et de restaurants, rassemblés au fond d'un trou, formaient un tapis scintillant doucement agité par le vent. La position et la forme des débris de verre reflétant les rayons du soleil variaient selon la force et la direction du vent, et les couleurs se fondaient dans la lumière, semblant former au fond du trou une unique enseigne de néon au motif compliqué. Kiku s'approcha, prit un morceau de lettre dans sa main. L'endroit du bout de verre, léger comme une plume, était rose et lisse, l'envers jaune et rugueux. Il rejeta le morceau de verre qui retomba dans la poussière à côté du trou. Kiku suivit sa trajectoire des yeux, pâlit soudain, s'agenouilla et se mit à ramper en examinant des traces sur le sol.

— Qu'est-ce qu'il y a, Kiku ? fit Hashi qui s'approchait, tenant dans la main un bout de tube en forme de S presque intact. Des traces de pneus ! Toutes fraîches, et il n'y a qu'une ligne, ce doit être une moto. Quelqu'un est passé par ici avant nous. Il y a quelqu'un dans cette ville ! Les traces s'arrêtaient devant un cinéma flanqué d'une pancarte penchée annonçant *Piccadilly*, situé un peu à l'écart d'une rangée de bars minables. Kiku examina les alentours. Il n'y avait pas d'autres traces de pneus, même pas des traces de marche arrière pour rebrousser chemin. Hashi, lui, regardait une affiche à demi déchirée encore collée sous l'inscription *Programmes de la semaine prochaine*, ainsi qu'un paquet de photos de publicité du film, qui avait glissé dans un interstice du mur. Le visage de la vedette féminine sur l'affiche était déchiré au niveau des yeux et il restait seulement un nez, une langue, un menton, avec un peu plus bas des seins étrangement indépendants du reste. Les photos représentaient un étranger brandissant un revolver, une femme blonde ensanglantée allongée par terre, un baiser en gros plan, deux silhouettes de femmes à cheval dans le soleil couchant. Hashi les regarda avec attention en essuyant le sable collé dessus. S'il n'essuyait pas tout doucement le sable avec un pan de sa chemise, les photos risquaient de se déchirer. Il y avait aussi dans le paquet une photo de femme nue, qu'il essaya de glisser dans sa poche, mais ce faisant, elle se déchira. Pendant ce temps, Kiku examinait une à une les fenêtres du cinéma. Elles étaient toutes condamnées par des planches clouées dessus.

Hashi leva la tête, et faillit s'étrangler de surprise. Il voulut crier, mais sa voix resta étouffée dans sa gorge. Un homme le regardait depuis le premier étage du cinéma. Un homme jeune, torse nu, vêtu d'un pantalon de cuir. Kiku l'aperçut à son tour. L'homme les regarda tour à tour puis leur fit signe de déguerpir d'un geste du menton. Comme Kiku et Hashi, tout tremblants, restaient figés sur place, il leur ordonna à voix basse de ficher le camp. Hashi s'apprêtait à partir en courant mais, voyant que son frère ne bougeait toujours pas, il hésita sur la conduite à suivre, puis cria désespérément : Kiku ! Mais celui-ci, immobile, contemplait fixement cet homme jeune, maigre et barbu, en marmonnant : Je l'ai enfin trouvé ! Voilà donc où il habitait, l'homme qui doit m'emmener au ciel : dans la ville détruite par la machine géante ! L'homme rentra à l'intérieur, ils entendirent une porte se fermer. Kiku hurla de toutes ses forces : Où est la moto ?

Pas de réponse. Hashi, les larmes aux yeux, s'approcha de lui et l'entraîna par la manche de sa chemise : Allez, viens, on s'en va ! Kiku abandonna la partie et se mit à marcher. Mais en roulant au coin du cinéma, il entendit un bruit de ferraille et de bois qui s'écroule, et en se retournant, ils virent tomber du premier étage du cinéma une plaque de tôle ondulée. Ils entendirent une pétarade, et presque simultanément, un engin métallique argenté les dépassa à une vitesse folle avant de disparaître dans un nuage de poussière. Kiku était sûr d'avoir vu le jeune homme lui sourire à l'instant où il les dépassait. Le vacarme de la moto s'éteignit rapidement.

De retour à la maison, ils furent questionnés sur l'état de leurs vêtements tachés de boue, et Hashi avoua qu'ils s'étaient aventurés dans les ruines de la mine. Ils furent sévèrement grondés. Kazuyo leur fit promettre de ne plus jamais mettre les pieds là-bas. Ne savaient-ils pas à quel point étaient dangereuses ces vieilles mines dont tous les matériaux n'avaient pas été évacués ? Ne savaient-ils pas que deux anciens mineurs devenus vagabonds, venus voler des tuyaux, avaient été mordus par des serpents ? Et qu'un enfant était tombé dans une des galeries en jouant, que les galeries étaient pleines de gaz toxiques, que seul du bois pourri en bouchait l'entrée ? Que s'ils y tombaient, ils se retrouveraient à trois kilomètres sous terre, au fond de la mer où de sinistres bêtes, des serpents, les dévoreraient ? Il y avait encore plein de produits chimiques dans les salles de réserve sous terre, qui faisaient fondre la peau et les os dès qu'on y touchait, une petite fille s'était fait attaquer par des vagabonds qui vivaient dans les bâtiments en ruine, et s'il leur arrivait quelque chose, ils pouvaient toujours crier, personne ne les entendrait, et personne ne pourrait venir à leur secours !

Kuwayama et Kazuyo décidèrent de garder l'institut de beauté fermé jusqu'à ce que les deux enfants soient habitués à la vie sur l'île. Kazuyo fit la tournée de toutes les maisons de l'île pour les présenter. Puis elle leur acheta des maillots de bain et les emmena à la mer.

En approchant de la mer, les herbes commencèrent

à dégager un parfum de marée, et tous deux se précipitèrent vers le rivage avec des cris de joie. A l'instant où leurs pieds nus foulaient le sable brûlant de la plage, une vague déferla, les éclaboussant d'une fine écume. Dans les petits trous pleins d'eau se nichaient des crabes. En se retirant, la marée avait laissé de petites flaques un peu partout dans les rochers, où s'étaient cachés des poissons égarés, de petits poissons plus minuscules encore que leurs doigts d'enfants et qu'ils n'arrivaient pas à attraper. Mais ils apprirent à plonger leurs doigts au milieu des anémones de mer, pour sentir l'agréable sensation de succion. Chaque tentacule avait un dessin et une couleur différents. Puis ils attrapèrent des bernard-l'ermite qui s'étaient rassemblés autour des restes de leur déjeuner et leur firent faire la course vers la mer. Les enfants avec qui ils avaient attrapé des cigales passèrent, et Hashi leur fit de grands signes de la main. Ils portaient des lunettes de plongée et des harpons, et plongèrent rapidement dans la mer, puis un harpon réapparut à la surface, avec au bout quelque chose qui ressemblait à un morceau de plastique. Les enfants remontèrent sur le rivage en criant : Une pieuvre ! Une pieuvre ! Kiku et Hashi se dépêchèrent d'aller voir. La pieuvre était un peu différente de celles qu'ils avaient vues à l'aquarium qu'ils étaient allés visiter avec l'orphelinat. Une chose flasque, d'un brun noirâtre indifférencié des rochers, pendait au bout du harpon. Celle de l'aquarium était rouge, avec une tête, des yeux, des tentacules qu'on voyait distinctement, alors que celle-ci ressemblait à une serpillière humide. Les enfants échouèrent en essayant de l'enlever du harpon et la serpillière se sauva vers la mer. Elle s'enfuyait en direction de Kiku et Hashi. Elle se déplaçait en glissant, comme une ventouse collée à la roche. Rattrapez-la ! leur crièrent les enfants. Hashi tendit le bras, mais la serpillière s'enroula autour de son bras. Hashi, muet de terreur à la vue de cette chose luisante et informe qui rampait le long de son bras en direction de son visage, essaya de l'enlever avec son autre main, mais la pieuvre s'enroula alors à ce bras-là. Tout en s'accrochant à son bras, elle tendit un tentacule vers son épaule. Les gesticulations rapides de Hashi ressemblaient de loin à une danse. Quand Kazuyo entendit enfin les cris et accourut, la pieuvre s'apprêtait à recouvrir le visage de Hashi qui était tombé à terre. Kiku et les autres enfants tentaient de l'arracher de toutes leurs forces, mais la pieuvre, collée à sa peau comme si elle en était devenue une partie, restait inamovible. Kazuyo arracha son chemisier en faisant sauter les boutons. Déchirant la partie humide de transpiration, elle enroula un morceau de tissu sec autour de sa main, et entreprit d'enlever une à une les tentacules enroulés autour de l'enfant. Quand enfin elle tint la pieuvre entière dans le tissu, elle la balança plusieurs fois de toutes ses forces contre les rochers. Les épaules et le cou de Hashi étaient enflés et tout rouges, les ventouses avaient laissé des marques bien visibles sur la peau. Il se leva cependant, regarda tour à tour Kazuyo et la pieuvre inanimée, puis éclata en sanglots. Kazuyo le prit dans ses bras. Ses seins lui chatouillèrent les côtes, il enfouit son visage dans son épaule, ses lèvres sentirent le goût du sel sur la peau de Kazuyo.

Les fleurs de cannas le long de la côte se fanèrent. Les pétales devenus couleur terre se fendillèrent, se transformant en poussière quand on les écrasait. Puis il y eut un typhon, qui dispersa aux quatre vents les fruits trop mûrs et les dernières fleurs de l'été. Kazuyo apprit alors à Hashi et à Kiku à ramasser les châtaignes dans les montagnes, où les arbres commençaient déjà à se dénuder. Après avoir écrasé les bogues du pied pour éviter de se piquer, on ramassait les trois fruits qu'elles contenaient, toujours de tailles différentes. La châtaigne du milieu était toujours la plus grosse, quelquefois il ne restait que le fruit du milieu qui avait absorbé toute la nourriture tandis que les autres dépérissaient puis mouraient. Kazuyo leur montrait ces châtaignes-là en disant : Voyez comme c'est vilain de tout garder égoïstement pour soi en rejetant ses frères, après on se retrouve tout seul ! Kiku trouva une bogue contenant deux fruits dos à dos, étroitement serrés et de la même taille. Ça, c'est rare ! s'exclama Kazuyo. Cette châtaigne-là, elle est comme vous deux ! D'habitude, quand il y en a une qui meurt, cela fait une bulle d'air et elles pourrissent toutes. Kiku et Hashi glissèrent chacun un des fruits dans leur poche.

Kuwayama louait un petit bateau deux fois par mois pour aller pêcher. Il partait toujours avant l'aube. Kiku et Hashi devaient toujours l'accompagner, même quand, le froid venu, ils n'en eurent plus envie. Ils buvaient du thé vert brûlant et salé dans la cabine, en attendant les premières lueurs du jour qui faisaient scintiller la surface de la mer. La sensation de l'air se réchauffant lentement, les petits requins fins et bleutés comme des lames bondissant dans le filet, le sang des poissons coulant en petites mares transparentes qui fonçaient peu à peu, le parfum d'écailles séchées, les vagues dorées qui venaient lécher la coque, le chuintement des flocons de neige qui fondaient en touchant la surface de l'eau...

Au retour du printemps, vers l'époque où des milliers de petits papillons blancs commençaient à éclore dans les champs de choux, Kazuyo déposa devant chacun des deux enfants une boîte enrubannée : c'étaient des sacoches d'écolier.

3

La vieille mendiante venait de traverser le terrain de sport. Elle logeait dans une des maisons abandonnées de la mine, survivait en dérobant quelques pommes de terre dans les champs, ou du poisson que les pêcheurs mettaient à sécher sur des claies, mendiant çà et là un peu de riz. C'était une habitante de l'île de longue date. Sans enfants, elle avait perdu son mari dans un accident de la mine, avant la fermeture. Elle s'était enfuie de l'asile où elle avait échoué pour revenir sur l'île qu'elle ne voulait plus quitter. Tout le monde tolérait sa présence, la sachant inoffensive, et attendait qu'elle finisse ses jours sur cette île.

Mais le cœur de Hashi se serrait chaque fois qu'il apercevait la vieille. Il en parlait souvent à Kiku : Chaque fois que je vois une mendiante ou une vagabonde, ça me fait un coup au cœur, je me demande si ce n'est pas la femme qui m'a mis au monde. Quand je vois cette petite vieille malpropre, toujours seule, qui mendie des restes de riz, et son regard servile, ça m'est insupportable. Je me dis, c'est sûr que ma maman doit être malheureuse comme ça puisqu'elle m'a abandonné, hein, elle ne peut pas être heureuse avec un crime pareil sur la conscience, et quand je vois une vieille comme ça, en même temps j'ai envie de la serrer dans mes bras et de l'appeler maman, mais peut-être aussi que si c'était vraiment ma mère, je la tuerais.

C'est pourquoi, le jour où, peu après son entrée à

l'école primaire, un de ses camarades se moqua de lui sur ce thème, il devint fou de colère. Au moment où la vieille mendiante passait devant la cour de l'école, un de ses camarades lui cria : Hé, Kuwayama ! T'as vu, cette vieille, c'est sûrement elle, ta vraie mère ! Hashi devint écarlate et attrapa son camarade, lui ordonnant de s'excuser. L'enfant continua ses railleries : Hé, la vieille, pardon de t'avoir confondue avec la mère de Kuwayama ! Il se fit alors à moitié assommer par Kiku, qui s'éveilla ce jour-là pour la première fois à la violence. Jamais Kuwayama, ni Kazuyo, ni les sœurs de l'orphelinat n'avaient levé la main sur eux, si bien que ni Kiku ni Hashi n'étaient accoutumés à la violence. Ce fut la première fois que Kiku serra le poing pour en frapper la joue d'autrui. Le premier coup brisa deux dents à son adversaire. Tout s'était passé si vite que cela ne suffit pas à calmer Kiku, qui bourrela alors le ventre de son ennemi de coups de pied, et entreprit également de distribuer des coups à tous les camarades qui les entouraient et avaient ri des moqueries adressées à Hashi, semant la terreur parmi eux. Kiku, qui était en temps normal d'un caractère paisible, devint alors l'enfant le plus craint de l'école. Plus personne ne vint se moquer d'eux ou les attaquer, mais la tristesse de Hashi à la vue de la vieille mendiante demeura inchangée. Il la vit ce jour-là sortir un vieux bout de tissu violet d'une poubelle, le draper autour de ses épaules et de ses hanches, puis, voyant qu'il n'était pas assez grand pour en faire un vêtement, le laisser s'envoler dans le vent.

Malgré la promesse faite à Kazuyo, Kiku et Hashi visitèrent à nouveau plusieurs fois la mine abandonnée. Ils étaient en quatrième année d'école primaire. Régulièrement, en rentrant de l'école, ils jetaient leurs sacoches à l'intérieur de la maison par une fenêtre puis se dirigeaient droit vers les mines. Ils tracèrent ensemble un plan détaillé des lieux, découpant la ville en quatre parties : logements des mineurs, galeries, école et ville abandonnée, auxquelles ils donnèrent comme noms : quartiers de Zoulou, de Megado, de Pouton et de

Gazelle. Chacun de ces noms était celui d'un héros de leurs bandes dessinées favorites, Zoulou était le chef d'une redoutable bande de pirates de l'espace, Megado celui d'une base de vaisseaux spatiaux située sur Vénus, Pouton, un robot servant dans les forces de défense de la troisième étoile de la constellation du Cygne, et Gazelle un messager combattant pour la justice, né des amours de Superman avec une Chinoise. Les logements des mineurs, zone dite de Zoulou, étaient entourés de collines sur trois côtés. Les deux enfants avaient limité leurs explorations au pied de ces collines, car elles étaient couvertes de plantes grimpantes touffues, où les serpents devaient proliférer, se disaient-ils. A cause des grands bâtiments, on entendait venir le vent de l'autre côté des collines quand il se mettait à souffler.

Mais un jour, en fauchant les plantes grimpantes, Kiku découvrit un escalier en béton au pied d'une colline. Du haut de cet escalier, on devait voir des bâtiments qu'ils n'avaient pas encore explorés, et même apercevoir la mer. Ça permettrait de compléter le plan. L'escalier, couvert de ronces jusqu'en haut, traversait la colline en biais. Kiku et Hashi le dégagèrent, soulevant les plantes avec leurs faucilles pour vérifier qu'il n'y avait pas de serpents dessous avant de les couper. Il fallait aussi avancer avec précaution sur les degrés de béton mis à jour en coupant les ronces. Des serpents pouvaient y grimper pour se mettre à l'abri en entendant le bruit de la faucille. D'en haut ils découvrirent un panorama complet des ruines, jusqu'à la mer. Douze immeubles en béton armé de huit étages chacun s'alignaient jusqu'à la mer, portant sur les murs des plaques numérotées de A à S. Un chemin assez large courait le long de la crête de la colline au sommet de laquelle ils se trouvaient, et descendait en zigzag vers les bâtiments. Certains immeubles étaient recouverts de vigne vierge jusqu'aux vérandas du premier étage. Certaines fenêtres étaient encore intactes. A la différence des logements de mineurs et des maisons de la ville abandonnée, l'entrée et la sortie de ces immeubles-là n'étaient pas condamnées. Dans le jardin devant le groupe d'immeubles, des balançoires, des toboggans, un portique de gymnastique émergeaient de la jungle. Du balcon du sixième étage du bâtiment B, pendaient les feuilles épaisses d'une plante d'appartement, qui de loin ressemblait à un matelas vert mis à aérer sur le balcon, mais de plus près avait plutôt l'aspect d'un sinistre monstre qui aurait noyé et étouffé les habitants de l'appartement, avec ses longues feuilles vertes comme des tentacules et ses branches grises qui avaient recouvert la balustrade du balcon. Il restait peut-être encore dans les pièces de la vaisselle cassée, des graffitis d'enfants sur les murs, des nattes retournées, plein de choses utilisables. Dire qu'ils n'avaient pas encore exploré ces grands bâtiments !

Kiku et Hashi avaient déjà récupéré tout un bric-à-brac dans les ruines. Un poignard fait à la main, en acier poli, de vieux disques, des photos, une canne à pêche, des bouteilles de plongée, un masque à gaz, une lampe de chevet, un casque à lanières de cuir, des lunettes de plongée, du sulfate d'ammoniaque dans dix-huit bouteilles de Duralumin hermétiquement bouchées, un globe terrestre, des planches d'anatomie, un drapeau japonais. Ils avaient soigneusement dissimulé leurs trouvailles dans un hangar de brique au sous-sol d'une raffinerie de charbon. Ce serait bien si je trouvais un vélo, se dit Kiku.

Mais Hashi s'arrêta soudain. Kiku, il y a quelque chose. Hashi était intuitif, il ressentait les vibrations des lieux. C'était toujours lui qui prévenait Kiku des dangers, un serpent caché dans un buisson, les yeux d'une chauve-souris brillant au fond d'une galerie, un creux de roche abritant une pieuvre, un buisson d'algues où se cachait une méduse, il sentait tout cela d'instinct. Il y a quelqu'un qui respire là-dedans ! Kiku jeta un coup d'œil précautionneux à travers un mur de ronces, puis se retourna en souriant : Viens voir ! Mais Hashi refusait de s'approcher, se rappelant une autre fois où Kiku lui avait dit de venir voir, et tout le plafond d'une galerie était couvert de chauves-souris.

— C'est un chiot, Hashi, un petit chiot !

Kiku dut promettre à Hashi de lui offrir sa paire de lunettes de plongée s'il mentait, pour le décider à s'approcher. Un petit chien blanc courait effectivement çà et là devant l'entrée du bâtiment B, poursuivant des insectes, creusant des trous. Kiku s'élança vers lui au moment même où Hashi allait proposer : Dis, si on l'attrapait pour l'élever ? Effrayé à la vue des deux enfants, le chiot s'enfuit. Mais il avait l'air facile à attraper, il était si jeune qu'il n'était pas encore bien stable sur ses pattes. Quand ils arrivèrent devant l'entrée du bâtiment C, ils entendirent gronder. Tous deux s'arrêtèrent, saisis. Le grondement semblait venir de tout l'immeuble, comme si c'était le trou béant de l'entrée en béton qui grondait. Dans l'ombre, ils pouvaient voir des yeux briller, puis ils distinguèrent des formes tapies, des babines dénudées. Quand un des animaux sortit au soleil et se mit à aboyer, des dizaines de hurlements féroces lui firent écho. Kiku s'apprêtait à prendre la fuite en courant mais Hashi le retint par le bras. Si on leur tourne le dos et qu'on part en courant, ils vont nous attaquer. Je l'ai lu dans un livre sur la chasse aux fauves, il faut les regarder dans les yeux et s'éloigner sans se retourner. D'autres chiens sauvages apparurent alors, sortant de l'ombre du bâtiment. Kiku et Hashi se rappelèrent alors que le cadavre d'un clochard avait été retrouvé sur la plage, les entrailles, les fesses et le ventre dévorés. La police avait conclu que ce n'étaient pas les poissons qui l'avaient mangé, parce que les poissons commençaient toujours par les globes oculaires. Parfois, on retrouvait des cochons ou des poulets égorgés et dévorés, mais les gens de l'île savaient qu'ils ne pouvaient rien contre les chiens sauvages, parce qu'ils vivaient dans les ruines infestées de serpents.

— Il faut les regarder dans les yeux, d'accord, mais il y en a plein, je ne peux en regarder qu'un à la fois, et s'ils nous encerclent on est fichus, hein, Hashi, trouve quelque chose, dis. Hashi proposa qu'ils se mettent à hurler tous les deux en même temps de toutes leurs forces pour effrayer les bêtes. Cela ne marcha pas, bien au contraire. Terrorisés, ils ne purent émettre que des gémissements, qui firent aussitôt croître en intensité les hurlements menaçants des chiens. Tous deux étaient maintenant complètement encerclés. Peut-être qu'ils ne font qu'aboyer, ils ne nous attaqueront pas, ils ne mangent que les cadavres, dit Kiku, et au même moment un petit chien roux s'attaqua à la cheville de Hashi. Kiku abattit sa faucille de tous ses forces sur le crâne du chien, que la lame fendit au niveau des oreilles, et le chien s'effondra dans une mare de sang. Un autre animal attaqua alors Hashi par-derrière, déchirant la manche de sa chemise et faisant tomber l'enfant sous la violence du choc. Kiku abattit sa faucille sur l'arrière-train de l'animal, craignant de blesser Hashi par erreur s'il visait la tête du chien. Mais il s'agissait cette fois d'un gros chien qui se relança aussitôt à l'attaque, la lame toujours plantée dans l'arrière-train. La puissance du bond fit lâcher prise à Kiku qui tenait toujours le manche de sa faucille. Le cercle menaçant se rétrécissait peu à peu, tandis que la meute approchait. Un des chiens sauta à la gorge de Kiku, mais il ramassa la faucille de Hashi et la lança dans la tête du chien. Sans reculer pour autant, celui-ci mordit aussitôt un poignet de Hashi. Hashi, relève-toi ! hurla Kiku en frappant une nouvelle fois l'arrière du chien, mais cela ne fit qu'exciter davantage l'animal, qui secoua la mâchoire et enfonça encore plus profondément ses crocs dans le poignet de l'enfant. Kiku brandit une nouvelle fois sa faucille, prêt à briser la mâchoire du chien, mais une autre bête, énorme, au poil noir luisant, lui happa la cuisse. Kiku tomba à son tour sous la violence du choc et la douleur. Il se cogna à Hashi, blême de terreur. Kiku cherchait à protéger sa gorge de ses deux mains. Tandis qu'il se roulait par terre selon les mouvements du chien pour éviter les morsures, il entendit un grondement et une pétarade. Un nuage de poussière se dirigeait vers eux. Il vit apparaître le cadre métallique d'une moto, à l'extérieur du cercle des chiens. C'était l'homme à la longue barbe, celui qu'ils avaient surnommé Gazelle. Il les regarda, enleva son casque, essuya la sueur de la paume de sa main, lança quelque chose de blanc. Le cercle se disloqua, les chiens s'avancèrent peu à peu en direction des morceaux de pain que leur lançait l'homme, criant comme un berger dirigeant un troupeau de moutons. Même le monstre noir agrippé à la cuisse de Kiku lâcha prise pour happer un morceau de pain tombé à côté de lui. Hashi était au bord de s'évanouir. La moto s'approcha lentement d'eux. Il leur fit signe de monter. Kiku aida Hashi à se hisser sur le siège, grimpa derrière lui, s'agrippa à la ceinture de cuir de Gazelle. Ce dernier, qui avait remis son casque, vérifia que les enfants étaient bien assis puis démarra en trombe, dans un nuage de poussière.

Les plantes grimpantes entravaient les roues et Gazelle, chaussé de grosses bottes, écartait à grands coups de pied les chiens qui les poursuivaient. La moto se dirigea vers la mer. Passant devant le groupe d'immeubles, brisant de menues branches au passage et traversant des fourrés de ronces, elle déboucha sur la grand-route. Gazelle fonça alors pleins gaz, à une telle vitesse que Kiku et Hashi ne pouvaient garder les yeux ouverts. Le vent soufflant sur leurs plaies les rafraîchissait en les séchant. Le sang coulant de la blessure à la cuisse de Kiku avait sali le siège de la moto. Il ouvrit les yeux et vit un moment étinceler la surface d'un blanc aveuglant de la mer. Puis les couleurs du paysage commencèrent à se fondre, la vitesse de la moto mêlait toutes les couleurs derrière les paupières à demi closes de Kiku, il frotta sa cuisse gluante de sang. Il avait l'impression d'être projeté à l'intérieur d'un rêve qu'il avait fait plusieurs fois. Un homme barbu l'emmenait, lui, nouveau-né, vers le ciel, sur une colline surplombant la mer. Enfin il faisait partie du tableau accroché au mur de la chapelle, enfin il ressentait la bénédiction d'une nouvelle naissance.

— Vous... vous habitez dans le cinéma ?

Gazelle hocha la tête.

— On pourra aller vous voir là-bas ?

— Une fois, j'ai vu un type qui avait la rage. Il essayait de se gratter les poumons en s'enfonçant la main au fond du gosier. Alors si on vous dit que vous avez attrapé la rage, venez me voir au cinéma, je vous gratterai les poumons.

Gazelle les laissa entrer une seule fois dans le cinéma. Comme les robinets de la ville abandonnée ne fonctionnaient plus, il avait creusé un puits à l'insu de la Compagnie des eaux. Le puits, situé dans la cour de l'école, était dissimulé par des herbes et des buissons. Il avait renforcé le premier étage du cinéma avec de nouvelles barres de fer, pour que le sol supporte le poids de sa moto. La plupart des fauteuils étaient cassés et un drap pendait devant l'écran, mais à part cela, l'intérieur du cinéma ne semblait guère avoir changé. Gazelle avait illégalement détourné une ligne électrique, mais il ne s'en servait guère, sinon pour faire marcher le projecteur. Le projecteur était tout cassé, seules les lentilles étaient encore utilisables, et il avait mis deux ans à le réparer entièrement, leur expliqua-t-il. Dans la mezzanine de la salle de projection, transformée en chambre à coucher, Kiku découvrit une photo où Gazelle était photographié en compagnie d'une femme. Debout sur un chemin en pente, ils se tenaient par le bras, avec à l'arrière-plan une falaise escarpée et un nuage étiré, brouillard ou fumée. La femme n'était pas très belle mais elle souriait. Gazelle était imberbe, et tenait à la main gauche une caméra dix-huit millimètres qui ressemblait à une mitraillette. Il n'y avait que deux films dans la salle de projection. Sans leur demander leur avis, Gazelle projeta les deux courts métrages aux enfants. L'un d'eux, intitulé *La Nature dans les îles Ogasawara occupées*, avait été filmé avec une caméra sous-marine dans des mers tropicales. A la fin, des poissons tropicaux emplirent tout l'écran tandis que dans le coin inférieur apparaissait une grotte sous-marine, où défila le générique. Gazelle arrêta le projecteur. Il regardait fixement l'écran. Il n'y avait plus un bruit, hormis celui du ventilateur. Gazelle murmura d'une voix presque inaudible :

— Datura.

S'apercevant que Kiku et Hashi le regardaient, il remit le projecteur en marche. Puis il détourna le regard de l'écran, fit une grimace douloureuse et murmura à nouveau : Datura.

Le deuxième court métrage était un documentaire sur la vie quotidienne et le travail des gardiens du service d'ordre du stade national lors des Jeux olympiques de Tōkyō, intercalés de longues séquences sur les épreuves du saut à la perche et du 100 mètres hommes. C'était la première fois que Kiku voyait du saut à la perche. Il se sentit étrangement ému, comme s'il était lui-même propulsé dans les airs, en voyant Hansen projeté au ralenti dans l'espace à l'aide de sa perche en fibre de verre. Kiku avait alors douze ans, et il n'était pas très rapide à la course. Il ne s'en était pas encore aperçu mais il avait en potentiel des muscles extraordinairement puissants, encore endormis. Sur le chemin du retour en sortant de cette séance de cinéma avec Gazelle, il ramassa un bâton et imita le saut à la perche.

Ce jour-là fut le plus chaud de toutes les vacances d'été. Kiku et Hashi, qui avaient choisi comme sujet de devoir de vacances une collection de spécimens de coquillages, passaient le plus clair de leurs après-midi à la plage.

Hashi qui avait appris à plonger cherchait des ormeaux. Kiku, ne se sentant pas très bien, restait assis sur la plage. Avant de venir, il avait fait une petite sieste, mais avait rêvé que ses jambes rôtissaient sur un brûleur à gaz. C'est parce qu'il avait dormi avec les jambes repliées bizarrement, lui expliqua Hashi, et en plus, ajouta-t-il, tu avais le soleil juste sur les mollets. Il avait toujours les jambes ankylosées en dessous du genou. Kiku mélangea le sable brûlant avec de l'eau de mer et se massa les jambes.

Sur des rochers, juste au-dessus de l'endroit où Hashi plongeait, un couple était assis sur une serviette de bain bleue. Chaque jour, des couples similaires, avec ou sans enfants, venaient à la plage avec des serviettes pareilles à celle-ci, portant teint à l'arrière le nom de l'unique auberge de l'île. La femme qui s'enduisait de crème solaire avait une peau blanche sur laquelle se remarquaient des traces rouges de piqûres d'insectes, parsemant ses mains, ses jambes, son ventre. Hashi, qui était revenu chargé d'oursins et de turbos, murmura qu'il n'avait pas trouvé d'ormeaux, puis jeta un coup d'œil du côté de la femme et fit remarquer à Kiku qu'elle devait sûrement avoir un chat.

Kiku avait commencé à apprendre le saut à la perche avec une perche de bambou. Il plantait sa perche sur le rivage et s'entraînait à sauter dans l'eau. Il s'entraînait ainsi tous les jours, mais tout ce qu'il avait compris jusqu'à présent, c'était la nécessité de courir très rapidement avant de sauter. Plus vite il prenait son élan, plus haut il pouvait sauter. Kiku se demanda comment il pouvait courir plus vite encore. Ce devait être une question de position. Il se rappela ce que faisait Bob Hayes au moment du départ de l'épreuve du 100 mètres aux Jeux olympiques de Tōkyō. Debout les deux pieds joints, il étirait son corps tout entier comme s'il devenait lui-même une longue perche. Dans cette position, il se penchait en avant. Quand son corps se déséquilibrait, il lançait une jambe en avant. Bob Hayes répétait plusieurs fois cette posture, comme s'il s'agissait de la posture idéale d'un athlète courant de toutes ses forces. Courir, c'était cela : se pencher aussi loin que possible en avant comme si on allait tomber, et porter l'autre jambe en avant juste au moment où on allait vraiment se déséquilibrer. Le premier singe à se dresser sur ses pattes arrière avait dû courir ainsi, alors pourquoi pas lui, Kiku ? Sans oublier de se pencher le plus possible en avant, il se mit à courir de toutes ses forces sur la plage. Il ne s'arrêta que quand il fut épuisé, dégoulinant de sueur, jambes et bras gourds.

Le jeune homme assis sur la serviette bleue se leva et s'approcha de Hashi, qui se désaltérait avec du jus d'orange contenu dans une Thermos. Il n'y a pas de méduses dans l'eau ? demanda-t-il.

— L'eau est encore trop chaude, répondit Hashi, les méduses ne sortent qu'après le 15 août.

L'homme lui acheta cinq cents yen ses oursins et ses coquillages. Hashi en fut tout heureux, songeant aux nouvelles lunettes de plongée qu'il allait pouvoir se payer.

L'homme retourna auprès de sa compagne et entreprit d'ouvrir les oursins. Il transperçait les carapaces avec un couteau à large lame, tout en buvant une boîte de bière. La femme, occupée à rectifier son maquillage que l'eau de mer avait fait couler, s'arrêta et se mit à observer avec intérêt les piquants des oursins qui se brisaient avec des craquements. L'homme prit à plat sur la lame de son couteau les œufs jaunes d'un oursin, les porta jusqu'à la bouche de la femme. Elle les attrapa délicatement du bout de la langue en levant la tête. Kiku et Hashi regardaient fixement la scène. On dirait qu'il essaie de la tuer avec son couteau, dit Hashi. Il sentait presque les œufs mous fondre au contact de la langue chaude de la femme et descendre dans son gosier. Kiku se sentait barbouillé.

La femme se piqua le mollet avec un piquant d'oursin. Elle se pencha vers l'homme pour qu'il l'aide. Il saisit la jambe de la femme, essaya d'attraper avec ses dents le bout d'épine qui sortait légèrement du mollet. La femme eut un rire aigu comme si cela la chatouillait. Ce rire fit grincer les dents de Kiku. Il ressentit une soudaine bouffée de haine envers cette enquiquineuse. Entre les mains de l'homme, sur fond de paysage marin, la jambe de cette femme paraissait particulièrement blanche, elle se tortillait comme un ver. Kiku cracha dans le sable et murmura : Je voudrais la tuer à coups de poing. Cette phrase lui permit de transférer un peu à son corps la désagréable fièvre qui avait envahi son esprit, et il murmura à nouveau plusieurs fois, les yeux fermés : Espèce d'enquiquineuse ! Quand on a la peau blanche comme toi, on ne va pas au bord de la mer ! Sale enquiquineuse, tu me dégoûtes, je te crèverai à coups de poing. Puis il oublia la femme. La fièvre avait envahi tout son corps. Il était brûlant. Il marcha jusqu'au rivage, enfonça ses talons dans le sable dur et humide, d'abord doucement puis de plus en plus fort, donnant de violents coups de talon dans le sable. Puis il s'accroupit, écarta les deux mains, prit la position de départ d'un coureur. Levant les hanches, il retint son souffle. Regarda la plage devant lui. Les minuscules interstices dans le sable aspiraient les vagues. Un étrange pressentiment le força à fermer les yeux. Il pouvait se voir en train de courir. Il lui sembla qu'il était lui-même quelques mètres devant lui, fendant l'air fiévreusement de toutes ses forces. Go ! hurla Hashi, et Kiku s'élança. Comme s'il voulait rattraper l'autre Kiku dont il venait d'avoir la vision, à quelques mètres devant lui. Quand son pied droit eut touché trois fois le sable, il se sentit soudain plus léger, comme s'il se fondait dans sa vision fiévreuse. Il ne courait plus, il était transporté. Il sentait ses muscles se tendre juste sous la peau. Brisant la carapace qui les enveloppait, les muscles de Kiku venaient de se réveiller, la fièvre qui parcourait son corps, ne trouvant pas d'échappatoire, alimentait la puissance de sa course, au bout de ses pieds. Tout en courant, il se mit à hurler. Il lui semblait qu'il allait s'envoler vers le ciel. Ça y est, j'ai réussi ! Je l'ai attrapée, cette machine de métal géante qui tournait à l'extérieur de moi et me faisait si peur, elle est en moi maintenant ! jubilait-il.

4

Peu avant l'entrée des deux enfants au collège, Kazuyo constata que tous leurs vêtements étaient devenus trop petits, et les emmena faire des courses à Sasebo. Kiku et Hashi s'étaient déjà rendus plusieurs fois dans cette ville, dont le ciel leur semblait toujours nuageux, mais ils se réjouissaient d'avance de retrouver les otaries du parc d'attractions aménagé sur la terrasse supérieure d'un grand magasin.

Ce jour-là le grand magasin était bondé. Ils firent des courses, allèrent au restaurant où ils se régalèrent d'omelette au riz puis montèrent tout en haut, sur le toit. A l'endroit où, la dernière fois, il y avait un manège de tasses à café géantes qui tournoyaient sur elles-mêmes, était aménagée une estrade provisoire, sur laquelle se tenaient un présentateur en veste argentée, maquillé, le nez chaussé d'énormes lunettes de soleil en forme de papillon, et une femme aux cheveux teints en roux, vêtue d'une robe couverte de roses artificielles. Des ballons multicolores décoraient le fond de la scène, devant lequel étaient assis cinq musiciens d'un âge avancé. Derrière eux on apercevait les otaries dans leur cage, réclamant de temps en temps des sardines avec des cris plaintifs, mais les spectateurs entourant la scène barraient l'accès dans cette direction.

La femme rousse se mit à danser et à chanter à pleine voix dans le micro, si fort que Kiku et Hashi devaient se hurler mutuellement dans les oreilles pour s'entendre.

Kiku voulait descendre d'un étage pour aller voir au rayon des animaux domestiques si le chiot berger allemand qu'ils avaient projeté d'acheter ensemble en économisant leur argent de poche était encore là. Il voulut se diriger vers la sortie, mais ne put bouger : les spectateurs entrés après eux encombraient maintenant le chemin jusqu'à la sortie, les propulsant de force vers l'avant. De près on voyait le fond de teint blanc, dont la femme rousse était enduite de la tête aux pieds, commencer à couler sous l'effet de la chaleur, tachant ses bas. A la fin de la chanson, le présentateur réapparut en applaudissant et commença à parler d'une voix désagréablement suave. La chanteuse s'appelait Kanae. La poudre sur son visage commençait à s'effriter, révélant une peau rêche. Elle se remit à chanter, enlevant cette fois les fleurs artificielles de sa robe pour les lancer aux spectateurs. Sous les fleurs, la robe était composée d'un tissu noir moiré. Kiku commençait à suffoquer. Chaque mouvement de foule autour de lui entraînait les paquets qu'il tenait à la main et lui sciait les doigts. Kazuyo aurait elle aussi préféré aller se reposer quelque part, seul Hashi était aux anges : il adorait la chanson. Il avait laissé ses paquets à Kiku pour s'avancer jusqu'au premier rang. La femme aux cheveux rouges sautillait sur ses talons aiguilles en peau de serpent et, à la fin de chaque chanson, tournoyait sur la pointe des pieds comme une ballerine, tandis que les vieillards de l'orchestre tournaient les pages de leur partition d'un air inexpressif. Le présentateur en veste argentée réapparut et souffla des bulles de savon sur Kanae, puis déclara qu'elle allait maintenant montrer aux aimables spectateurs une autre facette de ses talents. De gros ballons aux tranches rouges et vertes furent amenés sur scène, la chanteuse changea ses talons aiguilles pour des chaussons de caoutchouc, après quoi elle bondit adroitement en haut d'une des balles. Eh oui, chers spectateurs ! Mlle Kanae est une enfant de la balle, mais son véritable métier n'est pas de sauter sur des ballons. Dites-nous, que faisiez-vous au cirque, mademoiselle Kanae ? Faisiez-vous sauter des lions ou des éléphants à travers des cerceaux enflammés ? Kanae s'empara du micro pour répondre :

— Non, non, en fait, ma spécialité, c'est l'hypnose.

— Vraiment ? Seriez-vous capable d'hypnotiser quelqu'un dans cette salle ?

— J'ai peut-être oublié...

— Voyons, y a-t-il quelqu'un dans la salle qui souhaiterait se prêter à l'expérience ?

De nombreuses mains se levèrent en réponse.

— Bravo, bravo ! Mais dites-moi, mademoiselle Kanae, l'hypnose, n'est-ce pas dangereux ? Je n'oserais jamais essayer, je trouve nos chers spectateurs bien courageux ! Eh bien, voyons, qui allez-vous choisir comme partenaire ?

— Il y a quatre ans, j'ai sorti un disque. Il ne s'est pas très bien vendu, je chantais très mal. Ça n'a pas changé, d'ailleurs, mais s'il y a une personne dans cette salle qui connaît le titre de cet album, qu'elle lève le doigt.

Le calme revint dans la salle. Plus personne ne levait la main. Le présentateur, l'air embarrassé, proposa à Kanae de donner un indice, mais à ce moment-là une petite voix se fit entendre.

— Voyons, qu'avez-vous dit ? Plus fort, je vous prie !

— *Pétales de chagrin*.

— Bonne réponse ! Merci

La femme rousse invita de la main le jeune spectateur à monter sur scène : c'était Hashi.

La chanteuse demanda aux spectateurs de respecter le silence nécessaire à sa concentration d'esprit. Hashi était debout sur la scène, l'air tendu. Il agita la main en direction de Kazuyo et Kiku. Le présentateur lui demanda s'il avait déjà suivi un traitement psychiatrique, et Hashi répondit non, puisque lui et Kiku avaient toujours ignoré que les séances de « cinéma » de leur enfance étaient en fait un traitement. Une grande boîte noire fut amenée sur scène. Hashi et la femme aux cheveux rouges pénétrèrent à l'intérieur, et ressortirent dix minutes plus tard. Hashi avait les yeux écarquillés. Un murmure parcourut l'assistance et la femme posa un doigt sur ses lèvres pour ramener le silence.

— Dites-nous votre nom et votre âge.

— Hashio Kuwayama, treize ans.

— Où êtes-vous en ce moment ?

— A Hawaii.

— Où cela à Hawaii ?

— Près de la mer... Non, sur la mer.

— Quel temps fait-il à Hawaii ?

— Très chaud.

Les spectateurs éclatèrent de rire. Tous portaient de gros manteaux ce jour-là mais Hashio, qui transpirait abondamment, avait commencé à enlever le sien. Il va s'enrhumer, s'inquiéta Kazuyo.

— Que faites-vous à Hawaii, Hashio ?

— La sieste.

— Et maintenant, vous avez fini la sieste ?

— Oui, je suis en train de pêcher.

— Tout seul ?

— Non, Kiku est là aussi.

— Qui est Kiku ?

— Mon frère aîné, en réalité c'est mon ami.

— Y a-t-il quelqu'un d'autre avec vous ?

— M. Kuwayama.

— M. Kuwayama ?

— Je veux dire, mon père.

Kazuyo commençait à avoir l'air inquiet. Kiku, cherchant un moyen de mettre un terme à tout cela, s'avança vers la scène à tout hasard. Hashi semblait souffrir. Il était blême et se raclait la gorge sans arrêt.

— Hashio, cela suffit, n'est-ce pas ? Il fait trop chaud à Hawaii, rentrons. D'accord ?

— Rentrer où ?

— Ah oui, eh bien, cette fois Hashio, revenons à quand vous étiez petit, tout petit. Vous devenez un tout petit bébé, le temps retourne en arrière, Hashio, vous êtes un tout petit bébé à peine né, quel effet cela vous fait-il ?

— J'ai chaud.

— Comment ? Nous ne sommes plus à Hawaii, Hashio, où êtes-vous maintenant ?

— Je vais mourir tellement j'ai chaud.

— Voyons, Hashio, vous êtes revenu de Hawaii, vous êtes un tout petit bébé, à peine sorti du ventre de votre maman...

— Stop ! hurla Kiku.

La femme aux cheveux rouges se tourna vers lui et le pria de se taire. C'est alors que Hashi, qui tremblait de tous ses membres, leva la tête vers le ciel couvert de nuages et poussa un hurlement à faire frissonner toute la salle. La femme, surprise, frappa trois fois dans ses mains à proximité des oreilles de Hashi qui ouvrit les yeux mais, toujours tremblant, fit le tour de la scène d'un pas chancelant. Kiku se fraya un chemin dans la foule, bondit sur l'estrade, prit Hashi dans ses bras. La femme rousse, l'homme au veston d'argent et l'ensemble des spectateurs les fixaient d'un air stupéfait. Une rage folle envahit Kiku, qui se rua à coups de poing sur le présentateur, bourra de coups de pied le ventre de la femme. Toute la salle se mit à hurler, tandis que les musiciens ceinturaient le forcené. Hashi, qui contemplait le spectacle d'un œil plein de tristesse, sauta d'un bond en bas de l'estrade et se fraya en courant un chemin vers la sortie, bousculant les spectateurs. Kazuyo fut la seule à tenter de l'arrêter, mais à cause de la foule et des cris, elle ne put ni l'approcher ni même se faire entendre. Hashi disparut derrière la porte. Kiku, maintenu par les musiciens, écoutait les cris doux et plaintifs des otaries réclamant leur pitance, qui se mêlaient aux discussions des employés se demandant s'ils devaient ou non appeler la police.

Hashi arrêta l'école. Il arrêta aussi de parler. Kiku se souvenait de l'avoir vu dans le même état autrefois à l'orphelinat. A l'époque où il se réfugiait dans son royaume en modèle réduit. Après sa fuite du grand magasin, il avait disparu une nuit entière. La police le retrouva le lendemain endormi dans des toilettes publiques en bordure de la rivière Sasebo, dénudé à partir de la taille. Son instituteur vint lui rendre visite mais Hashi ne le regarda même pas.

Pour remplacer son monde miniature d'autrefois, il avait choisi la télé. Il l'allumait le matin au réveil et restait les yeux rivés sur l'écran jusqu'au soir. Il ne mettait plus le nez dehors et si Kuwayama ou Kazuyo éteignait le poste, il avait des accès de violence. Il ne parlait qu'à Kiku, et seulement quand ils étaient seuls tous les deux. Je suis un méchant garçon, disait-il. Kuwayama entreprit les démarches nécessaires pour le faire hospitaliser. Kazuyo se sentait coupable et, en signe de contrition, fit des pèlerinages dans tous les temples shinto de la région, s'aspergeant d'eau pour se purifier. Hashi refusait de lui parler. Il n'avoua son secret qu'à Kiku.

— Ecoute, Kiku, je ne suis pas dingue, tu sais, mais je cherche quelque chose. Tu te rappelles quand on allait voir des films à l'hôpital ? Tu sais, des films avec des vagues, des voiliers, des poissons tropicaux, eh bien, je me suis rappelé tout ça quand j'étais sous hypnose, il y avait un son, on nous faisait écouter un son là-bas, je l'ai entendu à nouveau quand cette femme m'hypnotisait. Ça m'a vraiment étonné, tu sais, c'était tellement beau, Kiku, tu peux pas savoir, beau à te donner envie de mourir et c'est ça que je cherche dans la télé, j'écoute tous les sons, tous, les émissions culinaires par exemple, tu vois, il y a le bruit des plats les verres qui s'entrechoquent le grésillement des œufs qu'on casse sur une poêle chaude, et puis aussi les coups de feu le bruit du vent le bruit des avions l'accordéon les violoncelles les instruments de musique, je les ai tous dans la tête, le froufrou des jupes de femme dans les feuilletons et le bruit des baisers, le claquement des hauts talons sur un escalier métallique, je les connais tous par cœur, tu vois, quand je suis devant la télé j'ouvre et je ferme les yeux tour à tour, je voudrais apprendre par cœur tous les sons, oui, tous les sons qui peuvent exister dans le monde et tu vois je ne retournerai à l'école que le jour où j'aurai trouvé ce que je cherche, le jour où je saurai ce que c'est que ce son qu'on nous faisait écouter quand on était petits.

Kiku était persuadé que son frère était fou. Il avait la même expression que la première fois qu'il l'avait vu à l'orphelinat. Quand Hashi lui parlait, cela donnait à nouveau à Kiku l'impression d'être transparent, son frère avait ces mêmes yeux humides et vagues qu'autrefois. Il ne tarderait sans doute pas à être interné. Kiku se rappela que c'était à l'époque où Hashi s'était mis à s'enfermer dans ses royaumes miniatures que lui-même avait commencé à être terrorisé par une sorte d'énorme turbine. D'abord les yeux lui faisaient mal. Il avait l'impression que la surface de ses globes oculaires était complètement desséchée, des couleurs se mettaient à apparaître dans son champ de vision, entre les deux yeux, un vert profond et lumineux. Cette tache de couleur s'élargissait peu à peu jusqu'à tout recouvrir. Le paysage se figeait. L'espace entre ses deux yeux semblait se durcir, se matérialiser, devenait une roue de métal à l'éclat sourd qui se mettait à tourner. Des bruits d'explosion se faisaient entendre. La roue métallique grandissait, grandissait, au fur et à mesure que la vitesse de rotation s'accélérait. Que pouvait bien représenter cette énorme machine tournante de métal à la forme mal définie ? Il n'en avait plus peur maintenant. Dès que ses yeux commençaient à lui faire mal, il partait courir sur la plage. Dès que son corps prenait de la vitesse, la tache verte entre ses deux yeux disparaissait. Quand il sentait ses forces affluer dans son corps, l'énorme machine de métal ne pouvait apparaître.

Ce jour-là, Kiku s'amusa à courir sur la plage et à s'entraîner à sauter avec sa perche de bambou, puis il se dirigea vers les ruines. A la raffinerie de charbon, il traversa un tas effondré de briques aux cassures tranchantes, un serpent vert glissa sur le béton, son ombre était l'unique élément stable dans le paysage tourmenté par le vent. Cela faisait longtemps qu'il n'avait pas marché seul ainsi. Chaque fois qu'il fait un temps ensoleillé et chaud, j'ai l'impression d'être en plein été. C'est comme ça depuis toujours. Depuis ma naissance. (La sueur qui perlait sur son front commençait à lui couler dans les yeux.) Il paraît qu'on m'a trouvé en état de déshydratation, dans le noir, au fond d'une boîte. C'est grâce à mes hurlements qu'on m'a trouvé. Je ne m'en souviens plus, mais il devait faire très chaud. A part Hashi et moi, il y a eu neuf autres bébés découverts comme ça à demi morts dans des consignes automatiques, mais ils sont tous morts, il n'y a que Hashi et moi à avoir survécu, c'est la chaleur du plein été qui nous a ramenés à la vie en nous faisant transpirer, oui, c'était l'été et c'est pour ça que les autres saisons nous laissent indifférents, en été les ombres sont bien plus nettes, je me demande s'ils ont gardé ce sac en papier à l'orphelinat ? La seule chose que m'ait laissée la femme qui m'a mis au monde : une dizaine de livres de crochet laissés dans un sac à la consigne, la police a examiné les empreintes mais ils n'ont rien trouvé. Elle n'était pas fichée chez eux, c'est pour ça, elle devait vraiment aimer le tricot et la dentelle. Même maintenant, quand je vois un napperon en dentelle ça me fait battre le cœur, Hashi, lui, sa mère lui a laissé des fleurs en souvenir, des fleurs de bougainvillée éparpillées dans le casier de consigne. Il les garde bien précieusement, ces fleurs de bougainvillée séchées.

Le vent sifflait sur la ville abandonnée. Il déchiffrait les lettres sur les enseignes à la peinture écaillée : *boucherie Shirayama, discothèque Harbor Light, magasin de cycles Kamijima, bar Niagara, restaurant Hanafusa...*

Au coin d'une rue, il tomba sur Gazelle, le nez plongé dans sa moto qu'il était en train de réparer. Il releva la tête pour le saluer :

— Salut, t'es tout seul aujourd'hui ?

Il s'était teint les cheveux et arborait une brosse de cheveux blonds, il avait la figure noire de cambouis et de sueur mêlés de poussière.

— C'est le carburateur, Kiku, le carburateur est complètement fichu.

— T'as pas un peu de pain ?
— Tu as faim ?
— Il m'en faut juste un peu.
— J'ai des nouilles froides, si tu veux.
— Je préférerais du pain.
— C'est pour toi ?
— Non.
— Les chiens ?

Kiku hocha la tête. Gazelle apporta une demi-baguette de pain français saupoudrée de farine.

— C'est le pain qu'ils préfèrent, les chiens. Dis donc, faut pas s'amuser à tuer de chiens aujourd'hui, hein, c'est la fête des morts, on n'a pas le droit de tuer.

Kiku coupa le morceau de pain en deux et fourra un quignon dans chacune de ses poches. Merci, Gazelle.

— Attends, Kiku, t'es un gosse abandonné, tu m'as dit, non ?
— Mmm.
— Tu dois détester ta mère, non ?
— Tu veux dire celle qui m'a abandonné ?
— Ouais, tu la détestes ?
— Mmm, oui, je crois.
— Tu voudrais la tuer, ta mère, non ? Celle qui t'a mis au monde ?
— Je la connais pas.
— Mais si tu te mettais à tuer tout le monde, tu finirais bien par la tuer elle aussi un jour.
— C'est un peu dur pour les gens qui ne m'ont rien fait, non ?
— Mais tu as le droit, pourtant, après ce que ta mère t'a fait. Tu as le droit de tuer tout le monde. Si tu veux, je t'apprendrai une formule magique.
— Une formule magique ? Pour quoi faire ?
— Tu n'auras qu'à réciter ça le jour où tu auras envie de tuer tout le monde, ça marche, je t'assure. Rappelle-toi cette formule : Datura, datura.
— Ratura ?
— Non, datura. N'oublie pas, hein, ça te servira un jour.

Les chiens faisaient la sieste à l'ombre des immeubles de huit étages. Kiku chercha le chiot qu'il avait repéré. Il voulait faire cadeau à Hashi d'un petit chiot aux longs poils blancs qu'il avait vu dans le coin. Hashi avait envie d'un chien depuis si longtemps. Un petit à peine né, ce serait l'idéal. En entendant Kiku approcher, les chiens commencèrent à gronder. Il y en avait sept dans l'entrée de l'immeuble, quatre autres dans l'herbe devant l'entrée, trois sur la véranda du premier étage, un autre venait de sortir du bâtiment D en entendant les autres gronder. Aucun d'entre eux n'était très grand mais ils étaient musclés et montraient les crocs. Un autre chien, aux grosses pattes et au poil noir luisant, était en train de descendre l'escalier du bâtiment C. Dès qu'il s'approchait d'eux, les autres se hâtaient de lui céder le passage. Il tenait quelque chose dans la gueule. A première vue, un bout de chiffon noir, mais non, il s'agissait d'un corbeau, un corbeau noir décapité. Kiku décida de ne pas quitter ce chien des yeux. A son tour, le chien regarda l'intrus puis disparut à l'arrière du bâtiment C. C'est alors qu'il vit le chiot. Il mordillait un pneu de vélo, derrière un beau chien blanc à longs poils aux oreilles pendantes qui devait être sa mère. Ce chiot-là deviendrait magnifique, c'était sûr. Kiku décida d'observer la situation un moment avant d'agir. Il sortit les morceaux de pain de ses poches ainsi qu'une arme confectionnée à l'aide de bouts de fer entourés de lanières de cuir. Quand le petit chiot en eut assez de mordiller son pneu, il essaya de se glisser sous le ventre de sa mère pour téter, mais elle le repoussa, et il s'endormit, le bout du nez posé sur le ventre de sa mère, remuant la queue d'un air satisfait. Kiku lança un morceau de pain qui roula tout près de la mère. Mais un petit chien noir tacheté qui observait Kiku depuis un moment bondit sur le morceau de pain et s'enfuit, le tenant serré entre ses babines. La chienne poussa un aboiement en voyant le pain disparaître sous ses yeux et se jeta à la poursuite du chien noir. Aussitôt Kiku courut vers le chiot, l'attrapa à l'instant où il allait se lancer à la poursuite de sa mère et le fourra sous sa chemise. Il y avait trois autres chiens dans l'entrée de l'immeuble et il leur lança le reste du pain, puis s'enfuit en courant, tandis que les chiens se disputaient les morceaux. Le chiot se débattait et lui lacérait la poitrine de ses griffes. Kiku se retourna : pas un chien ne le poursuivait. Sautant par-dessus les hautes herbes, il continua à courir de toutes ses forces. Il se retourna : les immeubles ressemblaient déjà à de petites boîtes d'allumettes, et aucun chien en vue. Il continua cependant à courir de toutes ses forces. Le chiot gémissait.

Soudain, un choc violent le fit basculer en avant. Tout devint noir autour de lui, il eut juste le temps de se soutenir sur les coudes pour ne pas écraser le chiot. Quelque chose, accroché à son dos, grondait, mais il ne comprenait pas encore ce qui lui était arrivé. Il ne comprit qu'il s'agissait d'une morsure que quand les crocs plantés dans son épaule commencèrent à s'agiter furieusement, provoquant de nouveaux élancements de douleur. Juste sous ses yeux, une mare de sang poisseux s'élargissait sur le sol en béton. Il ne pouvait plus bouger son cou et ne voyait rien d'autre que ce carré de béton. Le soleil, pénétrant dans sa chair par les trous béants ouverts par la morsure, le brûlait. Il essaya de se relever, l'emprise des crocs se fit plus profonde. Le froid l'envahissait peu à peu. Sa plaie était brûlante, pourtant il avait la chair de poule, des frissons glacés le parcouraient. Une nausée lui souleva l'estomac. Juste au moment où il suffoquait sous les vomissements, il sentit qu'on les aspergeait d'eau, lui et le chien. Les crocs se détachèrent de son épaule. Le son mat d'une barre de fer frappant une chair tendre lui fit relever la tête : Gazelle ! A côté de Kiku, la chienne aux longs poils, pattes avant repliées, écumait une bave sanglante. Gazelle, un rictus de plaisir aux lèvres, levait à nouveau sa barre de fer, quand Kiku hurla en fermant les yeux :

— Non ! Pas la mère ! Ne tue pas la mère !

Hashi baptisa le chiot Milk. Les blessures au cou de Kiku, profondément déchiré par les crocs de la chienne, furent longues à guérir. Les plaies avaient du mal à sécher et s'infectaient facilement, il fut longtemps obligé de protéger son cou avec des bandes de gaze. Mais tandis que les plaies béantes de Kiku se refermaient, Hashi lui aussi sembla enfin en voie de guérison. Il avait mémorisé tous les sons de la télé, affirmait-il, sans pour autant trouver celui qu'il cherchait. J'ai bien réfléchi, Kiku, le son que je cherche, il n'est pas là-dedans, à la télé, le vent d'Irlande du Nord ou le vent des îles Bora Bora ont exactement le même son, tu vois, ça ne marche pas parce que ce ne sont pas les vibrations directes de l'air. Les vibrations de l'atmosphère sont enregistrées sur une cassette avec un micro puis, à partir de la cassette, transformées en ondes électriques, si bien que sur la bande sonore ce sont des bruits déjà morts, on n'y trouve plus rien, tandis que le son qu'on nous a fait écouter tout petits, il était retransmis, bien sûr, mais c'était quelque chose de vraiment calculé. Un mélange de son naturel et de son manipulé électroniquement, à mon avis, de la musique électronique ou quelque chose comme ça, tu vois, un mélange complexe de plusieurs sortes de sons mixés et ça tu ne le trouves pas à la télé, les sons de la télé sont des couinements de porc, sans plus.

Hashi venait de passer trois mois à écouter tous les bruits possibles et imaginables, son ouïe s'était affinée. Il avait écouté le vent soufflant dans un parc, agitant les branches, et des milliers de voix différentes, entendu des bruits de métal, de verre, d'animaux, d'instruments de musique, et il avait compris les relations qui unissaient le son et l'image, toutes ces formes et ces sons. Comme condition à son retour à l'école, il demanda qu'on lui achète un magnétophone à double piste d'enregistrement et commença à expérimenter, avec l'aide de Kiku, des mixages de bruits. Il apprit ainsi deux choses fondamentales : les sons qui procuraient une sensation d'apaisement devaient être indirects ou assourdis, et en outre donner l'espoir qu'ils allaient durer éternellement. Quand il demandait à Kiku quels sons lui apportaient le plus de bien-être et d'apaisement, celui-ci répondait : l'écho lointain d'une leçon de piano et le bruit régulier d'une pluie tombant interminablement, ponctué par le plic-ploc de gouttes tombant du rebord d'un toit.

Même après son retour à l'école, Hashi continua à aiguiser son oreille, attentif à toutes sortes de sons et de musiques. Il se mit également à étudier le solfège, le rythme et l'harmonie. Il découvrit un jour une musique proche du son qu'on leur faisait écouter à l'hôpital. Il avait déjà entendu cette mélodie sur un disque mais n'avait rien remarqué de spécial, c'est grâce à une vieille boîte à musique ramassée dans les ruines qu'il s'aperçut de la similitude de cet air avec le son qu'il recherchait. Le mécanisme de la boîte à musique était cassé et il devait la remonter à la main, changeant la vitesse du plateau. Même Milk arrêtait d'aboyer quand il entendait la boîte à musique, et s'asseyait pour écouter en remuant la queue d'un air satisfait. C'est ainsi que Hashi put donner au moins un nom à ce son qu'il avait décidé de découvrir, même s'il devait y consacrer toute sa vie : *Träumerei*, le titre inscrit sur le couvercle de la boîte à musique.

Kiku et Hashi, l'été de leurs quinze ans : ils allaient tous les jours à la plage avec Milk. Milk adorait l'eau. Tout petit chiot déjà, il aimait patauger, les pattes avant plongées dans une assiette pleine d'eau, et quand la balle qu'il poursuivait tombait dans un fossé, il plongeait aussitôt dedans, s'ébrouant dans les flaques, faisant la sourde oreille si Hashi le rappelait. Milk préférait les rochers aux plages de sable. Hashi et Kiku lui avaient fabriqué des chaussons avec des bouts de cuir, pour qu'il ne blesse pas le dessous tendre de ses pattes avec des éclats de coquilles d'huître et Milk, dès qu'on les lui enfilait, se mettait à aboyer joyeusement, comprenant qu'on l'emmenait en promenade au bord de la mer. Il avait appris à nager mieux que Hashi. Les longs poils blancs hérités de sa mère étaient toujours humides, et quand Kiku et Hashi les lui peignaient au coucher du soleil, sur la plage, des cristaux de sel restaient accrochés entre les dents du peigne.

Kiku et Hashi ressentirent une pointe de jalousie envers leur chien le jour où il rencontra sa mère par hasard. C'était au retour de la plage. La chienne blanche ne s'était pas remise du coup assené par Gazelle : elle traînait la patte avant et son beau pelage était clairsemé. Ses yeux étaient troubles, elle bavait sans cesse. Traînant sur le sol sa patte avant droite brisée, elle faisait les poubelles en compagnie d'un vieux chien efflanqué. Milk gronda à voix basse sans la reconnaître, puis passa en l'ignorant. Sa mère ne lui jeta pas un coup d'œil. Mais un peu plus loin, Milk se dressa, en haut d'une colline derrière laquelle le soleil allait disparaître, secoua son pelage blanc et se mit soudain à hurler à la mort.

5

Anémone se réveilla à midi et passa encore deux heures au lit avant de se décider à se lever. Par habitude, elle mit une cigarette entre ses lèvres, mais resta perplexe un moment sans l'allumer : comment se faisait-il qu'elle n'ait pas eu de cauchemars cette nuit ? Peut-être parce qu'il faisait plus chaud que d'habitude, ou parce que les feuilles nouvellement sorties des plantes posées sur le rebord de la fenêtre dégageaient davantage d'oxygène, ou bien tout simplement parce qu'elle venait d'acheter un matelas en plumes plus confortable que le précédent.

Elle sortit du Frigidaire à côté du lit des bouteilles de jus de légumes, de jus de mangue, de yaourt liquide et d'eau gazeuse, qu'elle aligna côte à côte. Puis, tendant la main vers sa coiffeuse, elle attrapa un thermomètre et un appareil pour pression artérielle, vérifia sérieusement sa température : normale, et sa tension : un peu faible. Elle fit dix minutes de yoga sur son lit, vida une bouteille de jus de légumes et une de jus de mangue, remit les autres boissons dans le frigo, puis alluma une cigarette, fit tourner la fumée dans sa bouche un peu anesthésiée par l'acidité des légumes et la douceur de la mangue, se dit que le goût d'une cigarette au menthol par là-dessus était ce qui pouvait exister de pire au monde. Elle se rappela une grosse femme dans une publicité, affirmant que la combinaison mangue-menthol était idéale en cas de constipation. Ce que lui avait dit une amie dernièrement dans un restaurant turc était donc vrai : toutes les grosses femmes étaient des menteuses. Question de métabolisme. Leur centre de gravité n'est pas sur les hanches mais dans le bas-ventre, ce qui fait que leur cerveau frontal subit une pression anormale, elles ont le ventre mou et les épaules pleines de tensions, cela les empêche de tenir un raisonnement normal. Anémone regarda le mobile faisant calendrier suspendu au plafond, se rendit compte qu'elle ne travaillait pas cette semaine. Si elle allait faire du tennis ? Impossible, les cordes de ses deux raquettes étaient cassées depuis trois mois, le vendeur lui avait promis d'en commander de nouvelles, mais on ne les trouvait qu'en Nouvelle-Zélande, parce qu'elles étaient faites en boyau de mouton. Cet imbécile de vendeur avait probablement commandé les moutons entiers, vu le temps que ça prenait ! Elle réfléchit à la façon dont elle pourrait bien passer cette semaine, mais renonça aussitôt : trop fatigant de penser à ça !

Anémone était née dix-sept ans plus tôt, d'un père gérant d'une compagnie pharmaceutique commercialisant un décongestionnant nasal à embout plastique, et d'une mère chanteuse depuis qu'elle était enfant, dont la voix, même à quarante ans, n'avait pas changé puisqu'elle s'était fait opérer des cordes vocales pour garder son timbre enfantin. Anémone était fille unique, et le premier mot qu'elle apprit à dire fut « mignon ». Le premier mot de la plupart des bébés est « maman » ou « miam-miam », termes aux sonorités approchantes, mais Anémone, elle, avait choisi « mignon », mot que son entourage lui répétait à longueur de journée.

La mère d'Anémone avait été opérée des cordes vocales à neuf ans et était devenue chanteuse, mais à dix-huit ans, ses disques cessant de se vendre, elle se fit opérer à nouveau, optant cette fois pour la chirurgie esthétique. Les yeux étroits fendus en amande qui avaient fait son charme en tant qu'enfant-star de la chanson étaient à l'adolescence devenus légèrement tombants, à cause des paupières qui les écrasaient, elle décida donc de les faire arrondir, de sorte qu'elle put continuer à chanter des comptines même à trente ans passés. Le père d'Anémone se laissa prendre au piège de ce beau visage refait, et c'est ainsi qu'il épousa la chanteuse. A la naissance d'Anémone, l'inquiétude submergea sa mère. Sa hantise était de mettre au monde un bébé affreux. Son mari s'apercevrait alors que le visage, les cordes vocales et même la virginité de sa femme devaient tout au scalpel du chirurgien, et il demanderait le divorce. Elle serait obligée de retourner à sa vie de chanteuse de cabaret, chantant des airs mélancoliques pour des hommes avinés. C'est pourquoi, quand elle mit au monde la jolie petite Anémone, sa mère, folle de joie, obligea tout le monde autour d'elle, chauffeur et domestiques compris, à répéter plus que nécessaire : Ah, quelle mignonne petite fille ! En grandissant, Anémone devint si jolie que les gens qui la voyaient poussaient des exclamations admiratives sans y être forcés. A tel point que sa mère en arriva à se demander si le chirurgien qui l'avait opérée autrefois n'avait pas oublié à l'intérieur de son corps son scalpel et ses pinces, qui, se dissolvant dans son utérus, avaient pratiqué une sorte de chirurgie esthétique miraculeuse, parfaite et indolore, sur l'enfant qu'elle portait.

En deuxième année de collège, Anémone fut remarquée par un agent alors qu'elle apparaissait dans une publicité télévisée pour le décongestionnant nasal fabriqué par la compagnie paternelle, et elle travailla dès lors comme mannequin. Elle avait quitté le lycée l'année précédente mais ne pouvait pas être top model, car il lui manquait quelques centimètres pour cela, elle apparaissait donc principalement dans des pubs télé et sur des affiches. Elle faisait partie d'une agence de mannequins qui négociait les contrats pour elle. Elle était aussi apparue une fois dans un film, mais avait abandonné son rôle avant la fin du premier jour de tournage, parce qu'elle ne supportait pas l'haleine fétide de son partenaire masculin qui souffrait de pyorrhée dentaire. Elle n'éprouvait aucune passion particulière pour son métier.

Un an plus tôt, elle avait profité de son départ de l'école pour quitter également la maison de ses parents et s'était installée dans un appartement. Il y avait deux raisons à cela. La première était que ses parents avaient l'un un amant l'autre une maîtresse plus jeune, en dépit de quoi ils continuaient à bien s'entendre à la maison et à se manifester de la tendresse. Non seulement devant Anémone, mais devant tout le monde, à tel point que cela donnait envie de vomir. Il leur arriva même de dîner tous les cinq, Anémone, ses parents et leurs amants. Après le repas, tout le monde jouait tranquillement aux cartes quand Anémone éclata soudain en sanglots. Il n'y a pas de quoi pleurer comme ça, voyons, dit son père. Anémone, il n'y a aucune raison que tu pleures que tu sois malheureuse ou que tu te sentes abandonnée, ton papa et ta maman ont tous deux beaucoup de patience, nous sommes fidèles à nos désirs et nous nous aimons tu es encore trop jeune pour comprendre tout ça mais ni moi ni maman ne sommes malheureux et tu sais dans la vie on est toujours seul tout n'est pas toujours rose. Anémone, ta mère et moi avons souffert des années de cette situation nous en avons discuté et nous nous sommes aperçus que nous nous aimions vraiment alors nous avons décidé de nous présenter nos amis et de vivre ouvertement. Anémone papa et maman sont des adultes tu n'es qu'une enfant un jour viendra où tu comprendras tout cela même si ce n'est pas toujours facile nous trouvons plus honnête de montrer nos aventures au grand jour si tu ne peux pas t'arrêter de pleurer réfléchis un peu la vie n'est pas toujours simple tu ne peux pas jouer les enfants gâtées toute ta vie Anémone !

La deuxième raison du départ d'Anémone était l'animal qu'elle élevait depuis six ans maintenant : un alligator que ses parents lui avaient acheté dans un grand magasin. Le vendeur leur avait affirmé que sa taille adulte ne dépasserait pas un mètre. Il mange de la viande ou du poisson crus, il suffit de changer son eau une fois par semaine, vous mettez une plante tropicale à côté et ça y est vous êtes en Amazonie ! Anémone hésitait entre les piranhas et l'alligator, mais elle préféra finalement l'alligator parce que ça vivait plus longtemps. L'animal fut installé dans un baquet d'un mètre sur un mètre avec un peu de sable autour et elle se crut effectivement en Amazonie jusqu'au jour où elle se réveilla dans un fracas de verre cassé. Personne ne l'avait vu grandir, mais l'alligator dépassait largement de son bassin, même en diagonale. Les parents d'Anémone allèrent se plaindre au grand magasin. L'espèce que nous vendons, leur fut-il répondu, est élevée au Sri Lanka, il s'agit d'un crocodile pygmée du Congo, originaire du nord-est de l'Afrique, et amélioré pour en faire une espèce plus petite encore, qui dépasse rarement les cinquante centimètres. On peut donc supposer que lors du transport, qui se fait *via* Singapour, différentes espèces ont été mélangées, vous avez sûrement entendu parler du célèbre parc zoologique de Singapour où l'on trouve de nombreuses variétés de crocodiles...

Le crocodile d'Anémone continua à grandir, au bout d'un an il faisait deux mètres. Cela fit du bruit dans la presse, un centre de recherches sur les reptiles envoya un spécialiste qui conclut que l'animal était de toute évidence un gavial indien. L'ordre des reptiles crocodiliens comprend trois espèces bien distinctes, leur expliqua-t-on, les crocodiles, les alligators et les gavials. La particularité des gavials est d'avoir un museau long et aplati, dont la longueur équivaut à trois fois la largeur des dents, et à l'extrémité octogonale. Son museau aplati et ses yeux protubérants lui donnent un air comique, qui a valu à l'élevage des bébés gavials une certaine mode il y a quelques années dans certaines villes des Etats-Unis. Les enfants adoraient leurs gavials mais les parents finissaient par être écœurés et les jetaient dans les toilettes. Certains de ces bébés gavials, à peine gros comme un doigt quand on les avait jetés, survécurent dans les égouts et l'un d'eux attaqua un jour un travailleur venu inspecter les souterrains et le tua. L'administration, ne sachant que faire au sujet de la bonne dizaine d'encombrantes bestioles qui peuplaient ses égouts, finit par avoir recours à l'armée, qui décima les reptiles en fermant les égouts et en arrosant l'intérieur au lance-flammes.

Anémone nomma son gavial Gulliver. Jusque-là on l'avait appelé simplement Croco, mais maintenant, en songeant à tous les fleuves tropicaux que Gulliver avait dû remonter avant de parvenir jusqu'à elle et devenir son animal favori, Anémone se sentait tout exaltée. Il y avait à peine une chance sur cent millions pour que se réalise cette possibilité unique pour lui : vivre dans une baignoire du quartier de Meguro à Tōkyō. Gulliver consommait dix kilos de viande crue par jour et provoquait des crises de nerfs chez la mère d'Anémone, qui avait renoncé à prendre des douches. Son père expliqua la situation à Anémone et entreprit des démarches auprès du zoo. Anémone pleura beaucoup mais son père refusa de céder.

Gulliver ne se laissait toucher par personne d'autre qu'Anémone, qui avait pris l'habitude d'entrer en rampant dans la salle de bains. Comme les crocodiles se déplacent en rampant, ils doivent se sentir regardés de haut par les animaux et les humains, se disait-elle. Personne n'aime être regardé d'un air supérieur, pas même les humains, aussi pour devenir amie avec lui, il valait sans doute mieux ramper, avait-elle conclu. Gulliver aimait la musique et Anémone lui en faisait écouter, tout en nettoyant les morceaux de viande coincés entre ses dents avec un tournevis. Son air préféré était *Uranus* de David Bowie.

Un beau jour, les gens du zoo vinrent le chercher. Anémone hurla qu'elle allait se suicider, Gulliver se démena encore plus qu'elle. D'un coup de sa queue lourde comme du fer, il brisa la jambe de l'employé du zoo qui tentait de lui injecter une mégadose de somnifères. Les opérations étaient délicates : on n'était pas dans la jungle, mais dans une salle de bains exiguë.

Gulliver trancha deux doigts à un autre employé qui tentait de le museler avec du fil de fer. Puis il rampa vers le living, sortant de la salle de bains dont la porte d'entrée avait été abattue pour faciliter les manœuvres. Anémone enjoignit à ses parents qui couraient partout en poussant des cris de se jeter à plat ventre et de ramper. Déchiquetant les tapis, brisant et faisant tomber les meubles, Gulliver poursuivit la mère d'Anémone à travers le salon. Elle se mit à hurler de toutes ses forces, tandis que les cicatrices de ses opérations se crispaient dangereusement.

— Maman, chante ! Gulliver adore la musique, il ne te mordra pas si tu chantes très fort !

A plat ventre par terre et suffoquant à demi sous le poids de Gulliver qui avait posé une patte sur son dos, la mère d'Anémone se mit à chanter *La Poupée aux yeux bleus* de toute la force de ses cordes vocales opérées.

Quand Anémone déménagea de chez ses parents, elle avait dix-sept ans et Gulliver faisait trois mètres de long. Elle fit abattre les murs du luxueux cinq-pièces qu'elle avait loué pour fournir à Gulliver un espace habitable décent. Grâce à un chauffage approprié et à des humidificateurs, elle reproduisit les conditions climatiques du pays natal de Gulliver, le delta de l'Irawady en Birmanie. Elle décida de mettre au moins une douzaine de lampes à ultraviolets au plafond dans le futur. Elle dénomma la chambre de Gulliver « la planète Uranus ». S'il y avait une vie quelconque sur cette planète, qui mettait quatre-vingt-quatre ans pour accomplir une révolution autour du soleil, et où l'humidité était suffocante, il ne pouvait s'agir que de plantes comme des fougères et d'animaux proches du crocodile. Le vent soufflait doucement, comme une ballade, et Anémone rêvait : elle décorerait la chambre de son crocodile comme un parc tropical, un monde de verre, de plastique et de béton dont Gulliver serait le roi, un royaume de couleurs primaires dont elle serait la déesse, déesse d'une jungle au parfum suffocant de fruits et de fleurs, un royaume de récifs de corail et de tortues de mer et de bière à faible teneur en alcool...

— Ça y est, il pleut, commenta le chauffeur de taxi, un intarissable bavard qui n'arrêtait pas de regarder Anémone dans le rétroviseur.

Anémone gardait les yeux fixés sur la route : les embouteillages commençaient.

— La pluie, encore la pluie, hier la météo a pourtant annoncé que la saison des pluies était finie, avec cette humidité j'ai toujours de la buée sur les vitres, rien à faire, ma grand-mère me le disait déjà quand j'étais petit : mon garçon, dans la vie tu ne peux te fier qu'à deux choses : la météo de la NHK et le dictionnaire anglais-japonais Sanseido, ah, et puis aussi les notices sur les animaux affichées devant les cages au zoo d'Uneo, et l'arbitre de base-ball du lycée, ma grand-mère, elle est sortie diplômée de l'université à la fin de l'ère Taishô, dans les années vingt, hein, une époque où dans son village il y avait à tout casser une personne en dix ans qui s'inscrivait à l'université, ah merde cet abruti essaie de me couper la route, elle était intelligente ma grand-mère. Ah, ces vitres tout embuées ! Je suis indiscret, mais vous, vous êtes allée où, à l'université ? Je parie que vous avez fait une école de musique ou quelque chose dans ce goût-là, je me trompe ?

Anémone ne répondit pas. Le chauffeur continuait à parler tout seul, claquant la langue, riant ou insultant les chauffeurs des voitures qui essayaient de se faufiler devant lui. Anémone s'arrêta chez un marchand de viande en gros pour acheter la pitance de Gulliver. Le chauffeur traversa et vint l'aider à porter son gros paquet de viande congelée. Vraiment gentil, ce chauffeur, un peu trop même.

— Vous savez à quoi j'ai deviné que vous étudiiez la musique ? Ceux qui font du piano ont les épaules musclées, ceux qui étudient le chant le cou épais. Des écorchures au menton ? — à tous les coups c'est un violoniste, et les violoncellistes ont les jambes arquées. Je m'y connais, hein ? On ne dirait pas que je suis chauffeur de taxi, pas vrai ? J'ai le sens de l'observation de naissance, on me l'a souvent dit, dommage pour vous de finir taxi, on m'a dit, ouais, j'aurais pu être écrivain ou capitaine de navire, attention pour être capitaine il faut un sacré sens de l'observation, il faut savoir jauger l'équipage, sinon on ne s'en sort pas, hein, dites mademoiselle, vous êtes fatiguée ?

Il y a de plus en plus de gens bavards, se disait Anémone. Tout un tas de gens qui vous adressent la parole pour un oui pour un non, dans la rue dans le train à la station de taxis dans les parcs au cinéma dans un café à l'hôpital au supermarché et si vous avez le malheur de leur répondre ne serait-ce qu'un mot, les voilà repartis de plus belle. Tout sourires, aimables comme pas deux, ils se proposent pour porter vos bagages, veulent vous offrir un café, devenir ami avec vous. Mais on m'a raconté l'histoire d'un type comme ça qui avait répondu à quelqu'un, ça a fini par le fatiguer mais quand il a voulu s'en aller en douce pour interrompre la conversation, eh bien l'autre lui a balancé un coup de couteau.

— C'est donc ça, vous êtes fatiguée ! Ah, c'est cette pluie vous savez, ça porte sur les nerfs, cette petite pluie fine c'est l'ennemie des essuie-glaces et du genre humain ! Regardez-moi ça, quand il y a une voiture qui arrive en face, elle vous éblouit avec ses phares, pas vrai, on n'y voit rien, dites, vous n'êtes vraiment pas bavarde, vous allez où déjà ? Si vous ne dites rien, je vais oublier où je dois aller, moi, ha ha ha, je plaisantais, hein ! Non mais sans blague vous allez où déjà ?

Suant de partout, il la dévisageait dans le rétroviseur. Le volant glissait parfois entre ses mains moites, qu'il essuyait alors sur son pantalon. Anémone entrouvrit sa vitre pour respirer l'air du dehors. Le bitume brûlant, refroidi par la pluie, fumait. Ça sentait le crépuscule.

— Vous allez où, alors ? C'est vrai, quoi, j'ai complètement oublié !

Le chauffeur arrêta brutalement la voiture en plein milieu de la rue, alluma ses feux de détresse. Des coups de klaxon furieux retentirent aussitôt dans la file derrière eux. Euh, Daikan-Yama, murmura Anémone. Le chauffeur se calma aussitôt.

— Ah oui, c'était ça, oui oui oui, Daikan-Yama, l'avenue Yamanote, bien sûr, où avais-je la tête ! C'est que vous n'êtes pas une cliente ordinaire, mademoiselle, c'est vrai quoi, vous vous en doutez, avec mon métier j'ai l'expérience des gens, je vois défiler au moins cinquante personnes par jour, eh bien vous, vous êtes différente, je peux vous le dire, enfin, je dis pas ça dans un sens négatif hein, mais une fille normale elle va dire un petit bonjour, saluer, quoi, en exagérant un petit peu on pourrait dire que c'est une simple règle de politesse, non ? Par exemple, tout à l'heure je vous ai dit qu'il pleuvait, non ? On venait juste de passer sous un pont, mon compteur était à 70 092 kilomètres et le montant de la course était de 1780 yen, en général le client répond quelque chose, il approuve, quoi, par exemple : Ah oui, ou alors, qu'est-ce qu'il fait humide quand on pense qu'on est déjà à mi-juillet et qu'il pleut encore comme ça, voyez. Le temps qu'il fait c'est une façon naturelle d'entamer une conversation, voyez, moi j'ai plutôt l'esprit large, enfin j'ai mes mauvais jours comme tout le monde mais je suis plutôt bon gars dans l'ensemble, mais quelqu'un qui ne vous répond pas c'est vraiment agaçant et puis ces embouteillages de merde, ça ne coule pas plus vite qu'une tache de graisse, et cette satanée pluie qui n'arrête pas ! Et tout ça avec une cliente muette, pas aimable avec ça, ah là là, ça m'apprendra à être aussi tolérant, tiens !

Les voitures n'avançaient plus depuis un moment. On ne voyait qu'une longue file de feux arrière rouges se reflétant sur la chaussée mouillée. Le chauffeur observait le profil d'Anémone dans le rétroviseur. Les phares des voitures d'en face éclairaient par intermittence la peau fine, presque transparente, de la jeune fille, faisant naître des ombres colorées sur ses paupières et ses joues.

En bas de la rue en pente douce, on apercevait un

quartier connu sous le nom d'« îlot de la drogue ». C'était une zone contaminée. Cinq ans plus tôt, les oiseaux et les petits animaux s'étaient brusquement mis à mourir dans ce quartier. L'enquête qui s'ensuivit révéla la présence d'un produit fortement concentré en chlore. Le simple contact de ce produit chimique extrêmement toxique avec la peau causait de terribles éruptions et, ingéré, le produit attaquait le foie et le système nerveux. Les femmes enceintes risquaient des fausses couches ou de mettre au monde des anormaux. On ne put cependant déterminer pourquoi ce produit se trouvait mélangé au sol en si haute proportion. Il n'y avait aucune usine chimique dans les environs et l'on conclut qu'il devait s'agir soit d'une fuite d'un camion transportant ce produit, soit d'une décharge illégale, soit d'une transformation chimique spécifique du sol due à la température élevée ou à une réaction lors de travaux de construction. Le poison n'était pas soluble dans l'eau, résistait aux plus hautes températures et même des micro-organismes n'en venaient pas à bout, si bien que finalement le ministère de la Santé publique fit évacuer le quartier, dédommagea largement les habitants, et la zone contaminée fut entièrement condamnée. Une dalle de béton fut coulée sur le sol, tout le périmètre entouré de fils barbelés et gardé par des soldats des forces terrestres d'autodéfense. La zone fut surnommée « îlot de la drogue » pour deux raisons : à cause du produit chimique qui l'avait contaminée, et également parce que ce quartier condamné devint rapidement un haut lieu du crime, notamment des crimes liés à la toxicomanie. Les gardes patrouillaient en permanence, armés de lance-flammes, revêtus de combinaisons en amiante, empêchant quiconque d'entrer. Il était également strictement interdit d'amener ou de sortir un objet quelconque de la zone. Les habitations et leur mobilier contaminés par le produit avaient été abandonnés en l'état, et les candidats au pillage étaient prévenus par des pancartes que les gardes étaient autorisées à passer au lance-flammes tout objet quittant la zone, mais également toute personne le transportant. Cependant les criminels furent les premiers à tirer parti du fait que l'intérieur de la zone échappait à tout contrôle de la police. Ensuite ce furent des clochards qui accoururent de tous les quartiers de la capitale. Des attardés mentaux furent également abandonnés à l'intérieur de l'enceinte. Sans compter les prostituées de bas étage, prostitués homosexuels, criminels recherchés par la police, pervers, handicapés, fugueurs, qui avaient afflué, recréant une étrange société à l'intérieur de ce ghetto. Le regroupement de tous ces hors-la-loi dans la zone eut ironiquement pour effet une baisse du taux de criminalité sur l'ensemble de la capitale. Après la création du ghetto entouré de barbelés, qui circonscrivait les criminels dans un périmètre donné, les crimes, sexuels notamment, diminuèrent de façon tangible. Treize gratte-ciel s'élevaient à proximité immédiate de l'îlot de la drogue. Et ces treize tours énormes, fierté du Tōkyō moderne, semblaient avoir leurs fondations dans ces bas-fonds sinistrement calmes entourés de barbelés situés juste à leur pied.

— Autrement dit c'est du bon sens, moi je dis toujours qu'il faut garder son bon sens, c'est la chose la plus importante, et ceux qui n'ont pas leur bon sens, moi je dis, on peut tous les fusiller ! Tenez, les embouteillages comme ça c'est normal non, si tout le monde va dans la même direction à la même heure, il faut réfléchir un peu mieux au problème voilà tout, on doit pouvoir inventer d'autres moyens de transport, non, des engins volants, des voies souterraines, est-ce que je sais ? Et cette petite pluie qui tombe sans arrêt, bon sang ! Ooooh, mais dites, ça y est ! J'ai compris, c'est vous, c'est bien vous, je vous ai vue dans une pub à la télé ! Le shampooing qui vous pique les yeux, vous avez les yeux qui deviennent tout rouges et vous vous transformez en lapin, c'est bien vous, non ? Merde alors, un mannequin, je n'en reviens pas !

La pluie se mit à tomber plus fort. Sur la gauche, on apercevait maintenant le ghetto. Les guérites des gardes, les camions militaires, les voitures avec des projecteurs, les panneaux annonçant *Danger, interdiction d'entrer, zone contaminée*, tout baignait dans une faible lumière. Un peu plus loin, les murs scintillants des hautes tours donnaient l'illusion d'avoir tamisé leurs éclairages pour aller se coucher. Une ville en forme de diamant entourée de barbelés. Le chauffeur, surexcité par sa découverte au sujet d'Anémone, bavardait de plus belle.

— Vous savez que vous ressemblez à une actrice d'Hollywood, une superbe actrice d'autrefois, celle qui plongeait dans l'eau et faisait un clin d'œil en ressortant, vous savez, vous avez de grands yeux comme elle, des yeux magnifiques, ouah, dites, on est bien vendredi non, vendredi ! (Sa voix avait doublé de volume.) La semaine dernière vous savez, je me suis fait lire l'avenir par un voyant, eh bien vous savez ce qu'il m'a dit ? Que vendredi j'allais rencontrer quelqu'un qui changerait ma vie, que mon destin allait changer ! Vendredi c'est aujourd'hui et c'est de vous qu'il parlait, sûr, vous avez un visage à changer le destin d'un homme, et vos yeux, vos yeux ! On dirait les yeux de la poupée de ma sœur quand elle était petite, une poupée en plastique qui buvait du lait, et tenez je me rappelle elle se servait de son derrière comme pelote à aiguilles, ha ha. Ah, ces paupières, on dirait que vous avez un arc-en-ciel sur les paupières, c'est beau, ces couleurs sur vos paupières, ah, excusez-moi, je dis des choses bizarres, mais on a déjà dû vous dire ça, non ? Vous avez un visage à rendre un homme fou, on a déjà dû vous le dire ?

Un long coup de klaxon retentit derrière eux. Si long qu'on aurait dit qu'il était coincé. D'autres conducteurs, énervés par cet interminable coup de klaxon, baissèrent leur vitre, y passèrent la tête et se mirent à hurler : Ta gueule, crétin ! Deux autres klaxons firent écho au premier. Les vrombissements de moteur s'intensifièrent. L'intérieur du taxi, toutes fenêtres fermées, était blanc de buée. Des passants, énervés par le vacarme, ou simplement pour s'amuser, commencèrent à lancer des pierres. Le choc d'une pierre rebondissant sur le pare-chocs fit battre plus fort le cœur d'Anémone. Des centaines de faisceaux lumineux, brouillés par la pluie, ondulaient sur la surface de la rue. Le chauffeur de taxi baissa lui aussi sa vitre et hurla onze fois de toutes ses forces : Vos gueules ! Ses vociférations se perdirent dans le vacarme ambiant et il soupira, des gouttes de pluie coulant une à une de son menton. Il secoua la tête en murmurant : J'en peux plus, j'en peux plus, ces embouteillages de merde, ce boucan infernal, je finirai par y laisser ma peau. Sa voix s'était étrangement altérée : elle n'était plus haut perchée et rapide de débit comme un peu plus tôt, c'étaient des mots hachés, proférés sur un ton bas.

— Je sais ce qu'on va faire ! Écoutez, vous ne voulez pas prendre le large avec moi ? Ma compagnie de taxis a une petite villa de vacances à Chiba, moi je n'en peux plus avec ces embouteillages, je suis fatigué même de parler, je voudrais vraiment partir avec vous, quitter tout ça, mais il faut du fric, hein, une fille comme vous ne partirait pas avec un type sans le sou, pas vrai ? Dans cette villa au bord de la mer il n'y a que du saké pas cher, vous il vous faut des petits vins fins, pas vrai, et puis les matelas sont tout humides, il faudrait changer les draps aussi, en tout cas, il faut du fric pour se tirer d'ici. Eh, attendez ! On est bien à l'avenue Yamanote ici ? Attendez voir, je connais un type qui tient un bar dans le coin, c'est dans l'immeuble là au bout, ça fait des années qu'il me tourne en ridicule ce type, je vais aller lui emprunter un peu de fric et lui faire la peau par la même occasion, attendez je reviens tout de suite...

Il avait déjà arrêté le taxi, et en était descendu. Sans doute parti acheter des cigarettes, se dit Anémone. S'il ne se dépêche pas, avec la chaleur humide qu'il fait, la viande de cheval et les têtes de poulet de Gulliver vont pourrir, il faut que je mette tout ça rapidement au frigo, moi. Le taxi s'était garé à gauche, à moitié sur la chaussée, et les insultes pleuvaient des voitures qui le dépassaient. Au bout de cinq minutes l'irritation commença à gagner Anémone. Essuyant la vitre embuée de la paume de sa main, elle jeta un coup d'œil au-dehors. Un garde des forces d'autodéfense, le fusil au côté, se tenait debout tout près de la voiture. Il portait un imperméable transparent, et devait écouter de la musique car il avait des écouteurs sur les oreilles et remuait légèrement ses orteils du pied droit, en rythme.

— Désolé, désolé, ça m'a pris un peu de temps.

Le chauffeur de taxi venait de revenir. Anémone le regarda et poussa un hurlement : sa chemise, son visage étaient tout éclaboussés de sang.

— C'était plus facile que je ne l'aurais cru, c'est fou ce que c'est tendre la chair humaine, surprenant ! En tout cas j'ai le fric, tirons-nous en vitesse.

Sa voix tremblait légèrement, il fit monter la voiture sur le trottoir pour faire demi-tour et essaya de traverser les embouteillages pour repartir en sens inverse. Anémone voulut crier mais aucun son ne sortit de sa bouche. Désemparée, elle sentit la chair de poule gagner son corps. Elle était parcourue de frissons, seule sa tête était brûlante. Et la viande de Gulliver qui va pourrir ! A cette idée, une bouffée de rage la submergea. Coincé au milieu des embouteillages, le taxi ne bougeait plus. Le chauffeur avait effleuré le pare-chocs de la voiture juste devant lui et le conducteur, furieux, descendit de son véhicule. Le nez contre la vitre fermée, il hurla au chauffeur de l'ouvrir. Le chauffeur, couvert de sang, tremblait de tous ses membres. L'homme se mit à cribler la portière de coups de pied. Un autre conducteur descendit à son tour d'une voiture voisine, muni d'une batte de base-ball en métal dont il se servit pour faire voler en éclats le pare-brise du taxi. Anémone se jeta contre le siège avant pour se protéger tandis que le chauffeur, faisant à nouveau demi-tour, se mettait à rouler sur le trottoir. A un endroit, les piliers de soutien des barbelés entourant l'îlot de la drogue étaient tombés, ouvrant un passage par lequel la voiture s'engouffra. Un barbelé s'accrocha aux pneus, le moteur cala. L'énorme faisceau sinueux d'un projecteur éclaira la voiture. Il y eut un coup de sifflet, le garde en ciré lança ses écouteurs à l'intérieur du poste de garde et courut vers eux, il les tenait en joue avec son fusil. Le chauffeur réussit à remettre le moteur en route et repartit en marche arrière. Deux hommes en combinaison blanche descendirent d'un camion, leur lance-flammes braqué sur eux, prêts à les incinérer au moindre signe indiquant qu'ils étaient en possession d'un objet venant du quartier interdit. Le chauffeur appuya à fond sur l'accélérateur et, dans un bruit de barbelés déchiquetés, la voiture pénétra à l'intérieur de l'îlot de la drogue. Au bout de quelques mètres, les phares de la voiture éclairèrent le visage d'un clochard. Le chauffeur dégageait une épouvantable odeur de graisse. Anémone s'aperçut que des bouts de nouille étaient mélangés au sang qui le couvrait. Une veine bleue gonflée était apparente sur son front, ses mains moites et tremblantes semblaient prêtes à lâcher le volant à tout instant.

— Le matin je me réveillerai à côté de toi devant une mer scintillante, je préparerai des toasts et des œufs à la coque mais tu me diras, non, chéri, je n'en veux pas, je suis fourbue après tout ce que tu m'as fait la nuit dernière, tout ce que je veux c'est dormir encore. Moi je dirai, mais c'est pas bon pour la santé il faut manger, je t'amènerai le petit déjeuner au lit, ah, est-ce qu'il y a des lits déjà dans cette villa ? Enfin, peu importe, tu dormiras nue, tes belles paupières couleur d'arc-en-ciel bien fermées.

Il épousseta de la main un morceau de nouille d'au moins trois centimètres collé sur sa joue. Au même moment, Anémone se dressa et tira de toutes ses forces sur le frein à main. La voiture s'arrêta net dans un grincement de pneus. Quand le taxi fut complètement immobile, le chauffeur leva la tête vers Anémone et lui attrapa le bras avant qu'elle ait pu prendre la fuite. Sa paume était poisseuse de sang et de bouillon de nouilles.

— Eh, où tu crois que tu vas ? Tu es censée t'enfuir avec moi !

Terrorisée, Anémone détourna le regard des yeux injectés de sang du chauffeur et se mit à hurler :

— Enlevez vos sales pattes de là !

— Mais écoute, on va au bord de la mer ensemble, au premier bain de mer tout ça aura disparu.

— Toute ma viande dans le coffre va pourrir !

Excité, le chauffeur serra encore davantage le poignet d'Anémone et essaya de l'embrasser.

— Tu as un visage d'ange. Laisse-moi faire, je t'en supplie.

— Lâchez-moi, sale type, je vous déteste !

C'était la première fois de sa vie qu'Anémone criait aussi fort. Elle n'avait pas une voix aiguë comme sa mère, mais une voix profonde qui semblait venir directement du fond de son ventre. Le chauffeur, la tenant toujours de la main droite, saisit de sa main gauche un couteau encore tout dégoulinant de sang pendu à sa ceinture.

— Ah, tu me détestes, hein ! Très bien, je laisse tomber, je laisse tomber la mer, le voyage avec toi, pourtant ça aurait été bien d'aller à la mer avec une belle fille comme toi, mais tant pis.

Anémone n'avait plus vraiment peur. Depuis un moment elle avait l'impression d'être en plein rêve. Elle allait sans doute se faire assassiner, mais après tout elle avait ce genre de cauchemar toutes les nuits. Simplement dans ses rêves elle se laissait toujours assassiner en silence, alors que cette fois, elle hurlait à en avoir des haut-le-cœur. Depuis tout à l'heure elle était secouée de colère à l'idée de la viande de Gulliver qui allait être gâchée, et elle était folle de rage, elle n'avait écouté toutes les âneries que débitait cet imbécile que pour pouvoir aller chercher sa viande de cheval, et voilà le résultat ! Se griffant la poitrine de ses mains, elle se mit à hurler d'une voix qui résonna dans toute la cité silencieuse :

— Sans blague, pour qui tu te prends, taré ? !

Sa langue s'embrouillait de colère, les mots s'étranglèrent un moment puis elle reprit ses forces et poursuivit :

— Regarde-toi dans la glace, espèce d'horreur, regarde la tête que tu as, tu es vraiment repoussant avec tes nouilles partout, tu es laid, tu me dégoûtes, tu pues, tu es le plus infâme pervers que j'aie jamais vu !

Tandis qu'elle hurlait, elle se rendit compte que la fièvre de son cerveau se calmait peu à peu. Le chauffeur, les larmes aux yeux, baissa la tête, et murmura d'une voix tremblante : C'est vrai, je pue ? Anémone sentit un nouvel accès de rage monter en elle depuis les orteils. Ivre de rage, elle espérait qu'il allait lui donner un coup de couteau, car elle se voyait déjà continuer à débiter un chapelet d'injures pendant qu'il tournerait le couteau dans son ventre.

— Jamais je n'ai vu un type aussi sale et aussi puant que toi !

— Mais il était en train de manger des nouilles quand je suis entré dans la pièce, et quand il m'a vu brandir mon couteau, il m'a lancé le bol à la tête, il n'avait pas envie de mourir, c'est quand même pas ma faute.

Lâchant le bras d'Anémone, il laissa tomber son couteau, descendit de la voiture et se mit à sangloter. Il s'éloigna, disparut de la lumière des phares puis poussa un hurlement et s'effondra sur les genoux. Anémone se rendit compte pour la première fois que des ombres humaines les entouraient dans l'obscurité. Un jeune mendiant apparut dans la lumière vacillante des phares, et elle se couvrit les yeux des deux mains, épouvantée.

Le visage de l'enfant — d'une dizaine d'années d'après sa taille — était plein de trous. Et ce qui se trouvait autour des trous ne ressemblait plus à de la peau humaine. On aurait dit une peau d'éléphant pourrissante collée sur son visage. Les cratères noirâtres et pleins de pus, éclairés de face par les phares, évoquaient le fond d'une casserole de ragoût où des morceaux de viande auraient attaché. Un os saillait même de l'intérieur d'un de ces trous. Le chlorite avait fait son œuvre. S'avançant dans la lumière des phares, l'enfant jeta un coup d'œil dans la voiture. Anémone tremblait de tous ses membres mais, rassemblant son courage, elle regarda le petit mendiant. Elle aurait voulu lui parler mais en fut incapable. L'enfant tendit une main à travers la vitre. Anémone réfléchit un instant puis déposa un billet de cinq mille yen sur sa paume. L'enfant contempla le billet un moment avant de le fourrer dans sa poche, puis tendit à nouveau la main, désignant cette fois la poitrine d'Anémone, où clignotait une broche en forme d'avion avec de minuscules tubes de néon enchâssés dedans pour les lumières. Anémone lui tendit la broche. Dès que l'enfant se fut éloigné, elle se glissa en hâte sur le siège avant, mit le moteur en marche. Au moment où la voiture démarrait, le jeune garçon agita la main dans sa direction. Anémone passa la tête par la fenêtre :

— Qu'est-ce qu'il y a ?

L'enfant s'approcha et fit d'une voix étranglée, grimaçant et passant la langue sur sa bouche déformée, articulant avec difficulté :

— Vont te cramer, si tu ressors d'ici en voiture, vont te brûler !

Se rappelant les sentinelles armées de lance-flammes, Anémone descendit de voiture. Elle ouvrit le coffre, en sortit les paquets de viande. Cinq paquets, vingt kilos en tout, trop lourd. Elle les laissa tomber à terre. Le carton se déchira, des blocs de viande roulèrent çà et là, laissant des traînées sanglantes. Aussitôt, une horde de mendiants sembla surgir des ténèbres et en un clin d'œil, la viande et les têtes de poulet disparurent. Le jeune mendiant au visage troué se mit à marcher, faisant signe à Anémone d'avancer. Il se retournait de temps en temps, l'invitant d'un geste à continuer de le suivre. Ce qu'elle fit. Parfois, une porte de la rangée de maisons qui bordait la rue était marquée d'un X, sous lequel était inscrit : *Animal trouvé mort,* sous les auvents pendaient des guirlandes d'ampoules nues, comme sur un arbre de Noël, l'asphalte avait été complètement arraché de la chaussée, empilé des deux côtés de la rue et couvert de papier d'aluminium. La terre argileuse nue, détrempée par la pluie, entravait la marche. Les rangées de maisons s'interrompirent, ils traversèrent une large rue, arrivèrent dans un parc.

De l'autre côté des arbres morts, on apercevait les treize gratte-ciel de Shinjuku. Le garçon s'arrêta, désigna un escalier du doigt. Au bout de l'escalier, il y avait une déchirure dans les barbelés, suffisante pour livrer passage à un homme. Anémone se tourna vers le garçon pour le remercier, et se dirigea vers l'escalier.

— Faut attendre la nuit noire, sinon y vont te prendre !

Anémone s'assit sur une des balançoires intactes du parc et contempla les hautes tours menaçantes qui semblaient près de s'effondrer sur le quartier interdit à tout instant. Si King-Kong s'était promené sur les toits de Tōkyō en sautant d'un de ces gratte-ciel à l'autre, il n'y aurait pas eu besoin d'hélicoptères, de mitraillettes, ni d'avions de guerre pour le capturer, il aurait suffi de l'attirer dans l'îlot de la drogue et de le laisser faire le fou jusqu'à ce qu'il soit couvert de poison de la tête aux pieds, là-dessus une petite bombe au napalm et on n'en parlait plus.

Le parc baignait dans une lueur diffuse dont la source demeurait invisible. Le garçon lui avait dit d'attendre qu'il fasse noir, mais les ténèbres complètes n'existaient pas dans cette ville. Une légère lueur semblait monter de l'espace entre les treize tours. Vue du ciel, cette ville devait être une mégapole divisée en petits carrés de béton et de planches, dont pas la moindre parcelle, pas même un nid d'oiseau ou de vipère n'échappait à une lumière omniprésente, éclairant les moindres recoins, pénétrant l'épaisseur des vitres et le rideau semi-opaque de l'atmosphère. Les hommes ou les animaux qui tentaient d'échapper à la lumière restaient toujours repérables : leurs ombres ne se fondaient jamais dans l'obscurité. Au centre du parc se trouvait un étang, le vent apportait jusqu'aux narines d'Anémone l'odeur nauséabonde de ses eaux troubles.

Un gros homme aux jambes nues s'approcha de l'étang, répétant des gestes étrangement saccadés. Des spasmes musculaires plutôt que des mouvements. On aurait dit qu'une mitraillette crachait des rafales autour de lui, l'obligeant à sautiller çà et là pour éviter les balles. La danse de Saint-Guy, peut-être ? L'homme avait le visage en sueur. Il regarda Anémone, parut sur le point de dire quelque chose, mais aucun son ne sortit de sa bouche. Entre chaque pas de danse, tel un héron appelant ses congénères, il émettait une sorte de gémissement bizarre, une syllabe gutturale, étirée longuement jusqu'à la fin de son souffle, après quoi il montait d'une octave et poussait une sorte de piaulement. Il se rapprochait de l'étang, comme s'il avait l'intention de prendre un bain dans cette eau croupie. Une petite femme maigrichonne sortit de l'ombre des arbres encore verts à l'ouest du parc, et courut vers le gros homme qui sautillait toujours. Esquivant habilement ses coups de pied, elle lui murmura quelque chose à l'oreille. Ses chuchotements parvenaient jusqu'aux oreilles d'Anémone entre les ululements gutturaux de l'homme : la femme chantait une mélodie, d'une voix faible et tremblante. Les hurlements de l'homme diminuèrent peu à peu tandis que la mélodie devenait étrangement forte. Ce chant rappelait quelque chose à Anémone. Elle ferma les yeux, essayant de se souvenir. Le souvenir lié à cette mélodie lui semblait tout proche, sur le point de resurgir, oui, elle avait le titre de cette chanson sur le bout de la langue, où l'avait-elle entendue déjà ? Cela paraissait si proche, si simple. Le soleil allait se coucher, oui, c'était bien cela, il ne restait plus que quelques rayons, mais où était-ce donc ? Au bord de la mer, peut-être ? Non, il y avait des contours, un bâtiment ou des montagnes, et il restait juste un petit trait de lumière à l'horizon. En un instant, elle oublia qu'elle essayait de se rappeler le titre d'une chanson.

Les yeux toujours fermés, elle resta plongée dans les

images que faisait resurgir la mélodie, puis très vite elle ne contrôla plus ces images, qui se mirent à défiler toutes seules. Dans une sorte de rêve éveillé, l'image d'un port au crépuscule apparut derrière ses paupières. Au milieu du port, derrière lequel se profilaient des montagnes, un énorme cargo échoué. Tout autour se déployait une activité intense pour le retirer de l'eau. Des hommes-grenouilles plongeaient en tenant des câbles gros comme le bras, tous les treuils, les grues et les ancres de la ville étaient rassemblés sur le quai. Le cargo fut fixé par le câble à un remorqueur qui le tira vers le port, puis amarré au plus gros bâtiment du port. Des gens avaient grimpé sur la colline pour regarder le spectacle, les paris allaient bon train : le bâtiment allait-il s'effondrer ou le cargo sortir de l'eau ? Parmi les clients qui dégustaient de minuscules crevettes séchées dans un restaurant au-dessus du port, les paris fusaient. Sur un mur du restaurant, il y avait un haut-parleur, il diffusait une mélodie. L'énorme proue du navire émergea enfin de la mer en contrebas, teintée de pourpre par les derniers rayons du couchant. Le câble, enroulé de deux tours autour du bâtiment, était tendu à se rompre dans l'eau. La proue qui sortait de l'eau était à elle seule plus grosse que n'importe quel autre navire du port. Les murs du bâtiment, entamés par le câble, dégageaient une fine poussière sableuse. La coque argentée du cargo émergea à son tour. Les derniers rayons du soleil s'y reflétaient, et elle avait un éclat aveuglant malgré la croûte de coquillages collés dessus. Centimètre après centimètre, la coque émergeait de l'eau, causant de grands remous qui venaient se briser sur la digue. Dans le restaurant sur la colline, tout le monde avait interrompu son repas et retenait son souffle. La musique diffusée par le haut-parleur, le bâtiment qui penchait légèrement, la mélodie qui se répandait dans le port tout entier, tout cela emplissait le champ de vision d'Anémone, toujours assise sur sa balançoire, riant et pleurant tour à tour, tremblant d'angoisse et d'appréhension, pour s'apaiser l'instant d'après. Puis le chant s'éteignit. Anémone rouvrit soudain les yeux et regarda le sol obscur devant elle, ses chaussures de caoutchouc boueuses avaient roulé à terre, elle ne comprenait plus où elle était. J'ai dû faire un rêve éveillé, se dit-elle.

— C'est triste, tu ne trouves pas ? Il danse comme ça jusqu'à l'épuisement et après il s'endort comme une masse.

Le personnage petit et maigre qu'elle avait pris pour une femme était en fait un jeune homme vêtu d'un chemisier de femme et d'un pantalon. Debout tout près d'elle, il venait d'adresser la parole à Anémone, et tournait vers elle un visage au front large légèrement maquillé. Ses yeux semblaient voir à travers elle. Elle crut d'abord qu'il était myope. Mais quand une lueur lointaine de phares éclaira les yeux du jeune homme, Anémone eut soudain l'impression d'être devenue transparente.

6

Gazelle était mort. Sa moto s'était écrasée du haut d'une falaise. C'était arrivé deux ans plus tôt. L'été de 1987. Après sa mort, Kiku avait cessé de voir son visage chaque fois qu'il courait sur la plage. Au fur et à mesure qu'augmentait la puissance de ses muscles, Kiku avait cessé de confondre Gazelle avec le Dieu barbu représenté sur le tableau accroché au mur de la chapelle, à l'orphelinat.

En troisième année d'école secondaire, Kiku fut présenté aux championnats de courses nationaux et sa performance attira l'attention : dix secondes neuf dixièmes au 100 mètres, vingt-deux secondes deux dixièmes au 200 mètres. Il reçut des invitations de toutes les écoles privées du pays. Il les refusa toutes, sans bien savoir lui-même pourquoi. Il avait pourtant bien envie de participer à des concours de saut en hauteur dans de grands lycées bien équipés. Hashi n'approuva ni ne critiqua sa décision. Il fit simplement remarquer à Kiku qu'aucun des lycées qui souhaitaient le compter parmi leurs étudiants n'était situé près de la mer. Il n'a sans doute pas envie de me voir partir, songea Kiku. A la différence du taciturne Kiku, Hashi était très populaire au collège. Il savait se faire des amis, se montrait prévenant avec tout le monde. De temps en temps, Kiku regrettait d'avoir choisi la voie solitaire de la compétition. Il savait que la solitude convenait à son caractère, pourtant, il lui arrivait de regretter l'absence de camarades autour de lui. Mais il n'était pas du genre à pratiquer un sport d'équipe comme le base-ball. Il était incapable de coopérer avec d'autres joueurs pour gagner. Même aux cours de gymnastique, quand ils faisaient du basket, une fois qu'il avait attrapé le ballon, il n'avait aucune envie de le passer à un camarade, si bien que tout naturellement les autres évitaient de lui lancer le ballon. Les parties de basket le fatiguaient terriblement parce qu'il essayait de lutter contre cette tendance en lui, mais ses muscles refusaient de coopérer avec autrui. Une fois qu'il avait concentré ses forces, il ne voyait plus personne. La course était bel et bien ce qui lui convenait le mieux.

Dès son entrée au lycée, il commença le saut à la perche. Il avait décidé depuis longtemps que c'était ce qu'il voulait faire. Pour une raison toute simple : pouvoir sauter le plus haut possible. Il avait été sensible au charme d'être propulsé dans les airs à l'aide d'une perche en fibre de verre dès la première fois, en voyant le film de Gazelle sur les Jeux olympiques. Tout en assistant à la compétition impitoyable entre Hansen et Rheinhardt aux Jeux olympiques de Tōkyō, il s'était visualisé lui-même à ces hauteurs vertigineuses et cela l'avait plongé dans l'extase, sensation que Hashi, lui, recherchait à travers les sons. Quand il fermait les yeux, l'image d'une perche se présentait d'abord, puis, sur une piste qui s'étendait jusqu'à l'horizon, apparaissait un obstacle d'une terrifiante hauteur. Courant de toutes ses forces, il s'arrêtait pile au pied de cet obstacle et sautait d'un bond par-dessus. Cela correspondait exactement à quelque chose qui manquait encore en lui. Un beau jour, je me retrouverai face à cet obstacle, je le surmonterai en sautant de toutes mes forces, sollicitant tous mes muscles en même temps, et je le sauterai, oui le moment viendra et je sauterai l'obstacle, se disait-il en s'enivrant de cette image. Il continua à s'entraîner seul, dévorant tous les ouvrages techniques qui lui tombaient sous la main. Il commença avec une perche de bambou, se concentrant sur l'amélioration de sa condition physique générale et la préparation au sol, ne songeant pas à se plaindre de la mauvaise qualité de l'équipement dont il disposait. Il alla jusqu'à demander à Kazuyo de lui garder ses éponges usées, pour se confectionner lui-même un petit matelas pour atterrir. Malgré toute l'envie qu'il en avait, il savait qu'une perche en fibre de verre n'était pas dans ses moyens. Comme dérivatif à son désir d'être projeté dans les airs, il se consacra entièrement au renforcement de sa force musculaire. Il s'isolait de plus en plus, coupant les liens avec son entourage. Seul le fidèle Hashi continua à l'attendre au retour de ses longues séances d'entraînement. Hashi le regardait s'entraîner de la fenêtre de sa salle de classe, et le montrait fièrement à ses camarades : Regardez, c'est mon grand frère ! applaudissant quand il le voyait sauter par-dessus un obstacle avec sa perche de bambou.

Ce jour-là — c'était l'été —, Hashi attendait Kiku devant le portail de l'école. Tous deux marchèrent côte à côte, silencieux, jusqu'à l'arrêt de bus. Ils descendirent au bas de la pente où poussaient des cannas. Il y a une fille dans ma classe qui te trouve mignon, dit Hashi à son frère en souriant. Kiku rougit et rétorqua : C'est plutôt toi qui as du succès. Hashi cueillit une fleur de canna, enleva un à un les pétales puis souffla dessus, libérant un nuage de pollen. Non, fit-il, ce n'est pas ça. C'est juste que je sais leur parler. Je sais ce qu'elles aiment entendre, alors je réfléchis à ce que je dois leur dire, mais ça me fatigue, ça a toujours été comme ça, non ? Tu te rappelles, à l'orphelinat, j'étais copain avec le livreur de lait, tandis que toi tu piquais des colères, tu t'es même fait taper dessus une fois ou deux, tu te souviens ? Kiku hocha la tête. Hashi continua en essuyant sur son pantalon ses doigts tout poisseux de pollen. J'sais pas, il me semble que tu t'y prenais mieux que moi au niveau des relations avec les autres. Moi aussi j'avais envie de leur taper dessus, en fait. Kiku se mit à rire. Pourquoi tu ris ? Moi, dit Kiku, je t'enviais, j'aurais voulu me faire des amis comme toi. Et je leur tapais dessus parce que je n'arrivais pas à être leur ami ! Une cigale était perchée sur un arbre à mi-côte, elle avait une forme aérodynamique dans le contre-jour. Le crépuscule teignait le chemin de rayons orangés obliques, la cigale se mit à striduler. C'est compliqué ! soupira Hashi en donnant un coup de pied dans une boîte de conserve vide. Avec un tintement métallique, la boîte atterrit sur le toit en zinc d'un poulailler en contrebas.

Kiku regardait fixement droit devant lui, les mains serrées autour de la perche flexible en fibre de verre. L'automne de cette année-là, il était en finale des championnats lycéens qui se déroulaient à Nagasaki. Il faisait face à huit concurrents, tous en troisième année de lycée. Mais il ne faisait pas attention à eux, il n'était pas animé du désir de sauter plus haut que les autres. Il se concentrait sur une image de lui-même sautant au-delà d'une ligne noire et blanche invisible dans l'espace, il se concentrait pour superposer son corps physique à cette image. Il se visualisait bondissant dans les airs à l'encontre des lois de la gravité, c'était la seule image qu'il avait en tête. A l'instant où il sauterait réellement, il devrait coller à cette image de lui-même flottant librement dans l'espace, ne plus faire qu'un avec elle. Il s'aperçut qu'il ne restait que trois candidats en piste à part lui. La barre était placée à une hauteur de 4 mètres 20, hauteur que Kiku n'avait encore jamais atteinte. Un des trois candidats restants portait des lunettes. C'était le favori. L'autre était un sprinter qui avait obtenu un bon temps au 400 mètres, et le troisième fréquentait un lycée d'élite pour surdoués en gym.

Kiku sauta le premier. La piste de sable se trouvait au bout du terrain de courses, mais les épreuves des autres disciplines étaient terminées et les spectateurs avaient commencé à se déplacer pour les regarder. Bien qu'il lui ait dit que ce n'était pas la peine, Kazuyo était venue, elle avait préparé des boulettes de riz en guise de déjeuner, et avait fermé son salon de beauté pour venir l'encourager. Kazuyo était fière de Kiku au-delà de toute expression et disait à qui voulait l'entendre autour d'elle : Regardez ! C'est mon fils ! l'appelant à grands cris de temps à autre tandis que Hashi, honteux de ce comportement, restait assis un peu à l'écart. Kiku vérifia la position de la barre. Planta l'extrémité de sa perche toute droite dans le sable, déplaça la barre jusqu'à une distance appropriée, leva le regard vers le bout de sa perche, s'imagina en train de sauter, évaluant la distance entre lui et l'obstacle, puis il calcula la longueur de son élan, un peu plus long que d'habitude, puisqu'il n'avait jamais sauté une hauteur pareille. Il pivota sur la droite à l'endroit d'où il allait sauter, marcha lentement jusqu'à son point de départ en comptant les pas. Puis il se plaça en position de départ, regarda droit devant lui, se visualisant en train de bondir dans l'espace, de retomber dans le sable en levant les yeux vers la barre qui n'avait pas bougé. Il prit son élan, sentit ses muscles se calmer tandis qu'il courait de toutes ses forces. Ne te presse pas trop, se dit-il, tu dois être à ta vitesse maximum juste au moment de sauter, pas avant. Il courait en se penchant plus en avant encore qu'un sprinter, les pointes de ses semelles frappant le sol. Le silence régnait sur le stade. Il fléchit les hanches, souleva ses deux jambes à l'horizontale, la perche plia, il sentit son élasticité, bras tendus, corps projeté dans les airs. Maintenant ! A l'instant où il s'élevait en repoussant la perche, le ciel bascula, sa surface plane, lisse et bleue se courba doucement. Des applaudissements s'élevèrent. Allongé dans le sable, Kiku leva les yeux vers la barre qui n'avait pas bougé. Un saut splendide.

Ses concurrents commençaient à manifester de l'irritation, seul celui à lunettes gardait son calme, les deux autres, vexés, n'avaient manifestement pas l'intention de se laisser battre par un débutant. Le sprinter calculait encore et encore la distance de son élan, tandis que le surdoué en gymnastique répétait des exercices d'assouplissement. Tous deux ratèrent leur saut. Ils étaient sous pression maintenant, et peut-être parce qu'ils avaient échoué la première fois, quand ils recommencèrent, leur score fut encore moins bon. Kiku gardait son sang-froid, évaluant leurs défauts en les regardant sauter, murmurant pour lui-même : Abaisse le bout de sa perche trop vite, n'a pas le bon rythme pour prendre son élan, bras trop pliés, fléchit les hanches trop tard. Le candidat à lunettes s'approcha :

— Tu es en première année ?

Kiku hocha la tête, le regardant droit dans les yeux. T'es plutôt bon. Qui est ton entraîneur ? Kiku secoua la tête. Il détestait faire la conversation. Tu n'en as pas ? Je m'en doutais. Tu fais trop confiance à ton intuition. Tu as le bon rythme au moment où la perche plie mais, si tu as le vent en face, je me demande comment tu t'en sors, hein, je me demande.

Finalement il ne resta que Kiku et le garçon aux lunettes, qui réussit à passer le 4 mètres 75. Kiku, qui ne se souciait guère de son concurrent, rata deux fois le 4 mètres 75. Au troisième essai, il coupa quelques brins d'herbe et les lança en l'air : c'était bien ça, le vent avait changé de direction tandis que le soleil déclinait. Un faible vent de face. Kiku jeta un regard vers les gradins : il ne vit Hashi nulle part. Un sinistre pressentiment s'empara de lui. Il se demanda pourquoi. A cause du vent ? Non, plutôt parce que Hashi n'était plus là. Quel rapport entre Hashi et le saut à la perche ? Serait-il possible que je ne fasse ça que pour qu'il me regarde ? Non, quelle idée ridicule ! S'efforçant de chasser cette pensée, Kiku essaya de se concentrer sur la barre devant lui, de se voir en train de sauter. Ça ne marchait pas, non que l'image soit floue, mais la lumière du projecteur s'était éteinte. Je me suis pourtant entraîné tout seul jusqu'ici ! Pourquoi est-ce que ma concentration se relâche simplement parce que Hashi ne me regarde plus ? Il calcula la longueur de son élan, vérifia la position de la barre. Il se sentait lourd. Hashi a dû aller s'acheter une glace... Irrité envers lui-même de se laisser distraire par ce genre de pensée avant de sauter, Kiku marcha vers la piste de courses où toutes les épreuves avaient pris fin, la fibre de verre au côté, puis se mit à courir. Il courait de toutes ses forces, frôlant les employés en train de nettoyer la piste. Des cris s'élevèrent parmi les spectateurs : il courait à une vitesse effarante, comme le vent. Il *était* le vent, s'efforçant d'oublier Hashi. Ce sang qui circulait trop dans sa tête, il devait le diriger vers ses muscles. Il sentit la sueur l'inonder, et l'image de lui-même franchissant une ligne invisible dans les airs lui revint, se fit peu à peu plus nette. Il fit un tour de piste entier. Il ne se souciait plus des spectateurs. Qu'ils aillent au diable. Je suis seul ! Personne d'autre, juste moi et cette ligne par-dessus laquelle je dois sauter, personne autour de moi, juste moi qui cours de toutes mes forces avant de m'envoler. Il leva la main, hurla Go !, leva la perche, ses pieds frappèrent le sol, le choc des pointes sous ses semelles se transmit directement à son cerveau. La force avec laquelle il frappait le sol, cette volonté de courir, penché en avant comme s'il allait tomber, transmuée en vitesse, se cristallisait sous forme d'une image. L'image de lui-même en train de franchir une ligne dans le ciel. Il planta sa perche, sauta, son corps s'enfonça légèrement dans le sable, rebondit violemment, s'éleva dans les airs. A cet instant, l'image se brisa en mille éclats qui se fichèrent dans les pores de sa peau, avant de se dissoudre dans l'air. C'était raté ! Son genou avait heurté la barre. Un murmure de déception parcourut la foule. Kiku retomba dans le sable, resta immobile, tête baissée. Il ne réfléchissait pas aux raisons de sa défaite. Une image inconnue de lui jusqu'alors lui était apparue et ne s'était pas encore effacée. A l'instant où il était propulsé dans les airs, il s'était vu au loin de l'autre côté de la barre, franchissant un tout autre obstacle : quelque chose de rouge et de scintillant. Qu'était donc cette chose rouge, luisante, qui tremblait légèrement ? Il y réfléchit un moment, puis l'image s'évanouit à la vue de Hashi, dans la foule, qui lui souriait et applaudissait, tout en léchant une glace.

Kazuyo se précipita vers le terrain de sport, un bout de papier à la main. Elle le tendit à Kiku d'une main tremblante.

Kiku, je te confie Milk. Ne mets pas trop de sel dans sa pâtée. Je pars à Tōkyō. Je suis sûr que tu seras vainqueur aux championnats nationaux. S'il te plaît, persuade-les de ne pas me rechercher. Je te promets qu'on se reverra bientôt.

Hashi

Kazuyo, des larmes dans la voix, bredouillait :

— Que s'est-il passé ? Pourquoi a-t-il fait ça, pourquoi ? Kiku, tu sais quelque chose, dis-moi ce qui s'est passé, je t'en supplie !

Kiku connaissait la raison de la fugue de Hashi : il était parti à la recherche de sa vraie mère.

Trois jours plus tôt, ils avaient vu une interview d'une romancière à la télé, une femme de soixante-douze ans, kleptomane depuis l'enfance, condamnée quatre fois à des peines de prison pour vol. Elle avait écrit un roman intitulé *Eau brûlante et pommes sures*, dans lequel elle racontait sa propre expérience, le livre avait obtenu un prix et se vendait bien. Le journaliste qui l'interviewait lui avait demandé ce qui la poussait à écrire. La vieille romancière avait affirmé n'avoir aucun mobile particulier. Elle aimait bien écrire quand elle était petite, mais très vite, son intérêt pour les larcins avait pris le dessus. Aujourd'hui elle était trop vieille et n'avait plus l'énergie de voler, peut-être était-ce l'ennui, simplement, qui l'avait poussée à prendre la plume, n'ayant rien de mieux à faire. Je me suis rendu compte, disait-elle, que je connaissais personnellement des centaines de femmes à la vie marquée par le malheur, et dont le crime est l'unique moyen d'expression, j'en connais une par exemple qui juste après avoir tué son mari à coups de couteau, a été prise de vomissements devant l'horreur de son acte, et pour effacer l'odeur elle a répandu du parfum partout dans la pièce, un parfum appelé *Vol de nuit* si je me souviens bien. Une autre femme de ma connaissance a détourné cent millions de yen de la banque où elle travaillait, pour les beaux yeux d'un homme. Elle m'a dit qu'elle n'avait utilisé que trois cent cinquante yen pour son usage personnel, sur tout cet argent, et encore c'était pour s'acheter des serviettes périodiques un jour où ses règles étaient arrivées inopinément. Une autre encore m'a raconté avoir répandu des fleurs de bougainvillée à l'endroit où elle avait abandonné son enfant, parce que c'étaient les fleurs les plus chères qu'elle ait pu trouver chez le fleuriste. Voilà pourquoi j'écris : pour décrire en détail les peines et les bonheurs quotidiens de ces femmes que l'on dit criminelles...

Les pétales trouvés dans la consigne que Hashi avait fait sécher et conservés précieusement jusqu'à ce jour, c'étaient des pétales de fleurs de bougainvillée... Hashi avait blêmi, et aussitôt recraché dans son assiette l'œuf au plat qu'il était en train de manger. Kiku, tu as entendu, c'est terrible, terrible ! Il s'était levé, avait sorti d'un tiroir les pétales séchés, cherché dans le dictionnaire le mot « bougainvillée », vérifié une nouvelle fois la forme et la couleur des pétales. Qu'est-ce que je dois faire, Kiku, qu'est-ce que je dois faire ? Kiku, cette femme connaît ma mère, qu'est-ce que je dois faire ? Le lendemain, il courait acheter le livre de la vieille romancière, mais il n'y trouva pas l'histoire de la femme aux fleurs de bougainvillée. Hashi ne parla de tout cela à personne, hormis à Kiku. Tous deux étaient seuls devant la télévision au moment où passait l'interview, et ni Kuwayama ni Kazuyo ne connaissaient l'origine des fleurs séchées conservées par Hashi. Mais Kiku n'était guère en mesure de donner des conseils à son frère. Cela l'irritait plutôt qu'autre chose de voir Hashi troublé à ce point par cette histoire. Pourquoi fallait-il que tout cela resurgisse maintenant ?

Le jour où Hashi lui emprunta de l'argent, Kiku demanda : Que comptes-tu faire si tu retrouves la femme qui t'a abandonné ? Je ne sais pas, répondit Hashi en secouant la tête. Je veux la voir de toute façon. Même si je ne la rencontre pas directement, j'ai réfléchi, tu sais, j'ai peur de la rencontrer, mais je voudrais au moins voir comment elle parle, comment elle marche, de loin, sans qu'elle me voie.

De Tōkyō, il leur envoya une carte postale, une seule, disant que tout allait bien. Le cachet de la poste indiquait Tōkyō mais la carte ne portait pas d'adresse. Kazuyo renifla la carte, la mit sous une lampe pour la regarder par transparence. Elle avait déjà lancé un avis de recherche. Des photos de Hashi avaient été diffusées par voie de presse et d'affichage. Sans résultat. Kiku, la carte de Hashi à la main, eut une idée étrange : lui aussi il aurait aimé faire un voyage lointain, et envoyer à quelqu'un une carte comme celle-ci. Il essayait de penser le moins possible à Hashi. Mais il n'arrivait plus à s'entraîner au saut à la perche. Non pas qu'il se fît du souci pour son frère. Il ne savait pas lui-même pourquoi, mais tout ce qui l'avait intéressé jusqu'alors le dégoûtait maintenant. Les paysages de l'île, la mer scintillante, l'odeur de poisson séché, les cannas fleuris le long de la côte, les mimiques de Milk, le saut à la perche, tout le dégoûtait. Je suis écœuré de tout ça ! se disait-il. Et tout spécialement, il ne supportait plus les tièdes effluves venus de la mer qui soufflaient sur le terrain de sport.

7

Kiku était assis dans le TGV, plongé dans son roman. Six mois après le départ de Hashi, l'été venu, Kazuyo avait décidé d'aller le chercher elle-même à Tōkyō, et Kiku l'avait accompagnée. Kazuyo, au bord des larmes, mâchait tristement un repas froid acheté à la gare. Kiku, lui, avait envie de chanter tant la vue des paysages nouveaux qui défilaient derrière la fenêtre le rendait heureux. Il lui semblait que Hashi les attendait sur le quai de la gare à Tōkyō, le sourire aux lèvres. Peut-être était-ce *Eau brûlante et pommes sures*, le roman qu'il était en train de lire, qui le mettait dans cet état euphorique.

Le roman racontait les souvenirs de la vieille romancière kleptomane, sa vie avec un charlatan. Née dans une famille très pauvre, elle avait été adoptée par des fabricants de pâte d'igname, qui la maltraitaient et la forçaient à manger de la pâte d'igname à chaque repas. Affamée, elle s'était enfuie pour retourner dans sa famille d'origine, mais son père la traitant de bonne à rien et de fainéante se mit à la battre sans raison chaque fois qu'il la voyait, si bien qu'elle dut repartir. Elle se réfugia chez une tante qui dès son arrivée la prévint qu'elle ne serait jamais traitée à l'égal de son propre enfant. Cet enfant n'avait encore que trois ans, et ne l'humiliait guère, si bien qu'elle resta, acceptant de faire la servante chez sa tante pour pouvoir aller à l'école. Un beau jour alors qu'elle donnait un bain à son cousin de trois ans, il l'aspergea d'eau brûlante, croyant qu'elle se moquait de la marque de naissance violette qu'il avait au bas-ventre. Elle partit donc à nouveau mais, ne sachant cette fois où aller, se mit à errer le long d'une voie ferrée. Exténuée, elle se reposait quand un ivrogne infirme lui offrit une pomme et lui fit raconter son histoire. Il se montra fort gentil avec elle, et se déclara prêt à l'adopter à son tour. Honteux de n'avoir pu partir à la guerre à cause de son infirmité, il s'était mis à voler, et la jeune fille se mit à son tour à vivre de larcins, tout en menant une vie paisible auprès de l'infirme. Ni l'un ni l'autre n'auraient pu dire ce qui les poussait à voler ainsi, elle finit par se faire prendre sur le fait, fut envoyée en maison de redressement. A sa sortie l'infirme l'attendait, mais cette fois il déclara qu'il la voulait non plus pour fille adoptive mais pour femme. Elle refusa en riant, se mit en ménage avec un charlatan de plus de cinquante ans qui volait des accessoires pour kimono, il avait le petit doigt coupé comme le veut la coutume chez les gangsters japonais. Ensuite elle quittait le gangster, continuait à voler, se retrouvait en prison, la guerre éclatait, de sa prison, elle entendait les bombes tomber sur le chantier naval au loin, elle souhaitait que le Japon entier s'embrase sous les bombes. *Toujours je chérirai la brûlure de l'eau bouillante, tandis que j'exècre le paisible goût acide des pommes.* Ainsi se concluait le roman.

Cette lecture avait mis Kiku de joyeuse humeur. C'était étrange. Il avait interrompu sa lecture plusieurs fois, pensant que cette histoire allait le déprimer. Il n'avait pratiquement jamais lu un roman jusqu'au bout avec plaisir, mais cette fois il poursuivit sa lecture, pensant qu'il se sentirait libéré de l'avoir lu jusqu'au bout. Hashi avait lu le livre lui aussi. Qu'en avait-il pensé ? Peut-être avait-il seulement déchiffré les caractères un à un comme un bon élève sans rien comprendre. Quand il le reverrait, il faudrait qu'il parle de ce livre avec Hashi.

— Prochain arrêt : Shin-Yokohama, répétait une

voix mécanique et impersonnelle, tant de fois que Kiku se sentit écœuré. Rappelle-toi Yokohama, semblait lui dire la machine. Pour lui, ce nom était lié au souvenir de son abandon dans un casier de consigne. Arrêtez ! avait-il envie de hurler.

A la gare de Tōkyō, un représentant de l'Association des sports au lycée était venu à leur rencontre. Un professeur de sport du lycée avait prévenu l'association de l'arrivée de Kazuyo et Kiku, sachant qu'ils ne connaissaient personne à Tōkyō. Un homme de petite taille en veste verte, debout à côté des escaliers, criait le nom de Kiku, de la même voix mécanique et impersonnelle que celle qui annonçait les gares dans le train. Bras croisés, il criait comme un robot : M. Kikuyuki Kuwayama, M. Kikuyuki Kuwayama ! En l'apercevant, Kazuyo sortit un miroir de son sac à main et rectifia son maquillage. Puis elle se précipita vers l'homme et le salua avec force courbettes. Sa tête plongeait vers le bas à chaque mot qu'elle prononçait, ce qui agaçait prodigieusement Kiku. Ce garçon adorait la musique, était en train de dire Kazuyo. L'homme en vert lui donna le nom du quartier où se retrouvaient généralement les fugueurs : Shinjuku.

Kazuyo réserva un hôtel dont elle avait déniché le nom sur un prospectus. Il était situé derrière une salle de jeu de *patchinko* dans le quartier est de Nakano. *Hôtel du Soleil printanier,* annonçait une enseigne de néon, mais il manquait le T de « hôtel ». L'aspect extérieur des lieux était assez différent de ce que laissait prévoir la photo du prospectus, qui représentait un couple d'Occidentaux luxueusement vêtus sortant bras dessus bras dessous de l'hôtel, avec en arrière-plan plusieurs voitures de marques étrangères, une cascade dévalant entre des arbres aux couleurs d'automne, un étang dans lequel évoluaient des carpes dorées, des drapeaux de divers pays flottant sur le toit. Le lit en béton de la cascade était asséché et tout craquelé, l'étang était également à sec et bouché par de vieux cartons. Dans l'entrée il n'y avait personne d'autre qu'une femme de ménage aux cheveux teints, une cigarette à la bouche, passant sur le sol une serpillière fixée à un balai tout en regardant la télé au volume assourdissant installée dans le hall. Sur l'écran on pouvait voir un ballet de bombardiers dans le ciel. La femme de ménage, gardant sa cigarette coincée entre ses dents au plombage en argent, fit tomber la cendre dans son seau. Derrière le comptoir de la réception, ils aperçurent deux hommes en nœud papillon. Quand Kazuyo s'adressa à eux, ils levèrent les yeux de leur échiquier, abandonnèrent leur partie de go entamée, et leur souhaitèrent la bienvenue. Kazuyo remplit soigneusement la fiche d'enregistrement qui lui fut présentée, inscrivant en gros caractères *esthéticienne* sur la ligne « profession ». On leur donna une clé. Un des hommes en nœud papillon prit la valise de Kiku. La porte de l'ascenseur s'ouvrit, deux Noires dégageant une forte odeur de transpiration en descendirent. Se retournant vers Kiku et Kazuyo, elles échangèrent quelques mots dans une langue étrangère. Juste avant que la porte de l'ascenseur ne se referme, Kiku les vit les montrer du doigt, lui et sa mère, en riant et se tapant sur l'épaule. Dans l'ascenseur, Kazuyo, toute rouge, inspecta dans la glace son maquillage, sa robe, ses bas, cherchant la cause des railleries des étrangères. L'homme au nœud papillon regardait Kiku. Kiku lui rendit son regard avec insolence. L'homme sourit, plissant les lèvres dans un rictus, puis détourna le regard. Par la fenêtre de leur chambre, on voyait un immeuble en démolition, des baraquements pour ouvriers et du linge en train de sécher. Dès que l'homme se fut éclipsé après leur avoir souhaité un bon séjour, Kiku pointa un doigt vers le décolleté de Kazuyo. Tu mets trop de poudre ! La poudre mêlée à la sueur avait laissé des traînées blanches du cou jusqu'au décolleté de Kazuyo. Tous deux restèrent assis un long moment au bord du lit sans rien dire. Un souffle de vent froid et puant l'essence sécha la sueur de Kazuyo. Je me demande ce que peut faire Hashi dans un endroit pareil, dit Kazuyo. Le bruit d'une énorme masse de fer démantelant l'immeuble d'en face fit trembler les vitres.

Shinjuku, la place avec une fontaine encadrée de cinémas, et autant d'ivrognes que de clochards. Assis sur des journaux et des cartons, ils buvaient du saké en silence, l'un regardait fixement le trottoir, un autre, affublé d'un masque en plastique, donnait du poisson séché à son chien, un autre encore, se faisant passer pour un aveugle, jouait du violon, l'archet entre les dents. Le cœur de Kiku se serra à la vue de deux mendiants, une mère avec son enfant, vêtus de tenues usées d'arts martiaux, tous deux coiffés de vieilles perruques. Quand un passant leur jetait une pièce, ils mettaient en route un vieux phonographe et entamaient un dialogue de théâtre entrecoupé de passes d'armes. Chaque fois, la mère perdait et s'effondrait sur le sol, l'enfant s'écriait : Je jure de venger ma mère, tandis qu'un liquide rouge coulant d'un tube attaché dans le dos de sa mère se répandait à flots par terre.

Kiku et Kazuyo firent le tour du quartier, entrant dans tous les bars d'où provenaient des échos de musique. Ils étaient d'abord accueillis aimablement comme des clients, mais quand ils montraient la photo de Hashi et expliquaient leur démarche, on les mettait dehors en leur disant d'aller voir la police. Un seul immeuble pouvait compter une dizaine de bars, et Kiku, découragé, se disait qu'il leur faudrait des années pour les visiter tous. La fumée, les néons qui clignotaient, les hôtesses aux seins nus, les ivrognes qui les regardaient avec insistance, le brouhaha des bruits de voix et de la musique, tout cela lui tapait sur les nerfs. En montant l'escalier d'un immeuble sans ascenseur, Kazuyo glissa sur un papier journal recouvrant des déjections et se retrouva le derrière par terre, le bord de sa robe tout taché de jaune.

Ils entrèrent dans un petit établissement pour se reposer. Au fond du bar sombre étaient assises trois femmes, maquillées encore plus outrageusement que Kazuyo. Kiku but son Coca d'un trait, mais Kazuyo ne toucha pas à son cacao-fizz. Depuis la fugue de Hashi, elle avait tout arrêté, tabac, alcool et même thé. Elle passa le verre sous son nez pour renifler le cocktail. Pourquoi tu ne le bois pas ? demanda Kiku. Elle secoua la tête et poussa le verre sous le nez de Kiku : Ça sent bon, hein ? Le liquide boueux couleur de thé avait un parfum suave. Une des trois femmes parlait de son fils qui allait à l'école maternelle. Il a la peau tellement fragile, à la moindre piqûre de moustique, il a de grosses plaques rouges partout. Au moment où Kazuyo et Hashi ressortaient du bar, un jeune homme les héla : Excusez-moi, vous avez l'accent du Kyūshū, je ne me trompe pas ? C'était un serveur d'un bar qu'ils avaient visité un peu plus tôt, un endroit particulièrement bruyant, où une femme à demi nue dansait au milieu d'un rond de lumière. Le serveur leur dit qu'il venait de Fukuoka. Il n'avait pas pu leur parler tout à l'heure parce qu'il était en plein travail, mais il souhaitait les aider. Kiku lui montra à nouveau la photo de son frère. Le jeune homme pencha la tête : Il me semble bien l'avoir déjà vu quelque part. Il les emmena dans l'arrière-boutique du bar où il travaillait, donna une serviette humide à Kazuyo pour nettoyer sa robe, demanda à Kiku s'il pouvait garder la photo quelque temps. Oui, ce visage lui disait quelque chose, ce soir après le travail il pourrait se renseigner, et comme il connaissait bien le quartier, ce qui aurait pris un an à Kazuyo et Kiku ne lui prendrait, à lui, pas plus d'une demi-heure, il connaissait tous les bars où se retrouvaient les fugueurs, ils n'avaient qu'à revenir le voir le lendemain, il était sûr de découvrir des renseignements utiles. Kazuyo sortit un billet de dix mille yen de son portefeuille, mais il refusa. Moi aussi j'ai quitté ma famille comme ça il y a quatre ans, mes parents sont peut-être partis comme vous à ma recherche, mais ma mère est morte l'année dernière sans que je la revoie, je ne veux pas de votre argent mais je vous aiderai à retrouver votre fils, ne vous en faites pas.

Epuisés, Kazuyo et Kiku rentrèrent à l'hôtel. Dans

l'ascenseur, la femme de ménage passait un chiffon humide sur les parois. Quelle chaleur, hein, dit-elle, s'adressant à Kazuyo. C'était une femme âgée, aux cheveux teints, avec du vert sur les paupières et sur les lèvres un rouge vif qui débordait sur les rides autour de sa bouche. Oui, il fait lourd, répondit Kazuyo. La femme cracha dans son seau où trempait une serpillière. Au fait, vous n'avez rien trouvé dans les toilettes de votre chambre ? Ces derniers temps, l'hôtel est plein de prostituées philippines, elles jettent des trucs bizarres dans les toilettes, c'est vraiment embêtant, si ce n'étaient que des préservatifs, passe encore, mais... Kazuyo et Kiku descendirent au cinquième, elle les suivit, abandonnant son seau et sa serpillière dans l'ascenseur. Excusez-moi, nous sommes fatigués, bonne nuit, dit Kazuyo mais la femme la prit par le bras et poursuivit son bavardage. Non mais vous pouvez pas savoir tout ce que je trouve en faisant le ménage ! Des touffes de poils qui bouchent les W.-C., elles doivent se raser le pubis, pensez, après c'est tout bouché, et qui c'est qui fait le ménage, hein ? Je suis obligée de les enlever à la main ! Tenez, la dernière fois, devinez ce que j'ai trouvé ? Un œuf, oui, et pas un œuf de poule ou de caille, hein, un œuf de grenouille, vous savez ces énormes grenouilles, non mais qu'est-ce qu'elles peuvent faire avec ça, hein ? Je lui ai demandé, moi, à cette pute philippine, eh bien elle se le met dans le vagin, c'est agréable parce que c'est tout lisse qu'elle m'a dit, mais pourquoi je dois nettoyer toutes leurs cochonneries, moi, à ces putes, avec leurs œufs de grenouille et tout le tralala ? Agrippant toujours le bras de Kazuyo, la vieille femme de ménage éclata en sanglots. De grosses larmes coulaient sur son visage, laissant des traînées de mascara dans ses rides. Kazuyo secoua le bras pour se libérer de son emprise et courut s'enfermer dans sa chambre. Kiku, en proie à une idée désagréable, resta sur place, les yeux fixés sur la vieille femme en pleurs, accroupie dans le couloir. Cette horrible vieille était peut-être la mère qui l'avait abandonné. Oui, aucun doute, il n'avait pu sortir que d'entre les jambes de cette vieille femme de ménage effondrée en larmes, il était sorti de ce corps auquel collaient l'odeur de transpiration des danseuses aux seins nus, et le parfum fade du cacao-fizz boueux, le vacarme et les mendiants et les vomissures... Toute la nuit, des gémissements de femme et des rires étouffés les empêchèrent de fermer l'œil, et au milieu de la nuit, Kiku proposa à sa mère de changer d'hôtel. Je n'aime pas les gens ici, dit-il, et Kazuyo, qui se retournait sans arrêt sur son matelas, acquiesça et finit par s'endormir, les mains sur les oreilles.

Le lendemain midi, ils allèrent voir la police, pour vérifier où en étaient les recherches. Ils n'apprirent rien de neuf. Il leur restait pas mal de temps avant leur rendez-vous avec le barman. Tandis qu'ils marchaient sur un trottoir sous une rangée d'arbres poussiéreux, Kazuyo proposa d'aller au cinéma et de trouver un bon restaurant où ils goûteraient des plats qu'ils ne connaissaient pas. Hein, Kiku, ça sert à rien de se lamenter, si on doit le retrouver on le retrouvera et si on le retrouve pas, c'est qu'on devait pas le retrouver, après tout c'est la première fois qu'on est à Tōkyō tous les deux et peut-être bien la dernière aussi.

Dans un splendide cinéma, ils regardèrent la triste histoire d'une danseuse russe enfuie en Amérique, obligée de choisir entre l'amour, la danse et son pays natal. Kiku trouva ridicules les souffrances de cette héroïne qui dansait *Le Lac des cygnes*. Ceux qui ne savent même pas ce qu'ils veulent ne sont pas près de l'obtenir, se disait-il. Dans la dernière scène, la danseuse rendait l'âme dans les bras de l'homme qu'elle aimait, et Kazuyo pleura bruyamment. Après le film, ils se rendirent dans un parc d'attractions. Kazuyo monta dans des tasses à café géantes qui tournaient à toute vitesse et sur les montagnes russes. J'ai toujours voulu monter là-dessus une fois avant de mourir, exultait-elle.

Le soir venu, ils mangèrent des glaces en se promenant main dans la main dans le parc à côté du palais impérial. Ils donnèrent du pop-corn à manger aux pigeons, s'allongèrent sur les pelouses, les herbes courtes dégageaient le même parfum que les montagnes à l'arrière de l'île. Kazuyo, le regard lointain, parla à Kiku de son enfance en Corée : En rentrant de l'école, je jetais ma sacoche à la maison et je filais aux champs. Maintenant, c'est la saison des fraises des bois là-bas. Elles étaient bonnes ! On n'avait pas de gâteaux ni de sucreries, alors on se régalait avec les fraises des bois. Moi j'étais l'aînée, c'était moi qui rentrais le plus tard de l'école, je cherchais des baies mûres pour mes petits frères et mes petites sœurs et on attrapait des maux de ventre à en manger des pas assez mûres. J'aimerais bien retourner un jour en Corée, et puis quand toi et Hashi vous serez grands j'aimerais bien vous y emmener aussi. C'était la première fois qu'elle parlait ainsi à Kiku, qui répondit : Moi, j'aimerais pas retourner visiter l'orphelinat. C'est parce que tu es encore jeune, fit Kazuyo regardant toujours au loin. En vieillissant, on a envie de retourner sur les lieux de son enfance. Kiku réalisa qu'il ne savait presque rien de sa mère adoptive. Il aurait voulu lui dire qu'il l'emmènerait un jour en Corée, mais juste à ce moment, Kazuyo se leva, secoua l'herbe collée à sa robe et lui montra les douves du palais impérial : des enfants essayaient d'y pêcher les carpes, armés juste d'un hameçon et d'un fil. Au bout d'un moment ils attrapèrent une grosse carpe mouchetée, qui faisait des bonds entre leurs bras. En réalité, la pêche était interdite et les enfants qui ne s'attendaient pas vraiment à faire une prise restaient médusés, la carpe dans les bras, ne sachant qu'en faire. Sur le point de fondre en larmes, ils cherchaient des yeux un adulte qui pourrait les aider. Ils étaient si mignons que Kazuyo frappa dans ses mains en riant.

Le soir dans un restaurant aux murs blancs et aux épais tapis rouges, ils goûtèrent une cuisine d'un luxe inouï. Au milieu de la salle, un pianiste aveugle jouait des morceaux à la demande des clients. D'une petite voix timide, Kazuyo demanda *Le Matin dans la prairie*. A chaque nouveau plat — coquilles Saint-Jacques au beurre persillé dans leurs coquilles, consommé froid servi dans des moitiés de melon évidées, cailles farcies aux raisins secs cuites à la vapeur —, Kazuyo demandait à Kiku si c'était bon. Quand le repas fut fini, il avoua qu'il préférait l'omelette au riz. Kazuyo se mit à rire : Ça, on peut dire que vous aimez l'omelette au riz, ton frère et toi ! Quand le pianiste entama le morceau qu'elle avait demandé, Kazuyo laissa tomber sa fourchette en argent par terre. Elle se penchait pour la ramasser quand le serveur apparut avec une fourchette propre et une serviette chaude. Soudain les épaules de Kazuyo se mirent à trembler, elle s'essuya les yeux avec la serviette, Kiku, comme tu as dû souffrir ! S'il y a des choses qui vous ont déplu depuis que vous êtes chez nous, tu ne veux pas me les dire ? Raconte-moi pour Hashi aussi, je m'excuse si j'ai fait des erreurs. Kiku cherchait ses mots. Il essaya de se souvenir s'il n'y avait pas dans *Eau brûlante et pommes sures* quelque chose qu'il pourrait dire, mais il ne trouva rien. Le beurre tiède de la coquille Saint-Jacques qu'il venait de mordre fondait sous sa langue.

Le long de la rue s'alignaient des diseurs de bonne aventure. Kazuyo prit place dans la queue, espérant qu'on pourrait lui dire où se trouvait Hashi. Quand elle fut à peu près au milieu de la queue, un groupe de jeunes en rollers arriva. Il y avait même une fille qui se faisait tirer par une voiture à laquelle elle était attachée par un fil de fer. La voiture passa, musique à fond, avec de grands coups de klaxon. Un des garçons en rollers heurta un jeune homme à l'air sérieux en uniforme d'étudiant, qui descendait d'un taxi. Ils tombèrent tous deux à la renverse. Espèce de voyou ! fit l'étudiant en donnant un coup de pied dans la figure du roller qui essayait de se relever. Une bagarre commença. La file d'attente pour les diseurs de bonne aventure se dispersa. Kazuyo, tournée vers la rue, encourageait l'étudiant et ses amis qui avaient le désavantage du nombre. C'est ça, vas-y ! Un des rollers se dirigea vers eux pour éviter les coups, à une vitesse vertigineuse sur ses patins, son bras heurta l'épaule de Kazuyo, elle alla valdinguer comme une toupie, sa jupe tournoyant autour de ses jambes, et elle s'effondra par terre avec un bruit sourd. Kiku arrêta le jeune à patins en plein élan et le frappa de toutes ses forces, avant d'aider Kazuyo à se relever. Elle semblait s'être cogné la tête sur le coin du trottoir. Elle se leva en secouant la tête. Elle ne saignait pas. Eh ben dis donc ! fit-elle en riant, tout en époussetant ses vêtements. Kiku se sentit rassuré.

L'arrivée d'une voiture de police mit fin aux hostilités. Une demi-heure plus tard, Kazuyo commença à se plaindre du froid, elle avait des sueurs froides et n'arrivait plus à tenir debout. Elle était blême. Kiku lui proposa de rentrer à l'hôtel, mais elle secoua la tête. Je veux bien renoncer au tireur de cartes, mais il ne faut pas rater le rendez-vous de ce soir avec le barman. Kiku la porta sur son dos jusqu'au lieu de rendez-vous.

Le serveur était en train de se raser. Ils entendirent ronronner son rasoir électrique avant même d'arriver à la salle de repos où il les attendait. Quand il eut fini de se raser, il sortit une bouteille jaune de son casier, contenant une infusion froide de *mugicha*, éteignit son mégot en versant un peu de thé dessus. Kazuyo, une serviette humide sur le front, était allongée dans le canapé. Ah merde, fit le barman, ces lotions après-rasage bon marché, c'est fou ce que ça pique la peau ! A propos, j'ai retrouvé ton frère. Kazuyo poussa un cri et essaya de se relever. Non, non, madame, restez allongée, de toute façon il vaut mieux que votre fils y aille seul. Mais Kazuyo persistait dans ses efforts, marmottant qu'elle devait voir son fils, lui parler. Le barman l'arrêta : Non, écoutez, c'est vraiment mieux que votre fils y aille seul, c'est un endroit un peu trop animé pour vous, si vous voyez ce que je veux dire. Le barman avait un tigre et des bambous brodés au fil doré sur sa chemise. Je vais te faire un plan, dit-il à Kiku. L'endroit en question se trouve derrière la gare de Shinjuku. Il y a un grand restaurant japonais qui s'appelle *Futatsuya*, tu comprendras tout de suite en arrivant devant, il y a un grand vivier avec des poissons dedans, on le voit de l'extérieur, l'endroit que tu cherches est dans l'immeuble juste en face de ce restaurant. Au premier étage il y a un bowling, mais en général à cette heure-ci il est fermé, il faut que tu prennes l'escalier de secours, un escalier en fer en haut duquel tu verras une porte verte, avec une pancarte à l'entrée : *Aux souris aveugles*, dans ce bar tu trouveras un type d'âge moyen avec une excroissance au cou, à peu près ici, tu vois, tu vas le voir et tu lui dis que tu veux écouter des disques de Lee Connitz, c'est le mot de passe, je vais te l'écrire aussi, voilà, les disques de Lee Connitz, et à ce moment-là le type t'indiquera où tu peux trouver ton frère. Fais gaffe, hein, c'est un bar à musique, ce type n'a pas le caractère facile, et il ne parle pas beaucoup...

Des brochettes de gambas grillaient sur du charbon de bois, et les chinchards nageaient avec vivacité dans le vivier de l'entrée, mais peut-être à cause de l'éclairage, dès qu'on les sortait de l'eau pour les servir à un client, les écailles semblaient être restées toute une journée en plein soleil. Kiku repéra l'escalier métallique, puis resta un moment à regarder l'eau trouble du vivier du restaurant. Deux poissons étaient à l'agonie. L'un d'eux, épine dorsale toute tordue, semblait atteint d'une difformité de naissance qui en grandissant avait dû presser sur ses branchies, il nageait avec difficulté. L'autre, sans doute attaqué par ses congénères, avait le ventre déchiré, des morceaux d'intestins à demi dévorés pendaient dans l'eau tandis qu'il faisait de petits cercles dans un coin. Un peu de sang grisâtre suintait de sa blessure, se confondant avec les saletés qui troublaient l'eau du vivier.

Il n'y avait pas de pancarte annonçant le bar des *Souris aveugles* : les lettres étaient gravées directement dans la porte en bois. Il n'y avait pas un seul client. Les murs étaient couverts de disques. A la vue du gros magnétophone installé sur une étagère, Kiku se dit qu'effectivement il imaginait bien Hashi fréquentant un endroit de ce genre.

Derrière le comptoir il distingua un type à lunettes, avec au cou une excroissance grosse comme le poing. Il avait de petits yeux étroits et des pores dilatés. Si tu vends des billets pour le théâtre, je n'en veux pas, fit-il après avoir jeté un coup d'œil à Kiku. Kiku déplia le papier que lui avait laissé le barman. Euh, je voudrais écouter Lee Connitz, euh, je veux dire ses disques. L'homme eut l'air étonné puis grimaça un sourire.

— Ah ? Lee Connitz, bravo, dis donc, pour un jeunot comme toi, tu connais bien le jazz on dirait, les vieux jazzmen de la côte Ouest ne sont plus très populaires, personne ne nous les demande, bon, alors je vais te faire écouter quelque chose de ma caverne aux trésors, tiens par exemple, un duo de Connitz avec Miles Davis ? Ça, c'est un disque épuisé aux Etats-Unis, tu sais. Ça n'a jamais été en vente au Japon, ce truc-là, je l'ai acheté à New York à l'époque. Il fait trop chaud, non ? L'air conditionné est en panne, mais du coup on se croirait à New York en été, c'est bon pour l'ambiance. Au fait, t'es venu chercher quelqu'un ici, non ? Il essuya ses verres de lunettes embués. Kiku, en sueur, allait se lancer dans une explication mais l'homme l'arrêta de la main. T'as pas à avoir honte, allez. On m'a tout raconté, je suis au courant. C'est vrai que tu fais du saut à la perche ? Kiku s'assit sur une chaise, essuya de la main son visage trempé de sueur, puis demanda : Où est-il ? Qui ça ? s'écria l'homme au kyste d'une voix suraiguë. Ben, le type que je cherche. L'homme pilait de la glace en sifflotant. Tu ne dois pas dire « le type » en parlant de lui. Pas la peine de te faire de souci, je vais lui téléphoner tout de suite, il sera là dans une demi-heure. Je l'ai prévenu que tu viendrais ce soir, il était tout content, il a dit que ça faisait longtemps qu'il ne t'avait pas vu, mais je peux pas te donner plus de détails, il a des projets pour le futur, tu comprends ? Il alla téléphoner, chuchotant à voix basse dans le combiné, puis revint vers Kiku et lui fit un clin d'œil. Tu me plais, ouais, t'as de la classe, est-ce que je peux m'asseoir à côté de toi un moment pendant que tu attends ?

Son kyste à la gorge lui distendait la peau, on voyait un réseau de veines bleues par transparence. Ça rappelait des œufs de poisson à Kiku. Quand ils allaient à la pêche en hiver sur l'île, ils fendaient le ventre des poissons sitôt pêchés et mangeaient ces œufs après avoir versé dessus un peu d'eau chaude salée. Ça vous réchauffait le corps.

L'homme avait posé la main sur son épaule. La porte du bar était fermée, la chaleur étouffante, il était inondé de sueur. Les doigts de l'homme, brûlants, tremblaient légèrement. T'as la classe, vraiment, une élégance citadine, c'est curieux, un jeune comme toi, comment peux-tu avoir une telle élégance ? Moi, je dis, c'est parce que t'as souffert. T'en as bavé, pas vrai ? Mais pas comme un péquenot qui renifle de la bouse de vache toute la journée et se pique les fesses en arrachant les mauvaises herbes. Ni comme un gars qui rame sur son petit bateau pour aider sa mère malade, dans un sinistre port de pêche qui pue la fille mal lavée. Non, toi, t'es comme moi, tu souffres de naissance, d'un mal sophistiqué et citadin. Ce disant, l'homme commença à caresser les cheveux de Kiku du bout des doigts. La sueur dégoulinait dans le cou et sur le visage de Kiku, si bien que chaque fois que les doigts le touchaient derrière les oreilles, ça faisait un petit bruit humide de succion.

— Sinon, tu pourrais pas comprendre la musique de Lee Connitz, t'es comme moi, on aime écouter de la musique dans un endroit bruyant entouré de gens sympa, on aime calculer le nombre de calories du steak saignant posé sur l'assiette devant nous, pour brûler les calories en trop on va grimper à la corde, faire du jogging le matin au lieu de tirer un coup, impossible à comprendre, non, l'énergie de la ville, ça vous bouffe les muscles et l'intellect, jour après jour on se fait baiser par cette énergie, ouais, c'est l'expression qui convient le mieux, on se fait baiser par les plaisirs faciles de la ville, pas besoin de te faire un dessin à toi, hein, il n'y a pas d'autre solution, on est comme ça, Tōkyō, toi, moi, la côte Ouest, Lee Connitz, tu es jeune, tu es fou, tu es courageux, et en même temps tu demandes de l'aide en baissant la tête, ah, il me plaît ce petit organe triste et plein de contradictions !

Tout en parlant l'homme avait glissé une main entre les cuisses de Kiku, et le frottait, la respiration haletante. Chaque fois qu'il déglutissait, l'excroissance sur sa gorge, gonflée de sang sous l'effet de l'excitation, tremblait. Le pressentiment désagréable qu'avait eu Kiku en mettant le pied dans ce bar s'avérait fondé. Une fois de plus, son pressentiment s'était concrétisé, attirant choses et événements comme un puissant aimant. La sueur qui l'inondait, la voix irritante du saxo, la gorge tendue de l'homme, sa main entre ses jambes, il ne pourrait pas supporter ça plus de dix secondes de plus.

— Ah, tu es beau, incroyablement beau, ne t'inquiète pas, c'est la première fois pour toi, il paraît ? C'est plus simple que le saut à la perche, tu vas voir, ton client de ce soir il est propriétaire d'une papeterie, tu ne riras pas hein, son truc est vraiment minuscule, pas plus gros qu'un stylo à bille, il ne te le mettra même pas, ce qu'il aime, c'est se faire sucer, il faudra le sucer longtemps, c'est tout.

Kiku compta lentement jusqu'à dix, puis repoussa l'homme de toutes ses forces. Ses yeux tombèrent sur le pic à glace posé sur le bar, il s'en empara. L'homme essayait de ramasser ses lunettes et de se relever. Kiku le saisit par le col de sa chemise poisseux de graisse et de sueur, et le secoua, rapprochant le pic à glace de sa gorge pour le menacer. Mais ses mains maladroites tremblaient d'excitation, et la pointe du pic à glace transperça le kyste. Un sang noir s'écoula d'abord de la petite ouverture, suivi d'un liquide translucide et poisseux. Arrête ! Je m'excuse, je n'aurais pas dû faire ça, je m'excuse ! C'est le ciel qui me punit, je l'ai mérité, mais je t'en prie, calme-toi ! De l'autre côté du bar, une petite fille en pyjama, aux yeux immenses, les observait. Une tortue en peluche dans les bras, elle regardait Kiku. Le liquide poisseux coulait toujours de la gorge de l'homme. Kiku sentait sa main droite toute visqueuse. La petite fille n'avait pas changé d'expression. Entre ses lèvres on apercevait de minuscules dents de lait.

De retour dans le quartier des cinémas, Kiku se lava les mains à une fontaine. Le pus ne se dissolvait pas dans l'eau mais formait de petits blocs cotonneux qui sombraient au fond de l'eau. Un clochard allongé par terre, une bouteille de saké dans les bras, l'attrapa par le bas de son pantalon. T'as pas une cigarette ? Ne me touche pas ! hurla Kiku. Sa voix tonitruante fit se retourner des passants, mais le clochard lui fit un sourire édenté sans faire mine de s'éloigner. Ne me touche pas ! répéta Kiku un ton plus bas, en s'éloignant. Le clochard agrippé à son pantalon se laissa traîner sur le pavé sans lâcher prise. Je vais te casser la gueule ! Kiku lui décocha un coup de pied dans la figure, visant les yeux, mais s'arrêta à quelques centimètres du visage du clochard, repensant à l'homme au kyste. Les types d'ici, on pouvait leur taper dessus, leur casser la figure, ils n'avaient aucune réaction. Même pas rendre les coups instinctivement, ou avoir peur, non, rien. Ils ne devaient même pas sentir la douleur. L'air qui puait l'essence, l'alcool, le pus devaient anesthésier la blessure, celui-ci aussi, lui taper dessus ne lui apporterait aucun soulagement : de l'écœurement, tout au plus. Probablement qu'il conserverait son sourire imbécile sous les coups. Kiku lança trois pièces de cent yen aux pieds du mendiant et s'en alla.

Le barman était introuvable. Kazuyo, blême, était toujours allongée sur le canapé, secouée de frissons. Juste après le départ de Kiku, le barman lui avait demandé de l'argent avant de disparaître. Kiku voulut partir à sa recherche, mais devant l'état de Kazuyo, il y renonça. Elle avait l'air au plus mal et voulait rentrer se coucher. Kiku la prit sur son dos et sortit dans la rue. Aucun taxi ne s'arrêtait. Kazuyo, les yeux fermés, s'appuyait contre lui. Et Hashi ? Tu l'as vu ? demanda-t-elle d'une petite voix. Il n'était pas là, répondit Kiku.

C'était bien, hein, aujourd'hui ? fit la petite voix de Kazuyo dans son dos. Le cinéma, et tout... Après quoi elle se tut. Ça va ? demandait Kiku de temps à autre, sans obtenir d'autre réponse qu'une respiration sifflante. Kiku ne comprenait pas pourquoi aucun des taxis qui passaient ne s'arrêtait, malgré le petit signe lumineux annonçant « libre » sur leur toit. Il avait beau lever la main sur leur passage, ils ne ralentissaient même pas. Quelles étaient donc les règles, dans cette ville illuminée vingt-quatre heures sur vingt-quatre ? Comment fallait-il faire pour communiquer avec les gens ? Ni l'argent ni la violence ne semblaient efficaces. Même quand il se précipita sur un taxi, mains écartées devant le pare-brise, en hurlant : Je casse tes vitres si tu ne nous prends pas ! le chauffeur se contenta de sourire en secouant la tête. Quand il brandit des billets par la fenêtre d'une autre voiture en hurlant : Je te paie trois fois la course ! le chauffeur refusa d'ouvrir la portière. Kiku sentait ses forces le quitter, comme s'il se vidait lentement de son sang. Jamais il ne s'était senti aussi impuissant. Au bout d'une demi-heure, un taxi finit par s'arrêter devant eux. Il avait enfin compris une des règles de la cité scintillante : attendre. Sans courir et se démener, ni hurler ou se montrer violent, sans changer d'expression, simplement attendre. Attendre jusqu'à se sentir vidé de toute énergie.

Kazuyo s'effondra sur le lit sans même se changer. Kiku se demandait si elle n'avait pas pris froid. Il lui enleva ses bas, posa une couverture sur elle, posa une serviette humide sur son front. Kazuyo s'endormit et se mit à ronfler, la bouche entrouverte. Ses ronflement réguliers rassurèrent un peu Kiku, il alla prendre une douche. Tandis que l'eau brûlante jaillissait de la pomme de douche métallique, Kiku se demanda comment on faisait pour amener de l'eau chaude aussi haut, au cinquième étage. Il n'y avait que des choses étranges dans cette ville, et les gens étaient d'une incroyable patience, ils supportaient tout, moi, je suis incapable d'attendre, se dit Kiku. Gazelle me l'avait bien dit un jour. Tu sais pourquoi les gens se sont mis à fabriquer des outils, et à transporter des blocs de pierre ? Pour pouvoir détruire ! C'est l'instinct de destruction qui pousse les hommes à construire, et ceux qui détruisent sont les élus de ce monde. Tu es l'un d'eux, Kiku. Tu as le *droit*. Si un jour l'envie te prend de détruire, rappelle-toi la formule magique : DATURA. Datura, et tu pourras tuer le monde entier. Si je vivais dans cette ville, je passerais mon temps à répéter datura, datura, se dit Kiku avec un sourire amer. Datura pour l'homme au kyste du bar des *Souris aveugles*, datura pour la mère et l'enfant mendiant en tenues d'arts martiaux, datura pour le mendiant ivre mort, et datura pour les chauffeurs de taxi, et datura pour la femme de ménage outrageusement maquillée, datura, plus besoin de discuter, datura, et tout est réglé !

Il ferma le robinet de la douche. Quelqu'un venait de frapper à la porte. Kazuyo allait-elle se lever pour ouvrir ? Il se dépêcha de s'essuyer et, une serviette autour des reins, sortit de la salle de bains. Kazuyo dormait toujours mais on ne l'entendait plus ronfler. Les petits coups réguliers à la porte — toc-toc, toc-toc — continuaient. Il l'entrebâilla. Une femme se tenait dans l'embrasure, une cape sur les épaules malgré la chaleur. Une étrangère. Le manteau, ouvert sur le devant, révélait des seins à la peau sombre. Vingt mille yen pour toi, chéri, fit-elle. Datura, grommela Kiku entre ses dents. Il désigna Kazuyo endormie. Je ne peux pas, je suis avec ma mère. A ce moment-là, il remarqua pour la première fois un changement dans l'apparence de Kazuyo. La couverture ne se soulevait pas. Non seulement elle ne ronflait plus, mais elle ne *respirait* plus. Kiku voulut s'approcher du lit pour la secouer, et lui toucha la cuisse. Il sursauta et retira aussitôt sa main : la cuisse était dure comme du bois. A ce moment-là, une jambe nue se glissa par la porte restée entrebâillée et commença à onduler sous ses yeux. Chaque fois que la femme noire entrouvrait son manteau, une odeur acide d'aisselles et de laine humide picotait les narines de

Kiku. Il se retourna, lança un cendrier en direction de la porte. Le cendrier de porcelaine se brisa en morceaux, tandis que la femme retirait prestement sa jambe, lâchant une bordée d'injures dans une langue inconnue. Kiku rassembla tout son courage pour toucher à nouveau la cuisse de Kazuyo, puis il posa la main çà et là sur son corps : complètement rigide. Elle était morte.

Il essaya de lui ouvrir les yeux. Ses yeux étaient hermétiquement fermés parce qu'elle s'était durcie d'un seul coup. Il saisit ses paupières et les tira de toutes ses forces, les griffa avec ses ongles. Il y eut un petit déclic et les pupilles apparurent. La tête de Kazuyo glissa de l'oreiller et se mit à pendre hors du lit. Ces yeux grands ouverts commencèrent à déranger Kiku. Maintenant il était sûr qu'elle était morte. Il essaya cette fois de lui refermer les paupières. Tenant les joues et le menton de Kazuyo de la main gauche, il essaya de baisser les paupières sur ces yeux aveugles. Le maquillage qui commençait à s'écailler sur la peau fondait au contact des paumes en sueur de Kiku, ses doigts glissaient. Les globes oculaires de Kazuyo semblaient de plus en plus secs. Je suis en train de me démener avec un cadavre, se dit Kiku. C'était étrange de se sentir aussi calme. Il n'arrivait pas à fermer ces paupières, elles semblaient au contraire s'ouvrir de plus en plus grandes. Les yeux semblaient manger le visage de la morte, Kiku ne voyait plus qu'eux. Pour échapper à ce regard vide, il arracha un drap du lit et en recouvrit le cadavre. Il enroula autour des chevilles et du ventre des ceintures de peignoir trouvées dans la salle de bains. Puis il s'allongea sur le lit, se remémorant quelque chose que lui avait dit Kazuyo. A chaque changement de saison, elle faisait des insomnies, et il était arrivé plusieurs fois à Kiku, en se réveillant la nuit, de la trouver assise sur son lit, les mains sur les genoux, immobile. Qu'est-ce que tu fais ? demandait-il alors, et elle lui répondait en rougissant que ses pensées l'empêchaient de dormir, qu'elle se demandait où et comment elle mourrait et que cela l'empêchait de dormir. Le drap blanc qui enveloppait le cadavre de Kazuyo l'aveuglait, il éteignit la lumière. Il était fatigué, il avait sommeil. Il faudrait appeler un médecin... Mais elle est déjà morte de toute façon. Il faut téléphoner à la police, prévenir Kuwayama, il vaudrait mieux le faire maintenant... Il glissa dans un sommeil léger, rêvant qu'un géant le piétinait.

Le soleil filtrant entre les rideaux fit rapidement monter la température de la chambre, une véritable boîte de verre et de béton. Le vrombissement des machines électriques sur le chantier de démolition d'en face résonnait déjà à travers les fenêtres, faisant trembler les vitres. Une masse de métal suspendue à une grue tournoya dans les airs, vint s'écraser dans un mur de l'immeuble, y creusant une excavation. Le choc réveilla Kiku en sursaut.

Il était en plein cauchemar et ne se rappela pas tout de suite où il était. Il fit le tour de la pièce des yeux. A côté de lui il y avait un paquet blanc. Le sang suintant du cadavre avait dessiné des taches noirâtres sur le drap. Kiku regarda fixement le drap collé au visage, au cou, à la poitrine de Kazuyo. On aurait dit un buste humain passé à la peinture rouge. Kiku se mit à trembler de peur. La sueur jaillit de tous les pores de sa peau. Sa main gauche était imprégnée du parfum du maquillage de Kazuyo. Son odeur était encore vivante, alors qu'elle n'était plus qu'une momie rigide enveloppée dans ce drap taché de rouge. Une terreur tapie tout au fond de lui commença à émerger lentement. Les coups de masse résonnaient sans interruption sur l'immeuble d'en face. A chaque nouvelle suée qui inondait son corps, sa peur se muait en rage. Il ne pouvait plus supporter cette chaleur épouvantable. Il se rendit compte qu'il était enfermé, prisonnier de cette pièce de verre et de béton. Mais depuis quand ? Depuis quand suis-je enfermé là-dedans ? Depuis ma naissance, depuis ma naissance, je vis dans l'air mou et étouffant de cette boîte. Et jusqu'à quand ? Jusqu'à ce que je devienne à mon tour une momie rigide dans des draps rougis de sang. La masse de fer continuait à démolir les murs dans un effroyable vacarme, la chaleur écrasait la ville, la déformait, les groupes d'immeubles haletaient, il lui semblait que cette ville blanche fondant dans la fournaise l'appelait, la ville abandonnée, les anciennes mines de l'île revinrent flotter dans sa mémoire, se superposant au Tōkyō écrasé par la chaleur matinale de l'autre côté des fenêtres, c'était Tōkyō qui l'appelait, il entendait distinctement la voix de la ville monstrueuse : Détruis, détruis ! Détruis tout ! Il regarda par la fenêtre. En contrebas, des gens et des voitures gros comme des fourmis s'agitaient, il se sentait dans le même état d'esprit qu'au moment de prendre son élan pour sauter à la perche, il eut une vision de lui-même en train de détruire Tōkyō, Tōkyō englouti par les flammes au milieu des hurlements de la foule, et lui qui tuait tout le monde, écrabouillait les immeubles... Puis la ville recouverte de cendres magnifiques, des enfants ensanglantés déambulant dans les rues, au milieu des chiens sauvages, des vautours et de la vermine. Ces images le libérèrent, le délivrèrent de la vision de lui-même enfermé au cœur de l'été dans une horrible boîte sombre et étroite. Comme un serpent qui mue, sa vieille peau partait en lambeaux, la carapace se brisant, des souvenirs profondément enfouis resurgissaient. Les souvenirs d'un été, dix-sept ans plus tôt. La force qui avait soutenu ce bébé hurlant de toutes ses forces, luttant contre l'atroce chaleur étouffante du casier de consigne, cette force commençait à resurgir du tréfonds de lui-même. Il se rappelait la voix qui l'avait encouragé à survivre, et cette voix disait : Tue, tue, détruis, détruis-les tous ! Cette voix résonnait à nouveau, en arrière-plan du brouhaha de la ville en contrebas avec ses minuscules silhouettes, ses voitures comme des jouets miniatures. Tue, tue, détruis, détruis-les tous ! Tu ne veux pas devenir une momie sous un drap rougi de sang ? Alors détruis, encore et encore, réduis cette ville en cendres !

8

Le 18 juillet 1989, Kiku fêtait ses dix-sept ans. Il était toujours à Tōkyō. Kuwayama avait tenté en vain de le persuader de retourner sur l'île avec lui. Au crématorium, après la cérémonie funéraire, Kuwayama avait ramassé en pleurant un débris d'os de la taille d'un doigt qui ne s'était pas calciné, et l'avait tendu à Kiku après l'avoir enveloppé de tissu blanc :

— Si vraiment tu ne veux pas revenir à la maison, prends ça en souvenir. Si tu retrouves Hashi, montre-le-lui.

Kiku avait fourré le petit os dans sa poche.

Il comptait bien mettre à profit son séjour à Tōkyō pour découvrir le sens du mot « datura ». Il se rendait tous les jours dans une grande librairie où il consultait divers ouvrages. Il feuilleta d'abord une dizaine de dictionnaires de différentes sortes, puis demanda à un vendeur comment on faisait quand on cherchait des mots qui ne se trouvaient pas dans les dictionnaires courants. C'est peut-être un mot de vocabulaire spécialisé, répondit le vendeur, en lui montrant le rayon des dictionnaires techniques spécialisés. Il ajouta qu'il valait mieux regarder dans les plus gros qui étaient les plus complets.

Kiku consulta des dictionnaires de philosophie, psychologie, droit, médecine, sciences, prenant des notes quand il tombait sur un mot aux sonorités approchant de « datura ». Cela lui prit toute la journée.

*D*ATCHER, *Matthew. Peintre anglais de scènes militaires, fils cadet d'un artificier de la banlieue de Londres, autodidacte, apprit seul la technique de la détrempe, commença la peinture militaire à son entrée dans l'armée. A laissé plus de deux mille œuvres avant de mourir pendant la rébellion de Ceylan.*

*D*ATURALE. *Musique de chœur anonyme, chants en latin et en allemand.*

*D*ACHUA. *Petit port de pêche sur la rive sud de la mer Noire, célèbre pour sa production de caviar, dont vit quatre-vingt-dix pour cent de la population ; une légende locale dit que des enfants y naissent avec des ongles noirs.*

*P*OLYPE DATURANE. *Tumeur en forme d'œuf et possédant une tige qui pousse sur les muqueuses nasales. Résulte généralement d'une inflammation nasale.*

*D*ATURAZ & *B*ROTHERS. *Société de fabrication et de vente de centrifugeuses qui eurent pour mérite d'être utilisées pour le programme spatial Apollo. Maison mère : Arlington, Virginie.*

Voyant Kiku si absorbé dans ses recherches, le vendeur ne put s'empêcher de lui demander ce qu'il cherchait. Je cherche de quelle langue vient le mot « datura », répondit Kiku. L'employé descendit d'une étagère une pile de dictionnaires qui lui arrivait à mi-corps, et les ouvrit un à un à la lettre D. Il tourna les pages un moment, suivant les lignes du doigt, puis s'arrêta soudain : Tenez ! C'est peut-être ça. C'est une plante, de l'ordre des solanacées comme l'aubergine, qu'on appelle aussi « volubilis de Corée ».

Kiku se sentit déçu : la plante dont le nom servait d'invocation pour réduire l'humanité à néant n'était qu'une vulgaire aubergine ! Le vendeur sortit des lunettes de sa poche. Attendez, il y a autre chose, mais j'y vois mal. Ah oui, c'est une plante toxique, il y a toute une explication là-dessus. Toxique ? Kiku leva la tête. Oui, son nom vulgaire est volubilis de Corée, ou « aubergine qui rend fou ». Le datura contient des alcaloïdes très toxiques qui peuvent causer des hallucinations, des altérations de conscience, perte de conscience, etc., la variété dite stramoine est cultivée particulièrement en Amérique centrale, et ses alcaloïdes tels que la scopolamine et l'atropine sont utilisés pour leurs propriétés thérapeutiques.

— Je ne comprends pas très bien.

— Voyons, voyons, plantes toxiques, murmura le vendeur en sortant d'une boîte un livre à couverture verte. *Dictionnaire exhaustif des plantes psychoactives*, disait le titre. Il chercha « datura » dans le glossaire. J'ai trouvé ! s'exclama-t-il. Tenez : *Gabaniazide : nouvel antidépresseur découvert aux Etats-Unis en 1984, une majorité des patients souffrant de dépression étant devenus insensibles aux effets de l'iproniazide, un euphorisant largement utilisé jusqu'alors, une drogue plus forte a été mise au point pour la remplacer, c'est le groupe pharmaceutique Greer qui a lancé la gabaniazide sur le marché sans révéler sa composition, la présentant comme un euphorisant puissant mais sans effets secondaires particuliers ni effets de dépendance. Le nouveau produit connut immédiatement un grand succès, mais environ six mois après son lancement, des psychiatres anglais remarquèrent des troubles du comportement et des pulsions de violence chez les patients qui en utilisaient de fortes doses. La compagnie Greer fut alors sommée de révéler la composition du produit. Greer refusa, mais on s'aperçut au cours de l'enquête qui fut menée qu'au moins trois utilisateurs à doses massives de ce médicament étaient en procès pour meurtre. Le docteur anglais Goldmann émit l'hypothèse que la compagnie Greer produisait la gabaniazide controversée à partir d'une forme diluée d'un produit dérivé du datura et utilisé par l'armée à des fins militaires. Cette rumeur qui courait depuis quelque temps ne put être vérifiée mais le docteur Goldmann révéla les résultats de ses expériences sur deux groupes de rats traités l'un à la gabaniazide et l'autre avec du datura dilué. Les deux groupes de rats avaient un comportement anormalement destructeur et violent. Greer reconnut avoir utilisé du datura dans la composition du produit, qui fut retiré du marché. Plus tard, un officier de marine américain appartenant au département des armes biochimiques fut arrêté pour avoir laissé un produit testé comme arme chimique tomber entre des mains privées*. On dirait bien que votre datura est une arme dangereuse, conclut le vendeur en refermant le livre.

Le *Dictionnaire exhaustif des plantes psychoactives* sous le bras, Kiku marchait dans la foule. Neuf jours que Kazuyo était morte, sept jours que Kuwayama était reparti vers son île, emportant avec lui les cendres de son épouse... Kiku n'avait plus un sou et avait dû quitter l'hôtel le matin même. Bah, j'arriverai toujours à me débrouiller, on ne doit pas mourir de faim dans cette ville, se disait-il à la vue des vitrines de magasin où étaient empilés des tas de nourriture préservée par des monceaux de glace, d'où montait un léger brouillard. Les rues étaient encombrées et les trottoirs pleins de monde vibraient au passage des camions de livraison. Cette ville lui faisait penser aux planches anatomiques de la classe de sciences naturelles à l'école primaire. Tōkyō était un corps humain, dont la nourriture était les matériaux bruts, les poumons les centrales électriques, le système digestif les commerces et les bureaux administratifs, le système nerveux les lignes électriques, les vaisseaux sanguins les rues, et les cellules les habitants. Le port était une bouche grande ouverte, et la langue la piste d'atterrissage rouge. Kiku monta sur une passerelle piétonnière enjambant l'autoroute. A perte de vue, Tōkyō était une accumulation de cubes de béton enfumés. Juste sous ses yeux se dressaient treize gratte-ciel. Treize tours gigantesques, dont les murs en vitres réfléchissaient les rayons du soleil, comme un énorme projecteur. Kiku se mit à marcher en direction des tours. Bientôt ces gratte-ciel ne seront plus que de vulgaires repaires de chiens errants, marmonna-t-il. Il lui semblait avoir déjà pas mal marché, pourtant les tours étaient toujours à la même distance. Le trottoir se rétrécit. Il entra dans une rue commerçante où des effluves de repas du soir sortaient des restaurants. Il y avait des embouteillages partout, les gens marchaient au milieu de la chaussée. Une femme hurlait après le conducteur d'une voiture, qui venait de manquer renverser son enfant. La file de voitures derrière, ne pouvant plus avancer, se mit à klaxonner de concert. Ignorant les protestations de la femme, le conducteur redémarra. La femme se mit à courir derrière la voiture, tandis que des citrons s'échappaient du cabas qu'elle tenait à la main. Les voitures suivantes écrasèrent les citrons, leur parfum acide envahit la rue. Je voudrais que ce livre soit du datura, se disait Kiku, serrant précieusement l'ouvrage sous son bras. Il fit semblant de le jeter au milieu de la foule, en criant : Boum ! La femme s'était mise à ramasser ses citrons. Enervée, elle donna une claque à l'enfant qui se mit à pleurer.

Il ne voyait plus le groupe de gratte-ciel. Il avançait dans la bonne direction mais les bâtiments étroitement serrés des deux côtés de la rue étroite bloquaient la vue au-delà. Autrefois la ville abandonnée dans les anciennes mines de l'île avait dû être aussi bruyante et animée au crépuscule que celle-ci, songea Kiku. Kuwayama lui avait souvent raconté comment, au moment de la fermeture des mines et du départ précipité de tous les ouvriers, les boucheries de l'île avaient été obligées d'écouler à bas prix leurs stocks de viande et toute l'île mangeait du *sukiyaki* tous les soirs. Même les chiens étaient nourris de viande tant il y en avait, et les bouchers durent en partant abandonner des quartiers entiers de mouton, qui se mirent à pourrir sur place, dégageant une épouvantable odeur de putréfaction qui se répandait sur toute l'île. Un jour ou l'autre cette ville aussi finirait comme ça. Le groupe de gratte-ciel réapparut soudain devant lui, si proche cette fois qu'il se faisait mal au cou en levant la tête pour en voir le sommet.

Les tours, dont les façades vitrées reflétaient les rayons du soleil couchant, étaient cent fois plus énormes que les immeubles des mines abandonnées. Kiku se rapprocha jusqu'à ce que les gratte-ciel emplissent tout son champ de vision. Au fur et à mesure que la nuit venait, des lumières s'allumaient à l'intérieur. A chaque lumière qui s'allumait, un pan de paysage disparaissait. Les tours semblaient prêtes à enfler démesurément et avaler Kiku. Elles lui donnaient le vertige, semblaient murmurer : On peut t'écraser comme une fourni, tu sais. Kiku toucha le mur d'une des tours. D'une désagréable épaisseur, il était brûlant, peut-être à cause du soleil qui avait tapé dessus toute la journée.

Kiku marcha tout autour des tours, cherchant « le rideau de barbelés ». C'était la prostituée à la peau sombre qui le lui avait dit le matin même quand il avait quitté l'hôtel : Il y a une zone entourée d'un rideau de barbelés. On l'appelle l'îlot de la drogue, et au centre il y a une place qu'on appelle « le marché », où on trouve tout ce qu'on veut à vendre et à acheter : du chaton jusqu'au vieux pédé, et aussi toutes les sortes de drogues et de tranquillisants possibles et imaginables. Si c'est un médicament que tu cherches, c'est au « marché » que tu dois aller, tu l'y trouveras sûrement, c'est plein de types au teint blafard prêts à te vendre tout ce que tu voudras.

Kiku découvrit toutes sortes d'ornementations à l'entrée de chaque tour : un hôtel aux portes d'entrée tournantes et lumineuses, ornées de drapeaux de tous les pays, un porche de brique rouge avec des motifs en limaille de fer gravés au feu, une banque d'où provenaient des bruits d'insectes grattant contre les parois d'une boîte. Une fontaine d'où jaillissaient des gouttes multicolores. Tout en déambulant entre les tours, Kiku se sentit envahi par une vague appréhension. L'air était humide et lourd, comme s'il s'échappait de fissures dans le béton, comme si de l'autre côté de ces tours se trouvait un tunnel donnant sur des ruines abandonnées. Kiku se mit à courir, traversa l'avenue entre les tours, dépassa un terrain vague où était entreposé du matériel de construction. A l'endroit où s'arrêtaient les réverbères, une dizaine de lignes parallèles qui accrochaient la lumière : des barbelés, entre des herbes folles.

De l'autre côté des barbelés lui parvenait une odeur nostalgique de ruines. C'est le monde des chiens errants par là, se dit-il. Le marché se trouvait sûrement quelque part là-dedans. Bon, d'abord, me procurer de la gabaniazide. Et ensuite... ensuite, si ça se trouve, je vais retrouver Hashi là-dedans. Si jamais il lui est arrivé comme moi en ce moment de respirer cette odeur de ruines, sûr qu'il a traversé les barbelés, lui aussi. On a vécu douze ans dans cette odeur-là tous les deux, oui, je suis sûr qu'il est là-dedans. Kiku évalua du regard la hauteur des barbelés. Quatre mètres. Je devrais être capable de sauter ça...

Il se rendit dès qu'il put aux bureaux de l'Association des sports au lycée, déclara qu'il voulait s'entraîner au saut à la perche, emprunta une perche en fibre de verre, plus flexible que celle qu'il utilisait d'ordinaire, puis il se rendit au terrain d'entraînement du parc Yoyogi, s'entraîna à sauter en prenant un élan bref, et à atterrir non pas sur le dos mais sur la pointe des pieds. Il enleva même le matelas de caoutchouc destiné à amortir la chute à l'arrivée.

Il était midi passé quand un groupe d'hommes armés de caméras déboula sur le terrain de sport. Ils venaient tourner une publicité pour des chaussures de sport, et étaient accompagnés d'un responsable de l'association sportive qui demanda de leur part à Kiku s'il voulait bien continuer à s'entraîner comme si de rien n'était, pour que l'équipe puisse le filmer en toile de fond. Une jeune fille en robe de mariée en dentelle blanche, soulevant délicatement le bas de sa robe, enfila des chaussures de sport en souriant, tandis que Kiku continuait ses sauts derrière elle. Malgré le temps ensoleillé, de violents projecteurs éclairaient la scène. Kiku détestait voir des lampes allumées en plein jour. La jeune fille en robe de mariée répétait inlassablement les mêmes gestes et la même phrase. Qu'est-ce qui vole dans le ciel ? Les avions, les ballons dirigeables, les hélicoptères, les planeurs, les oiseaux, les deltaplanes, les papillons, les scarabées, et... et... les jeunes mariées en chaussures de sport Herman's Hermit ! Elle soulevait alors en riant le bord de sa robe jusqu'aux genoux. La jeune fille n'avait pas l'air de prendre son rôle trop au sérieux, elle le jouait sans difficulté mais semblait trouver ces répliques vraiment ridicules. Des nuages cachèrent soudain le soleil et l'équipe de tournage en profita pour faire une pause. La mariée s'approcha de Kiku.

— Quelle chaleur, hein ! fit-elle.

Jamais vu une fille avec d'aussi grands yeux, se dit Kiku. La jeune fille debout sur la pelouse lui rappelait un tableau. Un tableau d'une jeune fille en robe blanche, devant un paysage désolé et en cendres, un tableau intitulé *La Mariée solitaire*. Dis, tu me passes un peu de lait, discrètement ? demanda la jeune fille en désignant la boîte de lait que buvait Kiku. Elle avait soif, sa longue robe la faisait transpirer. Je n'ai pas le droit de boire pendant le tournage, ils disent que ça fait ressortir mon ventre ! La mariée solitaire s'accroupit à côté de Kiku et but le lait d'un trait, en faisant semblant de bavarder avec lui. Une goutte de lait perla au coin de sa petite bouche, glissa sur son maquillage. Ce qu'elle est jolie ! se dit Kiku en la regardant déglutir. La courbe de sa gorge inclinée en arrière était magnifique. Tu aimes le saut à la perche ? demanda la mariée en s'essuyant discrètement la bouche. Elle le fixait droit dans les yeux et Kiku, ébloui par l'éclat des siens, dut baisser le regard pour répondre. Pourquoi tu me demandes ça ?

— Parce que moi aussi j'aime le saut à la perche.

— Moi j'ai toujours eu envie de voler.

— Depuis tout petit ?

— Oui.

— Les gens qui ont envie de voler, ils ne deviennent pas plutôt pilotes ? Remarque, il faut être intelligent pour faire pilote, et moi, je n'aime pas les trucs auxquels on n'a pas accès si on n'est pas intelligent.

Un jeune cameraman appela la mariée : elle devait se mettre à l'ombre sinon elle allait attraper un coup de soleil. La mariée ouvrit sans répondre l'ombrelle qu'elle tenait à la main gauche.

— Ils sont casse-pieds, ces types, fit Kiku.
— Tu trouves aussi ?
— La lumière en plein jour, ça m'énerve.
— Ah, toi aussi ?
— Quand je vois ça, je me dis, ils peuvent tous crever !
La mariée solitaire le regarda en ouvrant de grands yeux.
— Ça me rappelle un roman que j'ai lu. Le soleil s'est mis à enfler et la terre est devenue brûlante. A Tōkyō et à Paris, il s'est mis à faire le même temps qu'à Tahiti, alors c'est l'exode, tout le monde part s'installer dans les pays froids.
— Dans le Hokkaidō ?
— Mais non, le Hokkaidō, c'est devenu tropical, ils partent au pôle Nord ou au pôle Sud.
— Et Tōkyō ?
— Tōkyō, c'est devenu un marécage.
— Pourquoi ça ?
— La glace du pôle Sud a fondu, ça a fait monter le niveau de la mer, et en plus c'est le déluge.
— Ça a l'air bien, cette histoire.
— Oui, et il ne reste plus qu'un homme et une femme dans Tōkyō transformé en marécage, ils tombent amoureux, évidemment.
— Mais il fait trop chaud pour survivre, non ? Comment ils font ?
— Ils boivent des tonnes de bière.
Des gouttes de sueur perlaient sur le bout du nez et la lèvre supérieure de la mariée triste, elle les essuyait doucement de temps à autre avec une compresse de gaze, en prenant garde de ne pas écailler son maquillage. Elle avait la peau fine, les paupières particulièrement, où l'on pouvait voir par transparence un réseau de vaisseaux bleus. Ces lignes bleues, sous le fard à paupières, créaient d'étranges motifs. Pendant qu'il observait ces dessins, le cœur de Kiku se mit à battre la chamade. S'il enfonçait une aiguille bien effilée dans la poitrine de cette fille, sa peau élastique éclaterait, et

son corps aspiré dans les dessins bleus de ses paupières disparaîtrait comme par enchantement.

— Si tu me dis quel jour tu joues en compétition, je viendrai t'encourager.

— Je ne fais pas de compétition.

— Ah, tu t'entraînes seulement alors ?

— Pas vraiment, mais en tout cas je ne fais pas de compétition.

— Dommage, je serais venue t'applaudir.

— Tu veux me voir sauter ?

— J'aimerais bien.

— Alors attends-moi ce soir entre la tour Sumitomo et la tour de l'Union des banques étrangères, je vais sauter par-dessus les barbelés.

— Tu sautes la nuit ? !

— Tu veux venir ou pas ?

— Bon, d'accord, je viendrai te voir.

Le cameraman appelait à nouveau la mariée, pour retoucher sa coiffure. Elle se leva en relevant gracieusement le bord de sa jupe. Kiku lui demanda son nom, elle se retourna vers lui avant de se diriger vers le lieu de tournage :

— Anémone, fit-elle.

Kiku examina à nouveau la marque qu'il avait faite sur le pilier de soutien des barbelés, vérifia longuement et soigneusement la distance entre sa perche fichée dans le sol et la plus haute rangée de fils de fer barbelés, hérissés de pointes. A l'endroit ainsi déterminé, il creusa un trou de vingt centimètres de profondeur, l'emplit soigneusement de sable. C'est là qu'il planterait l'extrémité de sa perche. Il avait empli le trou de sable pour amortir le choc. Ensuite il tendit une corde tout droit jusqu'aux barbelés, se mit debout dessus : l'endroit où son corps, bras étendus, formait un triangle isocèle avec sa perche et le sol serait le point d'où il s'élancerait. A partir de là, il calcula le nombre de pas qu'il lui fallait pour prendre son élan, deux pas de marche pour un pas de course, il traça à l'aide de petits cailloux blancs sa ligne de départ et le point d'où il sauterait, puis il enleva la corde.

Ces préparatifs terminés, il s'approcha d'Anémone qui l'attendait dans l'ombre des arbres un peu plus loin, un Polaroid sur la poitrine. Je veux te photographier quand tu sautes, avait-elle annoncé en arrivant. Chaque fois que je me fais un nouvel ami, je prends cette personne en photo, en souvenir, quoi. Cette fille était la première à tenir ses promesses envers lui depuis son arrivée à Tōkyō, se disait Kiku. Quand elle avait compris qu'il voulait sauter par-dessus les barbelés défendant l'entrée de l'îlot de la drogue, Anémone avait tenté de le dissuader. Il n'avait pas très bien compris ce qu'elle racontait à toute vitesse, les mots se bousculant dans sa bouche, mais si on entrait là-dedans, à l'en croire, on ressortait avec des trous dans la figure à cause de la pollution. Si on vous découvrait en train d'essayer d'entrer, vous étiez passé au lance-flammes. Moi, je connais une entrée, avait-elle ajouté. Elle l'avait guidé jusqu'à l'endroit que lui avait montré l'enfant au visage rongé par le chlorite. Mais le passage avait été rebouché avec de nouveaux barbelés. Anémone n'était pas maquillée. Elle portait des jeans, une ceinture en émail rouge et un chemisier en lamé argenté orné de canards mandarins. Les gardes avaient déjà effectué trois rondes depuis qu'ils étaient là. Chaque fois tous deux se cachaient sous les arbres, serrés l'un contre l'autre. A la deuxième ronde, Anémone avait voulu dire quelque chose mais Kiku lui avait mis la main sur la bouche pour l'empêcher de parler. Quand il avait enlevé sa main, elle portait sur le visage la marque de ses doigts imprimée en rouge : ces traces ne s'étaient pas encore effacées et chaque fois que le faisceau lumineux des projecteurs passait non loin d'eux, une lumière rouge translucide se jouait un instant sur les joues d'Anémone avant de disparaître. Dis, Kiku, tu sais, j'élève un crocodile. Des ombres de feuilles longues et fines s'agitaient dans le vent, cachant de temps à autre les yeux d'Anémone. Elle est jolie, se dit Kiku, mais en fermant les yeux, je l'oublierais en un rien de temps.

— Il s'appelle Gulliver, qu'est-ce que tu en dis ?

— Qu'est-ce que j'en dis de quoi ?

— D'élever un crocodile, tiens !

— Bof, les animaux, c'est toujours pareil, c'est mignon mais il faut s'en occuper.

— Mais il est très grand, tu sais, murmura-t-elle en arrondissant les lèvres.

Son murmure parvenait aux oreilles de Kiku, porté par le vent tiède en même temps que les effluves de savon émanant de son cou.

— J'ai déjà vu des crocodiles dans un aquarium, ça avait l'air plutôt idiot, non ?

— Tu voudras venir le voir ? Un crocodile, ça te donne l'impression d'être dans la jungle.

J'ai déjà l'impression d'être dans la jungle, faillit dire Kiku. Il fait si chaud, et j'ai le cœur qui bat.

— Quand tu auras fini ce que tu as à faire, viens donc voir mon crocodile.

— Ce soir je ne peux pas.

— Tu connais cette marque d'alcool : « Nuit au royaume des crocodiles » ? Ça existe vraiment.

— Non, ce soir, c'est sûr, je ne pourrai pas.

— Viens... quand tu veux... quand tu auras envie.

Pourquoi respirait-elle si bizarrement ? Voilà un moment que Kiku se posait la question. C'était depuis qu'il lui avait fait ces marques rouges sur les joues en mettant la main sur sa bouche, il lui avait peut-être fait mal. Ses joues sous ses doigts étaient fraîches et tendres. Comment était l'intérieur de ses joues ? Probablement frais aussi, mais plus humide que l'extérieur. Il suivit du regard les courbes douces de sa lèvre inférieure légèrement en avant, de son menton, sa mâchoire, sa gorge, que venaient éclairer par intermittence les lumières des buildings derrière eux, traçant seulement les contours délicats de son profil, comme des phares éclairant une île lointaine au crépuscule. Ces contours changeaient chaque fois qu'elle souriait, qu'elle susurrait quelque chose ou reprenait son souffle.

Kiku tendit la main pour toucher à nouveau sa joue, posant ses doigts sur les marques rouges.

— Tu viendras le voir, mon crocodile, hein ? Quand tu voudras, tu n'as qu'à me téléphoner.

— Bon, il faut que je saute.

Kiku se releva, prit la perche en fibre de verre qu'il avait cachée dans l'ombre. Ouaaah, c'est joli, s'exclama Anémone en regardant la perche argentée et transparente, on dirait un rayon laser ! Saute bien, hein, je vais te prendre en photo.

Kiku courut un peu pour s'échauffer, se mit debout sur la ligne de départ, regarda la rangée de barbelés la plus haute. Anémone tenait son Polaroid prêt. Kiku prit son élan de toutes ses forces, penché en avant plus encore qu'un champion de course, la vision habituelle apparut : il se vit dans les airs, franchissant une ligne imaginaire. Gardant une foulée régulière, il accéléra, et à l'instant où sa jambe avant touchait le sol, sa perche s'enfonça dans le trou prévu à cet effet. Il frappa le sol de toutes ses forces, la perche plia. Juste à ce moment, un coup de sifflet résonna quelque part dans le noir. Halte ! hurla une voix. Deux gardes accouraient vers eux. L'un d'eux tira un coup de feu en l'air. Le coup de feu fit vaciller le corps suspendu dans les airs de Kiku qui s'apprêtait à passer de l'autre côté de l'enceinte. Sa main gauche lâcha la perche, son corps déséquilibré bascula en avant, il vit les pointes de fer se rapprocher dangereusement de lui et il se roula en boule le plus vite possible pour les éviter, mais une pointe lui déchira la lèvre comme une lame de couteau. Instinctivement il se retint aux fils de fer pour éviter d'être déchiqueté, et resta ainsi suspendu dans les airs à mi-hauteur de la haie de barbelés, du côté interdit. Merde, juste au moment où j'allais réussir ! Se redressant à la force des poignets, il dégagea sa joue de la pointe de fer qui la transperçait. Juste en dessous, deux gardes casqués le visaient de leurs fusils. Le sang coulait dans sa bouche. Il essaya de mettre la langue sur sa plaie mais n'y parvint pas, il ne sentait plus l'intérieur de sa bouche, anesthésié par la douleur. N'essaie pas de t'enfuir, si tu t'enfuis on te tire comme un lapin ! Remonte jusqu'en haut et redescends de ce côté-ci ! fit un des gardes à voix basse, en faisant des moulinets avec sa torche. Le faisceau lumineux éclaira les environs de biais et Kiku aperçut Anémone dans les buissons, en train de mitrailler la scène avec son Polaroid. Drôle de fille ! se dit Kiku en souriant inconsciemment. Le garde se mit à hurler, apparemment fâché de le voir sourire. T'arrêtes de faire l'imbécile ? On est autorisés à tirer à vue, tu le sais, ça ? Tu veux qu'on te descende ou quoi ? Ils devaient être excités à l'idée de tuer quelqu'un, ça les sortait de leur ordinaire ennuyeux, consistant à faire des rondes toute la nuit autour de ces barbelés. Tout excités et heureux, ils le tenaient en joue. Au moment où l'un d'eux, avec un rire qui faisait trembler son casque, posait le doigt sur la détente, une troisième silhouette apparut dans le cercle de lumière des projecteurs : un bras armé d'un fusil à la forme étrange fit feu juste à l'instant où les gardes le remarquaient. C'était une carabine à répétition, et le coup envoya valser les deux gardes, faisant de petits trous noirs dans leurs combinaisons en amiante. Stupéfait, Kiku se retourna. Un petit homme édenté, à la peau foncée, l'invitait de la main à descendre. La carabine qu'il tenait à la main fumait encore. Eh, qu'est-ce que t'as à traîner comme ça, tu veux finir grillé au lance-flammes ? Dépêche-toi de descendre, l'athlète ! Kiku sauta à terre. Il entendait gronder le moteur d'une jeep qui se dirigeait vers eux, d'autres gardes avaient dû entendre le coup de feu et venaient à la rescousse de leurs camarades. Kiku jeta un coup d'œil de l'autre côté des barbelés, vit Anémone faire un signe de la main et prendre la fuite. Il se mit à courir à son tour, suivant l'homme édenté. Une fois hors du faisceau des projecteurs, le petit homme s'arrêta, lui montra du doigt un bâtiment bas dans l'ombre. Une silhouette aux longs cheveux en sortit : c'était Hashi.

9

— Alors c'est toi, Kiku ? fit l'édenté. Faut arrêter de faire du grabuge comme ça, hein, si on s'était fait pincer, on passait tous au lance-flammes, et personne ne serait venu nous secourir. Paraît que t'es un champion, c'est vrai, ça ? Ah, je déteste ça, je déteste, pas vrai, Hashi, je te l'ai déjà dit ? Je déteste les athlètes, les champions, tous des simplets, juste de la sueur à la place de la cervelle. *Fight fight fight !* C'est tout ce qu'ils savent dire, et courir en haletant comme des bêtes, ah je les hais, tiens !

L'édenté s'appelait Tatsuo, mais n'était pas japonais : Tatsuo de La Cruz, philippin. Hashi vivait avec lui au premier étage d'une usine désaffectée au toit de zinc. Hashi montra le chemin à Kiku sans mot dire. En haut des escaliers, au premier étage, une ampoule nue pendait au plafond et une femme au gros ventre se penchait avec difficulté en avant pour enduire de vernis ses ongles de pied. Des moustiques voletaient autour de l'ampoule, la femme en écrasa un en claquant des mains, une poussière dorée vint s'écraser sur ses pieds au vernis encore humide.

La pièce sombre empestait l'urine. Un tuyau de plastique qui pendait par la fenêtre aboutissait dans un seau plein d'eau croupie et brunâtre. Hashi en puisa un peu pour se laver les mains. Les nattes du sol étaient toutes arrachées et remplacées par une toile de tableau toute tachée de peinture, étalée par terre. Au milieu de la pièce trônait une petite table, avec deux tasses émaillées pleines de vieux sachets de thé collés au fond, il y avait aussi une télé noir et blanc, une radiocassette, un miroir. Une chose étonna Kiku : Hashi était maquillé. Il avait rasé ses sourcils, et portait du fond de teint blanc. Tourné vers le miroir, il ne regardait même pas son frère. Tatsuo continuait à bavarder de sa voix de fausset.

— T'as vu ça un peu, champion ? T'as vu comment je les ai pulvérisés ? C'est moi qui l'ai fabriquée, cette carabine, géniale, non ? Y a pas un type dans tout le Japon qui peut fabriquer une arme comme ça, à part moi. Je me suis servi comme modèle d'un fusil appelé le Liberator, utilisé en Europe par les maquisards pendant la Seconde Guerre mondiale. Hein, le champion, tu sais même pas ce que ça veut dire, toi, « Liberator » ? Les champions, ça fiche rien à l'école, pas vrai ? Ça veut dire « le libérateur », super comme nom, hein ? Ça faisait longtemps que je voulais en fabriquer un, de fusil à plomb, le contrecoup est un peu trop fort, mais pour la guérilla il faut des armes efficaces comme celle-là, le jour où j'en fabriquerai un parfait je l'appellerai Liberator, mais j'ai préféré appeler celui-là Getaway, d'après un film que j'ai vu quand j'étais môme. Ouais, je l'ai vu dans une ville appelée Takasaki, dans la préfecture de Gunma, ouais.

Tout en parlant, Tatsuo tournait fébrilement dans la pièce, jetant un coup d'œil dans un sac taché de jus de fruits, fouillant dans une vieille boîte en carton pleine de volants de badminton et de chausse-pieds. Bizarre, y avait pourtant bien du mercurochrome quelque part... T'as compris, l'athlète ? Je suis armé, n'oublie pas ça, répéta-t-il plusieurs fois en passant un mouchoir humide à Kiku pour nettoyer sa blessure. Kiku remarqua en prenant le mouchoir que les doigts de Tatsuo tremblaient. Eh, le champion, je vais t'acheter de quoi te soigner, mais rappelle-toi bien que j'ai un fusil, compris ? J'aimerais bien que tu penses à la puissance de mon fusil avant d'essayer de faire le malin avec moi, vu ? En fait, je voudrais bien te faire une démonstration dans les ruines de l'usine en bas, mais je peux pas, à cause de Pépé Tremblement de terre, dès qu'il entend du bruit il se met à hurler : Au secours, un tremblement de terre ! Il pique des crises quoi, au moindre choc, il se met à hurler au tremblement de terre, jusqu'à ce qu'il en tombe par terre, le pauvre.

Tout en continuant à parler sans reprendre son souffle, Tatsuo planta son regard dans celui de Kiku.

— Il a dû être traumatisé par un tremblement de terre dans sa jeunesse, avança Kiku, les yeux baissés.

Tatsuo grimaça un sourire et tapa sur l'épaule de Hashi : T'as vu, il sait parler le champion ! Eh, Hashi, il a parlé, je te dis c'est génial, non, il est plutôt bien pour un athlète, il parle sans qu'on ait besoin de lui taper dessus. Eh, tu sais que Hashi se faisait du souci pour toi, mon pote ? On t'a vu en train d'essayer d'entrer ici en sautant à la perche, il m'a dit qu'il fallait t'aider, il se faisait du souci pour toi. Mais pour Pépé Tremblement de terre tu te trompes, en fait c'est un ancien garde de l'îlot de la drogue, il a commencé à l'âge de treize ans, soixante ans il a été gardien, c'est pas mal, hein, et il nous a raconté que les trois quarts de sa paye passaient dans des rations d'urgence et de l'eau minérale. Et puis il est quand même tombé malade il y a quelques années et sa famille l'a abandonné ici, il a une tumeur dans le dos qui l'empêche de marcher, peut même pas aller pisser tout seul, alors ils n'ont rien trouvé de mieux que de le laisser ici avec un wagon de ses rations d'urgence, depuis il dit que la seule chose sûre, c'est l'imminence des tremblements de terre, qu'il a travaillé soixante ans de sa vie pour un tremblement de terre, et au moindre bruit le voilà qui se met à hurler : Au secours, un tremblement de terre ! Il fait plus de vacarme à lui tout seul qu'une vraie secousse sismique, marrant, non ? Alors ça te plaît ici ? On est bien, non ? Et moi, je te plais ? Tatsuo parlait à une vitesse effrayante, il s'arrêta brusquement, annonça qu'il allait acheter des médicaments et disparut sur un signe de la main. Hashi, toujours assis devant le miroir, avait ouvert un tube de maquillage et commençait à s'enduire le visage de fond de teint.

— Il y a des pharmacies ouvertes à cette heure-ci ? demanda Kiku.

— Il y a le marché. On est en ville ici, répondit Hashi, parlant pour la première fois, d'une voix sans timbre, les yeux toujours fixés sur le miroir. Moi aussi je travaille au marché, il va falloir que j'y aille, mais toi, il vaudrait mieux que tu ailles dormir avant que Tatsuo revienne, je te raconterai tout demain.

Hashi semblait amaigri. D'une main experte, il se passa du fard bleu sur les paupières avec un petit pinceau. Une brise tiède traversait la pièce de temps à autre, et des effluves émanant du corps de Hashi parvenaient alors aux narines de Kiku : il avait la même odeur que la prostituée qui lui avait proposé une passe à vingt mille yen à l'hôtel du *Soleil printanier*.

— Hashi, t'es obligé de t'accoutrer comme ça là où tu travailles ?

— Kiku, je t'en prie, attends demain pour les explications, j'ai l'impression que ma tête va éclater, tout ça est arrivé si vite.

Hashi enleva son tricot de peau et mit un soutien-gorge couleur chair, qu'il bourra d'un morceau de mousse, il enfila par-dessus un chemisier rose qu'il laissa entrouvert, noua les deux pans sur son ventre. De dos, il avait l'air d'une fille aux hanches étroites. Tu trouveras des couvertures dans ce placard et, si tu as faim, tu n'as qu'à le dire à Tatsuo, il te préparera quelque chose, dit-il en enfilant des sandales à hauts talons. Il avait mis du vernis vert sur ses ongles de pied et portait une chaîne argentée à la cheville. Il ouvrit la porte, resta debout un moment dans l'embrasure, de dos.

— Et Milk, il va bien ?

— Milk, ça va, oui, mais Kazuyo est morte, je t'ai apporté un de ses os en souvenir.

Pendant que Kiku fouillait dans ses poches et dénouait le fil avec lequel il avait cousu le bout d'os au fond, il se sentit saisi d'une rage irraisonnée. L'image du drap rouge collé sur le visage de Kazuyo lui revint en mémoire. La colère et la terreur de cette nuit-là se ravivèrent en lui. Il se souvenait de sa rage impuissante, de cette sensation d'être enfermé dans une boîte visqueuse. Hashi, tu ne te rends pas compte qu'on est enfermés dans une espèce de truc sinistre et gluant, sans pouvoir bouger. Si tu savais comme j'ai eu peur, la nuit de sa mort, j'avais l'impression d'entendre une drôle de voix à travers les murs, une voix qui me disait, tu es inutile, tu ne sers à rien, personne n'a besoin de toi, et c'est pareil pour toi, Hashi, moi j'ai décidé de tous les tuer avec le datura, et toi, tu te déguises en fille, mais pourquoi tu fais ça, Hashi, pourquoi ? murmurait Kiku à l'intérieur de lui-même. Il lança l'os de Kazuyo par terre devant Hashi. Hashi fronça les sourcils, ses épaules se mirent à trembler légèrement.

— Elle était avec moi à Shinjuku, on te cherchait tous les deux, et puis ce type l'a renversée, elle a été touchée à la tête et elle est morte, tu te rappelles, Hashi, de temps en temps elle se réveillait la nuit et restait assise sur son lit à réfléchir ? Elle pleurait à en avoir les yeux tout rouges, et après elle nous serrait dans ses bras comme une folle. Tu te rappelles ? Elle est morte dans un hôtel de merde sur un vieux lit grinçant, en saignant de l'intérieur de la tête sans rien dire, t'as de la chance, Hashi, t'as de la chance de pas avoir vu ça !

Kiku avait des larmes dans la voix. Tout ce qu'il avait subi sans mot dire depuis la mort de Kazuyo remontait d'un coup à la surface, le laissant sans force.

— Kiku, il faut que j'y aille, fit Hashi en détournant les yeux de l'os.

— C'est un souvenir de Kazuyo, tu pourrais au moins le ramasser.

— Je suis pressé, vraiment pressé.

— Fais au moins une prière pour elle, ça ne prend pas plus de dix secondes.

Hashi se retourna enfin, son visage baigné de larmes était maculé de traces de Rimmel noir, il hurla :

— Demain, je te dis, demain ! Tu pourrais choisir un autre moment pour m'annoncer ça !

— Mais *quel* moment, espèce de crétin ? hurla à son tour Kiku en projetant contre le mur une assiette pleine de spaghettis posée sur la table.

Hashi s'accroupit dans l'entrée, perché sur ses sandales à talons, et se mit à sangloter. Tatsuo revint à ce moment. Tout étonné de trouver Hashi en larmes, il se précipita à coups de poing sur Kiku en hurlant : Mais qu'est-ce que tu lui as fait, connard ? Kiku esquiva son bras et se leva avec vivacité. Frappant le Philippin au menton du plat de la main, il l'envoya rouler jusque dans un coin de la cuisine. Mais qu'est-ce que tu fais dans un endroit pareil, Hashi ? Tu as retrouvé la femme qui t'a abandonné ou non ? Qu'est-ce qui t'est arrivé, dis quelque chose, bon Dieu ! hurla Kiku en secouant Hashi par les épaules. Hashi, en larmes, répétait pardon pardon pardon. Pardon, Kiku, c'est ma faute, j'ai honte d'avoir été si égoïste, pardon, je voulais devenir chanteur. La voix nasale de Hashi enveloppait Kiku. Il eut une étrange sensation, comme si cette voix nasillarde emplissait un trou béant quelque part en lui, apaisant d'un coup sa colère, sa rage, sa peur, il se retint juste à temps de lui dire : Hashi, tu m'as manqué, tu m'as tellement manqué. Arrête, Tatsuo ! hurla Hashi en levant la tête. Tatsuo avait ramassé son fusil et tenait Kiku en joue. Hashi renversa Kiku et l'entraîna à terre avec lui, au moment où Tatsuo pressait la détente. L'ampoule au plafond et un pan de mur furent réduits en poussière, la pièce plongée dans la pénombre. Je tuerai tous les salauds qui embêteront Hashi ou se moqueront de moi, fit la voix de Tatsuo. Hashi alluma un briquet, vérifia si Kiku était sain et sauf. Kiku secoua la tête pour se débarrasser des débris d'ampoule parsemant ses cheveux et ses épaules. Un tremblement de terre, banzaï, banzaï ! Eteignez les lampes ! Eteignez le gaz ! hurla une voix rauque dans le couloir. C'est pas de tout repos chez toi, fit Kiku. Hashi hocha la tête avec un rire timide.

Tatsuo était né au Japon, fils de Laguno de La Cruz et de Julie de Leon, originaires de la ville de Cebu aux Philippines. Ils étaient arrivés au Japon en 1969, elle danseuse, lui membre d'un orchestre. N'ayant pas assez de talent pour se produire dans les grandes villes, ils entreprirent une série de tournées en province. Au bout de six mois, Julie tomba enceinte et ne put plus supporter les longs trajets en bus et en train. Laguno signa donc un contrat de longue durée dans un hôtel de tourisme d'une ville thermale dans les montagnes de la préfecture de Gunma. Un contrat vraiment minable. Les quatre musiciens de l'orchestre et les trois danseuses devaient se lever à cinq heures du matin, aider aux préparatifs du petit déjeuner et travailler jusqu'à minuit, heure à laquelle se terminait leur show au night-club de l'hôtel. Malgré cela, la vie était plus agréable qu'aux Philippines. Ils travaillaient dur, et se firent apprécier des gens du lieu. Tatsuo naquit pendant l'hiver 1971. Dès qu'il sut marcher, son père commença à l'entraîner pour en faire un acrobate. Il fit des apparitions dès l'âge de cinq ans dans un show de l'hôtel, en compagnie d'Emiko, la fille qu'une autre danseuse de la troupe avait eue d'un Japonais. Emiko se montrait très gentille avec Tatsuo, âgé de trois ans de moins qu'elle. Pour pouvoir entrer à l'école primaire japonaise, Tatsuo fut adopté par pure formalité par le propriétaire de l'hôtel, il put ainsi obtenir la nationalité japonaise. Deux fois par an, il participait avec Emiko à un spectacle de charité dans une léproserie un peu à l'écart de la ville, ce qui leur valut une médaille du mérite décernée par la municipalité.

L'été juste avant son entrée au collège, Tatsuo fit une étrange découverte, alors qu'il cherchait des tortillons antimoustiques dans un placard : une carabine, enveloppée dans plusieurs couches de papier huilé. Laguno l'avait construite illégalement lui-même, pièce par pièce. Tatsuo cacha l'arme sous le plancher ainsi que les cent balles de calibre 22 qui l'accompagnaient. Il tremblait de tous ses membres le jour où, dissimulant la carabine sous ses vêtements, il partit tout seul s'entraîner dans la montagne. Il prit vite l'habitude de ces sorties solitaires et les jours où il était contrarié, ou encore le jour de son anniversaire, il s'en allait tirer en l'air dans des coins de montagne déserts où le soufre des eaux thermales crachait ses fumerolles dans l'air. Il acheta des magazines et des livres spécialisés sur les armes, étudia leur structure. Un jour il tira sur un coq de bruyère. Comme il avait tiré de très près, le coup arracha la tête de l'oiseau. Il se mit à trembler, autant à cause du contrecoup que de satisfaction en constatant combien il était facile de tuer. Ce serait plus amusant de tuer un être humain, se dit-il. Mais il avait lu dans un livre digne de confiance : « Ne jamais tirer, sauf en cas de nécessité absolue. Même dans ce cas, se contenter de menacer l'adversaire. » Tatsuo n'avait pas su lire les caractères compliqués composant l'expression « menacer l'adversaire », si bien qu'il interpréta le passage comme une autorisation à tirer « en cas de nécessité absolue ». Il priait chaque jour dans l'espoir que se présente rapidement un cas de nécessité absolue. Mais dans cette petite station thermale, il n'avait guère de chances de voir débarquer un bataillon de nazis, ou des Indiens faisant la danse de la guerre. Le désir de tirer sur un être humain se cristallisa en lui jusqu'à l'obsession. Je suis un Philippin, se disait-il fièrement, je ne suis pas fait pour vivre dans cette petite ville au fond des montagnes, chaque fois qu'il regardait des photos de Cebu, cela lui semblait la plus belle ville du monde, je suis né pour me chauffer au soleil torride de l'île de Cebu, se disait-il, pas pour me geler dans cette ville pleine de stalactites. Dans son esprit, les stalactites avaient des formes de fusils.

Au cours de l'hiver de ses quatorze ans, un soir où l'hôtel était plein de skieurs, et où comme chaque soir il faisait son spectacle d'acrobate en compagnie d'Emiko, un jeune client éméché sauta sur la scène et enlaça Emiko qui était en train de faire le poirier, pour tenter de la déshabiller. Le présentateur aidé par des employés de l'hôtel essaya de le faire descendre, ce qui suscita une bagarre qui ne tarda pas à dégénérer : quelques amis de l'ivrogne se levèrent en bousculant des chaises et entreprirent de renverser les tables et de briser la vaisselle. A poil, la Philippine ! On veut te voir danser toute nue ! hurlaient-ils. Emiko, sa tenue de scène déchirée, pleurait d'humiliation dans un coin. Le concierge de l'hôtel, debout à côté de Tatsuo, murmura alors : Bon, là, je crois que c'est un cas de nécessité absolue ! Hein, s'exclama Tatsuo qui n'en croyait pas ses oreilles : cas de nécessité absolue ? ! Evidemment, qu'est-ce que tu crois ? répondit le concierge en se précipitant sur le téléphone pour appeler la police. Tatsuo était fou de joie. Il tenait enfin son cas tant attendu de *nécessité absolue*. Il alla chercher son arme puis revint à l'hôtel, déboula dans la salle de spectacle en ouvrant la porte d'un coup de pied et en hurlant : Les mains en l'air tout le monde ! La bagarre était terminée et tout le monde était en train de ranger les chaises, tandis que la bande de trouble-fête buvait de l'eau en se grattant la tête, sous le regard sévère d'un officier de police. Mais Tatsuo était si excité qu'il ne put résister et appuya sur la détente. Trois fois. Une des balles atteignit à l'épaule une domestique occupée à balayer les éclats de verre.

Tatsuo dut consulter un psychiatre et fut envoyé dans une institution pour jeunes délinquants. Deux mois après, il s'enfuit avec l'aide d'Emiko et partit pour Tōkyō. Il trouva du travail comme tourneur dans une usine, mais les pièces détachées dont il était entouré lui faisaient penser à des pièces de fusil et il ne tarda pas à entreprendre en cachette la fabrication d'une arme. Quand il eut réussi à en fabriquer quatre d'un modèle assez simple, il conçut l'idée d'en vendre trois pour s'acheter des munitions, et se rendit dans une armurerie où il se fit arrêter. Il passa alors trois ans entre la maison de correction et l'hôpital psychiatrique. Emiko était la seule à lui rendre visite au parloir, ce fut elle qui lui apprit le départ de ses parents pour les Philippines. Enfin libéré grâce aux efforts d'Emiko, Tatsuo décida de mener une vie honnête. Mais comme il ne pouvait pas se passer du maniement des armes, il décida de s'engager dans l'armée. Quand il se rendit au bureau d'enrôlement des forces nationales d'autodéfense, l'officier lui rit au nez. C'est bien la première fois, lui dit-il, qu'un crétin qui n'a même pas terminé le collège et sort tout droit d'une maison de correction vient s'enrôler dans les forces d'autodéfense ! Tatsuo s'installa avec Emiko dans un quartier excentré de Tōkyō. Emiko travaillait dans un cabaret, mais un beau soir, elle ne rentra pas. Tatsuo fit une enquête au cabaret et découvrit qu'elle travaillait désormais comme acrobate au marché de l'îlot de la drogue. Il s'introduisit dans la zone interdite pour retrouver Emiko, gagna de l'argent en vendant à des groupes de yakusas les pistolets qu'il fabriquait clandestinement dans les ruines d'une usine. Il emménagea au premier étage de cette usine, rencontra un homosexuel chanteur, avec qui il s'entendait bien, et l'invita à s'installer chez lui. C'était Hashi. Eh oui, mon pote, c'était ton frère ! fit Tatsuo, tout en étalant de la pommade sur la plaie à la joue de Kiku, concluant ainsi le récit de sa vie aventureuse.

La plaie que les pointes de barbelés avaient ouverte dans la joue de Kiku mit quatre jours à se refermer. Tatsuo était un joyeux bavard et parlait sans cesse, au point d'épuiser Kiku, son seul interlocuteur en l'absence de Hashi. Après l'histoire de sa vie, il avait enchaîné sur les circonstances qui avaient conduit Hashi dans le quartier interdit, l'histoire des armes à feu et les différents modèles de carabine, le caractère de leurs voisins, etc. Hashi partait tous les soirs pour le marché, assez tard, après s'être soigneusement maquillé, il ne revenait que le lendemain matin. D'après Tatsuo, il travaillait comme « chanteur ». Hashi passait le plus clair de ses journées à dormir. Il se réveillait après le coucher du soleil, préparait le dîner pour Kiku et Tatsuo. Tous les habitants de l'îlot de la drogue avaient l'électricité grâce à des lignes détournées.

Depuis l'arrivée de Kiku, Hashi cuisinait tous les soirs des omelettes au riz sur la plaque électrique. Tout en dégustant leur omelette légèrement baveuse, tous deux évoquaient leurs souvenirs de l'orphelinat. Kiku se doutait que Hashi n'était pas chanteur mais se prostituait la nuit dans les rues du marché. Il avait tout de suite repensé à l'homme au kyste qui avait essayé de le tripoter au bar des *Souris aveugles*. Cela avait été si désagréable qu'il préférait éviter de penser que Hashi faisait ce genre de choses. Le quatrième soir après son arrivée, Kiku déclara à Hashi pendant qu'il se maquillait : Aujourd'hui, je t'accompagne. J'ai des courses à faire au marché.

Tatsuo, qui était toujours à la recherche d'Emiko, sortit avec eux. Ils longèrent une rue étroite encadrée de maisons aux toits de zinc, quelques façades de béton portaient encore des marques à la peinture rouge. Hashi recommanda à Kiku de ne surtout pas toucher aux murs ou aux endroits du sol peints en rouge : C'est là qu'est concentré le poison qui fait des trous dans la figure, dit-il. Par endroits, des guirlandes d'ampoules comme celles qu'on pend dans les arbres de Noël étaient suspendues aux toits de zinc, des essaims d'insectes bourdonnaient autour. Çà et là, ils croisaient des enfants jouant dans de petits terrains vagues, donnant des coups de pied dans de vieilles boîtes de conserve, dansant en rythme sur de la musique, jouant au cerf-volant, attrapant lézards ou chauves-souris, d'autres encore tenaient de vieilles poupées dans les bras, brûlaient un cadavre de chien, ou arrachaient les pneus d'une carcasse de voiture. L'asphalte des rues avait été arraché partout. Par endroits, dans de petites mares, une eau blanche croupie faisait des bulles, dégageant une odeur acide. La terre rouge des rues collait aux semelles. Toutes les maisons en bois étaient démolies, le bois récupéré avait apparemment servi à construire les petites baraques aux toits de zinc. Il y avait aussi quelques boutiques, des épiceries, des marchands de tissu, d'alcool. Dans la chaleur moite, la sueur collait au corps en permanence. D'une fenêtre faiblement éclairée par une ampoule teintée, provenaient des gémissements d'une femme, entrecoupés de petits cris. Si quelqu'un te parle, ne lui réponds pas, fit Hashi, ils sont tous fous à lier dans ce quartier, sans exception. Au coin d'une rue ils tombèrent sur un attroupement : tous les doigts étaient pointés vers le toit du premier étage d'une maison, de l'autre côté de la rue. Dans la foule, un homme au regard trouble, le blanc de l'œil jaune, criait : C'est Superman, c'est Superman ! Il parlait d'un bébé en larmes qu'on apercevait sur le toit, sur le point de tomber à tout instant du rebord. Saute ! Tu peux voler ! hurlait l'homme aux yeux jaunes, tu es un fils du Soleil-Levant ! Le bébé, tout nu, n'était même pas en âge de ramper. Les commentaires des femmes, sorties en combinaison pour regarder le spectacle, allaient bon train : Pauvre petit, quelle idée de le mettre sur le toit pour lui faire prendre un bain de soleil, il fait déjà nuit ! Pauvre petit chéri ! Une grosse femme en sous-vêtements noirs passa la tête par la fenêtre en dessous du toit : Aaaah ! Mon bébé ! hurla-t-elle, puis elle récupéra le bébé en l'attrapant à l'aide d'un filet à papillons qu'elle fit glisser le long du toit. Dites donc, vous n'êtes pas au spectacle ! ajouta-t-elle à l'adresse des badauds avant de claquer sa fenêtre. Merde ! Quel dommage ! Vous avez vu la tache bleue aux fesses de ce bébé ? C'est la marque du Sauveur ! Il est venu sauver le monde, je suis sûr que cet enfant aurait pu voler en battant des oreilles comme Jumbo l'éléphant rose ! Vous ne croyez pas ? fit l'homme aux yeux jaunes. Hein, tu crois pas, le jeunot ? Il avait agrippé l'épaule de Kiku. Tatsuo le libéra d'une secousse. Qu'est-ce qu'il y a, champion, t'es tout pâle, tu ne te sens pas bien ? Faut pas t'en faire, ils sont tous givrés ici. Kiku aurait voulu courir au premier étage et assommer la femme en sous-vêtements noirs à coups de poing. Comme il aurait aimé aussi tuer la mère qu'il avait vue mendier avec son enfant à Shinjuku ! Ce n'était pas tant par haine envers les parents qui maltraitent leurs enfants, que par incapacité à supporter l'impuissance d'êtres démunis comme les bébés et les enfants. Ils ne peuvent rien faire d'autre que pleurer. Même si on les enferme, ils ne peuvent que pleurer en tremblant de tous leurs membres. Pourtant à la télé j'ai vu une fois un bébé girafe qui tenait debout à peine une heure après être sorti du ventre de sa mère. Si seulement les bébés humains étaient comme ça ! Ça fait longtemps que j'aurais pu leur démolir le portrait à tous !

Tatsuo, debout à côté de Kiku, lui fit un clin d'œil en désignant une pièce d'où filtrait une légère lueur violette. Eh, l'athlète, t'entends un peu le boucan qu'ils font là-dedans ? Ils sont en pleine action, je te le dis, moi. Avisant un gros bidon plein de carcasses de poisson cru, il l'amena devant le mur de la maison et fit signe à Kiku de grimper dessus. Debout au bord du bidon sur la pointe des pieds, Kiku jeta un coup d'œil dans la pièce par l'interstice entre les rideaux. Un énorme autel bouddhiste occupait tout un mur de la pièce, des tablettes funéraires teintées de violet sous la lumière de la lampe flottèrent d'abord devant ses yeux, puis il discerna une espèce d'énorme coussin blanc qui se levait et s'abaissait, s'aperçut que c'étaient des fesses de femme, tellement flasques qu'on ne distinguait pas où elles s'arrêtaient ni où commençaient les cuisses. A l'endroit où tous ces replis de chair se rassemblaient, il aperçut un sexe d'homme, apparaissant et disparaissant à un rythme régulier. Il était gros comme le bras de Kiku, mais paraissait tout flasque. La femme qui était allongée sur l'homme se leva, alla prendre des glaçons dans le lavabo, se les mit dans la bouche, s'empara du sexe de l'homme, mou comme un ballon, et entreprit de le lécher avec des glaçons sur la langue et de secouer ce gros objet ramolli. De temps en temps une dent en or dans sa bouche entrouverte jetait un éclair. Tatsuo tira Kiku par le bas de son pantalon, faisant signe qu'il voulait à son tour profiter du spectacle. Kiku sauta doucement en bas du bidon sans faire de bruit. Alors ? chuchota Tatsuo. Une beauté ! chuchota Kiku, et Tatsuo tout excité sauta sur le bidon, colla son œil sur la vitre. Baaah, espèce de menteur. Où çà, une beauté ? Une truie, oui ! Son pied glissa et il s'effondra au milieu des têtes de poisson, roula à terre avec le bidon qui déversa son contenu, attirant aussitôt une nuée de mouches.

— Eh dis donc, dis donc, de qui tu parles là ? C'est moi, la truie ?

La femme, la tête enturbannée dans une serviette, se montra à la fenêtre. Elle alluma une cigarette, chassa les mouches d'un revers de main.

— J'aime pas qu'on se moque de moi. J'ai été actrice à Hong Kong, moi, mon petit, j'ai joué dans quarante-huit films ! Mon homme, il a peut-être la queue un peu molle à force de se faire faire des piqûres dedans, mais je peux te dire, des femmes comme moi, t'en verras pas beaucoup ! Alors je suis pas belle, hein ? Une truie, tu dis, tu vas voir, je vais te démolir le portrait, moi !

Kiku et Tatsuo s'apprêtaient à prendre la fuite, mais une autre femme, un couteau à la main, leur barra le passage :

— Dites donc, c'est vous qui avez renversé mon bocal de poissons rouges ? Vous savez pas que les poissons ça meurt hors de l'eau ? Ramassez-moi ça vite fait !

Pendant ce temps, Tatsuo avait émis un rire étouffé en entendant la femme à l'étage proposer gentiment à son partenaire : Et si je te faisais une injection de silicone dans la queue, chéri ? Son rire suscita un nouvel accès de colère. Sale voyou, je vais t'apprendre à rire, moi ! hurla la femme d'une voix stridente, en secouant sa chevelure, puis elle éclata en sanglots bruyants. C'est humiliant, j'en ai maaaarre ! Les fenêtres des baraques en bois voisines s'ouvrirent, de nouvelles têtes apparurent. Eh, ça pue le poisson crevé, qui c'est qui a renversé le baril de poissons ? La femme en larmes gesticulait en sanglotant : Pourquoi est-ce que je dois me laisser humilier comme ça, pourquoi ? Je suis une actrice, moi, ce voyou m'a traitée de truie ! Un homme avait passé la tête par une fenêtre : Faut bien appeler un chat un chat, ricana-t-il, et la femme, furieuse, lança une bouteille vide par la fenêtre dans sa direction. Pourquoi vous vous agitez comme ça par cette chaleur ? fit l'homme. Il donna un grand coup de pied dans ce qui restait de sa fenêtre cassée par la bouteille, des éclats de vitre s'éparpillèrent dans la rue, puis il sauta à son tour en bas. L'homme, en caleçon et maillot de corps, faisait à peu près trois fois la taille de Tatsuo, il avait les épaules si larges et musclées qu'on voyait à peine son cou. Il se mit à hurler, sautant sur place et donnant des coups de poing dans le vide : Mesdames, messieurs, dans le ring aujourd'hui, Ortega Saito, cent cinquante kilos ! Il redressa le bidon de poissons d'une main, murmurant ah, ce que ça pue ! puis fit le tour de l'assistance des yeux. Bon, qui c'est qui a commencé ? La femme montra Tatsuo du doigt en glapissant : C'est lui, c'est lui ! Il a tué les poissons rouges et il m'a traitée de truie, moi, une actrice qui a fait le tapin sur la colline aux Parfums à Hong Kong ! Tout est sa faute, c'est lui qui t'a énervé !

Le boxeur sans cou souleva Tatsuo d'une main par les cheveux. Tu sais que quand on tire les cheveux très fort, ça masse le cuir chevelu, et c'est un traitement contre la déprime ? fit-il à voix basse. Tatsuo, muet de peur et de douleur, ne répondit pas. Je te demande si le massage te fait du bien ? Réponds ! lui hurla l'homme dans les oreilles. Kiku se ramassa sur lui-même, bondit sur le boxeur et lui décocha un coup de pied dans le ventre de toutes ses forces, mais le boxeur ne cilla même pas. A peine le temps de sentir la douleur au bout de son pied, et l'instant d'après un violent coup de poing envoyait Kiku valser dans les airs. Il y eut un bruit sourd et il atterrit sur un coin de trottoir où il resta allongé, inerte. Le boxeur s'adressa à Tatsuo, qu'il tenait toujours suspendu en l'air par les cheveux. T'es philippin, non ? J'ai fait un match contre un Philippin, une fois, aux Jeux asiatiques, un type pas très fort et en plus il puait des couilles, il se les aspergeait d'eau de Cologne avant chaque round ! Tu sais que j'ai remplacé cette vitre pas plus tard qu'avant-hier ? Alors comme ça, t'as regardé par la fenêtre de la dame, hein ? Je vais t'arracher les oreilles pour te punir, moi. Il attrapa cette fois les oreilles de Tatsuo qui poussa un hurlement strident. Hashi intervint : Je vous en prie, pardon, pardon, je vous paierai la vitre, laissez-le. — Ma parole, un pédé ! Tu es un artiste aussi, sûrement ? Montre-moi un peu ce que tu sais faire en tortillant du cul. Tatsuo hurlait toujours, donnant des coups de pied fébriles dans les airs. Du sang commençait à couler de la jointure de ses oreilles. Eh, le Philippin, dis-nous voir ce que t'as vu par la fenêtre ? Tatsuo hurla en bavant, le visage grimaçant de douleur. Comment ? J'ai pas bien entendu, fit le boxeur. Au secours ! Ils étaient en train de baiser, j'ai mal, pardon, au secours ! Un homme maigre, un sexe énorme gonflant son pantalon, était apparu à la fenêtre, à côté de la femme en peignoir, et jetait des coups d'œil inquiets tout autour de lui. Ils baisaient, ils baisaient, tu peux pas nous en dire plus ? Ça te fait tellement plaisir de te faire arracher les oreilles ? A chaque phrase, le boxeur tirait un peu plus sur les oreilles de Tatsuo, qui battait des pieds dans les airs et hurlait de plus en plus fort. Autour d'eux le cercle de spectateurs s'était agrandi. A la vue du sang qui commençait à dégouliner des oreilles de Tatsuo, la foule se tordit de rire. Tatsuo était à deux doigts de s'évanouir de douleur, des larmes lui jaillissaient des yeux. Hashi s'agrippa aux jambes du boxeur en le suppliant : Je ferai tout ce que vous voudrez, je vous donnerai de l'argent, je vous en prie laissez-le ! Le boxeur le regarda fixement un moment, puis dit :

— Très bien, le pédé, alors chante-nous une chanson. Si tu chantes bien, je lâcherai ton copain.

Un son aigu, comme un cri d'oiseau, tira Kiku de son évanouissement. Il leva la tête de sa flaque d'eau. Apparemment il avait reçu un coup à l'œil droit, sa vision de ce côté-là était encore trouble. Les gens attroupés dans la rue lui paraissaient déformés. L'espèce de cri d'oiseau se transforma lentement en mélodie : toujours agenouillé aux pieds du boxeur sur la terre d'un brun rouge, Hashi était en train de chanter d'une voix étrange, comme sortant d'un micro trop faible, ou d'un combiné de téléphone dans un coin éloigné d'une pièce. Son chant au lieu de s'envoler semblait planer sur place, engluant les oreilles, les couvrant d'une fine membrane sonore. Son faible filet de voix s'insinuait par tous les pores à l'intérieur des auditeurs, secouant les circuits oubliés de leurs mémoires. Leur vue se déformait, le monde perdait tout à coup ses couleurs, ses odeurs, sa température, et le chant de Hashi déclenchait les visions les plus inattendues. On ne savait plus où on était ni ce que l'on faisait, un air pesant collait au corps, l'entraînait au fond d'une marée visqueuse. Kiku fut emporté par la vision d'un cheval noir traversant un parc au galop dans le crépuscule, une vision nette et précise comme un tableau à l'intérieur duquel il se sentait attiré. Le hennissement du cheval noir, galopant à une effrayante vitesse entre les arbres, dans un contre-jour orange, se mua en une pétarade de moteur, la crinière luisant dans le soleil couchant devint une plaque de métal, l'animal se transforma en une énorme moto roulant entre deux rangées de vitres argentées, le regard de Kiku, avançant à la même vitesse folle que la machine, suivait le mouvement comme s'il avait l'œil collé à une caméra suspendue à des câbles au-dessus d'une plate-forme glissant derrière la moto à deux cents à l'heure. Soudain une angoisse le saisit. Qu'est-ce qui se déplaçait à une vitesse aussi folle ? Etait-ce lui, la caméra, la moto, ou encore les immeubles, les rues, les lumières qui défilaient ? Paniqué, il voulut s'arracher à cette vision magnifique.

Au moment où il s'apprêtait à hurler : « Stop ! » de bruyants sanglots de femme l'éveillèrent de son rêve, il se retrouva dans la rue. La grosse mégère en lingerie noire sanglotait, tenant dans sa main le sexe énorme et flasque de son partenaire. Kiku se leva et se dirigea vers Hashi. Tous les gens attroupés autour de lui ressemblaient à des zombies, leurs yeux grands ouverts fixaient le vide, ils étaient enchaînés à des souvenirs datant d'une époque où leurs cerveaux n'étaient pas encore complètement formés. Le boxeur lâcha Tatsuo qui tomba à genoux à terre, tout tremblant, se griffant la poitrine, murmurant des mots sans suite. Maman, ne fais pas cette tête, tu me fais peur, je n'aime pas cette ombre sinistre au fond de tes yeux, je ne serai plus jamais vilain, maman, je te promets, mais arrête de taper sur le chat avec ces yeux-là ! Kiku se planta devant Hashi qui chantait toujours et lui dit simplement :

— Hashi, ça suffit.

— Je me suis entraîné tous les jours, disait Hashi, avec des enfants au visage troué, ou des pervers qui en éjaculaient de trouille. Je me suis aperçu que l'important n'était pas le ton ou la mélodie en elle-même mais ce qui se passait dans l'intervalle, autrement dit l'intensité et la longueur des silences, tu comprends ? Ce sont ces silences qui remuent les souvenirs enfouis. J'ai basé la longueur des silences sur le râle amoureux de l'hippopotame nain d'Afrique de l'Ouest, les malades mentaux, les handicapés, les gens qui se croient normaux, chacun a sa longueur de silence personnelle et il suffit de la stimuler, c'est ça mon chant.

— Comment ça s'appelle ? demanda Tatsuo.

— C'est un morceau original que j'ai inventé, je l'ai appelé *La Ballade de Saint-Guy*, et quand des malades souffrant de la danse de Saint-Guy l'entendent, cela les apaise incroyablement, mais les gens qui ne sont pas malades, ça les plonge dans des cauchemars épouvantables...

A l'entrée du marché, un étranger au crâne rasé faisait un sermon, debout sur un rouleau de câbles électriques, tandis qu'un haut-parleur à côté de lui déversait des hymnes religieux. L'homme portait une chemise à col ouvert, un pantalon noir, des bottes en caoutchouc, il avait une corde de pendu autour du cou et une couronne de fleurs d'hibiscus sur la tête. Il s'adressait dans un japonais parfait avec juste une pointe d'accent étranger à tous ceux qui entraient dans le marché. *REPENTEZ-VOUS !* enjoignait un panneau rédigé en majuscules posé à côté de lui, tandis que des lettres plus petites en dessous précisaient : *Venez purifier votre cœur à l'église Sainte-Juanita*. Mes frères, ne vous approchez pas de ce lieu de débauche, ici vous ne pourrez satisfaire que les désirs de la chair, votre argent ne vous achètera rien d'autre qu'une solitude plus grande encore. Regardez, ces femmes perdues sont vos mères, vos sœurs, vos grand-mères ! Oui, vos mères ! Mes frères, qu'allez-vous acheter dans ce lieu de perdition ? La honte ? Le malheur ? De pitoyables homosexuels viennent vous demander une cigarette en remuant des hanches, et vous les trouvez désirables ! Mais Jésus n'admet pas l'homosexualité ! La punition divine s'abattra sur ce marché comme sur la ville de Sodome !

Les trois compagnons pénétrèrent dans le marché, qui occupait toute une partie d'une route à quatre voies désaffectée s'enfonçant dans un tunnel. On pouvait également y pénétrer par l'autre côté, depuis l'extérieur de l'îlot de la drogue, grâce à des gardes corrompus qui laissaient entrer les clients, moyennant un pourcentage des recettes. Le marché était bondé mais personne ne parlait à voix haute. Chacun murmurait ce qu'il avait à dire, pour s'assurer de n'être entendu que de son interlocuteur. Au bout de la route se trouvait une allée entière de bordels, avec des tables et des chaises installées dehors. Dès qu'un client s'asseyait à une terrasse, des prostitués hommes ou femmes arrivaient en silence avec un plateau chargé de boissons. De la bière faiblement alcoolisée, du sherry dans des bouteilles noires. Tout au long de la rue, des hommes et des femmes arboraient des poses diverses en attendant le client, mais ne lui adressaient jamais la parole en premier. Le nombre de prostitués augmentait considérablement à partir de l'entrée du tunnel. Une femme fumait, adossée au mur du tunnel, jupe relevée jusqu'à l'entrejambe, un anneau passé entre les lèvres de son vagin luisait dans la lumière jaune d'un vieux réverbère. Une Noire, postée sous un autre réverbère, épluchait habilement de la langue de gros grains de raisin qu'elle choisissait dans une grappe qu'elle tenait à la main. Tandis qu'elle recrachait la peau et les pépins, on pouvait voir rouler sur sa langue humide des grains juteux et verts. Sa peau douce luisait sous sa robe fendue dans le dos jusqu'au bas des reins. Une très jeune fille dansait au milieu de la route sur des pointes lacées de rubans blancs, un hydroglisseur tatoué sur une cuisse, une chaîne et un collier en peau de serpent autour du cou. Les deux jumeaux, peints sur chacune de ses fesses, semblaient tenir la chandelle allumée plantée au milieu.

Des pharmacies s'alignaient des deux côtés du tunnel. On y vendait toutes sortes de tranquillisants. Les prostitués comme leurs clients affectionnaient particulièrement le Neutro, un tranquillisant sans aucun effet de dépendance. Ce sédatif puissant était fort utile pour maintenir l'ordre dans le marché. Le Neutro était responsable des voix chuchotées, des mouvements lents et doux, de l'absence de toute agressivité et dispute. On entendait résonner dans le tunnel uniquement des murmures, des soupirs, de petits toussotements, il y régnait la même atmosphère que dans une salle de concert classique au moment de la pause entre deux symphonies. Un bourdonnement paisible enveloppait le marché, comme un défilé de carnaval, un bal masqué ou une parade de cirque dont on aurait coupé le son. Seul résonnait un ensemble étouffé de froissements de soie, battements de pieds nus sur le béton, bruits de succion de langues humides glissant sur des dents, soupirs, frottements de peau, écho argentin de liquides ambrés coulant dans des verres de cristal, plumes flottant dans la brise tiède. Tous ceux qui venaient pour la première fois au marché disaient avoir l'impression d'être soudain transportés dans l'au-delà.

Il était minuit. Kiku et Hashi, assis à une des terrasses installées dehors, imbibaient de menthol l'oreille déchirée de Tatsuo. Aïe, ça fait mal, se plaignait-il. Si tu ne te soignes pas, les microbes vont te pourrir jusqu'au cerveau, tu ne voudrais quand même pas devenir gâteux à ton âge, non ? Ça ne plaît pas aux femmes ça tu sais, et même si tu retrouves Emiko elle ne t'aimera plus, il ne faut pas laisser traîner ce genre de bobos, tu ne pourras plus écouter la musique en stéréo avec une oreille pourrie, c'est pas comme si tu t'étais fendu un orteil, hein, les oreilles c'est important c'est tout près du cerveau.

Cent mètres après la sortie du tunnel, il y avait une intersection. De temps en temps des voitures traversaient ce carrefour avec une extrême lenteur, chaque fois qu'une voiture arrivait, les prostitués se déplaçaient dans sa direction. Des hommes et des femmes montaient dans les véhicules, d'autres en descendaient, se mettaient en quête du client suivant. Tatsuo observait avec une attention profonde une prostituée qui venait de descendre d'une voiture. Emiko ! Oui, c'est bien elle, murmura-t-il. Emiko souffla un baiser en direction de la voiture qui redémarrait, fit quatre sauts périlleux et vint s'asseoir à une table juste derrière Tatsuo et ses compagnons, apparemment sur l'invitation d'un barbu en train de fumer la pipe. Tatsuo se détourna pour ne pas être reconnu et murmura à voix basse : Merde alors, elle fait la pute, c'est bien ce que je pensais ! Si seulement mes oreilles étaient dans leur état normal et que j'avais mon revolver sur moi, j'irais la chercher pour la ramener à la maison de force ! L'écho de la conversation d'Emiko et du barbu parvenait jusqu'à leur table. Oui, les marionnettes, c'est le jeu le plus à la mode en ce moment. Tu avales une capsule qui contient du fil chirurgical, le fil passe à travers l'estomac, les intestins, je crois qu'il en faut à peu près sept mètres, après tu prends un lavement, le fil ressort de l'autre côté et là tu attaches un bouchon conique au fil qui te sort de l'anus, je connais une Française qui a l'anus bien entraîné, eh bien elle attache carrément une balle de tennis au bout, en tout cas quand tu tires ce fil depuis la bouche, ça fait faire des bonds comme une marionnette, ça te stimule le rectum à ne plus en pouvoir ! Tatsuo était au bord des larmes. Merde, c'est terrible, quand je pense qu'autrefois cette fille n'osait même pas péter ou roter, et maintenant, vous entendez ça, elle danse avec un fil entre les fesses. Tatsuo se leva. Attends, tu vas voir, je vais la ramener dans le droit chemin moi et vite fait ! Je vais mettre de l'argent de côté et on rentrera tous les deux à Cebu. Il s'approcha d'elle. Emiko le reconnut, voulut s'enfuir. Tatsuo la retint par le bras, ils se mirent à discuter en tagalog. Soudain, Tatsuo lui balança une gifle, Emiko la lui rendit, le plat de sa main atteignit juste son oreille déchirée et Tatsuo poussa un tel hurlement que tout le marché se retourna. Tatsuo se roulait par terre, la main sur l'oreille. Emiko se rapprocha de Kiku. Dites donc, vous êtes des amis à lui ? Oui, répondit Kiku. J'ai économisé de l'argent pour rentrer aux Philippines avec lui, mais il m'avait promis de ne plus fabriquer d'armes à feu, moi je suis prête à l'emmener, à condition qu'il se débarrasse des fusils qu'il a en ce moment, vous ne voudriez pas vous en charger, les jeter quelque part ? Kiku réfléchit un moment : Moi, je veux bien les garder, fit-il. Ecoute, tu connais le parc Yoyogi ? Quand tu entres par l'entrée ouest, il y a un terrain de sport, tu comptes le troisième banc à partir de l'entrée, tu les enterres dessous, d'accord ? Et tu laisses les munitions avec. Je les récupérerai plus tard.

Hashi fit une drôle de tête et regarda Kiku. Kiku, qu'est-ce que tu vas faire de ces revolvers ? On ne sait jamais, ça peut servir un jour, répondit Kiku en riant.

Kiku raccompagna Tatsuo et Emiko jusqu'à mi-chemin dans le tunnel, puis entra dans une pharmacie et demanda de la gabaniazide. Un jeune employé au visage de rat répondit à voix basse en agitant la main dans un geste de dénégation : Ça fait trois ans que le stock est épuisé, et même s'il nous en restait en réserve, ça ne se vendrait plus, il n'y a plus que le Neutro qui marche. Incroyable, non ? Plus personne ne veut de trucs qui speedent, tout le monde cherche à s'abrutir maintenant. Outre les boîtes de Neutro empilées jusqu'au plafond, le sol de la pharmacie était encombré de marchandises diverses : costumes folkloriques, instruments de musique, déguisements, nécessaires à fumer. Des photos de plantes, encadrées, ornaient un mur. Kiku les regarda fixement. Vous vous intéressez à la botanique ? demanda Face de Rat. Kiku regardait surtout une plante aux fleurs rouges en forme de trompette retombant au bout d'une tige. *Datura sanguinia*, indiquait l'étiquette en dessous. C'est du datura rouge, expliqua Face de Rat. A côté vous avez du bétel de Palao, ensuite du kawa des îles Fidji, des noix de cola de Guinée, du peyotl, des feuilles de coca du Pérou, autant de plantes produisant des drogues remarquables.

— Dites, « datura », ça ne veut pas dire autre chose ? demanda Kiku à tout hasard.

Face de Rat hocha la tête, sortit une vieille brochure d'une étagère où s'alignaient des pots, la tendit à Kiku. *Bulletin mensuel du comité de neurochirurgie. Université de Princeton. Numéro de juillet 1988*. Tenez, lisez ça, j'ai traduit le texte en japonais au dos, je vous le donne.

Kiku se mit à lire.

Le datura, un hyperstimulant

A la fin du XVIII*e* *siècle, une caserne de soldats anglais postés dans la région de l'Assam, en Inde, fut attaquée par un tigre. D'ordinaire les tigres, comme tous les tigres, comme tous les autres animaux sauvages, ont ce que l'on nomme une distance d'attaque, c'est-à-dire un instinct qui les pousse à attaquer seulement lorsque l'ennemi s'est approché d'eux à une certaine distance qu'ils jugent menaçante. En outre, la plupart de ces animaux prennent la fuite dès qu'on leur tire dessus. Ce tigre-là, cependant, avait déjà dû goûter de la chair humaine car il attaquait les soldats dès qu'il les apercevait, sans souci de la distance ni peur des coups de feu. Il égorgea vingt-huit soldats avant d'être finalement abattu. Apparemment, s'il* *tuait ainsi les humains, c'était dans le but de se faire supprimer afin d'abréger ses souffrances, car la dissection révéla que l'animal souffrait d'une forme de gangrène osseuse héréditaire. Autrement dit, ses os pourrissaient à l'intérieur de son corps et le moindre mouvement devait lui causer d'intolérables souffrances. Mais a-t-on jamais vu un tigre se suicider ? On en vint donc à la conclusion que s'attaquer aux hommes était devenu le seul but de la vie de ce prédateur. Tuer jusqu'à être tué à son tour, tel était le seul instinct qui lui restait... En fait, l'arme dénommée* DATURA *est un hyperstimulant agissant sur le système nerveux qui met les personnes traitées dans le même état psychologique que notre tigre atteint de gangrène. C'est ce qu'ont confirmé les recherches de notre éminent collègue en neurologie le professeur Schubertsweinbach. Les composants du produit ne sont pas clairs, mais il contient sans aucun doute des éléments du groupe de l'indole. La cause principale des altérations de conscience serait une anomalie du taux de sérotonine, qui agit même à doses extrêmement faibles, au niveau des acides aminés. Le* DATURA *agit avec une puissance dix fois supérieure à celle du* LSD *25 et, comparée à la mescaline, son action est des centaines de milliers de fois plus puissante. Le Centre naval de recherche sur l'armement chimique a mené dans le plus grand secret des expériences sur des cobayes humains, en fait des soldats prisonniers. Il reste des rapports sur treize de ces cas. Un biologiste (Millet, 1985) indique également que le* DATURA *détruit l'ensemble des éléments de transmission des mécanismes inhibiteurs. Les patients sous* DATURA *sont atteints d'une irréversible psychose destructrice dépassant largement celle des pires criminels de l'histoire humaine. Les crimes commis par des psychopathes le sont généralement sous l'emprise d'une insupportable terreur obsessionnelle à laquelle le malade tente d'échapper, tandis que les patients sous* DATURA *assassinent en état d'extase. Cette sensation d'extase n'a rien à voir avec « l'extase de mort » induite par l'opium (H.D. Guido), il s'agit d'une exaltation extrêmement violente fondamenta-*

lement différente de la « revanche contre une réalité perdue » qui peut se manifester chez les schizophrènes et les maniaco-dépressifs. Les premiers effets du DATURA *sont une perte totale de mémoire, suivie d'euphorie hallucinatoire, état similaire selon Tournel (Sorbonne, 1986) à un stade de psychose extrême, mais il semblerait plus approprié de dire que l'administration de* DATURA *donne naissance à une autre créature sous la même enveloppe humaine. Les patients sont en effet pris d'une frénésie destructrice dans un état de plaisir intense. D'après les rapports dont nous disposons, les pupilles se dilatent, il y a émission de bave verte, les muscles se bandent « comme du fer », dotant le patient d'une force herculéenne. Un des prisonniers sous l'emprise de la drogue aurait ainsi écrasé et déchiqueté à main nue un ballon de football en cuir. Le patient détruit sans exception tout objet ou créature présents sous ses yeux, et le seul moyen de l'arrêter est de le supprimer à son tour. En 1987, lors de la convention de Cairns, l'ensemble des gouvernements mondiaux était convenu de faire disparaître* DATURA *de la surface du globe. Mais en réalité, au lieu d'éliminer la substance, on s'est contenté d'en stocker trois tonnes sous forme de gaz, de liquide ou de solide dans des containers largués au fond de l'océan. Les effets du* DATURA *ont pu être observés publiquement et ont fait la une de l'actualité pour la première fois en 1978 lors du suicide de masse d'une secte en Guyane. Pour une étude plus approfondie de cette affaire, veuillez vous reporter à notre prochain bulletin.*

Vers une heure du matin, une Rolls Royce noire pénétra lentement dans le marché. Les vieux éclairages aux néons installés au plafond et sur les murs du tunnel éliminaient toutes les ombres. Ce flot de lumière se réfléchissait d'abord sur le béton puis recouvrait les gens comme les innombrables cellules d'un plancton lumineux collé sur leur peau. Evoquant des algues microscopiques phosphorescentes aux lueurs vertes et jaunes flottant dans une grotte sous-marine, la lumière des néons se répercutait ainsi en petites billes, rendant les silhouettes vagues, annulant les distances. Les pêcheurs, dit-on, sentent renaître leur courage à la vue des lumières du port, après avoir navigué sur des mers d'encre, mais dans ce souterrain c'était tout le contraire. Ces hommes et ces femmes à la peau desquels collait cette fine poussière lumineuse cherchaient tous un rayon noir d'obscurité où se cacher, et les prostitués pressés en grappe autour de la Rolls Royce d'un noir d'encre qui venait d'entrer semblaient vouloir disparaître dans sa nuit métallique. Les ténèbres avaient pris la forme mouvante d'un capot noir encadré de pare-chocs argentés. Tels des insectes attirés par la flamme, prostitués et mendiants s'attroupaient autour de la voiture pour trouver un peu de repos dans ses ténèbres et échapper enfin à cette épuisante clarté. Jeunes gens pomponnés, femmes dénudées qui dansaient ou retouchaient leur maquillage, tous s'arrêtaient pour se rapprocher de la Rolls dont les épaisses vitres teintées de vert empêchaient de distinguer les occupants. Les phares éclairèrent le visage grimaçant d'une vieille mendiante qui s'était approchée pour vendre des fleurs séchées.

Kiku parlait à Hashi du datura. C'est Gazelle qui m'en a parlé le premier, c'est une drogue extraordinaire, non ? Je suis tout excité, tu te rends compte, on pourrait réduire cette ville en cendres, cette ville bruyante on pourrait en faire un terrain de jeux comme la mine autrefois. Mais Hashi n'écoutait pas, il regardait fixement la Rolls qui avançait. Hashi, écoute-moi ! On pourrait s'amuser tous les deux comme avant dans cette ville immense, on irait voir les chiens errants, on inspecterait les cinémas abandonnés, les discothèques. Tu l'aimes, toi, cette ville où règnent le bruit et l'agressivité ?

Une vitre de la Rolls se baissa. La vieille mendiante approcha aussitôt le visage, tendant en avant ses fleurs séchées, puis elle se retira en poussant un cri. Un des passagers de la voiture lui avait enflammé les cheveux avec un briquet. Tous les prostitués massés autour de la voiture éclatèrent de rire, tandis que les crépitements et l'odeur des cheveux calcinés montaient jusqu'à Hashi.

— Moi, j'aime cette ville, Kiku, j'aime me maquiller, chanter, faire la fête, je suis un homo. Toi, tu as toujours été fort. Je t'enviais, tu sais, je me sentais si faible à côté de toi, tu te rappelles au dernier match de l'école primaire, j'étais venu te voir courir mais je n'avais pas voulu participer à la course. J'étais resté tout seul dans la classe, mais je n'étais pas vraiment malade, je faisais semblant, c'est juste que j'avais tellement honte de moi, j'avais peur que les autres ne se moquent de moi en me voyant courir, je faisais toujours semblant d'être malade les jours où il y avait sport, je voulais m'enfuir, je te trouvais tellement beau, tellement beau quand tu t'entraînais au saut à la perche, je ne pouvais plus supporter de me voir à côté de toi, j'avais tellement honte de moi.

Un homme en costume blanc, avec un nœud papillon rouge, descendit de la Rolls. Une femme blanche incroyablement grande se suspendit à son bras. Il souleva un des bras de la femme, respira l'odeur de ses aisselles. Sa tête arrivait juste sous les bras de la femme.

— Kiku, je suis un pédé, tu vois, c'est affreux mais que faire ?

Lentement, l'homme avait passé ses deux mains sous la jupe de la femme et lui tenait les fesses. La femme blanche rapprocha son visage. L'homme sortit une de ses mains de dessous sa jupe pour ouvrir la bouche de la fille, tira sur sa langue, elle avait une langue rouge et longue, pointue, elle lécha la main de l'homme, passant entre ses doigts cette langue interminable. L'homme au nœud papillon rouge dansa un moment avec elle dans le silence sans musique puis, apercevant Hashi, lui fit un salut de la main.

— C'est mon sponsor, dit Hashi, tout le monde ici l'appelle Mister D, il est très riche, on dit que D c'est pour « directeur », mais lui il dit que c'est D comme « Dracula », c'est le premier homme à qui j'ai vendu mon corps, à ce moment-là je ne me travestissais pas encore en femme, j'avais décidé de venir ici dès mon arrivée à Tōkyō mais je ne savais pas comment entrer à cause de tous ces barbelés, je n'avais pas un sou, alors j'ai travaillé dans une entreprise de nettoyage, j'avais un uniforme bleu et je ramassais les ordures dans la journée, je les entassais dans des bennes, et un jour j'ai demandé discrètement à un homosexuel s'il connaissait l'entrée du marché, il m'a indiqué comment entrer par le carrefour donnant sur le tunnel. J'y suis allé tout de suite sans même enlever mon uniforme, et là, je suis tombé sur Mister D qui avait baissé la vitre de sa voiture et me regardait, j'ai compris tout de suite qu'il avait envie de prendre du bon temps avec moi, tous les hommes qui ont envie de mon corps m'observent comme ça avec ce regard gêné, son chauffeur m'a appelé : Eh toi, le balayeur, viens un peu par ici, je me suis avancé à travers la foule des prostitués, fendant un sillage de perruques poudrées et de parfums de luxe, il m'a dit : Original, ton costume de scène et tout le monde a rigolé, le chauffeur, les mendiants, il m'a emmené dans un hôtel tellement grand qu'on aurait dit une gare.

Hashi avait mangé de la cuisine chinoise en compagnie de Mister D dans un restaurant situé au dernier étage de l'hôtel. A travers les murs et le plafond de verre, on voyait scintiller la ville dans la nuit. Hashi avait mangé des pattes d'ours, des grenouilles frites, du gras de porc à la sauce aigre-douce. Le porc était découpé en gros morceaux carrés de trois ou quatre centimètres, c'était tellement bon que j'en ai mangé huit morceaux, avec l'acidité du vinaigre on ne sentait pas du tout le gras, mais au bout d'une demi-heure j'avais mal au cœur, je m'étais empiffré sur un estomac vide, et puis c'était à cause de la tension aussi. Il avait vomi par terre. Il ne savait même pas qu'il fallait aller aux toilettes quand on a envie de vomir. Il était déjà résigné à subir une réprimande, mais Mister D au contraire l'avait complimenté : Vous êtes splendide, on dirait un jeune noble romain.

Les draps étaient en satin crème. Mister D s'était déshabillé. Qu'est-ce que tu fais dans la vie ? Ah oui, tu ramasses les ordures, et tu aimes ça ramasser les ordures ? Tout en enfonçant sa langue dans le nombril de Mister D, Hashi avait répondu que non il n'aimait pas ça mais on s'habitue à tout. Les draps soyeux bruissaient, Hashi avait honte de tout le bruit qu'il faisait chaque fois qu'il remuait ses jambes grêles. Mais ce bruit ne déplaisait pas du tout à Mister D qui poursuivait ses questions. Dis-moi ce que tu aimes faire alors ? Chanter, répondit Hashi sans hésiter. Mister D semblait tout content. Allez, chante-moi une chanson, alors. Mais Hashi, intimidé, ne pouvait pas. Mister D lui avait dit qu'il avait un beau visage et l'avait caressé plusieurs fois du plat de la main. Tu ressembles sûrement à ta mère, elle doit être belle ta mère, on dit que les garçons ressemblent à leur mère. Alors Hashi s'était mis à raconter son histoire. La consigne, les fleurs de bougainvillée, l'orphelinat, l'île aux mines. Tout. Tu devrais passer à la télé, lui dit Mister D. Ça se vendrait bien, tout le monde s'apitoierait sur ton sort.

Mister D avait joui et après Hashi avait voulu s'en aller. Mais l'autre l'avait attrapé par le bras et l'avait fait tomber sur le lit. Maquille-toi, tu dois être magnifique une fois maquillé. Lui appliquant une lame de rasoir sur le visage, il lui avait rasé les sourcils. D'abord Hashi n'avait pas apprécié en se regardant dans le miroir. On aurait dit le visage d'un autre. Mais Mister D le regardait d'un air gourmand avec les yeux des hommes qui avaient envie de le toucher. Mister D avait sorti un tube de rouge à lèvres de sa poche : Mets-toi ça, Hashi avait refusé mais Mister D avait pris son visage entre ses mains et lui en avait mis de force, il en avait jusque sur les dents. Le goût huileux du rouge à lèvres lui donnait envie de vomir mais en regardant dans le miroir son visage aux lèvres rouges, il avait eu une étrange impression. Contrairement aux sourcils rasés, ça lui paraissait tout naturel d'avoir du rouge à lèvres, comme s'il avait toujours été comme ça. Il lui semblait que c'était son véritable visage, il avait senti une énergie inconnue bouillonner en lui. Il se sentait ivre, capable de faire n'importe quoi.

— Vous voulez que je vous chante quelque chose ? avait-il proposé. Dites-moi quelle émotion vous aimeriez ressentir et je vous la ferai ressentir grâce à mon chant.

— Je veux être angoissé, agacé et enfin ému par quelque chose de poignant, avait dit Mister D.

Hashi avait d'abord fredonné le thème principal de *Salomé* de Richard Strauss, puis chanté *Round Midnight* comme une cassette jouée à l'envers. Enfin il termina par *Toutes les fleurs du monde*. Mister D, stupéfait, avait changé de couleur. Je ferai de toi un chanteur, tu as du talent, petit, tu le sais ? Tu as vraiment du talent...

— Et voilà, je vais bientôt faire mes débuts, Kiku, je vais être chanteur, réaliser mon rêve !

Mister D était descendu de la Rolls et se tenait juste derrière eux. Impossible de dire s'il était jeune ou vieux : il avait un front dégarni, mais une peau lisse et sans rides. Des yeux étroits, des lèvres épaisses. Des lunettes noires en écaille de tortue, une chemise humide de sueur, un nœud papillon rouge tout humide de la salive de la femme, des ongles et des doigts courts, une bague ornée d'un œil de tigre, une haleine parfumée à la menthe. Il prit Hashi par le menton, tira son visage vers lui, colla ses lèvres sur les siennes. On aurait presque dit un père et son fils, se rencontrant à une fête d'anniversaire, tout joyeux de se retrouver. Kiku se sentait abandonné, laissé-pour-compte, il ressentit une violente jalousie envers Mister D et Hashi. Hashi avait un nouveau soutien maintenant, un adulte sur lequel il pouvait compter comme sur un père. Cette pensée le mit dans une violente rage. Mister D arracha enfin ses lèvres à celles de Hashi. Allons dîner. Il y a eu un arrivage de canard au restaurant chinois, avec du raisin et des concombres c'est un délice, allons-y. Hashi regarda Kiku. Je suis avec un ami, Kiku, je vous en ai déjà parlé, non ? Mister D hocha la tête. Ah oui, bien sûr, ton ami qui a eu les mêmes mésaventures que toi ? Celui que tu voulais que j'aide ? Eh bien, allons-y alors, il peut venir manger du canard avec nous, non ? Merci, dit Hashi en souriant à Kiku. Kiku fixait Mister D d'un regard noir, comme s'il était prêt à lui voler dans les plumes. Il se leva.

— Tu aimes le canard, au moins ? Sinon, on peut aller manger autre chose, des sushis par exemple, suggéra Mister D.

— Allez le bouffer sans moi, votre canard de merde ! fit Kiku d'une voix suraiguë.

C'était la première fois que Hashi l'entendait parler sur ce ton : on aurait dit qu'il allait fondre en larmes. Les deux mains sur la table, la respiration haletante, Kiku essayait de se calmer. Hashi, moi je m'en vais, tu es libre de faire ce que tu veux, mais désormais évite de parler de moi à des types pas nets, s'il te plaît. Il s'apprêtait à faire demi-tour quand une main se posa sur son épaule :

— Attends un peu, c'est qui le type pas net ?

— Lâchez-moi !

— Si tu refuses mon invitation alors que Hashi me demande d'être gentil avec toi, tu pourrais au moins choisir tes termes.

Kiku se secoua pour se dégager.

— Pas de familiarités ! Ne me touchez pas, je vous dis, si vous croyez que ça plaît à tout le monde de se faire toucher par vos sales pattes, vous vous trompez.

— Pas la peine de prendre de grands airs avec moi, mon petit, tu ne fais que gêner Hashi. Je ne vois pas ce qui m'empêcherait de te toucher si j'en ai envie, regarde un peu où tu es. Tu sais où tu as mis les pieds tout de même, non ? Sur l'enceinte sacrée où tous ces beaux jeunes gens viennent vendre leur corps ! Moi je t'ai parlé poliment, alors ne prends pas de grands airs, hein, tu peux faire ça dans un hall d'hôtel ou sur le perron de marbre de ton château, mais pas ici, ici il n'y a que des prostitués qui se vendent par plaisir, et moi j'achète aussi par plaisir, les mendiants n'ont pas à faire les difficiles, tu comprends, mon petit, je te dis d'arrêter de faire ton fier-à-bras, chacun doit rester à sa place et se comporter comme il se doit, c'est bien la première fois que je vois un gamin qui vend son cul la ramener comme ça, je ne vais quand même pas me laisser insulter par un petit malin qui montre ses fesses à tout le monde, ta position ne t'autorise pas à la ramener, compris, sale petit voyou !

Kiku prit une bouteille de sherry sur la table et fit un moulinet avec, Mister D recula de surprise, son chauffeur attrapa le bras de Kiku et le lui tordit derrière le dos, souriant sadiquement tandis que ses gants blancs serraient le poignet du jeune homme. Vas-y, casse-lui le bras, hurlait Mister D, fais-le pleurer un peu ! Pleurer ? pensa Kiku. Depuis qu'on est tout petits, on ne peut rien faire d'autre, et ce sont ces types-là qui nous manipulent à leur guise, Hashi, ne te laisse pas embobiner, n'écoute pas ce qu'il dit, il essaie juste de te faire pleurer un peu plus. Mais Hashi était en train de s'excuser auprès de son protecteur. Pardonnez-lui, ce sont des paroles en l'air, il ne le pensait pas vraiment. Mister D lui caressa la joue : Ne t'en fais pas, je comprends, je comprends. Mais tu vois, Hashi, et ça c'est valable pour toi aussi, vous êtes trop gâtés, voilà tout. Vous ne savez pas ce que c'est que d'avoir faim, hein ? Des petits blancs-becs qui la ramènent parce qu'ils ont été abandonnés dans un casier à consigne ! Mais il y a des milliers de gamins dans le monde plus malheureux que vous ! Tout le monde vous a bien traités, vous avez été adoptés, de quoi vous vous plaignez ? Kiku leva une jambe en arrière pour lui balancer un coup de pied, son talon atteignit le tibia du chauffeur, qui lui lâcha le poignet. Kiku leva le poing dans l'intention de frapper Mister D, mais Hashi se mit entre eux. Arrête, Kiku, Mister D est un homme important. Si seulement j'avais les mots pour lui expliquer ! pensa Kiku et tentant de transmettre sa pensée à Hashi par télépathie, il planta ses yeux dans les siens : Il te trompe, Hashi, il abuse de toi, c'est tout ! Mais il n'avait jamais vu Hashi avec un pareil regard. Il comprit soudain à quel point il avait changé. Hashi posa une main sur son épaule. Retourne sur l'île, Kiku, retourne sur l'île faire du saut à la perche, ça vaut mieux pour toi. Kiku se sentit soudain vidé de ses forces. Il aurait pu se mettre à genoux et fondre en larmes. Il se hâta de fermer le poing et le balança en l'air, sans savoir vraiment qui il devait frapper. Simplement il fallait qu'il lève son poing sur quelqu'un pour ne pas fondre en larmes. Il se jeta sur Mister D de tout son élan, mais avant que son poing ne retombe, le chauffeur lui avait balancé un coup de pied dans l'estomac, et Kiku vint s'étaler la tête sur le béton. Ça va ? fit Hashi en se précipitant vers lui. Kiku hocha la tête sans mot dire.

10

— C'est peut-être à cause de la lumière des projecteurs, marmonnait Anémone en examinant une fois de plus ses photos au Polaroid : il n'y avait rien dessus. Depuis la fameuse nuit, elle avait rêvé plusieurs fois de Kiku mais, au réveil, elle ne se rappelait plus ses traits. Son front et ses cheveux étaient nets, mais son nez, ses yeux restaient flous et se confondaient avec ceux de gens célèbres qu'elle avait vus à la télé ou dans les journaux, ou encore avec des visages de gens qu'elle connaissait mais dont elle se fichait comme d'une guigne. Quelque part au fond de sa tête elle se souvenait de son visage dans les moindres détails, simplement elle n'arrivait pas à rassembler cela en une image cohérente. Mais pourquoi était-elle obsédée par ce type ? se demandait-elle. Dans ses rêves, il était toujours en train de sauter. Non pas à l'horizontale mains écartées comme Superman mais d'un bond léger sur cette drôle de perche flexible qui l'emmenait plus haut que les immeubles. Le visage de Kiku imprimé au fond de sa mémoire susurrait quelque chose, comme quand ils s'étaient cachés dans les fourrés pour échapper aux projecteurs des gardes, seulement c'étaient des phrases prétentieuses, du style : Quand je vole ainsi dans le ciel et que je vous vois en bas, j'ai l'impression d'être un papillon survolant les marais de l'Amazonie. Chaque fois qu'elle rêvait de Kiku, elle se réveillait d'excellente humeur.

Cet après-midi-là, elle se rendit à l'hôpital pour rendre visite à une amie, mannequin elle aussi. Sachiko avait une longue chevelure raide qu'elle faisait toujours bouger d'un mouvement de tête, elle avait beaucoup de succès auprès des étrangers. Elle aimait bien Anémone et l'invitait souvent à dîner ou l'emmenait avec elle au bord de la mer. Elle trouvait qu'Anémone avait du *self-control*, les filles qui ont de grands yeux sont toutes comme ça, disait-elle, ça doit être parce que vous avez un champ de vision plus large. Sachiko avait épousé un étranger, un diplomate italien. Mais toutes ces cérémonies officielles la fatiguaient, c'est tellement guindé, c'est ce qu'elle disait dans ses deux ou trois lettres de l'étranger. Au bout de deux ans, elle avait divorcé, était rentrée au Japon et maintenant elle était à l'hôpital avec une maladie pulmonaire, c'est ce qu'Anémone avait récemment appris. Elle s'arrêta dans une pâtisserie à côté de l'hôpital, acheta une boîte de marrons glacés. Sachiko, dans sa chambre d'hôpital toute blanche, lui parut plus grosse qu'autrefois.

— J'étais plus belle avant, hein, Anémone, tu ne trouves pas ?

— Quand ça, avant ?

— A l'époque où on allait manger des sushis à l'aube toutes les deux après les séances de travail, qu'on faisait des parties de billard toutes nues, et qu'on plongeait dans la piscine en robe du soir...

— Je te trouve toujours très jolie.

— Mais je l'étais plus avant, c'est ridicule de se tartiner la figure de fond de teint et de maquillage, je me suis aperçue de tout ça un peu tard, mais ça m'a énervée de voir à quel point j'ai été stupide de ne pas comprendre avant, alors j'ai pris un amant, je pensais qu'avec une beauté qui défiait le temps on pouvait réaliser tous ses rêves, mais en fait on ne réalise ses rêves qu'avec du sang de la sueur et des larmes, qu'est-ce que tu en penses ?

— Je ne te suis pas très bien.

— C'est vrai, tu es si jeune, ça doit être ça.

— Moi je rêve la nuit, mais à part ça...

— Je comprends, il y a des moments comme ça dans la vie, mais tu sais, Anémone, ce qui m'agace chez vous les jeunes, c'est votre indifférence devant la vie. Moi j'ai fait un tas de bêtises, et j'en paie les frais aujourd'hui, mais au moins j'ai visité plein de pays, j'ai eu plein d'amants, j'avais une telle soif de sensations excitantes, maintenant je suis fatiguée, mais toi tu ne laisses aucune émotion filtrer sur ton visage, on ne sait même pas ce que tu penses, on dirait qu'il suffit que chaque jour s'écoule agréablement et c'est tout.

— Même pas très agréablement, ça ne me dérange pas. Dis, Sachiko, tu as déjà été enceinte ?

— Oui, j'ai même eu un enfant.

— Ça fait quel effet d'avoir un enfant ? C'est vrai que ça donne des nausées d'être enceinte ?

— Il ne s'agit pas seulement de ça, c'est une chose naturelle, on est des mammifères après tout.

— Moi, de temps en temps j'ai une impression comme ça, comme si tout mon sang descendait quelque part dans mon ventre et se stockait dans une poche, dans un organe dans le genre du foie, tu vois, et que quelque chose enflait à l'intérieur de moi comme un bébé, tu vois, et le jour où cette poche se brisera je comprendrai plein de trucs que je ne comprends pas pour l'instant.

— Hmm, je comprends ce que tu veux dire mais c'est une illusion, une illusion qu'on a quand on est frustré sexuellement et qu'on ne fait aucun effort, je pense que c'est une excuse que tu te donnes pour ne rien faire, c'est tout.

— Une illusion ? Mais qu'est-ce qu'il y a de mal à avoir des illusions ?

Oui, qu'est-ce qu'il y a de mal à avoir des illusions, se demandait Anémone en regardant par la fenêtre le paysage écrasé de chaleur sous le soleil de la fin août. L'été allait bientôt finir, son dix-huitième été. Je ne vois pas comment Sachiko pourrait comprendre ce que j'attends de la vie. Sachiko lui avait souvent parlé de sa vie à elle, de toutes ces fêtes, ces hommes, ces bijoux, d'un manteau en renard argenté vu dans une vitrine et dont elle avait tellement envie qu'elle avait supporté les régimes les plus épouvantables et des tournages jusqu'au milieu de la nuit pour pouvoir se l'offrir. Et moi, évidemment, j'ai eu des manteaux en renard argenté depuis toute petite, alors je ne connais pas la valeur de ces choses-là, c'est bien ce que tu me dirais, Sachiko ? Les fenêtres étaient à double vitrage à cause des patients tuberculeux, en bas devant l'hôpital les ombres des passants s'allongeaient. La lumière rasante de fin d'été allongeait aussi les ombres des immeubles. La chambre d'hôpital était située dans l'ombre d'un de ces immeubles. Sachiko, tu es enfermée, pas seulement maintenant parce que tu es malade, toute ta vie tu as vécu enfermée... Le visage de Kiku vint soudain flotter devant les yeux d'Anémone, clairement, dans le moindre détail. Au loin elle voyait les treize tours de Shinjuku. Le soleil se couchait entre les tours. Kiku aimait bien ces tours, avait-il dit. Moi aussi je les aime bien.

Elle pensa à Gulliver qui, à peu près une fois par mois, dans sa planète Uranus, piquait des crises. Il refusait de manger, tournait furieusement en rond et mettait son énorme queue en sang à force de taper sur les épais murs en béton. Rien ne l'arrêtait, il faisait trembler l'immeuble jusqu'à ses fondations, poussait des gémissements sourds en bavant, cela durait tout un jour et une nuit, et quand il s'arrêtait enfin, il avait une expression infiniment triste, c'était sans doute le sang tropical qui coulait dans ses veines qui se révoltait contre cette vie citadine, mais un jour il arrêterait ses crises, un jour, bientôt peut-être, Tōkyō ne serait plus qu'un immense marécage, elle savait pourquoi elle et Kiku aimaient les gratte-ciel de Shinjuku : ils savaient tous deux que le jour où Tōkyō serait englouti dans un marécage, ces treize tours seraient les seuls bâtiments à émerger encore. Sachiko, tu te rappelles, tu t'étonnais de voir que je gardais mon calme même quand je n'avais rien à faire, ça ne m'angoissait pas, et toi tu me racontais tes voyages : chaque ville a un coucher de soleil différent, disais-tu, et rien que pour voir ça, ça vaut la peine d'aller visiter toutes ces villes de par le monde. Les énormes poissons aux écailles argentées dans le delta de l'Amazone, les gitanes qui chantent le fado des heures durant dans des villages du Portugal... Mais tes voyages jusqu'à l'écœurement, c'est la même chose que les crises de Gulliver : c'est comme de se taper la queue contre des murs de béton entre lesquels on est enfermé. On a beau piquer des crises dans une dépense libératrice d'énergie et se sentir mieux après, ça n'empêche pas les tropiques d'être à l'autre bout de la Terre.

— Hein, Anémone, toi, tu ne sais même pas ce que c'est de désirer quelque chose, tu es née dans un supermarché, tu peux avoir tout ce que tu veux à manger, tu ne sais même pas de quoi tu as envie, tu aurais honte de crier à voix haute : J'ai envie de ceci ou cela.

— Moi j'attends, je ne sais pas trop quoi mais j'attends.

— Mais tu attends quoi ? Tu auras beau attendre, rien ne viendra jamais, ton attente n'est qu'un prétexte à ne rien faire, une illusion. Perdue dans un désert aride, tu avales du sable en croyant boire de l'eau.

Une illusion, et alors ? Je vois des mirages, je sais, et alors ? J'en ai marre de l'eau, moi, j'en suis écœurée à mourir, plutôt qu'une vieille eau croupie je préfère mille fois des grains de sable qui grincent entre les dents et déchirent la gorge jusqu'au sang, je suis malade à vomir de respirer ce vieil air stagnant, mon ennui finira par recouvrir la terre et j'allumerai un feu avec, tandis que toi, pour retenir ton envie de vomir, tu écoutes toujours les mêmes vieilles chansons sans te rendre compte à quel point elles t'ennuient, comme un vieux qui va à la pêche pour passer le temps, mais moi mon ennui j'irai le brûler au soleil, il deviendra un énorme ballon d'air chaud qui se transformera en énorme nuage et quand ce nuage crèvera une pluie lourde se mettra à tomber sans s'arrêter jusqu'à ce que tes poumons en pourrissent d'humidité, les trottoirs mouillés finiront par se fendre, les flaques s'élargiront en petites rivières coulant entre les buildings, le niveau de l'eau montera tous les jours jusqu'à ce que l'humidité empêche tout le monde de respirer et que les palétuviers poussent entre les fentes du béton, et la ville les rues les arbres s'écrouleront, pourriront dans l'eau et deviendront des nids d'insectes venimeux comme tu n'en as jamais vu, les insectes pondront des œufs d'où des larves sortiront en rampant et c'est alors que tes cauchemars d'alcoolique et d'overdose de sperme commenceront à se réaliser, les insectes viendront se nourrir de tes chairs pourries, ta chambre de malade deviendra un repaire de vers et d'araignées mais ce que j'attends le plus viendra seulement après tout ça, quand la pluie sera calmée : un soleil dix fois plus gros qu'avant se lève, et moi je vis avec Gulliver en haut d'une de ces tours restées debout et je regarde en bas et je vois des forêts tropicales et des fleurs de jungle et des gens brûlés par les fièvres, voilà ce que j'attends, voilà ce que je désire.

— Tu as changé, Anémone, dit Sachiko en mâchant le marron glacé qui lui gonflait la bouche.

Des miettes tombaient sur sa poitrine.

— Ah, tu crois ? Je ne me rends pas compte.

Anémone quitta l'hôpital. Au bout de quelques minutes dans la rue, son chemisier se mit à lui coller dans le dos tant il faisait chaud.

En arrivant chez elle, elle poussa un cri de surprise et de joie : adossé à sa porte, Kiku l'attendait. Il ouvrit la bouche, articula d'une voix sans timbre :

— Je suis venu voir ton crocodile.

Mister D avait décidé que sa maison de disques lancerait Hashi dans la chanson. Il était sûr que ça marcherait, avec la vie extraordinaire de Hashi au cœur d'une campagne de publicité. On commença à tourner dans le plus grand secret un documentaire intitulé *Né dans une consigne*. L'orphelinat, l'île aux mines, la prostitution dans le marché, le tout devait être diffusé à la télévision pour le réveillon de Noël, mais le clou du film serait les retrouvailles devant les caméras de Hashi et de la mère qui l'avait abandonné. Mister D avait déjà lancé des spécialistes sur la piste de cette femme, mais Hashi ignorait tout de ce projet.

Hashi avait déménagé dans un appartement neuf, loué par les soins de Mister D. Quand il retourna à l'usine désaffectée de l'îlot de la drogue pour emporter ses derniers bagages, ni Kiku ni Tatsuo n'étaient là. Hashi commença à étaler sur les nattes tout un bric-à-brac contenu dans des cartons. Des tasses à café, des cendriers, des papiers roulés en boule, des briquets cassés, des bouteilles de Coca vides, des cuillères rouillées, un nécessaire de manucure, un vieux tube de rouge à lèvres, des épingles à cheveux, des pépins de pomme, des lacets de chaussure et des élastiques, il s'amusait bien autrefois avec tout ça, songea-t-il, se rappelant soudain les royaumes en miniature qu'il fabriquait sur le sol de sa chambre à l'orphelinat. Il se rappelait très nettement la ville miniature qu'il avait essayé de construire, la sensation fiévreuse pendant qu'il était à l'œuvre, mais il avait complètement oublié ce que symbolisait chaque objet, sauf un vague souvenir : la bobine de fil, c'était une caserne de pompiers, et le poinçon, un canon. Il prit une bouteille de Coca dans sa main et l'examina. On dirait que toute cette brume a définitivement quitté ma cervelle. Une bouteille vide, c'est une bouteille vide, point. Terminés, tous ces jeux de gamin. Cette bouteille ne va pas fondre dans ma tête et se transformer en autre chose. Au moment même où il se disait cela, une vague de souvenirs le submergea. La bouteille de Coca, c'était un château d'eau ! Et la cuillère... oui, la cuillère c'était une piste de décollage, les épingles à cheveux, des soldats mettant leurs fusils en joue, les élastiques, des camions, l'assiette ronde, un terrain de base-ball, les pépins, des bateaux ! Tandis qu'il contemplait avec nostalgie tout le bric-à-brac étalé par terre, son regard tomba sur un objet blanc dans un coin de la pièce, il ne comprit pas tout de suite ce que c'était. Les contours commencèrent à fondre dans sa tête pour devenir une partie symbolique de sa ville, mais le processus se gela soudain en cours : cet objet évoquait un événement désagréable. Il le ramassa et se précipita hors de la pièce.

Dans le couloir sombre, il croisa la voisine enceinte en train de se couper les ongles. En transparence à travers sa chemise de nuit, on apercevait la peau tendue sur son estomac gonflé comme un tambour. Elle jeta un coup d'œil à Hashi, engagea la conversation : Qu'est-ce qu'il pleut, hein ! Tu veux que je te prête un parapluie ? Elle sentait le talc. Pas la peine, merci, répondit Hashi en caressant son cou empâté. Arrête, idiot, ça me chatouille, fit la femme d'une voix enfantine en riant. Puis elle jeta un coup d'œil sur sa main gauche qui tenait délicatement un objet blanc. C'est quoi, ce caillou ? Ce n'est pas un caillou, répondit Hashi en dévalant l'escalier sans se retourner. C'est un os humain.

11

Kiku regardait le crocodile écraser bruyamment les têtes de poulet entre ses mâchoires, du sang dégoulinait entre les dents pointues. La température était maintenue à vingt-cinq degrés à l'intérieur de la planète Uranus. Les huit humidificateurs installés dans la pièce crachaient en permanence une fine vapeur. La moitié environ de l'immense pièce était occupée par un bassin où flottaient des algues d'une espèce inconnue de Kiku. Le duvet transparent qui recouvrait leurs minuscules feuilles vertes réfléchissait la lumière, le liquide verdâtre de la piscine semblait bouillonner comme un jacuzzi, et chaque mouvement du crocodile créait sur l'eau des ondulations qui faisaient scintiller les algues. Une boue molle recouvrait le fond du bassin, par-dessus un épais tapis d'acrylique, percé de trous réguliers et relié aux dispositifs d'aération. Autour du bassin, trois bougainvillées et trois palétuviers en plastique étaient plantés dans de grosses mottes de terre. Les murs de béton blanc étaient couverts de dessins maladroits représentant un soleil, des oiseaux, une panthère et des indigènes. Au plafond, une vingtaine de lampes à infrarouge dispensaient une lumière aveuglante.

— Tu dois avoir une sacrée note d'électricité ! fit Kiku, et Anémone ouvrit une porte pour lui montrer le générateur de taille industrielle installé dans la pièce adjacente.

— Je me disais que, quand tu viendrais me voir, je te

demanderais conseil à propos des oiseaux, qu'est-ce que je pourrais mettre comme oiseaux ici ?

— Moi j'aime bien les perruches, mais il vaudrait peut-être mieux des petits oiseaux, ceux qui nettoient les dents des crocodiles, tu sais, on en voit dans les documentaires sur les animaux, les crocodiles ont l'air de bien les aimer.

— Mais moi je lui nettoie les dents une fois par semaine avec un tournevis, et c'est notre unique moment de communication, alors je n'aimerais pas trop céder ce rôle à un oiseau.

Anémone avait l'intention de cuisiner à Kiku son plat préféré, mais quand elle lui demanda ce que c'était, elle fut un peu déçue : L'omelette au riz, répondit Kiku. Elle ne connaissait pas ce plat-là. Pourtant elle aurait pu lui faire du ragoût de bœuf, des épinards à la sauce de soja, des œufs de hareng marinés, sans même regarder un livre de cuisine. Elle demanda avec le plus grand sérieux comment ça se préparait et Kiku répondit en feuilletant une revue où Anémone était photographiée que c'était du riz au ketchup enveloppé dans une omelette baveuse.

— Et c'est quoi, du riz au ketchup ?

— Ben, du riz mélangé à du ketchup.

— C'est ça ton plat préféré ? !

— Oui, avec du bouillon de pâte de soja aux coques, mais enfin, juste une omelette au riz ça ira très bien, je ne suis pas difficile.

Anémone nettoya l'autocuiseur dont elle ne s'était pas servie depuis deux mois et fit cuire trois tasses de riz. Puis elle le mélangea dans un saladier avec du ketchup, un peu inquiète, se demandant si Kiku ne se moquait pas d'elle et si pareil plat existait réellement.

— Dis, Kiku, le riz est tout rouge maintenant.

— C'est normal.

— Mais il n'y a vraiment rien d'autre dedans ? C'est tout rouge, ça n'a pas l'air très bon.

— Mais, et les petits pois ? Tu n'as pas mis de petits pois dedans ?

— Tu ne m'as pas dit d'en mettre !

Kiku se leva pour aller à la cuisine et trouva Anémone au bord des larmes, devant un saladier où des blocs de riz surnageaient dans le ketchup comme des icebergs dans une mer de sang. Finalement, sur les conseils de Kiku, elle fit cuire des spaghettis, les arrosa de riz au ketchup et y mélangea une omelette découpée en lamelles. Après le repas, Kiku s'allongea sur le tapis et s'endormit. Il doit être fatigué, se dit Anémone en lui enlevant ses chaussettes et le recouvrant d'une couverture, sans qu'il ouvre l'œil.

Anémone n'avait pas sommeil, elle prit un livre. De temps en temps, Kiku remuait la tête et les pieds dans son sommeil en parlant tout haut. Ne va pas là-bas, Milk, c'est dangereux ! disait-il. Anémone but un peu de liqueur, puis éteignit la lumière. Juste au moment où elle s'assoupissait à son tour, Kiku se dressa d'un bond en hurlant, puis se mit à haleter, tout tremblant. Il faisait trop sombre pour qu'elle puisse distinguer son expression mais il s'était mis à marcher en rond d'un air inquiet comme s'il avait peur. Il a dû faire un horrible cauchemar, se dit Anémone. Quand on se réveille en se disant : Ouf, ce n'était qu'un rêve, on se passe la main sur le cœur et on peut se rendormir tranquillement mais si c'est vraiment un cauchemar, on a beau respirer profondément, assis sur son lit, des images horribles sont tapies partout dans l'ombre, derrière les meubles ou les rideaux comme des fantômes, et vous empêchent de vous rendormir. Kiku s'était approché de son lit. Elle fit semblant de dormir. Quand il posa la main sur ses cheveux, elle ouvrit les yeux et murmura : *Petit cochon à droite, petit cochon à gauche, une horloge, papillon vole !* et lui expliqua que c'était la formule qu'elle utilisait enfant pour chasser les cauchemars. *Petit cochon à droite, petit cochon à gauche, une horloge, papillon vole !* répéta Kiku plusieurs fois.

Anémone l'invita à s'allonger près d'elle. Kiku, en sueur, tremblait encore. Les ressorts du lit grincèrent, le matelas se creusa, Anémone se serra contre lui dans le lit. Les muscles de Kiku lui semblèrent à peu près aussi durs que la peau de son crocodile. Les tremblements de Kiku se transmirent à Anémone, elle avait la gorge sèche. J'étais sur une île, racontait Kiku, la petite île où j'ai passé mon enfance, et mon frère était au bord de la mer, en train de tuer des crabes en les écrabouillant à coups de pierre et il riait il riait, alors je lui ai dit d'arrêter mais il a secoué la tête, il ne voulait pas arrêter, alors je lui ai dit d'accord tu peux continuer à tuer les crabes si ça t'amuse mais arrête de rire comme ça, mais il ne s'arrêtait pas alors je me suis mis à hurler, et il s'est mis à me demander pardon en pleurant alors je lui ai dit arrête ne pleure pas j'ai eu tort de crier et je me suis approché et il s'est mis à écrabouiller de nouveau les crabes en riant et en tirant la langue comme un démon. Les crabes puaient et je lui ai donné un petit coup de poing pour lui apprendre à me désobéir, alors il s'est mis à pleurer pour de bon et s'est assis par terre en me demandant pardon et pourquoi je ne voulais pas qu'il tue les crabes, j'ai dit tu peux les tuer mais arrête de rire comme ça alors il m'a demandé je peux les tuer en pleurant ? J'ai dit oui et il s'est remis à écrabouiller les crabes en pleurant il pleurait de plus en plus fort jusqu'à ce que sa voix se transforme en sirène qui résonnait sur toute l'île et alors je l'ai regardé et il riait à nouveau il riait il avait le visage fendu par le rire mais sa voix c'étaient des sanglots ça m'a fait peur et j'ai commencé à le frapper, j'ai frappé frappé, j'ai ramassé en tremblant la pierre avec laquelle il écrasait les crabes et je l'ai frappé avec jusqu'à ce que son visage soit tout enflé et écrabouillé, mais il continuait quand même à rire et il s'est levé en criant : C'est tout ? Je me suis enfui en courant sur le sable la voix de Hashi me poursuivait il était devenu énorme comme un gros ballon mais il s'était transformé en bébé il a essayé de m'écraser, il était lourd tellement lourd ça me coupait la respiration...

Kiku avait parlé d'une traite puis posé la main sur la bouche d'Anémone qui s'apprêtait à dire quelque chose.

Ne parle pas, je t'en prie ne dis rien, je me demande s'il n'y a pas quelque chose à faire mais peut-être que je devrais être plus patient et que tout finira par s'arranger de soi-même peu à peu ? Anémone mordilla les doigts de Kiku et cria les lèvres tremblantes : Patient ? Tu rêves ou quoi ? Je ne sais pas de quoi tu parles au juste mais tu te trompes, la patience c'est ce que je déteste le plus au monde, je hais la patience ! On est tous trop patients, il me semble que je comprends trop bien les choses, enfin je ne suis pas une adulte mais je sais que je n'ai fait que patienter toute ma vie et toi aussi, on a été trop patients, Kiku, et moi j'ai l'impression que ma tête va exploser exploser exploser à force d'avoir patienté depuis que je suis toute petite ! Tout excitée, elle avait ouvert tout grands les yeux et repoussé la main de Kiku qui lui obturait la bouche. Les yeux de Kiku s'étaient habitués à l'obscurité et il regardait la gorge blanche d'Anémone qui tremblait doucement, il pouvait même voir sur sa joue les traces rouges qu'avaient laissées ses doigts. Cela lui rappela la nuit où, à la lumière des projecteurs, il avait contemplé les mêmes marques rouges sur ses joues. Il alluma la lampe de chevet. Anémone ferma les yeux sous la violence de la lumière et s'écarta de lui. Des vaisseaux bleus se dessinaient en transparence sur ses paupières. Kiku l'attrapa par le lobe des oreilles, elle poussa un gémissement de douleur et il la lâcha. Ses oreilles étaient toutes rouges. Anémone se tortilla pour lui échapper, et il la maintint en appuyant un coude sur ses épaules, prit de force son visage entre ses mains, regardant ses oreilles reprendre peu à peu leur teinte nacrée. Il fit glisser le bout de ses doigts de son petit menton pointu jusqu'à ses seins, appuya dessus avec force. Une marque rouge apparut. Il avait envie de tracer des marques rouges comme celle-ci sur tout son corps. De la teindre en rouge de la tête aux pieds, puis d'enfoncer une épingle sous son aisselle. A ce moment-là elle se volatiliserait, ne laissant dans sa paume qu'un petit tas de ketchup.

Il remonta le bas de sa chemise de nuit. Anémone s'était retournée sur le ventre et retenait le bord de sa chemise avec les pieds en faisant non de la tête. Kiku l'attrapa par les cheveux pour lui soulever la tête et voir son expression. Il se demandait ce qu'il ferait si jamais elle était en train de pleurer mais elle ne faisait que serrer les dents. Il essaya de déchirer sa chemise de nuit à hauteur des seins, mais le tissu était trop solide, cela ne fit que lui scier les doigts. La sueur qui coulait de son dos et de son visage dégoulinait sur Anémone, faisant sur sa chemise des taches transparentes à travers lesquelles il voyait sa peau. Il lacéra le tissu avec ses dents, tira, le nylon se déchira d'un coup, ses dents effleurèrent la jambe d'Anémone qui gigotait, sur le ventre, les fesses tendues en arrière. Kiku l'attrapa par les fesses pour la retourner sur le dos et lui arracha sa culotte toute froissée. Les yeux fermés, Anémone ne bougeait plus. Kiku se déshabilla, essayant de refréner le tremblement de son corps. Mais plus il s'impatientait, plus il tremblait à en faire grincer les ressorts du lit. Il avait encore les pieds empêtrés dans son pantalon quand Anémone ouvrit les yeux en souriant. Elle se mit à lécher les flancs de Kiku tout humides de sueur, puis elle se redressa, s'accrocha à son cou en riant. Kiku, ne pouvant supporter le poids de leurs deux corps, retomba sur le lit, ils se cognèrent le nez et éclatèrent de rire après avoir crié aïe ! en même temps. Kiku se débarrassa de son pantalon à grands coups de pied, il se demandait s'il devait aussi enlever son slip ou non, il n'avait encore jamais fait ça avec une fille, fallait-il tout enlever ou pas ? On n'enlevait pas tout pour aller pisser, alors... Pendant qu'il hésitait, Anémone lui tendit les lèvres : Kiku, embrasse-moi. Kiku posa sa bouche sur la sienne, sentit la langue d'Anémone pénétrer dans sa bouche, cherchant la sienne. Kiku ferma les yeux, essayant de tendre en avant sa langue qui se recroquevillait tout au fond de sa bouche. Anémone l'aspira, enroula la sienne autour, puis la retira soudain et mordit la langue de Kiku de toutes ses forces. Kiku ne comprit pas tout de suite ce qui lui arrivait. La douleur le jeta à bas du lit, une main sur la bouche. Les yeux grands ouverts, Anémone, pétrifiée, regardait le sang couler de sa bouche. Kiku regarda la mare de sang qui s'étalait dans sa main comme du ketchup, persuadé qu'il était en train de se liquéfier tout entier. Il se releva, s'élança à la poursuite d'Anémone qui s'enfuyait en courant avec un gémissement, l'attrapa par les cheveux, la jeta par terre. Je... je... je... j'ai pas fait exprès, c'est juste que c'était si agréable de sentir ta langue toute molle alors que tu étais si dur en bas, je... Tais-toi, voulut crier Kiku, mais le sang qui coulait de sa bouche éclaboussa le visage d'Anémone. Il eut peur, lui donna une tape sur la joue, puis il la saisit par les chevilles, lui écarta les jambes, passa ses doigts pleins de sang entre ses fesses, ça glissait, Anémone s'arc-bouta tandis que les doigts de Kiku s'enfonçaient en elle. Sans enlever ses doigts, Kiku les écarta un peu pour placer son sexe au milieu, puis il retira sa main, s'enfonça entièrement en elle d'un coup de reins et éjacula au même instant, puis retomba, inerte. Anémone s'écarta de lui, se traîna jusqu'à la salle de bains. Elle ne pouvait plus refermer son entrejambe douloureux, du sang mêlé de sperme coulait le long de ses fesses entre ses cuisses, sur le tapis.

Kiku entra dans la salle de bains pendant qu'elle prenait une douche brûlante. Il se lava les mains à côté d'elle, regarda sa blessure à la langue dans le miroir embué. Il avait le bout de la langue fendu, ça saignait toujours. Ni l'un ni l'autre ne parlaient. Anémone sortit de la baignoire, enveloppée d'une serviette de bain, tandis que Kiku enfilait son pantalon sans même penser à s'essuyer. Quand il eut fini de se rhabiller, il annonça d'une petite voix : Je m'en vais. La gorge d'Anémone se crispa. Elle ne savait pas ce qu'elle devait faire, mais décida au moins de ne pas mentir : Ne t'en va pas, Kiku, reste, s'il te plaît. Kiku, debout devant elle, ouvrit la bouche : Je... La suite resta coincée dans sa gorge, il marcha jusqu'au rebord de la fenêtre, entrouvrit les rideaux, je... fit-il encore une fois d'une voix un peu plus assurée. Le front appuyé contre la vitre il regardait au-dehors, et invita d'un geste Anémone à le rejoindre. On aurait dit qu'il appelait un chien. Anémone s'approcha sur la pointe des pieds, les tendons fins de ses chevilles s'arquaient délicatement chaque fois que ses ongles écarlates s'enfonçaient dans le tapis. Je... je suis né dans une consigne automatique, et je suis amoureux de toi. Une jolie fille comme toi, c'est... Anémone posa un doigt sur ses lèvres. Ne dis rien, murmura-t-elle. Elle posa une main sur son épaule, se dressa sur la pointe des pieds pour poser sa joue contre la sienne. Elle avait la chair de poule, des gouttes d'eau tombaient de ses cheveux mouillés le long de son dos.

12

Hashi enregistra son premier disque dans un des studios que possédait Mister D, dans les montagnes de la péninsule d'Izu. Ce studio d'enregistrement, baptisé le « Vaisseau spatial », ressemblait à un bateau en métal argenté. Sur le toit en verre transparent, Mister D qui était passionné d'astronomie avait fait installer un télescope.

Mister D était le fils cadet d'un professeur d'histoire assez sévère, qui était aussi entraîneur d'éducation physique. D était le dernier de cinq frères et deux sœurs, plus de vingt ans le séparaient de l'aîné de ses frères. Son père, âgé d'environ quarante-cinq ans à sa naissance, l'éleva avec une sévérité extraordinaire. Obligation de sortir pieds nus en plein hiver, privations de déjeuner, interdiction d'avaler une bouchée tant que son père n'était pas à table, interdiction d'acheter des friandises aux étals de fête, interdiction d'inviter des amis à la maison, tels étaient quelques-uns des principes d'éducation de son père. D était un enfant plutôt nerveux mais une chose lui échappait dans les interdits formulés par son père : l'interdiction de manger le gras de la viande. Considérant le gras et les abats comme des morceaux vulgaires, son père ne faisait servir à table que des viandes sans une once de gras, même la couenne du jambon était ôtée avant d'arriver sur la table familiale. D se demandait souvent quel goût avait le gras en regardant sa mère l'enlever dans la cuisine, de la pointe d'un couteau. Un jour il fourra dans sa bouche un morceau de gras de bacon cru trouvé dans l'évier. Le morceau salé à la consistance fondante glissa dans son gosier, il en fut si ému qu'il manqua faire dans sa culotte. Le morceau de viande qui glissait dans son estomac lui paraissait le plus savoureux qu'il eût jamais mangé, comme s'il n'avait été nourri jusque-là que de paille sèche. D continua à manger du gras en cachette, mais un jour son père le surprit en train de griller un morceau de gras de porc sur le fourneau à gaz. Tu te conduis comme un cochon ! hurla son père trois fois, à la quatrième il lui allongea une claque, et il fut privé de dîner. C'était la deuxième fois que son père le battait.

Dès son entrée à l'école primaire, il avait manifesté des signes de myopie que son père diagnostiqua comme une faiblesse de caractère. Il lui ordonna donc de passer une heure par jour en posture de méditation zen, le regard fixé sur les montagnes à l'horizon. Ça guérit la myopie de regarder les montagnes ! avait décrété son père, qui le battit pour la première fois le jour où D négligea son entraînement quotidien. Son père était très souvent en colère mais il ne l'avait jamais battu jusque-là. Non pas qu'il doutât de l'efficacité des punitions corporelles, mais parce que ses enfants le craignaient tellement qu'ils se tenaient suffisamment tranquilles pour ne pas encourir les colères paternelles. D ressentit donc un choc et une humiliation sans bornes en recevant une punition si rare et qu'il jugeait imméritée. Il devint névrosé, commença à manquer l'école. Son père le réprimanda parce qu'il refusait d'aller à l'école alors qu'il n'avait même pas la fièvre, et sa mère cessa de le défendre, lui ordonnant seulement à chaque altercation de « dire pardon à son père ». Seule sa sœur de trois ans son aînée prenait sa défense, ses autres frères et sœurs ne lui témoignaient que de la froideur.

En quatrième année d'école primaire, il tenta de se pendre. Il fut découvert à temps et pendant qu'il était au lit, un pansement autour du cou, son père vint le voir et lui dit : Il y a beaucoup de choses désagréables dans la vie, mais il faut les supporter. Tiens, voilà un cadeau pour toi, ajouta-t-il en posant une lunette télescopique au pied de son lit. Chaque fois que tu trouveras quelque chose déplaisant, regarde les étoiles, on se sent mieux quand on se rend compte à quel point on est petit. D passa trois ans à regarder les étoiles, jusqu'à ce que son père succombe à un malaise cardiaque. Il reçut même un prix de la préfecture pendant ses années de collège pour un cahier d'observations intitulé *Les Changements de la Voie lactée*. Il s'arrêta cependant d'observer les étoiles à la mort de son père, non pas parce que cet événement l'avait particulièrement affecté, mais parce qu'il avait découvert en rangeant les affaires du défunt un paquet de photos porno représentant uniquement de jeunes athlètes nus au crâne rasé, enlacés et en sueur. D les cacha dans sa chambre et demanda à un camarade de classe plus précoce que lui si les homosexuels pouvaient avoir des enfants. Les homos ont du sperme comme les autres, répondit son ami, il y en a même plein qui se marient et font des enfants uniquement pour cacher au monde qu'ils sont pédés. Je l'ai lu quelque part, en plus quand leur femme est enceinte, ça leur fait un bon prétexte pour ne plus coucher avec elle. D posa une autre question : L'homosexualité est-elle héréditaire ? Aucune idée, répondit son camarade. A cette époque, D était déjà attiré par les hommes. Il pouvait aussi faire l'amour avec des femmes, mais quand il désirait une femme il avait besoin de manger du gras de viande. Il posait un plat de porc sous ses yeux, le reniflait, s'en frottait les lèvres, les dents, sentait le gras fondre sous sa langue, descendre le long de son œsophage jusque dans son estomac, et invariablement, il avait envie d'une femme. Mais tout aussi invariablement, après avoir éjaculé, il sentait tous ces morceaux de gras refroidis adhérer aux parois de son intestin en aspirant toute la chaleur de son corps, et il avait la nausée.

Mister D avait déjà découvert et lancé deux chanteurs

de rock. Il avait découvert l'un d'eux à l'époque où il travaillait dans une maison de disques et l'avait lancé contre l'avis de son entourage. C'était devenu une idole. Il avait découvert l'autre après avoir monté sa propre maison indépendante et avait produit huit albums de la nouvelle idole, jusqu'à ce que le chanteur signe un contrat avec une maison de disques anglaise. Les huit albums s'étaient vendus à des millions d'exemplaires, faisant désormais de Mister D un homme riche et influent. Dans les deux cas, Mister D avait été le seul au début à croire au talent de ses protégés. Tout le monde riait en prétendant qu'aucune de leurs chansons ne serait jamais un tube. Mister D pourtant était sûr que l'un et l'autre étaient des graines de star. Il était très doué pour découvrir les jeunes talents et avait un système infaillible pour ça.

Cinq jours par semaine, il mangeait uniquement du gras de viande et partait faire un tour en ville. Il adressait la parole à tout jeune homme qu'il trouvait encore charmant malgré la quantité de gras de viande qu'il venait d'ingurgiter. Il l'invitait à dîner, le faisait parler. Qu'est-ce que tu aimes ? demandait-il. Il mettait dehors (après avoir couché avec eux, naturellement) tous ceux qui ne répondaient pas « la musique », mais prenait rendez-vous pour revoir les autres. Le jour de son rendez-vous, il mangeait du gras en grandes quantités, se vidait de son excédent de sperme dans le ventre d'une femme, puis faisait passer un test de chant au jeune homme en question. Avec cette méthode, il ne pouvait pas se tromper. Hashi était le troisième qu'il sélectionnait ainsi. La première fois qu'il l'avait entendu chanter, il venait peu auparavant d'éjaculer à l'intérieur d'une grosse femme blanche qui ressemblait à du jambon, et avait été assailli par un violent malaise. Tout en écoutant Hashi chanter, il fut pris d'une envie de vomir partout sur le lit et la moquette, mais à la fin de la chanson ses entrailles révoltées se calmèrent un peu. Il y avait dans le filet de voix cassée de Hashi quelque chose qui lui transperçait le cœur comme une vrille, pénétrait en lui par tous ses pores et griffait ses entrailles et l'intérieur de ses veines, avant de remonter jusqu'à son gosier. Comme s'il avait le mal de mer. Bientôt ce malaise se calma, la nausée disparut et Mister D s'aperçut que le silence était revenu dans la pièce, un silence insupportable. Son cerveau refusait d'accepter la chanson de Hashi mais ses entrailles en réclamaient davantage encore. Chante encore, demanda-t-il. La deuxième chanson le fit trembler de la tête aux pieds et le plongea dans une sensation d'extase mélancolique qu'il n'avait encore jamais goûtée.

Mister D réfléchit. Ce gamin chantait merveilleusement bien, mais en même temps, il mettait mal à l'aise les gens qui l'entendaient pour la première fois. Or, il était très difficile d'accepter un chanteur qui vous mettait aussi mal à l'aise, il fallait donc au préalable ouvrir le cœur de ses futurs auditeurs. Il décida que le récit de la vie malheureuse de Hashi serait le point de départ de sa campagne de publicité : c'était cela qui le ferait vendre.

Le soir où l'enregistrement de son premier disque fut terminé, Mister D invita Hashi à dîner. Il pouvait commander tout ce qu'il voulait, mais Hashi demanda seulement à la cuisinière de lui préparer de l'omelette au riz. Ils dînèrent dans la salle à manger située au dernier étage du Vaisseau spatial dominant la mer. Au mur étaient accrochées des gravures sur cuivre représentant des prêtres en robe de bure sombre, et des enfants hermaphrodites dans les cieux couleur de crépuscule, chevauchant des papillons aux ailes ornées de dessins de lèvres. Ces illustrations étaient tirées d'un ouvrage en deux volumes publié par Mister D sur les mythes et l'astrologie incas. La tapisserie murale était d'un rouge foncé et brillant. Le sol était en métal doré, les hauts talons de la cuisinière, une grande femme musclée, résonnaient bizarrement dessus. Elle demanda à Hashi s'il voulait son omelette fourrée au crabe ou aux crevettes. Au crabe, répondit Hashi puis il lui demanda : Vous ne seriez pas une ancienne championne de volley-ball ?

Il me semble vous avoir vue à la télé. Ça doit être ma mère que vous avez vue, répondit la femme en souriant, révélant deux dents de devant encadrées d'or, moi je fais du javelot. Mister D mangea du foie gras de canard, suivi d'un sorbet au cassis.

— Dis donc, pourquoi t'es-tu disputé avec le batteur hier soir ? Qu'est-ce que tu lui as dit ? Il avait l'air très en colère.

— Il faisait trop de bruit et je le lui ai dit, c'est tout.

— Tu n'aimes pas la batterie ?

— Je n'aime pas ces trucs qui font du bruit quand on tape dessus.

— C'est le meilleur batteur du moment pourtant.

— Je n'aime pas les percussions.

— Pourquoi ça ? C'est rare.

— Ça fait trop de bruit.

— Tu es un drôle de bonhomme, toi.

D avait plissé les yeux. Il avait les yeux si étroits que Hashi n'avait jamais vraiment vu ses pupilles. Ses lèvres et ses dents étaient toutes luisantes de gras de canard.

— Tu m'as dit que tu préférais Hibari Misora à Chiyoko Shimakura. Pourquoi ça ?

— Je n'ai pas de raison spéciale.

— Tu dois bien en avoir une.

— Je préfère Helen Merril à Carmen McCrae, Clara Neumaus à Elizetti Cardoz, Elisabeth Schwarzkopf à Maria Callas, vous comprenez ?

— Tu préfères les grandes sœurs à leur maman. Parce que tu as eu des femmes autour de toi qui ont remplacé ta mère depuis ta naissance, peut-être.

Le plat de Hashi arriva. Il mangea d'abord la fine membrane d'omelette qui enveloppait le riz. Il plongea sa fourchette dans le riz où se remarquait la chair rouge du crabe, elle s'enfonça dans une tomate cuite à la vapeur, dont la peau ridée par la cuisson se creva. Un fumet acide s'éleva, rappelant à Hashi l'image d'un petit pied écrasant une tomate. Un enfant pieds nus dans des chaussures de tennis noires, l'ombre d'une petite jambe, une tomate qui roule, le pied de l'enfant qui vient l'écraser. Le jus avait giclé au loin, avec la même odeur aigrelette. Cette odeur sure lui rappelait la première bouffée d'air aspirée à sa naissance.

— Je vais devenir un chanteur ?

— Bien sûr, allez, mange ton omelette.

— Je suis bien content.

— Je sais je sais, allez, finis ton omelette, ne laisse pas un grain de riz, hein, ce ne serait pas gentil pour ceux qui l'ont cultivé.

— Vous savez pourquoi je suis heureux ?

— Parce que tu vas devenir une star ?

— J'ai l'impression d'avoir fait un bond en avant. Vous comprenez ce que je veux dire ?

— Pas vraiment.

— C'est comme si j'avais fait un bond et que je me regardais moi-même bondir. Quand j'étais au collège, vous savez, je n'allais jamais au cours de gym, je me contentais de regarder les autres, parce que je n'étais pas très doué, j'avais peur qu'on se moque de moi, mais Kiku, mon frère, vous savez, celui avec qui vous vous êtes disputé l'autre jour, lui c'était une vraie star, il courait vite et sautait comme un dieu, moi je restais dans un coin du terrain de sport à les regarder, ils étaient tous en survêtement et moi dans mon uniforme de collégien, lourd comme des chaînes de bagnard, je me sentais comme un prisonnier. Je restais planté là sans rien faire à regarder les autres courir et sauter mais un jour j'ai pensé : c'est parce qu'il n'y a rien de ce que j'aime autour de moi, pourtant il doit bien exister quelque part des choses qui me plaisent, alors j'ai pris mon élan, j'ai dit adieu à ce terrain de sport détesté, vous savez, quand je chante, après j'ai tellement mal à la gorge et je suis tellement fatigué que je dois m'allonger pour me reposer, et à ces moments-là j'ai l'impression d'être enfin à l'endroit dont je rêvais quand j'étais gamin, de me reposer dans le lieu dont je rêvais le jour où j'ai tout envoyé promener, cette île, ce terrain de sport, tout ce que je détestais, comme dans ce film, vous savez, cette histoire de petit chat abandonné, un petit chat qui erre parce qu'il veut retourner chez lui, et puis il est recueilli par un maître mais il ne veut pas rester, il continue à chercher et à vagabonder, il lui arrive un tas d'aventures et finalement il arrive à rentrer chez lui, eh bien c'est moi ce petit chat abandonné.

— Un chat abandonné ? Oui peut-être, mais écoute, finis cette omelette, je te l'ai déjà dit, je déteste voir des grains de riz qui traînent sur une assiette, pour moi un grain de riz c'est l'image de l'horreur absolue, tu ne trouves pas ça laid toi, un grain de riz ? On dirait un ballon de rugby, et un ballon de rugby, ça va tant qu'on l'attrape dans les bras et qu'on court avec mais si on donne un coup de pied dedans, on ne sait jamais où il va atterrir, eh bien les grains de riz c'est pareil, l'agriculture aussi d'ailleurs, et même nous les Japonais, parce que nous sommes tous des paysans dans l'âme, tu comprends ?

— Pas vraiment.

— Ça ne fait rien. Au fait, ton histoire de petit chat ça m'a rappelé quand j'étais gamin, j'ai recueilli un chat une fois, j'avais un père très sévère, par exemple si je pleurais en regardant un film triste il se mettait à crier qu'il ne faut pas se laisser aller, mais je dois lui reconnaître une chose : il aimait les animaux et il m'a laissé garder le chat dans une cabane du jardin, c'était un joli chat, il avait dû s'échapper d'un magasin, il avait les poils longs, noirs et crème, je l'ai eu tout petit alors j'y étais très attaché, tu sais les chats ils ont une façon de te traiter avec indifférence... Tu as des notions de psychologie ? Par exemple prends deux individus A et B, eh bien celui qui va avoir le pouvoir sur l'autre ou qui va pouvoir prendre la parole, c'est celui qui manifeste de l'indifférence, tu saisis ? Par exemple si A est un homme et B une femme, que A est amoureux de B, et que B s'en soucie comme d'une crotte de nez, eh bien, elle pourra le mener par le bout du nez. Avec les chats c'est pareil, ceux qui valent cher qui ont un pedigree et tout ce sont les pires, on est obligé de les choyer parce que s'ils meurent on perd tellement de fric, donc forcément le chat n'a pas à s'inquiéter pour ses repas, et comme il se rend bien compte de tout ça, c'est normal qu'il se montre indifférent, non ? Mais mon chat à moi, c'était un chat abandonné, donc dans cette guerre de l'indifférence j'étais gagnant d'avance, parce que si elle mourait — c'était une chatte — je n'avais pas grand-chose à perdre, quand elle venait se faire cajoler je l'ignorais, et quand elle tremblait de solitude je lui donnais juste un peu de lait d'un air indifférent, elle est devenue mon esclave elle me suivait partout, et puis un jour elle a disparu, et quand elle est revenue elle attendait des petits, son ventre a enflé, enflé, moi je ne la quittais pas des yeux parce que je voulais la voir mettre bas, elle a eu cinq petits, les bébés chats c'est gros comme une souris à la naissance, moi je n'étais qu'un gosse alors ça m'a ému, le mystère de la vie, tout ça quoi, je faisais des bonds autour de la chatte en chantant à tue-tête tellement j'étais content, elle a dû avoir peur, s'imaginer que j'allais tuer ses petits ou quelque chose de ce goût-là, parce qu'elle les a pris un à un dans sa bouche, moi je trouvais ça normal je me disais elle veut lécher le placenta, mais non, elle les a dévorés figure-toi ! Oui, bouffés, tous les cinq ! Elle les déchirait entre ses dents, elle avait du sang plein la gueule, moi je hurlais, j'ai essayé de les lui enlever mais dès que j'ai tendu la main, elle m'a mordu, je me suis mis à pleurer, c'était trop horrible, quoi, bouffer ses propres enfants ! Finalement elle a recraché le dernier, elle devait avoir l'estomac plein, mais il était tout mordu de partout, et tout froid, son cœur ne battait plus, alors j'ai appelé ma grande sœur en pleurant, pour qu'elle m'aide à sauver ce rescapé, elle l'a lavé à l'eau chaude, lui a frictionné le corps puis elle me l'a rendu en disant : Rien à faire, il est déjà tout raide, tu n'as plus qu'à l'enterrer au pied d'un arbre, alors moi j'enveloppe le chaton dans du papier journal puis dans un sac en plastique, je creuse un trou, tout ça me prend à peu près une heure et juste quand j'avais fini de creuser mon trou, j'allais mettre le sac en plastique dedans en récitant la prière bouddhiste pour les morts, et qu'est-ce que j'entends : un « miaou ! » qui venait de l'intérieur du sac ! Ça bougeait là-dedans, son corps avait dû se réchauffer dans le sac, ça l'avait ramené à la vie ! C'était un mâle celui-là et en grandissant c'est devenu un superbe matou, le chef de tous les chats du quartier, il se battait même avec des gros chiens, je me rappelle un chien qu'il avait rendu aveugle en lui griffant un œil.

— Pourquoi vous me racontez cette histoire ?

— Pour rien de particulier, ce chat m'a appris qu'on pouvait ressusciter dans la vie.

— Vous essayez de dire que c'est la même histoire que moi, c'est ça ?

— Ne t'excite pas, ce que je veux dire c'est que peut-être ta mère, quand elle t'a abandonné, ne l'a pas fait par haine de toi, mais par instinct, pour te protéger comme cette chatte.

— Foutaises !

— Comment ça, foutaises ? ! Moi je trouve ça intéressant.

— Et ça se passait quand votre histoire ? En hiver ?

— En été.

— Il s'appelait comment, le chat ?

— Lequel ?

— La mère.

— Peko.

— Et le chaton ?

— C'est devenu un matou sauvage, il n'a jamais eu de nom.

— Mister D, d'après vous, pourquoi ce chat est devenu aussi fort après avoir ressuscité ?

— Parce qu'il avait déjà fait un tour de l'autre côté.

— Non, ce n'est pas ça, c'est parce qu'il avait la haine, voilà pourquoi.

Au moment où Hashi prononçait cette phrase, ses mains moites de transpiration lâchèrent la fourchette qu'il tenait en main. Mister D le quitta des yeux pour regarder la fourchette par terre. Hashi avait un regard de fou, comme la chatte quand elle avait dévoré ses petits. La cuisinière qui venait de revenir, avec des kakis et une carafe d'eau, posa une fourchette propre sur la table devant Hashi, qui se penchait pour ramasser la sienne. Je la ramasserai tout à l'heure, ne vous en faites pas, dit-elle. L'éclat froid de la fourchette en argent par terre semblait fasciner Mister D, qui en fait se demandait s'il devait ou non parler à Hashi de l'entrevue entre lui et sa mère prévue pour son show médiatique à la télévision.

— C'est normal, non ? Il n'y a pas que les chats, les oiseaux ou les poissons, c'est pareil pour tous les animaux, le seul survivant d'une portée dévorée par la mère, il a la haine, ses yeux ne peuvent pas encore voir mais il a déjà la haine, pour sa mère, pour son entourage, pour tout ce qui le touche, tout ce qui n'est pas lui, une haine féroce, instinctive, il ne réfléchit pas avec sa cervelle, un bébé ça n'est pas en état de penser, c'est toutes les cellules de son corps qui sont imbibées de haine, les êtres humains par exemple, on dit que les ongles et les cheveux continuent à pousser après la mort, non ? Eh bien, quand on est en état de mort apparente, c'est pareil, il reste un minimum de sève vitale dans le corps, et on sue la haine ; et puis c'était l'été, non ? Le soleil devait être brûlant, il faisait très chaud, le sang refroidi a commencé à bouillonner dans ses veines, et comme il n'en pouvait plus il s'est mis à miauler, c'est comme ça qu'il a survécu et qu'il s'est mis à haïr sa mère et tout son entourage.

— Quelle brillante démonstration, tu as trouvé ça tout seul ?

— Exactement.

Mais c'était faux. C'était Kiku qui le lui avait dit. Il s'en souvenait, comme il se rappelait maintenant ce que lui évoquait le parfum aigrelet de la tomate. Un jour, pas très loin de l'orphelinat, ils avaient vu des casiers de consigne près d'une piste de rollers. On aurait dit des alvéoles d'abeilles. Nous sommes des œufs pondus par des abeilles, avaient-ils conclu tous deux. On a peut-être des frères et sœurs dans ces boîtes ? Une femme aux cheveux teints en roux avait ouvert un des casiers, des tomates avaient roulé à terre. Kiku s'était mis en colère et en avait écrasé une de toutes ses forces, répandant une odeur acide.

— C'est par haine que tu chantes ?

— Non, bien sûr.

— Pour quoi alors ? Pour oublier ta haine ?

— J'en sais rien.

— Vous êtes tous des enfants gâtés, vous les jeunes, ça me rend malade de vous écouter, tiens si je n'étais pas dans ma propre salle à manger, je crois que je vomirais partout, vous ne comprenez rien à rien, vous croyez que le monde entier est équipé de l'air conditionné comme dans la clinique où vous êtes nés, vous ne savez pas ce que c'est d'avoir froid ou faim, vous êtes choyés par tout le monde, les institutions, vos parents adoptifs, surprotégés, tu as peut-être senti le froid à l'instant de ta naissance, et les autres ne connaissent même pas ça, mais après tu as été mis direct sous l'air conditionné, bien au chaud comme les autres, seulement sous prétexte que tu as connu le froid une seconde à ta naissance, tu passes ton temps à pleurnicher et à te faire plaindre, alors que tu es tranquille bien au chaud, si tu crois que tu vas t'attirer la sympathie des autres comme ça, crétin, va !

Hashi but son verre d'eau d'un trait. Il aurait voulu riposter mais aucun mot ne lui venait. Kiku lui aurait déjà fait ravaler ses paroles à coups de poing ! En écrasant sa tomate cuite à la vapeur avec sa fourchette propre, il s'efforçait de bannir la puissante musculature de Kiku de son esprit. Je me demande s'il me déteste maintenant. La tomate était emplie d'une espèce de purée verte. Hashi en enfourna une bouchée. La cuisinière au visage de poisson rouge souriait d'un air entendu : Fameux, non ? J'ai fourré la tomate avec du persil et des algues. Mister D avait coupé son sorbet au cassis à demi fondu en deux et mis la plus grosse part d'un seul coup dans sa bouche. On entendait les petits morceaux de glace violette fondre sur sa langue.

De retour à Tōkyō, Mister D présenta à Hashi une styliste, prénommée Niva, qui devait travailler pour lui.

Niva commença par discuter avec Mister D autour de plusieurs dizaines de dessins de vêtements, maquillages et coiffures puis elle emmena Hashi, dans une voiture qu'elle conduisait elle-même, chez un coiffeur de sa connaissance. Une femme dont les paupières maquillées à outrance évoquaient irrésistiblement un lézard les accueillit à l'entrée du salon, situé au huitième étage d'un immeuble à la façade de verre noir du quartier chic d'Aoyama. MARX annonçaient les lettres capitales en néon sur la vitrine du salon de coiffure. Tout un mur était couvert de photos Polaroid de célébrités en train de se faire coiffer dans ce salon, dont l'intérieur ressemblait davantage à un salon occidental du XIXe siècle qu'à une boutique de coiffeur. Il n'y avait que deux fauteuils de coiffeur, et sur une étagère en bois de teck patiné était alignée une collection de corsets à la taille incroyablement fine. Au centre du salon trônait une baignoire ancienne en émail remplie de sculptures posées dans l'eau. Les sculptures, en différentes qualités de marbre, représentaient une plante épineuse, une jeune sirène entourée de trois dauphins, et des bulles de savon.

Quand Niva entra dans la boutique, les quatre coiffeuses interrompirent leurs occupations pour venir la saluer. Où est le boss ? demanda-t-elle. Il est sorti, répondit une jeune femme à la frange retenue par un ruban, et Niva sans changer d'expression la pria d'aller le chercher, après quoi elle s'installa sur un canapé. Hashi resta debout derrière elle, au bout d'un certain temps un gros moustachu en tenue de base-ball entra en s'épongeant la figure. Il portait une casquette marquée d'un P. Il se lava les mains, alluma une cigarette, fit un clin d'œil à Niva en disant : C'est lui ? Oui, répondit Niva en se levant et en ébouriffant les cheveux de Hashi des deux mains. Elle montra des dessins au gros homme qui à son tour alla chercher un vieil album épais dans le fond de la boutique. Il le feuilleta un moment puis s'arrêta le doigt pointé sur une photo. Niva hocha la tête d'un air approbateur. Hashi demanda qui était la personne sur la photo. Brian Jones à dix-sept ans, répondit le gros homme de sa voix de fausset doucereuse.

Le gros coiffeur commença par laver les cheveux de Hashi. Il changea la pomme de la douche, et mouilla les cheveux de Hashi à l'aide d'une pomme en cuivre rouillée par endroits, tout en expliquant à Hashi qu'il l'avait dérobée dans la salle de bains d'un hôtel où Rudolph Valentino avait séjourné autrefois et que c'était un porte-bonheur. Les cheveux sont les antennes des artistes, ajouta-t-il. Mister D vous appelle le « Prince des Mendiants », je me demande ce qu'il veut dire. Tandis qu'on lui coupait les cheveux et que des mèches mouillées se mettaient à joncher le sol autour de lui, Hashi se mit à observer Niva pour tromper l'ennui. Elle a un visage en forme d'œuf, se dit-il, des sourcils et des yeux qui remontent vers les tempes, une bouche fine... L'impression générale était celle d'une femme pendant la guerre, avec son costume strict bleu marine, ses chaussures à talons plats, ses collants couleur chair un peu plissés, son sac à main qui semblait peser lourd, ses cheveux courts. Avec un bandeau autour de la tête, bien droite en position de garde-à-vous, elle pourrait figurer dans n'importe quelle armée, se dit Hashi, que cette idée fit sourire tout seul. Ses yeux croisèrent ceux de Niva dans le miroir. Hashi regarda ses mains sans vernis à ongles et remarqua pour la première fois qu'elle avait des mains sèches et usées de vieille femme.

Niva l'emmena ensuite dans les galeries en sous-sol d'un hôtel au hall orné d'une fontaine, où se trouvait un magasin de vêtements tenu par un homosexuel. Là elle commanda pour Hashi cinq blousons de satin noir et cinq pantalons de toréador, larges en bas avec de petits nœuds sur le côté. Elle fit également retoucher la chemise de soie que portait Hashi, disant qu'il fallait qu'il soit impeccable pour les prises de vue qu'ils allaient faire ensuite. Le gérant raconta plusieurs fois de suite à Niva le voyage qu'il avait fait le mois précédent dans une île du Pacifique sud en compagnie d'un acteur célèbre, comment il avait été pêcher le thon, comment l'acteur s'était foulé la cheville et avait failli tomber à l'eau tellement il était excité à l'idée de pêcher un thon, les autochtones s'étaient moqués de lui, ensuite ils avaient tous fait la fête en mangeant ensemble de la viande fumée, autour du thon dépecé. Pendant cette fête on l'avait obligé à imiter un poisson des profondeurs, en plongeant dans l'eau avec un tube de néon planté dans le derrière. Tout en l'écoutant et en approuvant d'un mot de temps à autre, Niva réussit à négocier le paiement et à obtenir une réduction de cinq pour cent.

Une fois dans la voiture, elle déclara à Hashi qu'il devait se faire beau. Hashi n'arrêtait pas d'observer ses mains posées sur le volant, étonné de voir à quel point elles étaient ridées : on aurait dit les mains de quelqu'un d'autre. Il faut te faire beau, tu sais. Il n'y a aucune distraction plus vaine au monde que d'essayer de s'habiller avec élégance, mais c'est pour ça que c'est intéressant, tu sais pourquoi on a inventé les beaux vêtements, le maquillage ? Uniquement pour pouvoir les enlever et se mettre nu ! Pour que les gens qui te regardent habillé avec chic puissent imaginer ce qu'ils ne voient pas. Un homme tout nu, qui rampe comme un chien, qu'est-ce que c'est ? Un zéro, ni plus ni moins, voilà pourquoi il faut s'habiller chic !

Niva se mit à rire pour la première fois depuis leur rencontre.

Les photos de publicité furent prises dans un décor représentant une vue de Tōkyō, avec la tour de Tōkyō, énorme, en arrière-plan. En attendant que les préparatifs des prises de vue soient terminés, Hashi inspecta les autres plateaux. Dans un champ de melon, un énorme lutteur japonais dansait la valse avec une femme enceinte. Les melons en plastique clignotaient grâce à des ampoules fixées à l'intérieur. Un jeune homme muni d'un mégaphone expliqua à Hashi qu'ils étaient en train de tourner une publicité pour un tranquillisant. Sur le plateau d'à côté, un orang-outang suspendu à la tourelle d'un char agitait un drapeau américain. Juste quand la caméra commença à tourner, le singe tomba du char. Le dresseur lui apporta un morceau de sucre et lui expliqua ce qu'il devait faire, mais sans succès : l'orang-outang était trop excité par toutes ces lumières aveuglantes autour de lui. On ne s'en sortira jamais, dit le dresseur, il faut baisser tous les projecteurs et éteindre complètement les lampes au moment de tourner. Une fois le décor plongé dans la pénombre, le singe se mit à geindre à voix basse. Son dresseur essayait désespérément de le maintenir sur la tourelle du char. Il devait s'accrocher à la tourelle avec le bras gauche, et tenir le drapeau avec sa patte arrière. Mais quand les lumières revinrent, toutes les femmes poussèrent des cris aigus : le grand singe brun se malaxait le sexe de la main gauche. Hashi éclata de rire. Niva s'approcha de lui et lui demanda de revenir : tout était prêt pour le tournage. Elle regarda d'un air dégoûté le pénis du singe, c'était le seul endroit du corps où l'animal n'avait pas de poils. Le rire de Hashi s'arrêta net. Deux jeunes jumelles en maillot de bain, le corps enduit d'huile solaire, s'avançaient en pleurant, un panier de fruits sur la tête. L'une d'elles avait un thermomètre dans la bouche. Un homme, apparemment leur manager, gesticulait derrière elles en criant : Les seins, espèces d'andouilles, montrez vos seins, des seins, c'est tout ce qu'on veut ! Quand il les croisa, Hashi sentit une forte odeur d'aisselles émaner d'elles. En se retournant, il vit un melon tomber d'un des paniers et venir s'écraser sur les pieds de la fille, sous la chair du melon fendu apparaissait le vernis écarlate de ses ongles. Pendant qu'on lui nettoyait les pieds, la fille surprit le regard de Hashi sur elle et lui adressa un sourire. Elle avait toujours le thermomètre dans la bouche. Hashi resta impassible.

Ce soir-là, il but de l'alcool pour la première fois. Les

prises de vue avaient duré trois heures de plus que prévu, et s'étaient poursuivies jusqu'au milieu de la nuit. Après le dîner, Niva l'invita dans un bar situé sur une terrasse tout en haut d'un building. Hashi prit un jus de fruits et dit qu'il se sentait épuisé à force de sourire sur les injonctions du cameraman. Niva l'encouragea à boire un verre d'alcool, ça enlevait la fatigue. Hashi n'aimait pas l'alcool. Cela lui rappelait l'île : Kuwayama buvait tous les soirs, ça le rendait anormalement bavard et après, son urine sentait une drôle d'odeur. Il racontait avec de joyeux éclats de voix à quel point il avait souffert et tous les malheurs qu'il avait eus dans sa vie, et finissait invariablement par chanter un chant de mineurs et se mettre à sangloter. Voilà comment vous rend l'alcool, se disait Hashi. Niva prit un deuxième whisky, et le serveur posa devant Hashi un cocktail transparent sur lequel flottait une rondelle de citron. Niva l'avait choisi pour lui en lui disant : C'est ce qu'il y a de mieux pour calmer les nerfs. Hashi en but une gorgée qui lui anesthésia la langue.

Il avait sous les yeux un cendrier où se consumait la cigarette de Niva, des traces de rouge à lèvres sur le filtre. Niva étendit la main et la prit entre ses doigts fins, rappelant à Hashi la question qu'il avait eue sur les lèvres toute la soirée : pourquoi avait-elle des mains si abîmées, alors que son visage était si jeune ? Je peux te poser une question ? fit-il. Il était un peu tendu, et but d'un trait le liquide transparent dans son verre pour se donner du courage. Tes mains... fit-il puis il se mit à tousser violemment, l'alcool au goût de sucre brûlé lui donnait l'impression qu'on lui raclait l'estomac avec une pelle. Niva éclata de rire et lui donna une tape dans le dos. La quinte de toux se calma, et les effets de l'alcool commencèrent à se manifester. Le vacarme qui les entourait semblait s'éloigner, tandis que Niva lui semblait plus proche que tout à l'heure. Il commanda un autre verre du même cocktail. Le but à nouveau d'un trait. Cette fois il ne toussa pas, et Niva applaudit.

Hashi avait la tête lourde, ce n'est pas la peine de lui demander, à propos de ses mains, se dit-il.

Puis il observa ses mollets lisses et dodus, dont la courbe gracieuse se terminait étrangement dans ses chaussures noires vernies. Hashi trouvait ses jambes très jolies, puis il regarda son profil dont les contours luisaient doucement sous les lumières tamisées du plafond. Elle avait une cigarette aux lèvres. Le serveur vint changer le cendrier et Niva enleva ses mains de la table, comme pour les dissimuler aux yeux du serveur. C'était peut-être un simple hasard mais Hashi eut l'impression que ce geste était prémédité. Il se sentit soudain submergé par une tristesse sans nom. Le bonheur n'existe pas en ce monde ! se dit-il tout en essayant désespérément de refréner une envie de pleurer qui se mua rapidement en rage. Cette femme superbe qui s'est consacrée à moi toute la journée, cette femme que tout le monde traite avec respect, que ce soit chez le coiffeur, au studio de tournage ou chez le tailleur, cette femme qui me protège, qui a été jusqu'à discuter le prix de mes chemises sans sourciller, cette femme qui sait boire du whisky comme un homme, dont la courbe des jambes a une certaine sévérité mais qui sourit avec des lèvres humides et un regard si tendre, je ne peux pas, non, je ne peux pas accepter qu'elle ait des mains de vieille femme et que cela la rende malheureuse, non, je ne peux pas et pourtant je suis incapable de l'aider, bien que j'en tremble de chagrin. Si seulement je pouvais lui rendre ses mains de jeune fille, si seulement toute la reconnaissance que j'éprouve pour elle pouvait m'aider à rajeunir ses mains, je ferais n'importe quoi pour elle si j'étais un magicien, je lui donnerais tout ce que j'ai, mes chemises de soie, l'os de Kazuyo, mes cordes vocales, tout ! Une rage d'une violence qui le surprenait lui-même montait peu à peu en lui, une rage si forte qu'il en resta un moment hébété.

Niva s'aperçut qu'il était dans un état bizarre et essaya de lui faire boire un peu d'eau. Hashi laissa tomber par terre le verre d'eau qu'elle lui tendait, prit sa main à la place, et éclata en sanglots. Pardonne-moi de ne rien pouvoir faire pour toi, pardonne-moi ! Tout tremblant, il essayait de donner une expression à sa tristesse. Il se rendit compte que rien ne lui permettrait de l'exprimer ou de s'en libérer, puis son regard tomba sur le pianiste qui s'obstinait à mal jouer un air quelconque. Tenant toujours dans la sienne la main de Niva, il se tourna vers le pianiste et se mit à l'injurier à voix basse. Tout est ta faute, c'est parce que tu massacres la musique que les mains de Niva sont aussi abîmées et que le monde est aussi noir ! Quand je pense que des compositeurs consacrent leur vie à créer de magnifiques mélodies et se battent seuls pour effacer la tristesse du monde, en pensant à leurs amis qui souffrent. Hashi s'imagina un instant faisant exploser la tête du pianiste avec le revolver fabriqué par Tatsuo. C'est la seule chose que je puisse faire pour Niva, se dit-il. Il se leva, débordant à nouveau d'énergie. Je te protégerai, belle Niva, je te protégerai de ce monde affreux ! Il marcha en direction du pianiste, Niva essaya de le retenir, il la repoussa avec une force dont il ne se serait jamais cru capable, empoigna une bouteille de whisky, se jeta sur le pianiste. Ce dernier se retourna en poussant un gémissement et esquiva le coup de justesse. La bouteille que Hashi abattit de toutes ses forces se fracassa sur le clavier. Le vacarme du verre brisé et du piano désaccordé, les gargouillements du liquide coulant sur le sol et de Hashi vomissant bruyamment ses cocktails résonnèrent un instant dans un silence de mort, puis toutes les voix se remirent à bourdonner en même temps. Ne me touchez pas ! hurla Hashi d'une voix à faire s'effondrer l'immeuble, à l'adresse de Niva et du serveur qui se précipitaient vers lui. Puis il resta immobile, hébété. Les clients commençaient à se lever pour s'en aller avec des mines dégoûtées, les serveurs se hâtèrent d'essuyer par terre en s'excusant auprès des clients, le pianiste marmonna : Il est complètement fou, ce type ! Niva restait debout d'un air désemparé. Elle fut la première à remarquer quelque chose, puis le pianiste tendit l'oreille, les serveurs s'arrêtèrent d'astiquer par terre, les clients qui restaient cessèrent de parler et se figèrent sur place : Hashi chantait.

A quatre pattes par terre, les yeux fermés, Hashi chantait. Il commença par fredonner comme un oiseau puis sa voix entama une étrange mélopée à voix basse, un chant tel que personne n'en avait jamais entendu de pareil : c'était *La Ballade de Saint-Guy* qu'il avait composée dans l'îlot de la drogue.

Niva avait la chair de poule en l'écoutant. La voix de Hashi semblait lui parvenir de l'autre côté d'une fine membrane tissée dans un crin léger, son chant emplissait la pièce. Les ondes sonores, malgré leur faiblesse, collaient à la peau de ceux qui les écoutaient, comme si elles pénétraient, non pas par les conduits auditifs mais par tous les pores de la peau, et allaient se mêler au sang. L'atmosphère stagnante et enfumée du bar semblait s'épaissir d'instant en instant. Quand l'air fut épais comme de la confiture, Niva sentit remonter du fond d'elle-même un souvenir oublié qu'elle tenta de combattre. Elle essayait de l'effacer, mais le paysage revenait flotter malgré elle dans sa tête. Ou plutôt elle avait la sensation d'être entraînée à l'intérieur de circuits nerveux liés à un souvenir précis, d'être soudain aspirée à l'intérieur d'un film qui se déroulait sous ses yeux. Un paysage au crépuscule. Un tramway qui roulait dans le crépuscule, tandis que les derniers rayons orangés se fondaient dans la nuit bleu sombre. Niva secoua la tête, fit le tour de la salle des yeux. Plus personne ne bougeait. Le pianiste, tête baissée, tremblait de tous ses membres. Il faut l'arrêter, se dit Niva. Rassemblant tout son courage, elle s'approcha de Hashi, lui mit la main sur la bouche. Surpris, Hashi la mordit, se débattit, se roula par terre puis il sombra dans l'inconscience, en murmurant dans un soupir : Je suis un minable !

13

Hashi ne voulait pas rentrer à l'appartement que Mister D avait loué pour lui. Dégrisé, il déambulait sur la chaussée mouillée, songeant à Niva. Elle avait trente-huit ans. Amputée des deux seins à la suite d'un cancer, elle n'avait un corps de femme qu'en dessous de la ceinture. C'était la première femme avec qui il couchait. Il ne comprenait pas lui-même comment il avait fait pour bander. C'était la première fois que cela lui arrivait à la vue d'une femme nue. Peut-être parce qu'elle n'avait pas de seins ? Ou parce qu'elle lui avait léché l'anus, d'une langue tiède, ferme et pointue ? Ou simplement parce qu'il était ivre ? Il marchait sous la pluie sans s'en soucier. Il avait commencé à pleuvoir avant qu'il ne sorte de chez Niva, et cette ondée allait bientôt s'arrêter. Au centre du ciel, les nuages s'étaient déjà dissipés et disparaissaient rapidement vers l'est. Hashi savait qu'avec un ciel pareil la pluie allait complètement s'arrêter.

Quand il était au collège, les cours de gymnastique étaient annulés en cas de pluie, à cause des flaques d'eau, et il avait si souvent prié pour qu'il pleuve ces jours-là ! Il détestait particulièrement la gymnastique au sol. Il était le seul de toute la classe à ne pas pouvoir faire le poirier, et il avait honte vis-à-vis de Kiku. Dans l'espoir que les exercices à la barre soient annulés, il récitait les invocations pour faire tomber la pluie des sorciers indiens d'Amérique centrale, il avait lu dans un livre comment il fallait faire, il fallait suspendre des rats morts sous l'auvent. Il était allé à la ville abandonnée dans les mines, avait posé des pièges, et rapporté une pleine cage de rats. Tout en les trempant dans l'eau de mer pour les tuer, il s'était demandé ce qu'il ferait si son rituel n'amenait pas la pluie. Tout cela lui faisait un peu peur, il n'aimait pas ce qu'il était en train de faire mais ne voyait pas d'autre moyen de s'en sortir. Il abhorrait les exercices à la barre, aussi avait-il finalement suspendu ses douze cadavres de rats sous l'auvent avec du fil de fer. A la fin de ces préliminaires il se sentit épuisé. Tout en suspendant les cadavres de rats, il s'était préparé une excuse si jamais Kazuyo et Kiku le découvraient en pleine action : il dirait que c'était pour des travaux pratiques de sciences naturelles. En regardant les rats alignés côte à côte, il s'était dit qu'un rite pareil devait pouvoir exaucer n'importe quel souhait. Peut-être même qu'il deviendrait bon à la barre. Regardant tour à tour le ciel et la rangée de rats, il attendit l'apparition plus que probable des nuages gris. Au bout d'un moment il avait entendu des cris d'oiseaux, avait vu l'ombre de leurs ailes tournoyer au-dessus de la terre. C'étaient des faucons, une dizaine, qui descendirent d'abord se poser sur le toit. Hashi leur lança deux pierres puis renonça à les chasser. Les faucons s'envolèrent du toit, tournoyèrent un instant puis s'immobilisèrent dans les airs avant de fondre brusquement sur leurs proies. Après leur passage il ne resta, tremblant au bout des fils de fer, que les queues des rats, comme de longues gouttelettes d'eau grise refusant de tomber de l'auvent...

La pluie rendait tous les contours imprécis. Les ombres tremblotantes des passants se reflétaient dans les flaques.

— Quand il pleut, j'ai toujours des souvenirs qui me reviennent, avait dit Niva en regardant les gouttes de pluie s'écraser sur les fenêtres.

Elle s'était levée et avait tourné le dos à Hashi pour remettre son soutien-gorge aux bonnets bourrés de mousse. Tu sais, Hashi, maintenant ça va mais quand tu seras célèbre, il faudra éviter de repenser à ton passé, sinon tu ne sauras plus qui tu es. Une star qui se vend bien, ça la rend folle de repenser à son enfance, j'en connais quelques-unes comme ça.

Hashi était parvenu jusqu'à l'entrée du souterrain menant au marché de l'îlot de la drogue. C'était l'aube, les établissements avaient fermé leurs portes, et des prostitués fatigués qui étaient restés debout toute la nuit sans trouver de clients étaient assis par terre au milieu de débris de verre, de métal, de papiers, de mégots. Deux femmes, mains sur les genoux, étaient en train de faire des extensions, une Blanche avait changé ses talons hauts pour des chaussures de sport et courait à petites foulées. Avant de rentrer chez eux le matin, les prostitués faisaient tous un peu d'étirements pour se détendre, c'était indispensable, sinon leurs muscles durcis par une nuit passée debout risquaient de provoquer des crampes pendant leur sommeil. Les crampes faisaient faire des cauchemars et les prostitués se réveillaient ensuite en plein midi, des rayons de soleil tiède fusant par les interstices entre les rideaux ou les volets. Soudain, une des femmes chancela et tomba. Apparemment le talon d'une de ses chaussures venait de se casser. Sa jupe se déchira, révélant son anatomie : elle ne portait pas de culotte. Un prostitué blafard lui lança une plaisanterie : Attention, tu vas avoir des mégots dans les poils du cul ! La prostituée assise par terre sur les fesses, jambes grandes ouvertes, essayait de réparer son talon, mais n'y parvenant pas elle envoya rouler sa chaussure au loin, puis se releva et se remit en marche en boitant, son unique talon aiguille résonnant étrangement sur le pavé. Après s'être traînée en titubant jusqu'à l'entrée du tunnel, elle sembla réaliser l'inutilité d'avoir une seule chaussure. Elle dressa la tête vers le ciel comme pour voir quel temps il allait faire, leva haut une jambe, ôta la chaussure qui lui restait, la jeta et repartit pieds nus. En sortant du tunnel elle étendit la main, paume vers le haut, et leva à nouveau la tête vers le ciel. Il ne pleuvait pas. Au moment où la femme disparaissait au loin, un jeune homme à vélo émergea des ténèbres, roulant à toute allure dans le tunnel, avec sur son porte-bagages les bouteilles de yaourt qu'il allait vendre aux prostitués après leurs exercices d'étirement. C'est ainsi que se terminaient les nuits au marché : au petit matin, des langues fatiguées léchaient lentement des traces blanches de yaourt autour de lèvres au maquillage craquelé. Quand Hashi ressortit du tunnel, un jeune prostitué qu'il connaissait de vue le salua. Un vieux prostitué muet lui signifia par gestes que sa chemise de soie était très belle.

L'îlot de la drogue avait une odeur familière. Les ampoules qu'on avait oublié d'éteindre se réverbéraient dans les flaques d'eau boueuse. Les ruelles et les rangées de maisons n'avaient pas changé. Pourquoi auraient-elles changé ? Cela faisait à peine deux mois qu'il avait quitté le ghetto. Quel dommage que ces maisons et ces ruelles n'aient pas disparu entre-temps ! se dit-il. Pas seulement ici, d'ailleurs. Tout, tout aurait dû disparaître : l'île aux mines abandonnées, la maison des Kuwayama, la pente où fleurissaient les cannas en été, la niche de Milk, la plage, l'orphelinat, les rangées de cerisiers, le bac à sable, la chapelle, tout ! Pourquoi ? Parce que je suis chanteur, ça y est, maintenant je suis chanteur ! Mais en fait, je ne voulais pas *devenir* chanteur, j'aurais voulu *naître* chanteur, avant ça, j'étais mort, un personnage sur une photo floue qui se force à sourire, si je me retourne sur mon passé, qu'est-ce que j'étais avant d'entamer ma carrière de chanteur ? Un bébé tout nu hurlant de terreur au fond d'une boîte, voilà ce que j'étais, un bébé plein de talc de médicament et de vomi abandonné en état de mort apparente au fond d'une consigne, voilà ce que j'étais, en devenant chanteur je suis sorti pour la première fois de ma vie de ce casier de consigne, je déteste mon passé de mort vivant, je hais tous les lieux où j'ai vécu, je voudrais les faire tous exploser, qu'ils disparaissent enfin ! Tout en déambulant dans les rues, il se remémora la sensation de la langue de Niva sur son corps. Ses orteils, ses fesses, son sexe, son dos en avaient gardé la mémoire. Une langue rugueuse et ferme comme si elle contenait du cartilage, au bout pointu et humide. Elle avait avalé son sperme, lui aussi il connaissait bien le goût du sperme, ce petit goût acide qui vous restait dans le gosier, même les gargarismes n'en venaient pas à bout, les carcasses de spermatozoïdes devaient se coller derrière les gencives pour vous rappeler le souvenir de la dernière fellation à chaque tasse de thé ! Mais pour Niva, c'était la première fois, c'est ce qu'elle lui avait dit. Et quand ils avaient dansé ensemble, elle avait dit : Hashi, écoute, c'est important, quand tu danses avec une femme il ne faut pas faire le dos rond comme ça, il faut bomber la poitrine. Il avait failli lui dire que c'était la première fois qu'il dansait avec une femme. Niva est la première qui m'ait vraiment considéré comme un homme, je ne suis plus un pédé, je suis un homme. Soudain il sursauta et s'arrêta net à la vue d'une ombre qui se dirigeait vers lui.

— Ça alors c'est bien toi, Hashi ! Je n'étais pas sûr, je t'ai vu de la fenêtre mais je me disais, pas possible, c'est pas lui !

C'était Pépé Tremblement de terre, le vieux qui habitait le même squat que lui et Tatsuo à son arrivée dans le ghetto.

— T'es de retour alors ?

— Non, je suis juste venu faire un tour comme ça.

— Dommage, j'suis tout seul maintenant tu sais, tout le monde est parti, la nuit j'arrive pas à dormir, j'ai peur.

— Ah bon ? Allez salut, je m'en vais.

— Tu veux pas manger des nouilles avec moi d'abord ? J'en ai acheté des roulées à la main, il m'en reste plein.

— Merci, je dois m'en aller.

Pépé Tremblement de terre portait un vieux pyjama de flanelle tout passé et des socques de femme aux pieds. Son corps dégageait une odeur aigre. Hashi eut un mauvais pressentiment. Il vaut mieux que je m'en aille d'ici en vitesse. Mais au moment où il allait s'engager dans une ruelle, le vieux le retint par la manche.

— J'ai quelque chose à te demander, petit.

— Pas maintenant, je suis pressé. Je reviendrai.

Le vieillard tenait une boîte en carton, il la tendit à Hashi en disant :

— J'ai personne à qui demander ça à part toi, tu veux bien l'enterrer quelque part pour moi ?

— Qu'est-ce qu'il y a dedans ?

— Tu te rappelles la grosse pute enceinte qui habitait la chambre à côté de la vôtre ? Elle a laissé ça en partant.

— Eh bien tu n'as qu'à le garder.

— J'peux pas, c'est un cadavre.

Hashi avait eu une bonne intuition. Le vieux posa le carton par terre et s'apprêta à faire demi-tour, répétant encore une fois : S'il te plaît, fais ça pour moi. Hashi le retint par le col de son pyjama.

— Ça m'ennuie. Pourquoi est-ce que je devrais faire ça ?

Le cou du vieux était glacé. Hashi le relâcha aussitôt. Le vieux s'agenouilla par terre en tremblant et se mit à sangloter. Enfonçant ses ongles dans le sol humide, il abreuvait Hashi de malédictions insensées, tandis que de grosses larmes jaillissaient de ses yeux injectés de sang, s'arrêtant dans le réseau de rides qui lui couvrait le visage comme des écailles de poisson. Sale voyou, le ciel te punira, vous êtes tous des moins-que-rien, vous ne respectez même pas les morts, le Seigneur vous punira ! Malheureux, tu ne connais donc pas la révélation de saint Jean ? Il sera trop tard pour le repentir quand la Terre se fendra en deux et que les ténèbres l'engloutiront ! Des lampes s'étaient allumées dans les maisons de la ruelle. La ferme ! cria une voix. Hashi se dissimula dans l'ombre d'un bidon. Une fenêtre s'ouvrit, un homme et une femme à demi nus se penchèrent vers la rue où le vieillard à genoux dans la boue continuait à débiter ses malédictions comme une radio cassée, d'une voix aiguë. Il leva la tête vers le ciel en répétant : Seigneur, châtie-moi ! Une tasse vola d'une fenêtre d'en face et vint s'écraser à ses pieds. Une bouteille de whisky l'atteignit en plein front et vola en éclats. Vieil imbécile ! Tu l'as eue ta punition du ciel ! Les ombres disparurent à l'intérieur des maisons, les fenêtres claquèrent, le calme revint sur la ruelle.

Hashi s'approcha lentement du vieillard qui râlait doucement. Le soutenant par les épaules, il le ramena chez lui. La pièce était encombrée de rations d'urgence et de médicaments, de bouteilles d'eau minérale, de plaquettes de combustible. Hashi l'allongea sur un matelas, nettoya la plaie, lui mit du Mercurochrome qu'il trouva sur une étagère, déchira une serviette pour lui bander la tête. Puis il retourna dans la ruelle, et ramassa la boîte en carton. Le couvercle était fermé avec du scotch, le tout entouré de ficelle. Il la secoua et entendit le petit cadavre raidi à l'intérieur cogner contre l'un des coins.

Il alla jusqu'à la décharge de voitures, chercha une pelle. N'en trouvant pas, il ramassa une barre de fer à l'extrémité plate et écrasée, se mit à creuser un trou sans penser à rien. Sa chemise trempée de sueur lui collait à la peau. Si je ne creuse pas assez profond, un chien viendra le déterrer, ou des faucons le déchiqueter. Il travaillait avec ardeur. Ses bras ne tardèrent pas à s'ankyloser, ses reins à lui faire mal. Chaque fois qu'il faisait du sport ou un travail manuel, il se fatiguait plus vite que les autres, il avait fini par se dire qu'en plus de l'estomac, des intestins, des poumons et autres organes ordinaires, il devait avoir une glande supplémentaire, une sorte de membrane en suspension dans son corps qui dès qu'il se mettait au travail collait à son cœur et à ses muscles, ralentissant leur action, le fatiguant plus vite que les autres. Mais en ce moment il ne pensait pas à ça, il creusait de toutes ses forces, comme un fou, utilisant maintenant ses doigts et ses ongles, des morceaux de bois qui lui tombaient sous la main, prononçant des mots sans suite : Plus jamais je ne réciterai d'incantations pour faire tomber la pluie, plus jamais je ne pendrai de rats sous l'auvent, j'espère qu'il ne pleuvra pas s'il vous plaît faites qu'il ne pleuve pas sinon la terre sera détrempée et le bébé pourrira.

Ce n'est que quand il se coupa le doigt avec un éclat de verre, qu'il releva la tête et s'aperçut que le jour s'était levé. Le morceau de verre reflétait la lumière qui commençait à filtrer entre les gratte-ciel de l'autre côté du ghetto. Il lui sembla qu'il était lui-même devenu un filament de lumière. Tout son corps étincelait, démesurément allongé jusqu'à l'horizon, par-delà les vagues scintillantes et argentées des barbelés, par-delà les rangées d'arbres de l'autre côté. Lui aussi il faisait désormais partie de ce monde lumineux. Mais pas toi, pas toi là-dedans, toi tu n'es que de la pâtée pour les vers maintenant ! Il déposa la boîte au fond du trou, puis tout en remettant de la terre par-dessus, répéta au bébé mort : Pauvre minable, va ! Moi, je m'en suis sorti, j'ai ressuscité !

14

Le mystère des grottes sous-marines d'Uwane

L'île de Karagi, dans l'archipel d'Ogasawara, ou îles Bonin, est une petite île volcanique de 4,6 km² de superficie, située à 40 km au sud de l'île d'Iwo. Il y a quatre ans, en 1985, le gouvernement des Etats-Unis a officiellement rendu cette île au Japon, après une occupation de dix-sept ans. Pendant toute cette période, pour des raisons non élucidées, le gouvernement américain a interdit aux anciens habitants de l'île d'y retourner, même pour faire un pèlerinage sur des tombes de leurs familles. Le seul fait certain est que les Américains avaient installé sur cette île une petite base militaire, qui servait aux services secrets, dit-on, de relais de transmission par satellite. D'après les rapports des forces japonaises d'autodéfense installées sur l'île d'Iwo, cependant, cette base aurait uniquement servi à l'installation de radars, il s'agirait d'une des nombreuses bases radars indépendantes que possédait la marine américaine dans le monde entier. Mais lors de la restitution de l'île au Japon, les installations et équipements de transmission avaient déjà été tous enlevés, et les bâtiments en bois laissés par les Américains ont été transformés en école.

La population de l'île de Karagi est de 164 personnes, on y cultive l'ananas ; l'île abrite également un centre d'observation météorologique. La moitié environ de la population est constituée par les habitants d'avant-guerre, revenus sur place, et leurs descendants, et l'autre moitié par des jeunes qui ont quitté la ville pour goûter les joies de la vie au grand air. Deux bateaux par semaine assurent la liaison entre les îles de l'archipel, mais le système de transport laisse à désirer, malgré la demande des habitants et le tourisme croissant. Les plages sont magnifiques, le vert luxuriant d'une flore tropicale naturelle occupe tout le nord de l'île. La barrière de corail des îles Ogasawara constitue le seul parc naturel maritime subsistant au Japon depuis le pillage des massifs coralliens par des bateaux clandestins d'Asie du Sud-Est. Au moment de la restitution de l'archipel au Japon, Wataru Aritsuki (33 ans) a démissionné du poste qu'il occupait dans une compagnie commerciale pour ouvrir un magasin d'articles de plongée à Karagi. Il a démarré avec un petit capital et un simple brevet de professeur de plongée, mais les amateurs ne tardèrent pas à affluer d'aussi loin que l'Australie ou l'Allemagne. Au moment de l'affaire qui nous occupe, plus de mille plongeurs avaient déjà visité Karagi. Un célèbre photographe, spécialiste de photos sous-marines, avait fait les louanges de Karagi en disant que c'était le site du plus beau massif corallien du monde. Aujourd'hui, Aritsuki a fermé boutique et travaille dans les champs d'ananas, la nage et la plongée étant strictement prohibées sur toute la côte Nord de l'île, mais Aritsuki n'a pas encore pu se résoudre à quitter les lieux. Voici ce qu'il nous a confié de son état d'âme actuel :

« C'est vraiment triste, les mers comme celles-ci sont devenues rares dans le monde, les récifs de corail sont encore bien plus endommagés que les gens ne le croient en général, plus on investit un capital important sur un bord de mer et plus on le détruit. Autrefois, les gens qui vivaient ici se plaignaient du manque de bateaux et de moyens de transport, mais moi je pense que c'était très bien comme ça, car on commence par construire un aérodrome, ensuite on construit des hôtels pour touristes, et à la fin, ça devient Okinawa. Cette île était un paradis pour les plongeurs, une île de rêve, il y avait une barrière corallienne de plus de huit mètres de diamètre.

Quel dommage vraiment... Les incidents ? Tout le monde essaie de les oublier mais ça a été un choc terrible ici, une fois, on aurait pu penser que c'était un hasard, mais trois fois de suite... »

Au nord de Karagi se trouvaient 31 sites de plongée, pour tous types de plongeurs, du débutant au photographe sous-marin professionnel. Les grottes d'Uwane étaient réputées comme le site le plus difficile. Des falaises extrêmement abruptes à l'arrière, un seul chemin raide et difficile d'accès pour atteindre la mer, inaccessible aux véhicules naturellement. Sur une descente de 300 mètres environ, il fallait marcher en portant ses bouteilles de plongée et tout son équipement, bref il n'y avait que de jeunes plongeurs vraiment costauds qui s'y aventuraient. A quelques mètres du bord, il fallait plonger à environ 18 mètres de profondeur le long d'une abrupte falaise sous-marine, mais le corail était encore rare à cet endroit, il fallait continuer à nager en biais vers le large le long de la barrière de corail jusqu'à 80 mètres de fond. Là, à un kilomètre et demi du rivage, on arrive à une énorme plate-forme rocheuse que les plongeurs appellent l'îlot d'Uwane à cause de la petite partie qui émerge, ce récif est entouré de courants violents et dangereux dont la direction varie selon l'heure, et l'on y trouve une réserve quasi inépuisable de corail, de poissons tropicaux, de dauphins et de requins.

C'est le « spot » de plongée le plus beau et le plus excitant de toute l'île de Karagi, affirme notre ami Aritsuki, qui avec des camarades plongeurs a étudié les marées et courants autour de l'îlot d'Uwane et en a établi une carte. Seuls les « pros » obtenaient l'autorisation de plonger à cet endroit. Un « pro » dans ce domaine étant quelqu'un qui a non seulement parfaitement assimilé la technique, mais est également capable de suivre les instructions de son guide à la lettre sans prendre d'initiatives mal venues.

En septembre 1986, J. E. Claudel, le célèbre photographe français spécialiste des fonds sous-marins, vint séjourner trois mois à Karagi et décrivit ainsi les beautés d'Uwane : « La transparence de l'eau y est dix fois supé-

rieure à celle des Maldives, les poissons cent fois plus nombreux qu'à Tahiti, la beauté des coraux sans comparaison. Je suis persuadé d'avoir eu à Uwane des sensations équivalentes à celles qu'a dû connaître le commandant Cousteau lui-même lors de ses premiers voyages à bord de La Calypso. »

Les photos prises par Claudel expriment son enthousiasme mieux encore que ses paroles, et constituent aujourd'hui un document unique et précieux sur ce que fut le récif d'Uwane.

Le 4 novembre 1987, une explosion volcanique sous-marine se produisit à 200 km au sud de Karagi. La dizaine de secousses sismiques qui ébranlèrent alors Karagi changèrent naturellement les courants autour du récif d'Uwane. Quand Aritsuki reprit ses recherches sous l'eau, il découvrit une énorme grotte sous-marine, probablement due à un tremblement de terre. Plutôt qu'une entrée débouchant sur une caverne, il s'agissait d'une faille étroite dans la roche par où pouvait se glisser un seul homme à la fois, s'élargissant en une sorte de labyrinthe jusqu'à une table rocheuse assez vaste vers le milieu, qui semblait servir de refuge aux langoustes. Aritsuki et ses camarades arrêtèrent là leurs recherches. De cet endroit partaient à nouveau trois ouvertures donnant sur trois gorges étroites, mais ils jugèrent dangereux de s'aventurer plus avant. Le profondimètre indiquait 19 mètres au fond de la table de pierre, et à cette profondeur des paliers de décompression devenaient nécessaires. Il fallait environ huit minutes pour aller de l'entrée de la grotte jusqu'à cette table rocheuse sans flâner en route, et leurs deux bouteilles de 12 litres ne pouvaient guère les amener plus loin. Pour explorer plus avant, il leur aurait fallu un équipement plus important et d'autres plongeurs avec eux. Aritsuki était persuadé que cette grotte devait avoir une sortie quelque part.

Le premier incident se produisit le 19 janvier 1988 alors qu'Aritsuki servait de guide dans cette grotte à deux plongeuses allemandes, Mme Franz Meyer et une de ses amies. Ils étaient en train de descendre le long d'une corde dans le boyau étroit menant à la plate-forme rocheuse. Naturellement il n'y avait aucune lumière, le seul éclairage étant leurs lampes frontales. A peu près à mi-chemin, Aritsuki entendit un bruit étrange, une espèce de son métallique, qui lui sembla être produit par un dauphin, mais, chose étrange, il s'approchait d'eux à une vitesse effarante. Or les dauphins n'attaquent jamais l'homme, sauf parfois s'il s'agit d'une femelle enceinte, mais même dans ce cas elle se contente de menacer. Aritsuki fit signe à ses deux clientes de s'aplatir au fond de la grotte. Ils éteignirent leurs lampes, qui avaient peut-être effrayé l'animal, et attendirent que le dauphin passe au-dessus de leurs têtes. L'animal semblait être seul. Au moment où ils pensaient qu'il les dépassait à une vitesse effrayante, il fit brusquement demi-tour et fonça sur Mme Meyer, la dernière des trois. En entendant Mme Meyer pousser un cri terrible, Aritsuki ralluma sa lampe, et vit le dauphin tout barbouillé de sang qui attaquait furieusement à nouveau les deux femmes. Sous le choc de l'attaque, Mme Meyer avait lâché son régulateur.

« Jamais je n'avais vu un dauphin atteint d'une telle folie meurtrière, quand nous l'avons rencontré, il avait déjà diverses plaies sur le corps, ce qui est vraiment étrange pour un dauphin, et était anormalement excité. Mme Meyer avait lâché son détendeur et était sur le point de se noyer, aussi ai-je essayé de détourner vers moi l'attention de l'animal, mais dans ce boyau étroit, avec toute cette agitation il y avait plein de bulles dans l'eau, si bien que je n'y voyais plus grand-chose. Le dauphin n'avait pas l'air décidé à interrompre son attaque, et je fis de mon mieux pour faire remonter mes deux clientes à la surface, mais elles étaient déjà inertes. Alors j'ai nagé de toutes mes forces vers la sortie. Il fallait que je décompresse en même temps. Au moment où je saisissais la chaîne de l'ancre pour remonter à la surface, je vis apparaître la tête du dauphin, il m'avait poursuivi. Mais il ne m'attaqua pas. Au moment où je croyais ma dernière heure venue, il a craché une gerbe de sang et s'est mis à flotter ventre à l'air, mort.

La police et la compagnie d'assurances allemande ont eu quelques doutes à mon égard, au sujet de la mort de Mme Meyer et de celle de son amie. Personne ne voulait croire mon histoire d'attaque par un dauphin. Moi-même, si je ne l'avais vu de mes yeux, je n'aurais sans doute jamais cru qu'un dauphin puisse attaquer des humains avec une telle sauvagerie. » Ce fut le premier incident de ce genre.

Le deuxième se produisit le 2 février 1988. Aritsuki n'en fut pas témoin. Il s'agissait cette fois d'un pêcheur local, Tetsuji Owa, et de ses deux fils, descendus dans la grotte pour pêcher des homards. Katsue, la femme d'Owa, s'inquiétant de ne pas voir remonter son mari et ses fils, contacta la coopérative de pêche qui envoya Aritsuki à leur recherche : il les trouva morts tous les trois, flottant juste sous le plafond de la grotte. Les autorités annoncèrent que la cause de la mort était une insuffisance cardiaque, mais aucun des trois hommes n'avait le moindre problème de santé, encore moins cardiaque. La largeur et la hauteur de plafond de la grotte à cet endroit correspondaient à celles d'une pièce de dix nattes, et on pensa que la violence d'un courant soudain avait pu les jeter contre le plafond et les assommer, mais le plus étrange de l'affaire était que l'un des fils avait un harpon fiché dans la cuisse, et l'autre l'épaule transpercée par un couteau. Le harpon appartenait à Tetsuji Owa, le couteau à l'un de ses fils. Aucun des trois n'avait lâché son détendeur, que l'on retrouva fixé dans leur bouche par la rigidité cadavérique. On en conclut qu'ils s'étaient probablement entretués au cours d'une querelle de famille. En mars 1988, un cameraman sous-marin et trois de ses assistants vinrent visiter la grotte pour le compte d'une compagnie cinématographique, cherchant à résoudre l'énigme de cet incident incompréhensible. C'est alors que le troisième incident eut lieu.

« Je leur avais conseillé de ne pas y aller. Le centre de plongée de Tōkyō m'avait demandé d'interdire le site, qui de mon côté me paraissait vraiment sinistre après ce qui s'était passé, mais Ozaki, le cameraman, n'a pas voulu

écouter mes avertissements, il m'avait affirmé que si je ne les guidais pas jusqu'à la grotte, lui et ses assistants se passeraient de mes services pour y aller, bon gré mal gré ; j'ai donc accepté de les y emmener. Que pouvais-je faire d'autre ? Pour éviter tout incident et pouvoir contacter les secours au cas où il se passerait quelque chose, j'ai équipé tout le monde d'émetteurs-récepteurs étanches et j'ai fixé dix bouteilles d'air comprimé de réserve à la chaîne de l'ancre. Nous étions tous encordés, j'avais laissé un des assistants à l'entrée de la grotte pour nous assurer, et nous étions convenus d'un signal pour qu'il nous fasse remonter si jamais il se passait quelque chose d'anormal. Grâce à l'éclairage puissant des projecteurs permettant de filmer sous l'eau, j'ai pu voir nombre de détails de la vie de la grotte qui m'avaient échappé jusque-là. J'ai découvert des larves de crevettes d'une espèce très rare, ainsi qu'un repaire de murènes aveugles.

Tout s'était bien passé jusqu'à la table rocheuse et nous étions engagés dans la faille menant vers la grotte. Soudain, Ozaki a jeté sa caméra et commencé à battre des jambes en se griffant la poitrine comme s'il avait très mal, puis il s'est arrêté de bouger. Quand j'y repense maintenant, il avait enlevé son détendeur de sa bouche quelques instants pour ajuster sa caméra, dix secondes peut-être, et c'est juste après qu'il s'est trouvé en difficulté. Comprenant qu'il y avait du danger en plongée, j'ai tiré sur la corde pour que l'assistant resté là-haut nous remonte à la surface. J'essayais de retenir les deux autres assistants mais ils nagèrent jusqu'à Ozaki, enlevant leur détendeur de leur bouche pour essayer de l'adapter à la sienne et lui permettre de respirer, ils devaient croire que le sien était cassé. C'est là que les choses se sont gâtées. Le plus proche d'Ozaki a poussé un hurlement affreux, tout le monde croit qu'on n'entend pas les sons dans l'eau mais c'est faux, on ne comprend pas les mots prononcés mais on entend quelque chose, et là c'était un hurlement à vous glacer d'effroi. Et juste après il a tiré un coup de fusil à harpon dans la poitrine de celui qui tenait le projecteur. Le projecteur a sombré lentement jusqu'au fond de la caverne en faisant des bulles. Il était toujours allumé et en tournoyant dans l'eau éclairait tour à tour différentes parties de la grotte. A cet instant, j'ai pu voir pour la première fois l'intérieur d'une des fentes qui s'ouvraient au fond de la grotte. Comme ça n'a duré que quelques secondes, j'ai pu me tromper mais il m'a semblé voir au fond de cette faille une espèce de plaque grise, quelque chose comme du béton, enfin, j'ai pu me tromper.

L'homme qui avait reçu un coup de fusil à harpon s'est mis à nager vers moi en battant furieusement des jambes, son couteau de plongée à la main. L'intérieur de la grotte était sombre, et les volutes de sable et de sang qui s'élevaient m'empêchaient de voir quoi que ce soit devant moi. J'ai agrippé la corde et essayé désespérément de remonter. Je me disais, il se passe la même chose qu'avec le dauphin, j'entendais des cris affreux derrière moi, et je me suis dit que l'autre assistant avait dû se faire tuer, j'étais terrorisé, je ne savais pas très bien ce qui se passait dans le noir mais je me rendais compte qu'un fou furieux me poursuivait avec un couteau. Je suis rapidement arrivé à l'entrée de la grotte, j'ai fait des signes désespérés au type qui y était resté pour surveiller, lui faisant signe qu'il devait s'enfuir, mais il ne comprenait rien et de plus il était attaché à cette corde au bout de laquelle devaient maintenant se trouver quelques cadavres. Au moment où je m'apprêtais à trancher la corde avec mon couteau, mon poursuivant est apparu. Il tenait un gros couteau de plongée à la main et semblait hors de lui, du moins d'après ce que je devinais parce que son masque me cachait une partie de son visage. Toujours est-il qu'il m'a paru en colère et surexcité. L'assistant posté à l'entrée de la grotte ignorait tout de ce qui s'était passé, aussi a-t-il tendu le bras pour aider son camarade à se hisser audehors mais l'autre lui a aussitôt tranché la gorge. Tout s'est passé très vite. Le sang jaillissait de partout, l'homme plongeait et replongeait son couteau dans la gorge de l'autre. De mon côté, je me rendais compte que tout ce sang risquait d'attirer un danger supplémentaire : les requins. Les requins et cet homme frappé de folie meurtrière me faisaient plus peur qu'un accident de décompression, si bien que je décidai de remonter le plus vite possible à la surface. L'homme se jeta à ma poursuite. Si je remontais tout droit, la pression risquait de m'être fatale, aussi essayai-je de remonter en biais, mais à mi-chemin, l'homme au couteau me rattrapa et m'agrippa par le bras. Je fus surpris par la sensation, c'était, comment dire ? comme si un gorille m'avait attrapé, tant il avait de force dans le bras. Dans l'eau les gestes sont ralentis, je me retournai à temps pour esquiver le couteau et réussis à trancher son tuyau d'arrivée d'air. Malgré cela, il passa encore trente secondes à donner des coups de couteau furieux autour de lui. D'habitude on peut difficilement tenir plus de cinq secondes sans respirer en faisant des gestes aussi violents à une telle profondeur. Enfin, au bout de trente interminables secondes, une espèce de bave lui est sortie de la bouche et il s'est arrêté de bouger. Malheureusement il me tenait toujours par le bras, et je ne pouvais plus m'en défaire. Les requins sont arrivés, se regroupant d'abord autour du premier cadavre dont la gorge continuait à pisser le sang. J'ai essayé de détacher ses doigts de mon bras un par un mais ils étaient devenus durs comme du fer. Ne pouvant rien faire d'autre, je suis remonté rapidement à la surface en traînant ce corps après moi, mais les requins en avaient déjà fini avec le premier cadavre et s'étaient lancés à notre poursuite : ils avaient déjà dévoré les jambes du cadavre au moment où je me suis hissé péniblement à bord du bateau, je m'en suis vraiment tiré de justesse, j'étais sûr que j'allais y laisser ma peau. »

Aritsuki avait donc pu remonter à bord, traînant avec lui ce cadavre que les services de la police autopsièrent. Le rapport indiquait une tension tout à fait anormale des muscles. Le cœur et le sang cependant étaient normaux, le cadavre présentait toutes les caractéristiques habituelles d'une mort par noyade. Aritsuki condamna lui-même l'entrée de la grotte d'Uwane à l'aide d'une nasse métallique. Certaines informations firent état de recherches par des hommes-grenouilles des forces d'autodéfense mais, peut-être à cause du danger, les recherches furent rapidement interrompues, et la plongée comme la nage sont strictement prohibées sur toute la côte Nord de Karagi depuis mai de l'année dernière, par ordre gouvernemental. A ce jour, cependant, le mystère reste entier, et diverses hypothèses ont été échafaudées, quelqu'un a même écrit un roman mettant en scène ces incidents. On a dit qu'il s'agissait de la malédiction du dieu de la mer, d'une morsure par une espèce inconnue de serpent de mer, d'un état de folie induit par la panique, mais la vérité se trouve au milieu de l'océan et personne ne saura sans doute jamais ce qui s'est passé. On ne peut qu'en tirer l'amère leçon que tout peut arriver dans les grandes profondeurs, c'est un mystère à l'instar des disparitions de bateaux dans le triangle des Bermudes. Nous sommes d'insignifiantes créatures face à la mer, il ne faut pas l'oublier. La mer est un monde mystérieux, c'est pour cela que nous l'aimons, mais elle recèle aussi d'innombrables dangers, il s'agit là d'un principe de base qu'aucun amateur de plongée ne doit oublier.

Kiku referma le magazine. La tranche des pages était noire tant il avait lu et relu cet article. Il avait découvert par hasard chez Anémone, sur une étagère, ce magazine spécialisé pour amateurs de plongée. Il murmura pour lui-même une phrase de la brochure trouvée au marché, qu'il avait retenue par cœur : « Au lieu d'éliminer la substance, on s'est contenté d'en stocker trois tonnes sous forme de gaz, de liquide ou de solide dans des containers largués au fond de l'océan. » Kiku se rendit ensuite avec Anémone dans une librairie spécialisée en cartes de navigation et en acheta deux : une carte détaillée de l'archipel Ogasawara et une de l'île Karagi.

Le soir, il accompagna Anémone à son travail et resta à la regarder poser pour des photos. Le studio, situé en pleine ville, ne différait guère d'un grand hangar, il était humide, sombre et glacé. Au plafond : des armatures métalliques et des centaines de spots. Les murs et le sol : du béton blanc qui devenait aveuglant sous l'éclairage des projecteurs. Aucune ombre ne semblait exister dans cette immense salle blanche.

Les assistants commencèrent à installer les décors. Cette pièce blanche devait se transformer en pâturage bulgare. Ils amenèrent un immense tableau en trompe l'œil, un rouleau de pelouse artificielle, un vrai troupeau de moutons, des barrières, une maison avec une cheminée, un chien aux poils longs, des pissenlits sauvages. Anémone, vêtue d'une robe blanche à jabot et d'un tablier rayé, balançant à son bras un panier plein de bouteilles de yaourt, arriva en souriant joyeusement, sautillant sur la pelouse artificielle. Quand le tournage commença, Kiku qui commençait à s'ennuyer alla faire un tour sur les autres décors, où divers paysages étaient entièrement recréés. Une île tropicale, un iceberg au pôle Sud, un champ de bataille dans le désert, un parc d'attractions, la salle de réception d'un château, une roulotte de cirque, la planète Mars, comme des cubes représentant différents pays étrangers. Kiku grimpa en haut de l'échelle menant aux spots du plafond, pour avoir une vue d'ensemble, et s'installa à califourchon sur une barre métallique. De là il regarda le tournage jusqu'au bout. Ça y est, c'est fini ! vint lui annoncer Anémone en riant. Toujours en costume bulgare, elle avait grimpé l'échelle pour le rejoindre. Tous les décors étaient démontés un à un, à partir de la droite. Les lumières baissaient lentement. Des gens dont on ne voyait plus que les silhouettes se hâtaient d'enlever des murets de pierre, des fontaines, des jouets, des instruments de musique, des armes, des meubles, des plantes. En un instant, tous ces étranges royaumes étaient redevenus des carrés blancs. Comme si une couche de peinture blanche avait soudain oblitéré tous ces paysages. C'est drôle, murmura Kiku. Anémone le regarda tout en enlevant ses faux cils dorés : Qu'est-ce qui est drôle ? Kiku désigna les décors où toutes les lumières s'étaient éteintes. Là tout à l'heure c'était la salle de réception d'un château, il y avait un bal, et maintenant il n'y a plus qu'une grande pièce blanche.

Sur le chemin du retour, tous deux firent le tour des treize gratte-ciel de Shinjuku. Les tours avec leurs quelques fenêtres éclairées se dressaient droit vers le ciel comme d'énormes marqueteries, les lampes rouges qui clignotaient au sommet semblaient être des pouls au battement régulier. Allons chercher le datura sur l'île de Karagi, dit Kiku à sa compagne. Datura ? Kézaco ? fit Anémone, garant sa voiture entre deux buildings. Les lumières rouges qui clignotaient au sommet des gratte-ciel se reflétaient dans les yeux de Kiku. Une drogue qui fera de Tōkyō un désert tout blanc, répondit-il.

15

Les bureaux de Mister D étaient situés dans un vieil immeuble de neuf étages perdu au milieu des gratte-ciel de Shinjuku Ouest. Après le succès du premier chanteur de rock qu'il avait découvert, Mister D avait fondé sa propre société de disques et l'avait installée dans cet immeuble dont il louait les sept premiers étages. Le deuxième chanteur qu'il lança connut un succès mondial, et Mister D racheta cette fois l'immeuble en entier. Le sous-sol contenait un parking et un hangar, les trois premiers étages les bureaux de gestion, comptabilité, publicité et production, puis jusqu'au sixième étage des studios d'enregistrement, au septième une salle de prises de vue et d'enregistrement pour les chansons publicitaires et musiques de film, une salle d'édition de films, au huitième étage les bureaux d'une deuxième société lui appartenant publiant un grand nombre de magazines de musique, enfin le tout dernier étage abritait les salles de conférences et le bureau de Mister D en personne.

Le bureau directorial était connu pour le mauvais goût de sa décoration. Mister D aimait les films américains des années 40, notamment ceux de Bob Hope, et son bureau était une réplique exacte d'un bureau de directeur dans un film de Bob Hope racontant l'histoire d'un industriel qui rêve de devenir un grand chasseur. Un mur entier était recouvert d'énormes photos de jungle et de savane, le sol jonché de peaux de zèbres et de lions, le mobilier comprenait un gorille et une autruche empaillés, une chaise faite dans une patte d'éléphant, et au centre de la pièce un bassin en forme de cœur agrémenté d'une fontaine. Tous les lundis matin, Mister D se faisait masser dans son bureau par une masseuse noire vêtue d'un maillot de bain voyant. Ces jours-là, il laissait ouvertes toutes les fenêtres donnant sur les treize gratte-ciel, persuadé qu'il excitait ainsi la jalousie de tous les employés travaillant dans les bureaux des gratte-ciel. Une des phrases qu'il aimait à répéter le plus souvent était : Attendez voir que j'achète un de ces gratte-ciel entier !

Le premier single de Hashi fut tiré à trente mille exemplaires, qui furent vendus à quatre-vingt-dix pour cent, ce qui était un succès pour un chanteur débutant. Mister D avait prévu qu'il s'en vendrait environ dix mille, ce qui aurait déjà été honorable, mais l'onde de choc du récit de la vie de Hashi dépassa ses plus folles espérances. L'histoire parut dans onze magazines différents et Hashi passa dans sept émissions de télévision, si bien que Mister D dut former Hashi à répondre aux interviews. Il loua les services de trois scénaristes pour préparer des réponses à toutes les questions possibles, et Hashi dut apprendre par cœur les meilleures de ces réponses, ainsi que les attitudes correspondantes. Ce qui donnait quelque chose comme :

— Est-il vrai que vous avez été abandonné bébé dans un casier de consigne de gare ?

— C'est exact. (Attendre un peu avant de répondre, réponse brève indiquant une certaine répugnance à répondre, regarder le journaliste dans les yeux, pas fixement, mais un regard appuyé l'espace d'un instant.)

— Vous avez dû beaucoup souffrir ?

— Est-ce que j'en ai l'air ? (Répondre tout de suite après la question, sourire si possible, air franc et sincère, rester tête baissée un instant sans parler quelle que soit la réaction du journaliste.)

— Il paraît que vous aimiez chanter depuis tout petit, quel genre de musique aimiez-vous ? Quels chanteurs ?

— Chiyoko Shimakura et Elisabeth Schwarzkopf. (Donner deux noms de chanteurs de style complètement différent, il vaut mieux donner des noms différents chaque fois que cette question est reposée, répondre du tac au tac, avec un nom de chanteur connu et un autre que le journaliste ne connaisse pas forcément — par exemple Mick Jagger et un obscur chanteur de folk —, si le journaliste pose des questions sur le chanteur peu connu, donner une abondance de détails.)

— Pourquoi vouliez-vous être chanteur ?

— Parce que je me sentais seul. (Attention, ne pas avoir l'air de chercher à apitoyer le public, ton joyeux, voix forte, air de quelqu'un qui ne se sent pas du tout seul, si possible sourire légèrement, surtout pas de rire gêné, après la réponse rester silencieux un moment.)

— Aimeriez-vous revoir la femme qui vous a mis au monde ?

— Je rêve d'elle, souvent, mais ce sont généralement des cauchemars. (Air sérieux, ne pas avoir l'air trop peiné, possibilité de souffler légèrement, mais pas de soupir appuyé, laisser un blanc entre « elle » et « souvent », puis finir la phrase d'une traite. Ne pas sourire, détourner trois fois le regard, lentement, au cours de la réponse.)

— Si vous la rencontriez, que lui diriez-vous ?

— Bonjour, content de te revoir ! (Après la réponse, observer attentivement la réaction du journaliste. S'il sourit même légèrement, le regarder avec un mépris attristé, s'il reste sérieux, sourire légèrement, ensuite dans le premier cas, s'il est gêné et s'arrête de sourire, sourire légèrement, s'il continue à sourire, possibilité de se lever et quitter la pièce. Dans le deuxième cas, si le journaliste se met à sourire à son tour, prendre aussitôt l'air distant, s'il garde l'air sérieux, laisser le sourire disparaître progressivement.)

— Eprouvez-vous de la haine envers votre mère ?

— Un peu. (Seuls des journalistes hommes aux nerfs d'acier ou des présentatrices romantiques poseront ce genre de question. Dans les deux cas, répondre brièvement, avec un air suggérant que vous trouvez cette question stupide.)

Hashi se montrait extrêmement doué pour jouer son rôle, en outre, il ne détestait pas être interviewé. Cela lui plaisait d'être au centre de l'attention générale. Il suivait à la lettre les instructions de Mister D qui lui avait conseillé de se donner l'apparence d'un jeune homme « sortant de l'ordinaire mais pas au point de susciter l'antipathie ». Hashi apprit donc à jouer de ses réponses et de son attitude en fonction de son interlocuteur, et en tira grand plaisir. Chaque fois qu'il faisait rire ou pleurer les gens, les surprenait ou les mettait en colère, un sentiment jusque-là inconnu naissait en lui : la confiance en soi. La télévision était un miroir. Et le personnage dont ce miroir lui renvoyait l'image était loin du petit pleurnichard peureux d'autrefois.

La nouvelle personnalité que lui avait forgée Mister D plaisait infiniment à Hashi, et il s'efforçait de se conformer au reflet que lui renvoyait le miroir cathodique. Cela ne lui paraissait ni difficile ni pénible : il suffisait de changer légèrement sa manière de penser. J'ai toujours été un original, j'ai toujours été différent des autres, je faisais semblant d'être un minable, j'avais peur des hommes adultes, je pleurais en les voyant, mais c'était uniquement pour leur faire plaisir. Je faisais semblant d'être malade pour sécher les cours de gym et je me haïssais pour ça, mais de cette façon, je me formais le caractère d'une façon différente des autres, c'est tout.

Hashi était surpris de voir à quel point il était facile de transformer jusqu'à ses propres souvenirs, pour se conformer à ce nouveau « moi » débordant de confiance en soi, celui dont les tubes cathodiques lui renvoyaient le reflet. Kiku, bondissant vers le ciel sur sa perche en fibre de verre au milieu du cercle de leurs camarades, n'était plus un héros mais un pitoyable gorille. Les filles de sa classe qui ricanaient en le voyant regarder les cours de gym de loin sans y participer, le teint blafard dans son uniforme de collégien, n'étaient qu'une bande de stupides donzelles ignorant le moindre sentiment humain et incapables de ressentir le moindre frisson d'émotion. Quant à cette espèce de robot de Kuwayama, que ferait-il si on lui mettait un micro en main pour répondre à une interview télévisée ? Il s'évanouirait probablement. Ainsi Hashi transformait-il un à un tous ses souvenirs d'enfance désagréables.

En remontant ainsi soigneusement la piste de ses souvenirs, il se rendit compte qu'il y avait eu deux personnages successifs en lui, et qu'un incident bien précis avait déterminé ce changement. Avant l'incident en question, il était une victime. Ses talents étaient endormis parce qu'il ne se rendait pas compte du rôle qu'il avait à jouer ni de quelle mission il était investi, on avait mesuré ses capacités selon une échelle de valeurs qui ne lui convenait pas, et il avait été jugé minable. Simplement parce qu'il ne savait pas sauter à la perche ! Il avait appris à se haïr lui-même, à avoir peur de lui-même. L'incident lui avait ouvert les yeux sur les désirs enfouis en lui, il avait compris ce qu'il attendait de la vie. Oui, c'était bien à partir de ce jour-là qu'il avait commencé à chercher le *son*, à partir du jour où il avait fracassé à coups de brique la tête d'un adulte qui lui léchait le sexe comme un chien.

Ce jour-là, sur une scène improvisée sur le toit d'un grand magasin, il avait retrouvé par l'hypnose la sensation du talc rugueux sur sa peau dans le casier de consigne, l'odeur de pommade sur son corps, le goût aigre du médicament qui lui remontait dans la gorge et coulait dans ses oreilles, sur ses joues moites, l'angoisse terrifiante de se sentir enfermé sans pouvoir bouger. Cette affreuse chanteuse teinte en roux, avec ses pattes d'oie dont les liftings n'avaient pu avoir raison, elle avait ravivé tous ces horribles souvenirs. Alors il avait dévalé les escaliers du grand magasin, avait couru, couru le long de la rivière, s'était réfugié dans des toilettes publiques. L'air était humide, par la fenêtre il apercevait le port sous les nuages. Le port, la mer, les docks, les bateaux, tout se fondait dans un gris sale. Le paysage se liquéfiait dans le crépuscule sur lequel planaient de gros nuages. Les réverbères, les lampes des bateaux, qui commençaient à s'allumer çà et là, rendaient encore plus vague la limite entre la mer, la jetée, les navires de guerre et le paysage à l'arrière-plan. L'ombre d'un gros pétrolier quittant la jetée, tiré vers le large par un remorqueur, disparaissait lentement dans ce crépuscule gris.

Il y avait un vagabond accroupi dans un coin des toilettes, un gros homme bouffi coiffé d'un chapeau de paille. Dès qu'il s'aperçut que Hashi le regardait, l'homme sortit son sexe de sa braguette et commença à se masturber devant lui, en poussant de petits gémissements. Cet homme paraissait grand et gros à ses yeux d'enfant, mais en même temps léger comme si de l'air plutôt que du sang circulait dans ses veines. Si je lui perçais la gorge avec une aiguille, s'était dit Hashi à ce moment, il se ratatinerait comme un ballon et s'envolerait par la fenêtre. Cet homme semblait fait de fumée. Comme un génie se manifestant dès que son maître avait besoin de lui, pour lui porter secours puis se transformer à nouveau en fumée et disparaître dans sa lampe. Oui, sûrement, c'était son bon génie ! L'homme avait enlevé son pantalon à Hashi et répétait s'il te plaît s'il te plaît s'il te plaît n'aie pas peur. Ce gros homme pieds nus, qui bavait, était un chien, son chien fidèle, un magicien qui retournerait en fumée une fois son vœu exaucé. L'homme avait pris le sexe de Hashi dans sa bouche. L'intérieur de sa bouche l'aspirait comme une ventouse, comme quand on met le doigt au milieu des tentacules d'une anémone de mer, Hashi ferma les yeux et se laissa faire. Son corps devint tout mou, une respiration sifflante lui montait à la tête. Un chien fidèle... Un chien haletant et grognant qui continuait à le lécher de sa langue blanche. Une vague comme une envie d'uriner le traversa, se transmit derrière ses paupières jusqu'à son cerveau, il lui semblait fondre jusqu'aux os. Quelque chose d'inconnu commençait à s'agiter tout au fond de lui. Il sentit tout son corps trembler. Tranquille maintenant, murmura Hashi. L'emprise des tentacules se desserra, tandis que toutes ses forces l'abandonnaient. L'image d'une espèce de bloc rouge se contractant et s'enflant tour à tour le submergea, Hashi tendit tout son corps et s'écarta avec un cri. J'ai compris maintenant ! J'ai compris, alors maintenant disparais, retourne en fumée ! Mais le gros homme rampait vers lui en bavant par terre, essayant de saisir à nouveau son sexe. Derrière les paupières de Hashi, un souvenir, transformé en une grosse masse rouge, recommençait à se mouvoir. Ça suffit ! Ton rôle est terminé, retourne dans ta lampe ! Mais le gros homme bavait toujours à ses pieds, langue pendante jusqu'au menton. Son chapeau de paille avait roulé à terre, dénudant son crâne pointu. Il doit avoir un bouton de commande au sommet du crâne, se dit Hashi et, attrapant un morceau de brique qui traînait par là, il en assena un coup sur le bouton, de toutes ses forces. La brique s'enfonça avec facilité dans la chair tendre du crâne. L'homme se leva en titubant, crachant une fumée rouge, et disparut dans l'obscurité. Hashi jeta la brique ensanglantée dans les toilettes, puis l'image de la brique pleine de sang se mélangea au souvenir mis à nu qui avait resurgi de sa mémoire : les halètements de l'homme résonnaient encore à son oreille, et derrière, comme venant de très loin, il entendait le *son*.

C'est comme ça que le souvenir m'est revenu. Le son est devenu une mélodie enveloppant tout mon corps, j'ai fermé les yeux, et juste avant de sombrer dans le sommeil, j'ai vu l'espace d'une seconde les deltaplanes glissant dans le ciel au-dessus des glaciers, les girafes galopant dans la savane au crépuscule, les poissons au milieu des récifs de corail, le visage de Kiku et celui de la bonne sœur qui nous accompagnait à l'hôpital psychiatrique, le bâtiment gris, la pièce au sol caoutchouteux, et puis ce son qui pénétrait par tous mes pores, c'est comme ça que j'ai retrouvé le son, quelque chose a remis ce souvenir à nu, c'est à cause de ce pervers, c'est à partir de ce jour-là que j'ai changé, ce jour-là le fœtus en moi a explosé, je devrais en être reconnaissant à ce pédophile ? Non, bien sûr que non, le plus important c'est que je lui ai fracassé son crâne pointu d'un coup de brique, peut-être que de temps à autre je dois fracasser le crâne de ceux qui m'aiment fidèlement, mais pourquoi, pourquoi ? Pour rencontrer mes propres désirs.

Le rôle que jouait Hashi avait beaucoup de succès. Le jeune homme excentrique mais qui étrangement attirait la sympathie générale avait un succès qui l'illusionnait lui-même. En outre, Hashi réussissait à déformer tous les souvenirs qui revenaient le hanter. Il balayait ainsi le sentiment d'humiliation présent tout au fond de lui, et continuait à tenir magnifiquement son rôle devant les caméras.

— Vingt-neuf mille cent onze disques vendus, et ça continue à se vendre ! Pas mal pour un débutant, mais écoute, Hashi, ça suffit à peine à acheter une fenêtre du gratte-ciel que tu vois en face.

Le corps de Mister D luisait de graisse de mouton, sous les doigts experts de la masseuse noire. Il avait fait appeler Hashi dans son bureau, pour discuter des arrangements préliminaires de son second disque. La masseuse, en bikini, portait des bottines lacées.

— Mais il y a déjà trois cent mille personnes qui ont entendu parler d'un chanteur nommé Hashi, et plus d'un million savent que tu as été trouvé dans une consigne. Bon, maintenant ce qui est important c'est de lancer illico ton deuxième disque, tiens, regarde, voilà les paroles d'une des chansons, lis un peu ça pour voir.

Si un documentaire sur Hashi, au cours duquel il retrouvait sa mère, passait à la télé, alors ce seraient plusieurs millions de personnes qui sauraient qui il était. Mister D en était persuadé, mais il se gardait bien d'en parler à Hashi. Les chansons de Hashi ressemblaient à une drogue. Il y avait d'abord une réaction de rejet total, puis les gens s'y accoutumaient, une fois qu'ils avaient appris le secret de la naissance de Hashi. Toute la différence entre lui et n'importe quel autre chanteur doté d'une belle voix résidait dans ce fait : il était né dans une consigne ! Il fallait que les gens l'écoutent trois fois de suite, et ce serait gagné. Ils seraient tous accros !

L'histoire commence
Je pointe l'index vers le ciel
Feu sur le soleil !
Il tombera dans une gerbe d'étincelles
Aveuglant le monde entier
Je ferai des couteaux d'or avec des morceaux de soleil
Pour transpercer ton cœur
Et je viendrai murmurer à ton oreille
Le temps de l'ennui est fini !
Fou, je te rendrai fou
Et tu sais l'histoire ne fait que commencer !
D'un seul soupir je déchirerai la nuit
J'aurai le monde à mes pieds
Déchiqueté en mille morceaux
Avec les lambeaux je me ferai un manteau de velours
Et je me glisserai dans ta chambre
Réveille-toi ! Fini de dormir
Les nuits de l'ennui sont finies !
Fou, je te rendrai fou
Et tu sais l'histoire ne fait que commencer !
Fou, je te rendrai fou
Et tu sais l'histoire ne fait que commencer !

— Alors, ça te plaît ? Elle m'a coûté du fric, cette chanson. Ça te plaît ?

— Pas très romantique...

— Tu pourrais chanter ça ?

— Difficile, mais je peux essayer.

Mister D se leva et commença à essuyer l'huile de massage avec une serviette de bain, il leva les yeux vers le gratte-ciel d'en face. Aide-moi à acheter ça, Hashi !

La masseuse noire prit l'argent que lui tendait Mister D, repoussa la main qu'il avait introduite entre ses fesses et s'éloigna pour enfiler une robe de laine. Elle mit sa perruque dans son sac et lui recommanda en japonais de faire des rotations du cou et des épaules pour se délasser quand il sortait tard le soir, puis elle s'en alla. Mister D tira sur son sexe fripé et sourit à Hashi.

— Si on allait au marché tous les deux se payer de jeunes garçons ? Il paraît qu'il y a de nouveaux arrivages.

— J'ai quelque chose à vous demander.

— Si c'est de l'omelette au riz, impossible ! Il n'y a que des nouilles de sarrasin.

— Je voudrais avoir Niva comme manager.

— Quoi, cette vioque ? ! Mais pourquoi ?

— Je la trouve formidable.

— Ça c'est vrai. Bon, écoute, d'accord pour Niva, alors on va s'amuser tous les deux au marché, et se trouver deux petits mignons ? Ça fait longtemps qu'on n'y est pas allés. Je ne vois pas ce que tu peux trouver à une femme. Ça ne te dégoûte pas, leur machin visqueux et leurs airs aguicheurs ?

— Je ne suis plus homosexuel.

— Ah ? Bravo, félicitations !

Mister D se rhabilla, prit le téléphone et hurla dans le combiné : Deux bols de nouilles de sarrasin, et que ça saute !

Une employée apporta aussitôt la commande. Mister D prit une boîte de conserve bleue dans un tiroir de son bureau, ouvrit le couvercle : elle contenait du gras de poulet et de gros blocs jaunes d'ananas. Mister D en versa trois grosses cuillerées dans sa soupe de nouilles.

— Tu en veux ? C'est délicieux, ça vient de Taiwan.

Il léchait ses doigts dégoulinants de graisse. Hashi secoua la tête. Non merci. Il ne touchait pas à ses nouilles. Il regarda Mister D dont les lèvres luisaient de graisse, détourna le regard d'un air gêné et annonça d'une petite voix :

— Niva et moi, on va se marier.

Le rêve de Niva était de confectionner un costume d'ange. Son père était musicien. Il avait joué du piano dans sa jeunesse mais comme cela ne lui permettait pas de vivre, il était devenu accordéoniste dans un café-concert. La mère de Niva, étudiante, fréquentait ce café, et tous deux se marièrent malgré l'opposition de leurs parents.

Peu après la naissance de Niva, sa mère attrapa une maladie pulmonaire. D'après son médecin, c'était dû à un médicament tout nouveau qu'elle avait pris pendant sa grossesse en vue de faciliter l'accouchement. Le père de Niva ne gagnait pas beaucoup d'argent avec son accordéon, et il n'était guère facile de vivre à trois, surtout avec une invalide et un bébé, dans le minuscule appartement qu'ils louaient. Après maintes discussions, il fut décidé que la mère de Niva retournerait vivre chez ses parents avec le bébé. Ravalant sa honte, elle retourna à Okayama dans la vieille auberge que tenaient ses parents. Elle n'y fut pas chaudement accueillie. Sa mère la poussa à divorcer mais la mère de Niva refusa de l'écouter. Niva vécut jusqu'à quatorze ans avec sa mère dans une pièce sombre de l'auberge de ses grands-parents, haute de plafond et où le soleil pénétrait à peine. Sa mère y passait ses journées à tousser et à peindre des aquarelles. Niva posait volontiers pour elle. Comme sa mère ne la prenait jamais dans ses bras, par crainte de la contagion, le plus grand bonheur de Niva était de rester des heures sans bouger sur une chaise, sous le regard attentif de sa mère. Sur les portraits, elle était plus belle qu'en réalité, et sa mère lui parlait tout en peignant. Tu es gentille d'être si patiente, cette maison ne nous convient pas, il faudrait déménager...

Le géniteur accordéoniste leur rendait visite deux fois l'an. Il apportait chaque fois à Niva des poupées et des jouets qu'on ne trouvait pas à la campagne. Il la prenait dans ses bras, frottait sa joue contre la sienne. Après le dîner, il jouait de l'accordéon en chantant pour elle et sa mère. Pourtant Niva détestait cet homme trop maigre, sans doute parce que sa mère pleurait toujours quand il repartait.

Les visites de l'accordéoniste cessèrent vers l'entrée de Niva à l'école primaire. L'état de santé de sa mère restait stationnaire. Niva était la plus grande de sa classe, elle devint une élève travailleuse mais qui souriait rarement. En dernière année d'école primaire, elle prit pour la première fois une aiguille et du fil, dans l'intention de coudre une robe blanche pareille à celle des personnages que peignait sa mère en la prenant pour modèle. Elle rapporta du tissu à la maison et travailla tous les soirs après l'école jusqu'à ce que la robe soit terminée. Alors seulement elle la montra à sa mère. On dirait une robe d'ange ! dit sa mère en voyant le petit vêtement tout blanc. Puis elle serra Niva dans ses bras.

Niva fabriqua d'autres petites robes blanches. Chaque fois, sa mère la serrait dans ses bras. Une fois même, elle pleura en la serrant contre elle. C'était l'été, Niva s'en souvenait, car sa mère transpirait, et au contact de cette sueur refroidie, un pressentiment horrible l'avait saisie : si sa mère mourait, plus personne ne la toucherait. Même maintenant, elle ne comprenait toujours pas pourquoi elle avait eu cette pensée. Peut-être simplement parce qu'elle ressentait une émotion d'une intensité étrange, quand cette mère qui ne l'avait jamais prise dans ses bras la serrait soudain contre son cœur. Plus personne, jamais, ne voudra me toucher, s'était-elle dit, et cette idée commença à prendre corps. A l'école, quand un garçon refusait par timidité de lui prendre la main, pendant une danse folklorique, elle se disait voilà, personne ne veut me toucher, et cela lui donnait la chair de poule. Elle s'acheta un livre de couture occidentale et continua à confectionner ses petites robes d'ange, mais étrangement, chaque fois qu'elle en montrait une à sa mère et que celle-ci la serrait contre elle, son fantasme se renforçait : après elle, plus personne, jamais, ne voudrait la toucher.

Malgré l'opposition de sa mère, Niva partit pour Tōkyō, où elle fréquenta un lycée privé pour jeunes filles tenu par des missionnaires, puis elle entra à l'université. Un jour, un étudiant engagea la conversation avec elle alors qu'elle vendait des robes à la fête de fin d'année. Il était grand et bronzé et lui proposa d'aller boire un soda avec lui, il faisait si chaud. Niva accepta et décida sur-le-champ qu'elle l'épouserait. Elle ne savait même pas son nom, mais le soir même elle lui laissa faire tout ce qu'il désirait. Elle voulait vraiment l'épouser et manœuvra habilement pour parvenir à ses fins. Elle lui refusa son corps après cette première fois et raconta, sans trop insister toutefois, par petites doses, que ses parents tenaient un grand hôtel à Okayama, qu'elle allait sûrement gagner un prix de haute couture en Suisse, que l'homme qui l'épouserait n'aurait aucun souci matériel. Un an plus tard, ils étaient mariés.

Son mari était un employé de commerce tout à fait banal, qui ne pouvait tirer fierté de rien, hormis de sa musculature. Niva n'éprouvait pas le moindre amour pour lui, c'était simplement le premier homme qui l'avait touchée. Sa vie conjugale ne lui apporta pas le moindre bonheur mais la délivra enfin de son obsession. Elle refusa d'avoir un enfant. Comme elle n'avait pas les moyens de monter sa propre maison de couture, elle devint styliste, mais sa passion de fabriquer des vêtements d'ange avait disparu en même temps que sa vieille obsession.

Dix années s'écoulèrent ainsi dans un ennui mortel, et un beau jour elle découvrit une petite grosseur sur un de ses seins. C'était un cancer. Son médecin lui annonça qu'il fallait procéder à une ablation des deux seins. Elle pleura. Elle s'aperçut cependant que son chagrin se doublait d'un étrange espoir : elle allait enfin pouvoir divorcer. Elle n'en revenait pas de ressentir une telle étincelle de joie à l'idée de perdre ses seins, simplement parce que en même temps elle allait pouvoir quitter son mari.

Le divorce fut décidé pendant son séjour à l'hôpital. Son ancienne obsession réapparut alors : plus aucun homme ne voudrait la toucher, avec cette affreuse cicatrice sur sa poitrine plate, mais cette pensée ne la faisait plus souffrir comme autrefois. Personne ne voudrait plus la toucher, mais cette fois, ce n'était plus un fantasme, c'était la réalité. Il n'y avait aucune raison d'avoir peur de la réalité. Elle pleura quelques jours et accepta son destin.

Hashi avait rouvert les anciennes cicatrices. Il avait ravivé les souvenirs enfouis, fait remonter à la surface la petite fille solitaire qui restait assise des heures sans bouger sous le regard d'une mère qui ne la touchait jamais. Quand Hashi lui avait pris la main et l'avait serrée dans la sienne dans le taxi qui les emmenait, elle avait décidé de suivre enfin ses désirs. Elle ramena Hashi chez elle, le déshabilla, lui lécha tout le corps. Elle avait envie qu'il touche ses seins. Après son évanouissement dans le bar, Hashi commençait à reprendre conscience, il se réveilla en état d'érection. Niva avait allumé la lumière et lui montrait sa poitrine : S'il te plaît, touche-moi. Devant le sérieux avec lequel elle demandait cela, Hashi, pleinement réveillé maintenant, avait tendu la main pour toucher son sexe, puis regardé à nouveau cette poitrine plate, et brusquement il avait éclaté d'un rire joyeux. Tu me trouves laide ? avait demandé Niva, des larmes dans la voix, et Hashi l'avait prise dans ses bras. Il avait caressé tendrement ses seins sans chair, les avait parcourus de la langue, les avait pincés, mordus légèrement, avait frotté son sexe dessus. Non, tu es belle, c'est merveilleux.

En acceptant que Niva devienne le manager de son protégé, Mister D avait ironisé : Dis donc, c'est exactement ce qu'il te fallait, c'est la femme idéale pour un homo ! Mais même en comprenant pourquoi Hashi avait ri ce premier soir, Niva ne s'était pas sentie attristée. Cela lui était bien égal que Hashi soit homosexuel. Ça avait été merveilleux de faire l'amour avec lui. Il l'avait léchée partout, sa salive et sa langue avaient repoussé à jamais les souvenirs de son obsession enfantine. Désormais ce serait elle qui dessinerait les vêtements de scène de Hashi. Elle lui fabriquerait un blouson tout blanc. Un blouson d'ange. Elle était enfin heureuse, elle avait réalisé ses deux rêves les plus chers : elle avait un ange à aimer, et elle lui ferait des vêtements immaculés.

16

En cours de route, Hashi décida de marcher et descendit du taxi. Il avait encore du temps avant son rendez-vous au restaurant avec Niva, et il avait oublié de lui acheter des fleurs. Elle aimait les orchidées. Il s'arrêta devant une devanture de fleuriste, ornée d'un grand sapin de Noël. A l'intérieur, une chaleur humide, un parfum de feuilles fraîchement arrosées l'accueillirent. Un employé dont la chemise ouverte laissait entrevoir un torse velu et un pendentif d'ivoire interrompit son travail — il était en train de couper des roses — pour lui demander ce qu'il désirait. Hashi commanda cinq orchidées. Des blanches avec un peu de rouge au bord des pétales.

Pendant que l'employé lui préparait son bouquet, et l'enveloppait de papier argenté et de rubans, un type efféminé en manteau de fourrure entra dans le magasin. Dis, mon chou, donne-moi des fleurs de bougainvillée, mais un gros, gros bouquet, avec les branches et tout. L'employé abandonna un instant le bouquet d'orchidées pour sortir à deux mains d'une boîte en verre une énorme brassée de bougainvillées. C'est pour quoi faire ? demanda-t-il. Un spectacle de Noël où je dois danser, je fais le rôle du renne au nez rouge, je me mettrai plein de fleurs de bougainvillée dans les cheveux, ça va être super. Fais attention, ne plie pas trop les tiges, les fleurs sont fragiles, elles tombent tout de suite.

C'était la première fois que Hashi voyait des fleurs de bougainvillée fraîches, avec des pétales d'un rouge vif.

Celles qu'il conservait précieusement en souvenir de sa mère étaient d'un brun fané. Je me demande d'où peut venir ce nom, « bougainvillée », murmura-t-il. Le vendeur secoua la tête en souriant pour exprimer son ignorance sur le sujet. La fleur préférée des pédés, ça rend mélancolique, fit l'homme en manteau de fourrure en faisant un clin d'œil à Hashi. Hashi sourit. Les pétales avaient l'air si fragiles, il devait suffire d'un souffle de vent pour les disperser. Pourquoi la femme qui m'a abandonné a-t-elle choisi précisément ces fleurs-là ? D'après cette femme, l'écrivain qui a connu ma mère en prison, c'est parce que c'étaient les fleurs les plus chères. L'homo sortit en frôlant Hashi au passage, son manteau de renard argenté parsemé de pétales écarlates à hauteur des épaules.

Dans la rue un vieil aveugle, un chien à côté de lui, jouait du violon. A chaque rafale de vent, il faisait des fausses notes, sans doute à cause du froid qui lui engourdissait les doigts. Le chien soufflait une haleine blanche. Un fêtard en goguette s'arrêta, s'assit devant l'aveugle. Il appela ses compagnons, les invitant à s'arrêter aussi pour écouter la musique, puis il ouvrit une boîte de sushis qu'il tenait à la main, en sortit un morceau de thon cru qu'il tendit au chien. Le chien, un bâtard au poil clairsemé, renifla le poisson puis leva la truffe vers son maître. Qu'est-ce qui se passe ? fit ce dernier d'une voix cassée sans s'arrêter de manier l'archet. Je voulais lui faire goûter du thon, dit l'ivrogne. Désolé, répondit l'aveugle, ce chien ne mange rien de cru. L'ivrogne attrapa le chien par son collier, essayant de lui mettre le morceau de thon de force dans la gueule. Dis donc, espèce de clébard idiot, c'est du thon frais de première qualité, ça ! Le chien s'enfuit en gémissant, la queue basse. L'aveugle s'excusa et joua un air que lui réclamaient le fêtard et ses compagnons. Satisfait, l'ivrogne fourra le reste de sa boîte de sushis dans la sébile du mendiant puis s'en alla avec sa bande. Le vieillard se mit à mâcher les boulettes de riz mariné en en postillonnant la moitié par terre.

A Roppongi, Hashi croisa un groupe de jeunes clochards assis dans la rue, vendant des accessoires, des dessins, des poèmes de leur composition dans des boîtes posées par terre devant eux. Un groupe était occupé à manger un gâteau de Noël qu'ils avaient dû ramasser dans une poubelle. Une fille, le dos arrondi sous le vent glacial, avait une épingle à nourrice rouillée dans la joue. Sur le bout de papier accroché à l'épingle, on pouvait lire : *Punk pour toujours !* Il faisait trop sombre pour bien distinguer mais sa joue devait être infectée, car de temps en temps elle sortait un tube de pommade et s'en frottait la joue. La bouche pleine de gâteau, elle inhalait les vapeurs d'un sac en plastique contenant de la térébenthine.

Un garçon assis en tailleur en position de méditation zen s'était peint le visage aux couleurs du drapeau français. Malgré le froid de décembre, il ne portait qu'un T-shirt et était pieds nus dans ses sandales de caoutchouc. Un peu plus loin, un autre garçon vendait des sarbacanes de sa fabrication. Il en faisait des démonstrations qui avaient l'air de plaire aux passants, un attroupement s'était formé autour de lui. Les sarbacanes étaient de simples tubes en plomb munis d'un embout conique de ciment recouvert de papier, le garçon était plutôt habile et atteignait sans difficulté sa cible, une planche épaisse placée dix mètres plus loin. *Arme mortelle*, annonçait un panneau posé près de lui. Hashi s'arrêta pour regarder la démonstration. Quelqu'un, derrière lui, l'appela. Il se retourna : un homme aux cheveux crépus lui adressait un sourire édenté.

— Hashi, c'est moi, Tatsuo, fit l'homme d'une voix sifflante.

Il vendait des livres de poèmes juste à côté de la punk à la joue mutilée. Un ouvrage intitulé *Cadavres d'abeilles*.

— C'est pas moi qui l'ai écrit, hein, c'est un vieux bizarre que je connais, il me les donne gratuitement pour les vendre. Alors, Hashi, te voilà célèbre maintenant !

En dépit de ses protestations, Tatsuo lui fourra de force un livre dans la poche.

— J'écoute toutes tes chansons, tu sais. J'en connais qui disent qu'elles sont pas terribles, mais ceux qui disent ça je les écrabouille, moi !

Tatsuo regardait le bouquet que Hashi tenait à la main.

— C'est des fleurs du Sud, ça, non ? Elles sont belles, tout est plus beau dans le Sud, les fleurs, les poissons, tout.

— Excuse-moi, Tatsuo, je suis pressé.

— Ah bon, oui, je comprends, tu es tellement occupé, hein.

— Et Emiko ?

En entendant ce nom, Tatsuo se cacha la bouche de la main, comme s'il venait de se rappeler qu'il avait perdu ses dents de devant.

— J'ai plus de dents, tu vois, ils me les ont enlevées sans anesthésie, à cause de ton champion de frère qui m'a caché mes pistolets je ne sais où, on m'a torturé pour me faire dire où ils étaient mais j'ai rien pu dire évidemment j'en savais rien... Hashi, je t'assure ça fait mal quand on t'arrache les dents sans anesthésie avec une pince, encore plus mal que quand on te décolle une oreille tu vois. Tu comprends, c'étaient pas des dentistes ces gars-là, déjà chez un dentiste ça fait mal, alors imagine !

— Excuse-moi, Tatsuo, je suis vraiment pressé.

— Eh, tu sais, Hashi, c'était vraiment chouette le temps qu'on a passé ensemble, on dirait que ça fait des années mais il n'y a pas si longtemps, hein, tu dois être plein aux as maintenant. Tu es allé à Cebu ? Il paraît que tous les riches vont en vacances là-bas, tu y es déjà allé ?

— Désolé, Tatsuo, on se verra une autre fois, fit Hashi en s'éloignant.

Tatsuo le retint par la manche.

— Ecoute, je sais que tu es pressé mais je veux juste te demander une chose. Si jamais tu allais à Cebu et que tu rencontrais Emiko tu voudrais pas lui dire bonjour de ma part, lui dire que j'ai plus de dents mais que je vais bien, que je la battrai plus jamais. Tu vas y aller, non, à Cebu ? Tous les riches y vont, il paraît qu'il faut rapporter des guitares de là-bas, elles sont vraiment pas chères, faites main. Des guitares avec des incrustations de nacre ça se revend cher au Japon, et le billet le moins cher, c'est Singapore Air Lines, Air India c'est bon marché aussi mais ils te donnent que du curry à bouffer dans l'avion, du curry on s'en lasse vite pas vrai ? Après, de Manille il n'y a que cinquante-huit minutes par une ligne intérieure, avec les transits et tout, ça te fait seulement six heures vingt-neuf en tout depuis le Japon. C'est rien, non, six heures vingt-neuf ? Moi ça fait déjà quatre heures que je suis debout ici.

Hashi ne répondit rien. Comme Tatsuo lui tenait toujours la manche, il avait transféré son bouquet d'orchidées dans sa main gauche. Tatsuo sortit une verroterie de sa poche : une bague.

— Paraît que tu es fiancé ? Je l'ai lu dans un magazine. Tiens, c'est pas très joli mais je te le donne, on est amis hein pas vrai, Hashi ? C'est ça les amis, hein, on se fait des petits cadeaux comme ça juste par amitié.

Tatsuo eut un sourire édenté en regardant Hashi mettre la bague dans sa poche, et relâcha enfin sa manche. A bientôt, dit Hashi en s'éloignant. Il se retourna plusieurs fois et chaque fois vit Tatsuo sauter pour que sa tête dépasse de la foule, en lui faisant de grands signes de la main.

— Je fume trop, ça me fait mal à la gorge, dit Niva une fois au restaurant.

Hashi avait demandé au serveur de mettre les fleurs dans un vase sur la table.

— Dis, Niva, tu aimes les fleurs de bougainvillée ?

— Pourquoi ?

— Il y en avait chez le fleuriste, c'est joli comme fleurs, non ?

— Ça n'a pas de parfum.

— La femme qui m'a abandonné, elle avait mis des fleurs de bougainvillée dans le casier de consigne.

— Peut-être qu'elle aimait les fleurs ?

— Je me demande pourquoi elle a fait ça...

Niva baissa les yeux et but une gorgée de son apéritif.

Hashi remarqua sa gêne et dit en souriant : Allez, arrêtons de parler de ça. Mais Niva était plus que mal à l'aise. Dans une semaine, le soir du réveillon de Noël, Hashi allait rencontrer sa mère. Elle connaissait déjà son nom, son adresse. Seul Hashi n'était au courant de rien. Mister D avait recommandé à Niva de ne rien lui dire, sauf si elle se sentait sûre d'elle, capable de lui faire comprendre et accepter la nécessité de ces retrouvailles. Moi, j'ai essayé plusieurs fois de lui dire mais je n'ai pas pu, avait dit Mister D. Ce serait bien que ce soit toi qui lui dises. Si tu peux. Elle n'avait pas pu.

Hashi se demandait pourquoi la rencontre avec Tatsuo lui laissait un arrière-goût si désagréable. Sans doute parce que le nouveau moi aux souvenirs soigneusement reconstruits qu'il voyait se refléter sur les écrans s'écroulait lamentablement dès qu'il était confronté à une de ses anciennes connaissances. Le sourire édenté de Tatsuo vint flotter devant ses yeux. Qu'ils crèvent tous ! Hashi essaya de toutes ses forces de faire disparaître ce visage, mais celui de Kiku apparut à sa place. Et ce visage-là refusait de disparaître.

— Qu'est-ce qui t'arrive ?

La voix de Niva le ramena à la réalité. Elle portait une robe en velours au décolleté profond, Hashi tendit la main et la passa dans l'échancrure, toucha le soutien-gorge à armature, aux bonnets remplis d'éponge de mer. Non, arrête, pas ici, protesta Niva. Ce dîner était un préliminaire à leur nuit d'amour. L'image de Niva nue flottait dans son esprit. Des seins d'homme, un sexe de femme, c'était merveilleux. Il se demandait quelles sensations pouvaient procurer de vrais seins de femme, comme ceux des photos de magazine. De sa vie il n'avait touché que des tétines de vache. C'est peut-être très excitant, des seins. Un sexe d'homme et une poitrine de femme, ça, ça serait bien. Et pourquoi pas des ailes dans le dos, tant qu'il y était ?

Le serveur apporta les hors-d'œuvre, et la soupe servie dans une carapace de tortue. La première gorgée qui coula dans son gosier était délicieuse à pleurer. Aussitôt, Tatsuo et Kiku sombrèrent dans l'oubli.

17

Les deux jeunes gens se dirigeaient vers Shinjuku dans la Ford Bronco d'Anémone, modèle 1987. Le club de remise en forme dont Anémone était membre se trouvait dans une annexe du building de l'Union des banques étrangères, son toit rond argenté brillait au soleil au milieu des gratte-ciel. Ils se rendaient chaque jour au club pour prendre des leçons de plongée. Anémone gara la Ford Bronco dans le parking souterrain.

Kiku sortit son matériel de plongée tout neuf. Anémone prélevait uniquement le budget nécessaire à l'alimentation de Gulliver sur l'argent que lui rapportaient ses publicités pour la télévision ou pour des affiches, et elle économisait pratiquement tout le reste. Kiku avait utilisé plus de la moitié de ces économies pour acheter le matériel de plongée sophistiqué qui lui semblait indispensable pour leur expédition dans les grottes sous-marines d'Uwane. Un scooter sous-marin pour faciliter leur progression sous l'eau et restreindre leur consommation d'oxygène, des masques de plongeur professionnel complètement hermétiques, au cas où il y aurait des fuites de datura dans l'eau, des calculatrices capables de supporter la basse pression, etc.

A l'entrée du club, ils montrèrent la carte de membre d'Anémone et un employé leur tendit une clé de casier. Kiku et Anémone enfilèrent leurs joggings dans les vestiaires, puis commencèrent par faire quelques tours sur la piste de quatre cents mètres recouverte de pelouse artificielle. Cette piste de trois mètres de large faisait le tour de toutes les installations du club, si bien qu'en courant on avait l'impression d'être sur des montagnes russes avec vue sur l'ensemble d'un parc d'attractions. Anémone fit deux tours à petites foulées, pendant que Kiku en faisait cinq. Dépassant les quatre courts de tennis et de squash, et les quatre piscines, tous deux se dirigèrent vers la salle de musculation qui occupait l'ensemble du deuxième étage.

On y trouvait successivement un centre d'haltérophilie, un trampoline, des nattes pour la gymnastique au sol, des appareils de musculation avec des selles et des barres de fer, un tapis roulant avec des virages recouverts de neige artificielle pour s'entraîner au ski, une salle d'entraînement de surf sur de vraies vagues qui bougeaient près d'une plage de sable et de polystyrène. Anémone sauta dix fois sur le trampoline puis se dirigea vers la salle de musculation. Le matin, il y avait surtout des femmes. Dans l'entrée flottaient des effluves de graisse frottée de poudre et de parfum. Sur la pelouse artificielle, les corps grassouillets boudinés dans les vêtements de sport blancs ressemblaient à des chenilles ou des larves de guêpe. De gros bébés nouveau-nés bourrés de lait avec des pompes à air comprimé introduites dans leur derrière, qui faisaient de l'exercice pour garder la ligne. La sueur dégoulinant de leur cou devait être sucrée. Même si on leur coupait un bout de chair, elles ne saigneraient pas. Kiku imagina diverses choses dégoulinant par terre en même temps que leur sueur grasse et jaunâtre : des grains de riz, des bouts de spaghettis écrasés, du pâté de soja moisi, de la mayonnaise figée, du lard fermenté, des œufs à moitié digérés, du gâteau au fromage blanc. Dites, jeune homme, fit l'une des larves en rampant vers Kiku, c'est vrai que les abdominaux sont efficaces contre la constipation ? Je n'en sais rien, répondit Kiku puis il se dépêcha d'aller rejoindre Anémone.

Sur le chemin de la piscine, ils croisèrent un vieillard qui titubait sur la piste de courses, blême, les jambes secouées de spasmes, haletant. Anémone le montra du doigt à Kiku : Tu ne le trouves pas bizarre ? Kiku appela un entraîneur, qui se mit à courir côte à côte avec le vieillard en lui disant de s'arrêter pour se reposer. Le vieillard refusa en secouant la tête. L'entraîneur le dépassa, lui posa une main sur l'épaule. Le vieillard voulut le repousser, perdit l'équilibre et tomba. Kiku courut aider l'entraîneur à le relever et tous deux transportèrent le vieil homme, en veillant à ne pas lui bouger la tête. La sueur avait séché sur sa peau, y laissant des traces de sel. Il avait la bouche ouverte, la langue blanche et pendante. Il a voulu trop courir, je me demande pourquoi, fit l'entraîneur en claquant la langue et en regardant Kiku. C'est le sixième en un mois, vous avez beau leur dire d'arrêter, ils ne veulent rien entendre, si vous les laissez faire ils courent jusqu'à la mort. Ils emmenèrent le vieillard jusqu'à l'infirmerie où on lui fit respirer de l'oxygène. Je suis insomniaque, expliqua-t-il à l'entraîneur en ouvrant les yeux, si je ne m'épuise pas physiquement, je ne peux pas dormir, c'est comme si j'avais des fourmis sous la peau, vous ne devez pas savoir ce que c'est, vous, continua-t-il en regardant Anémone, mais on a l'impression que tout le sang s'est figé dans le corps et qu'il est en train de pourrir, et de sinistres insectes me grignotent les os, ils grouillent partout dans mes jambes, dans mes reins, c'est seulement quand je cours jusqu'à l'épuisement que les insectes meurent enfin, quand je suis épuisé à en mourir, je sombre dans un sommeil de mort, ça me fait du bien. Le vieillard émit un gloussement gêné et prit la main d'Anémone dans la sienne, couverte de taches rouges, pareille à un vieux ballon dégonflé. Il s'endormit en lui serrant la main si fort qu'Anémone dut détacher ses doigts un par un de son poignet.

Pendant que l'instructeur de plongée avertissait les élèves des dangers d'une remontée trop brutale sans palier de décompression, expliquant que cela risquait de faire éclater les poumons et d'envoyer des bulles d'air dans le sang et le cœur, causant la mort du plongeur, Kiku écoutait avec attention en prenant des notes. Anémone, fatiguée de nager, s'était assoupie. Kiku lui donna un petit coup de la pointe de son crayon sur la bouche. Anémone ouvrit les yeux sans changer de position. Son maquillage soigneux du matin s'était complètement dissous dans l'eau. Tu sais, le vieux de tout à l'heure, il paraît qu'il était champion de patinage de vitesse dans sa jeunesse, dit-elle en passant sa langue humide sur ses lèvres. Ses paupières à demi fermées tremblaient légèrement.

Le soir après le dîner ils allumèrent la télévision : Hashi, assis à côté d'une grande femme aux yeux et aux paupières remontés vers les tempes, répondait aux questions d'un journaliste. Hashi avait retrouvé son visage d'autrefois : il n'était plus maquillé, avait coupé ses cheveux. Il expliqua qu'il allait se marier avec cette femme, qui semblait avoir le double de son âge. La caméra vint se poser en gros plan sur les mains de la femme, qui essayait avec gêne de les dissimuler en les pliant et les tournant dans tous les sens. Une pierre précieuse brillait à son annulaire long et fin. En regardant ces grandes mains ridées sans vernis à ongles, Kiku comprit : ce que Hashi aimait chez cette femme, c'étaient ces mains. Le gros plan se déplaça sur le visage de Hashi. Kiku appela Anémone et déclara fièrement : Regarde, c'est mon frère, il chante très bien, il connaît toutes les musiques qui existent.

Le présentateur regardait par terre d'un air gêné en disant : Une rumeur persistante affirme que vous êtes homosexuel... Hashi resta un moment immobile, le regard lointain, puis il se mit à parler à une vitesse effarante : Moi, homosexuel ? Moi, aimer les hommes ? Je me serais prostitué au marché dans l'îlot de la drogue, c'est ça ? Qui a dit ça ? Vous avez des témoins ? Et puis qu'est-ce que ça peut faire, oui c'est vrai, j'aime les hommes, ne vous énervez pas, c'est normal, non ? J'adore les hommes, j'ai couché avec des centaines d'hommes mais j'aime aussi les femmes, quand on aime quelqu'un, qu'on le désire, peu importe son sexe son âge, quelle importance, même un animal, moi ça ne me dérange pas, si j'ai envie de l'autre et que l'autre est d'accord, que nos peaux s'accordent, ça peut être un vieillard, un caniche, un mouton, un cheval, un poulet, d'ailleurs si par hasard je fais un enfant avec un Martien, je viendrai vous le montrer sur ce plateau en priorité, je vous le promets, vous pourrez l'interviewer comme moi et lui poser des questions stupides : Cher Martien, il paraît que vous êtes homosexuel, pouvez-vous nous en dire plus ? Le présentateur, stupéfait, restait coi. La grande femme à côté de Hashi intervint : Excusez-le, vous savez il est capricieux, quelquefois il invente des choses comme ça, mais c'est sans méchanceté, excusez-le. Hashi regardait dans une autre direction, comme si elle parlait de quelqu'un d'autre. Il avait des gouttes de sueur sur le front et ses yeux étincelaient.

Kiku était surpris de cet air assuré, nouveau chez Hashi. Il se souvint d'avoir déjà vu chez lui un regard et une attitude similaires, à deux périodes de sa vie : à l'orphelinat, à l'époque où il échafaudait ses petits royaumes imaginaires en bric-à-brac. Et plus tard, chez les Kuwayama, quand il s'enfermait devant la télévision, refusant d'aller à l'école. Il avait le regard étincelant et lointain comme maintenant. Et il n'acceptait d'expliquer le sens de ses constructions qu'à Kiku. Tu vois Kiku ça c'est un char, et là un aéroport et la lampe à vélo, c'est la consigne... Kiku se tourna vers la télévision, s'adressant au reflet de Hashi qui souriait vaguement sur l'écran. Hé, Hashi, qu'est-ce que tu as encore inventé ? Qui est-ce qui t'a hypnotisé ? Qui t'a rendu malade à nouveau ? Hashi avait l'air de souffrir. Quand quelqu'un l'embêtait et que Kiku venait le défendre, il le remerciait avec ce genre de sourire lointain. Merci, Kiku. Kiku avait envie d'entendre à nouveau ces mots-là.

Quand l'interview de Hashi fut terminée, Anémone, qui venait de prendre un bain, tendit un bras mouillé pour éteindre le poste. Ses cheveux étaient retenus au sommet de sa tête par une barrette en forme d'ailes de papillon.

— Kiku, tu penses à ton frère ?

Kiku secoua la tête.

— Tu mens, fit Anémone, je sais que tu penses à lui.

— Non, je pense à moi, pas à lui.

— Quel dommage, moi ce que j'aime chez toi c'est justement que tu ne réfléchis pas.

— Ça m'arrive de réfléchir, comme tout le monde.

— Ne pense pas, Kiku, ça ne sert à rien. Est-ce que tu réfléchis quand tu sautes à la perche ? Tu te demandes si tu vas pouvoir sauter, ou si tu vas rater ton coup ? Non, n'est-ce pas ? Il y a beaucoup de gens que je n'aime pas, tu vois, mais la pire espèce à mes yeux, ce sont ceux qui réfléchissent à ce qu'ils vont faire ou à ce qu'ils ont déjà fait.

— Mais toi tu viens d'une famille normale, tandis que Hashi et moi on est des enfants abandonnés, tu comprends, la femme qui nous a mis au monde elle n'avait pas besoin de nous, elle nous a jetés, abandonnés.

— Pas la peine de le répéter cinquante fois, je le sais. C'est bien pour ça que tu as la haine, non ? Que tu veux réduire cette ville en cendres, non ? A quoi tu veux réfléchir ? Il n'y a qu'à le faire et c'est tout !

— Mais Hashi et moi on a été élevés ensemble, tu comprends, c'est le premier être qui a eu besoin de moi, le premier, tu comprends.

Anémone s'approcha par-derrière de Kiku toujours assis devant le poste éteint, et lui entoura la poitrine de ses bras.

— Tu te trompes, Kiku, personne n'a besoin de personne, tu sais, quand je t'écoute, j'ai l'impression d'entendre un gamin qui vient de voir s'envoler un pigeon qu'il avait élevé, et je trouve ça nul. Ce qui est important, tu vois, c'est de savoir ce qu'on veut faire. Moi je ne suis pas très intelligente, mon père et ma mère non plus, tu connais cette sculpture célèbre, tu sais, *Le Pen-*

seur, eh bien moi je la déteste ça me donne envie de balancer une bombe dessus quand je la vois, tu sais à quoi elle me fait penser, cette statue ? A des calculs dans les reins, tu sais, ça fait très très mal, cette maladie, tu saignes quand tu fais pipi à cause des cailloux dans ta vessie, eh bien cette statue voilà à quoi elle me fait penser, à un caillou qui te fait pisser du sang, moi je préfère mon crocodile vivant à cette statue pourrie, je suis une femme-crocodile, tiens, je vais te dire quelque chose qui va te surprendre, Kiku : je suis la messagère du royaume des crocodiles. Tu vois, à Disneyland il y a quatre royaumes différents, eh bien moi je crois qu'il y a trois royaumes dans le cerveau humain : le royaume du mouvement, le royaume du désir et le royaume de la pensée, et le roi du royaume du désir c'est le crocodile, celui du royaume du mouvement c'est une anguille, et celui du royaume de la pensée c'est un mort. Moi j'habite le royaume des crocodiles. Je suis mignonne, je ne suis pas grosse, je ne suis pas pauvre, je suis en bonne santé, je n'ai pas la syphilis, si les gens ne m'aiment pas ça m'est complètement égal, je ne suis pas constipée, je ne suis pas myope, je cours vite, le dieu des crocodiles m'a fabriquée de façon que je n'aie pas besoin de réfléchir, tu comprends ? Je suis sa messagère, j'ai été choisie pour faire de cette ville un royaume des crocodiles, le dieu des crocodiles m'a ordonné d'aider à sauver un homme, et cet homme c'est toi, Kiku, je t'attendais depuis longtemps, tu es né pour réduire cette ville en miettes, la preuve c'est que tu m'as rencontrée !

— Et il est où, ton royaume des crocodiles ?

— Dans ma bouche, dans une caverne sombre et douce sous ma langue.

— Ah bon, fais voir, dit Kiku en faisant basculer Anémone sur ses genoux et en lui ouvrant la bouche de force avec deux doigts.

Des cheveux humides vinrent lui chatouiller les pieds. Kiku attrapa la langue d'Anémone entre ses doigts et approcha son visage en disant : Où est-il, le dieu des crocodiles ? Anémone riait, la trachée agitée de soubresauts, elle mordilla les doigts de Kiku, les mit tout entiers dans sa bouche puis, tirant toujours la langue, elle attrapa Kiku par les cheveux, approcha son visage du sien et lui mit la langue dans l'oreille. Le royaume des crocodiles et moi on a besoin de toi, murmura-t-elle en fourrant sa langue tout au fond de son oreille.

Hashi, enfant, avait tissé une toile autour de lui pour s'y réfugier quand il le voulait, et le seul qu'il laissait passer sous cette toile, c'était Kiku. Quand ils s'enfermaient sous leur tente tous les deux, la voix de Hashi se répercutait, faisant palpiter la toile, pour le plus grand plaisir de Kiku. Anémone posa sa langue humide de salive sur son ventre. Anémone, pensa Kiku, Anémone, elle est cette toile de tente dont Hashi nous recouvrait tous les deux, fraîche, humide et tremblante.

18

L'homme, que Mister D avait rencontré autour d'une table de mah-jong, était surnommé « Pratique ». Son métier de couverture était brocanteur, mais en fait c'était un homme de main qui rendait de nombreux services, un homme « pratique » en somme. Mister D lui avait présenté les choses ainsi : Trouve-moi la vraie mère de l'enfant abandonné nommé Hashio Kuwayama, surnom Hashi. Ni lui ni sa mère ne doivent être au courant de rien, je veux savoir avant Noël qui est cette femme qui a abandonné l'enfant à sa naissance, où elle est et ce qu'elle fait.

Pratique ne disposait donc que de trois mois et deux jours pour mener à bien sa mission. Il partit d'une hypothèse, jugeant que sans hypothèse de départ il lui faudrait au moins dix ans pour retrouver la mère de Hashi. Si son hypothèse était fondée, il avait quelques chances de la retrouver avant Noël. Pratique partit donc du principe que cette femme avait dû abandonner ou tuer d'autres enfants que Hashi. Il consulta les fichiers de la police, à la recherche de femmes ayant commis des infanticides ou abandonné des enfants.

Hashi avait été retrouvé nu, dans un sac en papier, dans le casier 309 de la consigne de la gare de Sekigawa sur la ligne Negishi. D'après le rapport du policier qui l'avait trouvé, il était recouvert de talc et vomissait un liquide jaune qui sentait le médicament. Les examens à l'hôpital de police révélèrent que le bébé avait ingéré un sirop pour la toux qui n'était pas en vente sur le marché et qu'il était né depuis à peine trente heures. La femme que Pratique cherchait se trouvait donc le 19 juillet 1972 à la gare de Sekigawa, et était sortie d'un hôpital trente heures auparavant. Le sac contenant l'enfant provenait d'un magasin d'articles d'importation de Yokohama appelé « Gingham ». C'était un grand sac tout neuf qui avait pu contenir un manteau ou un tailleur. Les pétales de fleurs de bougainvillée parsemant le casier n'étaient pas encore fanés. Pratique commença son enquête à partir de ces éléments et découvrit qu'il n'y avait pas moins de onze fleuristes dans Tōkyō et Yokohama susceptibles de vendre des fleurs de bougainvillée à cette époque de l'année. En prenant en compte tous les éléments dont il disposait, Pratique conclut qu'il y avait peu de chances que cette femme soit venue de province pour déposer son bébé dans cette gare. Il pouvait donc limiter son enquête à des femmes habitant la région de Yokohama à l'époque des faits. Dans les fichiers de la police, trois femmes seulement correspondaient à ce signalement.

Chiyoko Kunisaki avait vingt-trois ans à l'époque, et vivait en concubinage à Yokosuka avec un mécanicien qui travaillait dans un garage de voitures d'occasion, tous deux s'étaient séparés six mois plus tard et Chiyoko avait trouvé du travail comme serveuse en banlieue. Elle s'était mariée en juillet de cette année-là avec un courtier qui vendait des cartes de membre de clubs de golf sélects et avait un enfant d'un premier mariage encore en bas âge. Le seul hobby de Chiyoko consistait à jouer en Bourse, elle s'en abstint quelque temps après son mariage mais un jour investit à l'insu de son mari dans les actions d'une entreprise qui fit faillite. Elle perdit ainsi deux cent mille yen. Quand son mari l'apprit, une terrible dispute éclata et Chiyoko, pour se venger, étouffa l'enfant de son mari qui dormait dans la pièce voisine. Elle avait été condamnée à huit ans de prison mais avait été libérée sous caution au bout de six ans. A sa sortie, elle s'était installée dans un appartement à Yokohama, où elle vivait seule. Elle avait maintenant quarante ans et travaillait comme femme de ménage.

Pratique se fit accompagner par un petit yakusa de sa connaissance et rendit visite à un certain marchand de voitures habitant à Yokohama : c'était le premier compagnon de Chiyoko. Pratique se présenta chez lui un dimanche à midi, se faisant passer pour le frère aîné de Chiyoko. L'ancien concubin était à table avec sa femme et ses deux enfants, et mangeait des nouilles de sarrasin, avec lesquelles il manqua s'étouffer quand Pratique prononça le nom de son ancienne compagne. L'homme paraissait assez craintif, il ne fit aucune difficulté à suivre Pratique et son compagnon dans un parc voisin et à leur raconter tout ce qu'il savait sur Chiyoko. Il alla jusqu'à leur dire que la position préférée de Chiyoko était la levrette, et leur affirma qu'elle n'avait jamais abandonné d'enfant. Elle avait avorté deux fois mais n'avait jamais abandonné d'enfant. Pratique lui donna cinquante mille yen en lui recommandant d'oublier leur visite.

Fumiko Itoya, elle, avait vingt ans à l'époque, était étudiante et habitait le centre de Yokohama. Elle avait pour amant un vétérinaire qui aurait pu être son père, avait été arrêtée en 1970 pour abandon d'enfant et condamnée à deux ans et huit mois de prison. Elle avait jeté dans un fossé l'enfant qu'elle avait eu du vétérinaire.

— Il refusait de reconnaître l'enfant. Quand j'étais au lycée, j'avais travaillé comme modèle pour un sculpteur, pour pouvoir payer l'école préparatoire à Tōkyō, j'arrivais de la campagne, je ne connaissais rien à la vie, mais j'aimais bien ce sculpteur, j'étais amoureuse de ses œuvres. Il m'avait promis que je pourrais poser habillée, mais au bout d'un certain temps il a demandé à voir ma *matrice*, comme il disait. Son œuvre devait exprimer la puissance de la femme, et pour cela il devait voir ma matrice. Pas mon sexe, ma *matrice*, cela n'avait rien de sale, au contraire c'était une preuve de respect, bref il a fini par me persuader et je lui ai montré, après j'ai compris quel sale pervers il était et j'ai pleuré, mais c'était trop tard. Je suis entrée à l'université et j'ai essayé d'oublier tout ça. Je croyais avoir tout oublié grâce à ma rencontre avec le professeur (c'est ainsi qu'elle appelait le vétérinaire) mais quand j'ai eu ce bébé le professeur n'a pas voulu le reconnaître. J'ai pensé plusieurs fois à avorter pendant ma grossesse mais l'idée m'était désagréable, ça me faisait repenser au sculpteur, et puis mon ventre a continué à grossir et un jour j'ai eu ce bébé, quand j'ai été le montrer au professeur il était tout surpris parce qu'il croyait que je m'étais fait avorter et il m'a dit des choses horribles, m'a traitée de dévergondée, a dit que je voulais le faire chanter et il m'a chassée. J'étais peut-être un peu névrosée, je ne sais pas, en tout cas sur le chemin du retour j'ai eu l'impression que ce bébé que je tenais dans mes bras ressemblait au sculpteur comme deux gouttes d'eau, j'ai repensé à toutes ces choses horribles qu'il m'avait faites, il m'avait mis des bâtons et des drôles de trucs à l'intérieur, je me suis persuadée que ce n'était pas le bébé du professeur mais le sien et dans un moment de folie je l'ai jeté dans le fossé, mais un passant m'avait vue, il a essayé de m'en empêcher et moi je me suis sauvée en courant.

Le bébé fut confié aux parents de Fumiko, mais le plus surprenant de l'histoire était que sa liaison avec le « professeur » avait duré encore trois ans après ça. En janvier 1973, elle avait enfin quitté son vétérinaire, lui avait fait un procès, avait obtenu un dédommagement et était retournée vivre avec ses parents à Kumamoto. Elle avait trente-neuf ans aujourd'hui, était célibataire, sans profession.

Un soir en rentrant chez lui, le vétérinaire fut entraîné à l'intérieur d'une voiture par Pratique et son ami yakusa. Fumiko Itoya a-t-elle abandonné un enfant à vous dans un casier de consigne en juillet 1972 ?

— Qui êtes-vous ? Des yakusas ? N'essayez pas de m'intimider ! Vous vous êtes peut-être déjà renseignés, je n'ai pas de famille à part mon vieux père, et si vous le supprimez vous me rendrez plus service qu'autre chose.

— Nous ne vous voulons aucun mal, seulement connaître la vérité.

— Vous faites partie de quel syndicat du crime ? Je vous préviens, je suis vétérinaire agréé de l'Association canine japonaise, je connais les plus grands noms de la pègre, attention à vous si je me fâche. Je vous promets de ne parler de cet incident à personne, alors laissez-moi descendre tout de suite de cette voiture et je vous préviens que j'ai relevé le numéro de la plaque minéralogique.

Sur les indications du yakusa, Pratique conduisit la voiture jusqu'à une grande usine de Shinagawa, c'était l'usine centrale d'une chaîne de restaurants, et le yakusa avait une clé de l'entrée. Dès qu'il le vit, le gardien lui ouvrit tout grand le portail et Pratique conduisit le vétérinaire jusqu'à une énorme machine en forme d'entonnoir, dont le yakusa expliqua obligeamment la fonction :

— Tu vois, c'est une machine à hacher la viande, tu peux y mettre un bœuf ou un éléphant c'est pareil, à l'autre bout il ressort en purée, on le congèle et deux ou trois ans plus tard on le transforme en hamburgers.

Après cette explication, le vétérinaire se montra plus coopératif.

— Fumiko représentait pour moi la femme idéale. Elle était merveilleuse au lit. C'est comme pour les boxeurs, vous savez, on dit qu'un bon boxeur doit être à la fois un combattant et un technicien, elle était exactement les deux à la fois. Une femme merveilleuse. Seulement je ne voulais pas l'épouser. Elle n'était pas très intelligente, et puis j'aime la vie de célibataire. Quand j'ai appris qu'elle avait eu un bébé, ça m'a fait un choc. Ça me donnait des frissons d'imaginer la chair de ma chair se baladant quelque part. Alors par la suite, j'ai utilisé un médicament qui détruit les ovules, on l'utilise généralement sur les vaches et les chevaux mais ça marche bien sur les humains aussi. C'est une pommade très acide qui rend le vagin étroit et brûlant, si vous êtes intéressés, je pourrai vous en procurer. En tout cas, je peux vous assurer qu'après ça Fumiko n'a plus jamais eu d'enfant pour la bonne raison que ça rend complètement stérile.

Miki Yoshikawa avait, elle, vingt et un ans en 1972. Elle vivait dans le quartier de Kohoku à Yokohama, son mari était employé municipal, mais après la première affaire, il avait dû démissionner et était devenu chauffeur de camion pour une compagnie de recyclage de papier. A l'heure actuelle, Miki Yoshikawa était toujours en prison à Tochigi.

En 1974 elle avait été arrêtée pour avoir jeté dans une décharge, enveloppé dans un sac poubelle, un enfant qu'elle avait au préalable assassiné en l'étouffant sous un matelas. Elle ne fut pas condamnée : on lui reconnut des circonstances atténuantes, c'était son premier crime, le choc d'avoir tué son enfant l'avait plongée dans un état de démence. Cependant l'affaire fit grand bruit dans les journaux et son mari dut démissionner de son poste d'employé municipal. En 1976 elle mit au monde un deuxième enfant, mort-né celui-là. Elle se persuada que c'était un sort jeté par le premier enfant et, craignant qu'un enterrement normal ne rende jaloux l'esprit du bébé qu'elle avait tué, elle jeta l'enfant dans l'incinérateur à ordures de l'hôpital. C'était la deuxième fois. Cette fois il n'y eut pas de procès, on conclut à un état de démence temporaire dû au chagrin de la perte de l'enfant. Quatre ans plus tard en 1980, elle fut enceinte pour la troisième fois. Le mari de Miki témoigna ainsi au procès :

— Au début de sa grossesse, ma femme est devenue un peu dérangée mentalement. A mon avis, le fait que j'étais au chômage et que nous ne savions pas comment nous allions nous débrouiller a dû compter aussi, mais elle répétait sans arrêt que le bébé dans son ventre était déjà mort parce que ses deux bébés précédents lui avaient jeté un sort. Je n'ai rien fait de particulier à ce moment-là, je pensais que ce genre d'idées macabres pouvait arriver avec les nausées des premiers mois, et que ça allait se calmer. Effectivement, au cinquième mois de grossesse, elle semblait avoir retrouvé son calme. Nos problèmes matériels ne s'arrangeaient pas, finalement j'ai trouvé du travail au port comme docker. À l'approche de l'accouchement elle est redevenue bizarre. Le bébé est comme une pierre dans mon ventre, elle disait, il ne bouge pas, je suis sûre qu'il est mort, il est en train de pourrir dans mon ventre, alors je me suis décidé à consulter un psychiatre. Elle me disait, tu sais, chéri, de toute façon même si ce bébé naît en bonne santé, il faudra que je le tue comme les deux autres, sinon ça ne serait pas juste. Le psychiatre m'a dit que le mieux serait de la faire hospitaliser pour un moment dans un établissement spécialisé après la naissance, et c'est ce qu'on a fait, elle a mis au monde une belle petite fille, ensuite elle est entrée en clinique psychiatrique, et moi j'avais enfin trouvé un travail convenable, tout avait l'air de s'arranger peu à peu, ma femme allait mieux. Quand le bébé a eu quatre mois, elle est sortie de clinique, elle est rentrée à la maison, elle m'a pris la main en souriant, elle a pris le bébé dans ses bras, elle a frotté sa joue contre la sienne et à ce moment-là le bébé s'est mis à hurler. Je n'ai pas eu le temps de l'arrêter, ça s'est passé si vite, elle a laissé tomber la petite par terre, oui, et la petite est tombée sur la tête.

Cette fois, Miki Yoshikawa fut reconnue coupable de crime. Je détestais cette petite, monsieur le président, moi je rentrais à la maison toute contente d'être enfin guérie de ma névrose et la voilà qui se met à brailler, alors j'ai eu cette poussée de haine, je voulais vraiment la tuer ! déclara-t-elle devant le tribunal. Cette fois, le psychiatre judiciaire jugea qu'elle était saine d'esprit et la sentence fut pleinement appliquée. Elle avait maintenant quarante-deux ans et était toujours enfermée à la prison pour femmes de Tochigi.

Pratique rendit visite au mari de Miki sur son lieu de travail. Il n'avait pas demandé le divorce et attendait toujours la sortie de prison de Miki. Il était chauffeur de camion pour le compte d'une maison d'importation de poissons tropicaux. Quand Pratique le questionna au sujet de sa femme, son visage s'illumina : C'est une gentille femme, vous savez, une bonne personne, vraiment. Il montra du doigt un poisson bleu pâle qui nageait langoureusement dans un grand aquarium. C'est un arowana, ça vaut au moins deux cent mille yen. Chaque fois que je regarde ce poisson, il me fait penser à Miki. C'était son rêve d'avoir un poisson comme ça, je vous jure, chez ses parents j'ai retrouvé un de ses cahiers de petite fille, elle avait tout noté sur la façon d'élever les arowanas, avec sa mignonne écriture de petite fille, elle était comme ça, vous voyez, ça m'a ému, elle aimait les petites créatures vivantes, elle avait écrit ça avant de me rencontrer, vous comprenez, donc ce n'était pas un mensonge, c'était une trace de son passé, cet amour des poissons qu'elle avait noté là noir sur blanc. On a envie de faire confiance à une femme comme ça, je dis toujours elle était forte et gentille en même temps, une femme si gentille, tuer un bébé, comment c'est possible hein, elle était si gentille...

Tout en écoutant le récit candide du mari de Miki, Pratique commençait à se sentir découragé. Dix-sept ans plus tôt, Miki et son mari vivaient dans le quartier où étaient logés les employés municipaux, et il aurait été impossible qu'elle soit enceinte ou qu'elle ait un enfant supplémentaire sans que le quartier soit au courant. Un fait de cette importance aurait forcément resurgi au moment de l'enquête de police à la suite des autres incidents. Non, son hypothèse de départ était extravagante, il devait admettre qu'il avait fait fausse route dès le départ. Mister D lui avait promis une récompense cinq fois plus importante que d'habitude s'il réussissait à retrouver la mère de Hashi, mais il devait s'avouer battu. Tapotant la vitre de l'aquarium où évoluaient les arowanas, Pratique sourit amèrement et demanda en désespoir de cause au mari de Miki :

— Quand on pense qu'il y a même des femmes qui

abandonnent leur bébé dans des consignes, vous n'avez jamais entendu parler d'un cas comme ça, vous ?

— Bien sûr que si, répondit le mari.

Pratique en resta bouche bée.

— Quoi ? ! Vraiment ?

— Oui, c'est à l'époque où j'étais dans le transport de papier recyclé, j'avais un collègue qu'on appelait « la Chèvre », un ancien ouvrier en bâtiment, un couvreur qui adorait jouer pour de l'argent, il lui manquait le petit doigt de la main gauche, preuve qu'il avait dû tremper dans la mafia, chaque fois qu'il couchait avec une femme, il nous racontait ses prouesses le lendemain, en général il couchait avec des serveuses autour de la quarantaine, ou des professionnelles, mais un jour il s'est vanté d'avoir levé une masseuse dans un sauna, une fille douée pour le massage d'après lui, et elle avait un peu trop bu et lui avait raconté sa jeunesse, elle était originaire de Kochi, je crois bien, avait retrouvé par hasard un type de là-bas qu'elle avait connu autrefois, il était marié, ils avaient juste tiré un coup et elle était tombée enceinte, je me rappelle bien cette histoire, ça m'avait frappé sans doute à cause de Miki vous comprenez, bref, elle a eu un bébé de ce type et l'a abandonné dans un casier de consigne, elle avait dit à la Chèvre que le bébé était déjà mort quand elle l'avait abandonné.

Pratique glissa un billet de cinq mille yen dans la poche du mari de Miki Yoshikawa et monta dans sa voiture pour foncer vers l'entreprise de papier recyclé. Là, il apprit que la Chèvre avait démissionné depuis longtemps. Un ancien collègue de la Chèvre lui apprit qu'il était maintenant chauffeur dans une école d'apprentissage de toilettage de chiens.

L'institut d'apprentissage de toilettage canin Aoyagi était situé à Kawasaki, sur les rives de la rivière Tama. La Chèvre y travaillait effectivement. L'institut empruntait les chiens et les chats des habitants du voisinage en échange de shampooings ou de coupes gratuites pour que les élèves puissent s'exercer au toilettage. Le travail de la Chèvre consistait à transporter les animaux empruntés. Pratique se renseigna sur l'itinéraire que devait suivre la Chèvre ce jour-là, et le suivit à son tour. Il rattrapa le camion arrêté au bord de la route, la Chèvre était debout à côté, balançant à bout de bras une cage contenant un caniche. Ignorant les aboiements furieux de l'animal, il faisait de grands moulinets avec son bras, et la cage tournoyait au bout d'un bâton de métal. Le chien attrapa le tournis, il cessa d'aboyer et se mit à baver. La Chèvre balança alors la cage à l'arrière du camion, puis s'en alla uriner contre un poteau de téléphone. Pratique s'approcha avec son camarade yakusa et commença à questionner la Chèvre sur la masseuse d'autrefois, usant tour à tour de la menace avec un couteau et de l'appât de l'argent pour lui faire dire l'adresse du sauna où cette femme travaillait. Une petite coupure à la joue et un billet de cinq mille yen délièrent rapidement la langue de la Chèvre.

— C'était le *Tenman*, derrière la gare de Kawasaki, mais il y a plus de dix ans de ça, je ne sais pas si elle y travaille encore.

La Chèvre ne connaissait pas le nom de la femme. Elle était grande, avec de grandes mains, des yeux étroits comme des fentes, une cicatrice d'appendicite, des poils pubiens abondants, les cheveux teints en blond.

La femme n'était plus au *Tenman*. Mais le gérant leur expliqua que toutes les masseuses travaillant chez lui avaient un permis et proposa de téléphoner lui-même au syndicat pour savoir qui était cette femme.

Une semaine plus tard, Pratique recevait sa récompense des mains de Mister D : une somme cinq fois supérieure à ses émoluments habituels. La femme s'appelait Kimie Numata, était âgée de quarante-quatre ans et travaillait actuellement dans un sauna de Tachikawa, près de Tōkyō. Il était certain qu'en mai 1972 elle était enceinte de façon visible, de juin à juillet 1972 elle avait pris un mois et demi de congé, et avait raconté à au moins quatre personnes qu'elle avait abandonné son bébé dans une consigne automatique : à deux collègues masseuses travaillant au même sauna, à la Chèvre, et enfin à un jeune barman avec qui elle avait vécu six mois en concubinage. Le barman avait confirmé que Kimie avait abandonné son bébé à l'âge de vingt-sept ans, autrement dit au cours de l'été 1972, et que le bébé était un garçon, en outre, un livreur de yaourt confirma qu'elle n'avait pas quitté son domicile au cours de l'été 1972, puisque les bouteilles de yaourt qu'il livrait chaque matin lui étaient rendues vides. Autrement dit, tout indiquait que Kimie Numata avait bien abandonné un bébé dans une consigne à Yokohama en juillet 1972. Et l'été de cette année-là, à Yokohama, il n'y avait que deux bébés à avoir été abandonnés dans ces conditions.

19

Le crocodile était complètement immergé dans son étang artificiel, seuls ses yeux émergeaient légèrement à la surface, suivant les mouvements de deux morceaux de viande de cheval gros comme des crânes de nourrisson, que Kiku balançait au-dessus de sa tête au bout d'une ficelle. Il devait balancer son appât jusqu'à ce que Gulliver manifeste son intérêt et lève la tête en claquant des dents dans la direction d'où lui parvenait le fumet de la viande. Il fallait absolument le faire sortir de son bassin et marcher un peu à travers la planète Uranus avant de lui donner à manger, parce que les crocodiles manquant d'exercice grossissaient et n'arrivaient plus à marcher, ce qui finissait par causer une atrophie fatale des dents et des os. D'habitude c'était Anémone qui donnait à manger à Gulliver, mais ce jour-là elle était occupée à la cuisine depuis le matin, ayant décidé de préparer un petit dîner de Noël d'amoureux. Le menu comprenait un gâteau au chocolat, des filets de dinde grillés, de la soupe de brème, une salade de langoustines et de pommes de terre, et en plus elle voulait faire de la purée de marrons. La purée de marrons, ça ne se mange pas plutôt au Nouvel An ? avait demandé Kiku, mais Anémone avait répondu que cela n'avait aucune importance, une fête était une fête et de toute façon au collège le professeur du cours d'entraînement ménager l'avait félicitée pour ce plat. Elle acheta donc un plein seau de marrons.

Kiku avait beau secouer ses bouts de viande à l'extrémité d'une perche à sécher le linge coupée en deux, Gulliver ne se décidait pas à sortir de l'eau, et comme il y avait environ cinq kilos de viande suspendus au bout, Kiku commençait à avoir mal au bras. Il se tourna vers la cuisine pour crier à Anémone que Gulliver ne voulait pas se décider, mais au même instant, le crocodile bondit brusquement d'un mètre hors de l'eau et ne fit qu'une bouchée d'un des morceaux de viande, avant que Kiku n'ait le temps de retirer le bâton. Kiku, tout éclaboussé, était trempé de la tête aux pieds.

Anémone, un tablier autour de la taille, apparut dans l'entrebâillement de la porte. Qu'est-ce qui se passe ? Kiku lui montra le bâton où ne pendait plus qu'un seul paquet de viande. Anémone passa à Kiku le plat de marrons qu'elle portait et prit le bâton à la place. Je vais te montrer. Gulliver avait englouti son morceau de viande de cheval et était retourné au fond de l'eau. Anémone tendit le morceau restant au bout de la perche juste sous son nez et observa le balancement de sa queue. Regarde, le bout de sa queue se tend juste avant qu'il bondisse. Juste au moment où de petites vagues venaient troubler la surface de l'eau, Anémone agita le bâton. Gulliver bondit vers sa proie avec une agilité effrayante, frappant la surface de l'eau de sa queue. Tu vois, un crocodile ne fait pas de mouvements continus, c'est sa queue qui équilibre son corps, il avance de cinq ou six pas rapidement, puis il s'arrête. Au moment où il s'arrête, il est aussi immobile qu'une pierre, tu comprends, Kiku ? S'il s'arrête comme ça ce n'est pas pour réfléchir, c'est parce qu'il récupère ses forces, il prépare son prochain bond, il fait des réserves d'énergie, il se sert de la pression qui vient de toi, de moi, de l'air, des murs, du plafond, tu comprends, il supporte bravement tout ça, et il transforme sa situation humiliante de prisonnier en volonté de se battre. A ce moment, Gulliver bondit et fit une sorte de demi-tour dans les airs, frappant le bout de viande avec sa queue dure comme du fer, coupant la ficelle. Sous la violence du choc, Anémone faillit basculer par-dessus la rambarde et tomber dans l'étang, Kiku se précipita en avant et la retint de justesse, tandis que Gulliver replongeait au fond de l'étang avec son butin. De la graisse et du sang vinrent rapidement maculer la surface de l'eau.

Sur la table de la salle à manger était installé un sapin de Noël fait de fines plaquettes de plastique à demi transparentes entrecroisées, auxquelles étaient suspendus des tubes fins comme des cheveux contenant un liquide opalescent évoquant des aiguilles de pin lumineuses. Le liquide blanc changeait de couleur selon l'angle de la lumière. Quand on soufflait sur les tubes, ils s'agitaient doucement, offrant des nuances encore plus variées. Quand on soufflait dessus de la base jusqu'au sommet, les couleurs évoquaient celles de nuages au crépuscule. Blanc vers le bas, orange éclatant vers le milieu, ensuite un dégradé de toutes les nuances possibles entre l'orange et le rouge, jusqu'au rouge sombre, il y avait même une petite ligne d'un bleu transparent représentant le ciel. Anémone avait mis cinq bouteilles de champagne Pommery à rafraîchir dans un seau plein de glace. Elle prit sur une étagère deux verres de cristal ornés d'un motif floral porte-bonheur. Elle était allée chez le coiffeur et avait les cheveux ramenés sur la droite et relevés, attachés avec une barrette ciselée représentant une nymphe nue chevauchant un dragon. C'était le réveillon, après tout !

Kiku se rappelait les après-midi de Noël à l'orphelinat. Vêtus de longues tuniques rouges et blanches ornées de pompons aux manches et au col, les enfants chantaient des cantiques dans la chapelle, il y avait des rideaux noirs aux fenêtres, ils portaient chacun un cierge. Le froid leur engourdissait les doigts mais il fallait chanter bien fort en faisant attention de ne pas lâcher le cierge. Ils chantaient à tue-tête pour se réchauffer. Les prières finies, le Père Noël apparaissait en jouant du trombone. Il leur distribuait des chaussettes en papier contenant, d'après les souvenirs de Kiku, des caramels, du chocolat en poudre, un ballon de rugby en plastique, un ballon en forme de panda, une gomme en forme de char.

Un peu plus tôt, Kiku avait donné son cadeau à Anémone. Mais tu ne dois pas l'ouvrir tout de suite, avait-il dit. C'était un livre de recettes intitulé *Tout sur les omelettes*. Dans les pages du milieu se trouvait la recette de l'omelette au riz. Anémone était en train de préparer son gâteau au chocolat, apparemment tout le reste était prêt.

Kiku alla se changer, il mit le costume noir qu'Anémone lui avait acheté. A ce moment, le téléphone sonna. Anémone répondit puis tendit le combiné à Kiku avec un air intrigué. Kiku, c'est pour toi.

— ... Tu te souviens de moi ? J'ai été un peu grossier la dernière fois qu'on s'est vus, je suis désolé.

Il aurait reconnu cette voix doucereuse entre mille : Mister D.

— Comment avez-vous eu ce numéro ?

— Peu importe. Alors il paraît que tu vis avec une fille super mignonne ? Toi aussi tu réussis dans la vie, on dirait.

— Bon, je raccroche.

— Non, attends ! Hashi n'est pas chez toi par hasard ?

Kiku eut un pressentiment désagréable.

— Pourquoi serait-il ici ? Il est arrivé quelque chose ?

— Désolé de t'avoir dérangé, fit Mister D, s'apprêtant à interrompre la communication.

— Attendez, il est arrivé quelque chose à Hashi ?

— Tu ne lis pas les journaux ? fit Mister D avant de raccrocher.

Kiku attrapa un journal qui traînait par terre et chercha le nom de Hashi en feuilletant les pages. Il lui semblait que son mauvais pressentiment allait prendre corps sous ses yeux. Son regard tomba sur la rubrique radio-télévision, et il se leva d'un bond. Sous une photo de Hashi, un titre : *Le chanteur abandonné dans une consigne retrouve sa mère dix-sept ans après*. Au moment où il se ruait dehors, Anémone tenta de protester mais il lui mit la main sur la bouche : Attends-moi pour ouvrir ton cadeau, je vais revenir. Il traversa la pièce, attrapa au passage une cuisse de dinde et, la bouche pleine, se rua dehors. Il mâchait sa dinde en courant et se répétait : Attends-moi, Hashi, je vais venir te sortir de là, attends-moi ! Il courut ainsi jusqu'au parc Yoyogi, creusa sous un banc marqué d'une croix, défit un gros paquet entouré de papier, en sortit quatre fusils à pompe, les chargea, puis les cacha sous sa veste et repartit en courant dans l'obscurité.

On entendait des bruissements d'ailes sur l'eau, des cris d'oiseau se mêlaient au vent. Hashi soufflait une haleine blanche. C'était la deuxième fois qu'il traversait ce parc. Un couple d'amoureux s'embrassait sur un banc. L'homme tenait une cigarette dans la main droite, Hashi entendit un petit crissement, la cigarette avait dû brûler les cheveux de la fille. Leurs lèvres étaient soudées les unes aux autres. Il y eut un autre petit bruit, et la cigarette s'éteignit : il s'était mis à neiger. Avant d'atteindre le sol, les gros flocons légers fondaient sur les branches des arbres, les cheveux de la fille, les réverbères et les ailes des canards. Une jeune fille accompagnée d'un chien arrivait en courant d'en face. Le chien aboya furieusement après Hashi, la jeune fille s'excusa en tirant sur la laisse. Quand il se remit à courir et la dépassa, il lui sembla la voir sourire. Il eut envie de s'arrêter et de lui parler, de lui demander ce qu'elle en pensait, elle, ce qu'il devait faire ou dire quand il reverrait sa mère.

Niva lui avait tout raconté trois jours plus tôt. Tout est déjà décidé, tu sais, on ne peut plus rien faire, tu n'as plus qu'à faire face. Je te le dis d'emblée, Hashi, tu ne peux pas refuser, on n'est pas assez forts pour ça ni toi ni moi. J'ai réfléchi à ce qu'on pouvait faire, j'étais sûre que ça allait être difficile pour toi, que tu souffrirais, j'aurais voulu souffrir à ta place, tu sais, il n'y a que deux moyens de t'en sortir, l'un c'est de jouer la comédie, il n'y a pratiquement aucun doute que cette femme est ta mère mais tu peux la rencontrer en te disant que tu as seulement emprunté son utérus pour naître, te dire en toi-même que tu n'as rien à voir avec elle, quelles que soient ses réactions, qu'elle se fâche, qu'elle pleure, toi tu gardes un petit air attristé, et tout sera terminé au bout d'une demi-heure, les téléspectateurs auront tout oublié dès le lendemain, et toi aussi tu décides d'oublier cette femme aussi vite que possible, maintenant l'autre façon de procéder est de t'en remettre à tes émotions, c'est dangereux mais je pense que c'est aussi plus facile, enfin, sans doute qu'en rencontrant cette femme tu n'éprouveras tout simplement aucune émotion, tu la verras comme une étrangère totale, tu vois, Hashi, si tu es submergé par l'émotion au point de ne plus pouvoir te contrôler, tu essaies de revenir à la première solution, le rôle d'indifférent, et vice versa. Mais il n'y a pas de raison que tu ressentes quoi que ce soit en voyant cette femme, après tout tu ne la connais pas.

Niva, pensa Hashi, Niva, tu ne comprends rien ! Tu ne sais pas ce que c'est, tu ne connais pas cet enfer qui consiste à se demander à quoi ressemble la femme qui t'a mis au monde, à essayer de l'imaginer. Je n'arrive pas à l'imaginer en femme séduisante. Elle ne sourit jamais, jamais. Le crime qu'elle a commis doit la poursuivre aujourd'hui encore. Il faut qu'elle regrette, que la culpabilité de son acte la poursuive à jamais. Chaque fois qu'il pensait à sa mère, des images de vieilles mendiantes folles lui venaient. Une vieille mendiante au visage d'une laideur effroyable, avec une peau sale, des loques puantes sur le dos, rongée par la maladie, pourrie de l'intérieur au point que même des chiens n'en voudraient pas, voilà comment était sa mère dans sa tête. Et cette femme, en imagination il la frappait jusqu'à ce qu'elle tombe. Elle vomissait, pissait le sang, grimaçait de peur, c'était la seule chose qui le calmait. Quand enfin il s'était calmé, il avait la chair de poule, il se sentait mal, insupportablement mal. Il lui venait des larmes de pitié pour cette femme. Alors elle redevenait normale, ce n'était plus une folle, les rides disparaissaient de son visage, elle avait dix ans de moins, elle était tombée dans une décharge publique, maintenant il l'aidait à se relever, il la peignait, lui mettait des chaussures, lui faisait prendre un bain, l'habillait, l'aidait à marcher jusqu'à un hôpital, la faisait opérer de ses vilains furoncles, enlevait même ses cicatrices, il la faisait arrêter de pleurer, l'emmenait se promener en ville, tenant un homme par le bras. Ensuite il la voyait nue, la chair un peu flasque, mais sans taches. L'homme la léchait partout, il riait, elle riait. Parvenu à ce point, une colère monstrueuse le submergeait à nouveau, et il faisait machine arrière, sa mère redevenait une vieille mendiante. Que savait Niva de ces souffrances-là ? Pourtant jusqu'à hier, il était d'accord pour se prêter à cette comédie, il se sentait capable de jouer ce rôle, il s'était même entraîné à rester de marbre quelle que soit la femme qu'il verrait apparaître devant les caméras de télé. Jamais il n'avait pensé s'enfuir juste avant l'interview. Le jour même, il avait aperçu Kimie Numata de loin. Mister D l'avait emmené avec lui vers midi, et discrètement, depuis la voiture, ils avaient observé Kimie Numata en train de faire ses courses, d'acheter du poisson et du radis noir. Elle était grande et corpulente, le cou épais. Malgré le froid elle ne portait pas de bas. En guise de sac à provisions, elle avait un sac en plastique tout taché. Elle avait acheté du radis noir et du chou mariné, avait soupesé une orange, demandé le prix, l'avait reposée en secouant la tête. Elle ne doit pas être bien riche, s'était dit Hashi. Elle avait les cheveux teints, pas de rouge à ongles, était légèrement maquillée. Elle s'était arrêtée devant la poissonnerie, avait acheté un filet de morue séchée. Un seul, elle devait vivre seule. Pas de mari, pas d'enfants. Elle discuta un moment avec le poissonnier. A un moment, il éclata de rire, il avait sans doute dit une blague, mais elle ne rit pas. En la regardant, Hashi se mit à trembler, il sentit les larmes lui monter aux yeux. Elle n'avait pas ri ! Il se sentait fou de joie et s'agrippa à son siège, se retenant à grand-peine de hurler. Ne pouvant supporter plus longtemps cette attente, il fit le geste de sortir de la voiture. Mister D l'en empêcha, lui mit la main sur la bouche au moment où il allait hurler : Maman ! Il se débattit dans la voiture. La mère qui l'avait mis au monde n'était pas folle, ce n'était pas une vieille mendiante, c'était une femme normale, pauvre, qui vivait seule et ne riait jamais. Son excitation se calma enfin, remplacée par une angoisse extraordinaire. Et si cette mère idéale allait le rejeter ? Sans aucun doute, quand il la rencontrerait, il se jetterait en larmes contre sa poitrine, mais si, au lieu de l'accueillir dans ses bras, elle le repoussait avec colère ? Cette pensée le rendait fou. Echappant à l'étroite surveillance de Mister D, il s'était enfui par la fenêtre des toilettes d'un restaurant, avait couru jusqu'à l'appartement de cette femme. Elle n'était pas là. Alors il avait couru jusqu'à ce parc.

Près du parc s'étendait un quartier de maisons tranquilles. La neige tombait déjà dru quand il arriva devant le portail de la maison qu'il cherchait. Hashi actionna la sonnette. Une jeune femme sortit, lui demanda ce qu'il désirait. Les mots sortirent mécaniquement de la gorge de Hashi comme si sa voix appartenait à un autre, un petit nain caché au fond de lui-même. Je m'appelle Hashio Kuwayama, je suis chanteur, j'ai dix-sept ans, il y a dix-sept ans une femme m'a abandonné dans un casier de consigne à Yokohama, avec seulement des fleurs de bougainvillée pour me tenir compagnie, il y a un an j'ai vu la dame qui habite ici à la télévision, elle disait avoir rencontré cette femme en prison, je voudrais demander à cette dame de me parler d'elle, c'est peut-être ma mère, je suis désolé de vous déranger si tard, mais il faut que je voie cette dame tout de suite. La jeune femme avait l'air très étonné. Apparemment il devait s'agir d'une infirmière. Madame est malade en ce moment, elle ne reçoit personne, dit l'infirmière comme si elle répétait une phrase apprise par cœur. Hashi s'apprêtait à reprendre le fil de son discours, mais la porte d'entrée se referma, il y eut un bruit de clé, une voix le pria de s'en aller.

Mais Hashi ne s'en alla pas. La neige mouillait ses cheveux et la chaussée, mais fondait sans déposer de couche blanche. Hashi essaya plusieurs fois de jeter un coup d'œil à l'intérieur de la maison. Il voyait bien de la lumière, mais aucun signe d'une présence quelconque à l'intérieur. Hashi attendit, tout en comptant les flocons de neige visibles dans le halo lumineux des réverbères. A la différence des insectes qui s'agglutinent autour des lampes, les flocons de neige tombaient sans bruit en tourbillonnant. Ils étouffaient même les bruits. Il n'entendait plus les cris des canards sur l'eau dans le parc comme tout à l'heure. Des voitures passaient au loin dans un vrombissement assourdi. Il y avait de plus en plus de flocons dans le halo de lumière. Hashi appuya son corps transi au montant du portail, heureux de sentir ses pieds et ses mains s'engourdir dans le froid, ses dents claquer. Tout près de lui, il entendit une persienne s'ouvrir. Il mit un moment à se retourner, et vit alors, debout dans la neige fraîche, éclairée par des rayons de lumière passant par les persiennes derrière elle, la silhouette à contre-jour d'une vieille femme... Vous n'êtes pas frileux, dit cette ombre sans visage. Un peu de neige avait commencé à s'amonceler sur la tête de Hashi. L'infirmière vint lui ouvrir le portail. Hashi entra dans le jardin et marcha en direction de cette ombre blanche. Il y avait une grande cage ronde dans le jardin, occupée par deux paons. L'un d'eux était endormi dans un nid, l'autre faisait la roue dans la neige, les rayons de lumière passant par les persiennes faisaient briller des plumes mordorées aux reflets verts. Les motifs de ses plumes semblaient aspirer la neige qui continuait à tomber sans relâche. Entrez, dit la vieille femme, en l'invitant à l'intérieur d'un geste.

Quand elle eut fini de masser les tempes de son client, la femme retourna dans la salle d'attente et alluma une fine cigarette mentholée. Sa collègue s'était déjà changée, elle était en train de manger un gâteau et lui désigna du doigt la rue en contrebas. Il neigeait. La femme enleva son short pour s'essuyer les jambes. En enfilant son collant, elle se prit un ongle dedans et le fila à hauteur de la cheville. Elle eut un claquement de langue énervé. Elle se rappela qu'elle était venue en bottines aujourd'hui, quelle poisse ! songea-t-elle, elle avait acheté ces bottines à crédit, elle n'avait encore fait que trois versements, et le marchand de chaussures lui avait bien recommandé de ne pas les mettre par temps de pluie et encore moins de neige. Ça raccourcit la vie des bottes de moitié ! avait-il dit. D'humeur morose, elle regarda par la fenêtre. La chaussée était à peine mouillée mais la neige avait commencé à s'amonceler sur les toits. Sa collègue leva le nez de son magazine, lui demanda si elle voyait quelque chose par la fenêtre. Tout à l'heure j'ai vu des types apporter des projecteurs et des caméras, je croyais qu'ils allaient tourner un film, ils sont toujours là ? Elle répéta sa question. La femme secoua la tête. Ce soir, en arrivant chez elle, elle passerait ses bottes à la vaseline tout de suite. Après le dîner je serai trop fatiguée pour trouver le courage de le faire, alors il faut que je m'en occupe tout de suite en arrivant, songea Kimie Numata.

Quatre caméras vidéo discrètement placées surveillaient l'immeuble où se trouvait le sauna, entouré d'une douzaine de projecteurs de cinq kilowatts. Dans un terrain vague à cinquante mètres de là, étaient garés des voitures contenant divers équipements et des camions relais appartenant à différentes agences d'information. Dans l'une de ces voitures, Mister D regardait un écran témoin qui ne reflétait encore rien, et jetait des coups d'œil sur sa montre. Niva était assise à côté de lui, la tête sur les genoux. Il vaudrait mieux que Hashi ne vienne pas, dit-elle sans relever la tête. A l'intérieur du camion, un téléphone sonna. Niva bondit sur ses pieds pour décrocher. Vous l'avez trouvé ? cria-t-elle, avant de passer le combiné à Mister D d'un air déçu. Mister D hocha la tête et resta un long moment à écouter sans répondre, puis dit : Non, surtout pas ! avant de raccrocher. Le coup de téléphone venait de Pratique, qui se trouvait au bureau de Mister D. Un jeune homme en costume noir armé d'un fusil à pompe était monté voir Mister D, Pratique avait voulu le chasser mais il l'avait menacé de son arme, il voulait savoir à quel endroit était prévue la rencontre entre Hashi et sa mère, Pratique n'avait rien dit, pensant que l'autre essayait de l'intimider mais il avait tiré un coup de feu en direction du plafond, et ce fusil faisait un vacarme si énorme qu'une des secrétaires, terrorisée, avait lâché le morceau et donné l'adresse. Le jeune homme s'était rué dehors, il valait sans doute mieux appeler la police, qu'en pensait le patron ? Non, surtout pas ! avait répondu Mister D, qui prit alors son talkie-walkie et prévint les gens à lui postés autour de l'immeuble de lui amener le jeune homme en costume noir quand ils le verraient arriver, mais pas brutalement surtout, il fallait l'attirer jusqu'au camion relais en lui disant qu'il y trouverait Hashi. Ensuite, Mister D regarda à nouveau sa montre.

Un présentateur télé était assis à côté de Niva. Il regardait son script pour ne pas se tromper et répétait une dernière fois son texte. Chers téléspectateurs, d'émouvantes retrouvailles vont se dérouler ce soir en direct sous vos yeux. Rappelez-vous ces tristes cas d'enfants abandonnés, d'enfants assassinés dont vous avez tous entendu parler un jour. Aujourd'hui, dans cette tempête de neige, un vrai temps de Noël, un de ces enfants abandonnés dans une consigne automatique va retrouver sa mère, après dix-sept ans, sa mère qui bien entendu a commis un crime horrible, inacceptable, mais cet enfant, surmontant les difficultés de la vie, est devenu aujourd'hui un merveilleux artiste, les mots me manquent pour exprimer l'intensité des moments d'émotion que nous nous apprêtons à vivre ensemble, devant ces retrouvailles, il me vient à l'esprit les mots d'un jeune philosophe français : « La mer, comme la mère, donne la vie à l'enfant mais peut aussi la lui reprendre dans un moment de colère », nous allons ce soir être les spectateurs privilégiés de ces retrouvailles...

Niva repensait à ce qui s'était passé la veille. Hashi s'était tourné et retourné dans son lit sans trouver le sommeil. Chaque fois qu'il avait les nerfs fatigués et du mal à dormir, Hashi demandait à Niva de lui faire une fellation. La veille c'était Niva elle-même qui s'était glissée dans son lit et le lui avait proposé, contrairement à leur habitude, mais Hashi avait dit qu'il préférait parler. Niva avait parlé de leur voyage de noces qui devait se dérouler au début de l'année, les deux semaines qu'elle comptait passer avec lui au Canada et en Alaska. Elle continua, lui expliquant comme c'était amusant et facile de faire du ski. Hashi l'écoutait en silence, le visage enfoui dans l'oreiller, au bout d'un moment il demanda d'une petite voix :

— Niva, est-ce qu'on a le droit d'aimer ou de haïr quelqu'un qu'on n'a jamais rencontré ?

Niva n'avait pas su quoi répondre. Au lieu de répondre, elle l'avait pris dans ses bras, ça va, ça va, je vais bien, ne t'inquiète pas, avait-il répété plusieurs fois, je vais bien, quand je verrai cette femme, je lui dirai simplement : Salut, content de te revoir. Et maintenant Niva regrettait de n'avoir pas su répondre à Hashi. Une femme a le devoir d'élever l'enfant qu'elle a mis au monde, alors toi tu as le droit de haïr ta mère, oui, tu as le droit de haïr cette femme que tu ne connais pas, voilà ce qu'elle aurait dû lui dire. Soudain la porte du camion s'ouvrit, un homme hurla : Venez vite, elle va sortir de l'immeuble ! Mister D et Niva se précipitèrent dehors. Dans un des camions, un générateur électrique se mit à vrombir. Mister D hurlait des ordres. Moteur dès que la femme sortira ! Si elle essaie de s'enfuir, encerclez-la avec les caméras et les projecteurs, tant pis si les autres caméras sont dans le champ, doublez la surveillance dans la rue, vous ne devez laisser passer le garçon en costume noir sous aucun prétexte, même chose pour les voitures ou les badauds, ne laissez passer personne, et si jamais Hashi revenait, amenez-le devant les caméras, même s'il faut l'assommer et l'attacher pour ça !

Kiku descendit de taxi. Sans régler la course, il demanda au chauffeur de l'attendre. Je vais juste chercher quelqu'un, attendez-moi là. Le chauffeur commença à protester mais Kiku était déjà parti au pas de course. Devant lui, le fond d'une ruelle s'illumina soudain, comme si la lumière du jour venait de réapparaître à cet endroit. C'est pourtant pas une explosion de gaz, il n'y a pas de bruit ! marmonna un vieillard qui poussait un étal, Kiku le dépassa en courant, se ruant vers l'immeuble qui venait de s'éclairer. Quatre hommes bloquaient l'entrée de la ruelle. Désolé, il y a un tournage ici, veuillez emprunter une autre rue. Kiku haletait. Je suis un ami de Hashi ! cria-t-il. Personne n'a le droit de passer. Mais Hashi est mon frère ! hurla-t-il à nouveau. Des badauds commencèrent à s'attrouper à l'entrée de la ruelle. Le vrombissement du générateur faisait trembler le sol, la neige tombait en flocons épais dans l'énorme cercle de lumière éclairant la ruelle, des voix criaient des ordres. Laissez-moi voir Mister D, supplia Kiku, il me connaît. Les quatre hommes qui gardaient l'entrée secouèrent la tête. La ruelle faisait un brusque tournant vingt mètres plus loin, et au fond à droite, il y avait cet immeuble entouré de lumière. Un tas de gens circulaient sans arrêt du côté de ce tournant. Pratiquement tous des hommes avec des caméras. Le nombre de badauds augmentait. Kiku était au premier rang. Soudain un cri de femme lui parvint du fond de la ruelle. Le voilà, fit une voix, Hashi ! hurla une voix de femme, tandis que les allées et venues s'intensifiaient dans la ruelle. Tous ces piétinements, ces cris étaient dominés par le vrombissement du générateur. Kiku poussa une exclamation de surprise : Hashi venait de déboucher au coin de la ruelle, à l'autre bout. Il arrivait, de profil, entouré par les caméras. Il semblait sourire. Kiku essaya de se frayer un passage de force entre les hommes qui bloquaient l'entrée. L'un d'eux l'attrapa par le bras. Kiku lui envoya un direct à la mâchoire. L'homme s'effondra sur la chaussée enneigée. Ses trois compagnons ramenèrent Kiku à l'entrée de la rue en le tenant par le col de sa veste. Kiku sortit un fusil de sa ceinture et tira, visant les pieds des types. La neige vola autour d'eux, un homme s'effondra, il se roulait par terre en se tenant le pied. Reculez ! hurla Kiku, et le dernier garde du corps s'enfuit dans la ruelle à la vue du canon tourné vers lui. Kiku s'y engagea à sa suite. Au coin à droite, c'était plein de gens sur la pointe des pieds, le doigt sur le bouton de leurs appareils photo, les flashes crépitaient. Derrière cette barrière humaine, Kiku aperçut un vaste espace illuminé, la voix du présentateur debout au milieu parvint à ses oreilles. Kiku essaya de fendre la foule des journalistes pour se frayer un passage, mais une fois de plus fut repoussé en arrière. Il sortit un autre pistolet de sa ceinture, tira vers le ciel. Tout le monde se retourna d'un coup. Les voix se turent et les gens s'écartèrent pour livrer passage à Kiku. Hashi ! hurla-t-il, sa voix résonna dans le silence. Viens, il y a une voiture qui nous attend, viens, rentre avec moi ! Hashi apparut derrière les photographes. Il était à contre-jour et Kiku ne distinguait pas bien son expression. Hashi l'invita de la main. Kiku, viens, je veux te présenter quelqu'un. Maintenant tout le monde regardait Kiku, il s'avança dans l'énorme cercle de lumière. Il faisait clair comme en plein jour. Des boîtes noires, suspendues en haut de perches métalliques, projetaient un faisceau aveuglant. Dans ce violent éclairage, Kiku ne vit d'abord que du jaune, puis il distingua Mister D, la grande femme qu'il avait vue à la télévision aux côtés de Hashi, le présentateur télé qui allumait une cigarette. Une autre femme inconnue de lui se couvrait la tête de son chandail sous les projecteurs. La jupe et les chaussures tachées de boue, tremblante, elle gardait la tête obstinément baissée. Les lumières des boîtes noires étaient toutes braquées sur elle. Il y avait quatre caméras de télévision, deux montées sur des plates-formes métalliques, une à côté du présentateur, et une autre mobile. Mister D regarda fixement Kiku. Ils se ressemblent, c'est vrai, murmura-t-il. Hashi s'approcha, les yeux pleins de larmes. Kiku s'attendait à entendre le son de sa voix, il allait sans doute dire merci, Kiku, merci d'être venu m'aider, quelque chose comme ça. Mais Hashi ouvrit la bouche et dit, désignant la femme tremblante accroupie dans le cercle de lumière, la tête toujours sous son pull.

— Kiku, cette femme est ta mère.

Kiku ne comprit pas tout de suite.

— Kiku, j'ai été voir cette vieille femme, tu sais l'écrivain, je l'ai vue ce soir, et elle m'a raconté que la femme qui m'avait abandonné était morte il y a deux ans, elle était malade, alors cette femme, forcément, ce n'est pas ma mère, c'est la tienne.

Le présentateur se précipita vers la femme accroupie et commença à lui parler. Madame Numata, voici votre fils, votre vrai fils cette fois, levez-vous, dites-lui quelque chose, regardez comme il vous ressemble, c'est merveilleux, il est grand lui aussi et en parfaite santé, un jeune homme splendide, vraiment. Levez la tête, regardez-le, il est champion de saut à la perche, paraît-il, l'enfant que vous avez abandonné dans un casier de consigne est là, devant vous ! Il va vous pardonner, c'est sûr ! Un homme, caméra sur l'épaule, s'approchait de Kiku, le cadrant en plan de plus en plus serré, Kiku repoussa violemment la caméra et tenta de sortir de ce cercle éclairé comme en plein jour, mais des dizaines d'appareils photo lui barraient le chemin en crépitant. Je m'en vais, laissez-moi passer. Il voulait rentrer chez Anémone maintenant. Quelque chose qu'il avait oublié commençait à resurgir du fond de son cerveau, une machine de métal rutilante qu'il croyait enfouie derrière les murs de son cerveau commençait à vrombir, saisi d'une nausée, il ferma les yeux. Une poupée de caoutchouc dont la bouche vomissait du sang surgit sous ses yeux. Les cuisses de Kazuyo, raidies par la mort, flottaient sous ses paupières. Ne me regardez pas, ne restez pas autour de moi comme ça à me regarder, laissez-moi passer, éteignez ces lampes ! Les flocons de neige lui entraient dans les yeux, brouillant sa vision. Il vit une femme qui tremblait dans la boue et la neige d'un blanc aveuglant. Ça, la femme qui m'a abandonné ? Cette femme accroupie dans une position disgracieuse, le corps raidi de peur, lui semblait une sorte de cristallisation de tous les mauvais pressentiments qu'il avait pu avoir depuis sa naissance, cette grosse masse recouverte d'un pull ressemblait davantage à une machine de métal qu'à une forme humaine. La lumière des boîtes noires lui blessait les yeux. Il sentait sa cornée toute sèche, sa vision se faisait trouble entre les deux yeux. Dans cet espace trouble, une couleur apparut, une tache de couleur brillante, qui s'étendit, s'étendit, se posa sur les nuques, les lèvres, les joues des gens qui l'encerclaient. J'ai compris, Hashi, tu m'as attiré ici en construisant ton petit monde miniature avec un tas de saletés, tu m'as trompé, tu faisais semblant de pleurer ! Le champ de vision de Kiku s'illumina, empli par une turbine de métal blanc, qui commença à tourner, à tourner, projetant des gerbes d'étincelles blanches. Ces petits éclats de lumière se plantaient dans sa peau. La rotation s'accentua, il entendit une pétarade. Une caméra s'approcha à le toucher de Kiku, le visage blanc comme un linge. Kiku poussa un hurlement, visa avec son pistolet et appuya sur la détente. Arrête ! hurla Mister D et le cameraman s'écarta de justesse. Une déflagration retentit et la lunette du fusil éclata en mille morceaux dans la neige. Les épaules soulevées au rythme de sa respiration haletante, Kiku sortit le dernier fusil et visa la foule.

— Arrête ! fit une voix.

Kiku se retourna. La femme accroupie avait levé la tête. Arrête, répéta-t-elle, si tu dois tirer, tire plutôt sur moi. Elle s'était relevée et s'avançait lentement vers lui. De la vapeur s'élevait au-dessus de sa tête. Je suis enfermé, enfermé, rappelle-toi, cet immense cercle de lumière, détruis-le, il faut que je brise ce cercle pour sortir ! Kiku visa les particules de lumière qui retombaient en gerbe tout autour de lui, appuya sur la détente. Au même moment, le corps immense de la femme lui boucha la vue, elle s'était jetée juste sous le canon du fusil. Le coup lui emporta la tête, elle fut projetée à terre, bras écartés. Elle était à nouveau accroupie comme tout à l'heure, couverte maintenant d'un pull rouge sang, tournant vers Kiku un visage sans yeux sans nez sans bouche sans cheveux. Une vapeur s'élevait de cette bouillie sanglante qui semblait aspirer la neige tourbillonnant sans relâche au-dessus.

20

Une fois ses bagages prêts, Anémone prépara une ultime omelette. Elle la posa sur la dernière assiette qui restait et la découpa avec sa fourchette, porta les morceaux un à un à sa bouche. Combien d'omelettes avait-elle pu préparer, depuis cette veille de Noël où Kiku était parti en lui recommandant de ne pas ouvrir son cadeau avant son retour ? Elle avait fini par ouvrir le paquet et, depuis, préparait omelette sur omelette.

La police l'avait convoquée sept fois. Il ne vous a jamais dit comment il s'était procuré ces pistolets ? Les avait-il sur lui quand il est parti de chez vous le soir du réveillon ? Que vous a-t-il dit en partant ? A-t-il dit qu'il allait tuer quelqu'un ? Depuis quand le connaissez-vous ? Quelles sont vos relations ? Vous avez couché ensemble ? Quel âge avez-vous ? Comment vous appelez-vous ? Anémone c'est votre vrai nom ? Anémone ne répondait pas aux questions. Mais les interrogatoires n'étaient pas trop pénibles. Les policiers se montraient compatissants et changeaient de question au moindre sourire triste d'Anémone. De plus, elle n'était pas un témoin de première importance.

L'avocat que Mister D avait pris pour Kiku était aussi venu la voir pour lui demander de témoigner au procès. Mademoiselle Anémone, au dire de Hashio Kuwayama, Kikuyuki Kuwayama serait venu pour le sauver, il voulait venir en aide à son frère qui devait rencontrer sa mère devant les caméras de télévision, qu'en pensez-vous, Kiku ne vous a rien dit qui pourrait aller dans ce sens ? Vous ne l'avez pas entendu dire quelque chose comme : Je pars pour aider Hashi ? Non ? Si vous aviez entendu quelque chose comme ça, votre témoignage serait très utile au prévenu. Mais Anémone refusa de témoigner et quand l'avocat lui demanda pourquoi, elle répondit qu'elle détestait les procès et les tribunaux.

Quand elle le revit pour la première fois au procès, Kiku venait de passer deux jours dans une clinique psychiatrique pour des examens, et elle se demanda si on ne l'avait pas opéré du cerveau. Il était extrêmement agité et jetait des coups d'œil inquiets de tous les côtés, il avait grossi, avait le regard morne et faisait le dos rond. Anémone, habillée de façon discrète et à peine maquillée pour éviter de se faire remarquer, se tenait dans un coin de la salle d'audience. Le procureur donna lecture des chefs d'accusation : détention d'armes, menaces, destruction de biens d'autrui, coups et blessures, homicide. Kiku essaya de dire quelque chose à un huissier mais le juge le rappela à l'ordre. Restez tranquille et écoutez le contenu des accusations. Kiku se recroquevilla aussitôt sur son siège.

L'affaire avait rendu Kiku célèbre. Comme il était mineur, ni son nom ni sa photo n'avaient paru dans la presse, mais il avait assassiné sa mère en direct devant les caméras d'une chaîne nationale, son visage était apparu treize minutes en gros plan sur tous les écrans de télévision et le présentateur qui se trouvait sur place au moment des événements n'avait pas arrêté de hurler : Cet homme est Kikuyuki Kuwayama, champion de saut à la perche, frère adoptif de Hashi ! Depuis, Kiku était devenu pour la presse « le jeune A, le premier à commettre un meurtre en direct devant les caméras de télévision ». Kiku était donc une célébrité, quant à Hashi, les ventes de ses disques avaient grimpé de façon spectaculaire en un mois.

Le procès se déroula quelque temps plus tard seulement, une fois que les retombées médiatiques de l'affaire se furent calmées. Quand Kiku reconnut qu'il était coupable au regard de toutes les accusations énoncées, un murmure courut dans la salle. L'avocat se précipita vers lui, et tenta de le persuader de plaider non coupable. Kiku secoua la tête un bon moment d'un air buté, puis finalement, semblant trouver tout cela trop compliqué, il se leva et prononça ces mots : Je n'avais pas l'intention de commettre un meurtre, comme s'il récitait une leçon apprise par cœur, au grand soulagement des auditeurs, de son avocat, du juge et même de l'avocat général.

La défense passa trois jours à interroger les témoins. L'avocat reconnut les autres charges, mais plaida pour un homicide involontaire sans préméditation, expliquant que Kiku n'avait pu supporter que son plus cher ami, son frère adoptif, soit montré en spectacle à la télévision, et que c'est sous l'emprise de ce sentiment qu'il s'était livré à diverses destructions de matériel. Les différents témoins appelés à la barre adoptèrent la même optique que l'ensemble des médias, à savoir une compassion compréhensive envers Kiku. Kuwayama, venu spécialement de son île pour l'occasion, et les sœurs de l'orphelinat tirèrent des larmes à l'assistance en racontant à quel point les deux garçons étaient inséparables, enfants, puis Mister D se présenta à la barre et déclara d'un air placide avec la plus grande franchise : Tout est ma faute, c'est moi le vrai coupable, je me suis servi de l'histoire de Hashi pour vendre ses disques. Cela peut paraître inhumain, mais je suis originaire du Kansai, une région de commerçants, et c'est vrai que j'ai vu les choses sous un angle purement commercial, je ne pensais qu'à vendre les disques, j'ai commis un acte vraiment cruel, je me suis conduit de façon monstrueuse, je me suis servi de la souffrance d'autrui comme d'un jouet, j'en ai fait un spectacle, je trouve naturelle la réaction de Kiku de se précipiter à la rescousse de son frère, sa colère est parfaitement justifiée.

Kiku n'avait pas cherché à cacher la provenance des armes. Hashi vint certifier en tant que témoin que son frère tenait ces armes d'un Philippin nommé Tatsuo de

La Cruz. En dernier lieu, l'avocat appela le médecin légiste à la barre, et lui demanda les conclusions du rapport sur la façon dont la balle avait perforé la boîte crânienne de Kimie Numata. Le médecin légiste certifia que, d'après l'impact de la balle, l'arme était tenue entre quatorze et vingt-huit degrés au-dessus de l'horizontale, autrement dit, Kiku avait tiré vers le ciel, sous l'effet d'une émotion violente et sans intention de tuer. Kimie Numata, qui était de grande taille, s'était jetée sciemment sous le canon du fusil. Kiku ne cherchait pas non plus à blesser les cameramen puisque son fusil était dirigé vers le haut, c'était un accident, un tragique accident, conclut l'avocat. Pendant que l'avocat général se livrait à des explications en montrant des radios du crâne de la victime, Kiku, l'air terriblement mal à l'aise, s'était mis à trembler. Il se boucha les oreilles pour ne plus entendre les détails horribles, ferma les yeux et finalement éclata en sanglots. Sur ordre du juge, le témoignage du médecin légiste fut interrompu et une pause de trente minutes accordée. Kiku fut emmené, le dos rond, se cachant le visage de la main comme une jeune fille timide. Pendant son réquisitoire, l'avocat général ne sembla pas chercher à prouver que Kiku avait l'intention de donner la mort. Il ne chercha pas à discréditer les témoins de la défense, mais prouva simplement, par un interrogatoire de témoins qui dura à peine une demi-journée, que l'arme en possession de Kiku était destinée à provoquer des blessures mortelles. Tout le monde, y compris Kiku, parut satisfait et rassuré par ce réquisitoire. Tout le monde, sauf Anémone.

Vint le moment de la plaidoirie finale de l'avocat de Kiku. Je suis conscient du danger des considérations « littéraires » en matière de droit, déclara-t-il, la loi doit être appliquée sans état d'âme, les antécédents psychologiques ou autres d'un criminel ne doivent en aucun cas servir à excuser un crime, cependant si l'on considère que les lois ont été créées à l'origine dans un souci de respect de la personne humaine, je ne puis m'empêcher d'avoir conscience que le crime de ce jeune homme est celui de la société même que nous tous avons contribué à créer. A n'en pas douter, le bourreau d'aujourd'hui était il y a dix-sept ans, quand sa mère l'a abandonné dans un casier de consigne, une victime, même si ce fait ne justifie en rien son crime d'aujourd'hui. Il est clair cependant que les actions répréhensibles commises par l'accusé lui étaient dictées par le refus de supporter l'humiliation et la honte d'un frère ayant subi les mêmes épreuves que lui. Ce n'est pas par manque de respect pour la personne humaine que l'accusé a tiré, bien au contraire !

L'avocat de l'accusation déclara que la responsabilité primordiale du tribunal consistait à examiner la nature du crime lui-même et non à trouver dans le passé de l'accusé des circonstances atténuantes à son crime. Je ne vois cependant aucune objection à reconnaître que le crime qui nous occupe a été en grande partie suscité par des actes visant uniquement le profit personnel et la satisfaction de désirs égoïstes, en allant fouiller dans un passé que les intéressés préféraient laisser dans l'ombre.

Le jour du jugement, Kiku ne changea pas d'attitude, continuant comme il l'avait fait tout au long du procès à s'agiter en jetant des coups d'œil angoissés autour de lui. Reconnu coupable de détention illégale d'armes à feu, menaces, destruction de biens, coups et blessures, homicide involontaire sans préméditation, il fut condamné à cinq ans de réclusion criminelle. L'audience fut levée. Mister D serra la main de l'avocat de Kiku. L'avocat général souriait d'un air las comme pour montrer à son entourage à quel point sa tâche avait été difficile. Hashi serra Niva dans ses bras, et Niva lui caressa les cheveux en murmurant des paroles de consolation : Il sera sorti d'ici trois ans, je te jure, et il pourra venir vivre avec nous, Hashi. Kiku faisait toujours le dos rond, un huissier l'avait pris par le bras pour l'emmener. Anémone avait la gorge qui la démangeait, elle crut d'abord que c'était à cause de l'air confiné du tribunal et poussa quelques toussotements, puis elle ouvrit la bouche, posa les doigts sur son cou et essaya, en remuant mâchoire et langue, de se libérer de ce corps étranger qui la gênait pour respirer, puis sa gorge se gonfla, mais au milieu de la quinte de toux à laquelle elle s'attendait, un hurlement déchirant jaillit de sa bouche, accompagné d'une gerbe de salive :

— Kikuuu !

Se penchant par-dessus son siège, elle secoua son béret blanc et hurla :

— Tu n'as pas oublié le datura, dis ? ! DATURA ! Ne te laisse pas faire, Kiku !

Les gens qui commençaient à quitter la salle se retournèrent, Anémone devint le centre de l'attention générale, avec sa silhouette de poupée parfaite et sophistiquée, son tailleur blanc et ses bottes blanches, sa broche de néon en forme de rose, ses cheveux courts et permanentés en boucles brillantes. Kiku se retourna lentement. En entendant le mot « datura », un frisson avait parcouru ses épaules.

— Kiku ! Rien n'est encore fini, rien !

Kiku esquissa un sourire à l'intention d'Anémone, et ce fut le seul moment où il redressa le dos. Puis il disparut, poussé par le garde, courbant l'échine comme un chat qui se noie. Il portait toujours son costume noir du réveillon de Noël. Les boutons manquaient, les coudes et les genoux étaient luisants d'usure, les manches déchirées, des fils pendaient de partout. Anémone le regarda disparaître, puis elle sortit à son tour, ignorant les regards curieux dirigés sur elle. Derrière elle, elle entendit la voix de Hashi : Pauvre Kiku, comme il doit souffrir... Devant la porte de sortie, Anémone se retourna et regarda haineusement tous les protagonistes du drame, son regard s'arrêta sur les joues creuses de Niva.

— Un jour, je vous donnerai tous à manger aux crocodiles ! cria-t-elle.

C'est ce soir-là qu'elle avait ouvert le cadeau de Kiku. *Tout sur les omelettes*. A la page 182, il y avait la recette de l'omelette au riz, et Kiku l'avait entourée d'un cercle rouge. Anémone acheta deux cents œufs d'un coup et se mit à faire des omelettes. Enfermée dans son appartement, ne sortant que pour acheter les ingrédients qui lui manquaient, elle faisait des omelettes du matin au réveil jusqu'au coucher. Tout l'appartement était barbouillé d'œufs. Excepté le matelas d'Anémone, tout était maculé d'œufs, de ketchup et de riz.

Anémone contempla le désastre en souriant de sa propre folie puis éclata en sanglots convulsifs. Quand elle arrêta enfin de pleurer, elle prit l'assiette la plus proche et la jeta de toutes ses forces contre le mur, où était accrochée une carte des îles Karagi. Dans un fracas de vaisselle brisée, l'image du corps nu de Kiku lui revint en mémoire. Sa peau fine tendue comme du papier sur son corps musclé. Peut-être qu'elle ne le toucherait plus jamais... Elle se mit à trembler d'angoisse, sur le point de fondre en larmes à nouveau. Elle ne devait plus avoir une seule larme à verser, au-delà de tout cela que pouvait-elle faire, sinon devenir folle ? Elle enleva son slip, glissa son doigt entre ses fesses ainsi que Kiku avait l'habitude de le faire. Son doigt était glacé, ses fesses se couvrirent de chair de poule. Anémone enfonça ses ongles acérés dans la chair tendre, longtemps, jusqu'à ce que son corps s'arrête de trembler. Bientôt elle sentit l'humidité suinter entre ses fesses, elle glissa ses doigts le long de la fente, attrapa un bas nylon qui traînait par là, se l'enfonça dans la vulve et le remua doucement en essayant de se remémorer la forme du sexe de Kiku. Tout en écoutant les clapotis du liquide au parfum acide coulant entre ses poils, elle essayait de se rappeler le sexe de Kiku, qui lui avait toujours fait penser à une asperge bouillie. Cela n'avait aucun effet érotique, ou elle voyait de vraies asperges, ou alors c'était le sexe de son père qui apparaissait, il le lui avait montré un jour qu'ils prenaient un bain ensemble. Elle essaya d'imaginer Kiku en train de se déshabiller et réussit à voir son torse avec l'épaisse touffe de poils au milieu, les lignes profondes dessinées par les muscles autour de son nombril, la cicatrice qu'il avait au côté, les durillons sous ses pieds, causés par les pointes des chaussures de sport. Au moment où elle bougeait à nouveau sa main entre ses cuisses, elle se rendit compte qu'elle avait complètement oublié son visage, et se dressa d'un bond sur le lit, en larmes. Le bas pendant toujours entre ses cuisses, elle traversa la pièce, piétinant du riz au ketchup, pour aller chercher une photo de Kiku dans un cadre sur une étagère. Elle contempla la photo trente secondes. Sa décision était prise : elle irait le rejoindre là où il était.

Le lendemain, elle vendait son appartement. Et en même temps presque tout ce qu'il y avait dedans, depuis ses bijoux jusqu'à ses raquettes de tennis. En faisant le total des sommes déposées sur sept comptes en banque différents, elle arrivait à un montant d'épargne dépassant deux cents millions de yen. Elle raconta à ses parents qu'elle partait pour Londres, téléphona à son agence de mannequins pour rompre son contrat. Leur proposa, en dédommagement des quatre mois de contrat qu'il lui restait normalement à remplir, de garder pour eux les cachets qu'ils lui devaient encore sur l'année précédente. L'agence avait accepté. Et maintenant, ses bagages étaient prêts et elle mangeait sa dernière omelette avant le départ. Elle avait transformé l'arrière de sa Ford pour pouvoir y mettre le crocodile, qu'elle avait décidé d'emporter après maintes hésitations. Gulliver était installé assez inconfortablement, la queue repliée, dans une citerne. Gulliver, il faudra être patient, tu dois rester là-dedans pendant dix heures, c'est pour aller voir Kiku, tu comprends, toi aussi tu as envie de le voir, non ? Anémone mit dans le coffre le minimum de vêtements, deux équipements de plongée, et démarra dans sa Ford Bronco. Il était trois heures du matin.

Elle prit la direction du nord, par l'autoroute du Tōhoku. Au bout de cette route elle n'aurait qu'à traverser un petit détroit, et elle arriverait dans la petite ville où Kiku était emprisonné : Hakodate. Le pied d'Anémone, chaussé d'une sandale chinoise sans talon en satin rouge orné d'une broderie dorée représentant un champ de choux, appuyait sur l'accélérateur, maintenant la Ford à 130 kilomètres à l'heure, 4500 tours à la minute. Elle sifflotait et n'avait pas la moindre impression de quitter Tōkyō. Tōkyō avec ses milliers de fenêtres éclairées étincelait dans les mailles dorées de son chemisier en lamé, et lui collait encore à la peau.

Anémone détestait les voyages et n'en avait d'ailleurs fait qu'un seul, un voyage d'études avec sa classe de collège, quatre jours à Kyōto et Nara. Le premier soir à l'hôtel, elle avait mangé trois fois plus que d'habitude, et n'avait pas fermé l'œil, bavardant toute la nuit avec ses amies. Après quoi elle avait passé trois jours à dormir dans le bus. Elle avait dû visiter tout un tas de vieux temples et de jardins zen mais n'en avait aucun souvenir. Elle se rappelait seulement la sensation d'être trimbalée dans ce bus, dont les ronflements de moteur la réveillaient parfois. Affalée sur son siège, elle regardait alors par la fenêtre et chaque fois c'était un paysage différent. La journée s'écoulait ainsi, puis le soleil se couchait, les lampes s'allumaient. Se déplacer sans arrêt en regardant les paysages changer derrière une vitre de bus, pour elle c'était cela un voyage, et elle détestait ça.

Elle gardait le pied sur l'accélérateur, regardant défiler à une vitesse infernale des pans d'obscurité que trouaient un instant ses phares. Peu à peu, les tronçons courbes de route grise s'éclaircirent, le jour n'allait pas tarder à se lever. Anémone décida de s'arrêter pour prendre de l'essence et déjeuner. Elle arrêta sa Ford Bronco dans une aire de service, sortit un paquet de viande de cheval du réfrigérateur installé à côté de son siège, vérifia d'un regard que le coffre était bien fermé, jeta sa pitance à Gulliver, puis se dirigea vers le restaurant. Ses cheveux courts aux pointes brillantes, son manteau de renard argenté, son pantalon de cuir noir, ses sandales chinoises attirèrent l'attention des chauffeurs de poids lourds dès son entrée. Elle commanda du riz au curry et une soupe de pâtes de soja aux coques, et alla se rafraîchir aux toilettes en attendant. Quand elle se leva, toutes les têtes penchées sur les bols de riz se retournèrent pour suivre le balancement de ses hanches étroites.

Les toilettes se trouvaient au fond du restaurant derrière la cuisine. Apparemment le ménage venait d'être fait, car le sol était encore humide. Il n'y avait pas de chauffage et l'haleine d'Anémone faisait de petits nuages de buée blanche sur le miroir cassé. La fraîcheur de l'eau était agréable. Une vapeur au parfum de chou provenant de la cuisine passait par les interstices de la porte.

La porte des toilettes des femmes s'ouvrit brusquement, sous la poussée de deux hommes. L'un, dévêtu à partir de la taille, tremblant de froid, marmonnait arrête, s'il te plaît, arrête. L'autre tenait une seringue hypodermique dans la main droite et poussait des éclats de rire. Tous deux changèrent de couleur en apercevant Anémone. Une femme ! s'exclama celui qui était à demi nu en s'asseyant sur le sol mouillé, tentant de dissimuler son sexe. Il avait une impressionnante érection. Il s'était assis juste devant la porte, bloquant le passage à Anémone. L'homme à l'aiguille portait une veste en croco, un béret, des pantalons de cheval et des bottes d'égoutier. Il était trapu, les épaules et le cou musclés, avec de grosses mains et de grands pieds. Son rire s'était éteint un instant à la vue d'Anémone, mais en regardant son compagnon essayer de cacher son érection en enfilant à grand-peine son slip et en tirant sur le bord de sa chemise, il éclata à nouveau d'un rire énorme. Non, s'il te plaît, ne te moque pas de moi, pas devant une femme, suppliait son compagnon en se rhabillant en toute hâte, enfilant un pantalon jaune, des chaussettes roses trouées au talon, des bottines de cuir noir lacées. Se sentant observé par Anémone, il gardait les yeux baissés d'un air gêné. Il était plus petit encore que l'homme à l'aiguille, sa tête arrivait à peine à hauteur de la bouche d'Anémone. Il paraissait âgé d'une trentaine d'années à peine, mais avait déjà une calvitie prononcée. Il passa un peigne dans ses cheveux clairsemés, se fit une raie sur le côté, s'enduisit de Gomina. Vous savez, mademoiselle, il faut comprendre, j'avais les intestins fragiles de naissance, commença-t-il, toujours assis sur le sol mouillé, avec son pantalon plein de taches, alors depuis que je suis tout petit ma grand-mère me mettait une aiguille magnétique dans les fesses, je cachais la batterie dans ma poche de poitrine, il y avait une électrode en ébonite à un bout, ma grand-mère m'obligeait à la garder tout le temps, c'était pour ma santé, voyez-vous, c'est ma grand-mère qui m'a élevé et je lui obéissais toujours, vous comprenez ? Et l'anus c'est juste à côté de l'appareil génital n'est-ce pas, et j'étais seulement en deuxième année d'école primaire quand j'ai éjaculé pour la première fois, et ensuite ça n'a pas arrêté, au moindre prétexte ça jaillissait comme du lait, vous comprenez, l'électrode était plus grosse qu'un doigt d'adulte, ça m'a élargi l'anus, c'est la faute de ma grand-mère si je suis devenu pédé, mais je ne lui en veux pas, elle m'a élevé seule tout en tenant un commerce ambulant de poisson séché et de boulettes de crabe, vous comprenez, même quand il faisait froid, je la revois partir avec sa boîte de maquereaux séchés sous le bras, sans gants, il gelait à pierre fendre, ce jour-là moi j'avais des gants de laine, et je croyais que ma grand-mère n'en portait pas parce qu'elle n'aimait pas ça mais en réalité elle n'avait pas d'argent pour en acheter, moi je l'admirais ma grand-mère, je faisais tout ce qu'elle me disait, alors même quand elle m'a dit de me mettre cette électrode dans les fesses je lui ai obéi aveuglément, je ne savais pas pourquoi ça me faisait cet effet, ni ce que c'était que ce liquide blanc qui me coulait du zizi, je voyais seulement que c'était agréable, comment voulez-vous qu'un gamin comprenne ces choses-là, vous me comprenez, n'est-ce pas, mademoiselle ?...

Le chauve continuait à raconter sa vie, exhalant une haleine avinée et postillonnant sur le bras d'Anémone, qui commençait à avoir la nausée. L'autre avait rangé l'aiguille dans une trousse et regardait dehors par la fenêtre des toilettes, le soleil avait commencé à se montrer. N'est-ce pas, mademoiselle, vous ne me prenez pas pour un pervers ? J'espère que vous avez pitié de moi. Tandis qu'il parlait, de grosses veines bleues s'étaient gonflées sur son front et son cou, et il suait abondamment sous sa chemise malgré le froid. Anémone essaya de passer sous son bras pour sortir.

— Non, attendez, mademoiselle, vous savez, ma grand-mère maintenant elle est très malade, sur le point de mourir, et moi je ne peux pas prendre de congés pour aller la voir, c'est pour ça, je me fais faire ces piqûres de vitamines coréennes pour tenir le coup. Je suis un type bien, n'est-ce pas que je suis un type bien ?

Il avait attrapé Anémone par un bras et hurlait. Anémone essaya de dégager son bras mais il la tenait fermement. Eh, vous, faites quelque chose, dit-elle à l'homme qui regardait par la fenêtre. Le petit musclé au béret regarda le chauve d'un air dégoûté et claqua la langue. Tu ne peux pas te tenir bien devant une demoiselle ? T'es pas beau à voir, tu sais. Puis il se tourna vers Anémone : Vous voulez que je le fasse taire ? A peine Anémone avait-elle hoché la tête qu'un énorme poing passait devant ses yeux et venait s'abattre sur le nez du chauve avec un bruit mat. Le chauve s'écroula par terre en se tenant le nez. A genoux sur le sol des toilettes, il ouvrait de grands yeux hébétés. Il y avait du sang partout.

Anémone sortit des toilettes, écœurée, mais le petit trapu la suivit et l'interpella : Hé, pourriez dire merci, quand même ! Anémone l'ignora et revint s'asseoir à sa place. Son riz au curry était refroidi et elle n'avait plus faim. Elle avala une gorgée de soupe. Le type s'assit à côté d'elle. Allez, mademoiselle, un petit merci, quoi. Une de ses dents de devant était en or. Le pendentif qu'il avait au cou, représentant une Blanche faisant une fellation à un Oriental, pendait juste sous les yeux d'Anémone. Je l'ai frappé pour vous venir en aide, vous pouvez bien me dire merci. Les hommes qui les entouraient observaient la scène en ricanant. Anémone sortit deux billets de mille yen de son sac à main et les tendit à l'homme, qui les examina un moment à la lumière du soleil pénétrant maintenant à flots dans le restaurant, puis il claqua de la langue, cracha par terre, pff, deux mille yen ! Il trempa les billets dans le riz au curry refroidi et les reposa sur la paume d'Anémone. Des éclaboussures jaunâtres vinrent maculer le visage et le manteau en renard d'Anémone. Te fiche pas de moi, la môme ! Anémone remit les billets dans le plat de curry et essuya sa main avec un mouchoir. Levant la tête, elle laissa échapper un cri : le chauve était debout devant elle, il avait du sang partout. Il se tenait le nez d'une main et s'appuyait à la table de l'autre. Le sang lui coulait du menton. Ça fait mal ? demanda l'homme à la veste en croco. Le chauve secoua la tête. Les employés du restaurant, affolés, accouraient vers eux. Ne vous inquiétez pas, il a glissé dans les toilettes, il s'est un peu cassé le nez mais ça va aller, vous en faites pas. Le chauve hocha la tête en guise d'approbation, puis il s'assit en face d'Anémone, et commença à manger le riz au curry posé sur la table. Il prit les billets de mille yen dégoulinants de sauce entre deux doigts et les regarda d'un air dubitatif, puis éclata de rire. A chaque éclat de rire, son nez tremblotait et des gouttes de sang tombaient dans le plat. Cécécécé... c'est la prepreprе... première fois que je mange du riz au curry assaisonné aux billets de mille ! Anémone quitta le restaurant. En se retournant elle vit les deux hommes écroulés de rire sur la table, le doigt pointé sur les billets.

Elle traversa le parking où s'alignaient d'énormes poids lourds. Apparemment les deux hommes ne l'avaient pas suivie. Elle fit le plein, remonta dans sa Ford, se remit à rouler. Une heure plus tard environ, elle entendit à la radio la nouvelle chanson de Hashi. « Fou, je te rendrai fou, et tu sais l'histoire ne fait que commencer ! »

Le soleil, haut dans le ciel, se reflétait sur la route et l'aveuglait. Au moment où elle allait sortir ses lunettes de soleil de son sac, elle entendit des coups de klaxon derrière elle. Surprise, elle regarda dans le rétroviseur, aperçut un camion juste derrière son pare-chocs, à vingt centimètres à peine. Le camion était trop haut pour qu'elle puisse distinguer le conducteur, elle ne voyait qu'un énorme pare-chocs métallique, qui emplissait tout le cadre de son rétroviseur. Elle rétrograda, appuya à fond sur l'accélérateur, le camion perdit rapidement de la distance, elle put distinguer les sièges avant : c'étaient les deux lascars du restaurant. Le chauve conduisait. Il s'était essuyé le visage mais sa chemise était toujours maculée de sang. Anémone descendit sa vitre, passa une main et fit signe au camion de la dépasser. Le camion répondit par de violents coups de klaxon. Restons calme, je les sèmerai à la prochaine côte. Si j'accélère maintenant, la Ford sera déstabilisée, je risque de me retrouver dans le fossé.

Mais la longue descente de faible déclivité sur laquelle elle roulait pour l'instant ne semblait pas vouloir se terminer. Anémone ralentit, elle ne savait pas quel mauvais coup ces deux voyous avaient en tête, mais de toute façon ce serait moins dangereux si elle roulait lentement. Elle descendit jusqu'à trente à l'heure. Le camion ralentit à son tour, la distance entre eux s'espaça d'une centaine de mètres, ils roulèrent ainsi un moment mais, bientôt, elle vit le camion grandir à une rapidité effrayante dans son rétroviseur. Elle accéléra, mais trop tard. Ils la dépassèrent en donnant de grands coups de klaxon, et en la frôlant : le pare-chocs du camion heurta l'aile arrière droite de sa voiture avant de disparaître. Sous le choc, elle perdit le contrôle du volant, le reprit aussitôt, le tourna vers la droite, rétrograda en donnant de petits coups de frein, évitant ainsi de justesse de quitter la route, mais elle entendit un crissement de tôles : sa voiture avait heurté les glissières de sécurité. Serrant les dents, elle se cramponna au volant et réussit à retourner sur la voie, mais quand elle regarda dans son rétroviseur, elle poussa un cri : Gulliver ! La porte arrière du coffre était grande ouverte, il n'y avait plus trace du crocodile. Elle freina brutalement, s'assura qu'il n'y avait pas de voiture derrière elle et fit demi-tour sur l'autoroute. Des voitures arrivaient, elle se rabattit sur la gauche et s'arrêta. Elle descendit de voiture, se mit à courir le long de la voie. Elle aperçut Gulliver, gisant sur le dos au milieu de la ligne blanche centrale. Elle poussa un cri, voulut courir vers lui, mais une file de voitures, la dépassant à toute vitesse en faisant trembler le sol, l'en empêcha. Quand elle arriva près de lui, le crocodile était parfaitement immobile, anesthésié par le choc et le froid. Gulliver ! hurla-t-elle, et il bougea légèrement la queue. Ça va aller, Gulliver, ça va aller, murmura-t-elle. Il avait la peau dure, et pesait au moins une tonne. Même si une voiture lui roulait dessus, ce serait elle la plus endommagée. Mais comment le sortir de là maintenant ? Elle continua à appeler son nom, et Gulliver bougea la queue et commença à faire des efforts pour se relever. Tortillant son ventre pâle et ridé, il donnait des coups de patte dans le vide, cherchant quelque chose à quoi s'accrocher pour se retourner. Les voitures qui passaient esquivaient habilement cet obstacle inattendu. Il arqua la queue, forma un pont en arrière comme un lutteur de foire. Il avait une blessure au flanc, qui saignait. Il leva haut la queue et l'abattit sur le pavé, essayant de se retourner d'un coup. Après plusieurs essais infructueux, il parvint à ses fins, regarda autour de lui, essaya de se diriger vers les buissons qui séparaient les deux côtés de l'autoroute. Il avait dû sentir l'odeur de l'herbe, les voies étaient secouées par les vibrations des voitures passant à toute allure, cela devait lui faire peur. Anémone s'assit sur le bord de la route, fatiguée de l'appeler, et fut soudain envahie par une émotion inconnue d'elle, à la vue du malheureux animal rampant lentement pour sortir du milieu des voies et aller se cacher dans les fourrés. Une vague d'émotion la glaça, de la pointe de ses sandales chinoises jusqu'en haut de la tête en s'insinuant sous son pantalon de cuir, la laissa tremblante. Il faudrait qu'il pleuve, songea-t-elle soudain. La vue de ce ciel de midi d'un bleu pur au-dessus des collines lui était devenue insupportable. Le nombre des camions augmentait. Chaque fois qu'il en passait un près d'elle, soulevant une rafale de vent, Anémone poussait un petit cri. Elle avait peur des camions. Elle avait l'impression d'être devenue une fourmi, et quelque chose de plus énorme encore qu'un camion allait venir l'écraser. Elle se mit à pleurer. Maman, au secours, maman ! Elle entendit un bruit épouvantable provenant de l'autre côté de l'autoroute, et vit le corps de Gulliver projeté dans le ciel radieux, puis se briser en deux à l'instant où il retombait. La tête resta accrochée dans un épais buisson, tandis que le tronc tombait au milieu de la route, rebondissait en l'air et heurtait un camion arrivant à pleine vitesse. Le sang qui jaillissait des morceaux épars du crocodile, entraîné par les roues des camions, se mit à former des lignes rouges parallèles sur la voie.

21

Une perche en fibre de verre jaune était attachée sur le toit de la fourgonnette transportant les quatre nouveaux prisonniers accompagnés de deux gardiens. Les gardiens discutaient de leur dernier week-end à la pêche, et de la douzaine de truites qu'ils avaient prises.

— Hé, gardiens, fit soudain un prisonnier aux cheveux luisants de brillantine.

Les deux gardiens fixèrent un regard haineux sur celui qui venait d'interrompre leur discussion. Excusez-moi de vous appeler « gardiens », c'est comme ça qu'on appelait les matons à la maison de correction d'où je viens, mais le riz, à la prison, ils mettent pas du blé dedans au moins ? C'est que moi je supporte pas le blé, à cause de l'odeur.

Les deux gardiens se regardèrent en éclatant de rire. L'homme aux cheveux gominés se mit à rire lui aussi, mais baissa les yeux quand les gardiens tournèrent vers lui un regard sévère sans répondre à la question.

Sur la pelouse devant l'entrée du centre de détention criminelle étaient plantés quelques palmiers, au milieu desquels trônait une statue de bronze représentant deux hommes maniant un marteau. *Espoir*, disait le titre gravé à la base de l'œuvre. Dans l'entrée du bâtiment gris aux rares fenêtres, le ménage était impeccablement fait, on aurait dit une usine plutôt qu'une prison. L'un des gardiens qui avaient accompagné les jeunes gens arrêta Kiku au moment d'entrer dans le bâtiment et tendit la main vers la perche en fibre de verre que Kiku tenait à la main.

— Hé, Kuwayama, je vais confier ça à la réserve. N'oublie pas de la faire inscrire sur le registre avec la liste de tes affaires. Compris ?

Kiku hocha la tête.

— T'as pas de langue pour répondre, Kuwayama ?

— Oui, m'sieu, fit Kiku d'une voix presque inaudible.

Les quatre nouveaux prisonniers entrèrent dans le bâtiment. Ça sent l'hôpital ici, trouvez pas ? marmonna le garçon aux cheveux pommadés, mais aucun de ses camarades ne prit la peine de répondre. Sous la conduite des gardiens, ils montèrent un escalier, entrèrent dans une pièce portant inscrit sur la porte *Bureau du directeur*. Dans la large pièce bien ensoleillée, trois hommes étaient assis dans un canapé. L'un d'eux, un homme maigre à lunettes en costume croisé, vérifiait des documents, en face de lui un vieillard en uniforme bleu marine fumait une cigarette sans filtre, enfin à l'autre bout du canapé un gros type en uniforme affalé contre le dossier avait enlevé ses bottes à lacets et se grattait les pieds. Un des gardiens qui accompagnaient les quatre jeunes gens rectifia sa position en entrant et annonça d'une voix suraiguë : Voici les quatre nouveaux détenus ! L'homme en costume croisé leva lentement la tête, le gros en uniforme remit ses bottes.

— A partir d'aujourd'hui vous purgerez votre peine ici. Je suis le directeur du centre de détention, je m'appelle Tosa. Je tiens à vous prévenir que vous n'êtes pas ici pour être punis mais pour vous permettre de vous réinsérer plus tard normalement dans la société, c'est notre but primordial, vous êtes tous des délinquants primaires, c'est pourquoi vous êtes ici, car nous nous occupons principalement de jeunes gens que leurs tendances poussent au crime ou à la délinquance mais qui ne sont pas encore des criminels confirmés, à travers des entraînements divers, des programmes d'éducation, des cours par correspondance, des activités de clubs, la gymnastique, la culture, nous vous offrons différentes opportunités de vous remettre dans le droit chemin, je vous recommande donc de vous habituer le plus vite possible aux règles de la vie carcérale, d'entretenir des relations harmonieuses avec vos codétenus, bref de devenir des prisonniers modèles, et de faire tous vos efforts pour pouvoir retourner le plus rapidement possible auprès de vos familles respectives. C'est tout.

Juste au moment où le directeur finissait ce discours, le prisonnier aux cheveux gominés eut un petit rire étouffé, tête baissée, dû plus à la tension nerveuse qu'à un réel amusement. Le gros type en uniforme s'avança jusqu'à lui : T'es débile, ou t'as juste pas bien compris ce qu'a dit M. le directeur ? Il avait une stature impressionnante, et une sueur fétide émanait de son cou de taureau et de son torse épais. Ou alors tu rêvais de faire de la prison depuis ta naissance et tu viens juste de réaliser ton rêve ? T'es si heureux que ça d'être ici, hein ? insista-t-il. Ses bottes lacées devant étaient deux fois plus grandes que les chaussures de tennis du garçon gominé, dont les joues étaient agitées par un tic nerveux. Pardon, je m'excuse, répétait-il. Allons, laissez, Tadokoro, fit le directeur en souriant. Il comprendra rapidement, j'en suis sûr.

Le gros type appelé Tadokoro était le surveillant-chef. Ses deux oreilles étaient complètement aplaties, sans doute avait-il fait beaucoup de judo. Il était gros mais n'avait pas l'air flasque pour autant. Il guida les quatre prisonniers jusqu'à une sorte de salle de classe. Les deux gardiens tirèrent les rideaux d'une fenêtre donnant sur la mer. Kiku et ses camarades reçurent l'ordre de s'asseoir sur des chaises, une séance de cinéma commença. La scène représentait un coucher de soleil sur la mer, tandis qu'une voix d'homme expliquait : « Ce film a été tourné spécialement pour vous faire connaître les points essentiels de la vie du centre de détention. Soyez attentifs. » Les contours de la statue des deux hommes maniant un marteau se superposèrent au coucher de soleil. « Le sculpteur Sumitomo a mis quinze mois à réaliser cette statue vous symbolisant, vous, jeunes détenus qui vous efforcez de réformer vos mauvais penchants dans le but de vous réinsérer rapidement dans la société. » La statue s'effaça lentement laissant place à un groupe de détenus travaillant dans un atelier de montage. « Notre centre de détention est réputé pour la qualité et la variété des programmes d'éducation et d'apprentissage qu'il propose, ainsi que pour la proportion élevée de détenus réinsérés à leur sortie de prison. Les apprentissages en ateliers de menuiserie, d'imprimerie, de couture et de métallurgie sont sanctionnés par un certificat de stage décerné par le bureau de formation professionnelle du ministère du Travail. » Suivait une visite guidée de différents ateliers équipés de machines sophistiquées et où s'activaient des détenus aux visages radieux. Ensuite on voyait dans une salle portant une pancarte *Salle de repos* des détenus jouer aux cartes, chanter en s'accompagnant à la guitare, avec des gros plans sur les épaules de leurs uniformes ornées de galons dorés ou argentés. « Après six mois de conduite exemplaire un détenu reçoit un galon d'argent, quand il en a obtenu quatre, autrement dit au bout de deux ans de conduite exemplaire, c'est d'un galon doré que le directeur en personne décore le détenu lors de l'appel du matin. Au bout de deux galons dorés on accède au titre de "détenu modèle", ce qui permet d'être transféré dans une cellule individuelle de luxe, c'est-à-dire comportant une fenêtre 1,75 fois plus grande que celle d'une cellule ordinaire, avec rideaux, miroir et étagères. » A cause de la loi de protection des droits de l'individu, le visage des détenus n'apparaissait jamais en entier, quand c'était le cas, les visages étaient noircis autour des yeux. On voyait ces prisonniers anonymes aux yeux invisibles faire du judo, du jogging, de la peinture, de la poterie, assister à des offices religieux. « Au printemps et à l'automne ont lieu des fêtes sportives auxquelles participent les professeurs et les gardiens. Une fois par an sont organisées des compétitions inter-cellules de rugby, ping-pong, football, volley-ball, judo et kendo. A l'automne également, nos clubs d'activités culturelles organisent des spectacles de théâtre, de chant, récitation de poésies, concours de calligraphie, expositions artistiques, que peut venir visiter le public de l'extérieur. » Ensuite étaient passés en revue l'infirmerie, les cuisines, la salle de bains, le coiffeur, la salle de prière, les cellules ordinaires, les cellules d'isolement, les toilettes, le parloir. « Nous avons deux catégories de parloirs, les prisonniers modèles ont droit aux visites au parloir de première classe. » Dans les parloirs de deuxième classe, les prisonniers parlaient derrière des grilles sous la surveillance de gardiens, tandis qu'au parloir de première classe on les voyait assis autour d'une table ronde buvant du thé avec leurs visiteurs. Le reste du film était axé sur la vie dans les cellules communautaires et expliquait en détail les modalités du réveil, de l'appel, du ménage de la cellule et jusqu'à la façon de faire les lits. Le film se terminait sur une scène montrant la sortie d'un prisonnier : un détenu en vêtements civils saluait le directeur et les gardiens alignés devant l'entrée de la prison, puis se jetait dans les bras de la famille qui l'attendait. Un gros plan se refermait sur son visage, la joue gonflée par une boulette de riz au poisson préparée par sa mère, des larmes coulant de ses yeux barrés d'un trait noir anonyme. « Vous aussi, faites tous vos efforts pour que le jour plein de joie de votre retour à la société arrive le plus vite possible », disait une voix off en guise de commentaire final.

Quand le mot « fin » apparut sur l'écran, quelqu'un laissa échapper un soupir. Les rideaux furent tirés à nouveau, le jour se fit dans la pièce. Deux des prisonniers repoussèrent leurs chaises et se levèrent. C'étaient le garçon aux cheveux gominés, et un grand type, dont la peau blanche avait un éclat métallique.

— Qui vous a dit de vous lever ? aboya le gardien qui rangeait le projecteur. Vous avez regardé le film, oui ou non ? On vient de vous montrer un film pour vous expliquer qu'ici on n'en fait pas qu'à sa tête, on attend les ordres, vu, espèces de débiles ?

Le gominé se rassit en toute hâte, mais le grand pâle

resta debout. Tadokoro lui jeta un regard haineux et dit à voix basse :

— Tu comptes rester debout jusqu'à quand ? Tu comprends pas le japonais ? T'es un métèque ou quoi ?

— Vous ne m'avez pas donné l'ordre de me rasseoir, répondit le prisonnier d'un ton calme.

— Forte tête, hein, murmura Tadokoro en se passant la main sur le menton.

S'approchant du prisonnier, il lui ordonna de s'asseoir et lui demanda son nom. Tous deux étaient à peu près de la même taille, le grand pâle devait faire plus d'un mètre quatre-vingt-dix, car il dépassait Kiku d'une bonne tête.

— Motohiko Yamane, répondit le prisonnier d'une voix calme sans bouger un sourcil.

Son regard croisa un instant celui de Kiku. Des boucles de cheveux recouvraient son front pâle, ses cils et ses sourcils semblaient gris, et ses pupilles, sous ses paupières fendues, presque incolores. Il avait un petit nez rond qui évoquait celui d'un poupon en Celluloïd. Sa bouche était fine et ferme, dépourvue de toute ride d'expression. On aurait dit qu'il portait un masque de plastique gris.

Les quatre prisonniers redescendirent l'escalier, traversèrent un couloir sombre, donnant sur une porte en fer. Sur un signe de Tadokoro, un gardien ouvrit cette porte. Dans un grincement de ferraille, la porte s'ouvrit sur une pièce minuscule où attendaient deux gardiens, matraque au côté. L'un d'eux présenta à Tadokoro un épais registre portant inscrit sur sa couverture *Registre d'entrée*. Tadokoro inscrivit la date, son nom et le but de sa visite : *29 mars, arrivée de nouveaux détenus*. A l'aide d'une grosse clé, le gardien ouvrit une énorme porte de fer qui occupait tout le fond de la petite pièce. Les gardes se mirent à deux pour pousser la porte, d'où filtrait une lumière aveuglante qui fit fermer les yeux à Kiku et ses compagnons. Devant eux se trouvait une autre porte, une porte tournante pareille à une cage constituée de mâts métalliques avec des pointes en haut. Sur ordre de

Tadokoro les prisonniers entrèrent un à un par ce tourniquet, qui produisait un petit déclic à chaque tour. Votre nouvelle maison, les gars ! fit Tadokoro.

Des fenêtres à barreaux, d'épaisses portes scellées dans des murs de béton, régulièrement alignées le long d'un couloir dont on ne voyait pas le bout. Le gardien referma la porte de fer sur eux. Quelle horreur ! marmonna le gominé en s'asseyant par terre, la tête rentrée dans les épaules. Tadokoro l'attrapa par le col et le releva de force. Il régnait une clarté aveuglante dans le couloir immense, où on ne voyait pas un grain de poussière, pas un insecte, rien d'autre que des cadenas de fer, des portes de bois, de petites taches et des fissures sur les murs, des ombres épaisses dessinées au sol par les barreaux des fenêtres. Tadokoro se mit à déblatérer :

— Dites, les gars, quand une machine tombe en panne, d'habitude son propriétaire l'apporte chez un réparateur et paie les réparations, pas vrai ? Si vous apportez une machine à laver en panne chez un électricien, il vous envoie la note, pas vrai ? Mais en prison c'est tout le contraire, on vous répare aux frais de l'Etat, vous pouvez en être reconnaissants, oui, la première chose que vous devez éprouver c'est de la reconnaissance !

Ils furent emmenés dans le bureau des admissions, une pièce assez vaste où des piliers en bois tendus de tissu formaient de petits paravents, derrière lesquels ils durent se déshabiller entièrement, lever les mains, puis les pieds l'un après l'autre en faisant de petits bonds pour vérifier qu'ils n'avaient rien dissimulé sur eux, ensuite on leur tendit des sous-vêtements et leur uniforme de prisonnier : un pantalon et une veste de la même couleur que le béton environnant. Le pantalon se fermait avec une ficelle sur le devant. Les chaussures étaient en coutil de grosse toile, relevées au bout avec des semelles de caoutchouc, ils n'avaient pas de chaussettes. Leurs effets personnels furent répertoriés, notés sur des registres et rangés dans des boîtes en bois. Sur une colonne marquée *Autres possessions*, Kiku inscrivit : *Perche en fibre de verre, de fabrication américaine*.

Après s'être changés, tous quatre furent conduits chez le barbier de la prison. Le gominé avait les épaules secouées de sanglots en voyant ses mèches grasses tomber à terre, finalement il se mit à pleurer franchement. Le détenu qui officiait lui maintint les cheveux de la main gauche, et lui dit : Si tu continues à bouger comme ça, je vais te taillader la tête, espèce de crétin. Et qu'est-ce que c'est que ce truc puant que tu t'es mis dans les cheveux ?

— Et celui-là, fit Tadokoro en désignant Yamane, on dirait Frankenstein !

Toutes les têtes s'étaient tournées vers Yamane : une épaisse cicatrice courait sur son crâne du front jusqu'à l'arrière, formant des bourrelets rouges sur le sommet, apparemment on lui avait recousu le crâne. Même le gominé s'arrêta de pleurer et regarda le crâne de Yamane en avalant sa salive.

— J'ai été opéré, on m'a inséré un disque de plastique dans le crâne, fit Yamane d'un air honteux.

Les quatre prisonniers reçurent des numéros, inscrits à l'encre noire sur des bouts de tissu blanc. Tadokoro appela le nom et le numéro de chacun, les faisant répéter quand ils ne répondaient pas assez fort. Kunio Shirayama, 418 ! Takumi Kudo, 477 ! Motohiko Yamane, 539 ! Kikuyuki Kuwayama, 603 !

Les cellules individuelles faisaient à peine deux mètres carrés, le sol était couvert de nattes fines aux couleurs passées, il y avait un matelas et une couverture, une serviette roulée dans du plastique en guise d'oreiller, et c'était tout. Trois murs de béton sans fenêtre couleur crème, et une porte épaisse en bois. Deux petits vasistas qui ne pouvaient s'ouvrir que de l'extérieur étaient ménagés dans la porte, un à hauteur des yeux pour permettre au gardien de ronde de voir ce qui se passait dans la cellule, l'autre à hauteur des genoux, pour faire passer les plateaux de repas. Il y avait un tube de néon au plafond, placé si haut que même en sautant on ne pouvait pas l'atteindre. Les toilettes et le robinet d'eau potable étaient à l'extérieur. Pour faire ses besoins ou boire en dehors des heures réglementaires, il fallait attendre le passage d'un gardien et lui demander l'autorisation.

Les prisonniers nouvellement arrivés devaient subir une série de tests d'orientation et, pendant ce laps de temps, restaient enfermés dans des cellules individuelles. Les murs épais et sans fenêtre étouffaient complètement sons, lumières et odeurs, si bien que les détenus passaient généralement par une période de claustrophobie. D'après l'administration de la prison, ce passage en cellule individuelle était bénéfique, car il faisait naître un désir de vie communautaire, et les gardiens pouvaient également juger assez facilement la personnalité du nouveau prisonnier. C'était un excellent préliminaire à la discipline carcérale. Comme il leur était interdit de parler et de communiquer avec autrui, les prisonniers devaient trouver leurs propres moyens de pallier la tension nerveuse, par la méditation zen, l'exercice, la respiration ou la masturbation, mais ils ne tardaient pas à attendre avec impatience de pouvoir participer aux activités de groupe et à la formation professionnelle. La plupart des détenus suppliaient rapidement qu'on les laisse participer à une activité, n'importe laquelle. Ceux par contre chez qui la pression de l'isolement ne causait aucun changement psychologique étaient notés sur la liste des prisonniers nécessitant un traitement particulier.

Kiku était de ceux-là : il semblait se complaire dans l'isolement. Appuyé au mur de sa cellule, il restait assis des journées entières sans se plaindre de quoi que ce soit aux gardiens ou aux instructeurs. La nuit, ses hurlements faisaient accourir le gardien, mais à part ces cauchemars, il était totalement amorphe depuis son arrivée. Détestant par nature le contact et la conversation avec autrui, il ne manifestait d'intérêt pour rien, obéissait docilement aux ordres, semblait avoir abdiqué toute volonté, tout jugement. Quand les instructeurs chargés des tests d'aptitude venaient lui demander : Kuwayama, à quelle activité voudrais-tu participer ? il ne répondait rien de précis, et si l'instructeur insistait, il faut faire quelque chose, mon vieux, il répondait à voix basse, sans lever la tête : Ce que vous voudrez. Le psychiatre pénitentiaire vint l'examiner et diagnostiqua que l'état de choc qui lui avait valu d'être hospitalisé juste après le drame n'était pas encore résorbé. Autrement dit, n'ayant pu assumer la souffrance mentale d'avoir tué sa propre mère, il s'est réfugié à l'intérieur de cette maladie.

Les nouveaux détenus subissaient un check-up complet, avec radios, mensurations, tests d'audition, de vue, de niveau intellectuel, de personnalité, à l'issue duquel ils avaient des entrevues individuelles avec différents instructeurs, en fonction de leur niveau d'éducation, afin de décider de la branche de formation qui leur conviendrait le mieux. Mais dans le cas de difficultés psychologiques persistantes comme pour Kiku, la décision d'orientation était repoussée de six mois, et pendant cette période les prisonniers participaient aux tâches de la prison. Kiku fut ainsi affecté à l'aide aux cuisines, et tous les matins dut se lever deux heures plus tôt que ses camarades, à quatre heures du matin, pour les préparatifs du petit déjeuner.

A la fin de la période d'isolation, Kiku fut transféré dans une cellule communautaire où étaient enfermés d'autres détenus travaillant comme lui aux cuisines. Il y retrouva Yamane, le garçon au visage lisse comme un masque qui était arrivé à la prison en même temps que lui. Kiku et Yamane durent s'agenouiller à l'entrée de la cellule pour saluer avec respect leurs nouveaux compagnons, quatre détenus plus âgés qu'eux nommés Fukuda, Hayashi, Sajima et Nakakura. Dès que le gardien fut parti, Fukuda, qui paraissait le plus âgé de tous, prit la parole en se grattant la tête :

— La règle ici, pour les nouveaux arrivants, c'est de raconter aux autres pour quelle raison ils ont été condamnés, ensuite ce sera notre tour, c'est pas très drôle mais enfin c'est la règle...

— Homicide, fit Yamane toujours à genoux, avant même que l'autre ait fini sa phrase.

Hayashi et Sajima se regardèrent en murmurant : Un assassin, ah bon, ben il vaut mieux savoir à qui on a affaire, pas vrai, et toi, petit ?

— Moi aussi, homicide.

Nakakura fit remarquer en riant : On est tous du même bateau alors ! Fukuda et Hayashi firent écho à son rire, tandis que Kiku et Yamane baissaient la tête en silence. On est utiles à la lutte contre la surpopulation : à nous six, on a fait baisser de six personnes la population du Japon !

— Plus que ça : moi j'en ai tué quatre, fit Yamane.

Le rire des autres s'étrangla. Nakakura se redressa, fit le geste de viser avec un revolver : Comme ça ?

— Non, avec mes mains.

— Karaté ? Boxe ? demanda Nakakura en regardant les mains de Yamane avec intérêt.

— Karaté.

— Tu as pris combien d'années pour ça ?

— Dix ans.

— Dix ans, mince, t'es pas mineur pourtant ! Tu descends quatre personnes et tu en prends seulement pour dix ans ? !

— C'est que j'ai été grièvement blessé moi aussi.

— Ah, c'est ça ta cicatrice ? T'as l'air costaud en tout cas, on n'ira pas se chamailler avec toi, même pour rire. Y a rien de plus bête que de se faire descendre en prison, hein.

Nakakura était cuisinier dans un restaurant. Un jour qu'il découpait de la palette de porc, un de ses collègues s'était moqué de sa grand-mère, venue lui rendre visite. Je lui ai aussitôt balancé dans la poitrine le couteau posé à côté de moi, expliqua-t-il, j'avais pas l'intention de le tuer, je voulais juste lui donner un avertissement mais ce couteau s'est planté dans sa poitrine jusqu'au manche. Y a pas à dire, la chair humaine, c'est plus tendre que le porc.

Sajima, lui, était pêcheur. Ce jour-là il faisait mauvais depuis le matin et il avait mal à une dent. Malgré la douleur lancinante, il avait mangé du hareng au déjeuner et les petites arêtes coincées entre ses dents l'avaient irrité. Pendant qu'il essayait d'extraire ces arêtes, il s'était aperçu qu'un des clients qu'il avait emmenés pêcher avait vomi partout sur le pont, un type qu'il trouvait particulièrement antipathique. L'idée de devoir nettoyer le pont avec le mal aux dents que j'avais, ça m'a mis en colère et quand un autre client est venu se plaindre que je ne m'occupais pas du gouvernail, je lui ai donné un coup de pied, pas très fort mais il est tombé, s'est pris dans l'hélice, et voilà, je l'avais tué. Mais le vrai coupable, si vous voulez mon avis, c'est l'hélice, pas moi !

Fukuda, lui, était ouvrier sur un chantier naval, il nettoyait les cuves à mazout. Au collège, il faisait du base-ball, il était très bon lanceur. Il avait participé à des matchs et il était très fier d'avoir un bras puissant qui lui permettait d'être aussi fort au lancer. Après avoir obtenu ce poste au chantier naval, il s'était marié, avait eu un fils. Il se réjouissait d'avance de lui apprendre à jouer au base-ball quand il serait grand. Pendant deux ans, il travailla dur au chantier naval, il devait détacher à coups de marteau la croûte de mazout dans les cuves, et à force de soulever ce lourd marteau des centaines de milliers de fois, il s'était abîmé l'épaule. Le surlendemain du jour où il se rendit compte qu'il ne pourrait plus lancer la balle comme autrefois, il s'était soûlé, s'était trouvé mêlé à une querelle d'ivrognes, avait frappé un type à coups de chaise et le type en était mort. Quand je pense que j'arrivais à lancer cette balle à soixante-cinq mètres, une balle plus grosse qu'un pamplemousse, à soixante-cinq mètres, tu te rends compte ?

Hayashi était instructeur de ski nautique. Il avait des problèmes d'argent et avait voulu dévaliser la caisse d'une boutique de coiffeur qu'il connaissait, le coiffeur, un vieillard, était arrivé en poussant des cris, il lui avait mis la main sur la bouche pour le faire taire, l'autre l'avait mordu, et il l'avait étranglé. Je déteste l'odeur du shampooing, ça me rappelle de mauvais souvenirs, les coiffeurs ils puent tous le shampooing, je ne supporte pas non plus qu'on tire la langue, vous ne savez pas ça vous, mais quand un type meurt étranglé, il tire une langue jusqu'au menton, je n'aurais jamais imaginé que les êtres humains puissent avoir une langue aussi longue, les autres le savent déjà, mais vous les deux nouveaux, je vous préviens, ne vous avisez jamais de tirer la langue devant moi.

Les six détenus affectés au service des cuisines avaient un autre point commun : ils possédaient le permis bateau petite catégorie, c'était normal pour Sajima, pêcheur, et Hayashi, professeur de ski nautique, mais Nakakura avait travaillé trois ans dans une compagnie de renflouement où il conduisait un bateau transportant des câbles de renflouement sous-marins. Fukuda vivait dans un port et il aimait aller pêcher en mer, la pêche au filet était sa spécialité. N'ayant pas assez d'argent pour employer un capitaine lors de leurs sorties en mer, lui et ses camarades de pêche avaient décidé de passer leur permis bateau. Yamane avait appris à naviguer sur le voilier d'un ami de lycée, et avant sa blessure à la tête, avait aussi pratiqué la plongée. Kiku, lui, avait appris à naviguer sur le vieux bateau de pêche de son père adoptif à l'époque où il vivait sur l'île, et était allé jusqu'à Nagasaki pour passer son permis. Tous les cinq, Kiku n'ayant pas essayé, avaient échoué à l'examen d'entrée du club d'entraînement à la navigation de la prison. Le club avait un nombre fixe de quinze membres, et les cinq détenus avaient été affectés aux cuisines en attendant de pouvoir se présenter à nouveau à cet examen au bout de six mois de délai. Les instructeurs avaient pensé que l'enthousiasme des cinq détenus à entrer dans le club de navigation aurait une influence bénéfique sur Kiku et que cela contribuerait à le sortir de son apathie.

Le centre de détention avait un système administratif exemplaire. La méthode consistait, au lieu de réprimer par la violence, à étouffer dans l'œuf toute velléité de rébellion. N'eût été la haute muraille de béton qui entourait tout le périmètre du centre et les doubles portes d'acier à l'entrée, on se serait cru dans une pension. Les détenus eux-mêmes reconnaissaient que les équipements étaient magnifiques, et que toute injustice était soigneusement évitée. En ce qui concernait les repas par exemple, une enquête de satisfaction était menée tous les deux mois auprès des prisonniers, et les rations de pain et de riz étaient calculées en fonction du genre de travail fourni, sur une échelle de cinq différents types d'efforts, physiques, manuels, intellectuels, etc. Ceux qui travaillaient dur avaient droit à davantage de riz.

Cependant, malgré les deux séances hebdomadaires d'éducation physique, malgré les repas parfaitement équilibrés selon un calcul précis, malgré les émissions de télévision et les concerts, au moment d'aller se coucher tous les détenus n'avaient qu'une image en tête : le mur de béton et la porte d'entrée à double battant d'acier qui les séparaient du monde extérieur. Chacun, son tour venu, croyait devenir fou tant était violent le désir de sortir et de faire à nouveau un repas en famille. Tous ne cherchaient qu'une occasion de s'échapper, une raison de s'enfuir, une raison d'être suffisamment enragé pour vouloir fuir à tout prix. Pour finalement s'apercevoir qu'il n'y avait rien qui puisse les inciter à s'évader. Ils étaient enfermés et étroitement surveillés, mais ceci mis à part, aucune insatisfaction, aucune injustice ne les motivait pour s'évader. L'espace était certes limité, mais on les encourageait à faire du sport, à apprendre un métier, à vivre de façon agréable. Au bout de quelque temps, la frustration disparaissait, ils trouvaient une certaine satisfaction à leur vie, puis de nouveau la pensée revenait, lancinante : si seulement il n'y avait pas ces murs, si seulement je pouvais voir ma famille... Ils oscillaient ainsi entre ces deux états jusqu'à ce qu'ils décident de se tenir tranquilles pour être libérés plus vite. Seul le temps les séparait du monde extérieur, non pas ces murs et ces portes, et une fois qu'ils avaient compris cela, ils tournaient toute leur attention vers les moyens de réduire leur temps de peine. Ils endormaient tous leurs autres désirs et aspirations pour se consacrer uniquement à obtenir les galons d'argent et d'or qui feraient d'eux des prisonniers modèles. Ceux qui avaient compris l'importance du temps ne songeaient plus à s'enfuir et vivaient dans un état de semi-hibernation.

Ce système pénitentiaire était parfaitement au point, mais il reposait sur un équilibre précaire, qu'une seule évasion pouvait rompre. Ce que l'administration craignait plus encore qu'une évasion, c'était un suicide. Tous les détenus vivaient dans un état de dépression chronique, un peu comme dans un hospice pour vieillards, et un suicide aurait forcément fait des émules. Il aurait suffi d'un certain nombre de suicides pour faire monter d'un cran la tension dans la prison et ébranler l'institution sur ses bases, les détenus risquant alors de vomir violemment et tous ensemble l'amère pilule du temps que l'administration les avait convaincus d'avaler. C'était donc davantage pour se protéger que par philanthropie que la direction avait décidé d'inclure Kiku dans le groupe de détenus aspirant à entrer au club de navigation. L'administration espérait ainsi faire sortir le jeune homme d'un état d'apathie qui, s'il s'aggravait, pouvait le mener au suicide.

Les bouilloires commençaient à gémir, le riz était cuit à point, la cuisine était au comble de l'agitation, les ordres fusaient au milieu de l'atmosphère enfumée. L'unité de cuisine était divisée en trois équipes et comptait dix-huit personnes en tout, responsables pour la préparation et le service, trois fois par jour, de quatre cents repas. Les trois unités travaillaient à tour de rôle, deux jours de suite, puis se reposaient une journée. Deux chefs cuisiniers supervisaient le travail, distribuant des ordres à Kiku et ses camarades : couper choux et oignons, rincer le riz, mélanger des montagnes de légumes en saumure, faire tremper des haricots, mesurer le sel, etc. Ensuite, répartir les rations de quatre cents personnes dans des seaux, servir des bols de soupe de soja avec une louche à long manche pour bien racler les ingrédients au fond et répartir équitablement le contenu du chaudron. La distribution terminée, il y avait une petite pause, en attendant le retour des plats sales et la plonge.

— Tu t'y habitues, Kuwayama ? demanda Nakakura en s'épongeant le front.

Kiku, adossé à la cuisinière, hocha la tête en silence. Nakakura était âgé de trois ans de plus que lui, il avait une fleur de cerisier tatouée sur le bras gauche.

— Tu es un drôle de type. T'as toujours été aussi bavard ?

Kiku hocha à nouveau la tête.

— Je peux te demander quelque chose ? reprit Nakakura.

Kiku sembla hésiter, mais Nakakura poursuivit :

— Ça doit faire un drôle d'effet de tuer sa mère, non ?

Kiku fronça les sourcils, lâcha le morceau de chou qu'il tenait entre les doigts.

— Laisse tomber, ça me donne des cauchemars.

Nakakura opina du bonnet. Ouais, je comprends, sans doute, moi aussi je fais des cauchemars à propos de ma mère, je l'ai pas tuée pourtant, mais ça m'énerve ces cauchemars, je vais quand même pas la tuer pour voir l'effet que ça fait. Merci de ta réponse, tu m'as rendu service.

Kiku regardait fixement le sol trempé d'humidité. Par terre à côté de l'évier, il y avait un carton entier de viande de baleine. Quand ils auraient fini de laver les centaines de couverts sales en aluminium, le chef cuisinier découperait à la scie électrique ces morceaux de baleine congelés, des morceaux de glace et de viande jailliraient partout. Kiku vit quelque chose clignoter devant ses yeux : un visage de femme. Le visage de la femme qui l'avait mis au monde. Mais elle avait un visage d'écorché, sans peau sans yeux sans nez sans bouche sans cheveux, juste un bloc de chair sanguinolente qui clignotait, se superposant à tour de rôle au bloc de viande dans le carton. Depuis le moment où il avait vu ce visage s'enfoncer lentement dans la neige, après ce quatrième coup de feu qui en avait fait voler la peau en éclats, cette vision n'avait pas cessé de clignoter devant ses yeux. Clignotant plus fort que les flashes des appareils photo sur la neige en cette veille de Noël, ce visage sanglant apparaissait et disparaissait au rythme de son pouls, remplacé par intervalles par un autre : celui d'une femme qui ressemblait à Kiku. Il lui semblait alors voir apparaître soudain, enflée et déformée, une partie de lui-même qu'on lui aurait arrachée. Arrête ! avait murmuré cette femme, ce double déformé de lui-même, arrête ! Ses lèvres avaient remué juste avant qu'elle ne se jette devant le canon de son fusil. Elle avait une expression sérieuse. Arrête ! Il entendait sans cesse ce murmure pendant que la vision clignotait. Mais arrêter quoi ? Ne sachant pas ce qu'elle voulait dire, il avait tout arrêté depuis cette terrible nuit, tous les mouvements volontaires de son corps.

— Toujours dans la lune, Kuwayama !

Yamane était debout près de lui, en sueur, le visage illuminé, jusqu'à sa cicatrice qui avait viré à l'écarlate. Un jour, sur les demandes répétées de Nakakura et Fukuda, il leur avait raconté l'histoire de son opération. Il avait été grièvement blessé au cours de la rixe qui avait coûté la vie à quatre personnes, apparemment il avait reçu un coup de poteau d'arrêt de bus sur la tête. Tout le côté gauche de son crâne était enfoncé. Miraculeusement son cerveau n'était pas atteint et il était resté en vie. Les chirurgiens avaient enlevé les morceaux de sa calotte crânienne en miettes pour la remplacer par un morceau de plastique. Deux médecins avaient utilisé un bec Bunsen pour modeler le plastique à la forme de son crâne.

— J'étais complètement à côté de mes pompes, comme Kuwayama maintenant !

L'opération avait réussi mais le lobe droit de son cerveau s'était infecté à la suite des blessures, et il avait fallu pas moins de six opérations — cent heures sur le billard — pour enlever tout ce pus. Le soir de sa énième opération, il avait surpris une conversation entre deux médecins. Tous deux étaient persuadés qu'il n'y avait plus aucune chance de le sauver. Normalement, l'anesthésie aurait encore dû faire son effet, aussi les instruments chirurgicaux étaient-ils restés à côté de lui sous la tente à oxygène. Au-dessus de la tête de Yamane était posé un miroir à huit faces, qui lui permit de voir son propre cerveau, sous un réseau de veines aux diverses couleurs. C'était blanc et mou comme du fromage de soja, je m'attendais presque que quelqu'un arrive avec une paire de baguettes et commence à manger, tel que ça se présentait. J'entendais les deux médecins discuter à côté de moi, j'avais l'impression qu'ils parlaient de quelqu'un d'autre. A force de regarder mon cerveau qui ressemblait à du pâté de soja, j'avais l'impression de ne plus être moi-même, et je m'en fichais, je me disais, c'est donc grâce à ce bout de soja pressé que je ressens les choses, que je pense ? J'avais l'impression d'être devenu un bout de fromage blanc moi-même et tu vois, à cette époque-là, j'étais à peu près autant à côté de la plaque que tu l'es maintenant.

Kiku et Yamane était de corvée d'inspection de nourriture à midi. Cela consistait à prélever des échantillons de nourriture et à les faire goûter au directeur administratif, au chef des gardiens et au directeur général de la prison, avant de l'apporter aux prisonniers. Les échantillons étaient placés sur un plateau vermillon recouvert d'une cloche de verre puis acheminés vers les différents bureaux. Du riz mélangé à du blé, des harengs grillés au sel, des haricots bouillis avec du chou, du bouillon aux algues. Le directeur prit une paire de baguettes, goûta une bouchée de chaque plat, puis demanda à Kiku d'arroser les plantes et à Yamane de changer la litière au fond de la cage des moineaux et de leur donner des graines.

Kiku prit la bouilloire que lui tendait un gardien et alla la remplir au lavabo. Le directeur quitta la pièce quelques instants, et quand Kiku eut fini d'arroser les cinq pots de géranium, il regarda Yamane changer l'eau et le bac de graines des oiseaux. Les moineaux se mirent à tremper leurs ailes dans l'assiette d'eau fraîche, ébouriffant leurs plumes. Après avoir vérifié que le directeur n'était pas en train de revenir, Yamane mit des graines sur la paume de sa main, puis la referma sur un oiseau en train de les picorer. Il le sortit de la cage, lui caressa la tête. L'oiseau affolé donnait de petits coups de bec sur ses doigts. Prends-le pour voir, dit Yamane à Kiku en lui passant l'oiseau. Le moineau resta blotti sur la paume de Kiku. Yamane posa son oreille contre le jabot de l'oiseau. Ecoute, Kuwayama, fit-il, restant dans cette position, même tout petit j'ai toujours été violent, et c'est devenu pire après mon opération, j'étais comme fou, même le chirurgien me disait : Tu sais pourquoi les êtres humains ont besoin de dormir ? Pour récupérer leurs forces, pour que leur cerveau se repose et fonctionne normalement, si le cerveau n'a pas sa dose de repos les gens deviennent fous, moi ça a été terrible pendant un temps à cause de ma blessure à la tête tu vois, je ne me rappelle plus très bien, mais il paraît que j'avais des accès de violence terribles. Je cassais tout, je frappais les infirmières avec des chaises, comme si j'avais un drôle de truc enfermé dans le corps et qu'il fallait que je trouve un moyen de le faire sortir sinon j'allais mourir, mon corps ne m'obéissait plus, ils devaient m'attacher en permanence, s'ils m'avaient détaché j'aurais pu tuer des dizaines de gens, et alors j'ai inventé des moyens de me contenir quand je sentais qu'une crise allait éclater, j'ai essayé de compter, de faire de la méditation, de chanter, mais le meilleur moyen, Kuwayama, tu sais ce que c'était ? C'était d'écouter des battements de cœur, les miens ou ceux d'autres gens, peu importe, j'écoutais ça et ça me sauvait. Quand ma femme est venue me voir à l'hôpital avec mon fils, il avait à peine quatre mois mais j'ai écouté battre son cœur, ça m'a tellement ému, et depuis j'arrive à éviter les crises, je pense aux battements de cœur de mon fils et ça me calme, c'est bizarre.

Kiku posa à son tour son oreille contre la poitrine de l'oiseau. La chaleur du petit corps se transmit au lobe de son oreille. Les battements de cœur lointains évoquaient les pétarades d'une moto.

22

— Tu cours vite, Kuwayama ? demanda un soir Fukuda à Kiku juste avant l'extinction des feux.

Il voulait l'enrôler dans l'équipe de relais que chaque unité du service des cuisines devait présenter lors de la fête sportive du printemps. Il paraît que t'as été champion de saut à la perche ? Kiku baissait la tête sans répondre.

— Si tu es vraiment rapide, ça pourrait changer la force de notre équipe.

L'épreuve de relais était une des rares occasions offertes aux prisonniers de faire des paris entre eux. Ils pariaient les friandises qu'on leur distribuait deux fois par semaine, leurs sous-vêtements, leurs chaussures de toile.

— Ça fait trois ans de suite que l'équipe des instructeurs de gymnastique gagne, et à l'atelier de montage d'automobiles, ils ont aussi un gars très rapide. Aux compétitions d'automne il a terminé deuxième, il s'en est fallu d'un cheveu qu'il gagne. Hayashi, Nakakura, moi et un gars de l'unité de cuisine n° 2, on a formé une équipe, mais si tu te joins à nous, on va faire un tabac, personne ne sait que tu peux courir vite, et si on gagne on gagnera tous les paris, on pourra manger du chocolat et des gâteaux de riz à s'en faire éclater la panse ! Alors tu cours vite ou pas ?

— Je suis obligé ? demanda Kiku en relevant la tête.

— Mais non, je te demande juste si tu es rapide !

— Si tu veux, ça m'est égal, répondit Kiku.

Nakakura s'approcha, visiblement irrité, et se mit à crier :

— Tu ne comprends rien ou quoi ? Il y a des paris sur les équipes de relais, si on gagne, on rafle toutes les mises, ça veut dire au moins vingt gâteaux de riz chacun, tu piges ?

Yamane interrompit la tirade de Nakakura et demanda à Kiku son temps au 100 mètres.

— Ça fait plus d'un an que je n'ai pas couru mais j'ai fait trois fois dix secondes neuf dixièmes.

Tous ses camarades en restèrent bouche bée, et Fukuda s'empressa de l'inscrire sur la liste de leur équipe. Kiku avait l'air hésitant mais il ne protesta pas. Quel type bizarre tu fais, marmonna Nakakura en étalant son matelas. Si tu sais courir si vite, pourquoi tu l'as pas dit depuis le début ? Tu sais comment t'appellent les matons ? Lobo ! C'est le diminutif pour « lobotomie », il y en a quelques-uns qui sont passés par là ici, on t'enlève une partie du cerveau pour te faire tenir tranquille, et tu deviens un légume.

Le terrain de sport du centre de détention était couvert de sable, du sable apporté cinquante-cinq ans plus tôt du bord de la mer, pour l'épandre sur les terrains que l'on préparait pour l'agriculture. Du sable fin qui s'envolait au vent ou était entraîné par la pluie, mais retombait immuablement là grâce à la haute muraille de béton entourant le terrain de sport.

Kiku ramassa une poignée de sable et la lança en l'air, au moment où Fukuda s'approchait pour le prévenir que les épreuves éliminatoires ne tarderaient pas à commencer. Kiku hocha la tête, commença à s'échauffer, étirant les jambes, faisant des exercices d'assouplissement, des petits sauts, répétant son départ, se massant les tendons d'Achille. Nakakura qui l'observait murmura : Un vrai pro, ce petit gars. Les muscles de Kiku semblaient se souvenir tout seuls des gestes à accomplir. Il y avait six équipes de quatre hommes chacune aux éliminatoires. Chaque homme devait faire un tour de la piste de deux cents mètres. Fukuda, Nakakura, Hayashi, Kiku, dans l'ordre. Un garde qu'il connaissait de vue se moqua de Kiku : Eh, Kuwayama, attention de ne pas lâcher le bâton de relais par distraction !

Les premiers coureurs s'alignèrent sur la piste de départ, et au coup de sifflet la course démarra. Fukuda avait pris un bon départ et courait en deuxième position. L'équipe des entraîneurs de gymnastique et celle de l'atelier de montage devaient participer aux éliminatoires suivantes. Fukuda termina deuxième et passa le bâton à Nakakura. Celui-ci ne courait pas aussi vite et un coureur de l'équipe de l'atelier de menuiserie, en troisième position, était sur le point de le distancer. Nakakura essaya de faire un croc-en-jambe à son adversaire mais celui-ci lui donna un coup de pied qui lui fit perdre l'équilibre. Il essaya désespérément de se maintenir debout mais, en le dépassant, le coureur lui donna une bourrade sur l'épaule qui le projeta face en avant par terre. Hayashi et Fukuda poussèrent un soupir. Nakakura s'était relevé aussitôt mais il avait perdu vingt mètres et termina à la dernière place. Fou de rage, Nakakura passa le relais à Hayashi puis fit mine de se jeter à coups de poing sur le coureur de l'atelier de menuiserie, Fukuda et Kiku le retinrent. Imbécile ! C'est toi qui as commencé en lui faisant un crochepied ! Hayashi termina cinquième mais la distance avec le premier ne diminuait pas.

Kiku se mit sur la ligne de départ, inspira profondément deux fois. Dès que Hayashi fut à cinq mètres de lui, il démarra. Les railleries fusèrent — Tiens, c'est pas vrai, c'est Lobo, je parie qu'il va tomber lui aussi — pour s'arrêter net dès que Kiku fut lancé à pleine vitesse. En une seconde à peine, il avait dépassé le coureur devant lui. Le visage inexpressif, le corps bien droit, il dépassa encore un coureur sous l'œil médusé de ses camarades. Un murmure parcourut les rangs des spectateurs. L'uniforme gris de Kiku claquait au vent comme s'il allait se déchirer. Quand on le regardait avancer, on avait l'impression que les autres coureurs faisaient du surplace. A la dernière ligne droite Kiku remonta en deuxième position, Nakakura et les autres tout excités le serrèrent dans leurs bras. Sur les gradins, les autres prisonniers restèrent un moment ébahis puis l'un d'eux se leva et cria : Bravo, Lobo ! et en un clin d'œil une foule de prisonniers l'entoura. Dis donc, t'es un ancien champion olympique ou quoi ? T'es un professionnel, un champion de gymnastique alors ? Les visages étaient illuminés, les questions fusaient. Kiku n'était même pas essoufflé, il avait à peine un peu de sueur au front. Il l'essuya du bout des doigts, regardant d'un air sombre la barrière humaine qui l'entourait. Yamane accourut vers lui : Bravo, t'as été sensationnel ! fit-il en lui tapotant la tête.

A ce moment un vent violent se leva, soulevant des tourbillons de sable. Kiku ferma les yeux. Il avait la chair de poule. Il rouvrit lentement les yeux, des grains de sable obstruaient sa vision, les prisonniers qui l'entouraient s'étaient mués en un instant en ombres menaçantes. Les grains de sable collaient à sa peau sur la sueur refroidie, les tourbillons de sable formaient un rideau blanc, estompant toutes les couleurs à l'arrière-plan pour ne laisser visibles que ces ombres autour de lui qui le regardaient, le montraient du doigt, il eut un éblouissement, baissa les yeux. Terrorisé, il distingua une forme accroupie un peu en dehors du cercle qui l'entourait. Une femme, une femme au visage transformé en bouillie sanguinolente, sans peau sans nez sans yeux sans bouche sans... Le visage de la femme se mit à clignoter avec sa violence habituelle. Kiku, qu'est-ce qui t'arrive, tu ne te sens pas bien ? C'était Yamane, les yeux fixés sur le visage blême de Kiku. Tu as couru trop vite ? Ça ne va pas ?

— Que font tous ces gens autour de moi ? demanda Kiku d'une voix étranglée.

Sentant qu'il se passait quelque chose, la foule s'était encore élargie. Yamane passa un bras autour des épaules de Kiku. Tu les as surpris, Kiku, ils n'ont jamais vu personne courir aussi vite que toi.

— Ne me regardez pas comme ça, je n'ai rien fait, fit Kiku, essayant de se frayer un passage, mais le cercle se referma autour de lui.

Tu sais que t'es assez bon pour passer à la télé ? fit l'un des prisonniers en le prenant par l'épaule et en le secouant. Kiku se dégagea d'une secousse et s'accroupit par terre, le dos rond, les bras autour des genoux, le front presque par terre. Puis il prit le bord de sa veste d'uniforme et essaya de se cacher la tête dessous. Un des entraîneurs écarta la foule des prisonniers et s'approcha : Kuwayama, qu'est-ce que tu fais comme ça ? fit-il en lui secouant l'épaule. Kiku n'eut aucune réaction. Non mais qu'est-ce que tu as, Lobo ? C'est les ondes électromagnétiques du crépuscule, fit un prisonnier, les ondes ça les paralyse, les lobotomisés, dès que la nuit tombe, ils ont la bave aux lèvres, ils deviennent fous.

Kiku fut transporté à l'infirmerie toujours dans cette position fœtale, rigide comme un roc. Il avait des sueurs froides, tremblait de tous ses membres et ne prononçait pas un mot. Le médecin voulut lui faire une injection de tranquillisants, mais ses bras et ses jambes étaient tellement tétanisés que l'aiguille se cassa. Il grinçait des dents et un infirmier lui mit une serviette dans la bouche pour qu'il ne se morde pas la langue. Yamane, Nakakura et Hayashi se présentèrent à l'infirmerie : leur camarade serait-il en état de participer aux finales ? Le médecin leur rit au nez. Qu'est-ce que vous racontez ? On ne sait même pas s'il va retrouver son état normal. Yamane s'avança : Moi, il y a six mois à l'hôpital psychiatrique j'ai aidé un gars qui était dans ce genre d'état, grâce à une technique spéciale qu'on utilise en karaté. Je peux essayer sur lui ? Le médecin et l'instructeur se consultèrent, mais Yamane ayant répété plusieurs fois qu'il n'y avait aucun danger, ils l'autorisèrent à essayer. Yamane attrapa Kiku par le cou, appuya le pouce à la jointure de la nuque, vérifiant le point, puis poussa un cri et frappa. Kiku fit un bond, rejeta les épaules en arrière, leva la tête vers le plafond. Il tendit bras et jambes, entrouvrit les yeux et commença à remuer les lèvres. Yamane s'accroupit, enleva la serviette qui bloquait la bouche de Kiku et lui parla dans le creux de l'oreille : Kiku, tu m'entends ? Ferme les yeux une fois si tu m'entends. Je vais t'aider, mon vieux, tu m'entends ? Kiku ferma les yeux.

— Tu as peur ?

Kiku ferma à nouveau les yeux.

— Pousse un cri de toutes tes forces, ça ira mieux après.

Yamane parlait d'un ton étrange, d'une voix douce et neutre, au timbre égal. Comme quelqu'un lisant à haute voix, de l'autre côté d'un mur en contreplaqué. Kiku ferma les yeux encore une fois et poussa un long hurlement, d'une force à faire trembler le lit. Quand il s'arrêta enfin, Kiku respira en haletant et se mit à pleurer. De quoi as-tu peur ? demanda Yamane à voix basse.

— Dis-le, ça te fera peur tant que tu le garderas pour toi, dis-le.

Kiku secoua violemment la tête.

— Kiku, réfléchis, tu ne vas pas te laisser battre par ce qui te fait peur, ne renonce pas, si tu renonces à te battre, c'est fini. Dès l'instant où tu renonces, tu es en enfer ! Crache-le, dis ce qui te fait peur !

— Je... je... éructa Kiku, le cou arqué comme un homme atteint de la rage.

— Oui, oui, tu trembles, tu pleures, tu as peur, c'est toi, pas la peine de faire semblant, je suis ton allié, dis-moi ce que tu vois.

— Un... un visage.

— Le visage de qui ?

— D'une femme.

— Qui est cette femme ?

— Je ne sais pas, je ne la connais pas.

— Mais si, tu la connais sûrement.

— Non, je ne la connais pas !

— Dis-moi qui elle est.

— Puisque je te dis que je ne la connais pas ! Merde ! Son visage clignote comme une lumière qui s'allume, s'éteint, s'allume... Merde ! C'est la femme qui m'a mis au monde, mais je ne la connais pas, elle m'a porté dans son ventre, mais je ne la connais pas, je ne l'ai vue qu'une fois, comment je la connaîtrais ? Elle a un pull rouge, tout rouge, son visage aussi, rouge, plein de sang partout, elle a l'air d'un fantôme sans yeux sans nez sans bouche sans oreilles sans cheveux mais je ne la connais pas, je te dis ! Je ne la connais pas mais elle ne veut pas disparaître ! Ce visage plein de sang qui me dit arrête arrête arrête ! Mais arrêter quoi, je ne sais pas moi, comment je le saurais !

Yamane essuya la sueur qui inondait le visage de Kiku. Lui essuya soigneusement le tour des lèvres. Kiku tu m'entends ? Kiku ferma les yeux une fois. Ecoute, tu vas faire ce que je te dis, enlève cette image, ces mots, de ta tête, écoute seulement les sons, écoute et dis-moi ce que tu entends.

— Ta voix, Yamane.

— C'est tout ? Ecoute bien.

Kiku ferma les yeux.

— J'entends des cris.

— Ça vient du terrain de sport. Quoi d'autre ?

— Des bruits de voiture, de camion, des bruits de klaxon.

— Et puis ?

— Des chants d'oiseaux.

— Mmmh, il y en a dans les arbres dehors. Mais tu dois encore entendre autre chose.

— Des bruits de pas, des pantoufles qui glissent par terre, les grincements du lit, ta respiration, quelqu'un qui avale sa salive, d'autres gens qui respirent, un bruit de verre sur une table, le vent, un drapeau qui claque, des voix d'enfants, ils jouent à la balle, une petite balle de caoutchouc pas bien gonflée, ils donnent des coups de pied dedans, des cloches, ou alors ce sont mes oreilles qui sifflent, non, j'entends des cloches qui sonnent derrière la montagne.

— Comment te sens-tu ?

— Ça me fait du bien d'entendre ta voix.

— Tant mieux.

— J'entends le bruit de la pluie.

Il ne pleuvait pas.

— La pluie tombe de l'auvent, juste à côté de moi, un gros bruit doux de gouttes qui tombent.

— C'est vraiment le bruit de la pluie ?

— Oui, je l'ai déjà entendu quand j'étais tout petit, je me rappelle.

— Ah bon. Ecoute, Kiku, si tu dormais un peu maintenant ?

Yamane fit signe au médecin d'injecter le tranquillisant, le médecin planta rapidement l'aiguille dans la cuisse de Kiku. Kiku avait l'impression d'être un tout petit insecte rampant par terre au milieu d'énormes gouttes de pluie tombant bruyamment autour de lui. En un clin d'œil il se sentit aspiré à l'intérieur d'une goutte d'eau, tandis que le bruit de la pluie redoublait de violence. Un visage de femme apparut. Arrête arrête arrête ! murmurait-elle. Et Kiku arrêtait tout, arrêtait de vivre. Il s'efforça de revenir cinq secondes plus tôt, au bruit de la pluie. Il fut de nouveau aspiré par une goutte d'eau mais cette eau changeait de couleur, devenait rouge, un rouge sang zébré d'éclairs. Kiku se sentit sombrer à une vitesse vertigineuse au fond de ce liquide rouge et épais.

Soudain, il se rappela, poussa un cri, se dressa d'un bond sur le lit. Tous les gens présents dans l'infirmerie se retournèrent pour le regarder, ébahis. Le médecin accourut vers lui. Tu devrais dormir avec ces tranquillisants, qu'est-ce qui se passe ? Kiku se frotta les yeux, secoua la tête, se tapa sur les tempes.

— Je... je... je... je veux courir main... main... main... maintenant !

Yamane convainquit le médecin et l'instructeur de le laisser faire : C'est la première fois qu'il exprime de lui-même le désir de faire quelque chose. Soutenu par Yamane, Kiku marcha jusqu'au terrain de sport.

Laisse-moi, Yamane, je peux marcher tout seul, fit-il en chancelant sur le sable. Il commença à se masser les jambes. Dis, Nakakura, il reste combien de temps jusqu'à l'épreuve de relais ?

— Sept ou huit minutes.

— Mon sang se remettra bien à circuler d'ici là, murmura Kiku.

— Tu es sûr que tu peux courir ? demanda Nakakura.

— Mais oui, regarde !

Les deux pieds joints, Kiku s'étira de tout son long. Les muscles de ses bras et de ses cuisses tendirent à craquer le tissu gris de son uniforme. Son corps était droit comme une perche. Il se pencha en avant et, juste avant de tomber, lança une jambe devant lui pour se soutenir. La position parfaite du coureur. Il suffisait de lancer une jambe devant soi juste avant de tomber, c'était ça courir, un coureur ne tombait jamais, jamais ! Le premier singe qui s'était mis debout pour courir avait dû inventer cette position... Gazelle, regarde-moi, je vais courir !

Fukuda termina le premier tour en troisième position. L'équipe des entraîneurs de gymnastique, en tête, semblait imbattable. L'équipe de l'atelier de montage venait en deuxième position. Kiku se massa pieds et bras, s'aspergea la tête d'eau plusieurs fois. Yamane vint l'encourager : Ça va aller ? Nakakura avait pris le bâton. Tombe pas, cette fois ! lui cria Hayashi. La distance avec les deux premiers s'accentua mais Nakakura maintint la troisième position. Le dernier coureur de l'équipe de montage automobile, qui avait fini deuxième aux compétitions d'automne, était petit mais avait des cuisses plus grosses que celles de Kiku. Au moment où Hayashi prit le démarrage, Kiku commença à marcher vers la ligne de départ. Hayashi avait un peu réduit la distance entre lui et les autres. Il était à sept ou huit mètres du premier, un coureur de l'équipe des entraîneurs, et à trois mètres du type de l'équipe de montage. L'ancien gagnant des épreuves adressa la parole à Kiku : Tu prends ça au sérieux, toi ?

Pas moi. J'ai décidé de pas m'en faire, de toute façon y a même pas de prix à gagner.

Le dernier de l'équipe des entraîneurs démarra. Puis ce fut au tour de Kiku et du champion de l'année précédente de prendre le bâton de relais. Le petit aux cuisses épaisses fit un démarrage magnifique et fut vite sur les talons de l'entraîneur, mais il n'arrivait pas à le dépasser. Kiku gagnait du terrain, mais ses jambes et ses bras étaient lourds, sa forme avait nettement baissé. Il essayait désespérément de se faire porter par le vent. S'il trouvait l'équilibre parfait, il savait qu'il pourrait s'engouffrer dans un courant d'air et se laisser porter par le vent. Quand le vent le portait, ce n'était plus lui qui courait en foulant le sol, la densité de son corps semblait augmenter, tous ses pores et ses cellules se bouchaient, il devenait une flèche portée par les airs.

Au deuxième tournant, Kiku pencha dangereusement sur la gauche, faillit perdre l'équilibre, tendit les mains en avant, et évita de justesse de tomber en donnant un coup du pied gauche de toutes ses forces pour se redresser, mais le choc le réveilla, il sentit enfin avec certitude chacune de ses foulées dans le sable, réussit à monter sur ce vent froid et lourd pour se laisser porter. Ses sensations habituelles lui revinrent, et au milieu de la ligne droite, il rattrapa les deux coureurs qui le précédaient. Fendant l'air de toutes ses forces, il sentait la vitesse entre eux réduire rapidement. Le paysage s'était immobilisé, se fondant dans un brouillard blanchâtre. La vitesse mêlait toutes les couleurs du paysage qui s'engouffraient au fond de lui comme une lampe allumée brusquement dans une pièce sombre. Les ténèbres avaient rétréci, se limitant à son ombre, tandis que les alentours s'éclairaient. Le sable sur la piste, les deux coureurs juste devant lui, les cris d'encouragement des autres détenus, les rangées de baraquements, les arbres aux feuilles doucement agitées par le vent, la haute barrière grise qui entourait tout le paysage, la fumée aux vapeurs d'essence à l'arrière-plan, et enfin Kiku lui-même, tout se réduisait peu à peu. Une énorme boule incandescente, comme une ampoule allumée dans le noir anéantit l'obscurité, venait de s'allumer en lui. Un étrange animal rouge et humide aux poils luminescents englobait tout le paysage, le terrain de sport était ses entrailles, la piste où tourbillonnait le sable ses vaisseaux lymphatiques, les coureurs ses cellules et ses globules blancs. Kiku se rappelait tout maintenant, il se rappelait avec précision pourquoi la femme qui l'avait mis au monde lui avait crié : Arrête ! Arrête tout pour revenir cinq secondes en arrière ! Si elle était devenue sous ces yeux cette boule sanglante sans yeux ni lèvres ni nez, c'était pour lui communiquer quelque chose. Pour lui dire : Retourne en arrière, retourne dans mon ventre, rappelle-toi ce *son*, oui, voilà ce qu'elle avait voulu lui dire. Le son que Hashi et lui avaient écouté enfants dans la pièce calfeutrée de l'hôpital psychiatrique, ce n'était pas le bruit de la pluie tombant goutte à goutte derrière les vitres, non, ce bruit apaisant qui résonnait à l'infini, traversant tous les obstacles, c'était le battement d'un cœur humain. Le battement du cœur de cette femme condamnée par le destin à mourir de la main de l'enfant qu'elle avait abandonné. Cette femme, songea Kiku, cette femme était bien ma mère, la femme qui m'a mis au monde, puis abandonné, enfermé au fond d'une boîte en plein été, petit bloc de chair privé de forces que j'étais, et si elle s'est muée sous mes yeux en ballon de caoutchouc écarlate, c'est pour me communiquer quelque chose, pour me transmettre en une fulgurante seconde tout ce que je devais savoir pour continuer à vivre sans elle, elle s'est levée pour moi tout seul, sans souci du regard des autres, elle s'est approchée de moi pour me parler, à moi tout seul, cette femme, je la respecte, c'était une mère merveilleuse !

Dans la dernière ligne droite, Kiku qui courait à l'extérieur derrière ses deux adversaires les dépassa en un clin d'œil, puis franchit la ligne d'arrivée. Le ruban s'enroula à son torse, mais il ne s'arrêta pas, continuant à courir, le ruban flottant au vent derrière lui. Yamane et

Nakakura se précipitèrent vers lui en hurlant de joie, mais il continua à courir, il se sentait si léger. Je leur montrerai que je peux sauter par-dessus ce mur de béton gris, même sans ma perche ! Une énergie prodigieuse, qui augmentait à chaque foulée, continuait à le propulser vers l'avant, il courut jusqu'à l'extrême bord du terrain de sport, jusqu'à ce que s'élève devant ses yeux le mur d'enceinte de la prison. Dans un ultime élan, il jeta son bâton de relais en l'air de toutes ses forces. Le bâton tournoya dans les airs, étincela en reflétant les rayons du soleil et disparut à la vue, de l'autre côté du mur.

23

Les disques de Hashi se vendaient comme des petits pains. Surtout son cinquième single et son deuxième album qui avaient battu tous les records de vente. Les propriétaires de magasins de disques, en rupture de stock, assiégeaient les bureaux de Mister D pour le supplier d'en refaire tirer en quantité sans plus attendre.

Hashi s'était fait envoyer de l'île aux mines un extrait d'état civil et avait officiellement épousé Niva. Mister D avait organisé une somptueuse réception pour l'occasion, et avait offert aux jeunes mariés un étage entier d'un gratte-ciel pour y installer leur appartement. D voulait envoyer des invitations à tous les gens que connaissait Hashi : les sœurs de l'orphelinat, Kuwayama, ses camarades de classe de l'île, ses anciens compagnons de l'îlot de la drogue, et même les prostitués du marché. Hashi lui opposa un refus catégorique et déchira les cartons d'invitation que Mister D avait déjà préparés.

— Qu'est-ce qui te prend, Hashi ? Si tu as réussi aujourd'hui, c'est grâce à tous ces gens que tu as trouvés sur ton chemin et qui t'ont aidé, c'est ça la vie humaine, ne l'oublie pas, si tu crois que tu ne dois ta réussite qu'à toi-même, tu te trompes grossièrement.

— Non, fit Hashi, je suis différent maintenant. Jusqu'ici ma vie n'a été que mensonges, et je déteste tous les gens que j'ai connus avant ma transformation, ils me dégoûtent.

Il y eut tout de même une réception dans une

immense salle ornée de centaines de sculptures sur glace, mais Niva et Hashi organisèrent une petite cérémonie privée rien que pour eux deux dans un temple situé à côté de leur nouvel appartement.

Leur voyage de noces au Canada et en Alaska fut repoussé d'une année, car l'emploi du temps de Hashi était déjà complètement rempli, entre les séances d'enregistrement, les interviews, les émissions de télévision, les tournages de clips et de films publicitaires, et une tournée de concerts de six mois. C'était Niva qui avait préparé son emploi du temps. Mister D l'encourageait à prendre un peu de vacances mais Niva, de son côté, était d'avis qu'il valait mieux ne pas trop laisser à Hashi le temps de réfléchir aux changements qui s'étaient succédé brutalement au cours des derniers mois. Hashi, expliqua-t-elle à Mister D, avait été jeté en haute mer avant de savoir nager, et plutôt que de le ramener tout de suite à bord, il valait mieux le laisser quelque temps dans l'eau pour qu'il apprenne à s'y débrouiller. Si ses forces l'abandonnent et qu'il se noie, ajouta-t-elle, cela prouvera que dès le départ il n'était pas de taille à nager en pleine mer. Les tournées de concerts sont pénibles. Mais c'est à cette école-là que se forment les meilleurs musiciens. A force de voyager, toutes les villes finissent par se ressembler, et cela devient insupportable de chanter tous les soirs les mêmes rengaines. La fatigue s'accumule, tant et si bien que même la ferveur et les applaudissements du public ne suffisent plus à vous donner assez d'enthousiasme pour continuer. Au dernier stade de l'épuisement, on est bien obligé de se demander si on a vraiment envie d'être une pop star, si on aime vraiment ce métier.

La sélection des musiciens de l'orchestre était capitale. Hashi avait imposé à Mister D ses exigences concernant le choix de l'orchestre. Il voulait le style des groupes pop français des années soixante, autrement dit une batterie plutôt lente et simple, une basse au son étouffé, une guitare plus Django Reinhardt que Jimi Hendrix, un saxophone et un accordéon. Exactement comme Johnny Halliday en tournée au Danemark en 1963. Quant au choix des musiciens Hashi avait imposé deux conditions : ils devaient être homosexuels et ne pas avoir de problèmes d'argent. Quand Mister D demanda pourquoi, Hashi refusa de répondre. D'après Niva, Hashi voulait que ses musiciens soient amoureux de lui, et il craignait que de jeunes musiciens formant un groupe à seule fin de s'enrichir ne soient une source de problèmes. Le style particulier de Hashi ne plaisait pas à tout le monde. Hashi ne croyait pas à la musique qui exprime des émotions. Il détestait les émotions. Laissez le son à l'état pur, recommandait-il toujours à ses musiciens. Je veux une musique nue, désincarnée, une musique qui ne sente pas votre sueur, qui n'ait pas votre chaleur. A son avis, seuls des musiciens à l'aise financièrement oseraient prendre des risques avec lui, et s'ils étaient homosexuels, il était sûr au moins qu'ils ne le détesteraient pas. Depuis longtemps Hashi était passé maître dans l'art de manipuler les homosexuels.

Comme batteur, il jeta son dévolu sur un certain John Sparks Shimoda, un Américain de parents japonais âgé de trente et un ans, qui était jusque-là gérant d'un magasin d'antiquités chinoises spécialisé dans la dynastie Ch'ing. Shimoda jouait de la batterie depuis l'âge de huit ans. Jeune homme, il avait joué sur la côte Ouest des Etats-Unis avec les musiciens de Lee Connitz, et était arrivé six ans plus tôt au Japon, pour l'amour du directeur de la branche japonaise d'une fabrique de stylos à bille. Il jouait de la musique en studio, quoique assez irrégulièrement. Le bassiste était un photographe de vingt-neuf ans appelé Tōru. A l'origine il avait une formation de coiffeur et s'était rendu aux Etats-Unis pour y faire des photos de coiffures, c'est là qu'il avait pris goût aux hommes, à la cocaïne et au jazz. Six ans plus tôt, il avait été arrêté pour détention de drogue et condamné à une peine avec sursis. En fait, il était bisexuel. A la guitare, Yuji Matsuyama, vingt-deux ans, fils unique du patron d'une entreprise de sécurité qui assurait la surveillance de nuit de grands complexes industriels sur la côte Est de Tōkyō. Matsuyama avait pris des cours particuliers de guitare dès l'école primaire. Son idole était Wes Montgomery. Il affirmait pouvoir coucher avec une fille si elle était mince et ne sentait pas la transpiration. Au saxo, Hiroshi Kitami, vingt et un ans, descendant d'une longue lignée de médecins, qui avait dû renoncer aux études de médecine parce qu'il était daltonien. Du coup, ses parents avaient divorcé, et Hiroshi vivait avec sa mère, propriétaire de plusieurs appartements dans Tōkyō. Hiroshi avait d'abord étudié la clarinette, puis abandonné cet instrument pour partir en tournée comme choriste d'un chanteur de variétés. Il venait juste de rentrer. Quant à l'accordéoniste, c'était Shizuyo Tokumaru, soixante-deux ans, un compositeur célèbre qui vivait confortablement des droits d'auteur que lui avaient procurés une dizaine de morceaux de sa composition devenus des tubes. Dans sa jeunesse il avait fait partie d'un groupe de tango argentin, et la chanson *Olé Guapa* jouée sous sa direction était restée dans les annales du tango d'après-guerre. Il était également connu au marché de l'îlot de la drogue, où on pouvait le croiser souvent à la recherche de beaux jeunes gens, il faisait d'ailleurs un voyage une fois par an à Rio de Janeiro pour s'offrir de la chair fraîche. Hashi baptisa son groupe Träumerei.

Sitôt constitué, le groupe partit pour cinq semaines de répétition dans les studios privés de Mister D sur les hauteurs d'Izu. Hashi se montra satisfait de la technique de ses musiciens, Mister D avait tenu sa promesse, il avait le meilleur groupe qui soit. Cette fois, il ne s'énerverait plus comme aux séances d'enregistrement précédentes. Chacun des cinq musiciens possédait cette sensibilité particulière que donne l'homosexualité, et il lui suffisait de leur dire que l'introduction devait évoquer le bruit de la pluie tombant d'un toit par une nuit orageuse de printemps pour qu'ils comprennent aussitôt ce qu'il souhaitait. Hashi était aux anges. Vous êtes tous des poètes, c'est merveilleux ! Chacun disposait d'une chambre particulière. Tout le monde se levait à onze heures du matin, sauf le guitariste Yuji Matsuyama qui était plus matinal. Même s'ils avaient répété toute la nuit la veille, il était toujours debout à neuf heures pour faire ses exercices de gymnastique et s'entraîner au karaté. Il aimait aussi les balades en moto, et ne communiquait guère avec les autres musiciens. Dans le jardin devant les studios, une pelouse descendait en pente douce vers la mer. Tous les matins, il posait sur la pelouse une boîte en bois contenant des rondelles de pomme et regardait les oiseaux picorer les fruits tandis qu'il buvait tranquillement son thé. Tōru était celui qui dormait le plus longtemps. Les autres étaient déjà installés à la table du petit déjeuner et la domestique s'apprêtait à monter le chercher quand on le voyait apparaître en chantonnant. Les paroles étaient toujours les mêmes : « Baby baby, laisse-moi presser ton citron, je te promets que le jus va couler partout. » Il portait une chemise en soie, un pantalon de flanelle, et embaumait l'after-shave. Contrairement à Matsuyama, il adorait parler et se souciait peu de qui l'écoutait. Hé, Kitami, aujourd'hui tâche de ne pas te tromper sur la deuxième note de *Solitude*. Quoi, encore des œufs au plat ? ! Personne n'aurait la cassette du Grammy Award de 1979 ? J'essaie de me rappeler qui a remporté le prix du Gospel. Au fait vous saviez que la TWA était la seule compagnie d'aviation à accepter les chats à bord ? Les autres n'autorisent aucun animal, pas même les oiseaux.

Après ce petit déjeuner tardif, il y avait une demi-heure de temps libre, puis les répétitions commençaient et se poursuivaient jusqu'au dîner sans la moindre pause. Chacun s'occupait de son instrument mais Kitami vérifiait que l'ensemble jouait bien à l'unisson, non qu'il eût un talent particulier pour cela, mais plutôt parce que personne ne voulait assumer le rôle de chef d'orchestre. Kitami était le plus jeune des musiciens, mais il était clair qu'il vouait une véritable adoration à Hashi, le seul encore plus jeune que lui. Il jouait le rôle d'intermédiaire entre Hashi et ses musiciens et répétait à voix haute les indications que marmonnait Hashi : Plus métallique, la guitare ! La basse doit baisser d'une octave quand l'accordéon la rejoint, et à la fin du morceau, le batteur doit se démener un peu plus. Les quatre musiciens respectaient fidèlement le point essentiel aux yeux de Hashi : la musique devait être impersonnelle, sans une trace de sueur ou de sang. Seul Kitami détonnait dans cet ensemble au son mécanique et précis comme une boîte à musique. Quand ses solos de saxo un peu trop passionnés suscitaient les railleries de ses camarades, il souriait d'un air gêné jusqu'à ce que Hashi vienne à son secours et le rassure d'une petite tape sur l'épaule : C'était bien, ne t'en fais pas.

Au cours de la première semaine de répétitions, Niva téléphona trois fois à Mister D.

— Hashi commence à obtenir ce qu'il veut comme son, mais moi je suis un peu inquiète. Il manque quelque chose, c'est trop parfait, trop bien léché, ça ne donnera rien en concert, les spectateurs vont s'endormir ou quitter la salle, Hashi ne comprend pas ce que c'est de jouer devant des milliers de personnes.

Mister D lui faisait chaque fois la même réponse :

— Laisse-le s'apercevoir de ça tout seul, et ne t'inquiète pas, les musiciens ne sont pas du genre à obéir sans rien dire.

A sept heures du soir, le dîner était servi par la cuisinière, une grande femme très efficace. Les musiciens pouvaient commander des menus de leur choix, à condition de le dire la veille, mais à l'exception de John Sparks Shimoda, ils mangeaient tous la même chose sans faire de difficultés. Shimoda était un gourmet et il avait commandé plusieurs caisses de vin pour accompagner ses repas. Il avait des traits typiquement japonais, mais avec des cheveux argentés et une peau pâle et transparente. C'était un maniaque de la propreté et il faillit vomir de dégoût le jour où il remarqua les ongles sales de Matsuyama. Il mettait une heure à déguster son dîner. Niva partageait sa table : elle était la seule à pouvoir supporter ses longues tirades sur la porcelaine, la laque, les ivoires, les paravents de la dynastie Ch'ing.

Après le dîner il y avait une pause de deux heures, pendant laquelle Hashi visionnait des modèles d'éclairages utilisés en concert : miroirs bombés ou déformants, lumières au laser, mousse, film en trois dimensions projeté sur un écran de cinéma, silhouettes reproduites à l'infini. Hashi fixa son choix sur un film représentant la dissection d'un porc, projeté en grand à l'intérieur d'un dôme, ainsi qu'une installation d'où retombaient des confettis de métal lumineux.

Pendant la pause, Yuji Matsuyama faisait une promenade. Quelquefois il allait même prendre un bain après le coucher du soleil. Kitami, lui, ne manquait pas de faire des gammes sur son saxo, Shimoda jouait aux échecs chinois tout seul, Tōru téléphonait à son petit ami ou regardait la télévision ou s'amusait à essayer différents styles de coiffure sur Niva. Il était quelque peu désœuvré et déplorait qu'aucun autre musicien ne joue au mah-jong. Tokumaru lisait des livres sur l'art des jardins ou faisait venir une masseuse d'un établissement voisin, puis piquait un petit somme. Ensuite les répétitions reprenaient pour se terminer vers trois heures du matin.

Quand Niva et Hashi se retrouvaient seuls dans leur chambre, Niva multipliait les avertissements :

— Peut-être que Träumerei te plaît dans son état actuel, mais moi je trouve ça lamentable. Le groupe vient à peine de se constituer mais vous jouez déjà comme des musiciens qui sont ensemble depuis des années, c'est trop froid, vous jouez comme des morts vivants.

— Je sais.

Hashi n'était plus aussi enthousiaste qu'au début.

— Je m'en suis aperçu aussi, mais je ne sais pas comment corriger ça, avoua-t-il. Au début je les trouvais tellement bons que je n'en revenais pas. Maintenant, je me demande s'ils ne me méprisent pas.

— Moi qui croyais que tu prenais confiance en toi avec chaque jour qui passe. Pour faire une longue tournée, il faut une énergie qui dépasse ton imagination, tu sais. Dans l'état actuel du groupe, ce n'est même pas la peine d'essayer !

— Tu crois qu'il faudrait un travail d'équipe où chacun y va de son avis ? Ça va donner des discussions pendant des heures.

— Mais non, pendant le concert c'est toi qui dirigeras, l'attention du public sera concentrée sur toi, des milliers de gens, tu comprends, il faut que tu les fasses réagir, qu'ils aient l'impression que tu les prends dans tes bras, que tu les bouscules, il faut que tu aies la force d'un énorme aimant, pour les attirer et les repousser tour à tour. La magie doit opérer, tu comprends, comment veux-tu qu'un type qui ne sait pas contrôler ses musiciens arrive à contrôler son public ?

— Niva, j'ai peur.

— De quoi ?

— J'ai l'impression qu'on m'a traîné au sommet d'une montagne et que je regarde en bas, en fait je rêve souvent de ça.

— Que fais-tu au sommet de cette montagne ?

— J'essaie de voler, j'agite les bras comme si c'étaient des ailes.

— Et tu y arrives ?

— Au début, oui, mais après je me fatigue et je finis toujours par tomber. Quand je tombe, tout le monde se met à rire, c'est affreux.

— Si tu faiblis, c'est fini pour toi.

— Je sais, mais je me demande si ce n'est pas déjà fini, et que personne ne me l'a encore dit. Niva, franchement, je suis mort d'angoisse.

— Qu'est-ce qui t'angoisse ? D'être devenu célèbre si vite ?

— Non, ce qui m'ennuie, c'est l'impression d'être un imposteur. J'ai l'impression que les autres galèrent pendant des années avant de devenir célèbres, que ce soient des boxeurs ou des stars de la chanson, ils ne sont pas arrivés tout de suite au sommet, mais moi je ne me suis pas hissé au sommet à la force des poignets, c'est un hélicoptère qui m'y a déposé tout de suite. Ce n'est pas grâce à mes efforts ou à mon talent que je suis célèbre, c'est juste parce que je suis né dans une consigne, et parce que Kiku a assassiné cette femme. Il me semble que j'ai trompé tout le monde, Niva, tu crois que je serai capable de faire ça des années ? Je n'ai pas la force qu'ont tous ces gens, cette force qu'ils ont développée pendant des années avant d'arriver au sommet.

— Idiot, pourquoi te soucier de ce qui se passera dans plusieurs années ? Il faut être fou pour trembler de peur à l'idée de mourir pendant qu'on est vivant.

Hashi vint se blottir dans le lit de Niva. Avoir exprimé son angoisse par des mots l'avait un peu calmé. Niva posa ses lèvres sur ses paupières pour lui fermer les yeux, et lui raconta une histoire.

— Il y a très longtemps vivait un roi slave nommé Fourksaz. Au début il n'était qu'un simple berger, mais à force de sagesse et de bravoure, il vint à bout de tous ses ennemis et devint roi. Il fit des travaux d'irrigation dans son royaume, développa l'élevage du bétail, conquit des royaumes voisins, et tout son entourage l'admirait pour son énergie inlassable et son efficacité. Mais un jour, une reine d'un pays voisin qu'il avait envahi l'interrogea : Vous avez l'air d'avoir atteint tous vos buts dans la vie, dit-elle, que pouvez-vous encore espérer ? Que crois-tu que Fourksaz répondit ? Eh bien, il répondit que son but était de bien terminer la journée.

Hashi avait cessé d'écouter vers la moitié de l'histoire, et caressait les flancs de Niva. Sa peau un peu flasque était douce au toucher, autour des côtes elle avait une consistance gélatineuse. Hashi repensa à ce que Tōru lui avait dit deux jours plus tôt : Les hommes sont des reptiles et les femmes des fruits. Quand tu mords dans un fruit, tu as le goût de ses racines, de l'arbre sur lequel il a poussé, le goût de la terre, de l'air, du soleil. Le corps nu élancé d'une femme jeune c'est comme un fruit mûr, il était encore sur l'arbre il n'y a pas si longtemps, si tu le presses du doigt, il rougit un peu et répond à la pression, tu sens qu'il est encore relié à l'arbre, à la terre, mais une vieille femme nue, sa chair ressemble à du jambon, ou à un flan aux pêches si tu préfères, plein de sucre et de gélatine, des pêches coupées de leur relation à la nature, je ne sais pas comment tu arrives à baiser avec cette vieille, moi je ne pourrais pas, ça me dégoûterait...

Niva s'était courbée, pour poser sa langue entre les cuisses de Hashi. Ses fesses gélatineuses tremblaient sous ses yeux. Soudain Hashi se rappela la jeune fille qui avait crié au procès de Kiku, il aurait aimé toucher la peau de cette fille, ses petits seins pointant sous le tailleur qui épousait ses formes. S'il y plantait ses ongles assez fort, la peau rougirait, saignerait peut-être. L'image d'un corps nu de jeune fille le fit bander violemment, Niva poussa un soupir de béatitude. Le sexe de Niva pendait comme un morceau de flan gélatineux dégoulinant de sucre. Tant qu'il n'aurait pas laissé en rouge la marque de ses doigts sur le corps de cette fille, sa victoire sur Kiku ne serait pas complète.

— Désolé, je laisse tomber, ne comptez plus sur moi.

Au beau milieu de la deuxième semaine de répétitions, Matsuyama, le guitariste, jeta soudain son médiator par terre en annonçant qu'il quittait le groupe. Hiroshi Kitami insista pour qu'il recommence à jouer le morceau depuis le début, mais Matsuyama coupa le micro de sa guitare et pointa un doigt accusateur sur Hashi : C'est toi, tu m'as trop déçu, fit-il, puis il quitta le studio. Personne n'essaya de le retenir. Tout le monde, Hashi y compris, savait que cela devait se terminer ainsi. Niva l'avait prévenu, et Hashi avait tenté plusieurs fois de changer sa façon de chanter ou de modifier les arrangements, mais le son de Träumerei devenait de plus en plus glacé, le groupe s'enfermait dans une musique sans âme.

— Bon, qu'est-ce qu'on fait maintenant ? demanda Tōru.

— Une pause, fit Hashi en regardant par terre.

— Moi, je t'aime bien, tu sais, fit Tōru en essuyant les cordes de sa guitare basse. Tu es gentil, tu as de la classe, tu nous traites bien, je pense que tous les autres sont du même avis que moi, on se ressemble tous plus ou moins, et je comprends le son que tu cherches, si on n'était pas d'accord avec ta recherche, on n'aurait jamais signé ce contrat, je comprends ce que tu veux : commencer par plonger ton public dans une ambiance froide, paisible, et petit à petit les déranger avec des sons discordants, des changements de rythme, les réveiller de leur sommeil, pour qu'ils se retrouvent face à une espèce de gouffre sinistre et vertigineux, grouillant de vers humides d'une race qu'ils n'ont jamais vue, qu'il n'y ait pas de sortie possible, qu'ils soient obligés de regarder attentivement ces vers, de surmonter leur dégoût, et à ce moment-là les vers se métamorphosent en magnifiques lumières scintillantes, et le public suit ces lumières jusqu'au fond d'une grotte de corail, jusqu'à ce qu'apparaisse une sortie donnant sur une mer scintillante, non, c'est ce que tu nous as expliqué et il me semble qu'on a compris ce que tu voulais, on a trouvé le son parfait, seulement pour l'instant on est bloqués au fond de cette grotte sinistrement paisible, ta façon de chanter aussi est bloquée là et tu te creuses la tête à chercher le moyen de sortir de ce gouffre, on en est bien conscients, seulement comment faire ? Nous non plus, on n'en a pas la moindre idée.

— C'est faux, tout est impeccable, ce qui ne va pas là-dedans, c'est sa façon de chanter ! s'exclama Matsuyama qui venait de revenir dans le studio, une grenouille à la main.

Shimoda eut une grimace de dégoût. Matsuyama approcha la grenouille du micro de Hashi et appuya sur son cou pour la faire coasser. Le batracien poussa quelques coassements rauques et Matsuyama éclata de rire.

— C'est déjà mieux que ce que tu fais, Hashi ! Ecoute, elle a plus de voix que toi !

Une bave verte coulait de la bouche de la grenouille, Shimoda détourna les yeux. Matsuyama éloigna enfin la grenouille du micro.

— Hashi, je ne veux pas dire que tu ne sais pas chanter, tu chantes si bien que ça en fait peur, tu sais créer une atmosphère qui sort de l'ordinaire, ce n'est même pas une atmosphère que tu crées, mais une espèce de vide, un vacuum sans air dans la tête des gens qui t'écoutent, et s'ils ont l'impression de rêver en plein jour, c'est à cause de ce vide où sont attirées des bribes de leurs souvenirs les plus lointains, pour ça, tu es un chanteur de première classe, tu t'insinues dans la tête des gens, tu leur caresses les nerfs comme une drogue, seulement pour être à la hauteur et contrôler un public en concert, la came ne suffit pas, c'est une bombe qu'il faut, une bombe qui fasse voler en éclats tous ces rêves éveillés d'hallucinés sous l'emprise de la drogue, Shimoda pourra taper de toutes ses forces sur sa batterie et moi je pourrai casser le micro et Kitami cracher ses poumons dans son instrument, ça ne suffira pas tant que ta voix sera aussi faible, tu dois chanter fortissimo, ce doit être un homme qui crie, pas un bébé qui braille !

Quand il eut fini, Matsuyama ouvrit une fenêtre à double vitrage du studio et jeta la grenouille dehors.

— Tu n'es pas à la hauteur pour créer l'ambiance dans un concert, Hashi, mais nous non plus, c'est sans doute ça qui me met autant en colère, on est tous comme ça, même si on s'arrache la peau, qu'on se met les tripes à l'air, on n'a rien dans le ventre, voilà le problème, on est juste des pantins de plastique, quand je pense par exemple à cette chanteuse que j'ai vue littéralement hurler sur scène, elle, ça venait de ses entrailles, cette femme, il paraît que pendant la guerre quand elle était enfant elle a traversé un fleuve en pleine nuit sur le dos de sa mère, et son frère aîné a glissé, elle l'a vu se noyer sous ses yeux, il s'était pris le pied dans une algue ou quelque chose et ne pouvait plus remonter à la surface, elle voyait juste sa main tendue dépasser de l'eau, alors elle l'a dit à sa mère, mais sa mère était à demi morte d'épuisement elle marchait comme une somnambule, elle ne l'a même pas entendue, la fillette a hurlé en voyant la main de son frère s'éloigner tandis qu'elles continuaient à avancer, et quand elle chante maintenant c'est ce hurlement qui remonte à la surface, elle n'est plus qu'un cri, moi je n'ai rien en moi qui ressemble à ça, mais toi, Hashi, je croyais que tu pourrais hurler comme ça du fond de ton être, tu n'as pas hurlé, bébé, au fond de ta consigne ?

Hashi aurait voulu entendre à nouveau le *son*. Si seulement il pouvait entendre à nouveau l'étrange son de la salle aux murs capitonnés...

— Tout ça, ça n'a rien à voir, je ne crois pas que ce soit si compliqué, c'est juste la qualité de la voix de Hashi qui ne va pas, ta voix est trop jolie, intervint l'accordéoniste, Tokumaru.

— Si je la rendais rauque ?

— Impossible, répondit Shimoda. Je me rappelle une chanteuse allemande qui s'est fait opérer des cordes vocales pour avoir une voix plus rauque, et après ça elle avait une magnifique voix cassée mais ça a duré deux ans à peine, après elle n'avait plus qu'un filet de voix, la forme des cordes vocales c'est héréditaire, on peut les renforcer en s'entraînant, mais ça prend des années pour obtenir la voix d'un arbitre de sumo ou du chanteur des Bee Gees.

— C'est vraiment à cause de ma voix, alors ? demanda Hashi à Tokumaru.

Celui-ci rangea l'accordéon dans son étui, alluma une cigarette et hocha la tête.

— Pas seulement la qualité de ta voix, les qualités vocales de Goebbels quand il était ministre de la Propagande du Troisième Reich et celles de John Lennon ont des points communs, il y a des voix qui ont le don d'exalter leurs auditeurs, il paraît qu'il y a un écho d'ordre mystique, une prière ou une imprécation qui y sont inscrites inconsciemment. Le son est une vibration de l'air, par conséquent, je ne vois pas pourquoi un son ne pourrait pas ébranler matériellement une foule. Mais la voix de Hashi ne distille ni prières ni malédictions, au moins c'est une voix honnête, ce qui n'est pas si mal, parce qu'il y a tellement de chanteurs qui font semblant de prier ou de maudire, mieux vaut un chanteur honnête qu'un imposteur, il existe plein de merveilleux chanteurs honnêtes, tiens Chet Baker par exemple, ou Brian Ferry, Lou Reed, ou la chorale des petits chanteurs de Vienne, ils ne sont pas faits pour jouer en concert mais ça n'a aucune importance, ceux qui les aiment les aiment et voilà.

Tokumaru sourit à Hashi.

— Les vieux peuvent peut-être se contenter de ça mais les jeunes veulent autre chose, il leur faut de l'excitation, ils ne se déplacent pas pour un concert qui ressemble à un enterrement ! intervint Matsuyama en criant.

— Très bien, j'ai compris, fit Hashi en regardant ses musiciens tour à tour. J'ai une idée : interrompons les répétitions une semaine, si dans une semaine vous êtes toujours déçus par ma voix, je dissoudrai Träumerei et je mettrai fin à ma carrière de chanteur pour redevenir prostitué comme avant.

Hashi quitta le studio sans attendre la réaction des musiciens. Il alla s'enfermer à clé dans sa chambre, et quand Niva vint le supplier d'ouvrir, il répondit qu'il avait besoin d'être seul. Il donna congé à la cuisinière, à tous les employés, et resta seul à bord du Vaisseau spatial.

Il voulait faire une expérience. Il avait lu dans un livre sur les Rolling Stones que la voix de Mick Jagger avait changé à la suite d'un accident, et que ce n'était qu'après cet accident qu'était née cette voix d'une sensualité légendaire. Hashi voulait renouveler cette expérience. Il commença par préparer ses outils : une lampe à alcool, des rouleaux de gaze, des feuilles d'aloès, une bouteille de vodka, une grande paire de ciseaux. Il remplit le verre de vodka et mit le bout de sa langue à tremper dedans. Il alluma le brûleur à alcool, passa les ciseaux sur la flamme pour les désinfecter. Tout en regardant sa langue remuer dans le verre à vodka, Hashi rit de lui-même. Quelle idée ridicule ! Qu'est-ce qui m'a donné envie de faire ça ? Ce n'est pas pour le groupe que je le fais ni pour Niva, encore moins pour Mister D — qu'il aille se faire foutre celui-là —, et la tournée de concerts je m'en balance, la chanson aussi ça m'est égal après tout si j'abîme ma voix peu m'importe j'en ai assez d'être chanteur de toute façon mais je n'ai pas envie de fuir comme un lâche ça non gamin je détestais les exercices à la barre je séchais les cours de gym et j'avais même invoqué la pluie pour que le cours soit annulé tout ça parce que je ne voulais pas voir les autres se moquer de moi. Mais ça n'avait pas marché. Plus on a peur et plus on fuit, plus on a de chances de tomber dans le piège de l'ennemi. Mes ennemis ? Qui sont-ils ? Tous ceux qui veulent m'enfermer me font mentir m'obligent à mener une vie fausse mais je ne me laisserai pas faire je ne fuirai pas cette fois Träumerei Niva je les dominerai tous je leur montrerai que je peux dominer une foule en concert je me demande à quoi peut penser Kiku en ce moment. Si tu t'imagines que je me la coule douce que je dors sur des matelas moelleux et mange des plats raffinés tu te trompes Kiku tu te trompes mais je n'ai plus peur je ne pleure plus je n'ai plus honte en face de toi Kiku je m'arrangerai pour avoir la voix et l'énergie nécessaires à cette tournée et je te volerai ta fiancée Kiku je lui grifferai la peau je laisserai la marque de mes doigts sur son joli petit dos élancé !

Sa langue ne s'engourdissait toujours pas. Il la mordit légèrement, un élancement le parcourut. Il commençait à avoir mal à la mâchoire. Il enleva lentement sa langue du verre, la tendit le plus loin possible, prit le bout entre ses doigts de la main gauche, l'organe humide glissait entre ses doigts, il planta ses ongles dedans. Il prit les ciseaux, noirs de suie après leur passage sur le brûleur à alcool. Mais sous les traces noires ils étaient chauffés au rouge, et dès qu'il eut appliqué la pointe sur sa langue, il sauta en l'air de douleur, puis roula à terre en se tenant la mâchoire. Il n'eut pas le temps de crier, il entraîna la table dans sa chute, le verre de vodka vola en éclats. Fermant les yeux sous la douleur, il ne voyait plus rien autour de lui. Il suait à grosses gouttes. Sans se relever, il ramassa les ciseaux qui avaient laissé une marque de brûlure dans le tapis, les arrosa de vodka, il entendit le grésillement de l'alcool s'évaporant sur le métal brûlant. Les larmes coulaient de ses yeux sans s'arrêter. Il se demanda pourquoi il n'avait pas crié tout à l'heure malgré l'intensité de la douleur. Crier, c'était peut-être une façon d'appeler à l'aide inconsciemment, mais lui, dans sa solitude, savait que ce n'était pas la peine de crier : personne ne viendrait.

Il ferma les yeux, tira à nouveau la langue. Toute sa conscience se concentrait sur elle, il avait l'impression que son corps entier était devenu cette langue. Il ouvrit tout grands les ciseaux et les appliqua dessus. Le contact du métal refroidi apaisa un instant la brûlure. Il repensa à l'histoire du petit moineau à qui sa grand-mère avait coupé la langue, un des contes que les sœurs de l'orphelinat leur lisaient le soir. Le moineau avait dû se venger mais de quelle façon ? Il n'arrivait pas à se souvenir. Il essaya sans succès d'empêcher son menton de trembler. Le bout de sa langue gigotait sous la lame des ciseaux. Quand sa langue s'immobilisa enfin, il referma les ciseaux de toutes ses forces. Le sang jaillit du lambeau de chair humide en contact avec la lame. Hashi fourra des compresses de gaze dans sa bouche. Davantage encore que la douleur, ce fut la quantité de sang qui l'impressionna. Il se mit à trembler, enfonça davantage de compresses dans sa bouche, ce qui le fit suffoquer. Il se leva en chancelant, recracha les compresses écarlates. Il trancha des feuilles d'aloès en long, les appliqua sur sa langue : le sang coulait toujours. Les ciseaux roulèrent à terre. Sur la lame, il y avait le bout de sa langue. Soudain il se rappela comment le moineau s'était vengé : il avait offert en cadeau à sa grand-mère une boîte magique où était enfermé un fantôme. Hashi resta debout au même endroit, pressant sa blessure avec des compresses de gaze jusqu'à ce que le sang s'arrête. Pendant tout ce temps, il réfléchit : à qui allait-il offrir la boîte contenant un fantôme ?

24

Anémone attendait le bus. C'était l'heure de la sortie des bureaux et il y avait au moins dix personnes qui faisaient la queue. Devant Anémone se trouvait une vieille femme avec un pansement sur l'œil et derrière, une femme avec deux enfants. La vieille regardait alternativement l'horaire des bus et sa montre, puis elle finit par se retourner vers Anémone : Il a du retard ! Il doit y avoir des embouteillages devant la gare, répondit Anémone. La vieille hocha la tête, sortit un étui à cigarettes de son sac marron, en alluma une. Derrière elle, les deux enfants se disputaient un modèle réduit d'avion et bousculaient Anémone de temps à autre. Elle se retourna et la mère, un panier à provisions au bras, d'où dépassaient une pelote de laine et des branches de céleri, se confondit en excuses. La vieille souleva son pansement, s'essuya l'œil avec une compresse, regarda à nouveau Anémone : Tu sens bon, ma petite ! La croûte suintante autour de son œil avait laissé une marque jaune sur la compresse. Tu sens le lait, tes parents tiennent une laiterie ou quoi ? Anémone renifla ses bras, les paumes de ses mains. Non, fit la vieille, tu es imprégnée de cette odeur, tu ne dois pas la sentir, alors elle est où, cette laiterie ?

— Je travaille à la pâtisserie, juste à côté du grand magasin, répondit Anémone.

La vieille opina du bonnet puis jeta la compresse sale dans une poubelle voisine. Son œil gonflé et chassieux évoquait à Anémone celui de son crocodile pulvérisé sur l'autoroute.

Après l'accident, la police avait ramassé les morceaux de Gulliver et les avait portés dans une décharge. Anémone avait dû faire une déposition au commissariat, aussitôt après elle était retournée à la décharge, avait récupéré le sac-poubelle contenant les restes de Gulliver et fait le tour des crématoriums de la région, mais aucun n'avait accepté d'incinérer son crocodile. Elle avait vendu sa Ford Bronco endommagée à un garage d'occasion, avait empaqueté ses vêtements et le matériel de plongée, envoyé le tout en bagages accompagnés, puis avait pris le train. Elle n'avait gardé avec elle que le sac-poubelle contenant ce qui restait de Gulliver, et pendant le voyage le sac s'était déchiré, laissant échapper du sang et des lambeaux de chair. Elle était descendue à la gare la plus proche avant que le contrôleur ne s'aperçoive du désastre, puis avait pris un taxi jusqu'à Aomori. Elle avait jeté à la mer les restes de Gulliver, qui commençaient à se décomposer. Dans le bateau qui assurait la liaison entre Aomori et Hakodate, elle était tombée sur un article de journal, intitulé *Un crocodile géant pulvérisé sur l'autoroute,* qui l'avait soulevée d'indignation.

La nuit de son arrivée à Hakodate, elle avait dormi à l'hôtel. L'angoisse l'avait empêchée de fermer l'œil, et le lendemain matin, elle avait réservé dans le premier avion pour rentrer à Tōkyō. Même si Kiku se trouvait dans cette ville, elle ne pourrait pas l'approcher de toute façon, mieux valait rentrer que de vivre avec cette angoisse. Mais, depuis le taxi qui l'emmenait à l'aéroport, elle avait aperçu une haute muraille de béton gris, et le chauffeur lui ayant dit qu'il s'agissait du centre de détention, elle était descendue là.

Elle marcha longtemps autour des murailles grises. Kiku se trouvait quelque part, le dos rond, derrière ces murs. Elle décida de retarder son départ d'une journée. Devant l'entrée de la prison se tenait un policier, matraque au côté. Anémone demanda à avoir une entrevue avec le prisonnier. Le garde lui expliqua qu'il fallait entrer et remplir un formulaire de demande de visite. Anémone rassembla tout son courage et pénétra à l'intérieur du bâtiment sombre. Pendant qu'elle attendait l'arrivée d'un responsable, elle vit arriver un prisonnier au crâne rasé, armé d'un seau plein de désinfectant. Il s'arrêta pour la regarder. Qu'est-ce que tu fiches ? aboya une voix, et le prisonnier passa son chemin.

— Donc vous n'avez ni profession ni domicile fixe ?

Tout en parlant, l'homme en uniforme bleu marine, qui sentait la sueur, observait Anémone, son pantalon de cuir noir, ses sandales chinoises, ses ongles longs couverts d'un vernis écarlate.

— Malheureusement, seules les personnes possédant un lien de parenté avec le détenu sont autorisées à lui rendre visite sans fournir d'adresse fixe.

— Alors il suffirait que j'aie une adresse et un travail pour pouvoir le voir ? demanda Anémone.

Le fonctionnaire hocha la tête.

Le bus était enfin arrivé. Les gens se bousculèrent pour monter. Juste devant la grand-mère à l'œil bandé, se trouvait un homme portant une grosse malle. Il chancela un peu en soulevant son fardeau et heurta la vieille, qui faillit tomber et se rattrapa au bras d'Anémone. Sa cigarette allumée toucha le bras de la jeune fille qui poussa un cri et secoua le poignet. Sa main heurta la figure d'un des petits garçons derrière elle, l'enfant lâcha son avion en modèle réduit dont une aile se brisa par terre. La vieille femme écrasa sa cigarette et s'excusa auprès d'Anémone, qui s'apprêtait à monter dans le bus en se frottant le bras. Une minute ! fit la mère des enfants derrière elle, en lui montrant les deux garçons en larmes devant leur avion à l'aile brisée. C'est vous qui l'avez cassé. Ignorant sa remarque, Anémone allait monter dans le bus mais la femme l'en empêcha. Eh, pas si vite, vous n'allez pas vous enfuir tout de même ! Des gens continuaient à monter dans le bus, passant sous le bras d'Anémone. Même la vieille femme à l'œil bandé qui était restée un moment à regarder la scène disparut finalement à l'intérieur du bus. Le chauffeur mit le moteur en marche, un nuage de fumée empestant l'essence piqua les yeux d'Anémone, lui donnant la nausée. Dites-moi combien ça coûte, je vous le rembourse, proposa-t-elle à la mère de famille. Dites donc, ne me prenez pas pour une imbécile ! rétorqua la femme, vous allez faire vos excuses à cet enfant. Le deuxième des enfants donna un coup de pied dans le tibia d'Anémone. Elle levait la main pour répliquer par une claque quand le bras du conducteur de bus l'attrapa au vol. Qu'est-ce que vous faites, espèce d'idiote, ce n'est qu'un enfant ! C'est ma faute, c'est ma faute, elle n'a rien fait ! cria la grand-mère en se montrant à la fenêtre. Petite traînée, va ! Casser le jouet d'un enfant ! Le chauffeur de bus serrait toujours le bras d'Anémone, avec un rictus mauvais. Dépêchez-vous de démarrer, cria quelqu'un dans le bus, en donnant un coup de klaxon. Ne touchez pas à ce klaxon ! hurla le chauffeur furieux. Anémone en profita pour se libérer. Elle sortit son porte-monnaie, tendit un billet de dix mille yen à la ménagère. Non mais, pour qui elle me prend ! protesta celle-ci en prenant le chauffeur à témoin. Ce n'est pas possible, je ne veux pas croire qu'il existe des gens comme ça ! Le chauffeur éclata de rire : C'est une cinglée ! conclut-il en montrant Anémone du doigt, puis il retourna dans son bus. Allez, demande pardon ! continuait à dire à Anémone l'enfant qui lui avait donné un coup de pied. La mère tira les deux frères par la main et monta dans le bus. Hé, je vais démarrer, vous montez ou pas ? Anémone ne répondit pas. La vieille avait passé la tête par une fenêtre du bus et agitait la main en direction d'Anémone. Elle n'a rien fait de mal cette petite, c'était ma faute, désolée petite, hein !

Anémone rentra chez elle à pied.

Anémone profita de son jour de repos à la pâtisserie pour aller acheter une machine à coudre et du tissu, du tissu à rideaux sur lequel étaient imprimés de petits crocodiles de bande dessinée. Elle ne savait pas bien se servir d'une machine à coudre et dut s'y reprendre plusieurs fois. Son ouvrage l'occupa jusqu'au milieu de la nuit.

La fenêtre de sa chambre donnait sur le port. Le jour commençait à se lever, dessinant les contours de la rive opposée. C'était la première fois qu'elle voyait l'aube ici. A l'horizon la mer se mêlait au ciel dans un gris uniforme, les ombres allongées des bateaux éclairés de petites lumières s'éclaircissaient peu à peu, leur sillage blanc apparaissait. Les lumières s'éteignaient une à une tandis que le gris du ciel virait au bleu.

Anémone mit ses mains sur ses yeux, éblouie par un faisceau de rayons de soleil qui venaient de transpercer les nuages et d'illuminer une moitié du port. Elle regarda le paysage s'éclaircir encore, et l'atmosphère tiédir, puis suspendit à la fenêtre les rideaux qu'elle venait de terminer. L'ourlet était un peu irrégulier, la longueur des pompons de la frange inégale, le tissu tout fripé, mais Anémone était satisfaite de sa création. La lumière passait à travers le léger tissu crème, et c'étaient les plus ravissants rideaux du monde. Je voudrais bien les montrer à Kiku. Un souffle de vent agita les rideaux, révélant une rangée de toits argentés et éblouissants surplombant le port.

Ce jour-là Anémone se maquilla très légèrement. Il y avait plusieurs chemins possibles pour se rendre de chez elle à la prison, mais aucun ne prenait plus de quinze minutes, aussi avait-elle décidé de quitter son appartement à une heure quarante-cinq précises. Elle n'avait aucune envie d'arriver en avance et d'être obligée d'attendre à l'intérieur de ce bâtiment sombre. Elle hésita un peu sur le choix de ses vêtements, puis opta pour un chemisier blanc en soie et une jupe rouge, enfila par-dessus un manteau en tissu léger, mit des chaussures grises à talons plats. Tout était neuf, elle s'était racheté une garde-robe adaptée pour travailler à la pâtisserie, attentive à ne pas avoir de vêtements plus voyants que ceux de ses collègues. De toute façon, Kiku n'aimait pas sa façon de s'habiller habituelle. Il trouvait ses tenues trop voyantes ou vulgaires. Lui, il préférait le genre secrétaire ou employée de banque. Anémone inspecta sa silhouette une dernière fois dans le miroir. Voilà qui devrait plaire à Kiku, se dit-elle.

A une heure quarante-trois, la sonnerie de son réveil se déclencha, et elle se passa un dernier coup de peigne, se vaporisa légèrement le cou de parfum, pas trop.

Un jeune gardien de prison la guida jusqu'au parloir, une pièce sombre, séparée en deux par un grillage rouillé. C'est le parloir de deuxième classe, expliqua le gardien comme en s'excusant. Dans un an il aura droit au parloir de première classe, sans grillage. Ici on ne peut pas tellement s'embrasser, c'est sûr, plaisanta-t-il avec un petit rire, destiné à mettre Anémone à l'aise. Dès que le gardien fut reparti, elle sortit de son sac à main un petit bout de papier sur lequel elle avait inscrit : *Si Kiku sourit, lui dire : Tu as l'air en pleine forme, s'il a l'air sombre, dire seulement bonjour, s'il a l'air triste, lui mettre la main sur l'épaule sans parler*. Mais elle n'avait pas prévu le grillage et chercha désespérément ce qu'elle pourrait lui dire s'il avait l'air triste. Tout ce qui lui venait à l'esprit lui paraissait ridicule, de plus elle était sur le gril à l'idée que la porte en fer en face d'elle pouvait s'ouvrir à tout instant sur Kiku, elle avait le cœur battant, la gorge sèche, les paumes moites, elle tira en hâte son mouchoir de son sac pour s'éponger le front. Comment Kiku pourrait-il avoir l'air en forme s'il la voyait aussi nerveuse ? Chaque fois qu'elle essayait de se représenter Kiku, elle le revoyait comme au procès, le dos rond, l'air craintif.

Elle prit une profonde inspiration. Allons, reprends-toi, Anémone, que Kiku ait l'air en forme ou malheureux, toi tu lui remonteras le moral, décida-t-elle. Elle s'imagina Kiku assis sur la chaise qui lui faisait face, les épaules affaissées, et elle commença à s'entraîner à voix basse. Il faut te secouer, Kiku. Non, ça faisait un peu forcé. Plus doux : Reprends courage, Kiku. Non, trop froid, on dirait une maîtresse d'école. Allons, secoue-toi un peu, Kiku. Là, on dirait vraiment que je l'enguirlande ! Non, ce qu'il faut c'est un ton chaleureux et naturel en même temps. Allons, Kiku... Juste à ce moment la porte en fer s'ouvrit, une odeur de sueur qu'elle aurait reconnue entre mille emplit la pièce, une silhouette apparut dans l'encadrement de la porte. Anémone ! hurla Kiku en se précipitant sur le grillage qu'il se mit à secouer. Des particules de rouille s'envolèrent, le grillage grinça comme s'il allait se déchirer. Hé, casse pas tout ! fit le gardien qui l'accompagnait. Anémone ! Je ne peux pas y croire, je ne peux pas ! murmura Kiku, s'asseyant finalement sur la chaise. Kiku s'approcha le plus près possible du grillage, le bout du nez dessus, sourit à Anémone, qui lui sourit aussi. Kiku ouvrit la bouche pour dire quelque chose, mais aucun son n'en sortit.

— Tu as l'air en forme, dit Anémone avec des larmes dans la voix.

Kiku hocha légèrement la tête.

— J'ai fait des rideaux, tu sais...

Elle avait dit la première chose qui lui venait à l'esprit, sentant qu'elle allait éclater en sanglots si elle ne parlait pas.

— J'ai trouvé du travail à Hakodate dans une pâtisserie qui s'appelle *Guten Morgen*. Ça veut dire « bonjour » en allemand et tu sais les tartes aux fraises c'est ce qui se vend le mieux, mais ces derniers temps les gens s'en sont peut-être lassés parce qu'il y a des jours où les tartes aux kiwis ou aux pêches, ça se vend mieux, je suis devenue amie avec une vendeuse qui s'appelle Noriko, une fille super, on est allées deux fois ensemble au cinéma, et tu sais, elle adore les livres, elle m'en a déjà prêté plusieurs, mais moi les livres ça m'endort, pourtant ce sont tous des romans d'écrivains célèbres, mais toi qu'est-ce que tu en penses, tu crois que c'est indispensable d'avoir lu tous ces bouquins ?

Elle continuait à s'étourdir de paroles tout en se demandant pourquoi elle éprouvait le besoin de raconter toutes ces stupidités. Kiku se contentait de la regarder en souriant et elle se disait que s'ils restaient comme ça silencieux tous les deux à se regarder, elle allait se mettre à hurler.

— La pâtisserie est juste à côté d'un grand magasin, et au cinquième étage il y a une grande horlogerie et le fils du type qui dirige cette horlogerie a essayé de me draguer, il se balade toujours dans une voiture de marque étrangère du plus mauvais goût, il la prend même pour venir acheter des gâteaux alors que c'est à même pas cinq secondes à pied, tu vois le genre, vraiment nul, il m'a raconté que son père possède la moitié des actions du grand magasin, qu'il a trois dobermans, que la police lui a donné des certificats de mérite pour ses chiens, qu'il est copain avec un champion de boxe. Nul, mais nul ! Il était tellement collant que j'ai accepté une fois un rendez-vous au café et là je lui ai dit que mon petit ami était en prison pour meurtre, et que s'il me touchait un cheveu je ne pouvais pas prévoir ce qui arriverait, même Noriko m'avait dit qu'il valait mieux le prévenir, alors il est devenu blême, et tu sais ce qu'il m'a dit ? Je te le donne en mille, il m'a traitée de jeune délinquante, voilà ce qu'il m'a dit, jeune délinquante, ah non, ce que j'ai ri ce jour-là !

Kiku la regardait en silence et n'avait pas l'air d'entendre ce qu'elle disait.

— Et Gulliver, comment il va ? Il a encore grandi ?

Anémone se passa la langue sur les lèvres et répondit d'une voix presque inaudible : Il est mort.

— Le pauvre !

— Oui, mais ça va maintenant, c'est passé.

— Qu'est-ce qui est passé ?

— Je veux dire, je me suis habituée.

Kiku retomba dans le silence. Il regardait ses cheveux, ses mains, ses ongles, ses seins. Kuwayama, il te reste cinq minutes, fit le garde à côté de lui. Ouais, répondit Kiku sans détacher les yeux d'Anémone. Anémone regarda sa montre et s'aperçut que vingt-cinq minutes s'étaient déjà écoulées. Mais pourtant, on ne s'est encore rien dit ! Dis, Anémone, murmura Kiku, assez bas pour que le gardien ne puisse pas l'entendre. Passe ta langue par un interstice du grillage. Anémone fit ce qu'il lui demandait et Kiku lui suçota rapidement le bout de la langue. Quand il s'éloigna, un petit filet de salive transparent reliait encore leurs bouches. Allez, c'est l'heure, fit le gardien juste au moment où Kiku commençait à parler : Je m'entraîne à faire du bateau, tu sais... Attendez une minute, dit-il au garde puis il murmura très vite : Anémone, tu as de l'argent ? Anémone hocha la tête. Ecoute, on va bientôt faire une sortie en mer pour l'entraînement à la navigation, je t'écrirai pour te faire savoir dans quel port on fera escale, je voudrais que tu me suives, que tu sois sur la route à suivre notre bateau tout le temps, tu as compris ? Le garde s'approcha de Kiku et lui ordonna de se lever. Au moment où il allait disparaître derrière la porte d'acier, Anémone cria : Kiku, tu n'as pas oublié le datura, n'est-ce pas ? Kiku hocha la tête, et Anémone, les yeux brillants, recracha un petit débris de rouille qui lui était resté dans la bouche depuis leur baiser.

25

Un nouveau bouquet de roses venait d'arriver dans la loge. De la part de qui ? demanda Tōru au jeune livreur. Le département publicitaire d'une société de crabe en conserve, expliqua le livreur. Tōru n'écoutait déjà plus. Matsuyama, debout au milieu de la pièce, accordait sa guitare pour la dix-septième fois. Il était peint de la tête aux pieds en rose et violet, même ses cheveux étaient teints dans ces deux tons. Shimoda, enfoncé dans un canapé de cuir, faisait tournoyer deux baguettes en l'air comme s'il frappait sur des cymbales invisibles. Quelqu'un leur avait offert un gros gâteau à la crème. Matsuyama envoya un assistant chercher un couteau et se mit à découper le gâteau à grands gestes violents. Tu vas vomir sur scène si tu manges un truc aussi sucré avant le concert, le prévint Tōru. Et alors ? Même si je vomis mes tripes ou que je m'évanouis sur scène, je saurai encore jouer de la guitare, répliqua Matsuyama en riant, en faisant glisser de grosses bouchées de gâteau à la crème avec des coupes de champagne. Pendant ce temps, deux jeunes gens à la peau lisse s'empressaient autour de Tokumaru et lui arrangeaient son nœud papillon.

Hashi, quant à lui, le visage rouge d'excitation, allait et venait au milieu d'un cercle de journalistes et de cameramen, et vociférait :

— Je sauverai l'humanité grâce à mes chansons, ceux qui meurent de faim, ceux qui souffrent, ceux qui ne sont même plus capables de réfléchir, je les sauverai tous !

Comme avant chaque concert, il essayait de se libérer de son excitation. Une fois vidé, il pouvait recharger ses batteries, et une des meilleures façons de se soulager était pour lui de vociférer au milieu d'une foule de journalistes, en répondant à des questions stupides.

— Vous voulez dire que votre musique n'est pas uniquement destinée à un jeune public japonais en quête de sensations fortes, mais que votre but est de soulager la faim dans le monde ?

Hashi marchait de long en large, surexcité, les yeux brillants. Deux coiffeurs le suivaient comme des satellites, enduisant ses cheveux de blanc d'œuf pour fixer les mèches rebelles. Votre musique serait donc une religion ? Deux caméras avaient dirigé leurs projecteurs vers le sol, essayant de faire un gros plan des chaussures vernies de Hashi. Hiroshi Kitami faisait des trilles de plus en plus hautes avec son saxo. On aurait cru entendre hennir cent étalons en rut. N'est-ce pas ? Votre musique est une religion, c'est bien ça ?

Niva vint leur annoncer dans un mégaphone que le concert allait commencer dans cinq minutes. Cette fois il y a un service d'ordre de cinquante personnes dans la salle, alors pas de bagarres comme la dernière fois, compris ? Matsuyama laissa tomber sa coupe de champagne qui s'écrasa par terre, et passa un peigne dans sa coiffure d'Iroquois.

— Une religion ? Mais pas du tout, imaginez une bombe qui explose dans le métro, il y a plein de morts, le souffle de l'explosion projette les gens dans les airs, leurs fesses restent accrochées aux panneaux publicitaires comme des pêches dans un arbre, voilà à quoi ressemble ma musique !

Hashi marchait de plus en plus vite. Alors pour vous, fit un journaliste en lui tapotant l'épaule pour diriger son attention vers lui, sauver le monde signifie faire du terrorisme ? Ne me touchez pas ! hurla Hashi. Il bouscula le journaliste, se précipita vers Matsuyama, lui arracha le gâteau des mains, le projeta contre le miroir mural. Il y avait des éclaboussures de crème partout dans la pièce. A ce moment, Niva fit résonner plusieurs fois avec insistance la sonnerie les invitant à entrer en scène. Allez, on y va ! s'exclama Tōru en jetant une écharpe plastifiée autour de son cou. Kitami se gargarisa avec une gorgée de Coca, et tout le groupe, Hashi en tête, fonça vers la scène.

Dès que Hashi entamait une tournée de concerts, des articles dans le genre de celui-ci fleurissaient dans la presse nationale :

Le mauvais goût a toujours régné dans les concerts de rock, mais à ce point-là, c'est vraiment un record. Le célèbre chanteur Hashi ressemble à un homme qui se soûlerait à la veillée funèbre d'un membre de sa famille, et s'amuserait comme un fou, avant de ressentir toute l'incongruité de sa conduite et de se détester pour ce qu'il a fait. Le concert débute sur un solo de batterie qui chute lamentablement, pour enchaîner sur des chansons d'une longueur interminable, des succès d'il y a quinze ans du style Rendez-vous à Yurakucho *ou encore* Je t'aime plus que tout au monde, *l'accompagnement général est d'une faiblesse à pleurer, le son glacé, le batteur se contente de frapper plus ou moins fort sur son instrument et joue en gros le rôle du métronome, tandis que Hashi se tortille sur scène de façon obscène, un fouet en cuir à la main, donnant de grands coups dans les airs, sans doute dans l'espoir de redonner un peu d'ambiance à cette veillée funèbre.*

Le plus surprenant est sans doute le changement survenu dans la voix de Hashi depuis la sortie de son dernier album L'Ile d'Iwo, *il y a deux mois. Jusque-là il avait plutôt une voix de jeune autiste chanteur de chorale à l'église qui aurait viré sa cuti, tandis que depuis le début de cette tournée de concerts, sa voix d'otarie en rut vous laisse sur la peau un film gras qui ne saurait partir même après une douche brûlante. Questionné au sujet de ce brusque changement, le chanteur répond sur le ton de la plaisanterie, affirmant qu'il s'est coupé le bout de la langue avec des ciseaux.*

Autrefois, lors des procès de sorcellerie, une des méthodes de torture consistait à verser de la poix bouillante dans les oreilles des accusés. Or, voilà exactement à quoi ressemble la musique de Hashi et de ses acolytes. Pendant que les percussions s'accélèrent, que la guitare électrique et le saxo gémissent à l'unisson, l'accordéon joue une mélodie qui caresse les nerfs à rebrousse-poil, et une fois que les auditeurs sont tous en proie à la nausée, Hashi se met à chanter, évoquant un jeune marginal et un vieux mendiant poussant la chansonnette en tendant leur chapeau aux passants, dans une ruelle coincée entre des gratte-ciel qui s'effondrent sous les charges de dynamite et les coups de masse et une autoroute où les voitures foncent à toute vitesse dans un vacarme infernal.

« Pendant que je t'attends, il s'est mis à pleuvoir, j'espère que tu ne seras pas mouillée, je t'attends dans ce café, à côté d'un gratte-ciel... » Hashi commençait toujours par ce blues tendre chantant l'amour et la pluie, qui donnait au public l'impression de regarder, pieds et poings liés, une jolie secrétaire taper à la machine dans une pièce ensoleillée, une sueur brûlante coulant au bas de ses reins sur des courbes provocantes. Ou encore d'être à Londres pendant la guerre, et d'écouter un pianiste aveugle jouer une ballade sous le fracas des bombes. Derrière les percussions évoquant un bombardement, la voix suave et rauque de Hashi semait le germe de la peur dans les oreilles de ses auditeurs, non pas la peur que les bombes détruisent les abris dans les caves, mais plutôt la peur de céder à leur instinct, de se précipiter dehors en hurlant tandis que les éclairs des bombes déchiraient la nuit, la peur de faire quelque chose d'impensable, par exemple violer et tuer la jeune fille assise à côté d'eux, ou mettre le feu aux fauteuils. Hashi ne manquait jamais l'instant où cette peur commençait à s'infiltrer dans la tête de ses auditeurs, et c'est à ce moment précis qu'il se mettait vraiment à chanter, à hurler, d'une voix plus aiguë que la guitare, d'un hurlement qui transperçait la peau, faisait bouillir la graisse de mouton dans les oreilles, la faisait fondre et déborder par le nez, les yeux, la bouche, et c'est là que l'ambiance commençait à changer : les auditeurs qui jusque-là échangeaient des rires et des conversations étouffées se levaient d'un bond, comme électrocutés, les yeux rivés sur la scène, sous l'emprise de Hashi, l'hypnotiseur. Les images agrandies de dissection de porc commençaient alors à défiler sur le dôme en demi-cercle au-dessus de la scène, les entrailles ouvertes palpitaient au rythme de la basse, les veines et les tendons gonflés de sang écarlate évoquaient irrésistiblement l'océan, non pas l'océan où nageaient des poissons-anges, mais celui où des météorites s'abattaient en feu dans une atmosphère de création du monde, l'océan écarlate de la genèse où bouillonnait la lave en fusion des volcans sous-marins. Viens ! A mes pieds ! chantait Hashi en hurlant, tu n'es pas encore assez fou, il y a trop de choses que tu ignores encore, tu crois tout comprendre, tu te trompes cruellement, ouvre grandes tes oreilles, laisse couler l'huile bouillante, laisse ton corps chancelant avancer sur ces rails d'avant l'aube, pleins de cadavres de chiens errants aux entrailles emportées par le vent, le train qui arrive explosera bien avant de t'écraser, ne t'inquiète pas, aux fenêtres brisées apparaîtront des rangées de cheveux gominés, des cous de filles ornés de topazes, tu seras le roi, comment pourrais-tu regretter ce paysage, connu jusqu'à l'écœurement, crée ton propre mirage, allume la lanterne magique, mets le feu aux vieux projecteurs, une membrane blanche te sépare du mur, de l'autre côté de ce mur un peu sale, t'attendent des entrailles de porc, et si tu vas au-delà encore, un monde poisseux de fruits juteux et de pluies tropicales !

A la fin du concert, Hashi, postillonnant dans son micro, présentait au public les musiciens du groupe et des milliers de confettis en métal scintillant descendaient du plafond, merci, merci ! hurlait Hashi, c'est grâce à votre amour, ce soir je veux que vous priiez pour le salut de l'âme de trois petites filles sauvagement assassinées il y a dix-huit ans dans un parc de Yokohama, un marin d'un cargo arménien leur a évidé le ventre au couteau avant d'éjaculer dedans, priez tous avec moi, ce n'est pas l'argent qui sauvera le monde, c'est l'amour, l'amour, merci, merci à tous ! Des gardes du corps armés de matraques s'avançaient depuis les côtés de la scène pour contenir les spectateurs des premiers rangs. Il y avait aussi quatre chiens policiers. L'orchestre attaquait le dernier morceau : *L'histoire vient à peine de commencer !* Hashi continuait à entretenir l'excitation de la salle, portée à son comble. Presque tous les spectateurs étaient debout, certains se précipitaient vers la scène, seul le grondement menaçant des chiens les arrêtait. Matsuyama lançait sa guitare en l'air, les lumières s'éteignaient. Hashi et ses musiciens se retiraient dans les coulisses tandis que le service d'ordre envahissait la scène avec ses chiens, tous les mirages, le suif bouillant, les bombes, la mer d'entrailles de porc disparaissaient en un instant, les spectateurs se dirigeaient tous ensemble vers la sortie, échangeant à nouveau des rires et des conversations stupides.

Hashi courut droit à sa loge où Niva l'attendait, ils s'enlacèrent, s'embrassèrent longuement, puis Hashi se versa la moitié d'une bouteille de bière sur la tête, but le reste et la jeta par terre où elle se brisa. Combien de fois faudra-t-il que je te le dise ? cria la voix de Mister D. Je comprends que tu sois excité, mais ce n'est pas une raison pour te conduire comme un gamin ! Matsuyama, torse nu, s'approcha de Hashi et se mit à lécher la bière mêlée de sueur qui coulait sur son cou et ses épaules. Tu ne trouves pas que j'ai du génie ? Et mon gosier est un tuyau annelé en aluminium ! Kitami versa en riant le contenu d'une bouteille de bière sur le visage de Shimoda allongé sur un canapé, et cassa la bouteille vide par terre, où elle alla rejoindre un monceau de débris de verre d'où coulait de la mousse. Mister D leur annonça dans le mégaphone qu'une petite fête les attendait dans une suite au dernier étage de l'hôtel où ils logeaient. Fendant la foule des groupies qui encombraient l'entrée de la loge avec des bouquets de fleurs et des poupées dans les bras, les musiciens s'engouffrèrent dans les limousines noires qui les attendaient à la sortie des coulisses.

Chaque fois qu'une série de concerts dans une région s'achevait, Mister D donnait une fête, où il conviait tous les gens riches et influents du coin. Les festivités commençaient par de petits discours des politiciens et des banquiers locaux. Le sport et la culture, commença cette fois un vieillard en queue-de-pie, sont les deux principaux lubrifiants de la décentralisation... Après quoi tout ce beau monde trinqua avec des cocktails et du champagne. Les lits et les meubles avaient été enlevés pour l'occasion et d'élégantes femmes de médecins ou d'hommes d'affaires locaux étaient installées, un verre à la main, sur des canapés moelleux qui faisaient le tour de la pièce. La table centrale était décorée de sculptures de glace en forme d'oiseaux.

Matsuyama discutait avec le vieillard en smoking. Pourquoi avez-vous teint vos cheveux de cette couleur vulgaire, jeune homme, ça ne fait pas très viril ? s'enquit le vieillard.

— Pour me faire remarquer sur scène, répondit Matsuyama.

— J'ai un tas d'amis qui aimeraient raser le crâne de jeunes gens comme vous pour les enrôler dans l'armée et leur apprendre la discipline.

— C'est intéressant ça, l'armée ?

— Absolument pas. Ceux qui ne respectent pas les règles sont mis au cachot et fusillés le lendemain, ça se passe comme ça à l'armée. Je n'en ai aucune expérience moi-même mais j'aurais bien aimé être officier pour diriger ça.

— Quoi donc ?

— Mais le peloton d'exécution, voyons ! En joue !

Feu ! Ça a l'air amusant, non, quand on voit ça dans les films ?

John Sparks Shimoda parlait des vases Ch'ing avec une femme en robe du soir rouge, épouse d'un fabricant de porcelaine. Kitami, un bras autour des épaules d'un directeur de journal également président d'une chaîne de télévision, lui expliquait le contenu du spectacle qui allait suivre : Dans le premier, il y a une strip-teaseuse étrangère, je crois, et puis dans l'autre un jeune type efflanqué qui se fait une piqûre de décontractant musculaire dans le bras, et tous ceux qui le souhaitent peuvent lui enfoncer le poing dans l'anus. Le directeur de journal, un petit homme à lunettes, avait posé une main moite de sueur sur l'épaule de Kitami et le caressait. Votre concert de ce soir était démentiel, vous serez en première page de notre édition demain matin.

Tokumaru était en grande conversation avec un fabricant de chaussures de sport, qui semblait être un vieil ami à lui. Après avoir parlé des tendances du marché et de matchs de boxe, ils en étaient à échanger leurs souvenirs d'un bordel pour hommes de Rio de Janeiro. Seul Tōru ne semblait pas s'amuser et était en train de se plaindre à Mister D de devoir faire la conversation à une bande de vieux gâteux.

— J'ai au moins trois groupies qui m'attendent dans ma chambre, moi, quand est-ce qu'on va être enfin libres ?

Mister D regarda sa montre.

— Bientôt, bientôt, mon petit, encore un peu de patience, répondit-il en tapotant la joue de Tōru.

Une jeune Occidentale commença un numéro de strip-tease. Elle était jolie mais la chair de son ventre et de ses cuisses était un peu flasque. Hashi était assis sur un canapé, entouré par trois quinquagénaires. Toutes trois, les oreilles rougies par le champagne, enfournaient entre leurs lèvres cernées de rides des canapés au caviar couverts d'une fine tranche de citron, tout en frottant leurs cuisses contre celles de Hashi. En vous entendant chanter ce soir, j'ai eu envie de prendre un couteau et de me couper des bouts de chair ici, fit l'une en faisant palper à Hashi la chair flasque de ses côtes. Hashi, vous êtes vraiment mignon, disait une autre, on dirait une fille, ce ne serait pas étonnant si vous aviez des seins. Une troisième femme, en kimono, déclara que Hashi lui rappelait un film porno qu'elle avait vu à Hawaii. Les nazis faisaient des expériences sur un jeune homme et lui avaient cousu des fesses et des seins de femme, il avait le corps d'une femme, à part une chose... vous voyez ce que je veux dire ? Ça faisait peine à voir mais en même temps il était d'une beauté ! A défaillir.

Tout en sirotant son cocktail, Hashi lui prit la main et la guida sous le bord de sa chemise : Pourtant, moi je suis poilu, tenez, vous pouvez sentir, mais si vous regardez mon visage, c'est vrai, j'ai l'air d'un gamin, non ? N'enlevez pas votre main, regardez mon visage et essayez d'imaginer le reste de mon corps. Je n'ai pas de seins mais j'ai la peau douce et la poitrine un peu gonflée, avec juste un peu de duvet. Si vous palpez mes muscles, vous sentez les os dessous, j'ai des mains et des pieds très fins, et regardez, si vous mettez les mains autour de mon cou, on dirait qu'il va se briser, non ? Je ne transpire presque pas, même en été, et j'ai la peau blanche, non ? Pensez à tout ça et caressez-moi les poils là en bas, vous verrez, ça va vous donner envie de toucher mon sexe, je vous laisserai faire, au début, on dirait une petite langue de chat, mais si vous le serrez, il va grossir, vous allez voir, tenez, sentez-le battre sous vos doigts et en même temps imaginez ma peau douce et blanche de bébé, mon ossature fine, et ces poils durs là, ça va vous exciter, vous allez voir.

Tout en bavardant, Hashi pensait à autre chose et se demandait pourquoi cela lui plaisait tant de sentir ces quinquagénaires cuisse contre cuisse avec lui. Mister D lui avait recommandé d'être patient et de supporter gentiment ces vieilles femmes, cela pouvait être utile pour obtenir des autorisations de concert ou des publicités gratuites, mais en fait ce rôle ne lui était absolument pas pesant.

Le jeune homme qui s'était injecté du décontractant musculaire avait mis près d'une heure à s'enfoncer dans l'anus un obus, en or pur d'après lui, de la taille d'un nouveau-né, et toute l'assistance l'applaudit. La fête se termina à trois heures du matin. Hashi allait regagner sa chambre quand Tōru l'interpella : Eh, Hashi, viens nous rejoindre dans ma chambre tout à l'heure, on a une surprise, attends que ta femme soit endormie et viens, on va s'amuser !

Hashi rentra prendre une douche, et se demanda comment il pourrait s'y prendre pour refuser ce qu'elle voulait à Niva si elle venait se glisser nue dans son lit. Excuse-moi, chérie, je suis fatigué ce soir. Mais peut-être qu'elle aurait pris ses somnifères ce soir et serait endormie avant lui. Il sortit de la salle de bains et la trouva devant le miroir de sa coiffeuse en train de se démaquiller.

— Hashi, j'ai quelque chose à te dire...

— Ça ne peut pas attendre demain ? Je suis vanné, fit Hashi en éteignant sa lampe de chevet.

— D'accord, demain alors, fit Niva en se mettant au lit.

— Niva, tu dors bien ces derniers temps ?

— Pourquoi ?

— Je ne te vois plus prendre de somnifères.

— Oui, j'ai arrêté.

— Bonne nuit, fit Hashi.

Mais Niva commença à parler dans le noir :

— Quand j'étais petite fille, ma grand-mère m'interdisait d'aller à la plage, elle disait que j'étais trop petite, que la mer était dangereuse pour une enfant, elle était persuadée que si j'allais me baigner, je me noierais, je la trouvais stupide, mais maintenant, il me semble comprendre ce qu'elle ressentait.

— Allons, dors au lieu de raconter des bêtises.

— Hashi, fit-elle brusquement, pourquoi t'es-tu tranché la langue ?

— Je te l'ai déjà dit, pour changer ma voix.

— Ne fais rien de dangereux pour toi, s'il te plaît, j'ai l'impression que tu en fais trop ces derniers temps, n'écoute pas ce que disent les autres, fais ce qui te plaît juste à toi.

— Mais c'est moi qui ai décidé de faire ça, et d'ailleurs le concert a du succès, non, grâce à ma nouvelle voix ?

— Fais attention de ne pas te perdre toi-même dans tout ça.

— Allez, ça va, tais-toi, tu ne ferais pas mieux de prendre quelques somnifères et de dormir tranquillement ?

— Hashi, tu es quelqu'un de célèbre, alors tout le monde veut te donner des conseils, tout le monde cherche à obtenir quelque chose de toi. Ils veulent que tu chantes plus fort, que tu mettes plus de cœur dans tes chansons, que tu chantes plus de chansons d'amour, ils veulent ceci ou cela, mais le plus important, c'est que toi tu continues à faire ce dont tu as vraiment envie.

— Mais oui je sais, allez, dors maintenant. Tu es un peu bizarre, tu sais.

— Excuse-moi, j'arrête. Mais tu sais ce que me disait ma grand-mère quand elle m'interdisait d'aller à la plage et que je désobéissais ?

— Comment je le saurais ?

— Elle me disait : Ne va pas où tu n'as pas pied.

— Bon, écoute, moi j'ai sommeil.

— Hashi... Tu vas être papa.

Hashi ouvrit tout grands les yeux. Dans la pénombre, les draps semblaient gris.

— J'attends un bébé.

Il avait l'impression d'avoir un coin du drap enfoncé dans le gosier. Il chercha en vain quelque chose à dire. Un bébé ? Moi, devenir père ? Hashi repensa soudain au bébé qu'il avait enterré autrefois dans une boîte en carton, il se rappelait le bruit sec que faisait le cadavre durci du bébé à l'intérieur quand il secouait la boîte. Il n'avait jamais pensé aux neuf mois de gestation d'un bébé dans le ventre de sa mère, il pouvait s'imaginer l'enfant surgissant avec un cri d'entre les jambes d'une femme, mais jusque-là c'était comme si le bébé était suspendu dans les airs à des fils de fer invisibles. Et si l'on agitait un peu ces nimbes, peut-être des bruits comme celui du cadavre à l'intérieur de la boîte résonneraient-ils ? Cette idée le rendit nauséeux. On en parlera tranquillement demain, dit Niva, puis elle sombra dans un sommeil paisible. Hashi se leva doucement, attentif à ne pas la réveiller.

La chambre de Tōru, plongée dans la pénombre, n'était pas fermée à clé. Il distingua la forme allongée par terre d'une jeune fille seulement vêtue de hauts talons dorés. Elle bavait légèrement et sentait l'alcool. Hashi alluma la lumière. La fille se frotta les yeux avec un gémissement. Hashi se rappela l'avoir vue au premier rang à la fin du concert. Elle agitait son chapeau dans sa direction... En voyant Hashi, elle se leva en titubant, s'agrippa à son cou. Elle était plus grande que lui. Ses chevilles cédèrent soudain et elle s'effondra par terre, entraînant Hashi avec elle. Hashi, c'est toi ? murmura-t-elle, les yeux à peine entrouverts, tu es vraiment Hashi ? Hashi hocha la tête et toucha ses seins. Ils étaient fermes et luisants. Baise-moi, fit-elle, je déteste les préliminaires, ce que j'aime c'est qu'on me le mette de force, sans que je mouille, j'aime quand ça fait mal. Elle ouvrit les jambes. Hashi commença à se déshabiller, c'était la première fois qu'il se trouvait face à une fille à la chair aussi ferme, sans vagues de cellulite sur les cuisses et le ventre.

Il avait déjà trompé Niva trois fois avec des femmes du même âge qu'elle. Elles avaient honte de se déshabiller devant lui, honte de leurs chairs molles. Elles l'avaient obligé à fermer les yeux, et il s'était retrouvé allongé auprès de sacs de chair flasques, comme coupés des jambes et des bras qui y étaient rattachés. S'il malaxait leur chair, elle cédait sous les doigts comme une pâte trop aqueuse, s'il la pinçait, la peau ne réagissait pas. Cela le rassurait, curieusement. La jeune femme étendue maintenant sous ses yeux était bien différente : la chair ferme de ses cuisses et de ses fesses ne tremblotait pas. Offerte, les jambes ouvertes, elle lui souriait, sa nudité ressemblait à un vêtement. Seulement Hashi n'avait pas d'érection. La fille prit son sexe dans sa bouche pour essayer de le raidir. Bande, mon chéri, bande pour moi, chantonnait-elle en enduisant son sexe de salive.

Tōru et Matsuyama apparurent devant la porte, rigolards : Alors, Hashi, ça ne marche pas avec les jeunes ? La jeune femme détacha sa bouche du sexe de Hashi.

— Mince, je suis fatiguée ! Tu es impuissant ou quoi ?

— Vous étiez en train de regarder ? demanda Hashi.

Les deux musiciens hochèrent la tête et il se jeta sur eux, les poings dressés. Tōru lui attrapa le bras, le tordit derrière son dos et le fit tomber sur le lit. Calme-toi, Hashi, on va te montrer comment il faut faire. Matsuyama fit mettre la fille à quatre pattes, baissa son pantalon et se jeta sur elle. A chaque coup de reins, la boucle de sa ceinture faisait un son métallique. Tu sais, Hashi, c'est Shimoda qui nous l'a dit, les homos qui ont vendu leur cul, après ils ne peuvent plus bander pour une fille qui leur tend les fesses comme ça, ils se méfient, tu comprends, une fille, ça baise aussi facilement que ça mange ou que ça boit, leur sexe à elles c'est un organe comme un autre, mais nous c'est différent, hein. Tōru fit un clin d'œil à Hashi, s'approcha de la fille et donna un léger coup de pied dans ses fesses inondées de sueur du bout de sa botte en croco, avant de poursuivre en riant : T'es un orphelin Hashi, t'as pas connu ta mère, c'est pour ça que maintenant il te faut des vieilles bien molles pour t'accrocher à elles en faisant « mamaaan » !

Hashi avait blêmi. Attrapant un cendrier près de lui, il le jeta à la figure de Tōru qui l'esquiva et le cendrier alla se fracasser contre un mur. Je t'interdis de me parler comme ça ! hurla Hashi en descendant du lit pour se jeter sur Tōru, qui le dépassait d'une bonne tête mais ne lui opposa aucune résistance. Hashi lui donna deux coups de poing dans la poitrine, puis Matsuyama, qui s'était détaché de la fille, s'interposa. Tōru ne riait plus, il répéta, d'un ton sérieux cette fois : T'es un orphelin, Hashi, un pédé orphelin, t'es peut-être un chanteur célèbre en ce moment, mais avant ça t'étais bien un pédé orphelin, non ? Et tu ne pourras jamais l'effacer, je te dis ça parce que je suis plus âgé que toi et j'ai vu un tas de gens dans ma vie, mais n'oublie pas ça, Hashi, ça n'a aucune importance que tu ne puisses pas baiser cette truie. La fille fit une moue et dit d'une voix pâteuse : Une truie ? Attends, de qui tu parles, là ? Ta gueule, la truie, je t'ai pas sonnée, fit Tōru en lui décochant un coup de pied dans les fesses de toutes ses forces. Hein, Hashi, il y a des gens qui sont pourris par l'argent, c'est vrai, non ? Des crétins qui s'illusionnent et veulent croire qu'ils sont nés dans une limousine, mais toi tu es un pédé orphelin, et ni les meilleurs hôtels, ni les meilleurs restaurants, ni tous les gens qui te lèchent le cul parce que tu es célèbre ne changeront rien à ça, tu ne dois pas l'oublier, parce que nous et toi on forme un groupe formidable, et que c'est rare, d'arriver à faire de la musique comme ça, même Matsuyama le dit maintenant, hein, Matsuyama, on veut continuer à faire de la bonne musique comme ça longtemps avec toi, alors c'est important : n'oublie jamais que tu es un orphelin et un prostitué !

Hashi aurait voulu protester, lui dire que s'il aimait les femmes mûres aux chairs tremblotantes c'est parce que ça le rassurait, il ne savait pas bien pourquoi mais ça le rassurait, ça lui rappelait une pièce capitonnée, ce qui le soutenait, lui, ce n'était pas de se rappeler qu'il était orphelin, ni qu'il s'était prostitué pour survivre, non, ce qui le soutenait c'était le *son*, le son qu'il écoutait avec Kiku dans la pièce capitonnée, s'il chantait c'était pour retrouver ce son, il voulait que ses chansons soient le plus près possible de ce son-là, et on ne pouvait l'entendre que dans une pièce capitonnée, aux murs tendus de peau, la peau de la face interne d'une cuisse de femme, le sol les murs les meubles, toute la pièce était le corps d'une femme, elle se contractait et se dilatait tour à tour, la quantité d'air diminuait ou augmentait comme dans un ballon, et c'était seulement dans cette pièce qui l'enveloppait de sa chaleur qu'il entendait le son.

Dernier étage d'un hôtel qui domine la ville. Vestiges d'une fête se reflétant dans une baie vitrée. Sur la table centrale, dort un jeune homme maigre tout nu. Celui-là même qui s'est introduit un obus en or dans l'anus sous les yeux des invités. Les sculptures de glace en forme d'oiseaux ont fondu depuis longtemps.

Debout devant une vaste fenêtre, Hashi regardait la ville en contrebas. Il s'était mis à pleuvoir, mais les vitres épaisses étouffaient le bruit de la pluie, Hashi n'entendait rien, il voyait seulement briller de fines aiguilles d'argent dans le halo des réverbères. Il se rappela avoir regardé ainsi Kiku sauter à la perche, à travers la fenêtre d'une salle de classe. Il y avait une odeur aussi. Quelle odeur ? Il ferma les yeux pour réfléchir. Rit silencieusement en se rappelant : c'était l'odeur de la craie. Kiku avait réussi un saut magnifique, il lui souriait en agitant la main, regardez, c'est mon frère, disait Hashi tout fier en le montrant à ses camarades de classe, des images de l'île, de la mer, resurgissaient derrière ses paupières closes. Soudain le jeune homme endormi poussa un cri sinistre et se dressa d'un bond : Ouaah, j'ai oublié la vaseline ! Il passa une main sous ses fesses. Dans la vitre le corps nu du jeune homme se surimposa au visage de Hashi, qui frissonna. Son visage dans la vitre par-dessus le corps du jeune homme, les rangées d'immeubles encrassés par les fumées de l'autre côté de la fenêtre, les paysages de l'île aux mines abandonnées derrière ses paupières, la mer, toutes ces images transparentes se superposaient. Un instant, il ne sut plus où il était. Il lui semblait que son reflet dans la vitre tombait à une vitesse vertigineuse dans un gouffre béant entre ces images superposées. Il étouffait, comme s'il était réellement enfermé entre ces vitres épaisses couvertes de gouttes de pluie. Il frappa sur la fenêtre de toutes ses forces. Elle ne se brisa pas. Dans la vitre, son regard croisa celui du jeune homme nu, qui lui lança l'obus en or. Avec ça, tu es sûr d'y arriver, fit-il en mâchant un reste de canapé au caviar trouvé sur la table.

26

Kiku avait maintenant un galon d'argent sur l'emmanchure de son uniforme de prisonnier. Kiku, Yamane, Nakakura et Hayashi, inscrits dans l'unité d'entraînement naval, furent transférés dans une autre cellule. Le jour du changement de cellule, Kiku eut l'occasion de se rendre compte des talents effrayants de Yamane au karaté. Yamane se plaignait depuis le matin d'une violente migraine. Il avait la chair de poule, des sueurs froides. La plaque de plastique dans mon crâne est peut-être en train de se dessouder, expliqua-t-il à ses camarades. Si jamais je perds conscience, surtout n'essayez pas de me réveiller ou de me secouer. Si la feuille de plastique entre en contact avec certains points de mon cerveau, je ne réponds plus de rien. Tu veux dire que tu pourrais mourir ? demanda Kiku. Mourir ? Si ce n'était que ça ! fit Yamane avec un sourire d'idiot. Non, je risque de devenir violent.

Au moment de la rituelle présentation à leurs nouveaux camarades de cellule, Yamane, tremblant, incapable de parler, dut s'accroupir dans un coin. Kiku et ses camarades tentèrent de l'excuser, disant qu'il avait attrapé un mauvais rhume, mais l'un des prisonniers s'énerva. Ce type est un insolent, il doit nous saluer avec respect, on a plus d'ancienneté que lui ici. Nakakura proposa un massage à l'homme pour tenter de l'amadouer. L'autre accepta, mais pendant que Nakakura lui massait les épaules et les reins, il se moqua de son odeur d'aisselles. Excusez-moi, fit Nakakura imperturbable, je transpire beaucoup. L'autre insista : C'est excitant, on dirait une femelle en chaleur ! Nakakura changea d'expression. Il se tourna vers Kiku et Hayashi en disant : Ça me fait penser à ma mère. Ma mère, elle sentait tellement fort qu'en été je sentais son odeur de la chambre d'à côté. Et quand elle avait été avec un homme, elle sentait encore plus fort. Puis par plaisanterie, il mima le geste d'étrangler le prisonnier, allongé sur le ventre, qu'il était en train de masser et sourit, pour se débarrasser du sentiment de malaise que lui avait procuré cette réflexion. Malheureusement, un camarade de l'autre se tenait juste derrière lui et avait vu le geste. Il se fâcha tout rouge : Dites donc, c'est vous les nouveaux venus dans cette cellule, alors un peu plus de respect ! et il décocha un coup de pied dans l'épaule de Nakakura. Yamane, toujours accroupi dans son coin, marmonnait : Faites moins de bruit, faites moins de bruit. Il doit être en train d'essayer de se rappeler les battements de cœur de son fils, songea Kiku, et il se mit à s'excuser auprès des autres prisonniers, priant pour que la dispute ne s'envenime pas et que Yamane ne perde pas son calme. Mais plus il s'excusait, plus l'excitation des deux hommes montait et, finalement, l'un d'eux frappa Nakakura sur la joue, si violemment que son coude bouscula légèrement Yamane derrière lui. Yamane qui était en train de marmonner arrêtez arrêtez se redressa d'un bond, poussa une espèce de caquètement d'oiseau, et donna un coup de sa main à plat dans le mur le plus proche. Le mur couvert de plâtre, épais d'au moins cinq centimètres, s'effondra d'un coup. Arrêtez ! hurla Yamane. Ebahis, tous les occupants de la cellule se turent d'un coup. Les deux « anciens » avaient blêmi. Yamane se roula à nouveau en boule dans un coin, serrant sa tête entre les mains pour supporter la douleur.

— Combien d'années d'entraînement t'a-t-il fallu pour devenir aussi fort ? demanda Nakakura à Yamane un peu plus tard, tout en cherchant la position d'un navire sur une des cartes de navigation fictive sur lesquelles ils s'entraînaient.

— De quoi tu parles ? rétorqua Yamane.

Lui, les cartes étaient son point faible, son corps était trop massif pour qu'il puisse manier délicatement règles et boussoles.

— Ne fais pas l'innocent ! Tu as défoncé ce mur, non ? Il faut au moins cinq ans d'entraînement pour arriver à ça !

— Défoncer un mur, n'importe qui peut le faire, pas besoin d'entraînement pour ça.

— Allons, ne sois pas modeste !

— Je ne suis pas modeste, tout ce qu'il faut c'est un marteau, toi aussi tu pourrais le faire.

— Moi ? Je ne sais pas, fit Nakakura en regardant du côté de Kiku. Toi, tu pourrais, Kiku ?

Kiku armé d'un compas était en train de faire des calculs. Non, moi, même avec un marteau, je ne m'en sens pas capable, fit-il.

— Je ne vois pas le rapport entre l'entraînement et un marteau, hein, Yamane ?

Yamane cherchait le point d'intersection entre un phare, le sommet d'une montagne et les balises d'un port sur sa carte imaginaire. Attends un peu, fit-il à Nakakura, puis il lut la latitude et la longitude du point, vérifia si cela correspondait aux calculs de Kiku. Les chiffres concordaient : Yamane claqua des doigts, le visage illuminé de joie.

— Ecoute, Nakakura, l'entraînement au karaté, ça ne sert pas à durcir ses poings.

— Ça sert à quoi alors ?

— Ce qui compte, c'est la vitesse, la concentration. Même si tu as des poings d'acier, tu ne pourras jamais défoncer un mur qu'un marteau ne peut pas abattre.

La cloche sonna, l'instructeur, un petit vieux, leur donna l'ordre de rendre les copies. Yamane s'arrêta de parler et se mit à copier frénétiquement les réponses de Kiku. L'instructeur s'en aperçut et le fit remarquer. Des rires fusèrent dans la salle. Yamane rendit sa feuille quadrillée en se grattant la tête.

Après le déjeuner, Yamane déplia un journal devant Nakakura et lui demanda de le trouer de sa main tendue. Un journal, tu plaisantes ? fit Nakakura, mais il eut beau essayer à plusieurs reprises, il n'y parvint pas. Le papier voletait sous ses yeux et au bout de dix essais infructueux, il était en sueur. Yamane demanda alors à Kiku de tenir le journal, poussa son cri d'attaque et frappa. Les feuilles avait à peine bougé, il y avait au milieu un trou bien net de la taille de sa main. Tu vois, il ne faut pas frapper en te disant, bon, maintenant je vais trouer le journal ou la planche que tu as sous les yeux, au moment où tu cries, tu dois te dire, je rassemble toutes mes forces physiques et mentales, et l'instant d'après ta main est de l'autre côté du journal ou de la planche. Tu me suis ? Tu penses à l'obstacle comme si c'était de l'air et l'instant d'après ta main sera passée de l'autre côté, voilà ce que tu dois te dire.

— Il faut concentrer toutes ses forces, fit Kiku, et Yamane hocha la tête.

— Oui, tu essaies de te rappeler le moment le plus dangereux que tu aies connu, un moment où la moindre erreur signifiait la mort pour toi, et tu frappes avec cette énergie-là. Vas-y, essaie.

Kiku se leva et ferma les yeux, prit une inspiration. Il lança son poing vers le journal tendu devant lui à l'instant où il rouvrait les yeux. Le trou n'était pas aussi net que celui de Yamane, mais sa main était passée à travers le papier. T'as dû penser au moment où tu sautais à la perche ? demanda Yamane. Kiku hocha la tête en souriant. Puis ce fut le tour de Hayashi. Hayashi oscilla à droite puis à gauche, et à l'instant où il s'immobilisait, lança sa main en avant. Le journal était déchiré plutôt que troué, mais il avait réussi. Tu faisais des mouvements de ski nautique ? demanda Kiku. Non, du water-polo, je pensais au moment où on frappe la balle. Nakakura avait regardé ses camarades, puis il demanda d'un air soucieux : Et si on ne fait pas de sport, on pense à quoi ? Moi j'étais cuisinier avant. Pourtant, tu as fait du renflouement de bateaux, tu es un pro de la plongée ? remarqua Hayashi. Mais en plongée l'endurance compte davantage que la concentration, répliqua Nakakura. Pas la peine de penser à un sport, expliqua Yamane. Il faut sentir qu'on concentre toutes ses forces physiques et mentales dans son poing, voilà. Ça y est, je sais ! s'exclama Nakakura qui avait passé un moment à réfléchir en regardant en l'air. Il se passa la langue sur les lèvres, fit face au journal. Les yeux grands ouverts, la respiration de plus en plus haletante. Crève ! hurla-t-il en lançant la main en avant. Kiku et ses camarades applaudirent à la vue du joli trou bien net au milieu du journal. Super, Nakakura, à quoi pensais-tu ?

— Rien de spécial, fit Nakakura en secouant la tête d'un air confus.

En retournant vers la classe d'entraînement naval, Nakakura posa sa main sur l'épaule de Kiku. Moi, tu sais, j'ai pensé à ma mère. De l'autre côté du journal il y avait le visage de ma mère, et je me suis concentré comme si j'allais lui écrabouiller la figure.

— Pas la figure, ce n'est pas bien, répondit Kiku.

Pottt pottt pottt... Nakakura était appuyé contre le mur et produisait un son étrange en claquant des lèvres, la tête penchée d'un côté.

— Eh, à quoi tu joues ? demanda Yamane. Kiku, tu sais ce qu'il fabrique ?

Kiku secoua la tête.

— C'est le bruit d'un briquet, fit Nakakura, mais pas n'importe lequel hein, un Dunhill, un copain à moi m'en a rapporté un une fois d'un voyage à Macao. Ça pèse lourd dans ta main, et le couvercle s'ouvre comme ça clac, d'un coup, la flamme ne jaillit pas tout de suite, il faut attendre un peu, actionner la molette avec le pouce, ça fait un bruit splendide, difficile à expliquer si vous ne connaissez pas, mais c'est le son même de... de... du feu, tiens, et même les cigarettes ont meilleur goût quand tu les allumes avec ça, j'essaie de me rappeler ce son, ça fait *pottt pottt pottt*, non, plutôt, *shhpott shhpott shhpott*.

Les dimanches et jours fériés il n'y avait pas de cours. Quand il faisait beau, les prisonniers pouvaient faire des parties de basket ou de football dehors mais ce jour-là il pleuvait. Dans les autres unités, les détenus participaient à des activités de club de peinture, de guitare, de chorale. Mais ceux qui restaient à lire dans leur cellule étaient les plus nombreux. Kiku et ses camarades de l'unité d'entraînement naval étaient désœuvrés ce jour-là, sauf Yamane qui avait emprunté un livre à la bibliothèque, *Le Secret du roi dragon*, mais il interrompit sa lecture, dérangé par le bavardage de Nakakura.

Un peu plus tôt, tous quatre avaient fait un tournoi de lutte japonaise. Curieusement, Hayashi s'était révélé le plus fort. Kiku qui ne s'était jamais fait battre à la lutte était sûr de lui, mais il gagna de justesse sur Nakakura, et Hayashi et Yamane, étant d'un niveau nettement supérieur à eux, restèrent bientôt seuls en lice. Quand finalement Hayashi et Yamane se retrouvèrent face à face, Kiku se demanda lequel allait briser le bras de l'autre tant ils luttaient avec force. Les bras de Hayashi étaient deux fois moins longs que ceux de son adversaire, mais il était souple, toute sa force semblait concentrée dans ses poignets. Leurs bras entrelacés étaient pratiquement immobiles, puisqu'ils étaient de force égale, mais l'intensité de la lutte était visible à l'état des minces manchons en coton qui protégeaient leurs coudes : ils étaient déchirés, le rembourrage de coton volait dans tous les sens. Hayashi résistait à la force des poignets aux attaques agressives de Yamane, et il réussit à gagner, de justesse. Il tomba plusieurs fois mais sans jamais mettre les bras au sol. Quand finalement Yamane toucha le sol, il resta un moment allongé sur le dos à se masser le bras. C'est la première fois que je me fais battre ! fit-il tout surpris. Quand j'étais au lycée, expliqua Hayashi en rougissant, je nageais tous les jours, cinq cents mètres à la force des bras, et mille mètres à la force des jambes. Les champions de natation, ils sont souples, pas forts, mais souples ! Yamane se releva et dit en riant : Non, forts aussi ! Ensuite Yamane proposa un match de « lutte assise ». Il s'agissait de rester assis jambes nouées en tailleur et d'essayer de renverser son adversaire uniquement à la force des bras. Yamane se montra le meilleur, les trois autres se lassèrent vite. C'est vers le milieu de ce dernier tournoi que Nakakura avait commencé son *pottt pottt pottt*. Non, c'est pas *shhpott shhpott shhpott* non plus, voyons, *patt patt patt*, non plus, *jjjuba jjjuba, shhhba shhhba, sssbott sssbott, bottt bottt bottt*, je l'ai pourtant dans l'oreille ce bruit, mais le reproduire, hein... Hayashi se mit à chantonner en imitant une locomotive : *Tchouk tchouk, tchouk tchouk*. Tout le monde éclata de rire. Quand les rires se furent calmés, Nakakura se mit à crier : Merde, j'ai envie de fumer une cigarette, il essaya de grimacer un sourire, mais à la place, il éclata en sanglots.

Yamane alla ouvrir la fenêtre. Un parfum de feuilles mouillées et l'écho de la classe de chorale s'engouffrèrent par la vitre ouverte. Yamane allait dire quelque chose à Nakakura, mais juste à ce moment le vasistas de la porte s'ouvrit et le visage d'un gardien apparut. Nakakura sécha ses larmes en vitesse. Je vous ouvre la porte à quatre heures, vous vous mettrez en rang dans le couloir. Puis il referma la lucarne.

— Qu'est-ce qui se passe ? fit Hayashi.

La voix du gardien en train de s'éloigner lui répondit :

— Une troupe de théâtre vient jouer pour vous, les gars.

Dans la salle de conférences, tous les prisonniers étaient réunis ainsi que la majorité des fonctionnaires de la prison. Il n'y avait pas assez de chaises et un certain nombre de détenus étaient assis par terre. Le directeur commença par une petite allocution.

— Aujourd'hui le club de théâtre de l'université de commerce de Hakodate est venu vous offrir ce petit spectacle de consolation. Ils ont tenu à vous apporter cette distraction, sachant qu'en cette période de l'année où il pleut beaucoup, vos activités à l'extérieur sont restreintes. Ils nous ont déjà rendu visite il y a deux ans, ainsi que l'année dernière, c'est donc leur troisième visite parmi nous, et je suis sûr que certains d'entre vous attendaient ce spectacle avec impatience. Eh bien, profitez de ce petit moment privilégié où vous pouvez goûter l'atmosphère du monde extérieur, laissez vibrer votre cœur. Amusez-vous bien !

Le rideau se leva. Une banderole de papier suspendue au plafond descendit lentement, portant cette inscription : *La Fée des Alpes, comédie musicale*. Un vieillard chenu sortit du coin gauche de la scène et s'avança. Le décor peint représentait une petit refuge de montagne entouré de bosquets, devant des montagnes enneigées. Le vieillard se mit à chanter d'une voix cassée, sur fond de pépiements d'oiseaux : « Ah, voilà le printemps, les fleurs vont s'ouvrir, la neige fondre, les ours se réveiller, les poissons bondir dans l'onde, mais ma chère fille est partie, partie pour la ville ! Que va-t-elle donc rapporter, des friandises ou une belle robe rouge ? »

— C'est qui ce vieux débile ? murmura Nakakura.

Hayashi fit chut en jetant un regard en direction du gardien. Il n'y a pas de femmes là-dedans ? continua Nakakura, en mettant les bras autour de ses genoux. Il parle de sa fille, alors il y a sûrement une femme dans l'histoire, lui répondit Kiku à l'oreille.

Mais la fille en question tardait à apparaître. De nombreux visiteurs, un villageois, un voyageur, un trappeur et un bûcheron vinrent rendre visite au vieux Sahei, mais il n'y avait pas une femme parmi eux.

L'intrigue était la suivante : la fille de Sahei était en réalité sa petite-fille, abandonnée tout bébé par sa mère Torie qui à la mort de son époux s'était enfuie avec un voyageur de passage. La vie au refuge était pénible. La fillette avait atteint quatorze ans quand, par un beau jour de printemps, un visiteur élégant se présentait, affirmant être le secrétaire de Torie qui dirigeait maintenant quatre troupes de cirque. Il venait transmettre à Sahei le désir de Torie de reprendre sa fille. Le vieil homme le chassait avec force injures. Vers ce passage, Yamane se mit à somnoler. Nakakura, lui, regardait la pièce avec une attention passionnée. Ouais, qu'elle crève, cette salope de mère qui s'est enfuie avec un homme, grommelait-il. La fille tant attendue apparut enfin sur scène. Nakakura voulut se lever pour manifester son enthousiasme mais Kiku et Hayashi assis de part et d'autre le retinrent par le bord de sa veste. Une salve d'applaudissements avait éclaté à la vue des jambes de la fille, émergeant d'une jupe courte. Elle se mit à chanter en dansant. « J'ai toujours vécu au milieu de ces belles montagnes, en harmonie avec les animaux et les oiseaux, ah comme j'aime ces montagnes ! J'adore ces montagnes ! Mais mon Dieu, est-ce vrai ? On dit que ma mère est vivante, que mon père est en réalité mon grand-père, ah, que faire ? Reine Akebi, conseille-moi ! »

La reine Akebi, esprit de la montagne régnant sur toutes les créatures vivantes, apparaissait, couverte de guirlandes de lierre. « Chère enfant, dis-moi ce que tu souhaites. Tu as toujours été bonne envers les animaux de ces montagnes, j'exaucerai ton vœu quel qu'il soit. » La fille très embarrassée répond qu'elle ne sait que souhaiter. « Ah, tu ne sais pas, dit Akebi en colère, secouant ses guirlandes de plantes dans tous les sens, alors tu seras changée en statue de pierre qui garde les cols de montagne jusqu'à ce que tu saches ce que tu veux ! » Au milieu des éclairs de magnésie et de volutes de fumée qui faisaient tousser les détenus assis au premier rang, la fille se changeait en statue de pierre. On entendait ses sanglots qui provenaient des coulisses, diffusés par un haut-parleur. Affreux ! fit Nakakura. Cette fée est vraiment cruelle de transformer les gens comme ça en pierre, tu ne trouves pas ? Torie, ignorant le sort de sa fille, révèle ses mauvaises intentions en parlant avec son secrétaire au passage du col, et la jeune fille réalise que le seul qui l'aime sincèrement est son grand-père, si bien que la reine Akebi lui rend sa forme de jeune fille. Pour marquer ce happy end, la fille chantait un dernier couplet. « Ignorante que j'étais, j'ai haï la fée qui m'avait transformée en statue de pierre, mais ainsi j'ai pu réfléchir calmement à mon sort, à la vie qui m'attendait, jusque-là je ne savais rien, quelle sotte j'étais, je comprends maintenant comme il est important de bien réfléchir à son sort, même s'il faut pour cela se changer en pierre, il faut le supporter patiemment, car le printemps revient un jour ! »

En retournant à la cellule, Nakakura, que le spectacle avait ému aux larmes, continuait à marmonner : Mais quand même, transformer quelqu'un en statue de pierre, quelle cruauté !

— T'as rien compris, c'était un sermon pour nous dire que si on attend patiemment la fin de notre peine, nous aussi on sortira un jour de ces murs de pierre, expliqua Hayashi.

Yamane hocha la tête.

— Ouais, c'était débile !

— Pas si débile que ça. La mère qui s'enfuit avec le premier venu, c'était vraiment une horreur, la petite elle a eu de la chance de pouvoir rester avec son grand-père, riposta Nakakura d'un air si sérieux que Yamane et Hayashi se regardèrent en éclatant de rire.

Nakakura chercha de l'aide auprès de Kiku. Et toi, Kiku, tu l'as trouvée débile, la pièce, ou pas ? Kiku qui marchait devant eux se retourna. Non, c'était intéressant. Je ne vois pas ce que tu as pu trouver d'intéressant là-dedans, fit Yamane.

— Le passage où la fille est transformée en statue, ça m'a plu.

Nakakura prit l'air ébahi. Eh ben, toi alors, tu n'es pas un sentimental ! Kiku répondit en riant :

— Ceux qui ne savent pas ce qu'ils veulent méritent d'être transformés en pierre, elle avait bien raison la fée Akebi, ceux qui ne savent pas ce qu'ils veulent n'ont aucune chance de l'obtenir, voilà ce que ça veut dire, cette histoire. Cette fille était stupide, la fée n'aurait jamais dû lui redonner la vie !

27

Désormais, Hashi avait peur de tout ce qui pouvait lui renvoyer son reflet : les miroirs, les fenêtres la nuit, les murs de marbre noir luisant, les pare-chocs métalliques, les eaux dormantes.

A la fin du concert, encore sous l'emprise de l'excitation, Hashi agita la main en direction du public puis se réfugia dans sa loge. Dans le miroir qui occupait tout un mur, il vit le reflet d'un homme qui avait régné en maître sur plusieurs milliers d'auditeurs deux heures durant.

Qui es-tu ? murmura-t-il à son reflet. Il lui semblait parler à un autre. Qui es-tu, mais qui es-tu, que fais-tu à l'intérieur de mon corps ? poursuivit-il en regardant son sourire pâli sous la lumière des projecteurs, qui se mua aussitôt en une expression de colère puis de peur. Je me déteste, je me suis toujours détesté. J'étais un minable, uniquement soucieux de ce que les autres pouvaient penser de moi, je me disais, jamais je ne pourrai devenir un véritable chanteur, on m'avait appris à jouer un rôle devant les autres, ça marchait bien, devant les caméras tout le monde joue un rôle mais moi j'étais spécialement bon, je faisais semblant de ne pas me soucier des autres, d'éluder les questions, d'affirmer haut et fort des opinions extravagantes et paradoxales, et à ce moment-là, je ne me rappelle plus exactement quand mais ce sont eux qui ont commencé à se soucier de ce que je pensais d'eux, et alors je me suis construit un autre moi-même, j'ai nourri en moi ce personnage.

Il se rappela un livre que leur lisaient les sœurs à l'orphelinat. Un homme avait fait un contrat avec un esprit : en échange du succès il devait avaler un œuf magique, d'abord minuscule, qui s'était transformé en larve dans un cocon tissé avec la salive de l'homme et collé à son œsophage. La larve se mit à lui donner des conseils pour arriver au succès. Tiens la tête haute et bombe le torse quand tu marches, lui disait-elle. Regarde ton interlocuteur dans les yeux quand tu parles ! Mais la chrysalide devint ensuite un papillon, qui sortit du corps de l'homme et se mit à voleter autour de lui en lui donnant des ordres. Moi, le premier ordre de la créature que j'abritais en moi, c'était : Coupe-toi la langue ! Je me demande quel était ce petit insecte ailé à l'intérieur de moi, il n'a rien senti, lui, quand je me suis coupé la langue, ni quand j'ai ramassé ce petit bout de chair spongieux. Oui, ce doit être à ce moment-là, quand le bout de ma langue tranchée a jailli en l'air, que la chrysalide s'est transformée en papillon, il avait l'intention de me transformer entièrement, de faire fondre mes viscères à l'acide et de faire de moi un autre homme, c'est ce petit insecte ailé qui a fait réussir les concerts, lui il me parle, me donne des ordres, mais quand je lui demande quelque chose, il ne répond jamais, il me méprise, il me dit sans arrêt : Tu es un minable, c'est uniquement grâce à moi que tu te sens fort.

La nuit où s'achevait la tournée de concerts dans le Kyūshū, Hashi annonça à Niva qu'il voulait profiter d'être dans la région pour retourner passer une journée sur l'île de son enfance. Niva approuva son idée, elle aurait voulu l'accompagner mais Hashi insista pour s'y rendre seul. Les jours de repos étaient normalement réservés aux répétitions, si bien que Niva fut chargée d'expliquer la situation aux musiciens. En fait, ils acquiescèrent avec joie, disant que Hashi avait besoin de repos, que cela lui ferait du bien de revoir le pays de son enfance. Ils trouvaient tous Hashi surmené. Il avait du mal à calmer son excitation après les concerts, quand on lui parlait il répondait à peine et ne sortait de sa chambre que pour les répétitions, interdisant même à Niva d'y entrer. Il faisait des insomnies, et s'était mis à utiliser les somnifères de Niva. Elle aussi était nerveuse, entre les nausées de sa grossesse et le souci qu'elle se faisait pour Hashi. Elle consulta plusieurs fois son médecin traitant à son sujet, mais il lui répondit de ne pas s'inquiéter. La tournée de concerts se poursuit depuis un moment sans interruption, tout le monde est un peu malade des nerfs, c'est normal, et le fait que vous soyez enceinte fait sans doute naître chez lui un sentiment de responsabilité dont il n'a pas l'habitude, ne vous en faites pas. Il va retourner sur l'île où il a vécu enfant ? Parfait, parfait, cela lui fera plus de bien que n'importe quel médicament.

Hashi se rendit à Sasebo en train. De là, il devait prendre un bus puis le ferry-boat jusqu'à l'île, et comme il lui restait du temps avant le départ du bus, il décida d'aller faire un tour dans le grand magasin d'autrefois, où une ancienne chanteuse l'avait hypnotisé alors qu'il n'était encore qu'un collégien. Il faisait toujours aussi gris à Sasebo et en marchant dans les rues sans ombre bordées d'immeubles, au milieu des passants, il se sentit saisi par la même vibration que quand il arpentait les rues d'une ville inconnue où il allait donner un concert le soir. Cela ne venait ni des sons ni des couleurs ni des odeurs portées par le vent, mais plutôt d'une espèce de légère distorsion de l'espace qui l'entourait, comme si la distance entre lui et les gens, les immeubles, le paysage citadin tout entier, se dilatait et se rétrécissait tour à tour. La ville n'avait pas changé. Autrefois lui et Kiku aimaient descendre ensemble la large avenue qui partait de la gare et menait au quartier commerçant. La salle de danse où des couples dansaient langoureusement derrière les fenêtres sombres était toujours là, tout comme les oiseaux volant haut dans le ciel au-dessus de la flèche de l'église, les petits étals de fruits et d'épices, les marchands ambulants vendant du poisson séché. C'était une ville comme toutes les villes avant les ruines, une ville inchangée au ciel toujours gris.

Il entra dans le marché. Près de l'entrée, il y avait un vivier où nageaient des centaines d'anguilles. Il se rappelait avoir passé longtemps autrefois à regarder avec amusement un homme aux mains gantées de plastique blanc attraper les anguilles glissantes pour les tendre aux clients. L'homme leur avait montré une anguille de près. Le ventre visqueux qui se tortillait avait effleuré la joue de Hashi, et lui et Kiku avaient poussé des cris aigus, au grand amusement des adultes autour d'eux. Toutes les anguilles étaient rassemblées au même endroit, grouillant les unes sur les autres, dans un coin du bassin, comme les cheveux d'une femme dans son bain. Autrefois aussi cela lui évoquait cette image, il s'en souvenait.

Il quitta le marché, passa devant un cinéma, traversa une rue, puis un petit parc d'où on apercevait l'entrée du grand magasin. Il prit l'ascenseur et se rendit droit au restaurant, où il commanda une omelette au riz. Il ne la trouva pas bonne. La serveuse le regardait avec insistance, et il baissa le nez dans son assiette. La fille se tordait le cou à le regarder et finalement elle appela une collègue, lui murmura quelque chose à l'oreille en montrant Hashi du doigt. Toutes deux s'approchèrent de lui. Parle, toi. Non, toi, demande-lui. Mais Hashi ne levait pas la tête. Euh, excusez-moi, vous n'êtes pas Hashi le chanteur ? demanda enfin l'une des serveuses en rougissant. Non, ce n'est pas moi, allait répondre Hashi, mais au moment où il relevait la tête, des mots différents sortirent de sa bouche. Oui, c'est bien moi, qu'est-ce que vous voulez ? Les deux serveuses frappèrent dans leurs mains et sautèrent en l'air de joie. Ouaah, j'avais raison ! D'autres clients se retournèrent pour les regarder. Une des serveuses lui apporta un petit papier à signer. La tête du cuisinier apparut à la porte de la cuisine. Il est plus petit en vrai qu'à la télé !

fit-il. Hashi signa les autographes d'une main habituée. Une dame en kimono accompagnée de deux enfants déplia un mouchoir devant lui pour qu'il signe dessus. Serrez-moi la main, s'il vous plaît, dit-elle. Hashi prit la main que la dame lui tendait, et lui fit un baisemain. Des gens poussaient des exclamations, d'autres clients, des serveuses, le cuisinier et le gérant du restaurant s'avançaient vers sa table. Attendez un peu, chacun son tour, faites la queue, je ne vais pas me volatiliser, dit Hashi en riant. Une employée du restaurant qui lui avait demandé de signer sur le dos de son chemisier trempé de sueur lui posa une question : Vous aimez l'omelette au riz ? Hashi hocha la tête et baissa le regard vers son assiette. Son visage déformé se reflétait sur le côté bombé de la cuillère posée sur l'assiette. Un visage souriant. Un homme brandit sous son nez une carte de journaliste et commença à lui poser des questions, tandis qu'un photographe faisait crépiter son flash.

— Quand sort votre prochain album ? demanda le journaliste.

Une étudiante debout derrière lui essayait de lui toucher les cheveux. Une femme aux cheveux teints lui demanda de signer sur un slip qu'elle venait juste d'acheter. Un vieux attablé devant une bière lui cria : Hé, moi je veux bien signer, t'en veux pas de ma signature à moi ? Un enfant trébucha, poussé par les gens derrière lui. Sa mère fit tomber une tasse et une bouteille de sauce d'une table en se penchant pour l'aider à se relever. La veste du journaliste fut éclaboussée, la tasse se brisa. Ne poussez pas ! hurla quelqu'un. C'est un voyage privé ? demanda le journaliste. Tout un groupe d'étudiantes derrière lui touchaient ses cheveux, les unes après les autres. La foule se faisait de plus en plus dense. On entendait des pleurs d'enfants. Hashi continuait à signer des autographes, sur des carnets des bouts de papier des mouchoirs des livres des sacs de courses des sous-vêtements des paumes de main des broches des chaussettes... Sa table commençait à pencher d'un côté, un flash crépita juste sous ses yeux, une fille qui tendait la main pour toucher ses cheveux fit tomber ses lunettes. Quelqu'un marcha dessus, la fille se mit à crier et essaya de les ramasser. Diriez-vous qu'il y a un lien direct entre vos concerts et la culture de province ? La table penchait toujours, l'assiette avec la cuillère retournée posée dessus glissait peu à peu vers le bord. Kiku s'adressa à son reflet sur le dos de la cuillère : Qui es-tu ? murmura-t-il. Hé là hé là hé là, attendez attendez c'est quoi tout ce vacarme ? Non ? Hashi ? C'est vraiment lui, c'est Hashi ? Un jeune homme ivre criait d'une voix suraiguë. L'assiette et la cuillère glissèrent par terre, entraînant avec elles le reflet déformé du visage de Hashi. L'étudiante qui cherchait ses lunettes à quatre pattes sous la table se retrouva avec les mains pleines de ketchup. Didididi... dis donc, c'est vraiment toi Hashi ? criait l'ivrogne. Les pieds dans un mélange de grains de riz, de ketchup, d'œufs et de débris de verre, Hashi hocha la tête.

Il y avait moins de ferries qu'autrefois pour aller sur l'île, et les petits kiosques de boissons et de glaces à côté de l'arrêt de bus avaient été démolis. C'est là qu'il y a bien longtemps un homme en costume noir avait acheté des glaces pour Hashi et Kiku. La vieille pancarte représentant une fillette suçant un bonbon était toujours là, à demi enterrée dans le sable. Au loin on apercevait l'île couchée dans la mer comme un animal. Si Hashi voulait tant retourner là-bas, c'était pour revoir Milk, le chien que lui avait offert Kiku autrefois. Il voulait jouer à nouveau au bord de la mer avec Milk. Lui au moins ne savait pas que Hashi avait vendu des millions de disques. Mais le reconnaîtrait-il seulement ? Si le petit insecte ailé à l'intérieur de lui l'avait complètement transformé, quelle serait la réaction de Milk en le voyant ? Il aboierait peut-être en montrant les dents. Dans ce cas, il accepterait de devenir l'esclave de l'insecte qui lui rongeait l'âme. Dans le cas contraire, si Milk venait se frotter contre ses jambes avec de petits gémissements de joie, il l'emmènerait sur la plage et ils courraient ensemble comme autrefois, peut-être se rappellerait-il quelque chose du passé alors. Peut-être se rappellerait-il les journées scintillantes d'autrefois, avant la naissance de l'insecte ailé.

Il monta sur le ferry, retrouva inchangées l'odeur de mazout, les rambardes rouillées, les couvertures de siège éculées, les vibrations du moteur se répercutant dans son ventre, toutes ces choses auxquelles il n'avait jamais pu s'habituer. L'île se rapprochait peu à peu. Quand ses contours emplirent tout le hublot, Hashi sortit sur le pont. La mer était calme, des vaguelettes déposaient à peine quelques traces d'écume sur l'avant du bateau. Un vent léger au parfum de marée effaça l'odeur de mazout. Ce qui n'était tout à l'heure encore qu'un petit point vert à l'horizon était devenu paysage, emplissait maintenant tout son champ de vision. L'île. Tandis que le ferry se rapprochait du ponton à toute vitesse, Hashi sentait monter en lui le désir de se rappeler le passé. Au rythme des vibrations du moteur, ce point vert d'abord si lointain enflait jusqu'à devenir paysage. Aux confins de sa mémoire, il se rappelait vaguement un événement heureux qui ressemblait à l'approche de l'île. Il avait oublié cet événement heureux, mais se rappelait sa toute première arrivée ici avec Kiku. Le goût de la glace à demi fondue dans sa bouche lui revint en un éclair. Il avait envie de pleurer. Le bateau ralentit. Quelqu'un lança une corde sur le pont. Au loin, au milieu des collines visibles depuis le port, se dressait un groupe d'immeubles abandonnés. Je suis rentré chez moi, murmura Hashi.

— Milk ? se mit à crier Hashi en attaquant la montée menant à la maison de Kuwayama.

Le chemin qui partait de la route du bus, aujourd'hui pavé, lui parut plus court et la pente plus douce que dans son souvenir. Les cannas bordaient toujours le chemin, mais à un endroit ils avaient été coupés et remplacés par un poteau électrique, où était accroché un petit réverbère. Il se retourna trois pas après le poteau :

on apercevait la mer. Il continua son chemin à reculons sans cesser de regarder la mer. A droite du chemin s'épanouissaient des fleurs blanches dont il n'avait jamais pu se rappeler le nom. Là où leur masse était la plus épaisse, leur parfum le plus fort, il y avait un kumquat qui poussait en biais, il s'arrêtait toujours là pour appeler Milk et voyait alors apparaître en haut de la pente une boule de poils blancs qui accourait vers lui. Debout au même endroit qu'autrefois, Hashi cria plusieurs fois : Milk ! Mais le chien n'apparut pas. Il est peut-être attaché, se dit Hashi, oui mais même attaché il aurait dû au moins aboyer. Un peu inquiet, Hashi monta d'une traite le reste de la côte.

En arrivant, il n'entendit pas non plus le bruit de la presse de Kuwayama. Le jardin était recouvert d'herbes folles et de gravats. Il ne voyait Milk nulle part. Les planches de la petite niche que Kiku et lui avaient fabriquée étaient pourries et abritaient une fourmilière. Le bol à eau de Milk était plein de boue, toutes les fenêtres et les persiennes de la maison étaient closes. Kuwayama a dû déménager, se dit Hashi. Pourtant il y avait toujours une plaque avec son nom à l'entrée, et de petites plaquettes de métal indiquant une inspection récente des services du gaz et de l'électricité étaient apposées sur la porte, dans la boîte à lettres il y avait un avis de coupure d'eau. Kuwayama était là ! Il fallait lui demander ce qu'était devenu Milk. Le vestibule n'était pas fermé à clé, mais en ouvrant la porte, Hashi frissonna : l'intérieur tout sombre sentait l'alcool et la crasse. Dans le couloir d'entrée, s'alignaient des bouteilles vides de whisky et d'eau-de-vie de patates. Il entendit quelqu'un tousser dans le fond de la maison.

— Qui est-ce ?

C'était la voix de Kuwayama. C'est moi, répondit Hashi. Il y eut un petit silence puis Kuwayama, un écouteur dans une oreille, apparut à la porte.

— Hashi, vrai, c'est toi, Hashi ?

Hashi hocha la tête, et Kuwayama laissa tomber la radio qu'il tenait à la main.

— Ils viennent juste de parler de toi à la radio ! Yumemaru a parlé de toi à l'instant. T'es devenu ami avec Yumemaru, alors ?

— Yumemaru ? Qui est-ce ?

— Un mime conteur, je crois, tu le connais ?

— Jamais de la vie !

— Viens, entre, entre donc !

Kuwayama éteignit sa radio, prit le bras de Hashi et l'entraîna vers l'intérieur de la maison. Où est Milk ? demanda Hashi mais Kuwayama ne répondit pas. Ma vue a baissé, tu sais, fit-il, le grand jour me fait mal aux yeux. Quelques faibles ampoules éclairaient à peine la cuisine, la chambre et le salon.

— Il fait trop sombre pour toi ? On peut mettre plus de lumière, tu sais, si je mets ça, ça va, fit Kuwayama en posant d'énormes lunettes de soudeur sur son nez, après quoi il alluma les lampes.

Dans la chambre, la literie de Kuwayama était restée installée par terre, et dans le salon, les tablettes funéraires de Kazuyo trônaient sur un autel.

— Les affaires ne marchaient plus trop bien, tu sais, et puis je touche ma retraite, alors j'ai fermé l'atelier il y a quelque temps. J'ai gardé la machine, ça ne se serait pas vendu bien cher, alors... Avant-hier, je suis allé sur la tombe de Kazuyo. C'est drôle que tu viennes juste après, je suis sûr que c'est elle qui t'a envoyé.

— Où est Milk ?

— Je l'ai donné.

— A qui ?

— A un gardien de nuit des salines, sur le bord de mer. Il disait que ça lui ferait un bon chien de garde.

Kuwayama enleva le kimono d'intérieur et la veste matelassée qu'il portait, ouvrit une commode et commença à se changer. Attends, attends, Hashi, fit-il en enfilant une chemise et un pantalon, je vais faire une course ou deux. Il se précipita hors de la maison. Hashi remarqua de petits vêtements dans un tiroir de la commode ouverte. Deux chemises et deux pantalons d'enfant, exactement semblables, qu'il se rappelait avoir déjà vus. Pour éviter toute injustice, Kazuyo veillait à leur acheter exactement les mêmes choses. Deux chemises d'été portant de petits bateaux imprimés dessus, deux cardigans à carreaux, deux shorts, dont l'un portait une grosse tache à hauteur des fesses. C'étaient les tenues qu'ils portaient le jour où une bande de chiens errants les avait attaqués dans la ville abandonnée.

Entendant des chuchotements dehors, il passa la tête par la porte d'entrée, le short toujours à la main, et aperçut Kuwayama, ses lunettes de soudeur sur le nez, qui le montrait du doigt à une dizaine de voisins attroupés dans le jardin. Regardez, je vous le disais bien, c'est lui qui passe à la télé, c'est Hashi !

— Hashi, ben ça alors, te voilà devenu un monsieur ! s'écria la vieille épicière et tout le monde éclata de rire.

Tous se rapprochèrent peu à peu. Un jeune marchand de chaussures, dont la boutique se trouvait juste à côté de l'ancien salon de beauté de Kazuyo, le pâtissier de la grande avenue, le papetier, un chauffeur de taxi, accompagnés de leur femme. Le marchand de chaussures serra la main à Hashi. Tous voulurent faire de même. Tu es revenu nous voir, tu es revenu ! Tu es la fierté de l'île, tu sais, Hashi ! Kuwayama les fit entrer, distribua des tasses à thé à tout le monde, fila chercher du saké dans la cuisine. Pensez, hein, deux frères élevés tout pareil, et pourtant on ne peut pas imaginer plus différents ! Te voilà la fierté de l'île, Hashi ! Quand je lis des choses sur toi dans les magazines, je suis aussi fier que s'ils parlaient de moi ! A part le chauffeur de taxi, tous s'étaient mis à boire du saké. Avec les persiennes fermées, les lampes allumées, on se serait cru le soir, alors que le soleil était encore haut dans le ciel. Tu as revu Kiku ? demanda la vieille épicière à voix basse. Hashi secoua la tête. Il est en prison, à ce qu'il paraît ? Il aurait mieux fait de continuer à faire du sport, hein ! On ne voyait pas les yeux de Kuwayama derrière ses grosses lunettes, mais il semblait écouter la conversation, et se tourna soudain vers la vieille femme. Ne parle donc pas de Kiku, il ne nous a apporté que de la honte, de la honte ! Sa voix avait soudain enflé puis il se tut, vida d'un trait sa tasse à thé pleine de saké. Un ange passa. Seule la toux de Kuwayama résonnait dans la pièce à peine éclairée. Les invités, gênés, se regardaient.

Comme le silence se prolongeait, le jeune marchand de chaussures tenta une diversion : Tu ne nous chanterais pas quelque chose, Hashi ?

— Ce n'est pas trop impoli de demander à un spécialiste de chanter dans un endroit comme celui-ci ? s'inquiéta la vieille épicière.

Les invités épiaient la réaction de Hashi, puis ils sondèrent l'expression de Kuwayama, qui gardait la tête baissée. Je suis sûr que Kazuyo aurait été heureuse d'entendre chanter son fils, fit le papetier. Hashi regarda Kuwayama. Il était plus maigre encore qu'autrefois, il semblait avoir fondu. Il n'avait presque plus de cheveux, des taches brunes parsemaient ses mains, ses pieds, son cou aux veines apparentes. Avec ses joues creuses, sa poitrine maigre et ses grosses lunettes, il évoquait irrésistiblement un insecte. Il ne lui manquait plus que des ailes, des antennes, et quelques écailles sur le corps, pour s'envoler vers les lampes du plafond ! Kuwayama enleva ses lunettes, essuya des gouttes — larmes ou sueur — sous ses paupières, et s'adressa à Hashi : C'est sûr que Kazuyo aurait aimé t'entendre, tu ne veux pas chanter pour elle ? Oui, oui, oui, approuvèrent les autres, applaudissant bruyamment. Je n'ai pas envie de chanter, dit Hashi en faisant des yeux le tour de l'assistance. Je suis fatigué. Kuwayama hocha profondément la tête. Kazuyo aurait été contente de ta visite, ça lui aurait suffi, on te voit chanter à la télé, ne te force pas si tu n'as pas envie, puis il retomba dans le silence, baissant la tête, tandis que les autres invités approuvaient vaguement.

Hashi avait ouvert le tiroir de la table du salon et cherchait quelque chose. Les voisins commençaient à repartir un à un, et quand la vieille épicière se leva, tous ceux qui restaient encore la suivirent, à l'exception du jeune marchand de chaussures qui regardait Hashi d'un air embarrassé.

— Euh, je suis désolé, j'espère que je ne vous ai pas trop ennuyé en vous demandant de chanter, je n'aurais pas dû faire ça, excusez-moi.

Hashi, qui avait sorti plusieurs cassettes du tiroir de la table, répondit :

— Ça ne m'ennuie pas, ce n'est rien, je n'ai pas envie de chanter parce que je suis fatigué, c'est tout.

Rassuré, le marchand de chaussures s'inclina devant Kuwayama et Hashi, et sortit enfin.

Hashi avait mis les cassettes dans son sac. Il dit à Kuwayama qui le fixait d'un air absent :

— Je suis étonné, absolument rien n'a changé dans cette maison, les choses sont toujours à la même place dans les tiroirs.

— C'est pas mon genre de fouiller dans des affaires qui ne sont pas à moi, répondit Kuwayama. Tu restes dormir ?

— Non, je m'en vais.

— Ah ? C'est vrai, ici il n'y a rien, et Tōkyō, c'est comment ? Ça te plaît ?

— Pas spécialement. J'étais juste revenu pour voir Milk, je vais aller le voir et repartir tout de suite après, je ne voudrais pas manquer le dernier ferry.

Hashi se leva. Kuwayama restait silencieux. Quand Hashi quitta la pièce, il sortit derrière lui pour lui dire au revoir. Il le regarda mettre ses chaussures dans l'entrée et ouvrit enfin la bouche :

— Je m'excuse, je n'étais pas un père très à la hauteur.

— Pourquoi dis-tu ça ? fit Hashi en se retournant, un sourire sur les lèvres.

Kuwayama avait passé les doigts à l'intérieur de ses lunettes et se frottait les paupières.

— Ben, avec tous les soucis que t'as dû avoir gamin...

Quand Hashi quitta la maison, Kuwayama agita la main dans sa direction. Quelle expression avaient ses yeux derrière ses lunettes ? se demanda Hashi. Sa main osseuse s'agitait faiblement, on aurait dit un insecte aux ailes et aux antennes arrachées en train de sombrer au fond d'un gouffre.

— Bonne chance, cria-t-il comme Hashi s'éloignait. Bonne chance à toi, et à Kiku aussi !

En redescendant la côte, Hashi songea qu'il devrait envoyer une paire de bonnes lunettes de soleil à Kuwayama. Ces grosses lunettes de soudeur devaient lui faire mal autour des yeux. Il suivit un moment l'avenue des bus, cherchant l'embranchement pour descendre vers les salines. Il y avait un immeuble de brique rouge au coin, il se rappelait, c'était l'ancien hangar à explosifs de la mine. En tournant au coin, on descendait vers la mer par un petit chemin de terre ocre. A mi-chemin on tombait sur une grande porcherie et une décharge où on entassait la houille utilisée dans les salines. Entre des baraquements abandonnés, s'étendait une étendue marécageuse d'un blanc sale entourée de barbelés. A l'époque où les marais salants étaient d'un blanc immaculé, Kiku et Hashi avaient essayé un jour de se glisser sous les barbelés. Ils se demandaient s'il y avait des grenouilles là-dedans. Hashi était persuadé qu'aucune créature vivante ne pouvait survivre dans tout ce sel, mais Kiku lui avait affirmé que si jamais il y avait des grenouilles là-dedans, elles étaient sûrement toutes blanches elles aussi, et une grenouille blanche, c'était rare, ça se vendait peut-être cher. Tous deux avaient finalement rebroussé chemin, renonçant à passer sous les barbelés. Non pas à cause de la pancarte annonçant *Interdiction d'entrer* mais à cause de la terrible puanteur qui se dégageait de la saumure. Ni grenouilles ni poissons ne pouvaient vivre dans une eau empestant à ce point. Et même s'il y a des créatures qui vivent là-dedans, moi je n'ai pas envie de les voir, avait dit Hashi, ça doit faire peur. Le marais blanc ne brillait jamais, même sous le soleil à son zénith. Sa surface ne reflétait jamais rien. L'usine de production de sel se trouvait plus loin, près de la mer. Elle avait été construite l'été où Hashi avait achevé sa troisième année de collège. Il se rappelait très bien le jour de l'inauguration de la fabrique. Il y avait eu des feux d'artifice et une distribution de gâteaux de riz porte-bonheur. C'était le soir de ce jour-là que Gazelle était mort. Il était tombé du haut d'une falaise à moto. Kiku et Hashi avaient été voir la moto qui flambait. L'essence s'était répandue dans la mer et des flammes bleuâtres tremblaient sur l'écume du rivage. Le chagrin avait empêché Kiku de manger ses gâteaux de riz.

A l'entrée de la fabrique de sel, Hashi demanda où se trouvait la salle de garde. Le veilleur de nuit qui avait un chien ne venait pas avant six heures, lui apprit-on. Traversant la fabrique, Hashi descendit jusqu'au rivage. La marée était basse, il marcha sur des rochers mouillés. La vue d'une vieille femme qui cherchait des algues le fit sursauter : elle ressemblait à la vieille mendiante dont il avait si peur autrefois, persuadé qu'elle était sa vraie mère. Un pantalon d'homme retroussé jusqu'aux genoux, elle ramassait des algues avec un bâton en bambou fendu en deux au bout. Elle avait ôté son kimono gris en tissu fin, qui était posé sur un rocher. Elle devait faire partie de ces gens qui vivaient sur les quelques bateaux amarrés dans une petite baie à l'arrière de l'île. Dans son enfance, il avait aperçu plusieurs fois des habitants des bateaux, ils étaient tous vêtus de kimonos gris comme celui-ci. Il salua la vieille femme, elle grimaça un sourire en retour, lâcha son bâton de bambou, attrapa son kimono et se rhabilla en hâte. Le bâton, glissant sur un rocher mouillé, faillit être emporté par une vague. Hashi le ramassa. Une algue irisée comme un arc-en-ciel était enroulée au bout : elle avait dû tremper dans du mazout. Hashi tendit son bâton à la vieille.

— Vous venez de Tōkyō ? demanda-t-elle.

— A quoi voyez-vous ça ? rétorqua Hashi.

— Une impression comme ça, répondit-elle en ricanant.

Tournant le dos à la vieille qui enfonçait à nouveau son bâton dans l'eau, Hashi se mit à crier : Je suis fou, vous savez, fou ! Fou à lier ! La vieille se retourna et répondit avec le plus grand sérieux : Les vrais fous, ils ne disent jamais qu'ils le sont, ils se croient normaux. Hashi s'allongea sur un rocher à peu près sec qui sentait la marée. Le visage tourné vers le ciel, il cria à nouveau : Je suis fou, mon corps et ma tête sont séparés ! La vieille s'approcha d'un air intéressé, le regarda sous le nez et chuchota :

— Vous n'auriez pas avalé une mouche, par hasard ?

— Comment ?

— Mon beau-fils, il lui est arrivé exactement la même chose qu'à vous.

— Il est devenu fou ?

— Oui, et il répétait tout le temps : J'ai avalé une mouche, j'ai avalé une mouche.

D'après la vieille, une mouche sur dix mille avait un visage humain. Quand on dormait la bouche ouverte, il pouvait arriver qu'une de ces mouches diaboliques entre à l'intérieur de votre corps, attirée par l'odeur des cordes vocales. Les cordes vocales étaient l'organe du corps humain qui avait la chair la plus tendre, et un être humain qui avait avalé une de ces mouches devenait fou sans coup férir, parce que la mouche volait en bourdonnant à l'intérieur de sa tête. Il se mettait à faire tout ce que la mouche lui ordonnait.

— Mais comment guérit-on de ça ? demanda Hashi.

— C'est incurable, fit la vieille.

— Que faut-il faire alors ?

— Il faut s'arranger pour faire bon ménage avec la mouche.

— Avec la mouche ? !

— Ben oui, il faut parler avec elle et puis essayer de s'entendre, et alors tout se passe bien.

La vieille éclata de rire.

Au loin, un chien aboya. Hashi se redressa d'un bond et se mit à crier : Milk ! Milk ! Un point blanc apparut de l'autre côté de la digue. Milk ! Je suis là ! Hashi se mit à courir, manquant de glisser sur un rocher mouillé. Milk était attaché à une chaîne que tenait un homme de petite taille. Il tirait sur la chaîne et continuait à aboyer, dressé sur ses pattes de derrière. L'homme lâcha la chaîne. Milk, ses longs poils blancs flottant au vent, fonça tout droit. Il sauta de la digue sur les rochers, s'approchant avec une force incroyable, évitant habilement les gerbes d'écume des vagues. Son beau pelage blanc brillait dans le soleil couchant. Hashi ouvrit les deux bras pour l'accueillir. Non, rien n'avait changé sur l'île.

28

Les moteurs du *Yuyomaru*, à l'ancre dans le port de Hakodate, étaient arrêtés. L'unité d'entraînement naval allait commencer ses exercices en conditions réelles dans le port. Les six détenus affectés aux machines allaient inspecter le moteur, les neuf constituant l'équipage de pont, divisés en deux équipes, devaient les uns travailler sur des cartes maritimes et des radars, les autres passer un examen oral concernant le droit maritime. Le capitaine Eda, commandant du *Yuyomaru*, donnait des ordres à l'équipage de pont. Cet ancien garde-côte était un homme assez petit, taciturne, qui dans la rue avait tout d'un vieux retraité sans le sou, mais se métamorphosait dès qu'il était à bord d'un navire. Même sa physionomie changeait du tout au tout. Quand il venait donner des cours théoriques à la prison, c'était un homme aux paupières lourdes et tombantes, entourées d'un réseau de rides en patte d'oie qu'il grattait continuellement du bout des doigts. Dès qu'il montait à bord du *Yuyomaru*, ses paupières se redressaient, laissant apparaître un regard perçant. Sa voix doublait de volume, mais de temps en temps son corps vieilli flanchait, incapable de suivre son enthousiasme à former ces futurs marins. Il parlait rarement, si ce n'est pour donner des ordres ou des instructions. En dehors du capitaine Eda, un chef mécanicien, deux gardiens de prison et le surveillant-chef Tadokoro accompagnaient les prisonniers à bord.

Une fois le moteur coupé, le balancement du bateau s'était accentué. Kiku et ses camarades se trouvaient dans l'étroite cabine du capitaine, entourés de cartes, de boussoles et d'instruments divers, pour s'entraîner à faire le point, vérifier le cap, la vitesse, la direction, l'heure de lever et de coucher du soleil, les horaires des marées, etc. Rester assis à une table de travail dans un navire qui tanguait ainsi donnait le mal de mer à Kiku et Yamane, qui y étaient particulièrement sujets. Yamane jeta sa règle et son équerre et voulut sortir prendre l'air sur le pont, mais le capitaine le rappela aussitôt à l'ordre : Où vas-tu, Yamane ? Yamane était vert. Je voulais monter sur le pont voir s'il y avait des nuages au-dessus des montagnes de Hakodate, pour vérifier l'évolution du temps, mentit-il avec aplomb. Retourne faire tes calculs à ta table, espèce d'abruti, répliqua le capitaine, dont le plus grand plaisir était de voir Kiku et Yamane, blêmes, ravaler leur envie de vomir. Si on se concentre assez sur les cartes, ça enlève le mal de mer, avait-il coutume de dire. Le mal de mer on n'en meurt pas, tandis qu'une erreur de calcul peut vous mener au fond de l'océan. Nakakura supportait bien le roulis, grâce à son passé dans une compagnie de renflouement de navires. Quand on a le mal de mer, il faut penser à quelque chose, expliqua-t-il à ses camarades. Le commandant a raison. Penser à n'importe quoi, aux femmes, à ta sortie de prison, à ce que tu veux, en te concentrant à fond, et tu verras, tu oublieras le roulis. Le premier symptôme du mal de mer était une sensation d'engourdissement des tempes, suivie d'une sécheresse de la bouche. Kiku luttait contre la nausée, les yeux fixés sur la carte devant lui, puis quand il n'en pouvait vraiment plus, il relevait la tête en gémissant pour regarder la surface plate de la mer au loin, jusqu'à ce que la nausée ait disparu. Hayashi, qui calculait l'heure de la marée haute juste à côté de lui, paraissait aussi à l'aise que sur la terre ferme. Il poussait Nakakura du coude et se moquait avec lui de la mine verdâtre de Kiku qui regardait au loin par la fenêtre. Eh, Kiku, fit soudain Nakakura. Kiku se tourna vers lui.

— Kiku, qu'est-ce que ça veut dire, « datura » ?

Kiku fronça les sourcils, feignit l'ignorance.

— Tu as crié ce mot-là dans ton sommeil. Hier soir, je n'ai pas fermé l'œil tellement tu faisais de bruit en dormant. D'abord je n'ai pas compris ce que tu racontais, et puis tu as crié plusieurs fois « datura, datura ». Alors, qu'est-ce que c'est ? Une fille ? Drôle de prénom.

Kiku pencha la tête sans répondre sur une table de calcul qui permettait de trouver la longitude et la latitude d'après la vitesse, la distance parcourue et le cap du bateau. Il devait pour l'instant calculer à l'aide de tables les changements de longitude et de latitude d'un bateau filant à dix-huit nœuds et demi pendant quarante-cinq minutes, sur un cap de cent dix-neuf degrés.

— Allez, Kiku, qu'est-ce que c'est, « datura » ?

Nakakura était une illustration parfaite du type ordinaire capable de devenir un assassin sur un simple changement d'humeur. Hayashi donnait la même impression. Et Yamane également. Ils faisaient penser à une photo, prise en plein vol, d'un verre en train de tomber. Le verre, se détachant nettement sur un fond mouvant, donnait une impression de chute vertigineuse. Il allait se briser l'instant suivant, sans qu'on comprenne pourquoi. Tel était le visage de Nakakura : le temps d'un battement de cils et il pouvait être en train de vous transpercer la gorge d'une lame, il suffisait de le regarder pour s'en rendre compte.

Il s'était mis à pleuvoir. Pendant tout le déjeuner, Nakakura et les autres avaient insisté pour savoir ce que voulait dire « datura », si bien que Kiku finit par leur dire que c'était un nom de femme. Le surnom d'une fille que j'ai rencontrée, elle est mannequin, c'est un surnom qu'on lui a donné dans le métier, je n'ai jamais su son vrai nom. Moi aussi une fois, je me suis fait un mannequin à l'époque où j'étais instructeur de ski nautique, se vanta Hayashi. Des longues jambes c'est peut-être joli, mais pour baiser c'est pas pratique, je vous le dis. Quand elle mettait ses jambes autour de mon cou, elles pesaient trop lourd, et par-derrière, ça lui faisait des fesses trop hautes, j'arrivais pas à l'enfiler.

L'après-midi était consacré à l'entraînement appliqué. Autrefois cela signifiait aller à la pêche aux calmars, mais les réserves de poisson avaient nettement diminué dans la région, et depuis quatre ans l'entraînement consistait à immerger des cendres de personnes décédées. Les familles qui n'avaient pas les moyens de s'offrir une pierre tombale au cimetière choisissaient souvent cette solution : le défunt était incinéré, ses cendres enfermées dans une boîte en plomb d'une quinzaine de centimètres de long et jetées à la mer. Pour mener à bien cette tâche, l'aumônier de la prison se joignait à l'équipage. Sur les boîtes en plomb étaient gravés le nom du défunt ainsi qu'un numéro. Une fois les boîtes embarquées, le bateau se dirigea vers le cap Ohana. Alourdi par sa cargaison de boîtes en plomb, le *Yuyomaru* enfonçait jusqu'à la ligne de flottaison. Peu après le cap Ohana, se trouvait un cimetière marin, qui consistait uniquement en une petite guérite sur un promontoire surplombant un carré de mer délimité par une corde jaune. Les cordes étaient attachées à quatre bouées portant une pancarte : *Toute personne abandonnant sans permission un objet dans cette zone pour quelque raison que ce soit fera l'objet de poursuites municipales*. Le *Yuyomaru* entra dans le cimetière après avoir demandé une autorisation au poste de garde. Le capitaine Eda donna l'ordre d'arrêter le moteur et de jeter l'ancre. Tous les membres de l'équipage enfilèrent des cirés, se rassemblèrent sur le pont, puis commencèrent à sortir les boîtes de la cale. Chaque homme portait une boîte, la posait à ses pieds, joignait les mains en un geste de prière puis la jetait à la mer, pendant que l'aumônier récitait des prières : Reposez en paix, mes frères, dans les bras de notre mère la mer, sous la lumière du ciel, bercés par le son des vagues, qui est la voix même de Dieu !

Kiku et ses camarades se lancèrent un défi : c'était à

qui jetterait sa boîte le plus loin. Ce fut bien entendu Yamane le vainqueur. Kiku, empêtré dans son ciré, avait du mal à lancer loin. Une pluie fine continuait à tomber sur la mer étale. Tout était gris autour d'eux : le ciel, le port au loin, le brouillard qui gagnait peu à peu, la fumée des bâtonnets d'encens que les deux gardiens de prison avaient allumés en offrande aux morts, leurs cirés, les boîtes en plomb. Seule note de couleur : la gerbe d'écume blanche que les boîtes soulevaient un instant avant de sombrer au fond de l'eau.

Quand toutes les boîtes en plomb eurent disparu au fond de l'eau, un des gardiens jeta une couronne de fleurs. Puis le capitaine Eda se mit à hurler des ordres : Moteur en marche, chacun à son poste, on rentre au port ! Kiku et Nakakura levèrent l'ancre, et le bateau s'ébranla lentement.

Kiku avait les yeux fixés sur la jetée. Il agita rapidement la main en direction d'un petit point, ce geste n'échappa pas à Nakakura qui lui demanda de qui il s'agissait. Une fille, répondit Kiku. Nakakura scruta l'autre rive à son tour. Le parapluie rouge là-bas ? fit-il. Kiku hocha la tête, agita à nouveau la main. Nakakura agita lui aussi la main tandis qu'une silhouette immobile sur la jetée sous un grand parapluie rouge se rapprochait. C'était Anémone, vêtue d'un imperméable, qui suivait le bateau des yeux avec des jumelles. Alors ta petite amie est à Hakodate ? Hé, venez voir, c'est la petite amie de Kiku ! cria Nakakura à l'adresse de Hayashi et Yamane qui arrivaient de l'arrière du bateau. On va l'appeler tous ensemble, ça lui fera plaisir ! Tous hochèrent la tête. On va se faire punir par le capitaine, protesta Kiku, mais il était trop tard. Nakakura, Hayashi et Yamane agitèrent les mains en criant avec ensemble : Daturaaa !

Anémone répondit en agitant joyeusement son parapluie rouge.

Chère Anémone,

Dans une semaine, nous allons faire une traversée qui durera neuf jours. Je suis surexcité à l'idée de quitter enfin le port. Il n'y a eu aucun changement de programme : les ports où nous nous arrêterons sont ceux dont je t'ai envoyé la liste.

Sa lettre terminée, Kiku leva la tête, s'aperçut que les rayons de soleil pénétraient à flots dans la cellule, éclairant les nattes. Même immobile, il transpirait abondamment. C'est l'été ! hurla-t-il en bondissant vers la fenêtre pour essayer d'apercevoir le paysage, il ne vit qu'un mélange d'ombres denses et de lumière aveuglante. Nakakura, allongé sur son matelas, grommela : T'es fou ou quoi ? et Yamane et Hayashi éclatèrent de rire. T'es vraiment à côté de tes pompes, continua Nakakura, ça fait un moment que c'est l'été. Kiku se gratta la tête puis balança de grands coups de pied contre un mur de la cellule. Arrête de t'exciter, qu'est-ce qui te prend ? fit Yamane en le regardant comme une bête curieuse. J'avais oublié que c'était l'été, fit Kiku. J'adore l'été ! Nakakura se retourna sur son matelas et claqua la langue : Taré, va ! L'été en taule, il n'y a rien de pire ! Regarde la fenêtre, regarde ! T'as pas vu les barreaux ? Il n'y a pas de moustiquaire ni de stores ! On va crever de chaleur et se faire dévorer par les moustiques. L'enfer je te dis !

Un gardien entrouvrit la lucarne : Kuwayama, au parloir ! Encore ? fit Nakakura en se redressant à demi. Elle vient te voir toutes les semaines, ta môme ! Elle est bien, cette petite Datura !

Kiku reboutonna son uniforme et s'apprêtait à suivre le gardien, quand ce dernier ajouta : C'est ton frère, je crois bien.

Kiku s'arrêta net :

— Hashi ?

Le gardien hocha la tête.

— Je crois, je l'ai déjà vu dans les journaux, il est chanteur, non ?

— Je ne veux pas le voir, fit Kiku, faisant mine de retourner dans la cellule, mais le gardien le rattrapa par le bras.

— Vas-y, il paraît qu'il est malade.

Hashi n'était pas au parloir. Derrière le grillage, il y avait juste une grande femme aux paupières arquées. Kiku crut s'être trompé de box, mais au moment où il allait retirer son visage, la femme l'arrêta :

— Je... Hashi...

Kiku se rappela l'avoir déjà vue à la télévision aux côtés de Hashi, et resta debout, indécis. Il était là jusqu'à tout à l'heure... dit à voix basse la femme aux yeux tirés vers les tempes, frottant doucement l'une contre l'autre ses lèvres ourlées de rouge sombre. Asseyez-vous donc, fit-elle en désignant la chaise de la paume de la main. Quand il a entendu le bruit de vos pas dans le couloir, il est parti, il a dit qu'il allait se laver les mains, mais en fait c'est parce qu'il a peur, il a peur de vous affronter. Chacun de ses mouvements envoyait des effluves de tabac et de parfum jusqu'aux narines de Kiku. Il se taisait. Niva, les mains cachées sous son sac, regardait alternativement le plafond et la porte d'entrée. Elle était heureuse qu'il y ait ce grillage entre eux.

— Qui êtes-vous exactement ? demanda Kiku.

Les épaules de Niva frissonnèrent un instant puis elle redressa la tête.

— Je suis la femme de Hashi, articula-t-elle lentement et calmement.

Jusque-là elle avait paru sur le point de fondre en larmes mais, après avoir prononcé cette phrase, elle se reprit. Hashi est très fatigué, poursuivit-elle, depuis le mois dernier il a un comportement bizarre, il a fait des tournées de concerts pendant des mois sans le moindre problème, au contraire sur scène il était parfaitement à l'aise, mais les musiciens du groupe ont remarqué qu'il était dans un état d'excitation fébrile qui ne se calmait pas après les concerts, et peu à peu il s'est muré dans le silence, et puis il est constamment irrité, au cours de la tournée dans le Kyūshū il a exprimé le désir de retourner sur l'île, il a été voir son père, au retour il avait l'air d'aller beaucoup mieux, mais très vite il a recommencé à se plaindre d'insomnies et à prendre des somnifères, le médecin a dit qu'il valait mieux faire des analyses pour voir ce qui n'allait pas et qu'il devait se reposer, j'ai suggéré d'annuler les quelques concerts qui restaient pour qu'on puisse partir en voyage tous les deux mais il a refusé, il a même voulu prolonger la tournée, disant que les concerts étaient la seule chose qui le maintenait en vie, et c'est vrai que sur scène il est toujours pareil à lui-même tandis que le reste du temps il s'enferme dans sa chambre et reste assis dans un coin à parler tout seul, sans répondre quand je l'appelle, ces derniers temps il s'est mis à coller du papier noir sur les fenêtres de sa chambre...

— Mais qu'est-ce qu'il fait dans sa chambre ?

— Il écoute des cassettes, à première vue ça n'a rien de bizarre pour un chanteur, mais sur ces cassettes il n'y a que des bruits, des cris d'animaux, la pluie, le vent, des hélicoptères, ce genre de choses, il les a rapportées de l'île, et il a aussi acheté des cassettes d'effets sonores pour le cinéma, avant-hier il a dit qu'il voulait venir vous voir, il n'a pas voulu me dire pourquoi, de toute façon ça fait un moment qu'il ne me dit plus rien.

Kiku changea légèrement l'axe de sa mâchoire pour tourner la tête vers la porte d'entrée, Niva surprit son geste et se retourna vers la porte : Hashi était là, dans une veste blanche en plumes d'autruche. Il sortit de sa poche une petite plaquette de pilules, déchira le film de plastique transparent, fit glisser une pilule sur sa paume, et s'apprêtait à l'avaler quand Niva se précipita vers lui et lui attrapa le bras. Non, Hashi, arrête ! La pilule roula sur le sol du parloir, elle était de forme oblongue. On dirait un grain de riz, se dit Kiku. Hashi semblait avoir tout le reste des pilules dans la main, Niva essayait d'ouvrir ce poing fermé pour les lui prendre. Kiku se leva, sa chaise bascula à terre. Au bruit, Niva se retourna. Kiku frappa à la porte de sortie vers les cellules, appela un gardien et sortit sans se retourner une seule fois. Ça va ? demanda le gardien, Kiku hocha la tête en marchant, essayant de libérer son esprit du spectacle qu'il venait de voir. Le visage blême de Hashi le poursuivait avec insistance. Quelle tête, non mais quelle tête il avait en luttant avec cette femme ! murmurait-il. La même expression que Kazuyo sur son lit de mort, comme si ses bras et ses cuisses allaient se raidir l'instant d'après sous l'effet de la mort, comme si le sang allait se mettre à suinter de son nez de sa bouche de ses oreilles... Quelle horreur, quelle horreur, je ne veux plus jamais revoir un visage pareil, mais c'est sa faute s'il est comme ça, uniquement sa faute ! Kiku essayait en vain de chasser de son esprit la vision des bras maigres de Hashi. Soudain un cri déchirant résonna derrière lui :

— Kikuuu !

— Crétin ! marmonna Kiku sans s'arrêter de marcher.

— Vous entendez, il vous appelle, dit le gardien.

— Kikuuu !

Ils étaient en train de longer le couloir et il semblait à Kiku que les cris rauques de Hashi lui parvenaient de derrière les portes des cellules alignées des deux côtés. Dans chacune de ces cellules, un clone terrorisé de Hashi était assis et criait son nom. Kiku s'arrêta : les cris s'étaient tus. Kiku frissonna devant la vision de Hashi affalé par terre, le corps durci par la mort, du sang coulant de ses yeux de son nez de ses oreilles de sa bouche. Il fit demi-tour, fonça vers le parloir. Hashi, ne meurs pas, ne meurs pas ! pensait-il, courant de toutes ses forces. Dès que le gardien eut tourné la clé dans la serrure, il fit irruption dans la salle. Hashi, collé au grillage comme un singe dans un zoo, les yeux grands ouverts fixant le vide, actionnait bruyamment ses mâchoires. Entre sa langue et ses dents, Kiku distingua de petits morceaux blancs pleins de salive. Les pilules ! Niva était debout à côté de lui, se cachant le visage dans les mains. Du menton, Hashi lui fit signe de sortir. Niva hésita, regarda alternativement Kiku puis Hashi. Dehors ! hurla Hashi, lui envoyant une gerbe de postillons blancs au visage. Elle s'essuya avec une expression d'une infinie tristesse. Ses épaules tremblaient. Elle jeta un coup d'œil à Kiku qui brusquement pensa à deux autres femmes : Kazuyo et sa vraie mère, celle qu'il avait tuée. Il avait vu cette même expression sur le visage de chacune d'elles. Fiche le camp ! hurla à nouveau Hashi. Aussitôt, Kiku le frappa à travers le grillage, l'envoyant valdinguer jusqu'au mur d'en face. Niva se précipita pour l'aider à se relever, mais Kiku l'arrêta d'un : Désolé, mais nous avons besoin d'être seuls tous les deux un moment. Hashi, par terre, se frottait les yeux, il devait avoir des particules de rouille dedans. Il se releva en titubant, s'essuya la bouche avec une manche de sa veste, puis s'assit sur une chaise. Une plume d'autruche était restée collée au coin de ses lèvres.

— Pourquoi m'as-tu frappé ?

— Ça t'amuse de faire le fier-à-bras devant une femme ?

— Tu ne m'as pas fait mal de toute façon, je suis paralysé, je ne sens rien.

Hashi, tête basse, continua à parler sans le regarder. Tu as l'air plutôt en forme. C'est la première fois que tu me frappes, tu sais, même petits, tu ne m'as jamais frappé, pourtant je t'ai vu souvent taper sur des gens, mais sur moi jamais, Kiku, j'avais envie de te voir. Il s'arrêta de parler et leva la tête, le regardant d'un air suppliant. Il avait mis au point cet art défensif autrefois à l'orphelinat : il parlait lentement à voix basse, et au fur et à mesure qu'il parlait, il sondait l'expression de son interlocuteur. Etait-il sympathique à cette personne ou au contraire antipathique, allait-elle se montrer gentille ou méchante avec lui ? Il comprenait tout cela instantanément.

— Kiku, comment j'étais avant ? Je ne sais plus, comment j'étais ?

— Oublie ça une minute, tu veux, dis-moi plutôt pourquoi tu es venu me voir.

— J'ai changé, tu ne trouves pas ? Je ne suis plus comme avant, tiens, tu te rappelles le jour où on était allés voir tous les deux les résultats des examens d'entrée au lycée ? Kazuyo voulait nous accompagner mais sa tension était trop basse, elle était sortie toute frissonnante de son bain, et pour finir on y était allés seuls, tu te souviens ? Le bus n'arrivait pas et finalement c'est un type dans une jeep de la mairie qui nous avait emmenés, tu te souviens ?

— Tu es retourné là-bas, il paraît ?

— C'est Niva qui te l'a dit ?

— Milk allait bien ?

— Oui, il m'a reconnu, tu sais, je suis sûr qu'il te reconnaîtrait aussi, tu sais, la vieille épicière a dit que j'étais la gloire de l'île, et toi, la honte.

Kiku resta silencieux. Hashi eut un sourire de travers.

— Dis donc, je te croyais plus malheureux que ça, tu as l'air en forme, non ? Au procès tu ne faisais pas cette tête-là, je croyais que tu n'allais pas bien, comme moi quoi, c'est pour ça que je voulais te voir, pour qu'on réfléchisse tous les deux, tu sais, quand on était petits à l'orphelinat, on nous faisait écouter un son à l'hôpital, tu as dû oublier ça mais...

— Je me rappelle très bien.

Surpris, Hashi leva la tête.

— Tu t'es souvenu du son ?

Kiku hocha la tête.

— Qu'est-ce que c'était, ce son ?

— J'ai oublié de nouveau.

— Mais tu t'en es souvenu comment ?

— Après avoir tiré sur cette femme, je l'entendais tout le temps, maintenant c'est fini.

Hashi s'était mis à trembler de tous ses membres, les yeux exorbités, il n'arrivait pas à se calmer. Il sortit d'autres pilules de sa poche, se mit à les mâcher.

— J'ai peur, Kiku, par moments je ne sais plus qui je suis, même en me regardant dans le miroir je me demande qui est ce type, c'est comme si mon corps était scindé en deux, comme s'il y avait deux personnes complètement différentes, tu sais, je crois bien que j'ai avalé une mouche, il y en a une sur dix mille qui a figure humaine et moi j'en ai avalé une, en fait tu sais ce sont des réincarnations de criminels ou de gens qui ont fait des choses tellement horribles dans leur vie précédente qu'ils se réincarnent en mouche, et alors cette mouche bourdonne dans ma tête et essaie de prendre le contrôle sur moi, elle veut que je devienne un assassin, tu sais moi aussi j'ai entendu ce son à nouveau une fois, une seule, c'était à Sasebo dans des toilettes publiques près de la rivière, un vagabond, un pervers, il m'a fait des choses alors je lui ai défoncé le crâne à coups de brique, depuis je n'ai plus jamais entendu le son, et cette mouche dans ma tête elle m'ordonne de faire des choses horribles, de me couper la langue, d'enfoncer une chaîne dans l'anus d'une fille, de taper avec le pied de mon micro sur les fans qui essaient de monter sur scène, mais plus je fais ce genre de choses et mieux ça va pour moi, j'ai l'impression d'être coupé en deux et puis ces migraines qui ne me quittent pas, il y a de quoi avoir peur, non ? C'est pour ça que je dois écouter à nouveau ce son et la mouche dans ma tête m'a expliqué ce qu'il fallait faire pour ça, il faut que je tue la personne que j'aime le plus au monde et je l'entendrai à nouveau, il faut que je sacrifie cette personne et tous mes souhaits seront exaucés, la preuve ce vieux pervers qui m'a sucé peut-être bien que je l'aimais après tout et quand je l'ai tué à coups de brique j'ai entendu à nouveau le son et toi aussi Kiku cette femme c'était ta mère et c'est quand tu l'as tuée que tu as à nouveau entendu le son, la mouche a raison il faut que je tue quelqu'un que j'aime, tu sais ce n'est pas un dieu d'amour qui dirige ce monde, non, c'est l'empereur du crime, c'est pour ça que pour obtenir quelque chose de lui il faut faire des choses horribles oui c'est ça il faut que je tue Niva, oui, Niva elle attend un enfant de moi si je la tue je tue en même temps l'enfant dans son ventre et j'entendrai le son deux fois c'est sûr non Kiku c'est vrai non ?

— C'est l'heure, annonça le gardien.

Hashi se leva pour sortir.

— Merci, Kiku, j'ai tout compris maintenant.

— C'est l'heure, répéta le gardien à l'adresse de Kiku, qui restait assis, le regard absent.

— Au revoir, Kiku, bonne chance, porte-toi bien.

Hashi quitta le parloir.

— Attends ! Hashi, attends !

Le gardien prit Kiku par le bras. Allez c'est l'heure, Kuwayama, je t'ai déjà laissé trois minutes de plus. Kiku pensa qu'il devait appeler Niva, la prévenir mais il avait oublié le nom qu'avait prononcé Hashi. Madame, madame ! hurla-t-il. Niva apparut à la porte. Hashi était très heureux de vous avoir vu, merci beaucoup. Le gardien essayait d'emmener Kiku, le tirant par le bras.

— Il est fou, Hashi est devenu complètement fou, qui lui a fait ça, qui l'a rendu comme ça ? hurlait-il mais deux gardiens arrivèrent en renfort et le traînèrent vers la sortie, le tenant chacun par un bras.

Niva restait figée sur place. Tout en se laissant traîner le long du couloir, Kiku marmonnait : Pauvre Hashi, il cherche désespérément une issue, mais ça a toujours été comme ça, en fait. Il avait pitié de Hashi et il étouffait de rage. Rien n'a changé, ce sont toujours des gens qu'ont rien à voir avec nous qui viennent nous tarabuster et nous dire ce qu'il faut faire. Rien n'a changé depuis l'époque où on hurlait enfermés dans nos casiers de consigne, maintenant c'est une consigne de luxe, avec piscine, plantes vertes, animaux de compagnie, beautés nues, musique, et même musées, cinémas et hôpitaux psychiatriques, mais c'est toujours une boîte même si elle est énorme, et on finit toujours par se heurter à un mur, même en écartant les obstacles et en suivant ses propres désirs, et si on essaie de grimper ce mur pour sauter de l'autre côté, il y a des types en train de ricaner tout en haut qui nous renvoient en bas à coups de pied. On tombe par terre, évanoui, et on se réveille en prison ou à l'asile, ah ! il est habilement dissimulé leur mur, il y a des plantes, des petits chiots à longs poils, des bassins, des poissons tropicaux, des séances de cinéma, des expositions de tableaux, des femmes nues à la peau douce, mais de l'autre côté il y a des murs, avec des gardes partout et une tour de guet d'une hauteur hallucinante. Quand le brouillard de plomb se dissipe un instant, il sont là : le mur, la tour de garde, et qu'on en ait peur ou qu'on se mette en colère, ça ne change rien, quand on se révolte parce qu'on n'en peut plus de rage et de parano, c'est la prison, l'hôpital psychiatrique ou un cercueil plombé qui vous attendent, il n'y a qu'une solution : foncer dans le tas, pulvériser tout ce qui se présente, retourner à zéro, réduire tout ça en cendres ! Mû par une idée soudaine, Kiku se mit à hurler : Hashi ! en essayant de courir vers le parloir, mais le gardien le retint. Hashi ! Hashi, ce bruit, c'est un cœur qui bat, tu m'entends, Hashi ! C'est le cœur de ta mère qui bat ! Tandis que ses hurlements résonnaient dans le couloir, le gardien éclata de rire : Dis donc, ce serait pas toi le plus timbré des deux, Kuwayama ?

Debout sur la jetée, Anémone regardait le *Yuyomaru* quitter le port. Elle se demandait quel plan Kiku avait mis au point pour s'évader.

Deux jours plus tôt, elle avait donné sa démission à la pâtisserie. Noriko avait pleuré de la voir partir. Ses quatre collègues avaient organisé une soirée d'adieu en son honneur. Elles avaient réservé un coin d'un restaurant, et chacune lui avait fait un cadeau : un assortiment de mouchoirs, un porte-clés, Noriko lui avait offert un livre enveloppé dans un papier brillant. L'héroïne de ce livre te ressemble un peu, tu verras, avait-elle dit. Elle épouse un jeune romancier riche et célèbre et ils passent leur temps à faire des fêtes et puis elle devient folle, elle s'appelle Zelda. En quoi est-ce qu'elle me ressemble ? demanda Anémone. Je suis un peu bête mais je ne suis pas folle, je ne vois pas où est la ressemblance. Noriko réfléchit un peu puis répondit : D'abord, c'est une beauté, comme toi, et puis tu dis que tu es bête mais moi je te trouve plutôt intelligente, tu es jolie et pourtant on dirait qu'il te manque quelque chose, quelque chose d'important, comme un quatre-quarts sans parfum de vanille, tu vois. Mais tout le monde a quelque chose qui lui manque, non ? intervint une autre collègue d'Anémone, personne n'est vraiment parfait. Les autres hochèrent la tête en signe d'approbation. Noriko eut une quinte de toux, à cause d'un morceau de flan gélatineux coincé dans son gosier, puis elle continua : Ce n'est pas ce que je veux dire, regardez, il y a des filles dont on se dit : Elles agissent vraiment stupidement, elles vont s'attirer des ennuis, elles seront malheureuses, mais quelque part au fond, on les envie. Eh bien, Anémone, c'est une fille comme ça, on se dit qu'on aimerait bien être comme elle. Anémone pensa que ce devait être un compliment et remercia Noriko. Merci, merci mais en tout cas je ne suis pas folle.

Elle avait suivi à la lettre toutes les instructions de Kiku. Elle avait préparé des vêtements de rechange, laissé une voiture dans un endroit discret à proximité des quais du dernier port d'escale du *Yuyomaru*, de façon que Kiku la trouve tout de suite, acheté un gros bateau à moteur qu'elle avait amarré dans un port de plaisance près de Tōkyō, avec des vivres et de l'eau, et tout leur matériel de plongée.

Le *Yuyomaru* s'éloignait de la côte, elle le regarda disparaître vers le large. Puis elle sortit de la poche de son chemisier trempé de sueur une clé de contact qu'elle tourna nerveusement entre ses doigts en se dirigeant vers la voiture. Une Land Rover rouge. Elle avait peint sur un côté le mot DATURA. Tout en continuant à se demander comment Kiku comptait s'y prendre pour s'évader, elle prit la direction du port où le *Yuyomaru* ferait escale.

Elle ouvrit sa vitre pour avoir un peu d'air : elle était trempée de sueur des pieds à la tête. La route paraissait brûlante, le paysage devant elle tremblait dans la brume de chaleur. C'était la saison préférée de Gulliver, en été il donnait toujours de grands coups de queue joyeux dans son bassin. Et c'était en été qu'elle avait rencontré Kiku. Le livre que lui avait offert Noriko était posé sur le siège à côté d'elle. Elle avait essayé de lire un peu pour tromper l'ennui en attendant que le *Yuyomaru* se décide à quitter le port, mais c'était écrit trop petit, ça lui avait donné mal à la tête, elle avait abandonné au bout de quelques pages. Maintenant, le vent soulevait les pages du livre. Pendant qu'elle attendait à un feu rouge, Anémone lut la première ligne de la page ouverte sous ses yeux. La phrase lui plut, elle la répéta à voix haute : « Une fille sérieuse n'a aucun charme, voilà pourquoi je n'ai aucune envie de devenir sérieuse. »

29

Niva se mit à fréquenter un cours de yoga pour femmes enceintes. A la fin de la tournée de concerts, pendant les trois semaines d'inactivité qui devaient précéder l'enregistrement de son nouvel album, Hashi était tombé dans un sérieux état de dépression. Niva s'était épuisée à veiller sur lui, et commençait à craindre de perdre le bébé à force de stress et de manque de sommeil. Elle avait décidé de prendre ces cours de yoga pour retrouver une paix mentale que les médicaments ne pouvaient lui apporter. Hashi passait ses journées allongé sur une chaise longue dans sa chambre aux fenêtres tapissées de noir, sans rien faire. Quelqu'un me poursuit, disait-il parfois. Mais ça ne servirait à rien de fuir, il me rattrapera un jour ou l'autre. Maintenant il était retombé dans une période de silence et refusait d'ouvrir la bouche. Il ne manifestait aucune tendance à la violence, ne menaçait pas de se suicider. Il se nourrissait même s'il mangeait peu, et Niva voulait continuer à croire que son état était dû à la fatigue de la tournée de concerts. Mister D, lui, préconisait un séjour dans un hôpital psychiatrique. On pourrait faire une interview télévisée à l'hôpital, argumentait-il, ayant pour unique souci la crainte de voir baisser les ventes des disques de Hashi.

Quand Tōru et Matsuyama vinrent lui rendre visite, Hashi, chose rare, consentit à quitter sa chambre plongée dans la pénombre pour venir à leur rencontre. Tōru lui avait apporté un harmonica en cadeau. Quand on ne se sent pas bien, le meilleur remède, c'est de jouer de la musique, lui dit-il. Hashi parut heureux de ce cadeau, et se mit aussitôt à souffler un air de blues dans l'harmonica, Matsuyama attrapa une guitare posée sur un mur en décoration, Tōru ramassa des bongos qui traînaient par terre et se mit à frapper dessus. Devant cette jam-session inattendue, Niva sentit les larmes lui monter aux yeux. Hashi, les yeux fermés, soufflait dans son harmonica d'un air extatique, cela faisait si longtemps qu'elle ne l'avait pas vu ainsi. Si les concerts lui faisaient tant de bien, il faudrait recommencer une tournée le plus tôt possible, pensa-t-elle. Tōru se mit à improviser une chanson sur un musicien raté qui faisait des tournées en province en train.

Dans la gare déserte en pleine nuit
Sur le béton le brouillard luit
J'laisse tomber du toit mon sac élimé
J'le laisse tomber sur le quai
J'le laisse tomber avec douceur
Attention à la clarinette à l'intérieur
L'embouchure fêlée, si elle se brisait
J'me trancherai la gorge avec un couteau
Sans ma clarinette je ne suis qu'un zéro
Les feux arrière du train s'en vont
Me laissant seul sur le béton
Un feu vert, un feu rouge, deux couleurs
Le rouge c'est pour mon cœur
Le vert pour le cœur de ma chérie
Dans la gare déserte en pleine nuit !

Niva applaudit et Tōru eut un petit rire embarrassé. Dis donc, Hashi, depuis quand tu joues de l'harmonica ? demanda-t-il à Hashi, mais ce dernier ne l'entendit même pas, occupé à souffler dans son instrument d'un air extatique. Niva regardait Hashi continuer à jouer de l'harmonica, le dos un peu voûté, et sentit réapparaître en elle une sensation oubliée depuis longtemps. La même impression que quand elle avait entendu Hashi chanter pour la première fois, la nuit où il l'avait prise dans ses bras pour la première fois, ce sentiment d'avoir le droit de se pardonner, de se libérer, d'être douce envers elle-même, près du corps de Hashi qui irradiait de la lumière. Niva s'était sentie enveloppée par ce doux voile de lumière, il lui semblait si étrange qu'un homme tellement plus jeune qu'elle puisse avoir un tel magnétisme. Elle avait eu l'intuition que ce jeune homme était passé par un enfer inconnu d'elle. Elle pensait que son chant le libérait des souvenirs de cet enfer, c'est pourquoi il déclenchait des émotions aussi violentes, c'est cela qui touchait les gens qui l'écoutaient. Mais maintenant son point de vue avait totalement changé : Hashi n'avait pas *traversé* l'enfer, non, l'enfer il le portait en lui, un enfer viscéral, qu'il crachait au-dehors en faisant vibrer ses cordes vocales, c'était uniquement cela qui lui avait permis de conserver un semblant d'équilibre.

— Je n'en peux plus, fit Tōru au bout d'un moment.

Matsuyama acquiesça. Je vais faire du thé, fit Niva en se précipitant à la cuisine pour faire bouillir de l'eau. La guitare et les bongos s'étaient arrêtés, l'harmonica résonnait toujours. Elle était en train de préparer du thé à la pomme, tout heureuse de sentir Hashi aussi en forme, quand Matsuyama fit irruption dans la cuisine. Il regardait par terre d'un air attristé. Qu'est-ce qu'il a, Hashi, en ce moment ? demanda-t-il. Il est un peu fatigué, mais c'était une bonne idée de venir le voir, ça fait longtemps que je ne l'ai pas vu en forme comme ça. Matsuyama secoua la tête : En forme ? Tu plaisantes ! Il n'est absolument pas dans son état normal ! Viens donc voir, il s'est coupé les lèvres à force de souffler dans son harmonica, il a plein de sang partout. Tōru lui a déjà dit d'arrêter mais il refuse d'écouter. Niva retourna avec lui dans la chambre. Tōru, assis sur un canapé, leva les deux bras au ciel dans un geste d'impuissance en les voyant arriver. Hashi avait le tour des lèvres plein de sang. Hashi ! hurla Niva. Pas de réaction.

— Tu veux qu'on le fasse arrêter de force ? proposa Tōru. S'il continue comme ça, il va se bousiller complètement les lèvres.

— Oui, je vous en prie, faites quelque chose, murmura Niva.

Tōru s'approcha de Hashi, tendit la main vers l'harmonica, mais Hashi lui décocha un coup de pied dans le ventre, puis, se rendant compte que Matsuyama arrivait par-derrière, il recula pour s'adosser au mur. Tōru lui sauta dessus, l'attrapa par les cheveux et le fit tomber. Même à terre il continua à jouer, les lèvres collées à son instrument. Quand Matsuyama essaya de le lui arracher, il continua à jouer, avec des fausses notes et des grognements d'animal qu'on étrangle, qui obligèrent Niva à se boucher les oreilles. Hashi était dégoulinant de sueur. Matsuyama réussit enfin à lui arracher l'instrument : il était couvert de sang. Espèce d'idiot, mais qu'est-ce qui te prend ? ! s'écria Matsuyama, des sanglots dans la voix, en essuyant la bouche ensanglantée de Hashi. Arrête de te conduire comme un dément ! Hashi, remuant ses lèvres déchirées, murmura en regardant le plafond :

— Mais c'est ça être une pop star, non ?

Le même soir, Hashi était en train de regarder par la fenêtre, et Niva se demandait s'il fallait vraiment le faire interner. Tōru et Matsuyama étaient d'avis de l'envoyer dans un établissement à l'étranger où il pourrait suivre un traitement approprié. Niva se disait que, où qu'il soit dans le monde, Mister D le retrouverait et enverrait ses journalistes et ses caméras de télévision. Hashi n'avait plus aucun lieu où se réfugier, il avait vendu le droit de se dissimuler aux yeux du monde contre la célébrité. Elle était la seule à pouvoir le sauver, se disait-elle. Il fallait qu'elle l'accompagne dans l'enfer qu'il portait en lui, qu'elle se batte avec lui, mais en serait-elle capable ? Il faudrait qu'elle se batte avec mais aussi contre lui pour ne pas être entraînée à son tour dans cet enfer.

Hashi regardait une tache grise sur la rue en contrebas : un cadavre de chien ou de chat écrasé. Plus probablement un chat à en juger d'après la taille. Il regarda longtemps, fixement, ce point, puis quitta la pièce sans rien dire. Niva savait ce qu'il allait faire. Il allait arracher du bitume les restes de l'animal pour les enterrer quelque part. Il avait déjà procédé de même plusieurs fois avec des cadavres de papillons de nuit, de cafards ou de souris. Au bout d'un moment Hashi revint : il était blême. Niva feignit de l'ignorer et regagna sa chambre. Elle lut quelques pages d'un livre sur les problèmes de la femme enceinte puis s'endormit.

Une sensation étrange la réveilla. Elle ouvrit les yeux, faillit pousser un cri de terreur : Hashi était debout à côté de son lit, tremblant de tous ses membres, la regardant fixement. Rassemblant son courage, elle lui rendit son regard. Niva, comment va mon bébé ? demanda-t-il à voix basse. Tu ne crois pas qu'il vaudrait mieux qu'il soit mort ? Je me sens incapable de montrer l'exemple à un enfant, de parler avec lui ou de l'écouter, Niva, j'ai une mouche qui bourdonne dans le crâne une mouche à visage humain elle me donne des ordres elle m'a ordonné de te tuer, tu vois, il y a un son que je rêve d'entendre à nouveau, Kiku aussi me l'a dit, ce son je ne peux l'entendre que si je tue quelqu'un que j'aime je dois tuer quelqu'un que j'aime commettre un crime horrible il faut que je devienne un criminel pareil à cette mouche à visage humain et alors je pourrai l'entendre, ce son c'est le but de toute ma vie, j'ai ramassé le cadavre du chat et je l'ai enterré dans un parterre de fleurs et les papillons de nuit dans des pots de fleurs pour faire une bonne action, pour alléger mon crime quand je vous tuerai, toi et l'enfant que tu portes, il vaut mieux que cet enfant ne naisse jamais je t'assure.

Les yeux exorbités et injectés de sang, le cou gonflé, la peau hérissée par la chair de poule, il regardait fixement le ventre de Niva, tremblant de tous ses membres. Je ne veux pas te tuer, Niva, je ne veux pas te tuer mais il le faut tu comprends sinon je ne pourrai plus jamais entendre le son, je ne pourrai pas devenir à mon tour une mouche à visage humain et je deviendrai un homme à visage de mouche. Niva luttait de toutes ses forces contre la terreur, elle voulut parler mais seul un son étranglé sortit de sa gorge. Après tout, pourquoi pas mourir ? Il peut bien me tuer et mon fœtus avec, quelle importance ? Je ne l'aime plus, songea-t-elle soudain. Elle se rendit compte que sa plus grande peur jusqu'à maintenant avait été de voir Hashi se transformer en assassin. Tout à coup, elle se sentit plus légère. Elle regarda Hashi, le trouva laid. Un cri venu du plus profond de son ventre s'échappa soudain de ses lèvres. Ton enfant ne mourra pas ! hurla-t-elle. Hashi se raidit aussitôt. Ton enfant ne mourra pas ! Même si tu jettes cet embryon dans un fossé, il survivra ! C'est l'enfant d'un homme qui a survécu dans un casier de consigne, il ne mourra pas, je te le garantis, et quand il sera grand, il te retrouvera, toi, transformé en mouche, et il t'écrasera, je te le promets, il t'écrasera !

30

Le *Yuyomaru* poursuivait sa route vers le sud, longeant la côte Pacifique du Honshū. Il y avait vingt-deux hommes à bord : quinze prisonniers, le capitaine, le chef mécanicien, le second, l'officier de liaison radio, le surveillant-chef et deux gardiens. Les neuf prisonniers constituant l'équipage du pont se relayaient au gouvernail. Six hommes étaient entassés dans l'étroite timonerie : le capitaine Eda, l'officier de liaison radio, le prisonnier au gouvernail, un autre observait le radar et les instruments de navigation, deux autres lisaient les cartes. Le deuxième jour, ce fut au tour de Kiku de prendre la barre. Yamane était au radar, Nakakura et Hayashi aux cartes. L'un des exercices prévus au cours de cette croisière consacrée à l'entraînement technique était le sauvetage en mer. Le capitaine Eda demanda la position du bateau. 142° 39' est par 40° 44' nord, mon capitaine ! répondit Nakakura. Le capitaine donna l'ordre de commencer les manœuvres de sauvetage. Un homme à la mer à tribord ! cria aussitôt le second dans le haut-parleur. Message reçu ! cria Kiku en réponse, mettant le moteur au point mort et barrant à droite : la première chose à faire était d'éloigner le bateau, sinon l'homme risquait d'être déchiqueté par les hélices. Il fallait ensuite remettre le moteur en marche, avancer un peu pour repérer l'équipier tombé à l'eau et lui lancer une bouée de sauvetage. Ensuite, avancer sous le vent pour aller à sa rescousse. Une fois à vingt ou trente mètres de lui, il fallait de nouveau arrêter le moteur et s'approcher lentement en se laissant dériver, gardant toujours l'homme en difficulté sur la droite du bateau. Cette fois, c'était un gros ballon de plage rouge qui jouait le rôle de l'homme à la mer. Kiku échoua à la manœuvre, n'ayant pas su prendre en compte les vagues et le vent, beaucoup plus forts en haute mer que quand ils pratiquaient cet exercice au port. En s'approchant de l'homme tombé à l'eau, il fallait absolument prendre les vagues à bâbord, mais Kiku les recevait à tribord, si bien que le bateau se mit à dériver de plus en plus loin du ballon.

— Qu'est-ce qui t'arrive, Kuwayama, c'est trop difficile pour toi ? fit le capitaine Eda en riant.

Kiku s'excusa : La mer est plus démontée que je n'aurais cru. Eda demanda à Hayashi de lire la carte météorologique. Une haute pression s'est stabilisée au-dessus de l'archipel d'Ogasawara, le vent souffle du sud, la haute pression froide sur le sud de la Sibérie augmente et se dirige vers le sud. Le capitaine Eda écouta en hochant la tête, puis demanda : A quoi devons-nous être les plus attentifs ? Au risque de grain ! répondit Nakakura, hurlant presque. L'officier de radio vint faire au capitaine un rapport du bulletin maritime local. Un typhon de force faible vient de se lever, il devrait mourir en mer au sud d'Okinawa avant d'atteindre la terre.

La mer semblait calme. De temps à autre, des bancs de poissons volants bondissaient à la surface, une légère brise soufflait sur le pont, mais dans la timonerie régnait une chaleur étouffante. La sueur coulait le long du cou de Hayashi et de Nakakura jusque sur les cartes. Kiku s'essuya le front avec sa manche pour empêcher la sueur de lui couler dans les yeux pendant qu'il examinait le gyrocompas.

La troisième nuit, ils accostèrent à Sunozaki dans la préfecture de Miyagi. Le *Yuyomaru* fut amarré à un quai le long duquel s'alignaient des docks gris. Une onde d'excitation parcourut les prisonniers. Ce soir-là, ils étaient autorisés à recevoir des visites : une heure de liberté serait accordée après le dîner à ceux dont les familles en avaient fait la demande. Dès que le soleil fut couché, les visiteurs commencèrent à se rassembler sur le quai. Deux gardiens et le surveillant-chef, postés sur le quai, notaient le nombre et l'identité des visiteurs sur des documents puis appelaient les prisonniers concernés. Les uns après les autres, tous descendirent sur le quai, sauf Kiku. La femme de Yamane, leur bébé dans les bras, était venue le chercher, un jeune couple attendait Hayashi, il s'agissait apparemment de son frère et de sa belle-sœur. Quant à Nakakura, c'était sa mère. Quand les gardiens l'appelèrent, il hésita un peu avant de descendre, il ne semblait pas particulièrement heureux de voir sa mère. Les réverbères de la route derrière le quai éclairaient ces attendrissantes scènes familiales de leur lumière douce : des ombres chuchotaient, Yamane avait un bébé dans les bras.

Le capitaine Eda s'approcha de Kiku. Resté seul sur le pont, il regardait ses camarades rire en bas sur le quai. Tu te sens seul ? demanda Eda. Kiku regarda son visage de vieux loup de mer hâlé par le soleil et répondit : Ils ont l'air de bien s'amuser...

— Il paraît que tu es orphelin, fit le capitaine.

Les lumières des réverbères se reflétant dans l'eau qui clapotait en contrebas éclairaient leurs visages de lueurs tremblotantes. Ça doit être pénible à bien des points de vue. Leurs visages changeaient d'expression selon l'angle de réflexion de la lumière dans l'eau. Moi j'ai connu deux orphelins, ils ont eu la vie dure quand ils étaient jeunes, ce n'était pas comme aujourd'hui, à cette époque on te refusait une place dans une grande compagnie simplement parce que tu étais orphelin, les deux que je connaissais, ils se sont battus pour s'en sortir, ils disaient qu'il faut se battre pour survivre et d'après eux il y a deux types d'orphelins : ceux qui se révoltent et se battent contre tout ce qu'ils rencontrent, et ceux qui s'en sortent par la fourberie. Et toi, Kuwayama, tu appartiens à quelle catégorie, je me demande...

Le capitaine parlait d'une voix basse étrangement rassurante. Le vent à l'odeur de marée rafraîchissait agréablement Kiku, fatigué de la journée en mer, brûlé par le soleil. Je ne sais pas, répondit-il. Ah, tu ne sais pas ? Ça ne change rien à la solitude de toute façon. Kiku resta silencieux. Regarde, Kuwayama, fit le capitaine en pointant le doigt vers les ombres alignées sur le quai, c'est beau, la famille ! Moi, j'ai deux filles et je serai bientôt grand-père. Tu as peut-être toujours été seul mais rien ne t'empêche de construire une famille, tu devrais t'en fabriquer une, tu vois, une famille qui commencerait avec toi.

Kiku chercha les silhouettes de Yamane, Nakakura et Hayashi parmi les ombres du quai. Hayashi était assis par terre et regardait une espèce de bout de papier à la lumière des réverbères. Une photo. Yamane portait son fils sur les épaules. Eh, Kiku, viens un peu ici ! cria-t-il. Vas-y, fit le capitaine en lui donnant une tape sur l'épaule. Regarde, Kiku, c'est mon fils, dit fièrement Yamane en montrant l'enfant à Kiku. J'en ferai un vrai marin, tu sais, il a à peine un an, mais il sait déjà nager ! Un énorme sourire lui mangeait le visage. Kiku s'approcha, posa son oreille contre la poitrine de l'enfant enveloppé d'un mince vêtement de coton. Surpris, l'enfant se mit à pleurer. Tu l'entends ? demanda Yamane. Kiku hocha la tête. Yamane se mit à chanter en berçant le bébé. « Je suis un enfant de la mer, la mer aux blanches vagues frappant le rivage bordé de pins... » Debout sur le pont, un sourire aux lèvres, le capitaine écoutait la lente mélopée de Yamane, puis il se joignit à lui d'une voix forte, bientôt suivi par Kiku, qui chantait à voix basse. Quand ils eurent fini, des applaudissements éclatèrent.

Kiku remarqua deux faisceaux lumineux sur la route : l'espace d'un instant, des phares éclairèrent les murs gris des docks, puis ils disparurent à nouveau dans des ténèbres encore plus épaisses. Une Land Rover rouge était passée à toute allure, fendant la nuit lourde et la grisaille du port. Anémone ! pensa Kiku. Il pensa à la petite langue tiède et humide, pointée entre les mailles du grillage du parloir, et qui palpitait là, tout près.

Les membres de l'unité d'entraînement naval dormaient dans de simples couchettes superposées installées dans la cale. Un étroit espace de quatre mètres carrés à peine, divisé en trois rangées de cinq couchettes superposées, où les prisonniers n'avaient pas la place de se retourner. Le reste de l'équipage logeait dans la timonerie, tandis que les gardiens, debout, surveillaient le pont à tour de rôle. Ce soir-là, presque aucun des prisonniers ne dormait. Il régnait dans la soute une chaleur étouffante et humide peu propice au sommeil, et ils étaient encore sous l'effet de l'excitation de ces quelques instants de liberté goûtés avec leurs familles. Il n'y avait pas de fenêtre, juste une écoutille restée ouverte mais par où nul souffle de vent ne passait. La sueur trempait les sous-vêtements et les matelas. La respiration de quinze hommes dans cet espace exigu ajoutait encore à la chaleur et à l'humidité. On entendait un étrange gémissement. Kiku occupait la troisième couchette de la rangée centrale. A côté de lui, Yamane tendit la main pour lui secouer l'épaule, et lui montra Nakakura, sur la couchette inférieure de droite. La tête contre son oreiller de plastique, il pleurait. Il paraît que sa grand-mère est morte, murmura Yamane à l'oreille de Kiku, il adorait sa grand-mère, je crois qu'il vient de se disputer avec sa mère à son sujet, le pauvre ! Kiku fit un geste évasif, signifiant que les problèmes de Nakakura ne l'intéressaient pas et qu'il avait sommeil. Il faut dormir, la journée de demain sera dure. Yamane hocha la tête. Les gémissements de Nakakura se poursuivirent tard dans la nuit.

Le *Yuyomaru* devait faire demi-tour à partir de ce port pour retourner à Hakodate. C'était l'endroit le plus propice à une évasion. Tout ce qu'il avait à faire maintenant pour mettre leur plan à exécution était d'attendre que tout le monde soit endormi. Peu à peu, des respirations régulières avaient commencé à s'élever un peu partout, et Kiku allait se lever tout doucement, quand il vit Nakakura tourner la tête pour regarder autour de lui si tout le monde dormait, puis se glisser hors de sa couchette. Il était en train de traverser la cale à pas de loup quand Kiku lui posa la main sur l'épaule en murmurant : Où vas-tu ? Nakakura sursauta et s'arrêta net. Pisser, répondit-il. Kiku enleva sa main mais Nakakura, au lieu de prendre la direction des toilettes, monta l'escalier menant au pont. Kiku secoua Yamane de toutes ses forces : Yamane, réveille-toi, Nakakura veut se faire la belle, il faut l'en empêcher ! Puis il sauta à bas de sa couchette, s'approcha du hublot pour jeter discrètement un coup d'œil vers le pont. Nakakura, dissimulé dans l'ombre, observait le gardien qui était descendu sur le quai et discutait pour passer le temps avec un policier du poste situé au bord de la route. De temps en temps, le gardien jetait un coup d'œil vers le bateau. Nakakura, reviens ! chuchota Yamane, qui s'était levé pour rejoindre Kiku et avait passé la tête par le hublot. Si le gardien découvrait Nakakura sur le pont en pleine nuit, cela serait considéré comme une tentative d'évasion, il perdrait son droit à passer l'examen de navigateur. Yamane et Kiku voyaient trembler le dos de Nakakura caché dans l'ombre. Il était impossible de descendre sur le quai sans être remarqué par le gardien. Et s'il essayait de se diriger de l'autre côté du bateau pour s'enfuir par la mer, le bruit de son plongeon et le tangage du bateau attireraient fatalement l'attention du gardien. Kiku entendit un bruit de moteur. Merde, Anémone ! Ils étaient convenus entre eux qu'elle surveillerait le pont du *Yuyomaru* cette nuit-là depuis la terrasse d'un bâtiment voisin, elle devait détourner l'attention du garde dès qu'elle aurait aperçu Kiku sur le pont. Elle avait dû prendre la silhouette de Nakakura pour la sienne. La Land Rover rouge se gara juste devant le quai. Excusez-moi, fit la voix d'Anémone, il y a une bagarre au club de la marine, des matelots ivres... Le policier accourut vers la jeune fille, Kiku entendit des bruits de pas précipités. Il hésitait sur la conduite à suivre, il savait qu'Anémone allait revenir en courant et dire au gardien : Vite, l'agent de police vous demande de venir lui prêter main-forte un instant ! Elle devait faire de son mieux pour l'entraîner sur les lieux de la soi-disant bagarre, sans lui laisser le temps de prévenir l'autre gardien de le remplacer. Il faudrait faire vite. Il n'avait pas le choix : il devait entraîner Yamane dans l'évasion.

Il entendit Anémone revenir en courant. Le gardien sauta du pont sur la route, et Kiku prit sa décision : tant pis pour Nakakura, il fallait s'enfuir maintenant ou jamais, une pareille occasion ne se renouvellerait pas. Kiku se glissa par l'écoutille, en était déjà sorti à mi-corps quand Nakakura se dressa, poussa un grand Aaaaah ! et plongea dans la mer. Kiku rentra la tête dans les épaules, tandis que la lumière s'allumait dans la cabine de pilotage. Dans l'eau, Nakakura battait désespérément des pieds en continuant à hurler Aaaaaah ! Trop tard ! pensa Kiku. Un projecteur s'alluma, le surveillant-chef avait braqué la lumière sur Nakakura. Kiku sortit complètement sur le pont, suivi par Yamane et Hayashi, le gardien se précipita vers eux en brandissant une matraque. Retournez dans la cale ! hurla-t-il. Sur le quai, Anémone avait changé d'expression : elle venait de comprendre que ce n'était pas Kiku qui avait sauté à l'eau. Elle regarda le pont d'un air sombre, cherchant la silhouette de Kiku. Celui-ci agita discrètement la main dans sa direction pour lui faire signe de disparaître au plus vite. Anémone redescendit sur la route, démarra la Land Rover. Le surveillant-chef courut refermer l'écoutille derrière Kiku et ses camarades. De la cale, ils entendirent la voiture s'éloigner et le capitaine hurler d'une voix coléreuse : Nakakura, attrape ce crochet, bon sang !

Le lendemain, le départ fut retardé de quatre heures, à cause de la déposition à faire au commissariat. Il fallait également transmettre un rapport au centre de détention, la punition de Nakakura pour sa tentative d'évasion devait être fixée après leur retour à Hakodate.

En attendant, Nakakura fut mis aux arrêts dans la cale. Je n'avais pas l'intention de m'enfuir, expliqua-t-il dès le premier soir à Kiku venu lui apporter son dîner.

Nakakura adorait sa grand-mère, mais sa mère la détestait. Sa mère était une ancienne infirmière qui se teignait les cheveux et dégageait une épouvantable odeur de transpiration. Lors de sa visite, elle avait annoncé à Nakakura en ricanant que sa grand-mère avait trouvé la mort dans un accident de la circulation. Heureusement elle avait pris une assurance vie et, grâce à l'argent qu'elle avait touché, sa mère allait se payer des vacances à Hawaii avec son petit ami du moment. Si Nakakura avait voulu ce soir-là quitter le bateau, c'était seulement pour aller tuer sa mère, il comptait revenir ensuite. Pendant que Nakakura lui faisait ce récit, tête basse, Kiku se retenait à grand-peine de lui taper dessus. A cause de toi, j'ai perdu tout espoir de m'évader. A partir de ce soir, ils vont nous surveiller comme des malades.

Le *Yuyomaru* filait vers Hakodate à la vitesse maximale. Non seulement ils étaient partis en retard mais, en plus, le typhon avait changé de trajectoire. La radio diffusait des bulletins météo en permanence. Le capitaine Eda était déterminé à rattraper leur retard et à atteindre l'escale prévue. Avec l'équipage qu'il avait à bord, il ne pouvait pas trouver un abri dans n'importe quel port.

Il ne pleuvait pas encore. Le plafond de nuages qui s'étendait jusqu'à l'horizon comme un immense couvercle de fonte accentuait encore la chaleur. Ces nuages bas d'un gris métallique ne réfléchissaient pas la lumière, on aurait dit une plaque couverte de rouille grise et de plancton pourrissant. Le vent s'était levé dans l'étroit espace entre ce toit gris et la mer, soulevant des vagues écumantes. Un vent tiédi au contact des nuages brûlants caressait les joues des prisonniers, faisait claquer violemment les drapeaux, menaçant de les déchirer, faisait s'envoler les uniformes mis à sécher sur le pont. Pendant une brève accalmie, les apprentis matelots purent sentir les premiers symptômes du mal de mer. La poussée tiède du vent à la surface de leur peau semblait pénétrer leurs entrailles.

La mer se fit houleuse, et le capitaine prit lui-même le gouvernail. Il montra à l'équipage un point derrière lui tandis que de gros paquets de mer inondaient le pont : un mur couleur de plomb s'approchait d'eux à une terrifiante vitesse. Le grain déferla sur eux : le bateau donnait de la gîte, la tempête soulevait d'énormes vagues qui se brisaient avec fracas en laissant derrière elles une traînée d'écume blanche.

Une pluie violente se déchaîna, inondant le pont en un instant. Les gouttes tombaient de biais, frappant la peau sous les cirés de plastique trempés et collant aux vêtements inondés eux aussi. Chaque fois que la houle soulevait le bateau, une nausée montait jusqu'à la tête de Kiku. Le capitaine ordonna de préparer l'ancre, le second fit signe aux prisonniers de se réfugier dans la cale, où ils trouvèrent Nakakura par terre, ballotté d'un bout à l'autre et vomissant en se tenant les côtes. L'odeur les prit aux narines, ils avaient reçu l'ordre de s'allonger sur leurs couchettes et de s'y attacher, mais le bateau gîtait si violemment qu'ils n'arrivaient pas à grimper sur les couchettes. L'un des prisonniers glissa dans les vomissures de Nakakura et tomba. Le vent tiède qui soufflait sur le pont s'engouffrait dans la soute. S'agrippant aux montants de sa couchette, Kiku essayait de se libérer d'une désagréable sensation d'engourdissement de la nuque, mais la respiration lourde de ses camarades et l'odeur des déjections de Nakakura lui collaient à la peau comme une répugnante membrane. Sa peau s'insensibilisait peu à peu. L'engourdissement de son cou gagna son visage, l'intérieur de sa tête. Toute la surface de sa peau et l'intérieur de sa tête étaient gourds, tandis que de violents tressaillements agitaient ses muscles et ses entrailles. Tétanisé, il mordit dans le drap de la couchette à hauteur de sa bouche, l'arrachant du matelas. Sa tête était devenue une sorte d'aimant qui attirait les entrailles, les nerfs, les muscles.

Quelque chose lui bloquait la gorge. Il ouvrit la bouche, une bile acide lui coula dans le cou. Kiku gardait les yeux fixés sur le plafond, de crainte, s'il les baissait, que son estomac ne lui remonte dans la gorge. Sous ses yeux une ampoule se balançait violemment, laissant d'étranges filaments orange sombre sur ses pupilles. Toutes ces lignes orange entrecroisées formèrent bientôt une étoile. L'étoile tournoyait, s'éteignait, tournoyait à nouveau. Il ne savait plus si le bateau bougeait ou non. Il avait l'impression que sa nuque avait enflé. La peau de son crâne lui semblait gonflée et collante, elle se confondait avec l'ampoule, avec les lattes de bois du plafond. Un fil reliait le sommet de son crâne au bateau qui penchait, se redressait, penchait à nouveau. Quelqu'un vomissait à ses pieds, les semelles de ses chaussures étaient humides. Les dessins formés par l'ampoule en se balançant s'enchevêtraient derrière ses paupières, se mêlaient de points orange, verts, jaunes. Quelqu'un, agrippé à ses chevilles, était en train de vomir. Les taches derrière ses paupières se mirent à dégouliner comme des vomissements. Si seulement quelqu'un pouvait éteindre cette lumière dans sa tête, quelle paix ce serait, il s'effondrerait par terre dans le vomi et tout serait fini, il n'aurait plus envie de se relever.

Une voix l'appelait par son nom. Cela venait de l'écoutille donnant sur le pont. Kuwayama, Yamane, Hayashi, sur le pont ! Sans lâcher les montants des couchettes, Kiku progressa lentement vers l'écoutille, piétinant des dos, des jambes. Yamane, Kiku, Hayashi et les deux mécaniciens étaient les seuls à ne pas s'être effondrés par terre. Rampant sur le pont, Kiku et ses camarades se dirigèrent vers la timonerie. Le second était étendu, une blessure à la tempe.

— Ah, vous voilà, fit le capitaine.

Il leur donna l'ordre de contrôler le radar et de faire le point. La surface de la mer se gonflait de vagues successives, qui une fois à leur point culminant éclataient avec une violence de verre brisé en gerbes d'écume aussitôt emportées par les rafales de vent. Il était impossible de dire si les embruns qui venaient frapper la fenêtre du poste de pilotage étaient de la pluie ou de l'eau de mer, mais il valait mieux être là que dans la cale. L'odeur infecte avait disparu ainsi que la sensation d'enfermement, le vent et les embruns sur le pont avaient même un peu calmé leur mal de mer.

— On est en mauvaise posture, marmonnait le capitaine.

Le bateau avançait à peine, il semblait louvoyer entre les vagues. La radio annonça que tous les bateaux de petite taille étaient invités à se réfugier dans le port le plus proche. Le capitaine ordonna à Hayashi de vérifier où se trouvait le port le plus proche de leur position. Mutsugori ! s'écria Hayashi au bout d'un moment. L'officier de liaison radio essayait depuis un moment d'entrer en contact avec un garde-côte mais la fréquence était encombrée, il n'obtenait pas de réponse. Il appela la coopérative de pêche de Mutsugori pour demander l'autorisation de se mettre à l'abri dans le port. Dépêchez-vous, lui répondit-on, tous les bateaux de pêche sont en train de regagner le port d'urgence.

Yamane cria qu'il y avait un point immobile sur le radar, au même moment ils captèrent un SOS en morse. Un petit thonier en train de faire naufrage, à 142° 18' est par 38° 58' nord, demandait de l'aide, ils étaient à 0,8 mile seulement de la côte mais le gouvernail ne répondait plus. Tous les yeux se tournèrent vers le capitaine.

— Cap sur Mutsugori, fit ce dernier. La tempête augmente d'intensité, chaque seconde est précieuse si nous voulons avoir une place au port, nous n'avons pas le temps de secourir un autre bateau, le bureau des garde-côtes n'a qu'à s'en charger, c'est leur boulot, préviens-les par radio, si la fréquence est encombrée, demande à la coopérative de pêche de les prévenir directement depuis la côte.

— Allons les aider, capitaine, fit Yamane.

Le capitaine Eda ignora sa remarque. La réponse de

Mutsugori arriva bientôt par radio : tous les garde-côtes étaient de sortie pour secourir des pêcheurs en danger. Le capitaine hocha la tête, mais maintint le cap sur le port.

— Capitaine, je pense que nous devrions nous porter au secours de ce bateau, déclara Yamane d'un ton déférent mais ferme.

— Ta gueule ! aboya le capitaine.

Hayashi, penché sur une carte, releva la tête :

— D'ici trois minutes, nous atteindrons le point le plus proche du bateau en perdition sur notre route.

— Le contact est rompu, s'exclama soudain l'officier radio.

Trois autres membres de l'équipage arrivèrent à ce moment de la cale, rampant sur le pont. Les trois hommes titubaient dans leurs uniformes tachés de vomissures.

— Capitaine, nous sommes pêcheurs nous aussi, un bateau de pêche ne peut pas tenir le coup avec une tempête pareille, s'il vous plaît, allons les aider.

— Bon, maintenant écoutez-moi bien ! fit le capitaine en fixant un regard noir sur les hommes rassemblés autour de lui, vous n'avez pas bien saisi le problème : vous êtes des détenus sous la protection de l'Etat, vu ? Vous n'êtes pas en position de voler au secours d'autrui !

— Capitaine, l'entraide entre pêcheurs, c'est sacré, si vous étiez dans la même situation, quelqu'un viendrait à votre secours !

— Et comment voulez-vous que nous fassions ? Le second est blessé, je suis le seul à pouvoir tenir la barre avec cette tempête ! Qui va les secourir ?

— Nous, capitaine, fit Yamane.

— Je les vois ! s'écria Hayashi, regardez, la fumée orange là-bas, c'est un signal de détresse !

Le capitaine hurla quelque chose dans l'oreille de Yamane, ce dernier hocha la tête puis se tourna vers Hayashi, lui demanda d'aller chercher des câbles métalliques entreposés dans la soute. Hayashi, ramène aussi cinq hommes valides avec toi. Kiku et Hayashi, un cordage de sécurité enroulé autour du ventre, en fixèrent chacun une extrémité au pont puis se dirigèrent vers l'avant et l'arrière du bateau. Hayashi parvint à s'accrocher à la rambarde, mais une rafale de vent envoya Kiku rouler sur la plage avant, il se releva en rampant, tira sur la corde qu'il noua successivement au cabestan et au treuil d'amarrage. Puis tous les hommes s'attachèrent deux par deux à un cordage, dont une extrémité était reliée aux cordes fixes ainsi mises en place. Deux équipes se placèrent à la proue, deux autres en poupe. Kiku faisait équipe avec Nakakura. Son mal de mer s'était atténué, il avait retrouvé un peu de couleurs. Ils s'approchèrent du bateau de pêche : la coque était retournée, ils apercevaient, apparaissant et disparaissant tour à tour entre les vagues, les membres de l'équipage, agrippés à une bouée de sauvetage rouge, qui se mirent à agiter les mains en direction du *Yuyomaru* en le voyant approcher. Une fois que le bateau fut en position, Kiku lança un filin terminé par un crochet en direction d'un jeune homme qui hurlait quelque chose d'incompréhensible. Kiku essaya de passer le crochet dans son gilet de sauvetage pour le tirer vers l'échelle fixée à la poupe, mais au moment où il allait réussir, une énorme vague souleva le bateau et les naufragés. Kiku et Nakakura s'agrippèrent à la rambarde, la vague déferla sur eux, les submergeant entièrement, pendant un instant ils se crurent noyés. La violence de la vague souleva le jeune naufragé, l'envoya atterrir tête la première sur le pont. Il avait le menton fendu. Kiku l'attira vers lui, tirant sur le filin dont l'extrémité était accrochée dans l'emmanchure du jeune homme. Il avait des traits d'Asie du Sud-Est, visiblement il n'était pas japonais. Des pêcheurs clandestins ! murmura Nakakura. Il souleva dans ses bras le jeune pêcheur inanimé, et sentit un objet dur dans la poche de son pantalon de camouflage : un petit revolver.

Il y avait une panne d'électricité à Mutsugori, préfecture de Miyagi, le port était uniquement éclairé par les bouées lumineuses indiquant l'entrée et par un phare désert à l'extrémité du cap. Il y avait bien deux projecteurs sur le quai, mais la tempête avait cassé les ampoules et éparpillé les débris au sol. Une énorme vague avait emporté les éclats de verre collés au béton mouillé, puis le vent les envoya tourbillonner dans le ciel sombre.

Le *Yuyomaru* s'apprêtait à accoster. Quatre policiers dans de lourds cirés bleu marine étaient venus l'accueillir, un peu plus loin un groupe de pêcheurs de la coopérative formait un cercle. Les policiers discutèrent un long moment avec le surveillant-chef pour savoir où on allait pouvoir héberger les prisonniers. Le téléphone était coupé. Les policiers communiquaient par talkie-walkie avec le commissariat. La salle de réunion de la coopérative de pêche était déjà pleine, les équipages de bateaux naufragés y ayant trouvé refuge pour la nuit, expliquèrent-ils. Il y avait bien l'école primaire mais le directeur refusait d'abriter des criminels dans ses locaux. Il ne restait plus que le grand hangar près du marché au poisson, conclurent les policiers. Le surveillant-chef essaya en vain de les convaincre que ces hommes sous la protection de l'Etat méritaient un meilleur traitement. Pendant ce temps, les prisonniers, enfermés dans la cale inondée et puante, n'avaient pas encore reçu l'autorisation de débarquer. Le surveillant-chef accepta finalement que les détenus soient hébergés dans le hangar à condition qu'on leur fournisse des vêtements secs et des couvertures. Ils sont épuisés, j'aimerais les faire descendre rapidement à terre, ajouta-t-il. Mais les policiers voulaient attendre l'arrivée des renforts envoyés par la préfecture. Nous avons besoin d'hommes pour surveiller les prisonniers, et n'oubliez pas l'équipage du bateau qui pêchait illégalement dans les eaux japonaises, nous devons les mettre en garde à vue.

L'équipage du bateau de pêche clandestin comptait sept hommes, qui pour le moment tremblaient de froid dans un coin de la cale. Tous souffraient de blessures ou de contusions. Leur présence avait encore accentué l'exiguïté de la cale. La rangée de couchettes centrale s'était effondrée sous le poids des hommes et les secousses du roulis, si bien que Kiku et ses camarades étaient maintenant entassés debout dans l'étroit passage entre les couchettes. L'eau empuantie par le mazout des machines et les vomissures leur arrivait à mi-cuisse. Même une fois le bateau amarré, le roulis continua à agiter la cale. Pendant le sauvetage, l'excitation avait redonné des forces aux détenus mais maintenant ils n'ouvraient même plus la bouche, malgré les encouragements des gardiens et du capitaine qui passaient à tour de rôle la tête par l'écoutille pour leur dire de patienter encore un peu. Le bateau était agité de petits balancements incessants, et par intervalles il gîtait dangereusement. Tous les hommes s'agrippaient aux montants des couchettes, mais de temps en temps l'un d'eux s'effondrait d'épuisement dans l'eau croupie et puante. Quand il se relevait, le visage noir de mazout et dégageant une odeur aigre, personne ne songeait à se moquer. L'écoutille était fermée, pas un souffle d'air n'arrivait de l'extérieur et chaque coup de roulis faisait monter aux narines des relents fétides de sueur dans l'air tiède.

— Merde, je préférerais encore être mis au cachot ! grommela Yamane, tourmenté par une terrible migraine.

Il s'était violemment heurté le crâne au cabestan au cours du sauvetage. Kiku supportait tant bien que mal l'odeur pestilentielle, et à chaque coup de roulis, une image d'autrefois, du temps de l'orphelinat, se précisait dans sa tête : un tableau accroché au mur de la chapelle. Un homme barbu tendait vers le ciel un agneau nouveau-né qu'il tenait à bout de bras. Cet homme, c'est Dieu le Père, lui disait-on. Il était debout, il s'en souvenait, en haut d'une falaise surplombant la mer. Et cette mer était déchaînée, il s'en souvenait maintenant, il y avait de hautes vagues, et peut-être même un petit bateau en train de sombrer dans un coin. Je suis peut-être à bord du bateau de l'image, se dit Kiku. Courage, patience ! Quand je serai sorti de cette cale, peut-être que le barbu m'attendra en haut de la falaise, tout auréolé de lumière ! La tête du surveillant-chef apparut par l'écoutille.

— Tout le monde dehors ! On a trouvé de la place pour vous !

Les prisonniers se donnèrent des accolades en poussant des cris de joie. Dehors le comité d'accueil était constitué d'une jeep équipée d'un gyrophare, de deux rangées de policiers, d'un groupe de pêcheurs aux regards brillants de curiosité, qui les montraient du doigt en échangeant des commentaires, et d'un camion dans lequel s'entassèrent Kiku et ses camarades. On leur distribua à chacun une couverture en laine, tandis que la jeep emmenait les pêcheurs clandestins vers une autre destination.

Mais le camion mettait du temps à démarrer. Une discussion s'était engagée entre les policiers et le surveillant-chef qui réclamait les vêtements de rechange promis. Si ce sont des marins, c'est pas un peu de vomi qui va les tuer ! cria un des pêcheurs. Des applaudissements éclatèrent. Imperturbable, le surveillant-chef s'évertuait à expliquer à l'officier de police responsable que ces hommes étaient sous la protection de l'Etat, etc. On n'a pas besoin de vos vêtements secs ! cria une voix à l'intérieur du camion, à ce moment une rafale de vent emporta la bâche du camion qui se déchira dans un claquement de toile, et les lampes des policiers éclairèrent de plein fouet le groupe de prisonniers, trempés, couverts de vomissures et de mazout. L'un d'eux se leva et se tourna vers les policiers et le groupe de pêcheurs en hurlant : Vous croyez peut-être qu'on a besoin de vous ? Les autres essayèrent de se lever sous la pluie battante, mais un bataillon de police encercla aussitôt le camion, matraques à la main. L'un des détenus frappait sa couverture alourdie et gorgée de pluie sur le bord du camion en hurlant à un policier : Me cherche pas, sale poulet ! Tu ne me fais pas peur ! Le policier leva aussitôt sa matraque. Un collègue lui retint le bras, tandis que le surveillant-chef, le capitaine et les gardiens hurlaient au prisonnier d'une même voix : Assis !

Le hangar était un peu à l'écart du port. L'entrée était si basse qu'il fallait se plier en deux pour y pénétrer. L'intérieur faisait plusieurs fois la taille d'un gymnase mais des sacs de ciment y étaient empilés jusqu'au plafond, laissant juste assez de place aux détenus pour s'allonger dans un coin sur des journaux étalés à côté d'une rangée de herses. Yamane paraissait au plus mal : il avait la chair de poule, une sueur froide lui coulait sur le front et le cou, ses cils et ses sourcils grisâtres étaient agités de tressaillements incessants. La douleur creusait de profonds sillons dans son visage pareil à un masque en plastique.

La tempête continuait à faire rage. Kiku sentait toujours le roulis et le tangage à l'intérieur de son corps. Il lui semblait que le hangar, faiblement éclairé par cinq bougies, se balançait sur l'eau. Ses entrailles tressautaient. Quand on leur apporta des boulettes de riz enveloppées d'algues et du thé brûlant, tous poussèrent des cris de joie, à part Yamane, qui se contenta de boire quelques gorgées de thé brûlant. C'est drôle, le mal de mer, fit Kiku à Hayashi, après avoir englouti ses trois boulettes de riz. On a beau être malade comme un chien, ça n'empêche pas de manger. Comme on a les intestins et l'estomac qui dansent la gigue, peut-être que le riz se digère mieux ! répondit Hayashi en riant. Nakakura intervint : Mais quand on ne peut plus manger, c'est la fin des haricots. Tous trois regardèrent d'un air soucieux Yamane qui se tenait la tête à deux mains, replié sur lui-même.

La nourriture et le thé chaud avaient revigoré les apprentis navigateurs, qui se mirent à échanger avec animation leurs impressions de la journée : leur terrible mal de mer dans la cale, l'inondation de la salle des machines, le sauvetage des naufragés. Le capitaine Eda les rejoignit : Nous allons faire un compte rendu de ces événements avant d'aller dormir, dit-il. Au moment où ils allaient commencer, la porte du hangar s'ouvrit brusquement. Non pas la petite porte basse par laquelle ils étaient entrés, mais la grande porte par où passaient les tracteurs et les herses. Le vent s'engouffra à l'intérieur, faisant s'envoler les journaux qui leur servaient de matelas, éteignant les bougies. Un bus gris métallisé fit son entrée dans le hangar. Il n'avait pas de vitres, seulement un gros projecteur installé sur le toit. Kiku reconnut ce véhicule : il avait vu le même garé dans la neige, le soir de réveillon où il avait tué sa mère. Une dizaine de policiers et des hommes casqués de jaune, portant des vestes croisées aux sigles voyants indiquant *Prévention des sinistres*, apparurent derrière le bus. Un seul homme était en costume de ville, il tenait une perche brillante surmontée d'un micro. Les caméras de télé le suivaient. Un responsable se dirigea vers le surveillant-chef et annonça en bombant la poitrine : Nous aimerions enregistrer une interview des prisonniers apprentis navigants qui ont secouru un bateau clandestin. Nous avons déjà obtenu l'autorisation du centre de détention de Hakodate. Puis il demanda aux détenus qui avaient participé au sauvetage de s'asseoir dos aux caméras, et chacun reçut un numéro qu'il accrocha dans son dos. Tous les projecteurs s'allumèrent d'un coup, éclairant le hangar d'une lumière jaune. Le présentateur en costume commença à parler :

— Nous nous trouvons actuellement dans le hangar n° 8 du port de Mutsugori, ainsi que nous vous en avons informé précédemment, le typhon a fait route vers le nord à grande vitesse, causant d'importants dégâts matériels sur la côte Pacifique du Kantō et du Tōhoku, des protestations s'élèvent en ce moment d'un peu partout contre les prévisions trop optimistes du Bureau de météorologie nationale depuis hier soir, mais ici, au milieu de l'effervescence causée par l'état d'urgence dont nous sommes témoins, nous avons un événement assez rare à vous relater, un récit de courage qui vous réchauffera le cœur. En effet, l'équipage d'un bateau effectuant un stage d'entraînement à la navigation, équipage constitué uniquement de jeunes délinquants du centre de détention de Hakodate, s'est porté au secours d'un bateau de pêche en perdition et a permis ainsi d'arraisonner des pêcheurs venus de Thaïlande qui se trouvaient illégalement dans les eaux territoriales japonaises. Eh bien, ce soir, chers téléspectateurs, malgré leur épuisement bien compréhensible, ces hommes ont accepté de répondre pour vous à nos questions. Pour des raisons évidentes de protection des droits de l'individu, l'identité de ces prisonniers, dont certains sont mineurs, ne vous sera pas révélée, ils vous sont présentés de dos, leurs voix seront également altérées sur la bande-son, veuillez nous excuser de cet inconvénient. Eh bien, numéro 3, pouvez-vous nous dire ce que vous ressentez en ce moment ?

— De la fatigue, répondit brièvement le numéro 3.

C'était Hayashi.

— Oui, en effet, j'imagine que vous devez être épuisés, et vous, numéro 1 ?

— Moi aussi, je suis très fatigué, pendant le sauvetage, la tension nous a aidés à tenir le coup mais, depuis notre arrivée au port, nous sommes épuisés.

— Je vois, vous êtes donc de vrais loups de mer, la terre ferme vous fatigue mais pas la navigation ! Et vous, numéro 6, à quel moment vous êtes-vous rendu compte que vous aviez affaire à un bateau de pêche clandestin ?

Le numéro 6 était Kiku. Il ne répondit pas. La violente lumière des projecteurs lui brûlait le dos. Un jeune homme debout juste sous son nez, qui tenait un réflecteur, le regardait fixement, avec un sourire en coin, en mâchant son chewing-gum.

— Hum, bon, le numéro 6 ne pouvant nous répondre, je pose la même question au numéro 5.

Embarrassé, le numéro 5 arrondit le dos en marmonnant : On se croirait à un jeu télévisé.

Dans le réflecteur du projecteur placé devant lui, Kiku pouvait voir Yamane. Il était allongé contre un sac de ciment qu'il semblait tenir dans ses bras. Le surveillant-chef, après avoir décrété qu'il valait mieux le laisser tranquille plutôt que de le transporter à l'hôpital, lui avait donné de l'aspirine et l'avait laissé dormir. Plusieurs fils et câbles de micro et de caméra couraient sur le sol, l'un d'eux, tressautant chaque fois que la caméra se déplaçait, frappa légèrement Yamane à la tempe. Il sursauta, remua les deux jambes et se mit à gémir, la tête dans les mains. Puis il secoua la tête, se redressa à demi, lança un bref cri d'attaque, et frappa du plat de la main le sac de ciment à côté de lui. Les policiers, l'équipe de télévision, les prisonniers, tout le monde tourna le regard vers lui en même temps. Yamane donna encore plusieurs coups sur le sac qui se déchira. Qu'est-ce qui lui prend à celui-là ? marmonna le jeune éclairagiste au chewing-gum. On est en pleine prise de vues ! Ignorant les policiers qui s'étaient rapprochés, Yamane, au milieu de la poussière de ciment, avait porté la main à sa poitrine et fermait les yeux comme s'il se concentrait, serrant les lèvres. Il doit essayer de se rappeler le son des battements de cœur de son fils, pensa Kiku.

Un des policiers tapota l'épaule de Yamane : Qu'est-ce que tu as ? Yamane ouvrit les yeux, regarda le vieux policier qui lui avait posé la question, joignit les mains dans une attitude de prière et le supplia : Laissez-moi tranquille, je vous en prie. Puis il se mit à grincer des dents en gémissant d'une voix étrange. Ah, c'est celui-là qui... fit le responsable de l'équipe de télévision en se passant une main autour du crâne. Un jeune garde frappa légèrement Yamane à l'épaule avec sa matraque. Yamane joignit à nouveau les mains sur la poitrine et secoua la tête : Arrêtez ! Je vous en supplie, arrêtez !

— Hé, qu'est-ce qui te prend, hein ? Arrête de déranger le tournage, compris ? T'arrêtes maintenant, compris ? continua le policier, accentuant chaque phrase d'un petit coup de matraque sur l'épaule de Yamane.

Kiku entendit Yamane marmonner : Trop tard, c'est trop tard maintenant, ensuite il ne comprit pas ce qui se passait exactement, tant les mouvements de Yamane furent rapides. Yamane se leva en titubant, tournoya sur lui-même puis leva la main. L'instant d'après, il éclatait le menton du policier âgé et l'envoyait bouler au sol. Voyant cela, le jeune policier se précipita sur lui, matraque levée. Yamane l'esquiva sur sa droite, lança un pied en l'air, qui frappa le jeune policier derrière la nuque. On entendit craquer ses vertèbres, le policier s'effondra face en avant sur un projecteur qui éclata. Le présentateur, apparemment atteint aux yeux par des éclats de verre, tomba à genoux en gémissant. Juste au moment où il s'accroupissait en se frottant les yeux, Yamane lui décocha un coup de pied dans la gorge qui le projeta en arrière, la carotide brisée. L'équipe de télévision, d'abord médusée, se mit à courir vers la porte. Les policiers mirent tous la main sur l'étui de leur revolver, l'un d'eux hurla : Couchez-vous ! à l'adresse des autres détenus et des membres de l'équipe. Yamane se précipita vers lui. Le policier le visa mais n'eut pas le temps de tirer : Yamane lui avait planté deux doigts d'une main droit dans les yeux, et dans un horrible splash ! ses doigts s'enfoncèrent jusqu'au fond des orbites de l'homme. Son revolver tomba à terre, le coup partit, la balle ricocha sur la carrosserie du bus métallisé et alla s'enfoncer dans un sac de ciment. Tous les policiers avaient maintenant leurs revolvers braqués sur Yamane. Arrêtez ! hurla le capitaine Eda en se précipitant vers Yamane, mais au moment où ce dernier se retournait vers lui, deux policiers tirèrent, le visant aux jambes. Yamane s'écroula en se tenant la cuisse, entraînant deux lampes dans sa chute. Il attrapa le pied métallique de l'une d'elles, se mit à faire des moulinets en direction des policiers qui s'approchaient de lui avec précaution, accroupis. Yamane se tenait toujours la jambe et essayait de se relever. Ne tirez pas ! criait le capitaine Eda, mais sa voix était couverte par celle d'un cameraman debout sur le toit du bus qui hurlait : Abattez ce fou furieux ! Yamane grinçait des dents et tremblait de tous ses membres mais essayait toujours de se lever en prenant appui sur le pied de la lampe. L'un des policiers donna un coup de pied dedans, Yamane perdit l'équilibre mais, avant de tomber, il eut encore le temps de sautiller sur sa jambe valide pour se jeter sur le policier qu'il attrapa par son ceinturon. Avec un halètement qui se termina dans un cri, le policier balança la crosse de son revolver en plein sur le visage de Yamane, lui cassant le nez. Mais avant que le coup suivant ne parte, la paume de Yamane s'était abattue sur la jambe du policier et lui brisait le genou. Le policier s'effondra sur lui, l'immobilisant l'espace d'un bref instant. Visez les bras ! ordonna quelqu'un, trois policiers tirèrent aussitôt, une balle transperça le bras droit de Yamane. Les salauds ! murmura Hayashi, allongé par terre comme les autres. Yamane tentait toujours de se redresser, il s'agenouilla sur sa jambe gauche qui saignait abondamment, essaya de se lever en prenant appui sur sa jambe droite et son bras gauche. Un des éclairagistes braqua soudain tous les projecteurs qui restaient sur Yamane, qui essayait de soulever le bassin. Un des policiers lui assena un coup de matraque. Yamane ne réagit même pas. Haletant, les yeux écarquillés, le policier leva à nouveau sa matraque, visant la nuque, mais Yamane esquiva le coup, la matraque s'abattit sur son épaule avec un bruit sourd. Yamane, immobile, regardait fixement le policier qui, tremblant de peur, brandit à nouveau son arme et se mit à matraquer de toutes ses forces le visage de Yamane. C'est à ce moment-là que Kiku bondit. Comme le reste du hangar était plongé dans la pénombre, personne ne l'avait vu arriver, il déboula soudain à l'intérieur du cercle lumineux des projecteurs, attrapa le policier par le col et le fit basculer à terre. Un autre policier juste dans son dos frappa Kiku derrière l'oreille. Hayashi, Nakakura et deux autres prisonniers se jetèrent à leur tour dans la mêlée. Un policier tira vers le plafond. Kiku s'agrippa à ses jambes et le renversa à terre. Tous deux se mirent à lutter pour la possession du revolver. Au moment où Kiku, à cheval sur son adversaire, avait l'avantage, il vit soudain passer un autre canon de revolver juste sous ses yeux. Le coup partit. Du sang éclaboussa la figure de Kiku, tandis que le policier sous lui s'effondrait en arrière. Ebahi, Kiku leva les yeux et vit Nakakura devant lui, un revolver à la main. Avant qu'il ait eu le temps de se demander d'où sortait cette arme, il vit Nakakura la pointer sur la tempe d'un cameraman.

— Jetez vos armes, dit Nakakura aux policiers.

Le bus métallisé fonçait vers le port d'Uranohama à travers la tempête, Kiku et Hayashi à bord, Nakakura au volant. Le port d'Uranohama était l'escale initialement prévue ce soir-là pour le *Yuyomaru*, et Anémone devait y attendre Kiku. Deux kilomètres avant Uranohama, ils abandonnèrent le bus et terminèrent la route à pied. La pluie avait cessé. Dans le parking d'un hôtel proche des quais, sur le port d'Uranohama, la Land Rover rouge marquée DATURA les attendait. Kiku appela Anémone dans sa chambre d'hôtel, depuis une cabine voisine. Après de brèves présentations, Anémone prit le volant et ils repartirent. Au moment où les barrages de police finissaient d'être installés sur tous les axes routiers de la préfecture de Miyagi, la Land Rover roulait déjà vers le sud.

Le lendemain, tandis que des avis de recherche exhibant Kiku, Hayashi et Nakakura, dangereux criminels, étaient placardés dans tout le pays, et que tous les hôtels et auberges le long des routes principales du Kantō et du Tōhoku étaient systématiquement fouillés, les quatre compagnons, vêtus de costumes blancs, se trouvaient à bord d'un bateau Hatteras, au moteur de 260 chevaux. Ils avaient déjà passé l'île d'Oshima, refait le plein de carburant dans l'île de Hachijo, et sous le ciel bleu sans un nuage qui suit généralement le passage d'un typhon, faisaient route à pleine vitesse vers l'île de Karagi.

31

Mon agneau, ma sœur, mon navire, mon jardin,
Prunelles arrachées à mes yeux,
Je vous ai cherchées, sans vous je suis aveugle,
Un battement d'ailes de mouche nous a séparés,
Nous qui étions inséparables,
Les choses que je vois échappent à mes doigts,
Ce que touchent mes mains, je ne le vois pas.
Maintenant mes prunelles me surveillent
Du sommet d'une tour de garde,
Sa Majesté des Mouches est le seigneur de la tour,
Et cette tour est mon père que je n'ai jamais vu.

— Qu'en penses-tu, Niva ? demanda Hashi après avoir lu tout haut son poème.

Niva ne répondit pas, ne leva même pas la tête : elle était occupée à dessiner des vêtements. Des vêtements destinés non plus à Hashi, mais à l'enfant qu'elle portait. Qu'en penses-tu ? répéta Hashi en criant cette fois. Niva ne répondit pas. Hashi prit l'assiette pleine de pommes de terre au bacon posée sur la table et la lui jeta à la figure. Ecartant la tête, Niva esquiva l'assiette qui rasa ses cheveux et alla s'écraser sur le mur derrière elle, éclaboussant son chemisier blanc de pomme de terre et de lard.

Niva enleva calmement, un par un, les morceaux de nourriture collés à son chemisier et à son cou, les jeta dans un cendrier. Puis elle alla dans la chambre, essuya les taches avec un Kleenex, changea de chemisier, sortit d'un placard un sac marin tout neuf — elle l'avait acheté en prévision de leur voyage de noces en Alaska et au Canada —, y mit des vêtements, des sous-vêtements, une trousse à maquillage, quelques livres. Elle toucha son cou : il sentait encore le graillon. Elle se vaporisa de parfum, se peigna, mit autour de son cou une écharpe représentant un daim piétinant des moineaux. Soudain elle aperçut Hashi dans le miroir, qui la regardait. Elle sourit de le voir si médusé, mit le sac sur son épaule, passa devant lui sans un regard et sortit. Elle n'avait pas dit un mot pendant tout ce temps. Ce soir-là, elle ne rentra pas. Ni le lendemain, ni le jour d'après.

Hashi fut d'abord heureux de son départ. Au moins si elle n'était pas là, il n'aurait plus envie de la tuer, cela le libérerait de son obsession. Mais il ne tarda pas à se rendre compte que c'était le contraire : plus le temps passait, plus il se persuadait qu'il devrait la tuer dès son retour. Il ne voulait pas la tuer, pourtant. C'était la dernière chose au monde qu'il voulait. Mais il *devait* le faire et cela le terrifiait. La peur avait pris possession de lui, une peur dont toutes ses cellules portaient le souvenir intime, la peur, non de la faim ou de la mort, mais la peur du temps. D'un temps infiniment long durant lequel il avait eu faim et cru qu'il allait mourir. Les bébés ne comprennent pas ce qui leur arrive, ils ignorent quand cela va s'arrêter, mais le temps passé à avoir peur imprègne leurs cellules. Hashi avait passé treize heures dans ce casier de consigne, treize heures de plein été, treize heures d'aboiements de chiens, de cannes d'aveugle tapotant sur le sol, de bouteilles dégringolant dans les machines automatiques, de klaxons, de vieux papiers tourbillonnant dans le vent, de toux de vieillards, d'eau coulant au fond d'un seau, de crissements de freins au carrefour, d'une radio au loin, d'enfants plongeant dans une piscine, de frôlements de jupes, de rires de femmes, de ses propres sanglots, de bruits de bois, de plastique, de fer, de frôlements de peau douce de femmes, de langue râpeuse de chien, dans des odeurs de sang, de vomissures, de sueur, de médicament, de graillon, de parfums. Toutes ces sensations étaient reliées entre elles par la terreur instinctive qu'il avait ressentie alors. Il entendait la voix dont ses cellules de bébé avaient gardé le souvenir : Tu es inutile, personne ne veut de toi, personne n'a besoin de toi.

Mister D était sur le toit au-dessus de son bureau, en train de se faire triturer le dos par sa masseuse noire. La terrasse comprenait un court de tennis couvert de pelouse artificielle rose et un treillis couvert de glycines. Mister D était allongé à l'ombre des fleurs.

En sortant de l'ascenseur donnant sur la terrasse, Hashi, ébloui par la luminosité, mit ses lunettes de soleil, celles qu'il avait achetées dans l'intention de les envoyer à Kuwayama. Les buildings voisins surplombaient la terrasse. Le gratte-ciel de gauche, avec sa façade en vitres illuminée de soleil et les rares nuages flottant vers l'ouest se reflétant dedans, ressemblait à une énorme cascade. Les contours des nuages étaient brillants et orangés. Si je l'amenais sur cette terrasse, Kuwayama deviendrait aveugle aussitôt, se dit Hashi. Il s'installa lui aussi à l'ombre des fleurs. Quelques gouttes blanches de sueur perlaient à la surface de sa peau trop pâle. Cette brève exposition au soleil avait suffi, la peau commençait à lui cuire, pourtant un homme et une femme en maillot de bain jouaient au tennis en plein soleil, dans la chaleur torride.

— Eh, Hashi, tu sais que ton frère s'est évadé ? Il est en cavale. Chapeau !

Mister D lui montrait du doigt le journal posé à côté de lui. Hashi parcourut rapidement les gros titres : *Trois criminels en fuite, toujours pas de trace des fuyards, cinq policiers tués, un policier blessé au cours de la fusillade meurt à l'hôpital, des complices extérieurs ont-ils participé à l'évasion ? D'après les enquêteurs, l'opération était préparée.*

— Lis un peu plus bas : un des meurtriers en fuite

serait le frère du chanteur Hashi, dis donc, la vente de tes disques va peut-être grimper à nouveau grâce à ton frère.

— Pourquoi m'avez-vous fait venir ? demanda Hashi.

Mister D éclata de rire. Pourquoi je t'ai fait venir ? ! Imbécile ! Ça fait un mois qu'on repousse l'enregistrement, elles sont prêtes, ces chansons, ou pas ? Mister D était couvert de sueur. La Noire lui essuya le dos de ses longs doigts fins puis l'aspergea d'un peu de talc avant de commencer à le masser. Le talc sentait légèrement la menthe. Je n'ai pas encore fait la musique mais j'ai écrit les paroles, dit Hashi. Il tira un bout de papier de sa poche et commença à lire : « Mon agneau, ma sœur, mon navire, mon jardin, prunelles arrachées à mes yeux, je vous ai cherchées... » Arrête ça, coupa Mister D, c'est trop nul !

Hashi entendit un rire derrière lui et se retourna vers le couple qui échangeait des balles sur le court de tennis. La femme, les cheveux parfaitement lissés, avait une tête de plus que Hashi, ses seins pointaient sous un soutien-gorge fin en satin luisant. Pfff ! Prunelles arrachées à mes yeux, c'est tordant ! fit-elle. Elle avait une goutte de sueur dans le creux du nombril. Hashi sentit ses oreilles brûler de honte en entendant cette femme se moquer de lui. Il sentit qu'elle le regardait fixement et rougit encore plus. Il aurait voulu disparaître sous terre avec son chemisier en lamé à manches longues, son pantalon de velours gris et ses bottes en croco. L'homme en maillot de bain apporta un verre d'eau gazeuse à sa compagne.

— Hashi, tu sais que ton contrat arrive bientôt à terme ? Tu as envie de le renouveler ou pas ? Sans Niva, tu ne peux plus rien faire, fit Mister D tandis que la masseuse se mettait à quatre pattes sur son dos, levant bien haut ses fesses moulées dans un short.

La sueur coulant de l'intérieur de la cuisse noire tombait sur les reins de Mister D. Le gratte-ciel de droite barrait la terrasse d'une longue ombre oblique. Tout à coup, Hashi se demanda ce qu'il faisait sur ce toit, avec ce couple en maillot de bain, cette Noire et Mister D qui discutaient entre eux sans s'occuper de lui. La vue de la terrasse lui parut soudain insupportable. Ce carré se découpant entre des buildings, cette énorme tour de verre de l'autre côté, tout cela n'était-il pas un mirage dû à la chaleur ? Oui, c'était un mirage surgi de quelque part en lui, d'un tube sortant de son œil ou de son oreille et se gonflant dans l'air jusqu'à former ce carré de terrasse.

— Hashi, qu'est-ce qui te prend ? Je t'avais dit d'apporter une copie de ton contrat. Mais qu'est-ce que tu es venu faire ici, bon sang ?

Hashi étendit le bras, prit le verre d'eau gazeuse posé sur la table de jardin en céramique. De petites bulles transparentes venaient crever à la surface, il posa le verre contre sa joue : l'eau était déjà tiède. Il but une gorgée. Hé, c'est à moi, fit la voix de l'homme en maillot de bain. Mais Hashi continua à boire, il sentit couler cette eau tiède le long de son gosier puis jusqu'à son estomac vide, il avait l'impression qu'un liquide visqueux collait aux parois de son œsophage. C'était si désagréable qu'inconsciemment il posa la main sur sa gorge et laissa tomber le verre qui se brisa. Le sol de ciment desséché aspira aussitôt les bulles. L'homme et la femme en maillot de bain échangèrent un regard surpris. Je suis vraiment un embarras pour tout le monde, pensa Hashi et il se mit à marmonner des mots sans suite. Même si je suis là à ramper devant eux je ne suis quand même pas un mendiant en loques non je leur fais honte ils ne se gênent pas pour le dire sous mon nez et cette grande négresse là je suis sûr que ses aisselles puent la sueur je ne bois peut-être pas le petit doigt en l'air dans des endroits chics en faisant attention de ne pas faire de taches sur mes vêtements je ne vais peut-être pas au théâtre ni au musée ni au stade voir des matchs mais je ne vois pas où est le problème je ne vois pas pourquoi tout le monde me regarde comme si je dérangeais.

— Qu'est-ce qui t'arrive, mais qu'est-ce qui t'arrive ?

Mister D, une serviette autour des reins, venait enfin de remarquer que Hashi n'était pas dans son état normal et le secouait. Ah, Mister D, dites, est-ce que je sers à quelque chose ? Est-ce que je vous suis utile ? Reprends-toi, Hashi, cesse de dire des bêtises. Non, répondez, c'est important, je veux savoir, est-ce que je suis utile aux autres ? Est-ce que je les rends heureux ? C'est tout ce que je demande, je n'ai besoin de rien d'autre, je ne veux pas d'argent, quand je roule dans cette grosse voiture que Niva m'a achetée il y a six mois, tout le monde me regarde d'un air envieux, mais moi ça ne me rend pas heureux, pourquoi est-ce que personne n'est gentil avec moi ? Moi je fais tout ce que je peux pour rendre les gens heureux, hein, Mister D, mais tout le monde m'évite, Niva aussi est partie, Kiku n'est plus là, Kuwayama s'est transformé en insecte, Matsuyama, Tōru, ils m'ont tous tourné le dos, Kazuyo est morte, les sœurs de l'orphelinat me regardent d'un air attristé, je dérange tout le monde, personne ne m'aime, je voudrais qu'ils disent : On est heureux du fond du cœur quand on est près de toi, Hashi, c'est tout ce que je veux, je n'ai jamais rien cherché d'autre, pourtant tout le monde m'a abandonné, ils m'ont tous abandonné dans un immense immense immense casier de consigne.

Hashi avait mis les bras autour de la taille de Mister D et se serrait contre lui, la sueur de Mister D collait à sa peau sèche. Lâche-moi ! Ça me dégoûte que tu t'accroches à moi comme ça. Hashi se cramponna à lui en tremblant. Le regard de la femme en maillot de bain croisa celui de la masseuse : Il y en a qui ne tournent vraiment pas rond !

— Je te dis de me lâcher, tu es sourd ? fit Mister D en repoussant violemment Hashi.

Hashi tituba en plein soleil, un flacon de somnifères roula de sa poche, il se jeta à sa poursuite, le rattrapa juste au bord du toit, ôta le couvercle. Sa vision se déformait, il avait l'impression que l'immeuble de treize étages en haut duquel il se trouvait allait s'écrouler d'un instant à l'autre. Il voulait rentrer, rentrer il ne savait pas où, mais rentrer. Il posa trois pilules sur sa paume, à l'instant où il les écrasait entre ses dents, une nausée lui souleva le cœur. Il vomit une bile jaunâtre sur le ciment brûlant, conscient des regards de Mister D, de la masseuse et du couple en maillot de bain fixés sur lui. La masseuse se dirigea vers l'ascenseur, balançant ses fesses fermes moulées dans son short. Le couple disparut dans l'ombre, il ne les voyait plus. Il entendit la voix de Mister D dire : Il est complètement cinglé ! Je ne suis pas cinglé, pensa Hashi en mâchant ses pilules, je ne suis pas cinglé, juste triste que tout le monde me déteste.

C'étaient les vacances d'été, les rues étaient pleines de monde. L'air sentait l'asphalte fondu, et Hashi marchait avec la sensation qu'un long ruban tiède et visqueux se déroulait sous ses pas. Comme si tous les passants tissaient ensemble un énorme cocon blanc entre les murs de verre, de béton et de métal, traînant des fils gluants à l'arrière de leurs semelles.

Oui, cette ville était une énorme chrysalide argentée, un papillon géant allait s'en envoler un jour ou l'autre, puis son ventre exploserait et il en pleuvrait des millions de mouches à visage humain qui recouvriraient tous les buildings. Il entendait déjà le bruissement de leurs ailes. Pourquoi ai-je fait autant d'efforts pour que tout le monde m'aime ? Pourquoi suis-je incapable de vivre sans une présence amicale à mes côtés ? Depuis mon abandon j'ai toujours été à la recherche de quelque chose, j'avais faim de quelque chose, était-ce vraiment ce son que je cherchais ? Je n'ai rien trouvé, rien, rien n'a changé, je suis toujours au fond de cette consigne, enfermé dans une boîte, la peau rongée d'eczéma, mais cette fois je n'attendrai pas qu'un chien d'aveugle sente mon odeur et se mette à aboyer.

Hashi marchait sous un pont de chemin de fer peint en rouge. Un train passa au-dessus de sa tête. Le pont, d'où s'élevait une vapeur blanche, semblait haleter. Chaque fois que Hashi aspirait une goulée d'air brûlant, il lui semblait qu'une membrane gluante lui recouvrait le gosier. La tête des gens qui marchaient devant lui tremblotait, la rue tout entière basculait, ressemblait à un épais liquide en ébullition. Il arriva devant un parc où s'alignaient différents spécimens de plantes tropicales. Il s'assit au bout d'un banc, un mendiant assis en tailleur à l'autre bout lui réclama une cigarette. Il avait un œil injecté de sang, des miettes de pain parsemaient sa barbe, une bouteille de lait répandant une forte odeur de saké pendait au bout d'une ficelle à sa ceinture. Il portait des gants en laine malgré la chaleur. Hashi posa un billet de dix mille yen sur une de ses mains gantées. Puis il se pencha pour lui chuchoter à l'oreille : Si tu me suces, et que tu me laisses te donner un coup de brique sur la tête après, je te donne un autre billet.

Le mendiant, les yeux baissés, hocha la tête, un large sourire sur la figure. D'accord, d'accord, mais tu me paies une glace avant. Un peu plus tard, tout en léchant un esquimau vert, il fit signe à Hashi de le suivre, d'un geste du menton, et l'entraîna dans une ruelle tortueuse de l'autre côté du parc, qui donnait dans une rue où se succédaient de petits bars et des night-clubs, tous fermés. Des deux côtés s'empilaient des tas d'ordures, un bidon d'essence plein de têtes de poisson aux yeux énucléés, des bouteilles d'alcool renversées d'où s'échappait un fond innommable de liquide brunâtre. Le mendiant se glissa dans une petite impasse entre deux bars qui se terminait par des toilettes publiques. Rigolard, le mendiant montra du doigt à Hashi des jambes de femme visibles sous la porte en bois cassée. Une femme en slip couleur chair sortit de la cabine, elle les regarda avec curiosité puis disparut de l'autre côté de la ruelle. Hashi et le mendiant entrèrent à leur tour dans les toilettes. Attends un peu, dit Hashi, il faut que je trouve une brique. Il s'apprêtait à ressortir quand le mendiant l'attrapa par les cheveux. Comment ça, une brique, espèce de tordu ! Tu me répugnes, ordure ! Il le secouait par les cheveux. Répète après moi : je suis une ordure, allez, répète-le dix fois, confesse-toi, confesse-toi devant moi de tes péchés. Même les chiens et les porcs méprisent les types de ton espèce, tu le sais, ça ? Hashi commençait à avoir peur, se rendant compte que ce mendiant barbu n'était pas du tout comme le premier, celui qui était une réincarnation de chien, celui-ci n'était pas fait avec de l'air, il était en chair et en os. La punition du ciel va s'abattre sur toi ! Ceux qui comme moi n'ont plus rien à perdre seront sauvés, mais les pervers de ton espèce se réincarneront en rats, ordure, sale pédé ! Hashi essaya de sortir des toilettes. Aussitôt le mendiant lui bourra le ventre de coups de poing. Hashi s'effondra contre le mur de planches. Il sentit le mendiant fouiller ses poches pour lui prendre son portefeuille, puis lui enlever ses chaussures. Ça t'apprendra, ordure, infâme voyou, tu peux me remercier de te punir, tu finiras en enfer, mais je prierai le ciel pour qu'on t'arrache seulement la langue et que tu sois pardonné, alors prie, verse ton propre sang et prie, prie pour que la source du mal soit séparée de ton corps !

C'était la première fois de sa vie que Hashi prenait une raclée. Il n'avait jamais frappé personne jusque-là et personne ne l'avait jamais frappé. Le mendiant partit en comptant les billets de dix mille yen qu'il lui avait volés, et se retourna une dernière fois pour hurler : Prie, tu entends !

Cet homme doit souffrir plus que je ne peux l'imaginer, se dit Hashi. En fait, qui sait, c'est peut-être mon père ? Peut-être essayait-il de m'enseigner quelque chose d'important ? Oui, c'est ça, il essayait de me dire que si on ne supporte pas seul les souffrances les plus extrêmes, on ne peut vaincre la peur. C'est vrai, jamais je n'ai fait face seul à mes angoisses, j'ai toujours cherché l'aide de quelqu'un, le chien d'aveugle qui m'a trouvé dans la consigne, les bonnes sœurs à l'orphelinat, mes parents adoptifs, Kiku, voilà pourquoi je me suis toujours efforcé que tout le monde m'aime, je voulais plaire même aux étrangers pour qu'ils puissent me secourir en cas de besoin, mais vient un moment où il faut lutter seul, les gens qui m'ont protégé jusqu'à maintenant se sont éloignés les uns après les autres, il faut que je devienne fort, devenir fort veut dire éloigner de moi les gens qui m'aiment, je dois supporter la souffrance, la plus terrible souffrance, oui, c'est ça, pour devenir fort je dois tuer Niva.

Ce soir-là, Niva revint, après une absence de quatre jours. Elle s'excusa auprès de Hashi d'être partie sur un coup de tête. Hashi savait qu'il aurait besoin de tout son courage pour remplir sa terrible tâche. Les voix intérieures qui lui parlaient, ses bourdonnements d'oreille, le bruit du sang coulant dans ses veines, le battement de son pouls, le reflet fantôme d'un autre lui-même dans les miroirs ou les vitres, tous devaient devenir ses alliés. Hashi s'enferma dans la petite pièce tapissée de caoutchouc, aux fenêtres à double vitrage, qu'il s'était fait construire pour se concentrer sur la recherche du *son*. Des haut-parleurs étaient insérés dans le caoutchouc des murs, et la chambre était parfaitement insonorisée de façon qu'aucun bruit parasite ne puisse y pénétrer. Hashi entra et s'assit comme toujours par terre au milieu de la pièce mais cette fois, contrairement à d'habitude, ce n'était pas pour écouter différentes sortes de sons et chercher le *son* primordial, cette fois il voulait entendre uniquement ses propres hallucinations auditives. Il faut que je tue Niva et j'ai peur, donne-moi le courage de surmonter cette peur et cette souffrance. Il fermait les yeux dans le noir. Il sentit les ténèbres s'agrandir autour de lui : l'épais rideau de velours noir, baissé derrière ses paupières, s'éloignait peu à peu de lui, jusqu'aux extrêmes limites de l'obscurité. Alors de petits points gris commencèrent à apparaître, puis ces points se rassemblèrent en longues bandes étroites comme des cicatrices, qui se colorèrent peu à peu, d'autres points apparurent, mais pas comme une foule qui se rassemble sur une place, ni comme des cellules qui se divisent : sous l'impulsion d'un point qui changeait de couleur, s'allumait une série d'ampoules jusque-là invisibles dans le noir. Il lui semblait regarder un film de feu d'artifice au ralenti. Les points devinrent graduellement plus denses, jusqu'à ressembler à un champ de tomates illuminé, s'agrandirent comme des bactéries sur une plaque de microscope, plus brillants encore que la poudre que laissent sur les doigts les ailes de papillons de nuit, ondulant tels les muscles du thorax d'un chat disséqué, évoquant une terne poussière d'or endormie dans le lit d'une rivière et bouillonnant soudain à la surface d'un torrent de lave. Juste avant l'éruption finale, les points formaient une énorme masse. Et chaque individu de cette immense foule étincelait de rage. Tous brandissaient des torches et les agitaient en hurlant de rage. Tout se passe exactement comme d'habitude, se dit Hashi. Ensuite cette masse de lumières clignotantes se transformait en océan scintillant sous un soleil au zénith. Une seule chose différait de d'habitude : il n'y avait pas un bruit. Il entendait seulement un sifflement continu de locomotive dans ses oreilles. Un énorme jet passa au-dessus de cette mer scintillante. En une seconde, l'ombre de l'avion survola la mer puis une falaise d'où Hashi tombait juste à ce moment-là. Il flotta un bref instant à la surface puis sombra dans la mer. L'eau était tiède et visqueuse, et plus il s'approchait du fond, plus elle devenait rouge. Il se prit les pieds dans des algues. Une algue en forme de doigts humains le retint prisonnier sur un rocher pointu au fond de la mer.

Soudain il frissonna violemment et rouvrit les yeux. Il avait entendu un son : le son de son propre sang dans les veines de son bras. Un léger clapotis de vagues, à intervalles réguliers. Il tendit l'oreille. Le *son !* murmura-t-il. Enfin le son s'était manifesté pour l'aider à tuer Niva ! Et ce son qui allait lui donner le courage nécessaire, il le comprenait enfin, était celui de ses propres battements de cœur.

Hashi se précipita hors de la petite chambre, cherchant Niva dans tout l'appartement. Ses vêtements étaient par terre dans la salle de bains. Elle était là, sous la douche ! Hashi courut chercher un couteau dans la cuisine, quand il eut le manche entre les mains, son cœur se mit à battre la chamade, une mélodie joyeuse qui se mua en un frisson d'extase quand il fut de retour dans la salle de bains. Il y flottait une drôle d'odeur, une odeur de corne brûlée. A travers la cloison transparente donnant sur la baignoire, il voyait la silhouette de Niva, son ventre gonflé. Il s'agenouilla devant la porte, plein de reconnaissance pour ses battements de cœur. Le son résonnait en lui comme un tremblement de terre, faisant vaciller le sol, la pièce, l'immeuble tout entier. Il ouvrit la porte. Niva était couverte d'un fin rideau de gouttes d'eau. A l'instant où il brandit le couteau, il se demanda : à qui appartenaient ces battements de cœur qu'on nous faisait écouter à l'hôpital psychiatrique ? Cette pensée n'arrêta pas son geste. Son bras visa le ventre gonflé de Niva, qui le regardait avec de grands yeux incrédules, sous l'eau qui continuait à couler. A l'instant même où le bras fin de Hashi s'abattit, les battements de cœur qui tonnaient autour de lui cessèrent brusquement. Surpris, sa joie se mua un instant en terreur. Il voulut arrêter son geste, mais il était trop tard. Le couteau était enfoncé jusqu'au manche dans le ventre de Niva.

32

Enfin, me voici au royaume des crocodiles, songeait Anémone. Cela faisait à peine quelques heures qu'ils étaient sur ce bateau, un bref instant passé sur le pont avait suffi à lui cuire la peau comme celle d'un lapin à la broche.

Anémone portait à l'annulaire gauche un anneau de corail que Kiku lui avait acheté à Ogasawara. Sur l'île principale, il y avait une petite église abandonnée, datant de l'époque de l'occupation américaine, et c'est là qu'ils s'étaient mariés, Nakakura officiant à la place du prêtre. Ensuite ils avaient nagé tous les quatre dans l'eau paisible d'un lagon. C'était la première fois qu'ils nageaient depuis le début de leur fuite. Nakakura, qui avait renfloué des bateaux autrefois et maîtrisait les techniques de plongée, leur donna quelques leçons. Une table de corail émergeait à la surface de l'eau, c'est là qu'ils s'entraînèrent, s'en servant comme d'un plongeoir. Soudain Hayashi poussa un cri et se jeta à la poursuite de quelque chose à une vitesse incroyable, sous le regard ébahi de ses trois compagnons. La créature ovale qu'il poursuivait chercha aussitôt à se réfugier dans les profondeurs : c'était une tortue à la carapace magnifique. Hayashi, se servant habilement de ses palmes, l'avait presque rattrapée quand elle changea brusquement de direction. Ce manège se reproduisit plusieurs fois, et Hayashi, haletant, utilisa un dernier stratagème : il laissa la tortue prendre un peu de distance, plongea à une dizaine de mètres en dessous d'elle, puis remonta à toute vitesse en biais et posa la main sur sa carapace à l'instant où la tortue, sentant quelque chose arriver, allait changer de direction. Il continua à remonter avec sa prise, à une telle vitesse qu'il fut propulsé hors de l'eau jusqu'à hauteur des genoux, et il jeta la tortue sur le sable.

Anémone proposa de la manger. Une de ses amies lui avait expliqué autrefois comment faire cuire une tortue. Allez, Kiku, allume un feu, tu mets le feu à des algues sèches et tu fais brûler dessus des morceaux de bois mort. Après il faut prendre une braise et tu la frottes sur le ventre de la tortue. Quand le feu fut prêt, Anémone retourna la tortue et appliqua un morceau de bois rougeoyant sur son ventre, debout dans le sable, des gouttes de sueur coulant de son nez. La tortue pédalait lentement dans le vide, tendant la tête de toutes ses forces comme si elle voulait laisser là son corps calciné et s'enfuir. Une odeur de corne brûlée commença à se répandre tandis que la tortue laissait échapper de petits couinements. Je trouve ça cruel, moi, marmonna Nakakura. Hayashi hocha la tête en déglutissant. Qu'est-ce que vous avez ? cria Anémone en relevant la tête. Au royaume des crocodiles, c'est la loi de la jungle, ceux qui se laissent prendre sont cuits et dévorés, bande d'idiots. Le ventre avait commencé à blanchir sous l'effet de la cuisson mais la tortue était toujours vivante, elle ouvrait et fermait la bouche, laissant échapper de petits cris. Anémone la tendit à Kiku en lui disant d'enlever la carapace. Dépêche-toi, Kiku, quand ça refroidit ça colle et on ne peut plus l'enlever. Kiku frappa sur l'épaule de Nakakura : Fais-le, toi. Nakakura regarda Hayashi : C'est pas plutôt à celui qui l'a attrapée de le faire ? Ah non, désolé, fit Hayashi, je n'ai jamais fait de mal à une mouche, je veux dire, à part ce barbier de malheur pendant le cambriolage, mais c'était la première et dernière fois de ma vie.

Anémone jeta un regard noir aux trois hommes, puis poussa un cri : la tortue était en train de courir sur le sable aussi vite qu'elle pouvait en direction de la mer. Le soleil se reflétait sur sa carapace qui à chaque mouvement jetait des rayons aveuglants. Tous quatre se lancèrent à sa poursuite. Au moment où Hayashi allait mettre la main sur elle, la tortue entra dans la mer et on entendit le petit « pshhttt » de l'eau sur l'écaille brûlante. Surpris, Hayashi retira sa main et la tortue, revigorée par la fraîcheur des vagues, repartit lentement vers le large. Personne n'essaya de la rattraper. Elle nous a donné une sacrée leçon, hein, fit Hayashi : il ne faut jamais abandonner, même avec le ventre à moitié rôti. Tous les autres hochèrent la tête en silence.

Kiku et Anémone regardaient l'énorme disque solaire sombrer lentement dans la mer. Une frange verte de cocotiers et de palétuviers se découpait nettement sur le fond violemment orangé. La couleur de l'écume changeait d'instant en instant, tandis que les contours de Kiku et d'Anémone, allongés sur le sable, s'assombrissaient de plus en plus. Le crépuscule d'été subtropical pénétrait sous leur peau brûlée par le soleil comme des cristaux de glace, la fraîcheur gagnait au fur et à mesure que le soleil sombrait derrière l'horizon. Anémone mit sa langue dans l'oreille de Kiku, elle avait un goût salé, des grains de sable roulèrent sous sa langue. Plus de grillage rouillé entre nous, pensa Anémone. Soufflant doucement dans son oreille, elle murmura : Voilà le royaume des crocodiles, juste sous ma langue. Il y fait si chaud que tout se met à fondre comme de la glace, et regarde, les murs du décor sont redevenus tout blancs. Qu'est-ce que tu racontes ? Je n'y comprends rien, fit Kiku en riant. Il enleva doucement un lambeau de peau sur la cuisse d'Anémone qui pelait. Dessous, un nouveau morceau de peau rose vif humide reflétait les rayons de lune et le plancton luminescent.

Dès l'aube, le bateau à moteur fendit la surface de la mer, l'avant bondissant sur les vagues. Anémone était debout sur le pont, goûtant la fraîcheur de l'air du royaume des crocodiles, elle pointa un doigt vers l'horizon où apparaissaient des points noirs : les îles Iwo. En approchant, ils commencèrent à distinguer des roches crachant de la fumée aux alentours de l'île principale : des volcans souterrains en éruption. Les fissures des roches crachaient des fumerolles de soufre, qui flottaient au ras de la mer en se mêlant à la brume de chaleur matinale. Il fallait ralentir le plus possible pour passer entre ces îlots sulfureux, car des récifs affleuraient partout. Kiku, penché par-dessus l'avant du bateau, guidait ses compagnons. L'odeur du soufre les enveloppait. Les vapeurs s'élevaient de fentes dans les rochers et sous la mer. De grosses bulles montaient à la surface de la mer sans vagues, formant des dômes emplis d'air qui enflaient encore avant de crever avec un sinistre gargouillis. Le soleil en se levant vint iriser les gaz tièdes mêlés de brume. Les fumées qui recevaient directement les rayons étaient jaunes, celles qui se trouvaient encore dans l'ombre étaient rouge sombre, les parties à contre-jour d'un blanc laiteux. Les gaz flottaient bas, formant un voile qui emprisonnait la chaleur.

Le bateau progressait précautionneusement, avec une extrême lenteur, pour éviter les récifs. Anémone, debout devant les hommes, avait supporté vaillamment l'odeur d'œuf pourri mais bientôt, n'en pouvant plus, elle alla se réfugier dans la cabine. Une fumée jaune s'étendant à perte de vue cachait le soleil. Kiku, qui n'arrivait plus à ouvrir les yeux, mit son masque de plongée. La gorge lui piquait. Hayashi lui apporta un tuba et un détendeur, ce qui lui permit de mieux respirer. L'air brûlant et lourd collait à la peau, le soleil accentuait encore la fournaise. Ils avaient l'impression de se mouvoir dans une boue brûlante.

Soudain, un bruit mat parvint du fond du bateau. Une onde de choc fit trembler leurs pieds. Nakakura pâlit et arrêta le moteur. Kiku, qu'est-ce que tu fais ? cria-t-il. Si on a touché un récif, on va tous crever ici ! Hayashi, armé d'un filin et d'un crochet, inspectait la mer aux alentours du bateau. Ce n'est pas un récif, cria-t-il. Il n'y a pas de récifs à cet endroit, dit Kiku. Le bateau tangua lentement, recula. Maintenant que le bruit du moteur s'était éteint, seuls les environnaient le gargouillement sinistre des bulles de gaz sulfureux montant des profondeurs pour crever à la surface, les éclaboussures d'écume rejaillissant à la surface de l'eau, et le sifflement des gaz contre les roches.

— Regardez ! cria soudain Hayashi.

Un énorme poisson au ventre argenté flottait à la surface, sur la droite du bateau. Un barracuda. Peut-être s'était-il égaré en dormant dans cette mer de soufre. Il respirait encore. La queue tressaillit quand Hayashi piqua de son crochet le ventre blanc enflé. Des dents acérées étaient visibles à l'intérieur de sa bouche. Remets le moteur en marche, ne t'inquiète pas, c'était un barracuda ! L'hélice se mit à tourner, le bateau vira légèrement sur la droite. Le poisson argenté fut soudain happé par l'hélice. On put entendre le bruit du métal tranchant découpant la chair et les os. Des morceaux de poisson étaient éjectés à la surface jaune de la mer, l'odeur douceâtre de sang se mêla à celle du soufre, tandis que le bateau laissait dans son sillage de gros morceaux de chair rouge brillante.

L'atoll de Miruri, une quarantaine d'îles minuscules éparpillées sur deux kilomètres environ, appartenait à un Américain d'origine japonaise qui avait monté une compagnie d'aviation reliant les îles d'Asie du Sud-Est, avant de prendre sa retraite ici. Il avait construit une petite centrale électrique et une station d'épuration des eaux sur cet atoll autrefois désert.

Le bateau de Kiku et ses compagnons devait faire escale à Miruri pour refaire le plein de carburant. Ils s'engagèrent dans un étroit réseau de bras de mer entre des îles minuscules et désertes. Grâce au vent du sud soufflant entre Iwo et Karagi, et aux pluies abondantes, les îles étaient couvertes de bananiers, de cocotiers et de palétuviers. Il n'existait pas de plan détaillé de l'atoll de Miruri car aucune ligne de transport maritime ne passait par là. En traversant ce réseau complexe de petits canaux entre des algues denses, ils furent pris par l'illusion de traverser un marais ou un fleuve tropical : l'horizon était bouché à perte de vue par de petites îles aux formes diverses, la surface de l'eau couverte d'algues visqueuses était verdâtre. Ils avaient utilisé plus de carburant que prévu à force de ralentir et d'accélérer pour passer entre les récifs d'Iwo, et dans l'ignorance de ce qui les attendait à Karagi, il valait mieux essayer de faire le plein à Miruri, décida Kiku. Le propriétaire de l'atoll, avait-il entendu dire, possédait une petite flotte personnelle : une dizaine de bateaux à moteur incluant un hydroglisseur, un bateau à fond de verre et même un petit sous-marin. Il y avait sûrement du carburant stocké quelque part. La question était de savoir si on voudrait bien leur en vendre ou pas. Seule Anémone, loin de tous ces soucis, contemplait avec ravissement le royaume des crocodiles, dont les palmiers s'étendaient autour d'elle.

Pendant qu'ils traversaient les îles Iwo, un avion de patrouille des forces d'autodéfense les avait survolés un moment et leur avait demandé par radio leur destination. Karagi. But de votre visite ? Tourisme. Faites marche arrière. L'île de Karagi ne dispose plus d'aucune infrastructure touristique, il est interdit de se baigner partout, ce n'est pas un endroit touristique, rebroussez chemin immédiatement. Ignorant les avertissements, Kiku avait continué sa route, et l'avion avait finalement fait demi-tour. Nakakura et Hayashi avaient échangé un regard anxieux : ça sent le roussi. Depuis, ils étaient inquiets.

Au centre de l'atoll, au cœur des canaux compliqués entre les îles, ils aperçurent une jetée sur une plage au bord d'un petit lagon. Au-delà de cette impressionnante construction en béton soutenue par des armatures de fer, on apercevait une baraque en bois, puis le ruban asphalté d'une route qui se perdait dans une trouée de la végétation tropicale. Ils s'approchèrent de la plage, aperçurent un canoë fendu en deux par une tempête et abandonné sur le sable. Kiku fourra du riz et des vitamines dans son sac dans l'intention de s'en servir comme monnaie d'échange contre du carburant. Anémone s'aspergea de lotion antimoustiques, et ils débarquèrent sur l'île.

La baraque en bois était déserte. Il n'y avait que des skis nautiques, des boîtes vides en fer-blanc, du matériel de plongée, des filets de pêche, des cordes, le tout rouillé et plein de trous. Seul signe de vie : un nid de crabes dans un coin du sol humide. Kiku sentit un parfum nostalgique émaner de ces lieux : une odeur de terre fissurée, séchée au soleil, où fondaient du bois et des métaux rouillés, une odeur de moisissure s'étalant sur le béton ombreux.

Ils s'engagèrent sur la route bordée de troncs de manguiers et d'ananas coupés ras. L'asphalte collait à leurs semelles. La route menait au sommet d'une petite hauteur surplombant l'île. L'île, ovale, devait faire deux kilomètres sur trois environ. Ils distinguèrent quelques constructions çà et là dans des clairières. Un héliport, un grand hangar gris, une petite centrale électrique, une petite raffinerie, une maison au toit de palmes avec une terrasse, un terrain de volley-ball, mais pas âme qui vive et pas un son, hormis le bruit des vagues et les cris d'oiseaux dans la jungle. Ils redescendirent pour inspecter les lieux.

— C'est une île abandonnée, murmura Anémone.

Hé, venez voir ! appela Nakakura qui scrutait l'intérieur du hangar par un carreau cassé. Il leur montrait du doigt deux hélicoptères couverts de poussière. Ils entrèrent par la fenêtre cassée. Et regardez au-dessus, fit-il en levant la tête vers le plafond couvert de milliers de chauves-souris, suspendues en grappes dans la semi-obscurité. Une porte s'ouvrit derrière eux. Tous quatre sursautèrent et se retournèrent. Nakakura mit la main sur le revolver à sa ceinture. La porte de la maison de palmes était ouverte. Le vent la referma, la rouvrit. Une chèvre noire apparut sur la terrasse, bondissant bruyamment sur les planches disjointes. Après avoir poussé quelques bêlements, elle sauta de la terrasse dans le jardin et se mit à brouter l'herbe rase. Tu nous as fait une belle peur, fit Nakakura en rangeant son pistolet. Au même moment, Anémone poussa un cri en regardant la fenêtre de la maison : un visage était collé à la vitre. Un vieillard, qui les observait en riant, leur fit signe d'entrer.

Il les fit asseoir dans la pièce, près d'un énorme aquarium où évoluaient des poissons tropicaux, et leur servit un café très fort. Il y avait des meubles en rotin, des étagères emplies de collections de coquillages, de dents de requin, deux perroquets, un vieux phonographe à manivelle. Il fait chaud, hein ? fit le vieillard. Tous quatre se regardèrent, secouèrent la tête. Le vent soufflant de la terrasse les rafraîchissait, et ils étaient enfin à l'ombre. Le vieillard portait un pantalon déchiré à hauteur des genoux et une chemise de lin blanc. Le café était non seulement fort mais aussi terriblement sucré.

Kiku expliqua à leur hôte qu'ils avaient besoin de carburant pour continuer leur route. Ils pouvaient le payer ou l'échanger contre du riz, des vitamines. Il y a une autre jetée pour amarrer les bateaux sur la rive opposée, leur expliqua le vieillard, vous y trouverez une citerne souterraine avec tout le carburant que vous voulez. Servez-vous, je n'ai pas besoin d'argent, pas besoin de me dire merci non plus. A propos, où allez-vous ? A Karagi, répondit Nakakura. Ah, fit le vieillard en regardant le pistolet passé dans la ceinture de Nakakura. Il y avait plusieurs albums de photos posés sur la table en rotin. Le vieillard en ouvrit un, montra à Anémone une photo de lui aux commandes d'un petit jet. C'est moi qui pilotais tous les avions transportant les candidats de l'Assemblée nationale de Malaisie lors des campagnes électorales, expliqua-t-il fièrement. Excusez-nous, on est un peu pressés, fit Anémone en se levant. Merci pour le café, il avait un arôme merveilleux, j'adore les espressos serrés comme ça. Le vieillard referma son album d'un air de regret et les accompagna avec la chèvre jusqu'à mi-chemin. Tandis qu'ils marchaient le long d'une forêt de manguiers dont les fruits trop mûrs pourrissaient par terre, le vieillard désigna du doigt le pistolet à la ceinture de Nakakura et demanda : Vous allez tuer qui avec ça ? Tous les méchants, répondit Nakakura en pointant un doigt vers le soleil. Le vieillard éclata de rire. Vous êtes mes premiers visiteurs depuis que je vis seul ici. Arrêtez-vous à nouveau au retour de Karagi ! fit-il en caressant le pelage noir de sa chèvre.

— C'est embêtant de vivre seul comme ça, si vous tombiez malade, que feriez-vous ? demanda Hayashi.

— J'ai été mordu par une murène une fois, la blessure s'est infectée, j'avais la jambe grosse comme un baril et je n'avais plus de pénicilline, je me disais que j'allais devoir me couper la jambe, ça ne m'effrayait pas tellement mais je me demandais comment je ferais pour me la couper tout seul, je me suis dit, le mieux ce serait une guillotine, j'avais déjà la lame : un grand sabre que j'utilisais pour couper de la tourbe, je l'ai aiguisé un peu, j'ai fabriqué un cadre en bois avec un système pour lever et abaisser la lame avec une ficelle, il me restait même du bois, alors je me suis fait des béquilles et un petit cercueil pour ma jambe coupée, le plus dur ça a été de creuser la rainure où la lame devait tomber : si elle était trop étroite, ça ne glisserait pas assez, et trop large, la lame tremblerait et l'angle ne serait pas stable, ça me découperait la jambe en zigzag, bref j'avais décidé d'opérer un dimanche, mais comme il pleuvait j'ai retardé d'une journée, j'avais préparé des pansements, des médicaments antihémorragiques, des désinfectants, tout, je me suis attaché la jambe sous la lame, elle était toute noire et enflée, elle était devenue à peu près insensible, comme une espèce de bâton, alors je n'avais pas de regret, c'était ma jambe droite, et le plus pénible c'était de garder la jambe gauche pliée pendant tout le temps de l'opération.

— Pourtant vous avez toujours votre jambe droite ? fit remarquer Nakakura.

— Ouais, je me suis raté, la lame s'est arrêtée à l'os, pourtant je l'avais bien aiguisée mais c'est coriace, un tibia, vous ne pouvez pas savoir à quel point c'est coriace.

— Vous avez dû avoir très mal, dit Anémone.

— Non, au contraire, ça a fait gicler tout le pus, j'ai eu un mal de chien à éviter que ça me gicle dans les yeux, je ne voulais pas me retrouver aveugle, il vaut mieux être boiteux qu'aveugle, je vous le garantis.

— Pourquoi ça ?

— Parce que je conduis des avions, une jambe en moins ce n'est pas grave mais sans les yeux vous ne pouvez plus piloter.

Un serpent à raies jaunes et noires traversa la route devant eux. Le vieillard leur montra la cicatrice de sa jambe puis demanda à Nakakura de le laisser tirer avec son revolver juste une fois pour voir. Nakakura accepta, le vieux tira au hasard en direction de la jungle, faisant s'envoler une nuée d'oiseaux. Revenez me voir, hein, répéta plusieurs fois le vieux en les regardant s'en aller. Kiku leva la tête du bateau avant de démarrer et lui demanda :

— Vos hélicoptères, ils peuvent encore voler ?

Le vieux hocha la tête.

— Deux heures de réparation, et ils seront capables d'aller n'importe où.

Le groupe d'oiseaux qui s'était envolé au moment du coup de feu tournoyait encore au-dessus de la forêt quand ils partirent. Leurs ombres se reflétaient à la surface de la mer verdie par les algues. Le chèvre noire bêlait en agitant la queue pour chasser un taon.

L'île de Karagi avait la forme d'une chaussure de femme. Pendant qu'ils vérifiaient leur équipement de plongée, un orage éclata. Peu après, le bateau commença à faire un bruit bizarre. Hayashi qui tenait la barre coupa le moteur. Lui et Kiku se glissèrent dans la soute, vérifièrent la pression de l'huile, le système de refroidissement, le carburateur. Cela sentait le brûlé. En fait, des algues bloquaient l'arrivée d'air du système de refroidissement. Le filtre était troué et des algues avaient dû entrer à l'intérieur pendant la traversée de Miruri. Il fallait remettre la pression, et nettoyer le tuyau à l'eau de mer. Il faisait une chaleur étouffante dans la salle du moteur, la sueur dégoulinait sur leurs torses brûlés par le soleil.

Tout en enlevant le filtre hors d'usage, Nakakura demanda à Kiku ce qu'il comptait faire une fois qu'il aurait trouvé le fameux datura. Tu veux vraiment le déverser sur Tōkyō ? Kiku avait introduit une brosse en métal dans le tuyau et frottait l'intérieur. Tu ne veux pas en garder un peu pour Chiba ? demanda Nakakura tout en glissant les petits boulons dans sa poche de poitrine avant de changer le filtre défectueux. S'il te plaît.

— C'est là que ta mère habite ? demanda Kiku en riant.

Nakakura hocha la tête. Une purée d'algues mêlée de mazout coulait sur la poitrine en sueur de Kiku. La brosse métallique ressortit, des débris d'algues entortillés dessus.

— Et Hayashi, pourquoi il est venu avec nous ? Il a de la famille, lui, non ?

Kiku ouvrit la bonde au sol pour jeter les morceaux d'algues à la mer. Les algues visqueuses étaient couvertes d'un minuscule duvet qui lui chatouillait les doigts.

— Il n'avait nulle part où aller, répondit Kiku.

— Comme nous, fit Nakakura. Où qu'on aille, on est sûr de se faire pincer un jour, non ? Le seul endroit vraiment sûr c'est le fond de la mer !

Il avait une algue collée sur le front. Kiku tendit la main pour l'enlever.

— Moi, je ne me ferai pas prendre, dit Kiku en remettant le couvercle du tube nettoyé.

— Et si on ne trouve pas de datura, qu'est-ce que tu vas faire ?

— J'irai en chercher au îles Mariannes ou aux Marshall, répondit Kiku en tapotant le gros moteur du Hatteras.

Juste à ce moment-là, un vrombissement d'avion les fit remonter en courant sur le pont. C'était l'appareil des forces d'autodéfense. Ne vous approchez pas de l'île Karagi, répéta la radio. Nous avons eu une avarie et sommes en train de réparer, répondit Kiku. Dès que vous aurez terminé, faites demi-tour vers Ogasawara, O.K. ? Kiku acquiesça. L'appareil tournoya un moment au-dessus de leurs têtes puis s'éloigna. Dès qu'il eut disparu, Kiku remit le moteur en marche. Anémone faisait la sieste dans la cabine. Nakakura vérifiait une nouvelle fois la pression des bouteilles d'air comprimé, Hayashi étudiait la carte. Le soleil commençait à décliner quand ils arrivèrent en vue de Karagi.

33

Si Karagi était une chaussure de femme, l'îlot d'Uwane se trouvait quelque part entre le talon et l'arche. Le bateau arriva à Uwane une fois la nuit complètement tombée. Ils avaient mis le moteur au minimum et éteint toutes les lumières pour éviter de se faire repérer par les patrouilles aériennes. Des vagues légères venaient troubler le reflet de la lune dans la mer. Ils mirent l'ancre à quelques mètres de la plate-forme rocheuse émergeant de l'eau.

Kiku et Nakakura plongèrent les premiers, tournèrent autour du promontoire, cherchant la fameuse fissure créée par une éruption sous-marine. Dans les ténèbres totales, leur lampe sous-marine éclairait la surface de la roche. Des poissons aux formes et aux couleurs variées traversaient le petit faisceau de lumière. Nakakura répéta plusieurs fois à Kiku de faire attention à nager exactement derrière lui. Se tenant fermement aux rochers, il progressait vers le fond. Il y avait dans ces récifs des courants très violents qui, si un plongeur s'y laissait entraîner, pouvaient le faire dériver au loin ou l'écraser dans les profondeurs. Le bloc de roche descendait perpendiculairement jusqu'au fond de l'eau, pareil à un immeuble de douze étages qui aurait sombré là laissant seulement son toit émerger. Leur profondimètre indiquait trente-huit mètres au point le plus profond, la base du récif en direction de la haute mer. Kiku et Nakakura nageaient autour du rocher à une vingtaine de mètres de fond, cherchant l'entrée de la crevasse. Comme il faisait sombre, ils se méprirent plusieurs fois, prenant une ombre sur le rocher pour une fissure. Leurs bouteilles d'air comprimé étaient presque vides quand Nakakura tendit soudain le doigt devant lui : un requin de trois mètres de long venait d'entrer dans le faisceau de sa lampe. Kiku tira son harpon en toute hâte mais Nakakura l'arrêta. Le requin tourna lentement autour d'eux. Nakakura éteignit sa lampe. L'ombre grise du poisson s'arrêta de tourner, puis bifurqua brusquement pour s'approcher d'eux. Kiku tira un coup de son fusil à harpon en direction de la rangée de dents menaçantes mais il manqua totalement son but. Nakakura prit la lampe de Kiku et fit clignoter les deux lumières en même temps, dirigeant un faisceau droit dans chaque œil du monstre. Le requin s'approcha à deux mètres d'eux puis fit subitement demi-tour. Nakakura continua à faire clignoter les lampes jusqu'à ce que le requin s'éloigne enfin, après être resté un moment à les observer à distance.

Juste après cet incident, Kiku découvrit l'ouverture de la grotte. Quelque chose à la surface de la roche réfléchissait la lumière de sa lampe : des tubes en duralumin et un grillage en épais fil de fer bouchaient l'entrée de la fissure. Les manomètres de leurs bouteilles d'air comprimé indiquaient zéro, aussi remontèrent-ils tout droit à la surface, après avoir attaché une bouée de repérage à l'un des tubes d'aluminium.

Anémone était en train de faire cuire des spaghettis sur une plaque électrique dans la cabine. Pendant le repas, Nakakura récapitula l'ordre des opérations. Anémone devait rester à bord. Anémone commença par protester qu'elle voulait les accompagner, mais Kiku lui dit que les eaux grouillaient de requins et cela suffit à la faire changer d'avis. Nakakura plongea le premier pour réceptionner le matériel que les autres faisaient descendre le long de la corde de l'ancre : deux scooters sous-marins, une batterie étanche et deux perceuses électriques pour travaux sous-marins, douze bouteilles d'oxygène, six fusils harpons et des cordages. Nakakura était déjà en train de découper le grillage de fer quand Hayashi et

Kiku le rejoignirent devant l'entrée de la fissure. Il y avait deux couches de barres en duralumin et de fils de fer, et les fils de fer rouillés étaient enroulés si serré autour de la roche qu'il était difficile d'insérer les pointes de la pince entre. Il fallait glisser la lame d'un couteau dans le minuscule interstice pour soulever légèrement le fil avant de le couper. Les barres en duralumin étaient scellées avec du ciment. Le découpage des fils n'avançait pas, si bien que Nakakura décida d'utiliser la perceuse. Kiku attacha le cordon à la batterie, et Nakakura commença à faire sauter le ciment dans un bruit d'enfer, imprimant de petites secousses à la roche, faisant jaillir des myriades de poissons des creux où ils étaient endormis. Le ciment était épais. Au bout d'un moment, fatigué, Nakakura passa le relais à Hayashi. Il regarda son manomètre et fit signe à Kiku qu'à l'allure où allaient les opérations, leurs réserves d'air ne suffiraient pas.

Sur le pont du bateau, Anémone regardait alternativement le ciel et la mer. L'écho de la perceuse parvenait jusqu'à elle, c'était le même bruit que les marteaux-piqueurs qu'elle avait entendus sur des chantiers de construction, mais ici le bruit était étouffé par la sombre étendue de l'océan. Le bateau se balançait mollement sous la brise venant du large.

Elle aperçut des points phosphorescents sur la mer, cachés entre les vagues mais dont le nombre augmentait sans cesse. Inconsciemment elle serra dans ses mains le revolver et le fusil à harpon que Kiku lui avait laissés. Les lumières se déplaçaient assez rapidement sur la mer en clignotant. Des dauphins ! Un banc de dauphins aux dos recouverts de plancton phosphorescent ! Elle avait eu si peur qu'elle s'écria tout haut avec soulagement : Ouf, c'étaient seulement des dauphins ! Le nombre de dauphins augmentait sans cesse, ils se dirigeaient vers le large, teignant la mer d'une lueur blanchâtre. On aurait dit des montures de manège. C'était à se demander si en dernier n'allait pas apparaître un père Noël en slip de bain souriant jusqu'aux oreilles, sur des skis nautiques tirés par des dauphins.

Elle aurait voulu que Kiku soit à côté d'elle pour admirer ces silhouettes aérodynamiques se profilant sur les vagues, filant vers le large, en laissant derrière elles des lignes lumineuses qui tremblaient sur ses pupilles. C'était beau à pleurer. Elle aurait tant voulu voir ça avec Kiku ! Quand il était en prison, il y avait quelque chose comme ça qu'elle aurait voulu lui montrer. Elle fit un effort pour se rappeler ce que c'était. Ah oui ! Les rideaux aux crocodiles imprimés. Mais à partir de maintenant, ils pourraient regarder tout ce qu'ils voudraient ensemble, rien ne les séparerait jamais plus.

Sous l'eau, Nakakura, la perceuse dans la main gauche, guidait de l'autre son scooter à l'intérieur de la fissure. Hayashi transportait les six bouteilles d'air comprimé restantes maintenues ensemble par une sangle en caoutchouc, Kiku les fusils harpons et la batterie sous-marine. Les lumières à l'avant des scooters constituaient leur seul éclairage. La fissure s'élargissait, se transformait en une vaste grotte au fur et à mesure de leur progression. A la vue des poissons-perroquets qui croisaient dans les parages, ils comprirent que cette grotte devait avoir une autre issue quelque part. Le fond était couvert de sable fin et ils avançaient précautionneusement, attentifs à ne pas soulever de tourbillons qui auraient troublé les eaux. Ils croisaient d'innombrables murènes qui dénudaient des dents menaçantes dès que le faisceau de lumière les éclairait. Leurs mains étaient alourdies par le poids du matériel, et si elles venaient à les attaquer, ils n'auraient pas le temps de s'enfuir. Hayashi avait l'air de détester les murènes. A un moment l'une d'elles, épaisse comme un poignet d'homme, sortit de l'ombre d'une roche pour mordre le pied de Nakakura, mais déchira seulement le bout de sa palme. Hayashi, terrorisé, ne voulait plus continuer, et les autres durent lui expliquer par gestes ce qu'ils savaient par expérience : les murènes attaquaient rarement l'homme. La grotte tortueuse était un véritable labyrinthe, ils tournèrent plusieurs fois dans toutes les directions. Nakakura laissait de petites lampes de repérage aux tournants qui donnaient sur des impasses. La grotte s'élargit, rappelant à Kiku les galeries de la mine abandonnée. Il se rappelait les chauves-souris suspendues au plafond qui effrayaient Hashi avec leurs yeux rouges et leurs piaillements sinistres. Soudain Nakakura se retourna et leur fit signe de s'aplatir au fond. Il éteignit les lumières du scooter, jeta la perceuse et se mit à ramper sur le fond de la grotte. Au moment où Kiku et Hayashi allaient l'imiter, une roche grise devant eux bougea : c'était une muraille de poissons, un énorme banc de daurades qui fonçaient droit vers le faisceau de leurs lampes. Kiku sentit immédiatement le danger. Ce n'est pas nous qui avons fait fuir ces poissons, il doit y avoir quelque chose derrière. Nakakura fit signe à Kiku de faire passer les fusils harpons, et tous trois s'aplatirent au fond de la grotte, fusil en main. Certaines des daurades en fuite avaient le ventre déchiré, des rubans d'entrailles ondulaient sous elles, un nuage d'écailles grises flottait dans l'eau.

Bientôt le faisceau de leurs lampes éclaira un requin dont la couleur se confondait avec celle de l'eau. Il était de petite taille, mais des dents acérées étaient visibles dans sa gueule ouverte. Nakakura tira dans la gorge du requin qui arrivait droit sur lui, et l'animal se mit à faire des soubresauts dans l'eau. L'odeur du sang attira aussitôt trois de ses congénères, l'un se jeta sur le ventre blanc du requin agonisant, tandis que les deux autres se dirigeaient droit vers les plongeurs. Kiku tira, manqua son but, un des prédateurs fonça sur lui, les dents dénudées, et Kiku se mit à se contorsionner pour attraper le couteau glissé dans une sangle sur sa jambe. Le requin effleura son dos avec sa mâchoire inférieure, saisit entre ses dents le tuyau de la bouteille d'air comprimé. Il donna un coup de queue, ses mouvements de torsion pour essayer de déchirer le tuyau soulevaient des tourbillons de sable, on n'y voyait plus rien dans la grotte. Soudain un sifflement étouffé résonna dans l'eau : quelqu'un avait tiré. Un nuage de sang verdâtre vint flotter en direction de Kiku et il aperçut le requin, touché au ventre, se débattant furieusement, le museau enfoncé dans le sable au fond de la grotte. Kiku se rendit compte que l'air lui manquait. Des bulles s'élevaient avec une force impressionnante de son tuyau d'arrivée d'air déchiré. Il se mit à chercher une autre bouteille à tâtons dans l'eau trouble du fond de la grotte. Trois faisceaux de lampes éclairaient tour à tour diverses portions d'obscurité, faisant apparaître seulement des tourbillons de sable fin, des entrailles de poisson, du sang verdâtre, les bulles blanches qui sortaient du tuyau de Kiku. Il n'arrivait plus à respirer. Calme-toi, Kiku, calme-toi. C'était Hayashi qui portait les bouteilles de réserve, donc il fallait retrouver Hayashi dans cette nuit. Il essaya de se diriger vers les deux autres faisceaux lumineux. La douleur commençait à lui tarauder les tempes.

Un autre requin apparut soudain dans son champ de vision. Malgré un harpon profondément fiché dans son dos, il fonçait droit vers la gorge de Kiku. Kiku brandit son tuyau cassé et envoya une averse de bulles en direction de l'animal, qui dirigea son museau légèrement vers le haut pour éviter ce danger inconnu. Aussitôt Kiku enfonça la lame de son couteau dans la gorge blanche du requin. Mais il avait avalé une grande quantité d'eau au cours de cet effort. La poitrine agitée d'une quinte de toux convulsive, il sentit l'eau pénétrer dans sa bouche, ses narines, partout, la panique le saisit, il fallait qu'il arrête de tousser, il rassembla ses dernières forces pour se boucher le nez et la bouche. Il lui semblait que sa poitrine allait éclater. La bouteille, il faut que je trouve la bouteille... Mais il ne comprenait plus rien, ne savait plus où il était, ni pourquoi il avait aussi mal. L'azote pénétrant dans ses poumons semblait vouloir le faire éclater en deux, tout devint noir devant ses yeux, ses mâchoires s'ouvrirent, sans force, il arrêta de lutter, se mit à avaler de l'eau à la place d'air. La souffrance disparut, tandis que l'eau de mer pénétrait bruyamment ses poumons. Tous ses organes étaient pleins d'eau. Je vais mourir, se dit Kiku. Il ne souffrait plus, et s'en voulait un peu de ne pas ressentir de douleur. Il se rendit compte qu'il renonçait sans se battre jusqu'à la fin, tout son corps était ankylosé, il ne sentait plus que son cœur qui continuait à battre furieusement. Une violente rage mêlée de regrets le saisit. Pourquoi acceptes-tu si facilement de mourir, alors que ton cœur continue à battre ? Il rassembla à nouveau ses forces, essaya d'arrêter d'avaler toute cette eau. En vain. Sa poitrine continuait à aspirer l'eau, refusant de lui obéir. Il n'arrivait même plus à lever le bras. A ce moment il sentit quelqu'un lui enfoncer un détendeur dans la bouche, l'air s'engouffra soudain en lui avec une force terrible, la douleur réapparut, comme si une aiguille s'enfonçait dans chacune de ses cellules. Inconsciemment il se débattit pour enlever ce tuyau de sa bouche. Il aurait voulu prendre son couteau et trancher la gorge à celui qui lui faisait avaler de l'air de force. Quelqu'un lui appuyait sur la poitrine pour le forcer à expirer. Ses poumons libérés aspirèrent une nouvelle goulée d'air. Un air douloureux mais qui lui asséchait enfin la poitrine. Il sentait chaque alvéole de ses poumons aspirer goulûment cet air. Il le recracha. La clarté se refit lentement devant ses yeux. Il distingua Hayashi et Nakakura penchés anxieusement sur lui, lui demandant par gestes : Ça va ? Kiku hocha légèrement la tête.

Dans ce nuage de sang verdâtre de requin, Kiku avait appris deux choses : premièrement, quand on s'arrête de lutter contre la mort, la souffrance disparaît, et deuxièmement, tant qu'on entend son cœur battre, il ne faut pas abandonner, il faut continuer à lutter contre la souffrance.

Après un petit moment de repos pour permettre à Kiku de récupérer, les trois hommes se remirent à progresser le long de la grotte. Nakakura et Hayashi avaient épuisé leurs réserves d'air et changèrent de bouteille. Les trois requins étaient morts, deux nouveaux venus étaient occupés à dévorer leurs entrailles. Seul le vrombissement du scooter résonnait dans le silence de la grotte. Nakakura désigna un point sous lui : deux squelettes humains, un peu de chair pourrie encore attachée aux os, reposaient au fond de la grotte à demi enterrés dans le sable, un couteau rouillé posé juste à côté d'eux. Des poissons colorés avaient élu domicile dans l'un des crânes. Des algues violettes s'agitaient dans l'eau, au-delà s'étendait une vaste étendue de ténèbres. Une caverne obscure si vaste que leurs lampes ne l'éclairaient pas jusqu'au fond. Nakakura accéléra et le scooter, passant sous le rideau d'algues violettes, déboucha dans la caverne rocheuse. Nakakura fit signe à ses compagnons de n'enlever sous aucun prétexte leur détendeur, comme convenu. Des centaines d'énormes homards occupaient la roche. Leurs carapaces rouges étincelant sous la lumière des lampes, ils agitaient leurs antennes avec ensemble, comme un groupe de chefs d'orchestre dirigeant un silencieux concert. Dans un coin ils découvrirent un nid de murènes aveugles. La lumière de la lampe mit en fuite un poisson-papillon, un serpent de mer rayé comme un tigre, un diodon couvert d'épines crachant des espèces de filaments jaunes, qui à la vue de la lumière se gonfla comme un ballon prêt à éclater.

La caverne évoquait une nef de cathédrale. Le plafond immense, l'autel occupé par les homards, le rideau d'algues violettes formant un dais au-dessus des murènes pareilles à des prêtres immobiles en robe noire, auxquels une foule de croyants — les poissons aux couleurs vives — venaient confesser leurs péchés. Au fond, trois grandes fissures ouvertes en biais occupaient la place de la croix. Nakakura s'approcha précautionneusement, explora de sa lampe l'intérieur de chacune des fissures. Au moment où il éclairait l'intérieur de la faille du milieu, il invita d'un geste ses compagnons à s'approcher : c'était l'entrée d'une autre caverne, qui s'étendait tout droit sous leurs pieds. Nakakura désigna un point au fond : une roche dont la couleur tranchait avec les autres, et qui paraissait plate comme si elle avait été découpée par un coup d'épée bien net. Nakakura regarda son profondimètre : ils étaient à vingt-neuf mètres de fond. Le rocher gris en contrebas devait être à quarante mètres environ. Nakakura consulta son ordinateur de plongée : leur restait-il assez d'air ? Combien de temps pouvaient-ils consacrer à la tâche qui les attendait à quarante mètres de fond ? Nakakura leva six doigts en l'air : pas plus de six minutes. Nakakura et Kiku s'encordèrent pour descendre jusqu'au rocher gris en contrebas. Hayashi les assurerait et attendrait en haut de la plate-forme, prêt à les remonter en cas d'urgence. Tous deux s'introduisirent dans la fissure, emportant avec eux la perceuse et la batterie.

Le fond de la deuxième caverne n'était pas tapissé de sable mais de corail mort, couvert d'une fine couche d'algues. La pression alourdissait leurs mouvements, comme si l'eau, pesante et visqueuse, leur collait au corps. Le corail desséché ressemblait à des os humains, rappelant désagréablement à Kiku l'os de Kazuyo que son père adoptif lui avait donné après la crémation. Il se sentit envahi par une sensation pareille à l'état d'abattement qui avait suivi le meurtre de sa mère. Comme si son sang se figeait lentement dans ses veines, ou se retirait de son corps. Il eut un mauvais pressentiment. A de telles profondeurs, la moindre petite inquiétude pouvait se muer en terreur en un rien de temps. L'angoisse pouvait enfler soudain comme un ballon, dans cet espace obscur privé de sons et d'odeurs. Il suffisait qu'une petite pensée se glisse en vous — par exemple : que faire si mon arrivée d'air est coupée ? — pour que l'angoisse vous envahisse, qu'on se mette à vomir, à trembler, qu'on perde conscience ou cherche à remonter brusquement à la surface. Kiku s'efforça de penser à autre chose. Il se mit à penser à la langue d'Anémone, à ses aisselles, à son sexe. L'entrée du royaume des crocodiles, au cœur de sa peau pelée et brûlée par le soleil, d'où coulaient des filets transparents au moindre effleurement de ses doigts, se superposa aux abysses sombres où il évoluait.

Il regarda son profondimètre : trente-huit mètres. Nakakura dirigea sa lampe sur le rocher gris. C'était bien du béton, recouvert d'algues et de coquillages. Une grosse plaque de béton, fissurée çà et là, d'où pendaient des filaments blancs de corail mort. Nakakura brancha la batterie sur la perceuse, posa la mèche à l'endroit où les fissures étaient les plus larges, mit la machine en marche. La grotte commença à trembler sous les vibrations, des poissons tropicaux endormis entre les roches, dérangés, jaillirent de leurs cachettes. Le béton résistait. Nakakura agrandit patiemment la fissure tout en jetant un coup d'œil à sa montre de temps en temps. D'un geste des deux mains, il montra à Kiku l'épaisseur du béton : au moins trente centimètres. Enfin, un éclat de béton se détacha, décrivant une courbe dans l'eau avant de sombrer. Nakakura appuyait maintenant la perceuse au point d'intersection de deux fissures qui s'étaient rejointes. Le béton céda, un trou de la largeur d'une main apparut. Nakakura se mit à plat ventre, explora l'intérieur de la cavité avec sa lampe. Il releva la tête, la secoua en direction de Kiku, qui s'approcha à son tour. Il ne distingua rien à cause des coraux blancs qui s'entrelaçaient sous ses yeux. Nakakura se remit à l'ouvrage, agrandissant le trou jusqu'à ce qu'il soit assez grand pour livrer passage à un homme. Il continua à creuser, mettant la perceuse à la vitesse de rotation maximum jusqu'à ce qu'un tiers environ de la plaque de béton cède avec un grondement et dans un nuage de fumée, l'entraînant à l'intérieur du trou. Kiku alluma sa lampe et suivit son compagnon.

Nakakura avait atterri sur un lit de coraux, de gravats et d'algues au milieu desquels il se débattait. Kiku tira sur la corde pour l'aider à se relever, puis éclaira l'intérieur. La plaque de béton était en fait un blockhaus muni de meurtrières sur trois côtés, au sol couvert d'une sorte de boue molle. Kiku écarta les algues et les gravats mais ne trouva rien d'autre que deux énormes branches de corail blanc. Nakakura eut un sourire déçu. La forme du corail rappela à Kiku une phrase de Yamane : « Quand on m'a enlevé une partie de la boîte crânienne pour m'opérer et que j'ai vu mon propre cerveau, avait-il dit, j'avais l'impression de voir trembloter du fromage de soja. A l'idée que je pensais et ressentais des choses grâce à ce bout de fromage mou, j'avais l'impression d'être devenu tout entier cette matière molle et blanche. » Du fromage de soja dans du corail... murmura Kiku derrière son masque de plongée. Il ramassa la perceuse, la mit en marche, commença à percer un trou à travers le corail, qui vola facilement en éclats. Nakakura arrêta Kiku, désigna un point brillant à travers un brouillard laiteux de corail pulvérisé, lui prit la perceuse des mains et dégagea soigneusement l'objet brillant : c'était un tube argenté, un cylindre à gaz en alliage d'acier et de molybdène, sans rien d'inscrit dessus. Ils dégagèrent ainsi l'un après l'autre seize containers à gaz gros chacun comme une cuisse d'homme. D'épaisses feuilles de plastique séparaient les tubes, entourés d'une chaîne dont une extrémité était fixée dans le béton. Quand Nakakura scia la chaîne, le tas de cylindres s'effondra doucement. Ils firent deux tas de trois containers enserrés dans une bande de caoutchouc, et décidèrent d'en porter un chacun. Ils emportaient donc six tubes avec eux. Ils tirèrent sur la corde pour donner le signal convenu à Hayashi, en haut de la plate-forme, et il commença à les remonter. Ils apercevaient une faible lumière au-dessus d'eux, à l'endroit où leur compagnon les attendait, comme une fenêtre d'une maison dans la nuit au bout d'une route mal éclairée. A plusieurs reprises, la corde se prit dans des branches de corail, freinant leur montée, mais finalement ils commencèrent à apercevoir Hayashi, tirant sur la corde de toutes ses forces. Ils avaient laissé la perceuse et la batterie dans le blockhaus et ne rapportaient que les cylindres de gaz. Deux rascasses volantes dérangées dans leur sommeil filèrent sous le nez de Kiku. C'est à ce moment-là que les choses commencèrent à se gâter.

Ils étaient arrivés à peu près à mi-chemin quand Kiku entendit un cri étouffé et un glouglou de bulles montant à la surface. Il se retourna : Nakakura n'avait plus son détendeur dans la bouche, il se tenait le front d'une main en gémissant et, serrant toujours ses bonbonnes de gaz sous le bras gauche, commençait à redescendre rapidement vers le fond. Kiku n'avait pas la moindre idée de ce qui avait pu se passer, mais il fit signe à Hayashi de lâcher un peu de corde et redescendit à son tour pour aider son compagnon. Il le trouva allongé sur le toit du blockhaus, le front dans les mains. Nakakura lui montra du doigt une rascasse volante aux nageoires ornées de magnifiques épines extrêmement venimeuses, dont la piqûre douloureuse entraînait la paralysie. Nakakura avait été piqué au front. Il fit comprendre par signes à Kiku qu'il devait uriner sur son front, l'acidité de l'urine devant faire effet de contrepoison. Kiku hésitait mais Nakakura, agrippant sa combinaison, défit la braguette de force et en extirpa le sexe de Kiku, puis appliqua le gland sur sa blessure. Vite, vite, Kiku, semblait-il dire en lui pressant la cuisse avec insistance. Kiku fit un effort pour se vider la vessie, mais la vue de Nakakura en dessous de lui maintenant le bout de son sexe sur son front lui donnait une envie de rire qui l'empêchait de se concentrer. Inconscient du problème, Nakakura maintenait le gland rose sur son front, dans l'attente du liquide salvateur, tandis que Kiku au-dessus de lui luttait contre son envie de rire.

Nakakura le lâcha soudain. Surpris, Kiku regarda son visage, qui semblait se contorsionner de douleur sous le masque. Il se mordait les lèvres jusqu'au sang, les yeux fermés, le menton tremblant. La main qui serrait la cuisse de Kiku était devenue dure comme du fer. Se rappelant soudain que Nakakura avait perdu son détendeur dans sa chute, Kiku jeta un coup d'œil sur les cylindres que portait son compagnon : la valve de fermeture de l'un d'eux était tordue, de petites bulles vertes s'en échappaient, éclatant aussitôt pour se dissoudre dans l'eau. Il regarda à nouveau Nakakura qui avait maintenant les yeux grands ouverts, les pupilles dilatées. Ses yeux sous le masque ressemblaient à deux prunes sèches, le bord de ses paupières était injecté de sang. Il bavait une écume verdâtre, et avait encore resserré son emprise sur la cuisse de Kiku, qui craignit que ses muscles n'éclatent sous la pression. Mais soudain

Nakakura enleva son bras. Il criait quelque chose en crachant des bulles, sa voix sous l'eau ressemblait autant à un gargouillement qu'à un rire de maniaque. Malgré la douleur à la cuisse, Kiku essaya de s'enfuir. Nakakura l'en empêcha en tirant sur la corde qui les reliait. Kiku sortit son couteau, trancha la corde, envoya le signal de remontée à Hayashi. Vite, remonte-moi ! Il actionnait ses palmes de toutes ses forces. Sa cuisse douloureuse l'empêchait d'avancer aussi vite qu'il l'aurait voulu. Avec la pression de l'eau visqueuse autour de lui entravant ses gestes, Kiku eut soudain l'impression horrible de se mouvoir au milieu d'un cauchemar. Nakakura le poursuivait, remontant rapidement, ses forces décuplées, continuant à pousser ses cris sinistres, tandis que Hayashi, là-haut, tirait sur la corde. Haletant, Kiku se hissa enfin sur la plate-forme, mais cet effort démesuré l'avait épuisé. Sous l'eau le corps semble plus léger, la température est plus basse, si bien qu'il arrive que l'on dépasse ses propres forces sans s'en apercevoir. Kiku était épuisé au point de pouvoir à peine respirer. Il eut un éblouissement. Si je perds conscience, je vais oublier de respirer, il ne faut pas... Accroupi, le dos rond, il lutta pour aspirer profondément de l'air dans ses poumons. Respire, respire, se disait-il en tendant l'oreille au bruit de son cœur, maintenant souffle. Respirer, expirer ! Il ouvrit les yeux, vit un homard agiter ses antennes juste sous son nez, entendit respirer derrière lui, se retourna : Hayashi tendait une main à Nakakura pour l'aider à se hisser sur la plate-forme rocheuse. Arrête ! voulut hurler Kiku, mais aucun son ne sortit. Juste un glouglou de bulles. Nakakura attrapa la main de Hayashi. Sous le masque, Hayashi grimaça de douleur. Nakakura tenait un couteau dans la main droite. Hayashi essaya de dégager sa main. Kiku ramassa son fusil harpon, visa, tira au moment même où le couteau s'enfonçait dans le ventre de Hayashi. La pointe argentée du harpon traça une ligne pareille au sillage d'un avion dans le ciel, et vint se ficher dans la gorge de Nakakura.

34

Hashi était toujours assis dans la baignoire. Quand il s'aperçut que ses doigts étaient tout spongieux et ridés, il arrêta enfin la douche. Il tenait un couteau à la main mais l'eau de la douche avait lavé les traces de sang. Avait-il vraiment tué Niva, ou avait-il rêvé ? Dégoulinant d'eau, il quitta la salle de bains, appela Niva, chercha dans tout l'appartement des traces de son retour à la maison : un mégot dans le cendrier, des emballages de caramels, les tubes de maquillage sur la coiffeuse, des chaussures en désordre dans l'entrée, les couverts sales sur la table. Il reposa le couteau sur l'étagère de la cuisine. Rien n'avait changé, il avait fait un cauchemar, un cauchemar étrange, conclut-il.

Mais la vision du sang noir coulant autour du couteau planté dans un ventre blanc et renflé était un peu trop précise dans sa tête pour un rêve. Il se rappela la voix de Mister D disant : Il est cinglé ! et se demanda avec inquiétude s'il était vraiment devenu fou. Il frissonna : confondre rêve et réalité, n'était-ce pas une preuve de folie ? Il repensa à la vieille mendiante qu'il prenait pour sa mère sur l'île autrefois. C'était une vieille folle, elle pointait un doigt vers le ciel en hurlant : Un avion ! alors qu'il n'y en avait pas trace, et se jetait à terre, terrorisée. Est-ce que moi aussi je suis devenu comme ça ? Mais pourquoi, pourquoi ? Cette vieille mendiante devait bel et bien être sa mère après tout, ou alors le ciel le maudissait pour avoir coupé sa langue et fait toutes ces choses immorales ? Peut-être que les autres ne voient pas ce que je vois, et ce qu'ils voient eux m'apparaît déformé...

Il prit un glaçon dans le réfrigérateur, le garda dans sa main jusqu'à ce que le froid l'insensibilise. Puis il alluma le réchaud à gaz, passa sa main sur la flamme, bondit en poussant un cri, la paume légèrement brûlée. Il traça des chiffres au hasard sur une feuille, essaya de les additionner. Finalement il ouvrit un journal, lut à haute voix la colonne nécrologique. *Yoshio Gyoura, calligraphe, décédé le 11 à 2 h 20 du matin, d'un arrêt cardiaque, à l'âge de 83 ans, à l'hôpital de Matsuyama. Une cérémonie d'adieu se déroulera à l'Académie des arts de la calligraphie Gyoura, 9-3 Honcho, Matsuyama, en présence de la veuve, Yoshie Gyoura, 3-4 Kamiiricho, Matsuyama*. Il pouvait encore lire, il était donc dans son état normal.

Son regard tomba sur un sac-poubelle transparent dans l'évier de la cuisine. Il y avait quelque chose de rouge à l'intérieur : des paquets de coton plein de sang. Son corps se couvrit de chair de poule. Ce n'était donc pas un rêve. Il l'avait tuée ! La peur l'envahit. A tout instant la police pouvait venir l'arrêter. Il serait jugé, comme Kiku, et enfermé dans un bâtiment tout gris avec des barreaux partout et de hautes murailles. Et moi, je ne suis pas un costaud comme Kiku, Dieu sait ce qu'ils me feront, dire que j'étais la gloire de l'île, je vais en devenir la honte à mon tour !

Quelqu'un frappa à la porte d'entrée. Il manqua s'évanouir de peur, mais décida que c'était l'occasion ou jamais de vérifier s'il était fou ou pas. On frappa à nouveau. Il jeta un coup d'œil par le judas : deux policiers en uniforme ! Il se mit à trembler, mais ouvrit le cadenas et les fit entrer. Il s'attendait que les policiers le prennent brutalement par le bras pour lui passer des menottes, mais il n'en fut rien : les deux hommes le saluèrent fort poliment.

— Excusez-nous de vous déranger en pleine nuit, dit le plus âgé, après ce qui est arrivé à votre femme, au milieu de tous ces ennuis, mais vous comprenez, nous sommes obligés de faire une enquête.

Ah bon, mais naturellement, entrez, je vous en prie, fit Hashi, ne comprenant pas un traître mot à ce que l'autre racontait. Le policier fit le tour de la pièce du regard. Ça a dû être terrible pour vous. Hashi répondit par un hochement de tête et un sourire contraint. Le policier prit le couteau sur l'étagère et le montra à Hashi : C'est avec ça que votre femme a tenté de se suicider ? Hashi hocha à nouveau la tête. Un peu démodé comme façon de se supprimer, mais bon. Au fait, comment se fait-il qu'il n'y ait pas de sang sur ce couteau ?

— Je l'ai passé sous l'eau, cria Hashi en se levant.

— Pourquoi vous êtes-vous disputé avec votre épouse ? Une histoire de femme ?

— Oui, une de mes fans, elle est venue voir ma femme pour lui raconter qu'elle avait une liaison avec moi, c'était un mensonge mais Niva l'a prise au sérieux et s'est fâchée.

Finalement c'était comme une interview : même quand on ne savait pas de quoi voulait parler l'interlocuteur, il suffisait de le regarder dans les yeux en souriant tristement, et la conversation se déroulait toute seule.

— Ah, c'était ça alors ? Vous aussi, les gens célèbres, vous avez vos soucis que le public ne connaît pas, hein, quand on vous voit à la télé vous avez toujours l'air tellement heureux... Nous disions donc, votre femme était enceinte et vous vous êtes disputés, vous lui avez dit des choses, comme de se faire avorter, par exemple, elle a menacé de se suicider et...

Hashi alla prendre des jus d'orange dans le réfrigérateur, les tendit aux policiers. Il leur proposa de s'asseoir et ils se détendirent un peu. Je me suis toujours demandé comment était la vie d'une star, fit l'un. Je connais une chanteuse, raconta Hashi, qui pète à chaque répétition pour s'enlever le trac. Cela fit bien rire les policiers. Hashi se mit à rire avec eux et, pendant qu'il riait, il se sentit à nouveau en proie à une impression d'irréalité. Il était persuadé que depuis le début tout cela n'était qu'un rêve. Il offrit des cigarettes aux policiers qui, après en avoir fumé deux chacun, s'apprêtèrent à prendre congé. C'est le moment que Hashi choisit pour leur demander :

— Dites-moi, nous sommes bien dans un rêve, non ? Je me demande où s'en vont les personnages de mes rêves quand ils me quittent, comme vous en ce moment. Vous disparaissez en fumée ou quoi ?

Les deux policiers se mirent à rire en se grattant la tête.

— C'est ça, tout à fait. Alors au revoir, et espérons que vous avez fait un beau rêve ! fit l'un.

Ils s'inclinèrent et allaient refermer la porte quand Hashi cria : Attendez ! Il se mit à caresser la joue du policier qui s'était retourné, à la grande surprise de celui-ci, et continua :

— Dites-moi la vérité, je veux savoir si c'est un rêve, si j'ai donné un coup de couteau à Niva en rêve, ce n'est pas un vrai crime, n'est-ce pas ?

Les deux policiers avaient changé de couleur. Ils échangèrent un regard.

— C'est vous qui avez frappé votre femme ? demanda l'un d'eux en prenant le bras de Hashi.

Hashi commençait à avoir peur.

— Mais je n'en sais rien, c'est bien pour ça que je vous pose la question, fit-il d'une petite voix pitoyable.

Les deux policiers se mirent à tenir un conciliabule, et Hashi en profita pour toucher à nouveau la joue de l'un d'eux. La peau était grasse et humide de sueur. Comment se débarrasser d'un policier onirique doté d'une présence aussi précise, aussi réelle ?

— Ecoutez, monsieur, il se fait vraiment tard, nous ne pouvons pas rester là à écouter vos petites plaisanteries. Heureusement, la blessure de votre femme n'a eu aucune incidence sur le bébé. Si vous alliez plutôt lui rendre une petite visite maintenant ?

Tous deux se dirigèrent vers l'ascenseur et disparurent. Hashi referma la porte d'entrée, caressa la surface en acier blindé. Son sens du toucher semblait avoir disparu. Il effleura le tapis par terre, des bouts de laine et de la poussière lui restèrent sur les doigts. Il toucha le dessus de la table, prit une des bouteilles de jus d'orange posées dessus, fit couler une goutte sur sa paume, lécha le jus acide. Cela lui rappela l'histoire du roi Midas qui changeait en or tout ce qu'il touchait. Comme il devait être seul ! Si chaque chose se transformait dès qu'on tendait la main vers elle, à la fin, on devait se retrouver seul sur la Terre. Hashi se sentait étouffer. Ce doit être la chaleur, pensa-t-il, et il mit l'air conditionné en marche. Il entendit un vrombissement désagréable, un air huileux vint souffler sur sa figure. Il posa sa joue contre la fenêtre. La fraîcheur était agréable. Mais la vitre ne tarda pas à se couvrir de vapeur et à atteindre la température de sa joue.

Hashi pensa à son enfance. A l'île dans le sud du Japon. Il lui semblait qu'à cette époque les contours de son corps étaient plus nets que maintenant. Sa peau était sensible à la moindre écorchure, à la morsure du soleil d'été qui faisait apparaître sous sa peau une nouvelle peau rose vif, et son corps réagissait immédiatement au moindre changement du vent ou de la lumière. Enfant, c'était seulement sa peau qui le séparait du monde tandis que maintenant d'innombrables couches de plastique, de talc et d'huile le coupaient des sensations extérieures. Je ne peux même pas être sûr de ce que je touche. Mes yeux, mes oreilles, mon nez sont coupés de mon corps. Il essaya de retrouver sa sensibilité, s'efforça de sortir du rêve. Le seul moyen pour en sortir est de mourir à l'intérieur de ce rêve. Il ferma le poing gauche, prit le couteau sur la table et se taillada le poignet. Une mince ligne rouge apparut, puis très vite, un flot de sang en jaillit. Hashi se mit à avoir peur : il ne ressentait pas la douleur. Il craignait que mourir en rêve ne l'empêche à jamais de retourner dans le monde sensible.

Il se précipita hors de l'appartement, courut dans le

couloir, se rua dans l'ascenseur qui commença à descendre, puis il appuya sur le bouton d'arrêt d'urgence, bloquant l'ascenseur entre deux étages. Allô, allô, fit une voix, qu'est-ce qui se passe, l'ascenseur est en panne ? Une voix d'homme lui parvenait à travers une petite boîte noire sur une des parois. Faites-moi sortir de là, je vous donnerai une récompense ! hurla Hashi en appuyant frénétiquement sur le bouton. Il y a le feu ? La lumière est en panne ? continua la voix de l'homme comme une radio cassée. Une voix sans vie, passée à la moulinette et transformée en ondes électriques. Quel est le problème dans l'ascenseur ? fit la voix. Où m'emmène-t-il ? hurla Hashi, faites-moi sortir, ou cet ascenseur va m'emmener en enfer ! Hashi donnait des coups de pied contre les parois. Expliquez-moi calmement et exactement quel genre d'incident s'est produit. En ce moment vous êtes arrêté entre le douzième et le onzième étage. Est-ce que la lumière marche ? Hashi donna un violent coup de poing dans la boîte noire, cherchant à l'écrabouiller, écrabouiller le nain qui se trouvait à l'intérieur et lui parlait. L'ascenseur se remit en marche, commença à descendre. Au rez-de-chaussée, la porte s'ouvrit sur deux hommes armés d'extincteurs et de boîtes à outils. A la vue du poignet de Hashi, ils s'écrièrent : Que se passe-t-il ? Vous êtes blessé ? Hashi passa devant eux sans les voir, se dirigea vers la sortie, se mit à courir dans la rue. Le sang coulait toujours. Il vit une plaque de médecin sur une porte, appuya sur la sonnette. La lumière était éteinte à l'intérieur, personne ne lui répondit. Il se mit à tambouriner sur la porte jusqu'au moment où la tête d'un jeune homme parut à une fenêtre du premier étage. Qu'est-ce que c'est que ce tapage ? hurla-t-il. Hashi lui montra son poignet d'où le sang dégoulinait toujours. Je me suis coupé ! cria-t-il. L'autre eut un claquement de langue énervé. Tu peux crever ! lança-t-il avant de refermer la fenêtre.

Hashi marchait au milieu de la route. Il lui semblait que sa main gauche était la seule partie de son corps encore vivante. Il aperçut au loin les treize tours de Shinjuku. Sa vision se brouillait. Cette ville est une énorme chrysalide argentée qui tisse un cocon avec ses fils humides, et ce cocon l'isole du monde extérieur, rend imprécises toutes les sensations, quand est-ce que la chrysalide va devenir papillon, quand est-ce que cet énorme papillon va prendre son envol ? Quand est-ce que cet énorme cocon et ces tours au loin vont s'écrouler ? Hashi s'allongea sur la ligne blanche au centre de la route, seule sa main gauche respirait encore. Des faisceaux de phares entre les buissons l'aveuglaient un instant avant de disparaître. Il voulut respirer l'odeur de la terre, elle était trop sèche, elle ne sentait rien. Dors ! s'ordonna-t-il à lui-même. Quelque chose à l'intérieur de son corps bouillonnait, il aurait voulu s'ouvrir les entrailles, en extirper cette chose bouillonnante et la jeter à la face de cette ville, de la larve rampante qu'était cette ville. Il sombra lentement dans un sommeil comateux.

Kiku était en train de creuser un trou dans le sable. A côté de lui, deux cadavres déjà durcis, dans leurs combinaisons de plongée. Kiku déposa les corps dans le trou. Une femme parlait, une femme jeune, aux fesses et aux seins pommelés. C'était Anémone, récitant des prières pour les morts, son parapluie de plastique rouge ouvert au-dessus de la tête. Elle jeta une poignée de sable dans le trou. Le vent fit tourbillonner le sable, et Anémone mit ses mains sur ses yeux pour se protéger. Quand l'enterrement fut terminé, Kiku cassa une épaisse branche d'un des palétuviers du rivage, enleva les petites branches adjacentes avec son couteau pour en faire une perche. Il la compara à sa taille pour la faire à la bonne longueur, l'enfonça dans le sable, s'appuya dessus pour voir si elle supportait bien son poids. Un vieillard accompagné d'une chèvre descendait vers la plage. Il puisa un peu de sable dans ses mains, les frotta dans l'eau pour nettoyer le mazout qui les tachait, un petit film noir huileux s'étala sur la mer à l'endroit où le sable était retombé.

— L'hélicoptère est réparé, annonça le vieillard.

Anémone se leva d'un bond et cria :

— Kiku ! En route pour bombarder Tōkyō !

Kiku leva une main vers eux pour leur faire signe d'attendre un peu. Qu'est-ce qu'il fabrique ? murmura le vieillard. Des gouttes blanches coulaient des mamelles gonflées de la chèvre, aussitôt aspirées par le sable. Kiku ? Il se fait une perche pour sauter. Une odeur sure de lait de chèvre flottait dans l'air, attirant des nuées de mouches. Kiku prit la perche dans sa main pour l'essayer. Anémone, debout au bord de l'eau, brandit son parapluie très haut. Saute par-dessus moi, Kiku ! Kiku regardait fixement la pointe du parapluie rouge. Il prit son élan, en direction du corps nu d'Anémone à contre-jour, tous ses muscles bandés. Le sable blanc volait derrière ses talons, tandis qu'il fendait l'air suffocant qui planait sur le rivage. Les palmes des palétuviers s'agitaient doucement. La sueur coulait du corps de Kiku. Anémone avait l'impression d'entendre sa respiration flotter jusqu'à elle. Elle ferma les yeux, sous l'emprise de ce souffle chaud qu'elle sentait si souvent dans ses oreilles, sur ses flancs. Les bruits de pas se rapprochèrent, elle rouvrit les yeux, un poteau épais était planté dans le sable blanc devant elle. Une rafale de vent souffla soudain, séchant instantanément sa sueur. Le parapluie s'envola, roula dans le sable, flotta un instant sur le récif corallien, le plastique rouge étincelant au soleil. Anémone regarda longtemps le petit point rouge qui s'éloignait en tournoyant dans l'étendue verte de l'océan.

Les chauves-souris qui couvraient les murs et le plafond du hangar, dérangées, se réveillèrent. Quand elles se mirent à déployer leurs ailes, on eût dit que les murs du hangar tout entier se mettaient à bouger. L'hélicoptère commença à vrombir, les hélices à tourner. Kiku ouvrit les portes du hangar, une lumière blanche pénétra à flots à l'intérieur, tandis qu'une pluie de chauves-souris dégringolait du plafond. Elles s'abattaient par terre avec un bruit sourd, poussant des piaillements sinistres. Le sol en fut bientôt couvert.

L'hélicoptère sortit lentement du hangar, écrasant des chauves-souris sous ses roues. La vitesse des hélices s'accéléra, envoyant tourbillonner en l'air des chauves-souris ensanglantées, les survivantes se regroupaient dans un coin du hangar, cherchant le peu d'ombre et d'humidité qui restait, se faisant une place à coups de griffe et de dent. L'hélicoptère prit son envol. Le petit bloc d'ombre agité de battements d'ailes dans un coin du hangar s'éloigna de plus en plus sous eux. Attends, Hashi, murmura Kiku, j'arrive ! L'image de Hashi entouré de démons hideux et menaçants flottait dans son esprit.

Hashi tremblait, la tête entre les genoux. Il essayait de parler mais aucun son ne sortait de sa bouche. Il était toujours le souffre-douleur des plus grands. Lui, il sentait le médicament et attendait qu'un gentil chien d'aveugle vienne le délivrer. Mais il n'y avait pas de chien sur cette grande route au petit matin, il n'y avait que des cadavres de chiens écrasés collés au bitume et déjà tout secs. Quelqu'un le secouait par l'épaule. Debout, lève-toi ! Ce n'est pas un endroit pour dormir ici ! Hashi essaya de s'enfuir. Les gaz d'échappement qui s'élevaient de la route lui brûlaient la cornée et la gorge. Il était entouré de visages curieux, penchés à travers des vitres de voiture ouvertes. Le sang qui coulait de son poignet s'était coagulé sur la pelouse.

Il y avait un terrible embouteillage dans les deux sens. Hashi leva la tête, un policier lui secouait l'épaule. Vous entendez, vous n'avez pas le droit de dormir ici ! Mais vous êtes blessé ? Au loin une sirène d'ambulance retentit. Un chauffeur routier cracha un chewing-gum. Eh, on dirait le chanteur, vous savez, l'orphelin qui passe tout le temps à la télé ! Il est devenu clochard ou quoi ? Hashi essaya de se lever en titubant, mais sa main gauche restait collée à la pelouse à cause du sang séché. On aurait dit que la terre avait aspiré son sang. Son corps s'était transformé en branches d'arbre. Hashi arracha sa main du sol, dans un bruit de peau qui se déchire. Il avait des brins d'herbe collés à la plaie.

— Eh, depuis quand t'es clochard ? lui lança le chauffeur de poids lourd.

Allez, avance, fit le policier en lui secouant le bras. De la fenêtre de son camion, le routier lui tendait un magazine et un stylo. Eh, excuse-moi, tu veux pas signer là, oui là, sur la photo de la Blanche aux yeux révulsés, celle qui a les nichons à l'air. Il descendit du camion, tendit le journal à Hashi. Hashi secoua la tête en murmurant : Non, j'ai pas envie, mais les klaxons et les cris de colère dans la file derrière le camion couvraient sa voix. Le chauffeur humidifia son doigt de salive et tourna les pages du magazine, puis brandit sous le nez de Hashi une photo qui occupait toute une page. Tiens, là, regarde ! Une Occidentale avec de gros seins posait tête en bas devant un instrument de torture du Moyen Age. Allez, signe en gros là-dessus, j'achèterai tes disques. Le policier essaya d'intervenir et s'adressa au camionneur : Sors ton véhicule de là, tu ne vois pas que tu bloques la route ? Deux conducteurs de la file descendirent de voiture et vinrent donner des coups de pied furieux dans l'arrière du camion. Eh arrêtez, bande d'enfoirés, je transporte des œufs, moi ! hurla le camionneur. Hashi regardait la photo de la femme blanche. Comme cette femme aux gros seins tremblotants a l'air triste, songeait-il. L'un des deux conducteurs se mit à frapper sur le camion avec une batte de métal. Les agrafes de la bâche sautèrent, deux ou trois œufs vinrent s'écraser sur la chaussée.

La sirène d'ambulance se rapprochait. Les treize tours étincelaient dans l'air fumeux du petit matin. La chaussée était visqueuse de jaune d'œuf. L'ambulance les dépassa, sirène hurlante. Un jeune homme coiffé d'un casque de motard éclata de rire. Le vent chargé d'une lourde odeur d'essence fit voler les pages du magazine, dérobant à la vue de Hashi le visage triste de l'Occidentale de la photo. Les œufs continuaient à rouler sur la chaussée. Hashi en ramassa deux, les lança en direction des gratte-ciel. Ils s'écrasèrent sur le capot d'une voiture, du jaune visqueux se mit à dégouliner le long de la carrosserie. Quand la voiture se remit à avancer, les fenêtres des gratte-ciel se reflétèrent dedans.

Les fenêtres d'une chambre d'hôpital. Dans les vitres, le reflet vert des plantes qui emplissent la pièce. Les feuilles épaisses d'un caoutchouc en pot, tremblant sous la soufflerie de l'air conditionné. Une femme au visage blafard passait un chiffon imbibé de vaseline sur les feuilles pour les faire briller. Ses jambes se voyaient par transparence, sous une nuisette de nylon violet. On voyait aussi son ventre enveloppé de pansements. Quelqu'un frappa à la porte, la femme regagna son lit. Elle remonta les couvertures sur son ventre, mit une serviette sur ses épaules. Entrez, c'est ouvert, dit-elle. Une infirmière entra, accompagnée de Hashi. Niva — car c'était elle — se mit à hurler en le voyant. Faites-le sortir ! criait-elle. Hashi secoua tristement la tête. Il montra son poignet gauche à Niva. Je ne suis plus fou, Niva, je me suis puni, regarde, j'ai réfléchi toute la nuit. Niva tremblait de la tête aux pieds. L'infirmière essaya de mettre Hashi dehors. Hashi la repoussa, elle chancela et se raccrocha à une tablette, envoyant rouler à terre une bouteille de désinfectant, qui alla se briser contre un mur. Une odeur acide emplit aussitôt la chambre, Niva se boucha le nez. Les yeux rouges et enflés à cause de l'odeur acide, Hashi continua : Je n'en peux plus d'être inutile, tu comprends, je sais que je suis inutile, personne n'a besoin de moi, personne n'avait jamais eu besoin de moi, alors moi j'ai voulu devenir quelqu'un qui n'avait pas besoin des autres mais tu vois, Niva, il n'y a pas que moi, en fait tout le monde est inutile, personne n'a besoin de personne, et me rendre compte de ça ça m'a rendu si triste que j'en suis tombé malade mais depuis hier, depuis que la terre a bu une bonne quantité de mon sang, je me sens beaucoup plus léger, de petits insectes sont venus se poser sur mon bras, je les ai écrasés un par un, ça faisait des petites taches noires sur mon bras et je me disais, il y a quelqu'un qui cherche à m'écraser moi aussi comme moi j'écrase ces insectes, peut-être qu'ils avaient pris mon bras pour un parc, ils ne savaient pas que j'étais un être humain, ou peut-être qu'ils m'ont pris pour un lion ou un animal sauvage, enfin ils ont bien dû voir que je n'étais pas un papillon, tu vois, il y a une chose qui cherche à m'écraser moi aussi comme un insecte mais je ne sais pas ce que c'est, peut-être quelqu'un dont le corps est fait d'air comme un gros ballon, et c'est lui qui a fabriqué ma mère avec de la glaise, la mère qui m'a mis au monde et m'a abandonné.

— Pourquoi as-tu essayé de me tuer ?

— Peut-être que je voulais me faire aimer de cette chose monstrueuse qui me menace.

— Pourquoi fallait-il me tuer pour ça ?

— J'avais peur, si je ne tuais pas c'est moi qui allais être écrasé.

— Hashi, je ne peux plus rien faire pour toi, il vaudrait mieux que tu ailles à l'hôpital quelque temps.

Mister D entra à son tour dans la chambre. Des hommes vêtus de blanc le suivaient, ils saisirent Hashi chacun par un bras. Hashi se libéra en se débattant. Il alla se tapir dans un coin de la pièce, se mit à lancer sur les hommes des éclats de la bouteille de désinfectant cassée. Les hommes lui attrapèrent les deux mains, les deux pieds, lui maintinrent la tête. Hashi eut juste le temps de hurler : Mister D ! J'ai tout compris maintenant, vous êtes un agent du bonhomme gonflé d'air ! puis les hommes en blanc lui enfoncèrent une balle de caoutchouc dans la bouche, le bâillonnèrent et lui enserrèrent les bras de ceintures. La sensation de cette balle de caoutchouc immobile sous sa langue jeta Hashi dans un état de panique. Lâchez-moi, je ne ferai rien, lâchez-moi ! voulait-il hurler, mais la balle l'empêchait de proférer le moindre mot, seule une espèce de vague bégaiement sortait de sa bouche. Il se mit à donner des coups de pied dans le vide, la peur lui déformait le visage, il entendit Niva sangloter, tandis que les hommes en blanc lui enfilaient une sorte de vêtement gris, ou plutôt un sac aux manches particulièrement longues, avec des ceintures de cuir. Une fois enveloppé dans cette camisole, il entendit claquer les fermoirs et se retrouva dans l'impossibilité de faire le moindre mouvement. La terreur lui fit lâcher un jet d'urine. Dis donc, espèce de cochon, fit un des hommes en le frappant sur la tête. Arrêtez ! hurla Niva en descendant de son lit, il a peur, c'est tout. Mister D empêcha Niva de s'approcher de Hashi. Il est cinglé, disait Mister D, c'est triste mais c'est comme ça, il est fou à lier. Hashi était allongé par terre, aux pieds de Mister D, il ne voyait que le ventre et les jambes de Niva. Le ventre de Niva qui bougeait doucement à travers le fin tissu violet, la peau tendue de son abdomen était parcourue de petits tressaillements. Hashi tenta de se rapprocher du bébé. Il essaya de toutes ses forces de se déplacer, il voulait toucher le ventre de Niva. Les hommes en blanc le soulevèrent et l'emportèrent sur leurs épaules comme un paquet.

Mister D s'efforçait de consoler Niva tandis qu'on emmenait Hashi dans le couloir. Ne sois pas triste, Niva, les plombs ont sauté, qu'est-ce que tu veux, il a besoin de repos, peut-être que ça s'arrangera après. Non, il ne peut pas se reposer là-bas, pensait Niva, ce n'est pas un lieu de repos, il ne doit pas se reposer. Elle courut derrière Hashi en soutenant son ventre à deux mains, enleva sa bague, la fourra sous la camisole de force, murmura dans son oreille : Hashi, c'est ma bague en émeraude, tu m'entends, tu te rappelles, tu aimais les émeraudes. Des caméras de télévision les entouraient. Des flashes crépitèrent, la lumière des projecteurs les emprisonnait. Les caméras filmaient le visage blafard de Hashi, le ventre gonflé de Niva, Hashi, ne te repose pas ! Même si les rayons te brûlent, même si tu es complètement carbonisé, il ne faut pas te reposer, Hashi, n'essaie pas de t'enfuir, où que tu fuies ils te rattraperont, continue à brûler, deviens une émeraude, continue à brûler jusqu'à ce que tu te transformes en joyau, Hashi ! Hashi regardait droit vers les caméras de télévision, dans le viseur il voyait un arc-en-ciel sombre dans lequel son visage se reflétait. Il murmura plusieurs fois au fond de sa gorge bouchée par le caoutchouc : C'est moi, c'est mon vrai visage, ce visage émacié qui pleure, une balle de caoutchouc dans la bouche, c'est bien moi ! Il s'adressa au reflet déformé de son visage en pleurs dans la lentille de la caméra : Où étais-tu, où étais-tu ? Je t'ai cherché partout !

Il avait des débris de verre encore imprégnés d'odeur de désinfectant dans les cheveux. Le bâtiment où on l'emmena sentait la même odeur. Il y avait un immense cerisier dans la cour. A l'ombre du cerisier, une jeune femme en robe de chambre tricotait. Des hommes en pyjama jouaient au volley-ball, des femmes chantaient autour d'un harmonium. Tous les regards se tournèrent vers Hashi tandis qu'il traversait la cour, toujours porté par les infirmiers. De la bave mêlée de sueur lui coulait sur le menton. A chaque pas des infirmiers, le soleil dans le ciel vacillait. Ils passèrent sous une haie de barbelés à un bout de la cour, pénétrèrent dans un bâtiment sombre. L'entrée était ornée d'un mannequin de vitrine, un enfant avec un cartable sur le dos et une casquette d'écolier, tenant à la main une carte en plastique sur laquelle on pouvait lire : *Papa, maman, je vais bien, je vous attends*. La fine matière plastique beige dans laquelle était moulé le mannequin était fissurée par endroits sur le visage et les bras. Hashi fut amené dans une chambre aux murs blancs, allongé sur un lit. Les lanières de cuir qui enserraient ses cuisses furent relâchées, une paire de ciseaux passa sous ses yeux, il sentit qu'on découpait son pantalon, quelque chose de doux toucha sa cuisse, il sentit le souffle frais de l'éther.

Une goutte perlait au bout de la seringue. Instantanément après la piqûre, il sentit tout son corps tiédir. Ses mâchoires serrées se relâchèrent. Il ne pouvait plus dire où s'arrêtait la balle de caoutchouc dans sa bouche, où commençaient sa langue et ses dents. Son corps s'enfonça profondément dans le matelas. Un des néons au plafond était en panne, le tube noirâtre clignotait faiblement de temps en temps, dessinant chaque fois des ombres en zigzag qui disparaissaient aussitôt. Il sentit qu'on desserrait les boucles de la camisole de force, on lui enleva la boule de caoutchouc de la bouche. Elle était tout humide de salive et couverte d'une écume blanchâtre.

On lui prit les deux bras pour le faire descendre du lit. Les hommes en blanc l'emmenèrent dans un couloir, le traînant plutôt que marchant. De chaque côté du couloir s'alignaient des cellules avec des barreaux en fer. Il fut jeté sur une natte humide. Il y avait un tas de couvertures dans un coin. De la cellule d'en face, un autre patient le regardait, un vieillard au corps couvert de tavelures et portant une sorte de couche en plastique visible sous sa robe de chambre entrouverte. Il adressa la parole à Hashi : Tu es un bon ou un mauvais ?

Hashi, allongé sur les nattes, se redressa sur un coude. Le vieillard poussa un cri et courut se réfugier dans un coin de la pièce, haletant, le dos collé au mur. Le visage tourné vers le plafond, il marmonnait des phrases incompréhensibles. Il jeta un coup d'œil prudent à Hashi, poussa à nouveau un cri en rencontrant son regard. Je... je sais qui tu es, tu es un mauvais, n'est-ce pas ? Tu marches sur l'ombre des bons et le malheur entre dans leur vie, n'est-ce pas ? Je le sais, je le sais ! Tu veux de l'argent, c'est ça ? Cinq cents yen ? Je ne les ai pas, je n'ai pas d'argent, mais ça ne fait rien, je rends grâces à Dieu sans cesse, merci merci merci, mon Dieu ! Le vieillard était surexcité, des veines s'étaient gonflées sur son front, il criait de plus en plus fort. Un infirmier arriva. Il donna un coup de pied dans la porte grillagée et hurla : Ça suffit maintenant ! Le vieillard montra Hashi du doigt : Au secours, c'est lui, c'est un mauvais, il va marcher sur mon ombre et faire mon malheur, enlevez-le d'ici, je vous en prie, les mauvais il faut les emmener à la police, il n'y a que les bons qui ont droit à l'hôpital, ce n'est pas toujours la justice qui gagne en ce monde, s'il marchait sur l'ombre de Dieu ce serait terrible ! Stop ! hurla l'infirmier, donnant un nouveau coup de pied dans le grillage. Son pied chaussé d'une pantoufle frappa rageusement le sol en béton. Ça suffit, grand-père, ou tu veux que je te mette ça dans la bouche ? Il secouait une balle de caoutchouc noir sous ses yeux. Le vieillard se mit la main sur la bouche en regardant la balle, il essayait d'enfoncer son poing droit dans sa bouche et se mit à sangloter d'une voix aiguë. L'infirmier se fâcha tout rouge. Dis donc, grand-père, tu n'as pas compris, j'ai dit ça suffit. Ça suffiiit ! Le vieillard continuait à pleurer. Tu veux que j'appelle le docteur, bon, je vais chercher le docteur, tu vas voir ! Au mot de « docteur », le vieux se mit à trembler et s'arrêta de sangloter. Il se mit à geindre de terreur en se mordant la paume. Lâche ta main, arrête de te mordre, ça suffiiit ! Le vieux se mordit jusqu'au sang, secouant la tête pour dire non. L'infirmier défit le cadenas, entra dans la cellule, prit la main du vieillard pour l'enlever de force de sa bouche, en tapant du pied sur les nattes. Ça suffiiit ! Arrête ! Il enleva une de ses pantoufles, donna une tape avec sur la joue du vieillard, qui parut enfin retrouver ses esprits. J'ai dit arrête, compris ? hurla l'infirmier en lui tirant l'oreille. Le vieux, terrorisé, hocha la tête plusieurs fois. Oui oui oui oui ! L'infirmier agita la pantoufle sous son nez. Arrêtez, laissa échapper Hashi. L'infirmier se tourna vers lui avec un regard furibond : Comment, qu'est-ce que tu dis, toi ? Hashi prit peur et baissa la tête en silence. Il entendit le bruit d'une pantoufle s'abattant sur la vieille joue ridée. Oui oui oui oui oui ! fit une voix faible. Hashi avait envie de se couper la langue en petits morceaux, de la déchiqueter. Mais c'est plutôt cet infirmier de malheur qui mériterait qu'on lui coupe la langue, pensa-t-il soudain. Il murmura en lui-même une prière apprise autrefois à l'orphelinat puis dit à haute et intelligible voix : Arrêtez ! Il répéta encore une fois : Arrêtez ! puis ouvrit les yeux. L'infirmier avait lâché l'oreille du vieux et le regardait. Alors on veut faire le malin ?

Il sortit de la cellule du vieillard, ouvrit le cadenas de celle de Hashi, entra lentement. A qui tu as dit d'arrêter ? Il souleva lentement la matraque qu'il portait au côté. Hashi regardait par terre. L'infirmier passa lentement la matraque sous son nez. Hashi se pinça discrètement la main. Il ne sentait rien. Je ne sens rien. Même s'il me frappe, ça ne me fera pas mal. Il leva les yeux vers l'infirmier. C'est à vous que j'ai dit d'arrêter. L'infirmier eut un sourire contraint et secoua la tête. Il appuya sur l'épaule de Hashi pour le faire tomber à terre, lui attrapa la cheville gauche, la leva en l'air, tandis que Hashi essayait de lui échapper en gesticulant sur les nattes, lui donnant des coups de pied avec son autre jambe. N'essaie pas de faire le malin avec moi, espèce de timbré ! dit l'infirmier en lui assenant un coup de matraque derrière la cheville. Un élancement de douleur parcourut Hashi. Au deuxième coup la douleur lui tendit l'arrière de la nuque, remontant directement du talon à la mâchoire. Mais il serra les dents, ne poussa pas un cri. S'il avait ouvert la bouche, il aurait sûrement demandé pardon. Il sentait la jointure de son aine trembler. Tandis que les coups continuaient à pleuvoir, la peur s'éleva en lui. Il comprit qu'il avait peur parce qu'il anticipait la douleur. Il continua à serrer les dents. Sa cheville était devenue insensible. Des spasmes agitaient sa cuisse, il fut sur le point d'implorer pitié, sentant qu'un seul coup de plus allait lui faire vider sa vessie. Une peur panique envahit tout son corps jusqu'à l'arrière de ses mâchoires qui se mirent à claquer, mais à l'instant où il allait s'écrier « pardon ! » il se mordit la langue. Quand je me suis coupé la langue, se souvint-il, j'ai été capable de supporter cette douleur. Mais cette pensée ne l'aidait pas à surmonter la peur, il avait oublié la douleur ressentie alors. Pourquoi est-ce que je dois souffrir à cause du vieux fou de la cellule d'en face ? se dit-il tout à coup, se rendant compte que le vieux était l'unique témoin de cette scène.

Même si je me mets à pisser, je n'aurais pas honte. Vas-y, murmura-t-il, allez, vas-y, tape ! essayant de conjurer ainsi la peur de la douleur du coup à venir. Tape, dépêche-toi ! Prononcer ces mots le soulageait. L'anticipation de la douleur se relâcha, son envie d'uriner disparut. A ce moment, un autre coup s'abattit sur son talon d'Achille. Il supporta la douleur en grinçant des dents, lâcha quelques gouttes d'urine. Il concentra toutes ses forces pour supporter la douleur. Allez, vas-y, dépêche-toi, murmura-t-il à nouveau, dans l'attente du prochain coup. Sa voix enfla de plus en plus : Vite, allez, vas-y, tape, tu peux taper, tu ne m'auras pas ! hurlait-il en frappant du poing sur les nattes. L'infirmier lâcha sa jambe. Hashi avait la cheville qui cuisait. Il se redressa et regarda l'infirmier, les joues en feu, qui levait sa matraque. Tape, vas-y ! hurla Hashi. La matraque resta un instant en suspens dans les airs puis l'infirmier l'abaissa lentement et dit : Toi, tu ne ressortiras jamais d'ici. Tu vas voir, on va te donner un bon traitement, très efficace, qui va bien te nettoyer la tête et te débarrasser de tous tes neurones pourris. C'est agréable, tu vas voir.

L'arrière de la jambe de Hashi commençait à enfler. Le vieillard le regardait. Dès que l'infirmier eut disparu au bout du couloir, il éclata de rire :

— Tu étais un bon, finalement !

Hashi se massait l'arrière de la jambe en silence. Il la plaça le long du mur, la fraîcheur le soulagea.

— Eh t'es un bon, t'es un bon, je te dis ! criait le vieux en se léchant la main.

— La ferme ! dit Hashi en lui jetant un regard noir. Je ne t'ai rien demandé, fiche-moi la paix.

L'air attristé, le vieillard hocha la tête plusieurs fois. Oui oui oui oui oui !

Hashi regarda les couvertures empilées dans un coin de la cellule et sursauta en voyant dépasser des orteils, des orteils fins et blancs de femme. Une femme était dissimulée sous ces couvertures ! En regardant de plus près, il aperçut ses cheveux, son front, sa main gauche. Elle a la tête qui ne tourne pas rond, lui expliqua le vieillard, elle n'est ni bonne ni mauvaise, elle, on l'appelle « Légume », c'est tout. Ni bonne ni mauvaise, mais c'est un légume pourri, il ne faut pas la manger. Légume portait un anneau d'or au petit doigt de la main gauche. Elle devait avoir chaud sous ces couvertures, se dit Hashi. Il n'y avait pas de fenêtre dans la cellule. On entendait un ventilateur ronronner quelque part au bout du couloir, mais pas un souffle de vent ne parvenait jusqu'à eux. Légume n'avait pas l'air de transpirer malgré la chaleur. L'ombre de l'abat-jour sur l'ampoule jaunâtre au plafond couvrait juste sa main gauche, mais l'anneau à son doigt étincelait à intervalles réguliers. Hashi regarda le plafond : l'abat-jour était parfaitement immobile, l'ampoule aussi. C'était donc bien Légume qui remuait les doigts, et sa bague reflétait la lumière chaque fois que son auriculaire sortait de l'ombre.

L'infirmier apporta son repas à Légume : de la nourriture liquide dans des tubes. Du riz, du lait, des légumes. Hashi regarda l'infirmier introduire un tube dans la bouche de Légume pour faire glisser le repas dans sa bouche. Son visage était recouvert d'un étrange masque, Hashi se rappelait avoir trouvé des masques de ce genre autrefois dans les ruines de la mine abandonnée : c'était un masque à gaz se terminant par un tuyau en caoutchouc annelé pendant à hauteur de la bouche. L'infirmier enleva la valve du tube de nourriture, qu'il introduisit dans l'ouverture sombre du masque. On entendait Légume déglutir, preuve qu'elle ingurgitait les aliments.

Le « repas » terminé, l'infirmier souleva les couvertures. Légume était bien une femme : l'infirmier enleva la couche de plastique qu'elle portait, lui nettoya l'entrejambe, l'aspergea de talc. La femme ne bougeait pas. Quand ce fut fini, il replaça les couvertures sur elle. Elle laissa échapper un petit gémissement juste à ce moment-là. Tu vois, dit l'infirmier, on lui a bien proprement nettoyé la tête à elle, comme on te le fera bientôt. Légume recommença à bouger les doigts. Hashi observait ce mouvement, un léger parfum de talc montait jusqu'à ses narines chaque fois qu'elle soulevait les doigts. Il n'y avait pas de fenêtre, seulement cette ampoule jaunâtre au plafond. Comment savoir si c'était la nuit ou le jour ? Hashi s'approcha lentement de Légume, et à chacun de ses pas sur la natte moisie, le mouvement des doigts changeait, rappelant à Hashi l'homme du parc de l'îlot de la drogue, dont les muscles agités de spasmes convulsifs avaient attiré sa compassion. C'est en compagnie de cet homme atteint de la danse de Saint-Guy qu'il avait appris à chanter, il avait passé des heures à chanter pendant que l'autre sautait en l'air comme si on lui tirait dessus à la mitraillette. Auprès de lui, il avait inventé mille mélodies. Progressant pas à pas, il s'était approché de Légume à la toucher. Le pied qui émergeait de la couverture était brunâtre et enflé, peut-être à cause d'une mauvaise circulation du sang. Hashi posa doucement le bout de ses doigts dessus. Aucune réaction. Il pressa légèrement. On aurait dit un sac-poubelle empli d'un liquide épais. Si on perçait ce sac avec une aiguille, le liquide s'échapperait-il ? Elle lui faisait penser au clochard qui l'avait sucé dans des toilettes publiques de Sasebo autrefois. Et si cette femme était une réincarnation du chien qui lui avait sauvé la vie bébé ? J'ai une dette envers ce chien. Mais que puis-je faire pour Légume ? Chanter, c'est tout. Se tournant du côté où il supposait être la tête sous les couvertures, Hashi se mit à chanter, comme un instrument à vent dans les tons les plus bas possibles. Tout d'abord Légume ne manifesta aucune réaction, Hashi n'aurait su dire si elle l'entendait ou pas. Il changea peu à peu de ton, passant du son d'un cor résonnant dans une forêt profonde à celui des feuilles tombant mollement à la surface d'un lac, puis à celui de ronds dans l'eau s'élargissant jusqu'à effleurer un rivage sablonneux, il termina en fredonnant les premières notes de sa *Ballade de Saint-Guy*, qui ressemblaient à des trilles d'oiseau. La mélodie emplit la pièce, les couvertures s'agitèrent légèrement. Elle m'entend ! Elle m'entend. Hashi augmenta le volume de son chant, le mouvement des doigts sur la couverture s'accéléra, la paume devint moite de sueur. Il entendit une voix crier dans son dos :

— Allez, un peu de tonus !

Il se retourna et vit des visages collés contre les grillages de toutes les cellules. C'était le vieillard de la cellule d'en face qui avait crié. Hashi s'arrêta de chanter.

— Hé, le bon, c'était toi alors, je me disais bien que ce n'était pas la radio parce qu'il n'y avait pas de bulletin météo, mais écoute, comme tu es une bonne personne, tu ne veux pas chanter quelque chose d'un peu plus entraînant ? *Joyeux anniversaire*, ou alors une chanson de marche, tu vois, Légume est morte ou quoi ? Tu n'as pas l'air très gai, ta chanson n'a aucun tonus, ça ne doit pas lui plaire, à Légume, un chant triste comme ça, quand c'est une bonne personne qui chante une chanson aussi sinistre, ça ne lui remonte pas le moral, la pauvre.

Hashi s'arrêta de chanter et les doigts de Légume recommencèrent à s'agiter comme auparavant. Ma chanson ne lui plaît pas, a-t-il dit ? Je me demande si c'est vrai.

— Hé, le bon, qu'est-ce qu'il y a, tu es triste ?

Tous les autres patients, cou tendu contre le grillage pour essayer de mieux voir, une expression inquiète sur le visage, regardaient Hashi.

— Si tu es malade, je le dirai au docteur si tu veux, il te fera une piqûre.

— Aucun de vous n'aime ma chanson ? demanda Hashi à la cantonade.

Tous s'entre-regardèrent, puis le vieillard prit la parole pour exprimer l'avis général, après s'être éclairci la gorge d'un air gêné.

— Eh bien, on aimerait quelque chose qui nous remonte le moral, tu vois.

— Ça va, j'ai compris, murmura Hashi en s'éloignant de Légume.

Il alla s'allonger dans le coin opposé de la cellule. Les autres continuèrent à le regarder un moment puis retirèrent leur tête du grillage, reculant au fond de leurs cellules, hors d'atteinte de la lumière. Seul le vieillard continuait à observer Hashi d'un air inquiet. Bonne nuit, dit Hashi au bout d'un moment en se redressant, et le vieillard hocha la tête d'un air joyeux puis retira enfin son visage du grillage. Du tonus ? murmura Hashi, parlant tout seul. Mais je ne connais pas une seule chanson capable de redonner du tonus à quelqu'un. Remonter le moral ? Ha ha ! Impossible ! murmura-t-il en riant tout seul. Tout lui paraissait tout à coup ridicule et absurde. Quand je pense que j'ai inventé des centaines de mélodies, j'ai enregistré tous les sons qui pouvaient exister, je suis allé jusqu'à me couper la langue, et pourtant, rien n'a changé ! Je n'ai fait que tourner en rond autour de moi-même. Tout ça pour me retrouver face à moi-même, une balle de caoutchouc enfoncée dans la gorge, serré dans une camisole de force, en train de pleurer en demandant pardon ! Il entendit les couvertures de Légume s'agiter bruyamment. Hashi jeta un coup d'œil dans sa direction. Et si j'essayais de lui chanter autre chose ? Il ouvrit la bouche, mais s'arrêta net. Il en avait marre de tout ça, il voulait oublier, oublier ! Il aurait voulu recracher tous les sons et les mélodies qu'il avait ingurgités jusque-là. Chanter quelque chose de neuf ! Mais pour cela il fallait chasser un à un de sa tête tous les sons, toutes les mélodies anciennes, et les souvenirs qui y étaient liés. Le vagabond des toilettes de Sasebo, les ciseaux pleins de sang, le gras de canard, la peau molle des femmes, l'air humide des galeries de mine abandonnées, le visage rieur de Kiku avec le front en sueur, tous ces lieux et ces gens et les odeurs. Il s'y reprit à plusieurs fois pour chasser tous ces souvenirs. Mais quand il eut enfin fait le vide derrière ses paupières, la même image resurgit : son visage tel qu'il l'avait vu quelques heures plus tôt dans le viseur de la caméra de télévision, le visage terrorisé d'un homme pieds et poings liés, qui ne pouvait plus ni parler ni bouger. Cette image-là, Hashi n'essaya pas de la chasser, il ne savait pas exactement pourquoi mais il lui semblait que les chansons à venir, c'est ce visage-là qui les inventerait, il décida de redevenir ce visage terrorisé d'un être privé de nom, de vêtements, de mouvements, de sens à sa vie, d'un être qui n'avait plus rien. Plus jamais il ne quitterait ce visage. Même si j'avale à nouveau une mouche à visage humain, plus jamais je n'oublierai ce visage-là ! Il ne détestait pas ce reflet de lui-même en pleurs et terrorisé, non, comment l'aurait-il détesté ? Il avait beau chercher, c'était le seul reflet dans lequel il se reconnaissait.

Le vrombissement de l'hélicoptère emplissait l'espace. Un hélicoptère extrêmement rapide avec du sang de chauve-souris séché sur les pales. Le vieillard aux commandes arborait un large sourire. Ça faisait quatre ans que je n'avais pas piloté cet engin ! Ils atterrirent sur un héliport aménagé sur un polder dans la baie de Tōkyō, pour refaire le plein et réviser le moteur. Kiku et Anémone descendirent de l'appareil, serrant précieusement contre eux leurs sacs de voyage, qui contenaient les cylindres de datura. Tous deux burent un Coca dans un coin de l'énorme hangar. Le vieillard connaissait deux mécaniciens du hangar. Ils parlaient d'un tout nouveau modèle d'hélicoptère, dont les pales pouvaient se replier à l'intérieur de la carlingue, capable de se transformer en cas de nécessité en un véritable avion. Il peut atteindre les 1 200 kilomètres l'heure, mon vieux ! Kiku attendit la fin de la conversation pour dire au vieillard : Anémone et moi on a quelque chose à faire, on revient après. Le vieux pilote hocha la tête. Ne revenez pas trop tard, hein, à la tour de contrôle ils sont pointilleux, on doit retourner à Miruri dans exactement trois heures.

— C'est largement suffisant, répondit Kiku sans se retourner, partant main dans la main avec Anémone.

Ils marchaient sans mot dire le long de la route du port pratiquement déserte. L'été n'était pas fini, et il faisait presque aussi chaud à Tōkyō qu'à Miruri ou Karagi. La différence était dans l'odeur d'essence qui flottait dans l'air et le bourdonnement incessant des millions de voix humaines de la cité. Ils passèrent sous un tunnel en ligne droite aux parois argentées. De temps en temps d'énormes camions les dépassaient avec un sifflement. A mi-chemin, Anémone repensa à son crocodile mort sur l'autoroute. Il aurait dû pleuvoir ce jour-là... Elle secoua la tête, elle ne voulait plus penser à ça. Elle toucha le dos de Kiku : il était trempé de sueur. Au croisement à la sortie du tunnel, ils tombèrent sur un petit atelier de réparation de motos, à la pancarte écaillée. A la vue de Kiku et Anémone vêtus de lin blanc, la peau brûlée par le soleil, le jeune mécanicien les regarda avec des yeux ronds. Il avait des mèches teintes en rouge dans les cheveux. Deux motos d'occasion étaient alignées derrière la vitrine embuée. Anémone désigna la plus puissante des deux, une 250 trial.

— On veut celle-là, dit-elle, vous pouvez la faire démarrer ?

Anémone écouta le moteur un moment puis enfourcha la moto, dans sa robe de lin blanc. Elle roula une dizaine de mètres sur la route, puis enleva les deux mains du guidon.

— Elle s'y connaît, la petite, murmura le mécano. C'est important de vérifier l'équilibrage quand on achète une moto d'occasion.

Pendant qu'Anémone montrait son permis moto et signait les documents nécessaires, Kiku attacha sur le porte-bagages les sacs contenant les cylindres de gaz.

— Dites donc, vous êtes drôlement bronzés, vous êtes des surfers ou quoi ? Le costume blanc, c'est un signe de reconnaissance ? Vous êtes des *Surf City*

Babies, non ? fit le mécanicien en recomptant ses billets.

— Pas du tout, répondit Kiku en attachant les lanières d'un casque sous son menton, nous sommes des *Coin Locker Babies*.

Il y avait un interminable bouchon sur l'autoroute mais Anémone se faufila entre les voitures, puis fut bloquée par deux camions. A l'intérieur d'un taxi dans la file à côté d'eux, Kiku remarqua une petite affiche : c'était une photo de lui avec, à côté, Hayashi et Nakakura. *Si vous rencontrez un de ces hommes, téléphonez au...* disait une ligne laconique en grosses lettres sous la photo. Cette photo de lui avait été prise par la police, cette veille de Noël où il avait tué sa mère, il s'en souvenait : ils l'avaient pris en photo après l'avoir traîné au commissariat, il hurlait, ne me touchez pas ! Laissez-moi tranquille ! Il s'était traîné par terre en pleurant, gémissant pardon, pardon des centaines de fois. Il avait vraiment une tête horrible sur cette photo. Des yeux pleins de larmes au regard vide, des lèvres molles, entrouvertes, entre lesquelles on voyait les dents. Pitoyable, ta tête, murmura-t-il à la photo, ne relâche pas ta rage maintenant, pas le droit d'avoir peur ni d'hésiter, une minute d'hésitation et tu finis enfermé derrière les barreaux. Tout à coup la file de voitures se remit à avancer, ils dépassèrent le lieu de l'accident qui avait causé cet embouteillage. Il y avait une mare laiteuse sur la route, à l'endroit où le réservoir brisé d'un camion de lait avait répandu son contenu. Le taxi avec l'avis de recherche placardé à l'intérieur démarra à une vitesse effrayante, disparut dans l'odeur de lait, et les treize tours de Shinjuku apparurent à l'horizon, dans la brume de chaleur. Une lumière orange, presque invisible dans la luminosité matinale, clignotait au sommet de l'une d'elles. Vues ainsi de loin, les tours avaient l'air de se serrer les unes contre les autres en haletant. Les murs de béton, les fenêtres de métal semblaient plus doux encore que le ventre de la tortue brûlée sur la plage. Ces boîtes fondues dans la chaleur de l'été et l'odeur de lait qui flottait partout évoquaient une consigne : chacune de ces boîtes renfermait un bébé abandonné. Kiku dénoua un peu les sangles du porte-bagages, ouvrit les sacs, vérifia que les cylindres étaient bien là. Anémone fonça tout droit, à pleins gaz, sur une bretelle d'autoroute surplombant la ville, la moto semblait aspirée à toute vitesse par les tours dans le lointain. Rien n'a changé, songeait Kiku. Tout le monde voudrait s'ouvrir la poitrine, mettre son cœur à nu pour qu'un vent nouveau vienne souffler dessus et le faire battre à fond, ses battements résonnant comme un tambour. Tout le monde voudrait vivre comme un motard fonçant pleins gaz à travers les embouteillages de l'autoroute, moi je continuerai à sauter à la perche, Hashi à chanter, les bébés à dormir dans leurs boîtes, nous avons écouté tous les sons du monde, mais le seul son important était le battement du cœur de notre mère, le seul son connu de nous jusqu'à notre premier souffle, il ne faudra jamais jamais un seul instant oublier ce signal qu'elle nous a envoyé, ce signal n'a qu'une seule signification. Kiku prit un cylindre dans son sac. Les treize tours se rapprochaient, elles étaient sous ses yeux maintenant, leur masse argentée couvrait tout son champ de vision. L'énorme chrysalide allait se métamorphoser. Les bébés endormis dans leurs boîtes ramollies par la chaleur allaient se réveiller et surgir tous ensemble de leur cocon tissé de fer de verre et de béton.

De l'autre côté du couloir, il entendit un bruit de verre cassé et les cris d'un infirmier : Amenez-le, vite ! Mettez-le dans la cellule ! La porte du couloir s'ouvrit brusquement, un homme enveloppé d'une camisole de force fut jeté comme un paquet dans la cellule de Hashi. Quand il tomba sur les nattes, toute la pièce trembla, comme si une statue de bronze à forme humaine venait de tomber du plafond. Effrayée, Légume gémit sous son tas de couvertures. Le tuyau annelé de son masque à gaz tremblait. Un bruit désagréable emplit la pièce, comme si on vous sciait des os à l'intérieur de la tête : c'étaient les grincements de dents de l'homme en camisole de force. Un docteur et trois infirmiers le maintinrent au sol, tandis qu'un autre médecin brandissait une énorme seringue d'où perlaient des gouttes de liquide. L'homme avait des veines bleues gonflées sur le visage, les yeux exorbités et injectés de sang, et le bord des paupières noirâtre de sang séché, comme s'il avait un trait d'eye-liner. Malgré la camisole il continuait à se débattre avec une force terrible, et projeta un des infirmiers jusque contre le mur. Hashi connaissait bien la camisole lui aussi, il savait que, une fois enfermé sous ce tissu épais, les sangles de cuir bien serrées vous empêchaient de faire le moindre mouvement. Les autres patients, ébahis, se mirent à pousser des cris d'admiration. Il a la santé, celui-là ! Vas-y ! Courage, défends-toi ! hurlait le vieux qui avait enlevé sa robe de chambre. Un infirmier lui lança des regards furibonds, et s'apprêtait à lui hurler de se taire mais un cri du docteur l'arrêta : l'homme s'était arc-bouté en arrière, son corps formant un pont, étirant les sangles de cuir sur les muscles de ses bras et de sa poitrine. Les sangles vont se casser ! hurla le médecin d'une voix suraiguë, sa seringue toujours à la main. Plusieurs des sangles tendues à se rompre commencèrent à se lézarder avec des crissements de cuir déchiré. L'homme serrait les dents si fort qu'elles paraissaient près de se briser à la racine. Plusieurs sangles éclatèrent, un infirmier, sans doute atteint au visage par une boucle de ceinture, se roula par terre en hurlant. Les cris de joie des patients enflèrent d'un ton. Une odeur étrange de corne brûlée émanait de la bouche du forcené qui se griffait la poitrine. Ça sent la même odeur que dans la salle de bains le jour où j'ai donné un coup de couteau à Niva, c'était la pointe du couteau qui sentait comme ça... Le géant d'acier s'est réveillé ! Dans la plus lointaine Antiquité, il est sorti de la mer, un flot de sang jaillissant de sa poitrine ! Le géant d'acier a été enterré à Stonehenge au milieu des carottes dans les éclairs et le tonnerre ! Mais voilà qu'il s'est éveillé de son sommeil, le géant d'acier, et le temps de la chair de poisson pourrie est fini, le temps de l'acier et des bombes est revenu ! Dieu nous envoie ce géant de l'autre monde pour nous redonner la santé, nous faire sortir de nos cellules et jouer au ping-pong ou au base-ball comme autrefois ! hurlait le vieillard, les yeux étincelants. Le médecin appliqua la pointe de sa seringue sur le cou de l'homme, dont le bras jaillit à cet instant précis à travers la camisole déchirée et vint entourer le cou d'un infirmier. Les doigts s'enfoncèrent dans la gorge d'où s'échappaient des râles, mais l'infirmier eut le temps de sortir sa matraque et commença à taper sur le bras de l'homme. On entendit un bruit de caoutchouc écrasé, et l'homme se mit à rire. Un rire profond comme s'il se gargarisait avec de l'eau. Le médecin essaya d'enfoncer son aiguille dans le bras qui émergeait de la camisole. La peau se creusa un peu, sans plus. Le médecin appuya plus fort, la seringue se brisa. Un liquide jaunâtre se mit à couler du nez et de la bouche de l'infirmier que l'homme était en train d'étrangler. Sa langue toute blanche lui pendait jusqu'au menton. Le médecin prit une plus grosse aiguille, l'appliqua à la base du cou de l'homme, visant une grosse veine gonflée. L'aiguille transperça la peau mais le médecin avait beau appuyer, la pompe n'envoyait pas le liquide dans la veine. Mais qu'est-ce qu'il a, celui-là ? Impossible de le piquer, murmura le médecin, mais dans le vacarme et les cris des autres patients personne ne l'entendit.

Hashi sortit de la cellule, avança dans le couloir. Le linoléum de la salle de consultations était tout collant sous ses pieds, parsemé de bouteilles de médicaments cassées. Les stéthoscopes, tensiomètres, tuyaux de perfusion, masques antiseptiques, blouses blanches, pinces chirurgicales gisaient pêle-mêle sur le sol.

Dehors, le soleil était au zénith. Hashi passa sous la barrière de barbelés, traversa la cour intérieure. Tout semblait parfaitement calme. Il se dirigea vers le mur.

Des milliers d'insectes volaient au-dessus d'un parterre de tournesols. Il n'y avait personne dans la cour, on n'entendait que le vrombissement des ailes d'insectes. La cour de l'hôpital psychiatrique sans un seul patient évoquait une cour de prison où se préparait une exécution. Qui était le condamné ? se demanda Hashi, s'approchant d'un bassin en demi-cercle d'où jaillissait un jet d'eau. Il voulait boire de l'eau, pour se libérer de l'odeur âcre qui lui brûlait la gorge, l'odeur de l'haleine de l'homme, l'odeur du couteau qui avait frappé Niva. Il puisa l'eau dans ses deux mains en jetant des coups d'œil autour de lui, mais quand il l'approcha de ses lèvres, il jeta un cri : des cadavres d'insectes flottaient à foison sur l'eau.

La porte en fer donnant sur l'autre côté du mur était ouverte. Juste à côté, il y avait une voiture abandonnée aux vitres cassées. On ne voyait pas trace de choc sur la carrosserie, pourtant il y avait du sang sur le siège arrière et la portière gauche était à moitié arrachée. Hashi se mit à marcher sur la route, entre une usine de feux d'artifice et des immeubles d'habitation, le vent apportait de temps en temps à ses narines une odeur suffocante dont l'acidité l'empêchait d'ouvrir les yeux, lui piquait la gorge. Mais Hashi était reconnaissant à cette odeur, c'était peut-être grâce à elle qu'il n'y avait personne nulle part, l'usine comme les appartements semblaient déserts, les rues étaient vides. Peut-être était-il encore sous l'emprise de la folie ? Cette odeur était devenue son seul point de repère et il continuait à marcher, persuadé que si ces effluves cessaient de parvenir à ses narines, il s'arrêterait net, incapable de faire un pas de plus. Au carrefour, il tomba sur quelques voitures vides arrêtées au milieu de la route. Il n'y avait aucune trace d'accident, les feux de signalisation marchaient normalement. Il alluma la radio d'une voiture sur laquelle la clé de contact était restée. Il entendit une voix d'homme, augmenta le volume. L'homme parlait calmement comme s'il lisait un bulletin météo, et répétait les mêmes phrases : Fermez le robinet d'arrivée du gaz, évacuez votre lieu de résidence, n'emportez aucun effet personnel avec vous, les enfants de moins de six ans et les femmes enceintes de plus de huit mois sont prioritaires pour l'évacuation dans les véhicules des forces d'autodéfense, les véhicules des forces d'autodéfense sont réservés à ces deux catégories, fermez le robinet d'arrivée du gaz, évacuez votre lieu de résidence... Hashi essaya d'autres fréquences mais toutes les stations de radio diffusaient le même message. Guidé par l'odeur, il se remit à marcher, traversa le terrain de sport d'une école. C'est pareil, murmura-t-il, exactement pareil que le terrain de sport désaffecté dans les mines d'autrefois... Des petites chaussures, des vêtements de sport, des cartables pleins de livres et de cahiers étaient abandonnés par terre çà et là. Il traversa une petite rue commerçante. Dans des sacs à provisions laissés par les clients dans une banque, du poisson, de la viande commençaient à pourrir. Au comptoir d'un restaurant de fast-food, un hamburger traînait, une fourchette plantée dedans. Un tourne-disque muet continuait à tourner à l'intérieur d'un magasin de disques. A l'étal d'un marchand de fruits, des mouches s'agglutinaient sur des tas de bananes, de poires, de raisin écrasés.

Hashi avait trouvé la source de l'odeur : une couche de poudre blanche dégageant la même odeur acide couvrait le sol d'un parc encadré d'une haie de bambous. Il se mit la main sur le nez pour traverser le parc en courant et remarqua que la moitié du sol environ était couverte d'une bâche en plastique bleu. Il y avait des mouches agglutinées dessus comme à la devanture du marchand de fruits. Il s'approcha, souleva un coin de la bâche, aperçut des jambes et des bras humains. Hashi poussa un cri, porta sa main droite à sa bouche, se mordit la paume. Sa main dégageait une légère odeur de corne brûlée, mais il n'y prêta pas attention. Il entendit une cigale chanter dans un fourré de bambous. La main toujours sur la bouche, il courut se cacher dans les bambous pour vomir. A l'ombre des bambous, il faisait moins chaud, la terre humide alourdissait ses pas. A la sortie du fourré, il y avait un cadavre de chien, la tête écrabouillée. Hashi s'arrêta, décida de lui creuser une tombe. Je vais creuser un trou profond, profond pour ce chien, peut-être que ça calmera mon envie de vomir. La terre est molle ici, ce sera facile de creuser. Ça me permettra de réfléchir tranquillement, je ne sais même pas où je suis. Il se rappela soudain le bébé qu'il avait enterré dans l'îlot de la drogue. Une rafale de vent fit bruisser les feuilles de bambou. Son envie de vomir s'était calmée, il avait la bouche moins sèche, son corps lui semblait de plus en plus léger. Des vagues de chaleur se propageaient de sa gorge à son ventre, il se sentait bien, il respira fort l'odeur de corne brûlée. Il finit de creuser le trou, attrapa le chien par une patte arrière, et soudain il eut la sensation que son corps s'emplissait d'une énergie extraordinaire. Un violent désir de déchirer ce cadavre de chien en menus morceaux s'empara de lui. Il ferma les yeux sous la force fulgurante de cette impulsion, secoua la tête, se mordit les lèvres, cela ne passait pas. Terrorisé, il voulut lâcher la patte du chien, mais une douleur violente lui traversa les tempes, et il serra au contraire sa main autour du chien avec une force extraordinaire. Déchire-le en morceaux, dit une voix. Il regarda autour de lui : personne. Mets-le en pièces ! répéta la voix. Envahi par la chair de poule, Hashi serra les dents : cette voix parlait en lui. Qu'est-ce qui m'arrive ? Je redeviens fou. J'ai un trou dans la tête et quelqu'un y verse de la vapeur. Il essaya de lâcher le chien, eut l'impression que ses tempes allaient se fendre de douleur. Déchire-le, fit sa propre voix, ses lèvres bougeaient toutes seules. Il tordit les coins de la bouche pour pouvoir parler : Pas de blague ! marmonna-t-il. C'est un chien qui m'a sauvé la vie, bébé, dans mon casier de consigne. Comment pourrais-je mutiler ce pauvre chien mort dans la souffrance ? Il lâcha le chien en gémissant, sortit des bambous, la douleur dans ses tempes le faisait tituber. Il toucha sa tête pour vérifier qu'il n'y avait pas de trou dedans. Pourtant il avait toujours cette impression qu'on lui versait de l'huile bouillante sur le cerveau. Du suif bouillant enflammé qui accélérait le flux de son sang, adhérait à ses muscles, les agitait de spasmes convulsifs, durcissait tout son corps. Ses cuisses étaient brûlantes, insupportablement brûlantes. Il se mit à courir les yeux fermés, se heurtant aux peupliers, à des pare-chocs de voiture, à des sacs-poubelles, à des barrières, à des cabines de téléphone, à des poteaux électriques. Il sentit qu'il s'était blessé à la tête, du sang coulait mais il n'éprouvait pas la moindre douleur. Chaque fois qu'il se cognait, ses muscles durcissaient davantage. Il tomba dans un fossé, sentit une présence dans l'eau tiède et boueuse. Entrouvrant les yeux, il aperçut une jambe humaine. Saisi par la même impulsion que tout à l'heure avec le chien, il ouvrit grands les yeux. Il se trouvait dans une rue bordée d'arbres, écrasée de chaleur, une femme était assise au bord de la route, un pied dans le fossé, une écume verdâtre aux lèvres. Hashi avait l'impression d'être devenu un géant, à cause de tout ce gras d'animal qui flambait dans ses veines, il avait l'impression qu'il pourrait écraser cette femme d'une simple pression des doigts. Il s'approcha d'elle, elle portait une robe avec de petites gouttes d'eau imprimées, elle était enceinte, avait une blessure à l'épaule gauche. Son pied agitant l'eau trouble du fossé, elle jeta un coup d'œil à Hashi, éclata d'un rire sans force, s'adressa à lui : Je n'ai plus de nausées, docteur, je peux boire de la bière, vous savez, docteur, les nausées n'étaient pas très fortes mais je vous ai bien obéi, je n'ai pas bu une seule goutte de bière. Hashi s'approcha lentement d'elle, à chaque pas il sentait les muscles de sa mâchoire se crisper. L'image de lui-même en train de déchirer en deux le visage de cette femme lui vint à l'esprit. Déchire-la, brise-la en miettes. La femme déglutit, la gorge tremblante. Hashi riait avec un bruit de gargouille. Il mit la main entre ses cuisses. Le plaisir semblait monter de l'asphalte vers ses reins, il éjacula, avec un long spasme, comme si un jet violent de sperme jaillissait de tous les pores de sa peau. Il posa la main sur la tête de la femme enceinte, la souleva par les cheveux. Avant qu'elle ne se mette à crier, il lui enfonça le poing droit dans la bouche. Elle roula sa langue dans sa bouche, vomissant un liquide aigre. Il posa sa main gauche sur la mâchoire de la femme. Son orgasme prit fin à cet instant précis. Un air frais et doux l'enveloppa agréablement. Un sentiment de bonheur irrépressible. La femme avait une lèvre fendue. A ce moment Hashi tressaillit : il venait d'entendre son cœur battre, comme un tambour lointain. C'est ça, pensa-t-il, si je tue cette femme enceinte, avec cette sensation d'extase totale, de bonheur sans fin, le *son* va m'envelopper, c'est sûr, le battement du cœur... Mais de quel cœur ? Le mien, le sien ? Il regarda dans le gosier de la femme, un réseau de muscles et de veines courait dans la cavité sombre, tout au fond il aperçut une fine membrane à demi transparente semée de taches blanches, où se mit à flotter une forme qu'il reconnut. Un bel oiseau aux ailes déployées sous la neige qui tombait dru : un paon. Le paon aperçu le soir où Kiku avait tué sa mère d'un coup de fusil. A l'ombre du plumage mordoré du paon, une vieille femme malade. Fou de colère, il se mit à arracher la peau de cette vieille femme malade qui lui souriait calmement. Derrière la vieille femme il découvrit une autre femme qu'il n'avait jamais vue. Alors c'est toi, c'est toi qui m'as abandonné dans cette consigne, murmura-t-il. Et il se mit à déchirer la poitrine de la femme qui l'avait mis au monde. Il déchira, écarta les muscles, les entrailles pour se réfugier dedans. C'était tiède et doux, il y avait une masse rouge humide qui se gonflait et se rétractait tour à tour. Son cœur ! Je l'ai enfin trouvé ! s'écria Hashi. Le *son*, c'était le bruit de ce cœur-là, le cœur de la femme qui m'a mis au monde ! Jusqu'à ce que je respire ma première goulée d'air, c'est le son de ce cœur que j'ai entendu ! Comme il était reconnaissant à ce son, ce son qui lui avait donné la force qu'il sentait bouillonner dans son corps et ce sentiment de bonheur ! Comment aurait-il pu haïr ce son ? Il pardonnait à sa mère. Il pardonnait à la vieille femme au paon, et à la membrane semi-transparente sur laquelle leur image lui était apparue. A la membrane et aux veines et à la cavité sombre et à la langue roulée en boule à l'intérieur. Il ne voulait pas tuer cette femme ! Je ne veux pas la tuer, enlevez-moi mes forces, videz-moi de mon sang, serrez-moi dans la camisole de force, empêchez-moi de tuer cette femme ! Hashi se mit à chercher en lui, dans ses organes, ce qui n'était pas sous le contrôle de cette odeur de corne brûlée, ce qui n'était pas sous l'emprise du suif bouillant. Il chercha partout, dans son corps tout entier, sans rien trouver. Le gras en fusion contrôlait toutes ses cellules. Quelque chose en lui tressaillit. Où était-ce ? Sa langue, le bout de sa langue, oui, le souvenir de ce bout de langue qu'il avait coupé. Il se laissa glisser le long de ce souvenir, la douleur ressentie alors se communiqua au reste de sa langue. Je ne me laisserai pas faire, je ne tuerai pas cette femme, le bruit de son cœur ne disparaîtra pas. La douleur s'étendit à l'intérieur de sa bouche, plus bas, dissolvant lentement le suif collé sur ses cordes vocales. Le battement de cœur lui envoyait toujours des signaux. Le bébé dans le ventre de cette femme folle recevait les mêmes signaux. Hashi aspira une bouffée d'air. La fraîcheur de l'air envahit sa langue, ses cordes vocales. Les battements du cœur de la mère enseignaient à l'enfant à naître et à Hashi un seul et unique message. Il aspira l'air à nouveau. L'air frais lui rafraîchit la gorge, les lèvres, réveilla ses terminaisons nerveuses, Hashi ouvrit la bouche et hurla. Son cri était un vagissement de nouveau-né. Je n'oublierai jamais, je n'oublierai plus le message que m'ont transmis les battements de cœur de ma mère : Vis ! Ne te laisse pas mourir, vis ! Voilà ce que me criait chaque battement rythmé de son cœur. Mes muscles, mes veines, mes cordes vocales n'ont jamais oublié ce message. Hashi lâcha la mâchoire de la femme enceinte. Vagissant comme un nouveau-né, il s'éloigna. A travers les rues désertes, il marcha vers le centre de la cité, tandis que ses vagissements se muaient peu à peu en chant. Vous m'entendez ? murmura Hashi aux gratte-ciel.

Vous m'entendez ? C'est ma nouvelle chanson !

5024

Achevé d'imprimer en France (Malesherbes)
par MAURY IMPRIMEUR
le 8 septembre 2014.

1er dépôt légal dans la collection : août 1999.
EAN 9782290349540
N° d'impression : 192413

ÉDITIONS J'AI LU
87, quai Panhard-et-Levassor, 75013 Paris

Diffusion France et étranger : Flammarion

What ional writers say about *Proximity Zero*

3rd Edition

"An invaluable resource for anyone who wants to get their hard science or space opera right."

— Thomas A. Easton, Professor of Science (Ret.).
Former columnist for *Analog Science Fiction and Fact*, and
co-editor of *Deco Punk: Spirit of an Age* (2015) and *Conspiracy!* (2016)

"Proximity Zero has been one of the most useful books on my reference shelf for many years ... and the third edition is the best yet! An absolutely indispensable tool for science fiction writers, one that I recommend without reservation. If you write SF, you need this book!"

— Allen Steele, Author of *Coyote* and *Arkwright*

"An essential resource for science-fiction writers and astronomy buffs alike."

— Robert J. Sawyer, Hugo Award-winning author of *Quantum Night* and *FlashForward.*

"A fascinating and extremely useful resource for authors seeking to portray, realistically, the realm within 80 light years of our home. I've seen nothing better!"

— David Brin, Astrophysicist and Science Fiction author

"If you are an amateur astronomer, you need this book. If you are a science fiction author, you need this book. If you are a science journalist, you need this book. In fact, if you are at all interested in the human race's future effort to explore interstellar space, you need this book!"

— Robert Zimmerman, science journalist and
space historian, behindtheblack.com

"As a science fiction writer who wants to 'get the details right', I've found Terry Kepner's book a valuable resource. This new edition is a great improvement, drawing on more recent research and discovery, and is a wealth of information for writers."

— Walter H. Hunt, author of the '*Dark Wing*' science fiction series.

Proximity Zero

3rd Edition

A writer's guide to the 800 stars and 80 planets within 40 light-years of Earth.

by Terry Kepner

Designed for the writer who doesn't want to get a degree in Astronomy to write a believable space adventure.

Proximity Zero, A writer's guide to the 800 stars and 80 planets with 40 light-years of Earth
by Terry Kepner

Proximity Zero, A writer's guide to the 800 stars and 80 planets with 40 light-years of Earth

Published by Flying Chipmunk Publishing
162 Onset Road
Bennington, NH 03442

ISBN: 978-1-63384-618-0 - Hardback
978-1-63384-619-7 - Tradepaperback

Cover Art credits: Can Stock Photo / SGirimont & Can Stock Photo / denisov
Cover Design by Terry Kepner
Title page credit: Hubble Space Telescope, N.A.S.A.
First Flying Chipmunk Publishing Trade-paperback edition: December 2016.

Table of Contents

continued

Figures

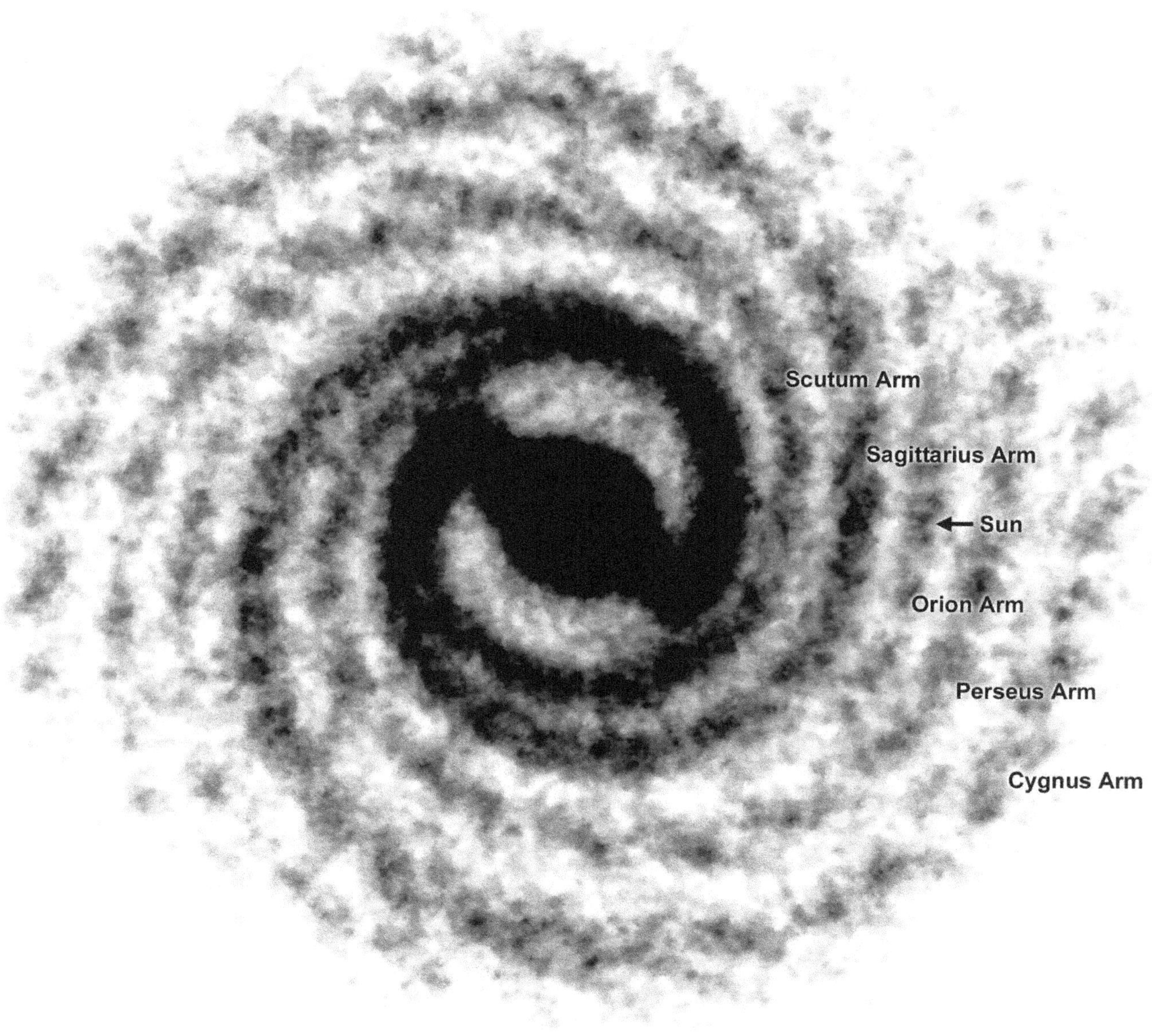

Fig. 1 Above is a reverse image view of what astronomers believe is the shape of our galaxy, the Milky Way. This type of galaxy is known as a Bar-spiral. Notice that there are two main arms that fragment into four. Our Sun is in the Orion Arm, a small fragment between the Sagittarius Arm and the Perseus Arm. The Orion Arm was probably formed by gravitational tides between the two main arms on either side. There is a similar fragment on the other side of the galaxy between the Scutum-Crux Arm and the Cygnus Arm. Fig. 2. Below is an edge-on view of the Milky Way.

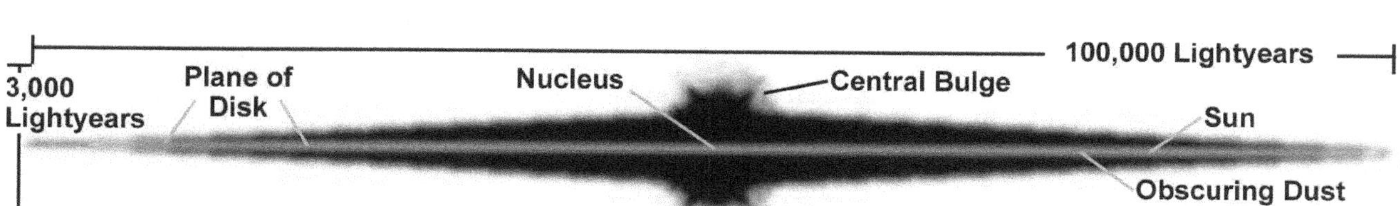

Preface

Originally, this book grew out of the discovery that the science fiction story I wanted to write required some basic information: Just where *are* the stars in relationship to Earth, and each other? After all, I didn't want to have a story in which the heroine says the equivalent of "Let's go straight from Chicago, Illinois, to Los Angeles, California, and stop over in Boston, Massachusetts, because it's on the way!"

That question led to the maps in this book. My other question, where might I find planets, was a more difficult to answer. Astronomy, even though it is a "hard" science, is vague. We *think* we know the right answers, but discoveries happen almost daily. Some discoveries fundamentally change the way astronomers view the universe. When I first published this book in 1993 the universe we thought we knew was quite different from what we presently think it to be.

For example, the first and second editions listed two hundred and twenty-nine stars. Today, thanks to advances in telescope instrument sensitivity, this edition has over eight hundred stars in five hundred and ninety-eight systems! (Mostly small dim stars that we couldn't detect before or that improved measurements showed were closer than we had thought.)

When I took Astronomy in the 1970s it was understood that other stars *might* have planets but there was no direct evidence. The instruments in use at the time were *not* sensitive enough to detect the planets or infer their existence from their primary's behavior. And in 1993 when the first edition of *Proximity Zero* was published that situation was virtually unchanged.

In the twenty years since that first edition we have discovered extrasolar planets! Not just a few, either. The current online Exoplanet Data Explorer lists almost 3,000 *confirmed* exoplanets, with most detected when they passed in front of their primary and blocked a tiny percentage of the light from reaching us.

In addition, the planets' discovery forced astronomers to throw-out almost entirely their theories on how planets formed! Those first planets discovered *completely* contradicted everything that astronomers thought they "knew" about planet formation.

This edition is contains the latest information on the stars within a forty light-year limit, as well any that have planets and what orbits those planets might have.

However, astronomy is not an exact science. Due to the great distances involved all measurements are eyeball approximations only. And the physics of how stars work is very much guess-work based on observations of stars that are light-years away from us. The precise mechanisms behind the nuclear reactions inside stars is unknown and research is ongoing.

For example, when I queried one expert in stellar nuclear fusion about why his calculations indicated our Sun should be only seventy percent as bright as it is, his response was that his results were within a factor of ten of matching our sun, and as such were more than adequate. And, according to other astronomers I discussed this with, his program is the most accurate one available at this time!

Take all measurements with a skeptical eye towards the number of places past the decimal point. Tiny things such as how humid the air is at night at that particular observatory can change a measurement in the one-thousandth range. But magnified over the distances between stars that tiny fractional amount can end up moving a star's position by billions of miles, or even light-years.

Some readers may notice that the x-y-z Cartesian coordinate system in this edition doesn't match the previous editions. The previous editions had the "x" coordinate pointing to the Milky Way's center, the x-y plane was parallel to the galaxy's equatorial plane, and the z-axis was parallel to the line through the center of the galaxy going straight up north.

Unfortunately, the Earth's equator and North Pole line are at an angle to the Milky Way's and many readers had difficulty matching my coordinate system with others that simply converted Right Ascension and Declination into Cartesian coordinates.

For simplicity, in this edition I used the latter system. Thus, the x-y plane is Earth's Equator and the z-axis parallels the Earth's axis. If you use the The Internet Stellar Database (www.stellar-database.com), their Cartesian coordinates for a star should match mine.

Also, I switched from using the Royal Greenwich Observatory Catalog numbers to Hipparcos and the Gliese+Jahreiss combined Catalog. Those two are the most popular numbering systems in the region of space covered by this book.

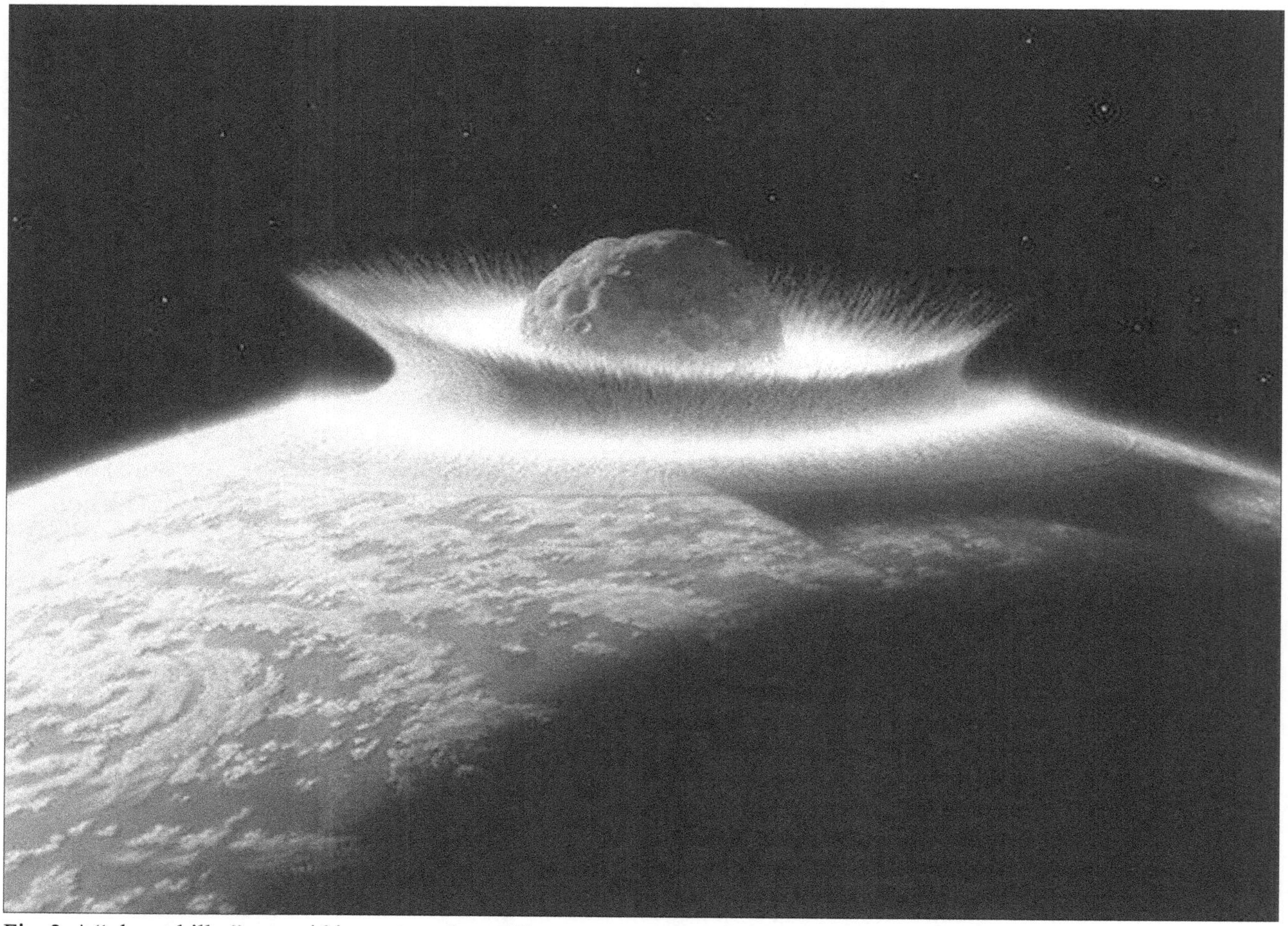

Fig. 3. A "planet-killer" asteroid impacts a planet. The pressure wave of an impact by such a large asteroid would instantly kill all living animals for thousands of kilometers in all directions, If it occurred in an ocean the tidal waves would sweep across all continents, drowning any survivors of the pressure wave. Earthquakes from the impact would collapse almost all caves and underground voids. Any built structures would not survive the earthquakes, pressure wave, or tidal wave. Visit www.purdue.edu/impactearth/ for an asteroid impact simulator where you can vary the size, type, and speed of an asteroid at impact, as well as your distance from it.

Artist: Donald Davis, for NASA

Accuracies & Estimates

Important — Read Me First!

While the stars listed here are close enough for direct measurement of their distance, tiny differences in the measurements taken by different astronomers using different instruments can give very different answers for those distances. Minute variations in the temperature of the equipment, the equipment's accuracy, and atmospheric disturbances can affect the readings. Do not take the numbers listed here, or anywhere else for that matter, as gospel — everything is plus or minus ten percent, at least! And the farther away a star is the higher the uncertainty of the number derived for its distance. When you get to objects a thousand or more light-years away the uncertainty can range from minus fifty to plus one hundred percent.

The secondary information about the stars is also subject to interpretation. For example, there are several theories for determining the size of a star we can see only as a pinpoint. In one book that listed several such solutions, the diameter of Alpha Bootis, also called Arcturus, was measured as twenty-two Solar diameters, twenty-nine Solar diameters, and thirty Solar diameters. A second source simply gives it a size of twenty-five Solar diameters. With a Solar diameter of 870,000 miles, this gives Arcturus' diameter a variation between nineteen million miles to twenty-six million miles — not a small difference.

Other uncertain factors relate to binary systems. When the two stars are close together, we can photograph them periodically and put together a total picture of how the two move together through space. However, there are limits to this.

If the two stars are too close, we can't see them. Fortunately, with the use of a prism and a camera attached to the telescope, we can differentiate the stars and determine when one is closer than the other. This is especially true when one passes directly in front of the other. These stars are called spectroscopic binaries. While we can't directly observe them, we know they are there. The limiting case is when we are looking directly down on the two stars. We know they are orbiting, but that is all we know.

If the stars are too far apart we have another problem: we haven't taken enough pictures to determine an orbital path, the period of time it takes the two to complete one orbit. Because glass-plate astronomy is only a hundred years old, and only recently have we photographed the whole sky, the orbital information is quite uncertain for many systems. If we've only seen fifty years of what we think is a ten-thousand year orbit, it's just as likely that the period could be two thousand or twelve thousand instead. Only binary stars with orbits under a hundred or so years have orbital periods that are known with any kind of accuracy. Even those can be off by up to twenty percent. The remainder could have orbits fifty percent less than calculated or several hundred percent longer. There is also a possibility that two stars we think are in a binary system are actually light-years apart but *appear* close together because our line of sight places them side-by-side.

Other bits of data are also of dubious accuracy.

So, as you examine the maps and their relevant data, remember that much of the information falls into the "best guess" category. If you're a science-fiction author, don't let minor details ruin a good story. There's room to fudge your figures. If anyone says you're wrong, make him prove it. A real astronomer will admit to the error rate of his calculations.

Because this book is a summary, the explanations are necessarily simplistic, and are intended *only* to provide you a sense of what is happening (at least according to commonly accepted theories).

The information in this book comes from *The Astrophysical Journal*, *The Astronomy and Astrophysical Journal*, *MNRAS*, the California & Carniegie Planet Search, the Extrasolar Planets Encyclopaedia, SIMBAD, Vizier, and many other print and web sources. (They *mostly* agree, i.e., SIMBAD lists GJ 581's distance parallax as 158.79 mas while the Extrasolar Planets Encyclopaedia, says 159.28 mas, which is a difference about ninety-six times the size of our solar system, counting Pluto. One of those two distance measurements *must* be wrong, but which?)

See the chapter "Definitions and Measurements" for abbreviations/definitions used in this book.

Stars And Their Spectra, by James B. Kaler (Cambridge University, 1989, ISBN 0-521-30494-6, $35.75) breaks the stars into their different spectral classes and discusses both the average and uncommon types found. Very little math is used, the author concentrating, instead, on explaining what the results of the math mean in real terms. After reading the first few chapters, you can leaf through the book, picking and choosing what you want to read.

If you 're a writer and worried about developing a believable space-traveling society, refer to *Gurps Space*, by Jon F. Zeigler and James L. Cambias, a fantastic resource from Steve Jackson Games (Box 18957, Austin, TX 78760). Originally developed for the role-playing games market, this book provides well-developed research on types of technology, gadgets, weapons, environments, starships, space combat, and planetary civilizations one could reasonably (or, perhaps, unreasonably) expect to find in space. It even discusses different types of starship engines (how they might work) and the pros and cons for each.

Stellar Evolution: The Beginning...

The accepted explanation for star formation is that a cloud of gas and dust several light-years in size (light-year: the distance light will travel in a year at 186,000 miles per second) develops an eddy or swirl. (The term "cloud" is used advisedly. In real terms, we are talking about several molecules per cubic meter instead of per cubic kilometer. The middle of a dense stellar dust cloud is still purer than the best vacuum scientists can construct on Earth.) As centuries pass, one swirl or another becomes stable and its movement develops a gravitational core. As more centuries pass, the swirl becomes thicker and pulls more and more gas and dust into its pattern. Smaller swirls may be dragged in, to be ripped apart by tides or to become sub-eddies orbiting the primary one.

Its mass increasing, the swirl begins to collapse as the dust particles exert minute gravitational pressures on each other. More time passes. How much? No-one knows for sure. It could be centuries; it could be millennia.

The gas and dust particles begin to collide with one another at the center of the swirl, causing heat. As the swirl continues to contract, its core gets denser and hotter.

Gradually, as more centuries pass, the swirl captures a mass of dust and gas that can range from several times that of our sun to thousands of times larger. Its core gets denser and hotter.

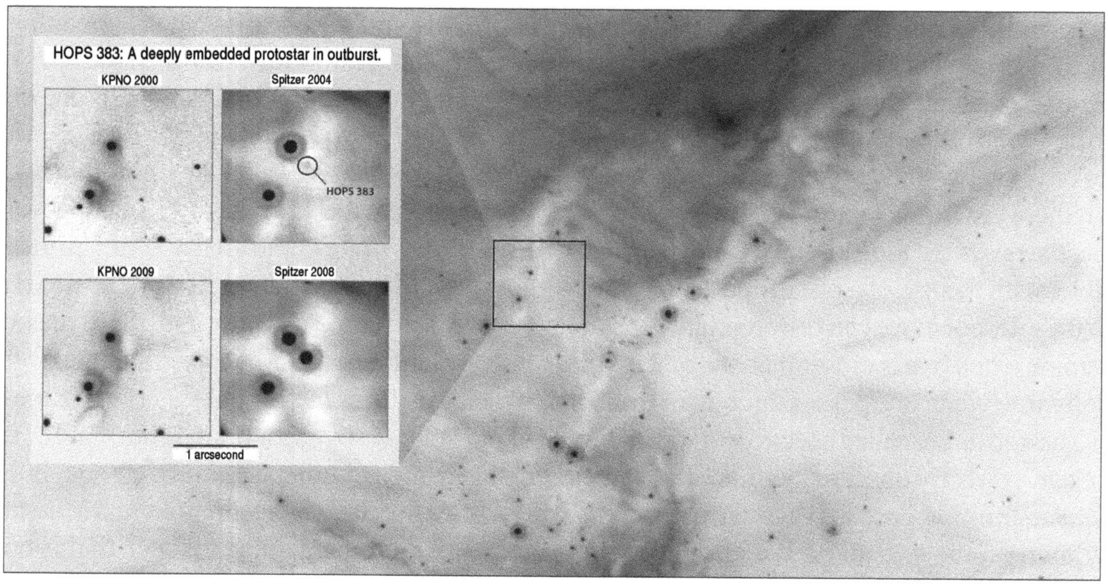

Fig. 4. Infrared images from instruments at Kitt Peak National Observatory (left) from 2000 to 2009 (starting at upper left and going clockwise: 2000, 2004, 2008, 2009) and NASA's Spitzer Space Telescope document the outburst of HOPS 383, a young protostar in the Orion star-formation complex. Each square is two arcminutes in size. The background is a wide view of the region taken from a Spitzer infrared mosaic. The image is black and white reversed to make detail easier to see.

Protostars: The Next Step

Eventually, a protostar takes shape. This object definitely gives off a great deal of heat, but all of it is the result of collisions between its component particles forced together by gravity. The heat generated would vaporize the entire planet Earth and the pressure approaches that of the atmosphere of Jupiter. But there is nothing *yet* at the core to resist the crush of gravity. The density and heat are high enough so that the core is filled only with hydrogen atoms, the smallest existing atoms.

Astronomers have located what they think are protostars in some large dust clouds. The protostars are several times larger than our entire solar system, and there are doubtless many sub-swirls and eddies buried in them. The protostar has a definite surface and atmosphere, but a thick dust-cloud conceals it from direct view. Protostars are known only by their heat signature in the deeper mass of the dust cloud hiding them.

Eventually, if the stellar mass is more than thirteen times the mass of Jupiter, the hydrogen atoms are forced closer and closer together, overcoming the magnetic repulsion which tries to keep them far apart. The heat and pressure in the core continues to increase until a deuterium atom (a hydrogen atom that has a proton *and* a neutron as its nucleus) approaches close enough to a hydrogen atom to fuse into helium-3 (releasing a gamma ray). This generates a tremendous amount of heat.

The atoms surrounding the new helium atom are forced away from it by this heat. For a brief instant the pressure drops far below the point where hydrogen will fuse. Then gravity reasserts its dominance and forces the atoms back close together. The newly-formed helium atom is trapped under the gravitational pressure of all the hydrogen atoms above it.

If the stellar mass is less than eighty to one hundred times the mass of Jupiter, this is the stopping point. The star, a Brown Dwarf, burns through its supply of deuterium in a short period of time – between a few million years and twenty million years. It spends the rest of its existence cooling off, which will take many billions of years. Brown Dwarfs are sub-divided into L (surface temperature 2,000° –1,300° Kelvin)*, T (surface temperature 1,300° – 700°, and Y (surface temperature 600°K or less).

If the stellar mass is greater than the Brown Dwarf maximum, the pressure and heat rise to the point (five million degrees Kelvin) where two hydrogen atoms overcome their mutual repulsion, fusing together to form deuterium (releasing energy as one proton becomes a neutron). Then the deuterium atom fuses with another hydrogen atom to form helium-3 (releasing a gamma ray). The helium-3 fuses with another helium-3 atom, forming helium-4 and two protons. This chain reaction releases a great deal more heat, many thousands of times more than is generated by gravity-induced collisions or the single deuterium-hydrogen fusion.

More hydrogen atoms fuse. Each time this happens, a great deal of heat and pressure are exerted, pushing the other atoms away and slowing the collapse of the protostar. But gravity is still more powerful and the collapse continues.

The heat and light generated by each fusion event gradually begins making its way to the protostar's surface. Because the hydrogen atoms are so close together, each photon has billions upon billions of collusions on the way out and can take many years to reach the surface. For our sun, depending on the assumptions physicists make, calculations show it can take between four thousand and one million years for a photon of light to reach the surface from the core.

Most astronomers do not consider a star to be stable in burning its hydrogen until ten percent of the available core supply has been turned into helium. For M-class stars that are below one-tenth the mass of our sun it can take ten billion years to reach that level.

---

* Astronomers prefer to use the Kelvin temperature scale, which has as its starting point absolute zero. Centigrade (also called Celsius), the more common temperature scale used in daily life, has as its starting point the freezing point of water. The difference between the two is that the freezing point of water is 273° above absolute zero. To convert a Kelvin temperature to Centigrade, simply subtract 273. The formula for Fahrenheit is °F = 32 + (9/5 * °C).

By Terry Kepner

Star Birth: The Delicate Dance

The trigger point of star formation depends on the mass of the collapsing protostar. At some point, the number of fusing hydrogen atoms is so high that their continuous explosive pressure overcomes gravity and stops the gravitational collapse of the protostar. Not enough energy is released in these fusions to blow the protostar apart, however. Gravity is still a tremendous force. When the gravitational collapse stops, the pressure falls off, the atoms no longer fuse, the heat decreases, and gravity takes over and crushes everything together again.

Now a delicate dance begins: the hydrogen atoms fuse, and make everything move further apart. Fusion slows as the number of atoms hitting each other decreases. Then gravity forces everything back together. The end result is mix of hydrogen atoms fusing into helium, slowly filling the star's core with helium. The heat generated is fantastic, and when this heat finally works its way to the protostar's surface it literally blows away the electrons and most of the gases and dust in its vicinity, creating a great stellar wind that never stops until the star "dies." The protostar is now a real star. It has a mass anywhere from one-tenth to a hundred times the mass of our Sun, and a surface temperature ranging from 3,000° to 50,000° K.

The time scale for this process is not really known, but we can make some general statements. Over three thousand years ago, the small star cloud Pleiades was named by the ancient Greeks as The Seven Sisters. Clearly, at that time, people of average eyesight could see that the cloud contained seven bright stars. Today, on a clear dark night, you can see eight stars in the Pleiades. People with above-average eyesight can see nine or ten stars. A small pair of binoculars reveals twenty-two stars in the grouping. Either the ancient Greeks couldn't count, or several new stars have been born in the last few thousand years.

Big Stars Won't Have Inhabited Planets

The larger a star is, the more hydrogen it fuses to helium every second. This means that large stars, even though they have much greater supplies of hydrogen than smaller stars, go through their supply much faster. A star with a mass twenty-five times that of the Sun will deplete its supply of hydrogen in seven and a half million years. Five solar masses will yield a five-hundred-million-year supply, while a mass equal to the Sun has a ten billion year supply. Three-quarters a solar mass will give a fifteen-billion-year supply, and half a solar mass will have a sixty-four-billion year supply.

It is accepted among most astronomers that planets form within ten thousand years of their primary star becoming a "real" star. The blast of stellar wind that blew most of the gas and dust particles from the near vicinity of the new star forced many of them into the smaller swirls and eddies that were orbiting the primary. Based on the large number of binary and triple star systems astronomers see in the sky, it is likely that most solitary stars would have planets.

In fact, a study of the Orion Nebula by the Hubble Space Telescope detected protoplanetary disks around half of the fifty stars located in it. These disks, primarily dust and gas, appear to have a total mass of at least fifteen times that of Jupiter[1*].

Current estimates are that it took five hundred million years for a stable oxygen atmosphere to develop on Earth, a billion years for life to appear, and another three billion years for us to develop, you can see why finding inhabited planets around large, hot stars is not very likely. This doesn't mean that inhabitable planets won't be in orbit, just that the life forms will be primitive (single-celled and small multi-celled organisms), if they exist at all.

* Superscripts refer to research papers and sources listed in the References Appendix at the back of the book.

Giant Stars Won't Have Inhabited Planets

Stars have a limited supply of hydrogen. As the core fills up with helium, collisions between hydrogen atoms become rarer. Eventually, the hydrogen-burning in the core reaches the point where not enough fusions take place to prevent a gravitational collapse. The star core collapses as the hydrogen is depleted until either the helium gets hot and dense enough to fuse, or enough hydrogen accumulates on the core's helium surface at a high enough pressure to resume hydrogen-burning in a shell around the core. This repeats until the core gets dense and hot enough to fuse helium. Helium fusing releases even more heat than hydrogen fusing, so the star's outer region reverses its collapse and expands to many times its original size. The core, however, remains just as dense and hot.

When the Sun depletes its hydrogen core and begins burning helium, it will expand all the way to Mars' orbit, vaporizing the inner planets. Jupiter's moons might become habitable by humans, and most of the atmospheres of Jupiter, Saturn, Uranus, and Neptune will begin boiling away. From a distance, the Sun will appear to become much brighter. At this point the Sun is a giant, and there is a tremendous outflowing of particles from its huge surface. The Sun could lose up to half its mass during this stage of development.

This fuel-fusing alteration and size change do not take place instantaneously. The exact time-scale is not known, but stars such as Eta Carinae (an F5 star about 3,700 light-years away) have changed their size and brightness very measurably over the last few centuries. Eta Carinae, in fact, was the second brightest star in the sky in the 1830s and 1840s. Today, it is a ninth-magnitude star, less than one-millionth as bright as it used to be, and no longer visible to the naked eye.

All giant and supergiant stars have passed through the hydrogen fusing stage and are burning helium. Thus, any formerly habitable or inhabited planets around these stars will already have been destroyed. The bigger gas giants, if they are outside the expanded star's atmosphere, should weather the expansion without difficulty. Their gravity is sufficient to keep their atmospheres from evaporating too rapidly. While the energy from the star will accelerate the individual molecules in the planets' atmospheres enough to exceed the escape velocity of the giant planets' gravity, those atmospheres are so dense and deep that the star will move on to the next stage of development millions of years before those planetary atmospheres are removed.

It is much more likely that a formerly uninhabitable frozen planet of terrestrial makeup would thaw to the point of habitability. As the giant planets lose atmosphere under the heat of the newly-expanded star, the loss of mass might be enough to allow the moons to escape and orbit the star as independent planets. Such a situation could lead to unusual situations of planets "sharing" an orbit. That is, the distance between their orbital paths is less than several times the diameter of the planets/moons themselves. There is no reason why such planets could not exist around this class of star.

Unfortunately, studies of Triton (one of Neptune's moons), Titan (one of Saturn's), and Ganymede, Callisto, Io, and Europa (of Jupiter's many moons), all appear to have rocky cores surrounded by layers of high and low density ice. The atmospheres of the larger moons, Titan and Triton, have mainly methane and ethane as their surface liquids[2]. Heating up these planets, with their lesser gravity, would drive away most of the methane and ethane, leaving the surfaces buried under liquid water with thick nitrogen atmospheres. If oxygen would appear in quantities sufficient for our kind of life is not known.

The time-scale for helium fusing is not nearly as long as that for hydrogen, and again it depends on the mass of the star. Very massive stars will go through their supply very fast. Not-so-massive stars will last much longer. The time period for stars the size of our Sun appears to be only millions of years, not billions of years, rendering moot the possibility of life developing from single-cell to intelligent on any planets that were previously too frozen for life.

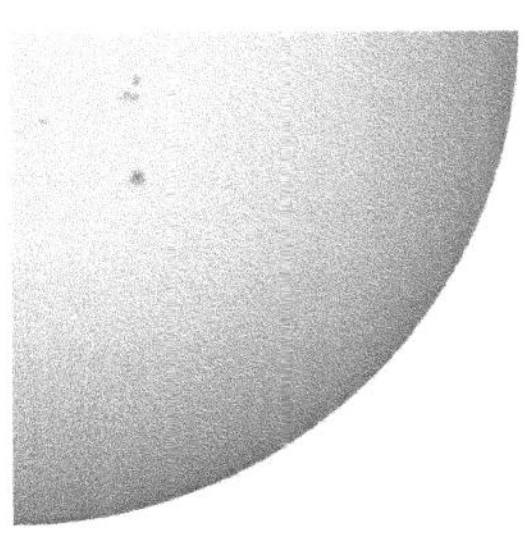

By Terry Kepner

Planet Formation

Current theories suggest that planets form within a short period of time after the protostar starts producing helium.

Terrestrial (rocky, as opposed to gaseous) planets that are too close to the surface of the new star are scorched. Whatever water forms is quickly vaporized and driven into space. Similarly, without the high gravity of gas giants, any atmosphere is heated to such a high temperature that it literally boils away into space. Planets that are too far away receive so little heat that water freezes solid as soon as it forms. Any atmospheres they may have are gases like methane, ethane, and nitrogen, with little or no oxygen.

It used to be accepted theory that *only* terrestrial planets could form close to a star. The photon and electron wind generated by the star pushes the gases and light dust particles in the planetary disk away until it is balanced by gravity trying to pull them closer. This is called the "snowline." It is a simple calculation to show that in our solar system the snowline starts close to the middle of the asteroid belt beyond Mars.

Gas giants, it was thought, formed only in orbits where water cannot exist as a liquid on the surface, at or beyond the snowline. As a result they would have hydrogen and helium gas atmospheres, with oxygen, carbon-dioxide, and other gases as trace elements, as we see with Jupiter and Saturn.

Thus, terrestrial planets such as Mercury, Venus, Earth, and Mars would only form inside the snowline out of the materials too heavy to be pushed to the snowline by the stellar wind.

However, the majority of planets discovered so far are gas giants in orbits well below this snowline limit. A few are barely outside the primary star's atmosphere (chromosphere) by a few million miles, putting them well inside the orbit of Mercury in our Solar System.

It is now thought that gas giants form outside this limit in the dust cloud. As their gravity pulls more mass from the cloud, and interacts with the mass of the dust cloud, they slowly spiral in towards their primary. Some even drop into the star, increasing the amount of metals in its atmosphere (astronomers consider any element heavier than helium to be a "metal"). This could happen several times until enough material has been removed from the dust cloud to halt the process. Most of the stars with a discovered planet have a higher than normal "metallicity," but this seems

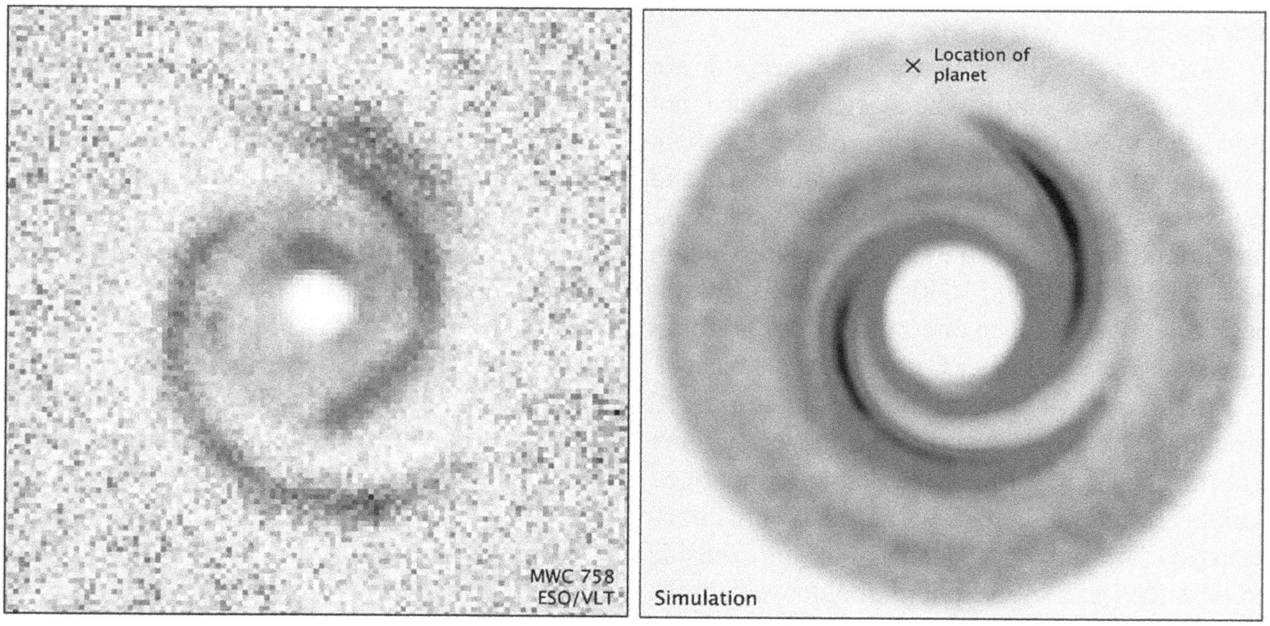

Fig. 5. [Left] — Observations taken by the European Southern Observatory's Very Large Telescope show a protoplanetary disk around the young star MWC 758. The disk has two spiral arms that extend over 10 billion miles from the star. [Right] — A computer model reproduces the two-spiral-arm structure; the "x" is the location of a putative planet. The planet, which cannot be seen directly, probably excites the two spiral arms. Image credit: NASA, ESA, ESO, M. Benisty et al., R. Dong, and Z. Zhu.

to be more of a function of the higher metallicity of the dust cloud in which the star and planets formed[3].

This theory does present problems for terrestrial planets, however, as the giant planet should "sweep clean" the inner orbital area as it follows this "death spiral," leaving little material behind for other planets to form. The habitable zones of stars should not have terrestrial planets!

Another interesting result of the planet discoveries is that many of the giant planets are in very eccentric orbits, unlike the orbits of the planets in our Solar System. Planet formation theory suggests that the orbits of the planets should be very close to circular, reflecting the natural state of the dust cloud orbiting the protostar. Eccentricity can be injected into the orbits by the interaction of the various planets once they reach critical sizes that can exert influence over other planets' orbits, but this influence is usually restricted to the effect the largest planet has on the smaller ones. How *did* those giant planets get the eccentric orbits?

A possible explanation is that the giant planets actually formed concurrently with the protostar before it gained enough mass to start fusion and establish a rotating debris disk. Once the protostar made the transition to fusing hydrogen it set the stage for normal planet formation according to traditional theories, but left intact the giant planets already formed.

This would explain the high eccentricities of many of the exoplanets. Support for this theory might come in the discovery of young (less than a few million years) substellar objects (less than ten times the mass of Jupiter) that formed in molecular clouds without the presence of a star. One such possible planet is S Orionis 70*, located in the belt of Orion. However, there is a counter-argument, strongly supported by the evidence, that this planet is actually a two gigayear (billion year) old, thirty-to-sixty times the mass of Jupiter, brown dwarf located between the Earth and the Sigma Orionis cluster.

If these giant planets were moved closer to their primary, their atmospheres would be heated to the point where the hydrogen, helium, and methane would simply boil away into space, leaving the heavier gases and any water molecules that may have formed. However, the giant planets are so large that even though they are losing ten to twenty thousand metric tonnes of atmosphere per second, it will still take ten to one hundred billion years for such "hot" giant planets to evaporate[6].

The formation of atmospheres on terrestrial planets is mostly conjecture. Meteorites recovered on Earth usually contain complex compounds that include many gases, demonstrating how such gases could be brought to the stony planets inside the snowline as the planets were forming. Many astronomers believe it is the result of the internal heating of the planet forcing those gases to the surface through volcanoes. Estimates are that it takes up to five hundred million years for an atmosphere to become established, assuming the planet has enough mass to keep the gases from simply boiling away into space. It might take only a few hundred thousand. No one knows for sure.

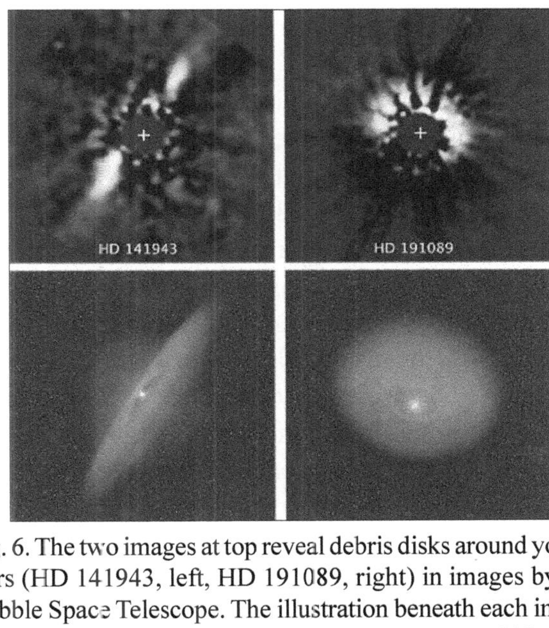

Fig. 6. The two images at top reveal debris disks around young stars (HD 141943, left, HD 191089, right) in images by the Hubble Space Telescope. The illustration beneath each image depicts the orientation of the disks. Asymmetry could be evidence the disk is being gravitationally sculpted by one or more unseen planets.

Image Credit: NASA/ESA, R. Soummer, Ann Feild (STScI).

* S Orionis 70. Located in the constellation Orion is a dense gas star-forming region. In this nebulae is a small object (RA 05 38 10.1, D -02 36 26) with an estimated 3+2.5/-1.5M_J mass, a 0.16R solar radius, a 1,100+200/-100°K effective temperature, 440pc/1,434 lys distant, and an estimated age of 3 million years[4]. It appears to be a planet that has been ejected from one of the systems in the Orionis cluster. This is the only case known of a solitary, ejected planet. Its position in the nebulae appears to indicate that such ejections are common events.

However, another group[5] has examined the object and concluded it is instead a massive, much older brown dwarf star in front of the Orionis cluster.

Where Would Planets Orbit?

How far from the star should the planets orbit? And at what points (too hot, too cold) does it become impossible for water-based life to exist?

At one time, astronomers thought there was a physical law that related the positions of the planetary orbits. Bode's Law** spurred the search for planets and resulted in the discovery of Uranus and the asteroids. We now know that Bode's Law was one example of simple orbital physics and geometric progression. Mathematically, at least, if not observationally, this model works, but we only have our Solar system as an example. We haven't enough information about the planetary systems of the newly discovered planets to draw any conclusions, although several of the multi-planet systems seem to have orbital "resonance." That is, the orbital periods of the planets are ratios between them of simple fractions (1:2, 2:3, 4:5, etc.).

Bode's Law states that the orbiting planets in a system will interfere with each other, with the larger planets exerting the most influence. The orbital positions that become established reflect those influences. Planets too close together interact strongly and pull each other into new orbits. Eventually, orbits are established which offer the least amount of interference and appear relatively stable. The asteroid ring between Jupiter and Mars appears to be the result of Jupiter's massive gravity preventing a planet from forming, and capturing for itself much of the matter that would have gone into this "missing" planet. If Jupiter had been smaller, there might be a planet instead of asteroids in that orbital position.

One astronomer made a random model of a star system and ran it with many different starting orbits. He found that the systems usually stabilized into a situation where something like Bode's Law could be derived from the results. Nothing with the extra-solar planets we have so far discovered contradicts this.

The moons of Jupiter, Saturn, Uranus and Neptune seem to follow this pattern, and unstable orbits (unstable, that is, over the course of millions of years) result in the problematic moon either crashing into another moon, spiraling into the primary it orbits, or being thrown clear of the orbital system entirely. Stable moons can be pushed into unstable orbits by the impacts of large asteroids or the nearby passage of another planet.

One extremely unusual orbital pattern was predicted back in the 1800's by George Darwin (the son of Charles Darwin), and was verified in the 1980's by close observations of Janus and Epimetheus, two newly discovered moons orbiting Saturn. These two moons co-orbit Saturn with an average separation of only fifty kilometers (at a distance of 151,000 kilometers from Saturn and time of 18 hours). This makes their orbital periods very close, with the inner moon having a period only slightly shorter than the other. (The closer a moon or planet is to its primary, the faster it moves in its orbit in comparison to objects farther out.)

Conventional thought is that eventually the two should collide or throw each other far enough apart that interaction is at a minimum. But that is not what happens. Instead, the two moons swap positions! The moon in the outer orbit moves into the inner orbit, and vice versa. This happens every time the moon in the inner orbit (which is moving faster) tries to pass the moon in the outer orbit. From a distance, it looks as if gravity were actually pushing the two moons apart. This orbital swap takes place over a period of several orbits[7].

This would work for terrestrial planets of nearly the same mass as long as they were far enough apart to stay outside Roche's Limit, which for two Earth-sized planets would be only twenty kilometers! Bear in mind that the Moon pulls the ground up nineteen and a half inches (fifty centimeters) when it is directly overhead while the Earth pulls the Moon's surface up sixteen feet (five meters) — and that's at a distance of three hundred and eighty-four thousand kilometers. At twenty kilometers you would see serious seismic disruptions and tidal waves sweeping across the land from the oceans.

If you are a science-fiction writer, you can assume that Bode's Law is a general rule and adopt a formula based on it to help you place planets at realistic distances. The relationship of the orbits is

---

** Bode's Law: Rx = R + (B * 2). The geometrical progression is based on powers of two. The first planet is R, the second is R+B, the third is R+(B*2), the fourth is R+(B*4), the fifth is R+(B*8), the sixth is R+(B*16), the seventh is R+(B*32), the eighth is R+(B*64), and so forth, with the number multiplying B doubling its previous value.

$$R_x = R + (B \times 2^{x-2})$$

where R_x is the orbit of planet x in your hypothetical system, R is the orbit of the first planet in the system, and B is the Bode Constant multiplied by two raised to the power of x minus 2. The Bode constant is a number you plug into the formula (which uses a geometrical progression based on powers of two) to help you establish the positions of the other planets in your "custom-made" system. The Bode constant can be any number you choose between 0.2AU and 1AU (AU stands for Astronomical Unit and equals 93 million miles, the distance from Earth to the Sun).

For our Solar system, the Bode Constant is 0.3, and R, the first planet (Mercury), is 0.4AU, so the formula would yield a theoretical position for the third planet in the system of

$$\begin{aligned} R_3\,(\text{Earth}) &= 0.4 + (0.3 \times 2^{3-2}) \\ &= 0.4 + (0.3 \times 2) \\ &= 0.4 + 0.6 \\ &= 1\text{AU}. \end{aligned}$$

For the fourth planet in our system, the orbital position is

$$\begin{aligned} R_4\,(\text{Mars}) &= 0.4 + (0.3 \times 2^{4-2}) \\ &= 0.4 + (0.3 \times 2^2) \\ &= 0.4 + (0.3 \times 4) \\ &= 0.4 + 1.2 \\ &= 1.6\text{AU}. \end{aligned}$$

which is off by only 0.07AU (Mars is really 1.53AU from the Sun)

If the star is a giant or supergiant, it is permissible for that first planet to be inside the actual surface of the star (such as in the case of our own system when the Sun begins burning helium and dramatically expands, a case in which the first three or four planets are "below" the surface). There won't really be a planet there — the temperatures are too high — but for the math to work you must pretend there is still a planet in that orbit.

To create your own theoretical star system, pick some numbers and then compare the orbits you get with the star's Habitable Zone. If none of the planets fall within the Habitable Zone for that star, just pick a new first orbit, a new Bode Constant, or both, and recalculate. You can vary the starting numbers all you want, as long as you stick with the formula for the placement of the rest of the planets.

For example, HIP 7981 (107 Piscium) is a K1V star on Star Map 6. Make your starting orbit 0.3AU, and use a Bode Constant of 0.8AU. (There is nothing special about these two values; I chose them at random). Putting these values into the formula gives us planets at 0.3AU, 1.1AU, 1.9AU, 3.5AU, 6.7AU, 13.1AU, and 25.9AU (I chose seven planets). From the Habitable Zone column of 107 Piscium, you can see it should have a habitable zone between 0.46AU and 1.0AU. None of the planets' orbits match that. Therefore, if you want this star to have a habitable planet, you need to redo the formula. Using a new starting orbit of either 0.1AU or 0.2AU will yield one planet at either 0.9AU or 1.0AU. You could also choose to have the first planet between 0.5AU and 0.6AU from 107 Piscium, or use a new Bode Constant.

As another example, HD 143761, Rho Coronae Borealis has a giant planet orbiting at 0.224AU. With a Bode Constant of 0.5, the formula predicts additional planets at 0.724AU, 1.224AU, 2.224AU, 4.224AU, 8.224AU, and 8.224AU. Looking at the habitable zone diagram for the star, you see that the second and third planets are both inside the zone. Planet two is slightly farther out than Venus, with planet three significantly farther out. This leads to the possibility of *two* habitable planets in that system.

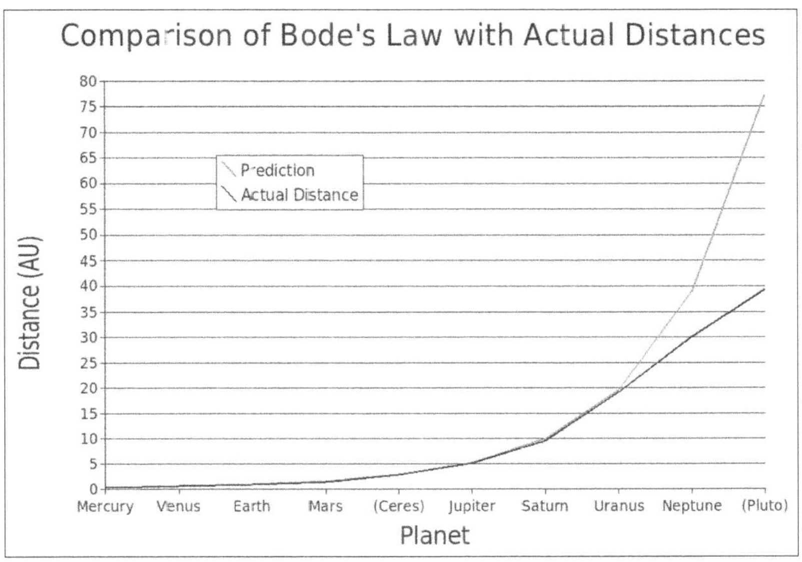

Fig. 7. A comparison of Bode's Law with the actual measured distances in our solar system. Notice how our system leaves the Bode's Law curve after Uranus.

Habitable Planets and Orbital Limits

Inner Limit: How Hot Would It Be?

Astrobiologists assume that any human-habitable planet must be relatively Earth-sized with an oxygen rich atmosphere. Mars is too small, its gravity is too low to retain a habitable atmosphere for the giga-years needed to develop life. A Mars-sized planet around a young star might still be inhabitable, as Mars was several billion years ago, but it probably won't have life-forms bigger than bacteria or plankton.

Astronomer Leslie Rogers[24] has established the criteria for the *maximum* size of terrestrial planets at six times the mass of Earth, which gives a radius only sixty percent larger (as is the surface gravity). Planets with a radius greater than 10,193 kilometers (6,334 miles) will develop a deep hydrogen/helium atmosphere and become gas giants. There is evidence that even a planet only twice the mass of Earth will develop a deep non-oxygen atmosphere.

The minimum size[25] appears to be about three-tenths the size of Earth, corresponding to around six- to seven-tenths Earth's radius — 3,862-4,023 kilometers (2,400-2,500 miles). Planets smaller than this cannot retain a habitable atmosphere for the billions of years necessary for life as we know it to develop.

Mars has only ten percent the mass of Earth and fifty-eight percent its radius — 3,389 kilometers or 2,106 miles. Below this limit it is doubtful that the planet will be able to retain an atmosphere of *any* kind. Naturally, this is also dependent on how close the planet is to the Habitability Zone's inner or outer limit.

Closer to the star means the star's heat, and stellar wind, is more likely to drive away the atmosphere. A seven-tenths size planet would have difficulty keeping its atmosphere at the inner limit, but at the outer limit a six-tenths planet would probably not have that difficulty. In addition, planets denser than Earth could have smaller radii and still retain their atmosphere.

The difference between the inner and out limits of the habitability range is large. It roughly corresponds to the boiling and freezing points of water. However, that does not mean the planet would be suitable for life as we know it. Venus is inside the Habitable Zone according to some estimates, but a runaway greenhouse effect has rendered it uninhabitable. And, at one point in Earth's history, our planet was entirely encased in ice miles thick for millions of years — The Great Freeze (also known as Snowball Earth).

Any planet where a large percentage of the water is frozen for most of the year, or where most of the water is close to boiling, would not be hospitable to the development of life as we know it.

As evidence, look at the Sahara Desert. Most of North Africa is so hot that nothing lives there. Even its winters rarely get cool enough to be called comfortable. Water, where it exists, never forms lakes or pools because of rapid evaporation, leaving behind great salt deposits. (Oases are water springs that continually replace the evaporated water from an underground river supplied by mountains hundreds of miles distant.)

A planet where most of the surface is at such temperatures would clearly be uninhabitable only a short distance from the poles.

So, if there is a world at the orbit of Venus (0.7 AUs from the Sun), just what would it be like, in general terms, if it could avoid the run-away greenhouse effect?

Helping us out in this mind experiment is the fact that the Earth has an axial tilt — the Earth's equator is tilted compared to the its orbit around the Sun — giving us summers and winters. If you live north of the Equator then two days every year — the Spring (Vernal) and Autumnal Equinoxes, about March 21st and September 21st, respectively — the Sun is directly over the equator. (If you live south of the Equator, those days' names are switched because they are named for the seasons).

On one day, usually June 21st, the Sun is at its farthest north of the equator, called the Summer Solstice. That day is the line you see labeled as the "Tropic of Cancer" on most globes of the Earth. On December 21st, the Winter Solstice and exactly half a year later, the Sun is at its farthest south of the equator. That day is the line labeled the "Tropic of Capricorn" on Earth globes. (Again, if you live south of the Equator the Summer and Winter Solstices are switched.)

Rio de Janeiro, Brazil (approximately 23 degrees Latitude South) is located almost directly on the Tropic of Capricorn. By a convenient coincidence, the US city of Norfolk, Virginia (approximately 37 degrees Latitude North), also a port city, is located 60 degrees north of Rio de Janeiro. This means that on December 21st, Norfolk receives one-half the radiated energy from the sun that Rio de Janeiro does. Or to put it another way, on that day, Rio de Janeiro get twice the energy that Norfolk does.

If you moved Earth inward in our solar system to the Habitability Zone inner limit, 0.7 Astronomical Units and where Venus currently orbits, we would receive almost exactly double the amount of energy from the sun than we currently get.

Norfolk, in the coldest weeks of winter (January/February) has an average daily temperature between 32° and 48° Fahrenheit (0° to 8° Celsius) with temperatures as low as -3° (-19°C). Rio de Janeiro, by comparison, is in its summer and has an average daily temperature between 63° and 77°F (17° to 25°C), with an average high of 100°F (37°C).

If Earth were moved inward to Venus' position, then Norfolk would receive double the energy it does now. So, its winter climate would probably be like that of Rio de Janeiro in the summer at Earth's current orbital position. Highs in the 100°s F (37°C), rarely reaching temperatures in the 50°s (10°s C), and averaging between 63° and 77°F (17° to 25°C).

Now consider Norfolk's summer temperatures if Earth were at Venus' position. According to the U.S. National Climatic Data Center, Norfolk's summer temperatures are 40°F (22°C) higher than winter! Imagine, a summertime average between 103° to 117°F (39° to 47°C), with highs of 130°F (54°C)!

With temperatures like these at 37° degrees above the equator, what would the equator be like?

Rio de Janeiro has winter temperatures of 53° to 66°F (11° to 19°C), eighteen to twenty degrees greater

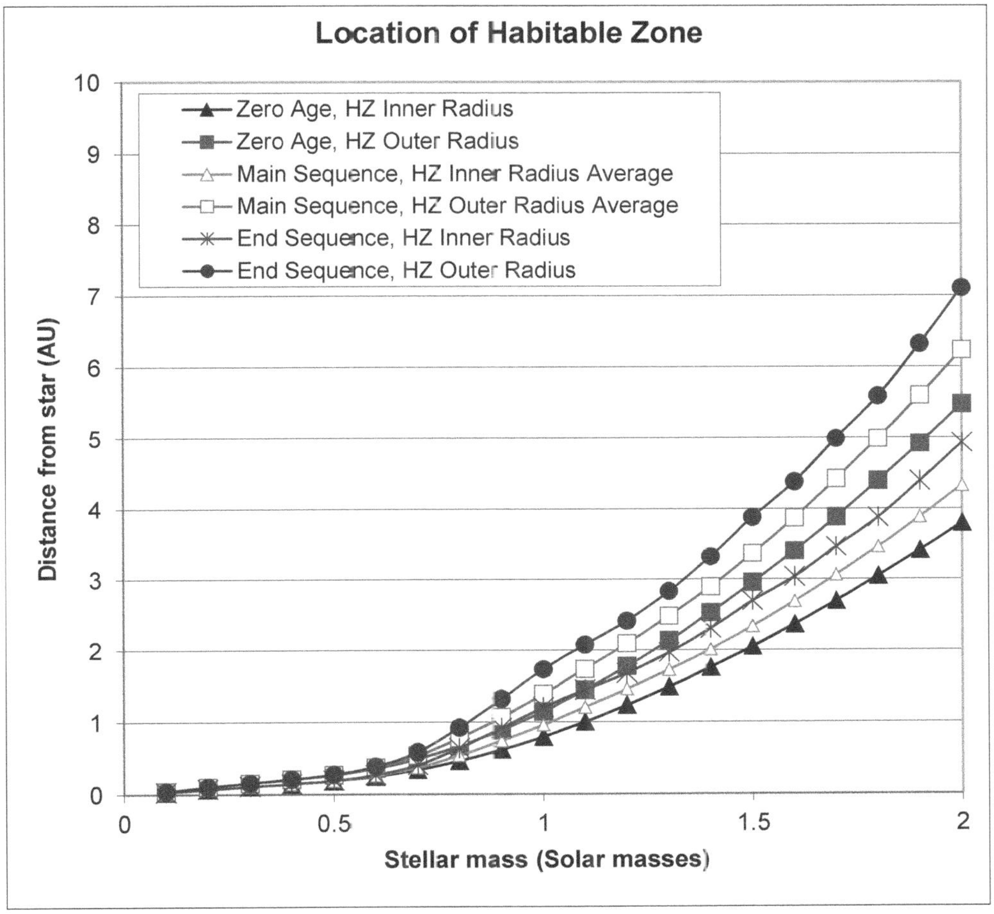

Fig. 8. Location of Habitable Zones for F, G, and K-type stars. Using the mass of the star (our Sun is equal to one) and giving the distance in Astronomical Units (149.6 million kilometers, 92,960,116 million miles), this chart shows how the Habitable Zone moves as the star ages. The chart starts at what is known as the Zero Age Main Sequence, the point at which the star *begins* to fuse hydrogen into helium and has stabilized its luminosity. The next set of two lines shows the Habitable Zone's *average* position during the time the star is on the main sequence. Notice that the Main Sequence Inner Radius *Average* is located at the same position as, or lower than, the Zero Age Outer Radius. The last set of two lines shows the Habitable Zone's Inner and Outer radii at the time the star switches from primarily fusing hydrogen at its core to fusing helium and moves off the main sequence to the giant stage. Thus, the Zero Age Inner Radius and the End Sequence Outer Radius encompass the Habitable Zone's entire range during the star's main sequence life. The best orbital position for a planet to get the maximum amount of time in the Habitable Zone is at the Zero Age Outer Radius/Main Sequence Inner Radius Average. Earth is located at that point, a fortuitous situation for us.

than Norfolk. It would not be unreasonable to expect equatorial temperatures at the inner limit also to be 18° to 20°F (10° to 11°C) higher. So equatorial winter temperatures would be 83° to 95°F (29° to 35°C) and summer temperatures would range between 123° to 134°F (50° to 57°C). These are *averages*. There would be times when the temperatures would easily exceed 150°F (65°C) for days or weeks at a time.

These are the temperatures at a port city, where the ocean exerts a controlling cooling influence. Inland, where the land quickly heats up, the temperatures would be even higher. Desert areas would probably see temperatures approaching 200°F (93°C) or higher.

These are temperatures at the upper limits of habitability. Consider how many people die every year in summertime of heat stroke during heat waves, when the temperatures hit 100°F (37°C). How many more would succumb when it hits 150°F (65°C)?

Even creatures that evolved in such temperatures would have to cope with trying to stay cool. Movement of any kind generates heat, so some method of dissipating it must be available. If sweating (evaporation) is the method, then copious amounts of water are required, or the creature will dehydrate and die in only a few days. Creatures on Earth that have adapted to the Australian Outback, or the African Kalahari, go to cooler climes or hide in burrows during the hottest parts of the days. And when water is scarce, they die.

The temperate climes would range way up at 60° to 70° degrees Latitude. In other words . . . Alaska and other lands at high Latitudes would have the climate we know have in Norfolk, Virginia. Naturally, at such high temperatures we wouldn't have any polar caps.

Outer Limit: How Cold Would It Be?

The Antarctic is frozen almost all year. Its summers rarely get warm enough for plants to grow. The larger aquatic lifeforms migrate to warmer climes to the north for most of the year. For a planet to be habitable at the outer limit, therefore, it would have to have equatorial conditions that are at least warm enough to provide weather conditions sufficient to grow crops. But what are those conditions?

Norfolk, Virginia, USA, gets half the energy of Rio de Janeiro, Brazil. Therefore, moving the Earth out to 1.4AU, close to the outer limit, where it would receive half the energy it does now, would give Rio de Janeiro the climate of Norfolk. And Norfolk gets the climate of Nome, Alaska (which currently gets one-half the Sun's energy that Norfolk does).

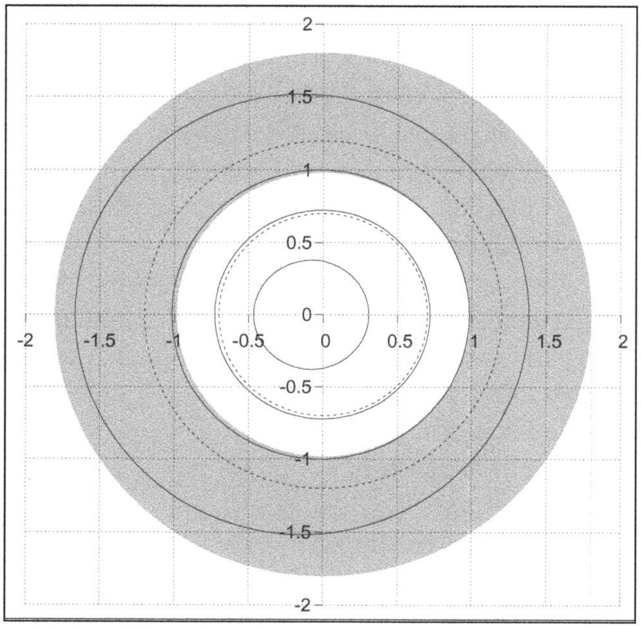

Figure 9. The Habitable Zone in the Solar System today (shaded area) and at the Sun's birth (the dashed circles)[62]. The Sun today is approximately twenty-percent hotter since it first started fusing hydrogen. The solid lines show the orbits of the four terrestrial planets, Mercury, Venus, Earth, and Mars.

Equatorial temperatures in winter would range between -3° to 15°F (-19° to -9°C), occasionally dropping to -10°F (-23°C). The summer temperatures would range between 45° to 60°F (7° to 15°C), with an occasional high of 100°F (37°C). These are averages and there will be times when it is much colder.

But moving up to the latitudes we call temperate, twenty-three degrees from the equator and higher, would find sub-arctic temperature ranges. And countries like Canada, Sweden, and Mongolia would be permanently ice-bound.

Mars is actually at 1.52AU from the Sun and receives forty-two percent the energy that the Earth does, so it is even colder than these figures indicate. This means that if the Earth were actually at the orbit of Mars, only the areas below latitudes of 40 degrees would be free of snow for at least a few weeks of every year. Making matters worse is that the longer year of the larger orbit (650+ days) would make for particularly long and brutal winters.

And for the smaller M-and K-type stars there is the problem of facelock. Tidal forces on small rocky planets which orbit too close to their primary end up slowing the planets' rotation until only one side of the planet faces their primary, like the Moon has to the Earth. This happens in a relatively short period of time, generally less than a gigayear, far shorter than the time required for life to appear.

Fortunately, it is possible for a planet to establish orbital resonance, like Mercury has, which means that the planet's day is a simple ratio (2:3, 3:4, etc.) of its year. Mercury rotates three times every two of its years (its year is eighty-eight days, so it rotates three times every 176 days), making its day two-thirds of a year, fifty-eight and two thirds Earth days.

Astrobiologists' estimates on Sol's Habitability Zone range from an inner limit of 0.5AU[59] (where liquid water can exist at the poles, but would boil away at the equator) to 0.95AU[60] (assuming anything closer runs into the runaway greenhouse effect), with the outer limit ranging from 1.01AU[60] (assuming that any farther out and Earth would never have thawed from its Great Freeze that left it encased in ice) to 3.0AU[61] (where water would be liquid only at the equator.

For this book, I use the equations developed by Ravi Kumar Kopparapu[62], which for our solar system yield a Habitability Zone from 0.98AU to 1.8AU, just inside Earth's orbit to a bit outside Mars' orbit, as illustrated in Figure Nine. Any closer than 0.98AU and the Earth would encounter the runaway greenhouse effect. The 1.8AU figure uses the greenhouse effect to keep the planet warm enough to prevent a permanent Snowball Earth.

The Greenhouse Effect

The greenhouse effect is something everyone knows of, but no one really knows anything about. It is based on observations astronomers have made on Earth and other planets; that a planet with an atmosphere is warmer than a planet with no atmosphere. The atmosphere acts like a blanket, trapping part of the heat it receives from its sun.

Exactly *how* the different gases in an atmosphere work to produce this effect, and each gas's contribution, is not exactly known. In general, the Greenhouse Effect theory states that increasing the water vapor, carbon dioxide, or methane content in the atmosphere of a planet will cause the planet to become hotter. Conversely, decreasing the carbon-dioxide, water vapor, or methane will cool the planet.

Arguments abound about how and if the Greenhouse Effect, combined with mankind's carbon dioxide producing efforts, is going to ruin the Earth for people by melting the polar caps and turning the planet into a hothouse.

There are actually four major theories about what will happen to the Earth as the amount of carbon dioxide increases.

One states that the increase will trap more of the Sun's heat and raise global temperature by an average of one degree Fahrenheit. This, in turn, will melt the polar caps, flooding the coastal regions and greatly enlarging the desert regions. This is the theory that gets all the media attention. It also has circumstantial evidence to back it up. Island nations across the globe are abandoning their homes as the rising sea levels render them uninhabitable during major storms or high tides[8].

The second theory also assumes that the global temperature will begin to increase dramatically. But while this increase in temperature will melt the polar caps, it will also mean an increase in the water that evaporates from the oceans, lakes, and rivers. This additional water evaporation will result in more clouds and storms, meaning that more of the Earth's surface will be hidden under those clouds. Because clouds, being white on top, reflect *more* light and heat than do land, plants, or oceans, there will actually be less light and heat reaching the ground. After rising for a period of time, temperatures will then begin to fall. Before it begins to fall, however, there will be more snowfall in the Polar Regions, increasing the sizes of the polar caps beyond where they were before the Temperatures went up. As the clouds disappear, the ice will be revealed for a net zero change from the heavy cloud cover. The end result, instead of being a hothouse, will be a new ice age.

The third theory agrees in part with the second theory, but deviates at the increase in the polar caps. Instead, this theory says that the additional rainfall will result in the drastic reduction of the size of the world's deserts, replacing the lost coastal regions with now-fertile farmland. This increase in plant cover will reduce the reflectivity of the former deserts, and balance the increased reflectivity of the clouds, striking a new equilibrium. We lose the current coastal regions, but make the deserts habitable. A traumatic change, but not catastrophic.

The final theory claims that the others have left out nighttime temperatures. According to this theory, the increase in carbon-dioxide does not increase the daytime temperatures, the time during which the Sun is pumping energy into the Earth. Instead, the carbon-dioxide slows the Earth from reradiating that accumulated heat into space at night. Thus, nighttime temperatures go up by one degree, but the average daytime temperatures do not. The net result is nothing changes except that the nighttime is warmer. There are no melting polar caps and no great increase in rainfall. Everything remains the same as it is today.

The important point to remember is that *all* these theories use the *same* data to prove their theories!

The Greenhouse Effect can give any result an author may need for the Earth-like planet in a story. It will be at least a hundred years before there is enough evidence to support any of the currently popular theories. They may all be scrapped and a totally different theory proposed.

Water Worlds

It has been proposed by Leger, A., et al (2004)[19], that there are planets between one and eight times the mass of the Earth that form outside the "snowline," that is, outside the five-to-ten Astronomical Units where hydrogen, helium, and methane are pushed by a star's photon wind, and migrate inward to the habitable zone on a timescale of about one million years. The planets are mostly made of metals, silicates, and ices. From what we know of the composition of protostellar nebulae these should be about fifty percent metals/silicates and fifty percent ices, by mass. Because of their small size and closeness to their primary, the planets will contain only trace amounts of hydrogen and helium. Most of the ices *should* be water.

A consequence of this scenario is that at high gas pressures (ten to sixty atmospheres, extrapolated to higher levels), carbon-dioxide-ice is heavier than water-ice and will end up locked into a solid ice mantle covering the rocky planet core. Another is that water has ten different ice phases as the pressure increases up to one hundred and twenty-eight atmospheres, each of increasing density, with only the *first* one less dense than liquid water.

Leger's paper specifically examines a six-Earth-mass planet, which has a diameter twice that of the Earth. It has a sixty-two mile (one hundred kilometer) thick ocean on top of a 2,945 mile (4,739 kilometer) thick mantle of ice (a combination of water ice and carbon-dioxide ice, with the carbon-dioxide at the bottom). The inner 4,905 miles (7,895 kilometers) are metals and silicates, with an iron core at a temperature of about 10,000°K (compared to Earth's core temperature of about 5,000°K). The surface gravity at the top of the ocean is 1.54 times that of the Earth. This assumes a 45°F (7°C) average surface temperature, the same as the Earth. A higher temperature would make for a deeper ocean, such as eighty-two miles (133 kilometers) at 86°F (30°C). The ocean bottom is the point at which the temperature is 32°F (0°C). Interestingly, the gravity at that point is 1.96, so the deeper one goes in the ocean, the higher the gravity becomes. The pressure at the ocean/ice mantle interface is two hundred fifty times that at the surface.

The heat from the rocky mantle melts the inner ice interface upward at a rate of about 0.62 miles (one kilometer) per million years, creating an inner ocean many times deeper than the surface ocean.

One possibility not mentioned by Leger, A., et al, is that there might be a thin layer of metals and silicates deposited at the bottom of the ocean by meteor and comet impacts. Earth, for example, receives approximately one-hundred and ten tons (99.79 metric tons) of metals and silicates from micro-meteor impacts every year. Multiply that over a billion years, add in some large asteroid impacts and you have a substantial amount of dissolved metals in the water as well as a thin layer resting on the ice mantle.

Gas Giant Planets, Inhabitable Moons?

The concept that gas giant planets could have human habitable moons was considered impossible. Planet formation theories stated gas giants formed at the distance at which hydrogen, helium, methane, and other light gas atoms were "blown" by the primary star's gas outflow and photon pressure (also called the "stellar wind"). This theoretical distance was well beyond the distance at which water is liquid on a terrestrial planet's surface.

The discovery of "hot Jupiters" disproved that theory. It is now acknowledged that giant planets either form beyond this boundary and then spiral closer, or form concurrently with their primary with an eccentricity that may be reflected by the dust cloud orbiting the developing star. The only theoretical constraint is moon size and orbit, and the orbit of the gas giant.

Computer simulations[15] have yielded several conclusions, assuming a giant planetary mass that is at least equal to Jupiter. First, there is no upper mass limit for terrestrial-type moons of planets orbiting more than 0.6AU from their parent star. Second, stable moons can exist with these minimums:

Mass of moon	Giant Planet Orbit	Star Mass
Moon	0.06AU (5.8 Million Miles)	$0.24M_\odot$
Mars	0.1AU (9.3 Million miles)	$0.30M_\odot$
Earth	0.17AU (15 Million miles)	$0.38M_\odot$

Thus, for an Earth-sized moon orbiting a Jupiter-sized planet the minimum orbital distance to the primary star is 0.17AU. What is less obvious is that below those minimums, the moon's orbit becomes unstable and it either spirals down into the gas giant planet or is lost to space or the star in less than five billion years.

If the gas giant has a mass equal to Saturn, these minimums become:

Mass of moon	Giant Planet Orbit	Star Mass
Moon	0.10AU (9.3 Million Miles)	$0.3M_\odot$
Mars	0.19AU (17 Million miles)	$0.4M_\odot$
Earth	0.30AU (28 Million miles)	$0.52M_\odot$

These numbers are not straight lines on a graph, but curves. In general, as the mass of the gas giant planet increases, so does the maximum mass of the moon at any given orbital range and for any selected star mass. In all cases, any gas giant orbiting at 0.6AU or higher has no upper limit on the mass of any of its terrestrial-type moons.

A moon of such a gas giant might be inhabitable, but, using our solar system as an example, the moons of a gas giant planet total only 0.02% of its entire mass, meaning the giant planets must be substantially more massive than Jupiter, about forty times as much, to have Earth-sized moons

Roche's Limit states that if a smaller body approaches too close to a larger body the tidal forces caused by gravity will pull the smaller body apart. The rings of Saturn, Uranus, and Neptune are all inside this limit. For a rocky planet such as Earth, Roche's Limit is *inside* the gas giant planet's atmosphere.

Brown Dwarfs with a mass less than eighty-three times larger than Jupiter (about 0.08 times that of our sun), have a similar close limit. Even though they are much more massive than Jupiter, their Roche's Limit is well below the Habitability Zone (and the point where one side of the planet is "locked" facing the primary).

Giant planets such as Jupiter have enormous, and deadly, radiation belts. Jupiter's magnetic field is the strongest one in our solar system, 66% larger than that of the Sun (20,000 times larger than Earth's)[16]. As a result, in radio frequencies Jupiter is brighter than our Sun. It is also the *largest* magnetic field in our solar system, with a distance of three million kilometers (1.8 million miles) for the side facing the Sun and a distance of six hundred fifty million km (404 million miles) for the tail end. In fact, its magnetic field is the largest object in the solar system. (The Sun's has a diameter of about 1.3 million km. This means that the Sun could easily fit inside Jupiter's magnetosphere!) And the tail of the field extends past the orbit of Saturn.

As a result of Jupiter's strong magnetic field, its radiation belts are much more dangerous than Earth's. NASA has estimated that if astronauts were to ever venture as close to Jupiter as did the Voyager 1 spacecraft, (two hundred six thousand kilometers/one hundred twenty-eight thousand miles) the astronauts would receive 1,000 times that of a lethal dose.

The other giant planets also have huge magnetic fields[17]. Saturn is six hundred times, Uranus is fifty times, and Neptune is twenty-five times as powerful as Earth's. These lower numbers mean the planetary radiation belts surrounding these planets are not expected to be much larger than Earth's radiation belts.

Extrasolar planets can be expected to have similar radiation belts.

By Terry Kepner

Lagrange Points

Lagrange points are locations in space where gravitational forces and the orbital motions of two bodies balance each other. They were discovered by French mathematician Louis Lagrange in 1772. He postulated that there were five such points. Three are on a straight line from the primary object to the orbiting object, the other two are in the orbit of the object, but thirty-degrees in front and behind the object.

His discovery was astronomically confirmed in 1906 with the discovery of the Trojan asteroids orbiting at the Sun-Jupiter L_4 and L_5 points. More recently the Voyager probe to Saturn found tiny moonlets at the Saturn-Dione L_4 point and at the Saturn-Tethys L_4 and L_5 points.

An object at L_1, L_2, or L_3 is *almost* stable, like a ball sitting on top of a hill. A little push or bump and it starts moving away. A spacecraft at one of these points has to use small rocket firings or other means to remain in the area, as the gravity of other planets exerts a pull over the course of an orbit. Orbits around these points are called "halo orbits." The Solar and Heliospheric Observatory (SOHO) is in a halo orbit around the Sun-Earth L_1 position, about a million miles Sunward from Earth, and the Microwave Anisotropy Probe (MAP), is in a halo orbit around the Sun-Earth L_2 Position, about a million miles in the opposite direction.

An object at L_4 or L_5 is stable, like a ball in a bowl: when gently pushed, it orbits the Lagrange point in a halo orbit without drifting farther away, and without the need of frequent rocket firings. The Sun's pull makes any object in the Earth-Moon L_4 and L_5 locations move around, or "orbit," the Lagrange point in an 89-day cycle.

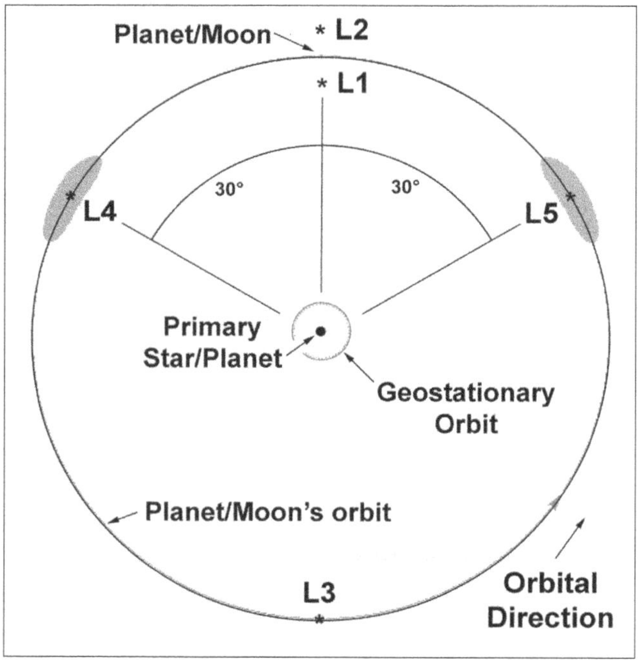

Fig. 10. Lagrange points apply to stars and planets; planets and moons; and planets, moons, and asteroids. For example, there are asteroids in both L4 and L5 points in Jupiter's orbit. It is possible that a habitable terrestrial planet could exist in the L4 or L5 point of a gas giant planet orbiting in a star's Habitable Zone.

The Lagrange points are of interest as they hold the possibility of harboring habitable terrestrial-sized planets in those systems where the Gas Giant planet is in the Habitable Zone of the primary star. Preliminary studies[18] seem to indicate that gas giants with low orbital eccentricity, between zero and 0.15, would allow terrestrial planets inside these Lagrange points to survive. Similarly, eccentricities higher than 0.15 for the terrestrial planets in the Lagrange point ends up taking the giant planet, and anything in its Lagrange points, outside the Habitable Zone.

Extrasolar planets

For many years astronomers have looked in vain for evidence of worlds orbiting other stars. Until 1989 that remained an elusive goal. That year D.W. Latham, et al.[20], were studying HD 114762, measuring its rotation using a method known as radial velocity measurements.

They were measuring the Doppler shift caused by the star's rotation. The side spinning towards Earth has a slight shift of its spectrum towards the blue, and the side rotating away from Earth has a slight spectrum shift towards the red. These measurements are on top of the base Doppler shift the star has in its movement through space in reference to Earth.

After several months of measurements, they noticed their data points (individual measurements of speed at a particular time) had a "drift" from what should have been a simply flat line to a sine-wave that was repetitive and regular. They concluded that the only reasonable explanation was that the star was being "pulled" back and forth by an orbiting body. Thinking they had discovered a small stellar companion to HD 114762, they carefully, and unsuccessfully, searched pictures of the star for the telltale signs of a dim star. Going back to their data, they concluded they were seeing evidence of a giant planet.

Careful analysis of their measurements led them to the conclusion that HD 114762 is orbited by an object that could be as small as nine times the size of Jupiter! Unfortunately, we do not know the inclination of the object's orbit in relationship to the Earth. If the orbit is edge-on to us, then the object is definitely a planet. As the angle of the orbit, as seen from Earth, goes up, so does the mass of the object. The mass of the object could go as high as eighty times the size of Jupiter. Because the theoretical limit for an object to begin "fusing" hydrogen (actually deuterium, a hydrogen atom with a proton and a neutron in the nucleus) is for the object to be thirteen to fifteen times the size of Jupiter, the object orbiting HD 114762 could really be a Brown Dwarf.

Still, this was the first time an object that small had been ever detected. It was several years before anyone else repeated their discovery with another star, 51 Pegasus[21], in 1996.

Slowly, over the next few years, other stars were discovered with planetary companions. There was some disagreement over whether these were planets or brown dwarfs, especially because all these detections involved gas giant planets that were far closer to their primary than any theory of planet formation had predicted. It was only when HD 209458b, a planetary candidate, was actually detected transiting (passing in front of) its primary, that the radial velocity measurements were proven correct in their interpretation of these objects as planets, not permanent sunspots or brown dwarfs in highly inclined orbits[22].

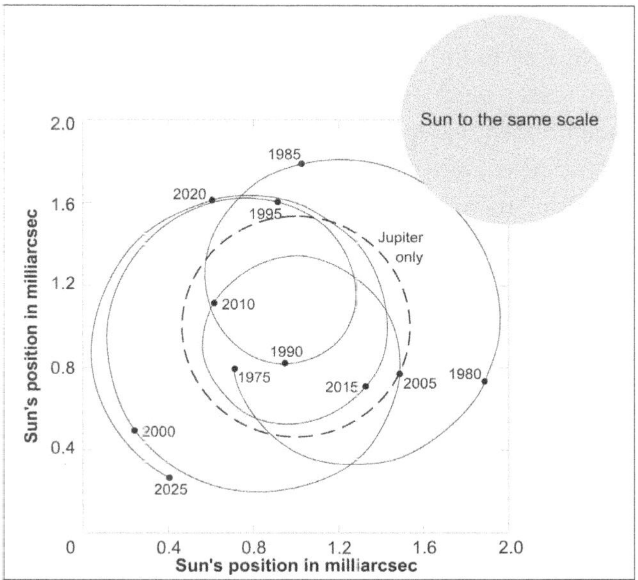

Fig. 11. The motion of the Sun around the centre of mass of the Solar System, viewed face-on from a distance of 30 light-years. The solid path is the Sun's actual motion, due to all of the planets in the Solar System. The dashed circular line is the path the Sun's *centre* would take if Jupiter were the only planet in the Solar System. Note that the dashed line is barely outside the sun's circumference.[58]

As of the writing of this book, there are over 3533 planets in 2650 planetary systems with five hundred ninety-five multiple planet systems, ranging in dis-

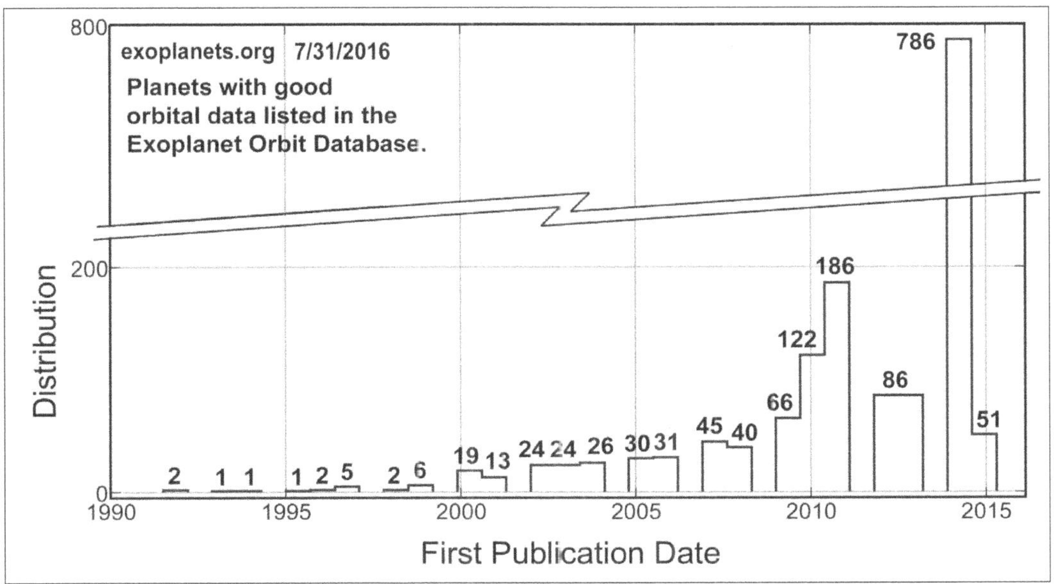

Fig. 12. Rate at which extra-solar planets were discovered and announced up to mid-2015[23].

tance from 4.22 to millions of light-years from Earth, according to the Extrasolar Planets Encyclopaedia. Most have been detected by their transit in front of their primary. Roughly six hundred fifty were detected by radial velocity measurements. One was detected by visual means (plotting the primary's wobble as it moves through space and is pulled from a straight line by the orbiting planets' gravity).

At first, the planets discovered were close to their stars, but this was because it is easier to detect and confirm a giant planet when it makes several orbits during the limited study period. A planet that takes seventy years to complete one orbit is not going to give you a complete picture in the radial velocity measurements when you have only been taking measurements for one year.

There are several teams in the planet search effort today, using different techniques and equipment.

Binary Stars: Can There Be Planets?

If binary stars orbited each other like the planets orbit the Sun, life would be a lot easier for science-fiction writers. Unfortunately, life is not easier. Binary stars, two or more stars orbiting in the same system, do not act like planets orbiting the Sun. Stars, by their very nature, are huge. The planets, compared to the Sun, make up less than one-thousandth of the total mass in the Solar system, and most of that is Jupiter. The Sun literally overwhelms the planets with its mass.

In a binary system, however, the two stars have a mass difference far less extreme, ranging from several times the mass of our sun down to one percent, with most at the lower end. That means the two stars orbit around a "focal point," a common point on a line drawn through the center of the orbital path. If the two stars have exactly the same mass, then that point is dead center between the two stars. The effect is the same as tying two balls together with a string and then tossing them spinning in the air.

Orbits are never that simple. Stars are rarely the same mass, and so almost never are the orbits circular. Usually, one star comes very close and then goes very far away, like Halley's Comet does to the Sun, with an orbital period measured in the hundreds of thousands of years. Mathematics uses the concept of eccentricity to describe how far a circle deviates from true round, so astronomers use the same word to describe how far an orbit deviates from round. When the eccentricity equals zero, we have a perfectly round orbit. The closer the eccentricity gets to one, the more elliptical the circle becomes. At one and above, the eccentricity describes a parabola. The arc in space that the Pioneer 11 spacecraft formed as it coasted by Jupiter on its way to Saturn was a parabolic orbit.

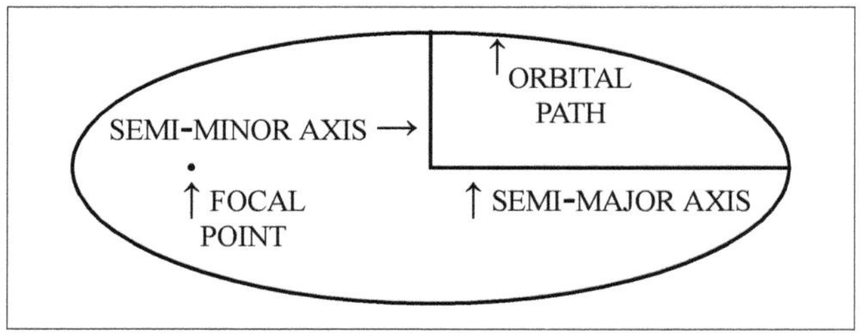

Fig. 13. The major elements of an ellipse. For a circle, the semi-minor and semi-major axis are equal and called the radius. For orbital mechanics, the focal point is the point about which both members orbit. For our Sun and Jupiter, the focal point is only about 29,000 miles (47,000 kilometers) above the Sun's surface. With a solar radius of 432,288 miles (695,700 kilometers), that's not very far!

It was formerly thought that any star system where two stars approached each other closer than 30AU would not have stable orbits for planets. Recent computer models disprove this. The models indicate that stable orbits are possible in the region below one-half the distance of the two stars' closest approach, as long as the stars' orbits are not too non-circular[9]. How likely it is a planet can form in those conditions has not been studied.

So, if there are two Sun-like stars that get no closer to each other than four astronomical units, then stable orbits can exist, for each star, below two astronomical units. Thus, because the Earth's orbit is defined as one astronomical unit, both Sun-like stars could have habitable planets in stable orbits. They would just have to be inside that two astronomical unit limit (for a system like ours, stable planets would include Mercury, Venus, Earth, and Mars).

For stars orbiting closely, inside Mercury's orbit for example, then stable planetary orbits are easily accommodated at any distance greater than one astronomical unit from their combined focal point. George Lucas with Tatooine in Star Wars got it right.

Length Of Year: How Big Is Its Orbit?

Determining the length of a planet's year is simply a matter knowing the mass of the planet's primary and the radius of the planet's orbit. Astronomers use the Sun's mass and the radius of the Earth's orbit as their standards for measurement with the formula:

P = Square Root of (D^3/M)

where "D" is the orbital radius of the planet in question (cubed, or multiplied times itself three times) and "M" is the mass of the star it orbits, which then gives the time it takes the planet to complete one orbit ("P"), in Earth years.

Suppose you wanted to know how long it would take a second planet to complete one orbit around the star 107 Piscium (at the orbital distance you selected, Venus' orbital distance of 0.6AU). Plug in 107 Piscium's mass of 0.9 Suns:

P = Square Root of (0.6^3/0.9)

P = Square Root of (0.216/0.9)

P = Square Root of (.24)

P = 0.489,

Multiplying 0.489 by the length of our year, 365 days, gives us a rough figure of 178 Earth days for it to complete one orbit. This, of course, assumes that the planet is in a nearly circular orbit and not in an eccentric one that varies between 0.5AU and 0.6AU. Naturally, the actual length of a "day" on this hypothetical planet could be any number of hours and the year could be any number of local days — depending on the planet's rotational speed. The figure given by the formula is just the length of the planet's year in Earth days.

Because only masses of double stars are known with any accuracy, astronomers make assumptions about solitary stars based on their color-type and size classification. There is a reasonable amount of error in these assumptions. These numbers are guidelines only. The planet might be heavier or lighter because of stellar mass measurement inaccuracies.

More Evolution

Stars evolve. Big stars evolve fast (relatively speaking). As they evolve, they change size and brightness. Our Sun, for example, has increased its brightness by thirty percent in the last four billion years. This gives science-fiction authors a pitfall in planet-building. Using our own system as an example, we have three planets in the Habitable Zone — Venus, Earth, and Mars — but only one is actually habitable.

As the Sun's supply of core hydrogen runs out, it will collapse until helium fusing takes place, which leaves carbon and oxygen in the core. It will expand until it is as large in diameter as Mars' orbit. In this process it will drive off a measurable amount of its mass in a great solar wind.

The former habitable planets will be vaporized, but the gas giant planets — Jupiter, Saturn, and so forth — will warm up. UThis increase in heat will begin driving off their atmospheres. But the moons, especially Titan (orbiting Saturn), will undoubtedly be available for humans. (Of course, we will have to do something about converting Titan's methane, ethane, nitrogen atmosphere to the correct oxygen/nitrogen mix, but that's another story).

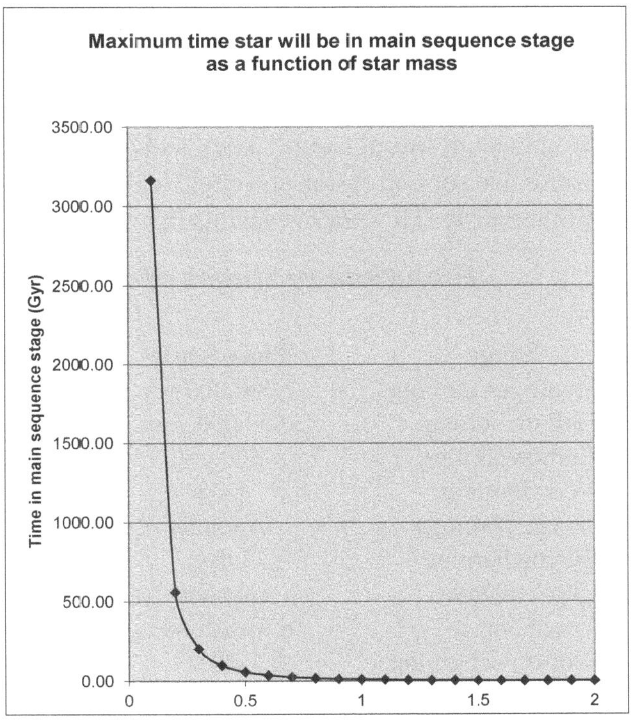

Fig. 14. Time on the main sequence as a function of stellar mass.

Gradually, the sun will start to run out of helium in the core and slowly begin collapsing again until the hydrogen compresses enough to reignite in a shell around the helium fusing core and adding more helium. At some point, the helium fusing dominates again and stops or slows the hydrogen fusing. The star may oscillate like this for thousands, or hundreds of thousands, of years. Each time it switches from primarily hydrogen fusing to helium, it blows more of its mass away, forming a shell of expanding gases called a planetary nebula (actually a globe of expanding gases that looks like a ring when seen through a telescope).

This oscillation can have a period of anything from hours to months to years, depending on the size and mass of the star involved. The change in brightness can be as much as a thousand times different. Stars that do this are called variables. This stage is estimated to last about one-tenth the time the star was fusing just hydrogen.

Eventually, the fusing hydrogen and helium in the core area begins to decrease as the supply decreases and the star collapses. At this time its mass becomes important. Stars more than three times more massive than our sun move to the next stage and start fusing the carbon. From carbon the star moves to neon, then oxygen, then silicon[10]. The next step after silicon is iron. Fusing iron *takes* energy, and the core collapses in a catastrophic process that takes mere seconds, until the core reaches a density to stop it. The various shells of falling silicon, oxygen, neon, carbon, helium, and hydrogen slam into the core. They suddenly reach densities that support fusion and begin to do so nearly simultaneously. This *always* results in a supernova.

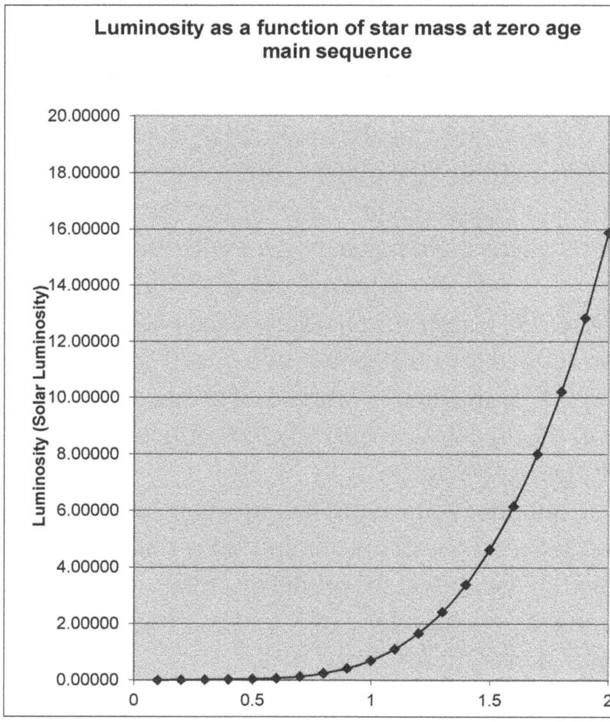

Fig. 16. Stellar luminosity as a function of stellar mass.

The star can lose up to ninety percent of its mass in such an explosion. The remnant is very dense and leads to such peculiar things as pulsars and neutron stars.

However, stars not much more than three times more massive than our sun cannot burn carbon efficiently and simply collapse into black holes.

Stars of three Solar masses or less can end up in many different forms, all a category of the subdwarf, or degenerate, stars. They are called White Dwarfs.

White Dwarf stars, while very hot, probably will not have any planets closer than five Astronomical Units. They would have been destroyed millennia ago in the giant phase. So, we have the so-called White Dwarf, a star radiating the leftover heat of its collapse and glowing so hot it is white in color. A closely orbiting planet could easily be habitable by humans, but no such planets could exist! Even if a planet could survive the giant phase, there is the problem of orbital dynamics. Typically, the star loses up to ninety percent its mass in the giant phase. As the star's mass decreases the planets orbiting it slowly drift into orbits much farther from the star. The

Evolutionary Stages of a $25M_\odot$ Star[11]

Stage	Time Scale	Temperature (10^9°K)	Density (g/cm³)
Hydrogen burning	7,000,000 yrs	0.06	5
Helium burning	500,000 yrs	0.23	7×10^2
Carbon burning	600 yrs	0.93	2×10^5
Neon burning	1 yrs	1.7	4×10^6
Oxygen burning	6 months	2.3	1×10^7
Silicon burning	1 day	4.1	3×10^7
Core collapse	seconds	8.1	3×10^9
Core bounce	milliseconds	34.8	$\sim 3 \times 10^{14}$
Explosive burning	0.1-10 sec.	1.2-7.0	Varies

$M_\odot$ equals the mass of our Sun.

Fig. 15. The evolutionary stages of a star twenty-five times the mass of our sun.

planets farthest from the star might leave the system completely. A planet would have had to exist inside the pre-nova star to have a habitable planetary orbit around the White Dwarf. However, planets orbiting pulsars have been found! The *Pulsar Planets* chapter has details.

Finally, there is no such thing as a "dead" star. Mathematical estimates show that it will take tens or hundreds of billions years for even the smallest, dimmest White Dwarf star to cool off. Given that the age of the universe is only about fifteen billion years, we have a long time to wait for the very first White Dwarf to cool down enough to land on it.

The same holds true for the supernova remnants. The core material left after the explosion will take many, many billions of years to radiate away the millions of degrees of heat that created the explosion in the first place.

Stellar Classes

No, Stellar Classes are not a school for stars. Based on observation, astronomers have come up with a classification system based first on the stars' colors and second on their sizes. The colors are ranked as O, B, A, F, G, K, M (an easy way to remember their order is: Oh Be A Fine Girl, Kiss Me). There are lower classifications, R, N, S, and C, to distinguish carbon fusing stars, and L, T, and S, for Brown Dwarfs not massive enough to make the transition from fusing deuterium to single hydrogen. The O (blue-white), B (almost white), A (white), and F (yellow-white) classifications are the bright white stars, G-types are yellow stars, K-types are orange, and M-types are red. Each class is subdivided with the use of a number following the letter. There used to be an "N" classification, but it was dropped when no stars of that type were confirmed. Later the classifications of L-type and T-type stars were added as better equipment was used. The Y-type is a tentative classification for stars with temperatures down to water freezing and a mass down to only three times larger than Jupiter. These stars were unable to fuse all their deuterium, but did manage to fuse some of it and make them significantly warmer than can be explained by simple gravitational-collapse warming. (For comparison, Jupiter's temperature is 128°K, has a solid metallic hydrogen core and never fused deuterium. Its temperature is consistent with only gravitational collapse as a warming mechanism.)

Originally, the plan was to have ten categories in alphabetical order, each subdivided into ten classes. Errors in assigning colors, and chemical differences that were discovered to be superficial, doomed the original scheme. The B stars are broken into B0, B0.5, 1, 2, 3, 5, 8, and 9. The G-type stars are subdivided into G0, 2, 5, and 8. Uncertainty is shown by listing the letter without a modifying number. Our sun is a G2V dwarf, as is Alpha Centauri, our closest neighbor. Subdivisions are added as stars are found that fit.

The spectral type is a direct function of the mass of the star. The more massive a star is, the hotter and

Classes of Stars by Spectral Type.

Type	Color	Surface Temperature	Main Characteristics (Examples)
O	Blue	>25,000°K	Strong ultraviolet radiation (10 Lacertra Mintaka/Delta Orionis)
B	Blue-white	11,000 - 25,000°K	Neutral helium lines in absorption (Rigel, Spica)
A	White	7,500 - 11,000°K	Hydrogen lines at maximum strength (Sirius, Vega)
F	White-to-Yellow	6,000 - 7,500°K	Metallic lines become noticeable (Canopus, Procyon A)
G	Yellow	5,000 - 6,000°K	Solar-type spectra (Sun, Capella)
K	Orange	3,500 - 5,000°K	Metallic lines dominate, weak ultraviolet (Arcturus, Aldebaran)
M	Red	2,000 - 3, 500°K	Molecular bands of titanium oxide appear (Betelgeuse, Antares)
L	Brown	1,500 - 2,000°K	Some to little Methane (GD 165)
T	Brown	500°K - 1,500°K	Methane detected easily (Gliese 229B, WISE 0316+4307)
Y	Black-brown	225 - 500°K	No well-defined spectra (CFBDS J1458+10B, WISE 0855−0714)

Fig. 17. Based on their colors, stars are classified into Spectral types.

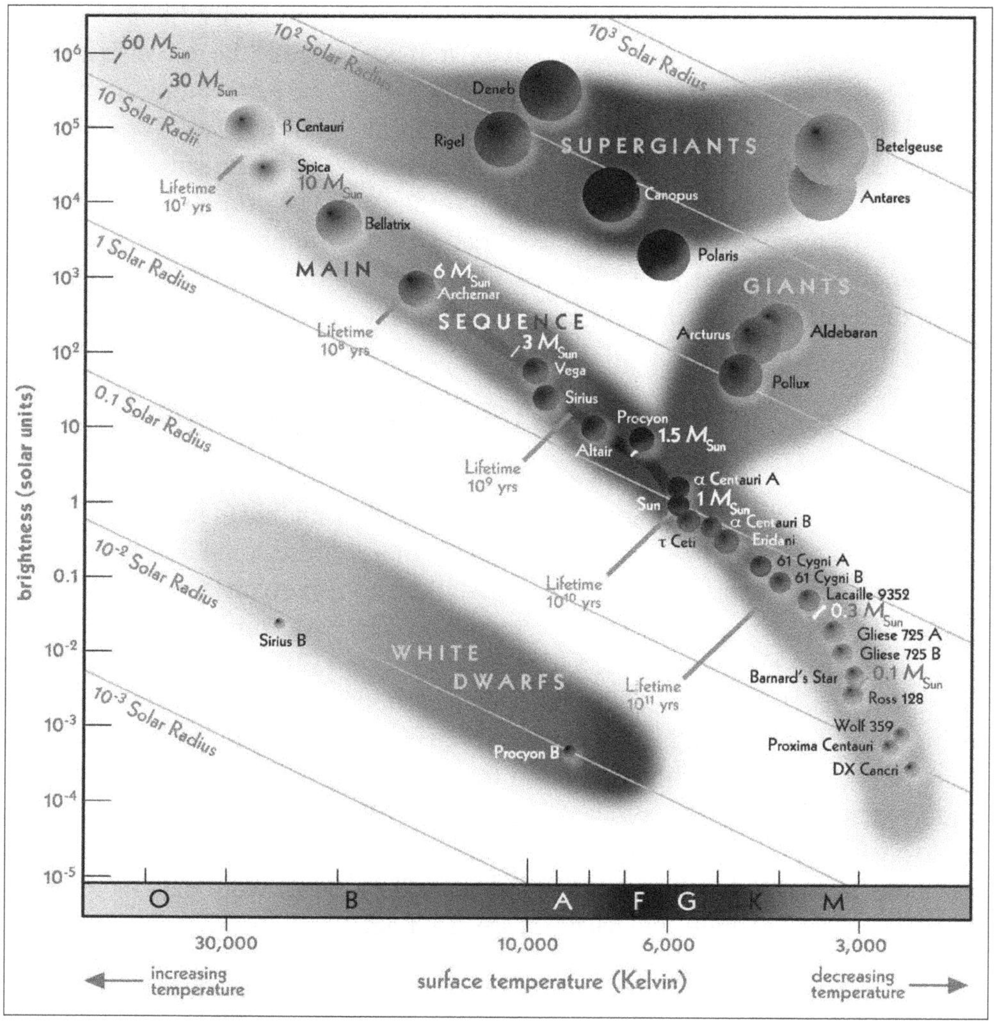

Fig. 18. The classic Hertzsprung-Russell diagram, created in 1911 when the Danish astronomer, Ejnar Hertzsprung, plotted the absolute magnitude of stars against their color (hence effective temperature). The smaller, cooler, stars are at the bottom right whereas the larger, hotter, stars are at the top left. The stars in the sections "White Dwarfs," "Giants," and "Super Giants" have all evolved off the "Main sequence." Image credit: European Southern Observtory.

bigger it is. Ironically, the more massive a star, the shorter its life-span — much higher internal temperatures are required to prevent its collapse. Thus it burns through its internal fuel supply very rapidly. The type "O" stars typically have life-spans measured in tens of millions of years while the "K" and "M" type stars have life-spans in the tens of billions of years.

Color alone, astronomers found, was not enough, for it is possible for a star to be a supergiant O5 or a dwarf O5. Both have the same *color*, but are dramatically different in size and age. Astronomers append the Roman numerals 0 (Extreme Supergiants), Ia (Bright Supergiant), Ib (Supergiant, II (Bright Giant), III (Giant), IV (Subgiants), V (Main Sequence, or Dwarf), VI (Subdwarf, also known as sd), and VII (White Dwarfs, also known by the designation "D" or "wd"). Dim or unusual dwarf stars are usually prefixed with a "d" and the size letter "V" is left off.

The designations VI and VII are less common and will probably be dropped in favor of the alternates "sd", "D", and "wd".

The blank spots in the number system reflect one of two possibilities: either it is impossible for a star of that color and size to exist, or that it is such a short stage in stellar evolution that stars do not stay in that stage long enough for us to observe them.

The "sd" dwarfs are known to belong to the metal-deficient Population II stars. A "Population II" star is a member of the great halo of dust and stars that encircle the Milky Way in a vast globe. A Population II star is very old and part of the first generation of stars to form in our galaxy. As a result, it has little or none of the heavier elements such as lithium, carbon, oxygen, silicon, and other metals. Any planets formed around it would be hydrogen and helium mixes only. No atoms heavier than hydrogen existed where and when this star formed. As far as we are concerned, no habitable planets of any kind can exist around a Population II star. No lifeforms of any kind could have evolved on planets around these stars, and the giant gas planets that formed have no moons. The complex "organic" and ice (carbon, oxygen, methane) molecule chains require atoms higher on the atomic chart than hydrogen or helium, and their lack around these stars is fundamental.

The "wd" stars run the range of the spectral sequence, from O (white) to M (red). However, because the first one discovered was a white dwarf, all of them are called this no matter their true color. These stars, about the size of the Earth, are all smaller than the lower size limit needed to ignite nuclear fusion, which is about the size of Jupiter, even though they have masses hundreds of times that of Jupiter. Therefore they are the *remains* of larger stars that have evolved down to this stage.

In some charts suffixes are added to the classifications. These are technical details regarding special characteristics and are beyond the scope of this book.

Remember, all stars in the classes 0, Ia, Ib, II, III, and IV are really main sequence — dwarf class V — stars that have depleted their supply of core hydrogen and evolved *off* the main sequence. Any habitable planets they may have had in close orbits have been destroyed.

Classes of Stars by Luminosity

Class	Description	Examples
0	Extreme Supergiants	Eta Carinae
Ia	Bright Supergiants	Rigel, Betelguese
Ib	Supergiant	Polaris (North Star)
II	Bright Giant	Mintaka
III	Giant	Arcturus, Capella
IV	Subgiants	Altair, Achenrar
V	Main sequence/dwarf	Sun, Alpha Centauri
sd	Subdwarf	Ross 47
D/wd	White Dwarfs	Procyon B, Sirius B

Figure 19. In each classification, stars are subdivided by how much light they give off compared to our sun. Eta Carinae, an F-type blue, is four million times brighter than our sun while Sirius B, an A-type blue White Dwarf is 1/1,000 as bright.

A Galactic Habitable Zone

Just as there is a narrow zone around a star outside of which you will not find habitable planets, recent research has concluded that a similar zone exists on a galactic scale[11]. Stars located too close to the galactic center are subject to interference from other stars. The problem is not just that "close" encounters with other stars would seriously perturb planetary orbits and eject the planets from the system, but that the frequent near passage of other stars will perturb the Oort-cloud, that disk of debris orbiting at the outer edges of all stars. Containing trillions of comets, each near passage to the Oort cloud would send hundreds, if not thousands, of them falling into the planetary system, greatly increasing the chances that one of these would strike any habitable planets. With such impacts occurring every few million years, life would have difficulty surviving. Too many impacts, and the planet would develop such an eccentric orbit that it would begin to interact with the other planets in the system and eventually be ejected or thrown into its primary. It is thought that Jupiter "protected" Earth by deflecting or absorbing many such possible impacting bodies.

With the stars so closely packed together, the odds of a supernova event wiping out all traces of life are also much higher. After the supernova, the nova remnants (pulsars) would send out great beams of deadly X-rays capable of sterilizing planets hundreds of light-years away as they sweep over them. The center of the galaxy is awash in harmful gamma rays, X-rays, and cosmic rays, constant bombardment by large meteors, and close approaches by nearby stars.

The centers of the galaxy's spiral arms are just as deadly. The density of gases and interstellar matter allowing the creation of new stars makes them dangerous as radiation generated by protostars and large-scale gravitational fields would disrupt planetary life and orbits. While the stars are not as closely-packed as the core area, there are still many pulsars making habitable planets rare.

Stars with habitable planets cannot have an eccentric galactic orbit or they stray too close to the galactic core or cut through the spiral arms too frequently. Our sun has a nearly circular orbit that keeps it a safe distance from the core, and at the same time keeps us in pace with the spiral arms.

The older stars making up the majority of the globular clusters and core area of the galaxy are "metal-poor." They formed when the primary ingredients available were only hydrogen, helium, and some lithium. Not enough of the heavier metals like silicon, iron, or oxygen were available for terrestrial planet formation.

Lending support to the idea that closely packed stars are not conducive to planets was a survey of the globular cluster 47 Tucanae[12]. More than 34,000 stars were examined over eight days for indications of Jupiter-size planets crossing in front of their primary. Blind computer simulations with planets inserted at the rate we have seen in our neighborhood proposed a recovery rate of sixty percent from the cluster. It was expected that the survey would find fifteen to twenty planets. None were found.

Similarly, the Greater and Lesser Megellanic Clouds, those two large irregularly-shaped star clusters orbiting our Milky Way galaxy, are being examined for planets. So far it appears that the chance for terrestrial planets is slim. It seems that, on average, stars in both clouds are Population II stars with very low metallicity, too low for terrestrial planetary formation. "Second-generation" Population I stars might form with planets, but they would be rare.

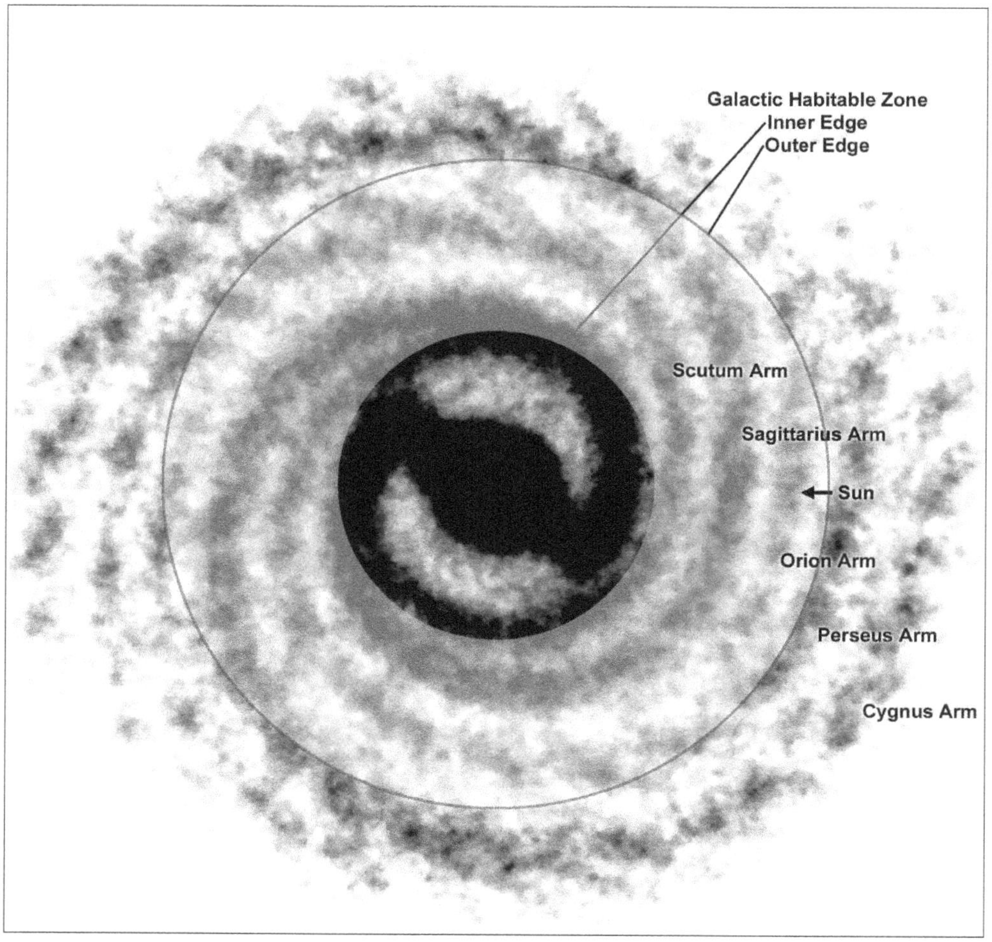

Fig. 20. A top view of our galaxy. The lighter circle superimposed on it is the proposed Galactic Habitability Zone. Naturally, the darkest areas are crowded with the most stars and form areas which are too hostile with X-rays and other radiation for habitable planets.

There appears to be a band starting at 4,500 parsecs (14,670 light-years) and going out to 11,500 parsecs (37,490 light-years) from the galactic center, with gaps where it crosses spiral arm structures, in the disk of the galaxy where we should find habitable planets. The "halo" stars above and below this disk are older "metal-poor" stars.

Finally, there is galactic age. When the Milky Way first coalesced, large numbers of stars in the disk formed, burned through their fuel, exploded, and sprayed the galaxy with heavier elements. Our Sun was a beneficiary of this earlier generation. The available material has been gathered up by other stars and there are actually less heavy elements available today than there were four billion years ago. Also, the radioactive material that provides the hot core of our planet, and many of the heavier metals, is decaying. A planet forming today would have twenty-one percent less radium than Earth. A planet that formed substantially before Earth will have less iron and other heavy elements, and a planet that formed later than Earth will have the same problem.

It appears that Earth, at 4.5 billion years old, is actually at the tail end of optimal planet formation. The "window" for planet formation, where the planet has reasonable amounts of all metals, including radioactives, began about five or six billion years ago. Any sooner, and all the deadly supernovas would have wiped out life. Any later, and we wouldn't have the industrial capability we have developed.

Pulsar Planets

A pulsar is a supernova remnant with a mass up to twice that of the Sun, yet has a diameter of only 20 kilometers (14 miles). Because of their small size (compared to their pre-supernova stellar diameter of millions of miles), they spin very fast, from thirty to hundreds of times per second. To the surprise of everyone, some pulsars appear to have planets.

Pulsars emit a radio pulse with every rotation. Actually, they are emitting a constant beam of x-rays from their magnetic pole. Because their magnetic pole is not aligned with their rotational pole, we see a "blip" of x-rays as the pulsar's rotation swings its magnetic pole across our line of sight. If we were much closer to the pulsar, a light-year or three, the x-ray blast would kill anything living it hit. With a spin rate of thirty times a second it would not take long to sterilize a planet at that distance.

Tiny variations in the spin rate of two pulsars (PSR 1257+12[13] and PSR 1620-26[14]) have convinced two research teams that there are planets around them. PSR 1620-26 has a white dwarf companion with an estimated age of five hundred million years.

Current theories suggest that pulsar Lich's (PSR 1257+12) planets (Draugr, Poltergeist, and Phobetor) formed out of the remains of its supernova event (research has recently confirmed supernova events are not symmetrical). The asymmetry implies that sections of the stars' mantle may be thrown out in chunks large enough to coalesce into planets. Or perhaps a significant portion of the heavier metals formed in the event might be trapped into a disk orbiting the new pulsar and thus undergo conventional planet formation dynamics. These planets cannot be leftover from the pre-nova stage as they would have had to orbit inside the star's surface (also, remember, a star can lose over half its mass during the red giant stage, and a planet's orbit would slowly drift farther away from the primary as this happened).

PSR 1620-26's planet seems to be the result of a capture event. This pulsar lives in the old globular cluster M4, about 7,200 light-years away. The conjecture is that the planet formed 13 billion years ago orbiting a yellow star at about the same distance Uranus is from our sun. As the planet aged it survived the ravages of blistering ultraviolet radiation (from the other stars in the cluster's core), supernova radiation, and subsequent shockwaves in the furious firestorm of the young cluster. About the time multi-celled life appeared on Earth the star and its planet were plunging into M4's core. In this relatively crowded space the star and planet passed close to an ancient pulsar, formed in a supernova when the cluster was younger, that had its own stellar companion. In a slow-motion gravitational maneuver the star and planet were captured by the pulsar while the original companion was flung from the nebulae.

Recoil from this action threw the new triple system into the outskirts of the nebulae. Eventually, as the yellow star aged, it became a red-giant and spilled matter onto the pulsar, transferring momentum to the pulsar and speeding it up until it became a millisecond pulsar (rotating hundreds of time per second). The planet, meanwhile, continued on its leisurely orbit two billion miles from the two stars.

Constellations and Perspective

One of the fallacies of pulp science fiction is that the constellations change dramatically as you move from star to star. This comes about from the belief that the closest stars to us make up the constellations. They don't. In fact, almost one third of the stars that make up the major components of each constellation are located hundreds or thousands of light-years away from us. The Andromeda galaxy, that faint patch of fuzzy light in the constellation of the same name, is over two million light-years away and easily seen from almost everywhere in our galaxy.

The other fallacy is that the constellations don't change at all as you move about. This comes from the belief that the stars in the constellations are all so far away that they don't change positions when you move from one star to another. This is also untrue. Sirius, for example, is the main star in the constellation Canis Major, the Larger Dog of Orion, the hunter. It is only

8.65 light-years away. Even the small movement of going to Alpha Centauri would dramatically change Canis Major, as Sirius would appear to have moved a considerable distance across the night sky.

The truth of the matter is that constellations are made up of stars at many distances. It is somewhat like living in a city surrounded by mountains. Moving from a house to the one across the street does little to change the overall view of the mountains, although it may significantly change your view of the neighborhood. But the farther you move, the more your view of the mountains will change. And the change is dependent entirely on the direction you move: Moving north or south changes your view of east and west much faster than it changes your view of the north and south.

The pulp hero/heroine will not look at the night sky and see nothing familiar. Unless the observation is on a planet very far from Earth, some constellations will change only slightly. Simply moving from Earth to Mars will not change the view of the night stars at all; the distance moved is too insignificant. Time is also a factor. The further you are from our current time the more the night sky will change. Over the next fifty thousand years the North Star will get much closer to the Earth, then recede until it is invisible to the naked eye. Other nearby stars will likewise move closer and then recede. Over the short term, a few thousand years, most stellar movements in the sky will be unnoticeable to the naked eye.

Interstellar means between stars, *interplanetary* means between planets, and *intergalactic* means between galaxies. An incident inside our galaxy, the Milky Way, is *not* an intergalactic event, it is interstellar. The destruction of the Universe means everything, all the galaxies, stars, planets, and asteroids, *not* the destruction of a star or planet. Traveling to the end of the Universe means leaving our galaxy far behind, not just traveling to the center of our galaxy, or a few hundred light-years away from Earth.

After all, what would you think of a tour guide who promised a world-wide trip on a cruise ship, but all he delivered was a trip between London and New York?

Naming Conventions

Astronomers have divided the sky into eighty-eight constellations. By definition, every star in the sky is in a constellation. Surprisingly, only forty-eight of the constellations were named by the ancient astrologers. The rest were all defined and named in the seventeenth and eighteenth centuries, mostly those in the southern hemisphere. Appendix A lists all eighty-eight.

As a matter of convenience, astronomers decided to name stars using the Greek alphabet, and assign the brightest star the name Alpha, the second brightest Beta, the third brightest Gamma, and so on. So, when you see a star named Beta Cygni, that means simply that it is the second brightest star in the constellation Cygnus, The Swan. That's all. Notice that while the name of the constellation is Latin (Cygnus), the genitive form of the name (Cygni) is used for the star's name.

Naturally, there are more than 24 stars in each constellation, so astronomers started using numbers (ignoring the first twenty-four that would be the numerical positions of the Greek letters). This would have worked nicely, except that individual astronomers, and several groups, started compiling lists of stars for special purposes. They frequently assigned previously-named stars new designations.

For example, in 1918 the widow of amateur astronomer Henry Draper donated a telescope and the funding for the HD catalog, the first comprehensive catalog on stars down to the ninth magnitude, 225,000 total. In 1957 German astronomer Wilhelm Gliese published the *Gliese Catalogue of Nearby Stars* and

α	Alpha	ν	Nu
β	Beta	ξ	Xi
γ	Gamma	ο	Omicron
δ	Delta	π	Pi
ε	Epsilon	ρ	Rho
ζ	Zeta	σ	Sigma
η	Eta	τ	Tau
Θ	Theta	υ	Upsilon
ι	Iota	φ	Phi
κ	Kappa	χ	Chi
λ	Lambda	ψ	Psi
μ	Mu	ω	Omega

Fig. 21. The Greek alphabet.

LHS 146	GJ 71	2MASS J01440402-1556141	SACS 31
* tau Cet	HD 10700	N30 359	SAO 147986
* 52 Cet	HIP 8102	NLTT 5787	SKY# 2598
BD-16 295	HIP 8102	8pc 274.17	SPOCS 96
CCDM J01441-1557A	HR 509	PLX 365	TD1 997
Ci 20 124	IDS 01394-1628 A	PLX 365.00	UBV 1769
CSI-16 295 1	IRAS 01416-1611	PMC 90-93 41	UBV M 8397
FK5 59	IRC -20018	PM 01417-1612	uvby98 100010700
GC 2123	JP11 535	PPM 210580	WDS J01441-1556A
GCRV 979	LFT 159	RAFGL 4135S	YZ 106 431
GEN# +1.00010700	LPM 84	ROT 249	Zkh 33
GJ 71.0	LTT 935	1RXS J014404.7-155632	

Fig. 22. This is a list of *some* of the different names that have been assigned to the well-known star Tau Ceti, a star only 11.9 light-years away with five recognized planets orbiting it. Most stars have at least a dozen different designations.

then published an extension in 1979 in collaboration with Hartmut Jahreiß. R.G. Aitken compiled a list of multiple stars, the ADS series. R.A. Rossiter compiled a list of dim red stars, the Ross series. Professor Wolf released a list of unusual dim stars, the Wolf series. Plus, there are the Bonner Durchmusterung (BD), Cordoba Durchmusterung (CD), and the Cape Photographic Durchmusterung (CPD) lists. Then in the 1989 the European Space Agency launched Hipparcos, which surveyed one million stars down to the 11th magnitude for 3.5 years for unprecedented distance accuracy. It is not unusual for a star to have a dozen different names.

This book uses the Hipparcos and Gliese-Jahreiß as the base series for identifying the stars.

You perhaps have seen in books, on television, or in a movie, the nomenclature of Algol III as a reference to the third planet of Algol. This is meaningless. Astronomers have simply extended their current naming convention to include planets. That is, in a binary system one star is labeled A and the other is B. Any planets are assigned lowercase letters — in the order of their discovery so as not to confuse future researchers about which planet is meant when an old paper is reread. So the third planet discovered around HD 114762A is listed as HD 114762A d, which *could* be orbiting closer than HD 114672A c. The first planet around HD 114762B is listed as 114762B b. This is in case the planet is a misidentified star and avoids renaming problems, which promptly happened.

Unfortunately, the improvement in astronomical instrumentation has led to the problem of discovering third and fourth stellar members to a known binary system where the new member is closer than the existing secondary. Naming the new discovery "C" or "D" would imply that these new members were farther away than "B." Astronomers have extended the lowercase letters to these new members as well.

So, when astronomers found that HD 36627 A, part of a known binary since their discovery in 1930, was a spectroscopic binary as well, the new star was named HD 36627A b. In this situation the primary is known as Aa, the secondary is known as Ab, and orbital separation is referred to as AaAb. The separation between A and B is listed as AaAb,B. Several binaries have been discovered to be double binaries, or even triples. Usually, the new members are Brown Dwarf stars.

The *International Astronomical Union* was founded in 1919 for the purpose of assigning official designations to stars, planets, asteroids, etc., and any surface features on them, to avoid confusion. This doesn't stop astronomers from assigning new designations, just that the IAU makes sure such designations do not conflict with ones already in use. Beginning in 2015 the IAU has begun accepting names for exoplanets. For more information, refer to their website.

As of publication of this book, all planets with official names are indicated as well as with their normal accepted Astronomical catalogue designation.

★

Stellar Distances

How Far is it From Arcturus to Barnard's Star?

The maps give details on all the stars within a forty light-year radius of the Earth. To make it easier to visualize, each map is a six light-year thick slice of the total globe. Earth, on map number seven, is in the middle of its slice, and shows those stars that are three light-years above and below it.

Each star on the map is identified by its Hipparcos number, Gliese-Jahreiß number, or its common name (if it has one), followed by its stellar category and size. Binary and triple systems have all members listed, but sometimes critical information is simply unknown. This is especially true of small companion stars to larger, brighter stars. We know there is a companion, but we can't see it clearly enough to determine what it is.

Below the name are the Cartesian coordinates of the system, in X, Y, Z format. Z is the distance the system is above or below the Earth on the maps. This makes it simple to use a calculator with square root function, or a spreadsheet program, to calculate distances between any two systems:

$$D^2 = (X_1-X_2)^2 + (Y_1-Y_2)^2 + (Z_1-Z_2)^2$$

where D equals the distance; X_1, Y_1, Z_1 is the position of the first star; and X_2, Y_2, Z_2 is the second star. Simply subtract the respective positions (X from X, etc.), multiple each result by itself, add them together, then take the square root of that number. Remember that subtracting a negative is the same as adding a positive.

For example, Alpha Centauri (at 3.15, -3.06, -.05) is 4.39 light-years from Earth and Sirius (at -5.81, -6.27, -1.33) is 8.65 light-years from Earth. Just how far is it from Sirius to Alpha Centauri?

$D^2 = (3.15-(-5.81))^2 + (-3.06-(-6.27))^2 + (-.05-(-1.33))^2$

$D^2 = (3.15+5.81)^2 + (-3.06+6.27)^2 + (-.05+1.33)^2$

$D^2 = (8.96)^2 + (3.21)^2 + (1.28)^2$

$D^2 = 80.28 + 10.30 + 1.63$

$D^2 = 92.21$

$D = 9.6$

Therefore, the straight-line distance between these two stars is 9.6 light-years.

If you have a spreadsheet program, you can use this formula:

=SQRT((B2-B3)^2+(C2-C3)^2+(D2-D3)^2)

where letters are the columns and the numbers are the rows in your spreadsheet (Excel™ uses R#C# instead of the older letter-number combination). Put the formula into cell D4 (R4C4).

Type the first star's x-y-z coordinates into one row and the second star into the other. The answer will appear in cell D4 (See Figure 23 above).

	1	2	3	4
1	Stellar Distances:			
2	First	0.000	0.00000	0.00000
3	Second	-4.45	3.94	-0.11
4	Distance apart =			5.94554
5				
6				

Figure 23. Example spreadsheet showing results of using the distance formula for how far it is from Earth to Barnard's Star.

Definitions & Measurements

All measurements are a best guess given the information available. All star mass measurements can vary by 10% depending on which research group did the calculations and the assumptions they made. Masses of solitary stars are based on several factors including its apparent magnitude, distance, and spectral type. The star's mass directly affects the measurements for any planets orbiting it. If a star is bigger than we think, so is its planet, and vice versa. The ages given for the stars, their diameters, radii, and temperatures are just as ambiguous. Hipparcos, the most-often cited source for distance measurements, is a satellite that examined over a million stars for three years. A booster failure, however, left the satellite in an elliptical orbit and caused data accuracy problems. Twice now, mathematical algorithms were used to compensate for the errors, but opinions differ as to the success of this operation. We do *not* know the distances as precisely as we like to pretend.

Myr : Megayear, a million years, 1,000,000, $1x10^6$

Gyr : Gigayear, a billion years, 1,000,000,000, $1x10^9$

$\mathbf{M_\odot}$: Mass of our Sun ($1.989x10^{30}$ kilograms)

$\mathbf{L_\odot}$: Luminosity of our Sun, 3.90×10^{26} watts (Earth receives 1,340 watts per square meter when the Sun is directly overhead; for example, at the equator on Mar. 21st and Sept. 21st.)

$\mathbf{R_\odot}$: Radius of our Sun, 695,000 kms, 434,000 miles.

$\mathbf{D_\odot}$: Diameter of our Sun, 1,390,000 kilometers, 868,000 miles

$\mathbf{M_E}$: Earth's Mass, $0.000003M_\odot$, $0.003141M_J$, $0.0105M_S$, $0.05830M_N$

$\mathbf{M_J}$: Jupiter's Mass, $0.000955M_\odot$, $317.8M_E$.

$\mathbf{D_J}$: Jupiter's diameter, 142,984 kilometers, 88,789 miles

$\mathbf{M_S}$: Saturn's Mass, $0.000285M_\odot$, $0.298M_J$, $95.16M_E$.

$\mathbf{M_N}$: Neptune's Mass, $0.0005128M_\odot$, $0.0536M_J$, $0.184M_S$, $17.15M_E$.

AU : Astronomical Unit, 149.6 million kilometers, 92,960,116 million miles.

Lyr : Light-year, 63,240AU, 5,878,797,735,840 miles, 9,461,007,863,387 kilometers.

K : Kelvin, the absolute temperature scale. At 273.15°K, 0.0°Centigrade, 32° Fahrenheit, water freezes. At 373.15°K, 100°C, 212°Fahrenheit, water boils

Apparent Magnitude : How bright an object appears in the moonless night sky. A 1st magnitude star is roughly 100 times brighter than a 6th magnitude star and thus each magnitude corresponds to an increase of 2.51 times in the star's brightness. The faintest objects that can be seen with the naked eye are of magnitude 6.5 Some typical magnitudes are:

Object	***Magnitude***
Sun	-26.5
Full Moon	-12.5
First Quarter Moon	-10.20
Last Quarter Moon	-10.05
Venus	-4.6
Jupiter, Mars	-2.9
Sirius	-1.5
Naked eye limit	6.5
Binocular limit	10
Hubble Space Telescope limit	29

Distance from Sun to :

Mercury = 0.387AU (period = 88 days)
Venus = 0.7233AU (period = 225 days)
Earth = 1AU (period = 365.242 days)
Mars = 1.52AU (period = 687 days)
Jupiter = 5.22AU (period = 3.64 years)
Saturn = 9.53AU (period 29.46 years)
Uranus = 19.19AU (period = 84.07 years)
Neptune = 30.6AU (period = 164.8 years)
Pluto = 39.5 AU (period = 248.53 years)

R.A. : Right Ascension. Astronomers divide the sky into 24 slices, one per hour. Positions of stars are measured by how far west of Greenwich, England, they are at midnight on the night of the Vernal Equinox (March 21st). Right Ascension (R.A.) measures how long you would have to wait for a particular star to reach its zenith over Greenwich. Thus, a star with an R.A. of "10 15 06.05" means that 10 hours, 15 minutes, and 6.05 seconds after midnight on the night of the Vernal Equinox, that star reaches its zenith in the sky over Greenwich, England.

D : Declination, a measure of how far above or below the Earth's equator a star is located. Postive numbers indicate the star is in the northern hemisphere's sky, negative numbers indicate the southern hemisphere. Measured in degrees, minutes, and seconds of arc.

Common Proper Motion : When two or more stars share similar velocities and directions in space.

Ellipses :

ecc. : Eccentricity, a measurement how circular an orbit is, with zero being a circle.

semi-major axis : This is the radius measurement of an ellipse along the line of its widest section.

semi-minor axis : This is the radius measurement of an ellipse along the line of its narrowest section.

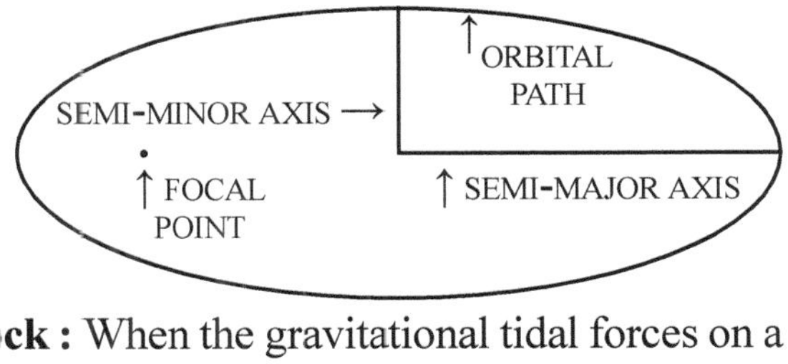

Facelock : When the gravitational tidal forces on a small rocky planet which orbits too close to its primary force it into a situation where only one side faces the primary, like the Earth did to its

Moon. This takes a relatively short period of time, generally less than a gigayear. The closer the planet is to the primary, the faster this happens. With a $0.1M_{O}$ star, a rocky planet in the habitable zone would take less than ten million years to facelock. Only for stars bigger than $0.6M_{O}$ is the habitable zone far enough away for this not to be a problem.

mas : Milli-arcsecond. One one-thousandth of an arcsecond. An arcsecond is 1/60 of an arcminute or 1/3,600 of a degree

Parallax : A star's apparent movement as Earth revolves around the sun, expressed as milli-arcseconds. This parallax is the angle formed as the Earth orbits. Knowing the angle, and using the radius of the Earth's orbit as the base of a triangle, it gives us the distance to the star.

Proper Motion : The speed and direction a star moves in space relative to Earth. Usually given as an angle and the change in its parallax in a year.

Radial Velocity Detection : This uses the Doppler effect to detect the gravitational pull that a planet has on a star. If the planet is on a line-of-sight to Earth, then it will pull the star towards it when it is on the Earth side of its orbit and pull the star away when on the opposite side, shifting the star's spectrum towards the blue and red, respectively. An Earth-sized planet will shift a star the size of our sun approximately three meters per second. A Jupiter-sized planet will move it about one kilometer per second. Unfortunately, a Sun-like star is a vast ocean of gas with giant waves that rise and fall at about four to eight meters per second, meaning smaller terrestrial planets are lost in this "jitter." Also, the measurements assume that we are viewing the planet's orbit edge-on, hence the frequent qualifier "minimum mass" is added.

Transit Detection : Measures the drop in light from a star when a planet passes directly between Earth and the star. For a Sun-like star this is usually less than a 1.5% change. The disadvantage is that only a tiny number of planets have orbits in our line of sight and that starspots and other stellar activities can mimic this effect. This is especially prone to happen when long-lasting starspots make it appear as if a planet was orbiting at the same speed as the star's rotation.

Spin Orbital Resonance : When a planet's day is a simple ratio (2:3, 3:4, etc.) of its year, usually the result of tidal forces from the planet's primary. Many close-in exoplanets are expected to be in spin–orbit resonances higher than 1:1. For example, 3:2, 2:1, or 5:2 spin-orbit resonance, with the probability of each being dependent on the orbital eccentricity. A well known case is the rotation of Mercury, which is locked to its own orbit around the Sun in a 3:2 resonance.

Star Identifiers :

1RXS: First ROSAT X-ray Survey.
2MASS : 2Micron All-Sky Survey.
8pc : Survey of stars within 8 pc of the Sun.[42]
ADS : Aitken general catalogue of double stars.
BD : Bonner Durchmusterung Catalog.
CCDM : Catalog of Components of Double & Multiple Stars
CD : Cordoba obs. Durchmusterung.
CPD : Cape obs., Photographic Durchmusterung
CFBDS : CFHT Brown Dwarf Survey.
CSI : Catalog of Stellar Identifications.
DENIS : Deep Near-Infrared Survey
DM : Durchmusterung catalog
EGGR : Eggen+Greenstein WD catalog.
G : Giclas Catalog.
GJ : Gliese+Jahreiss combined Catalog.
HD : Henry Draper Catalog
HIC : Hipparcos Catalog, original data (1993).
HIP : Hipparcos Catalog, corrected (2009).
L : Old list of proper motion stars (W.J. Luyten)
LDS : Luyten Double Stars Catalog.
LHS : Luyten Half Second Catalog.
LP : Luyten Palomar observations.
LSPM : Lepine and Shara High Proper Motion Catalog of stars above the celestioal equator.
LTT : Luyten, Two Tenths Catalog.
NLTT : New Luyten, Two Tenths Catalog.
Ross : R.A. Rossiter's Catalog of dim stars.
SCR : SuperCOSMOS Sky Survey by the Research Consortium on Nearby Stars (RECONS).
SIPS : Southern IR Proper motion Survey.
ULAS : UKIDSS Large Area Survey.
UGPS : UKIDSS Galactic Plane Survey.

UCAC3/4 : USNO CCD Astrograph Catalog.
WD : White Dwarf.
WDS : The Washington Visual Double Star Catalog
WISE/WISEP : Wide-field Infrared Survey Explorer Final/ Preliminary Release Source Catalog.
Wolf : M. Wolf's unusual dim stars.
V : Variable

Star Types

Algol-type Binary : Eclipsing binary system which has spherical or slightly ellipsoidal components. They are close, but still separate.

Astrometric Binary : A binary star system in which one companion is invisible, but is known to be present from its effect on measurements relating to the other.

BY Draconis Variable : Usually M or K-type main sequence stars that exhibit variations in their luminosity (about seventy percent) due to rotation of the star coupled with star spots, and other chromospheric activity.

Brown Dwarf : An object that occupies the mass range between gas giants and stars, ranging from about thirteen to eighty times the mass of Jupiter (M_J), the mass of the object is less than $0.08M_{\odot}$.

Chromosphere : The gaseous layer immediately above the photosphere of a star and below the corona. Together with the corona, which can extend millions of kilometers/ miles into space, it constitutes the star's outer atmosphere.

Delta Scuti Variable : A faint, short-period pulsating star that swells and shrinks very regularly based on the star's mass resonance, generally by a fundamental frequency.

Flare : Faint main-sequence stars which regularly increase in brightness by up to two magnitudes (six times brighter) in seconds, and then fade back to normal brightness in half an hour or less. Also known as *UV Ceti variables*. Usually M-type stars. These are such dim stars that a typical Solar Flare from our own sun that we barely notice would cause a dramatic increase in the brightness of the star. If these are similar to the flares our own sun releases, then they are just hot spots on the surface of the star that gradually cool down after they erupt.

Optical/Visual Binary : Two stars that appear close together when viewed from Earth but are not physically associated and are often separated by a great distance. Unfortunately, many named pairs, such as GJ 687 AB, are not binaries but merely close together in our line-of-sight. We're now stuck with them having the same name differentiated by only a letter. Changing the name would cause confusion in records going back to 1750 A.D.

Pre-main sequence : A star which has not yet reached the main sequence (also known as a PMS star or PMS object).

RS Canum Venaticorum (RS CVn) Variable : Close binary systems with highly active chromospheres, including huge sunspots and flares, believed to be enhanced by the close companion. Variability scales range from days, close to the orbital period, to years as sunspot activity varies.

Spectroscopic Binary : A binary system whose components are identified by their periodic orbital motion along the line of sight towards Earth causing Doppler shifts in the system's spectral lines. In some spectroscopic binaries, spectral lines from both stars are visible and the lines are alternately double and single. This is a double-lined spectroscopic binary (SB2). If only one stars' spectrum is seen, but it shifts back and forth, it's an SB1

White Dwarf : A small very dense star that is typically the size of a planet yet has nearly as much mass as our sun.

Map Coordinate System: The X-axis points to Right Ascension Zero (the vernal equinox or "first point of Aries"), Declination Zero (Earth's Equator), and the Z-axis points to the north celestial pole (near Polaris, the North Star). The X-Y plane is on the Earth's Equator and the Y-axis is at right angles to the other two. The overall coordinate system is right-handed.

Star Map Descriptions

There is insufficient room on the maps for all the information on the stars, and in many cases not enough for the name and position of the star. For the Star Maps where the stars are too closely packed, I have assigned numbers to each star that refer to that Map's Legend where that information is listed.

Stars are denoted by five-point star shapes where the size is an indication of the star's Spectral Class. Stars with habitable planets, or those stars with reasonable habitable zones that *might* have planets, are black circles with white stars in them. Small M-type stars are small circles. Brown Dwarfs are gray circles. White dwarfs are small four-pointed stars.

Each map has accompanying detail pages. This lists each star's Hipparcos or Gliese-Jahreiß Catalog Number (or most common name if those are not assigned), Right Ascension and Declination (the coordinates of the star in Earth's night sky), spectral class (color and size of the star), mass (how heavy it is in comparison to our Sun), luminosity (how bright it is in comparison to our Sun), and the size of the Habitable Zone (how close and how far out a planet could orbit and still have liquid water on its surface, assuming a terrestrial size and atmosphere).Miscellaneous other information is included as available (see Figure 24, below, from Map #3)

Name	R.A.	Dec.	Spec.	Mass	Lum.	HZ
HIP 57050	11 41 44.63	42 45 07.10	M4.0Ve	0.34	0.019	0.12-0.22

One exoplanet (GJ 1148 b, HIP 57050 b, Ross 1003 b) has been discovered, so far. Further observations are needed to determine if there is a secondary planet or not because of unresolved residuals in the data after removing this planet.[50] The planet is about $0.298M_J$, about the same as Saturn, and has an orbital period of 41.39 days with a semi-major axis of 0.164AU and an eccentricity of 0.314. The orbital period of this planet corresponds to an orbit in the habitable zone of HIP 57050, with an expected planetary temperature of ~230° K (Earth's expected planetary temperature is 254°K). A moon of the gas giant might be inhabitable, but, using our solar system as an example, the moons of a gas giant planet total only 0.02% its total mass, meaning the largest we might expect such a moon to be is one-fifth the size of Mars, similar to Titan. Such a small rocky moon would be unable to retain an atmosphere to make it habitable on the time-scale of gigayears. Also known as GJ 1148, LHS 2443, and Ross 1003.

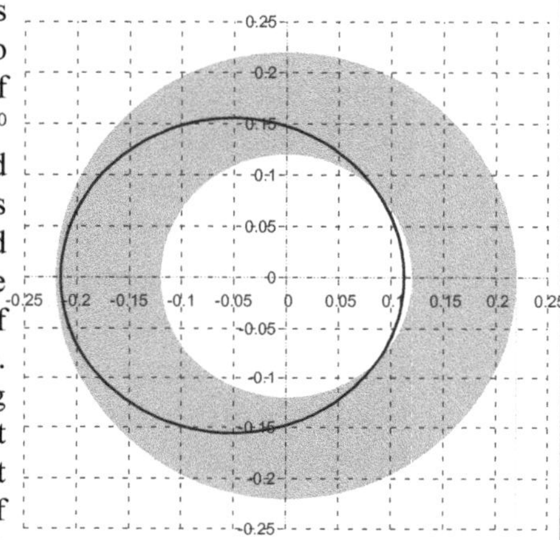

Figure 24. A sample star description from Map #3.

The name of the star is HIP 57050, it is 11 hours, 41 minutes, and 44.63 seconds west of Greenwich, England in the night sky, at an angle of 42°, 45 minutes, 07.10 seconds above the Earth's equator. It has a M4.0Ve color (red) and is a dwarf star (V, main sequence) — the "e" means there is something peculiar with the emission lines in the star's spectrum. It puts out 1.9% of the light and heat that our Sun does, and has only 0.34 times the mass. The Habitable Zone, for which I use R. Kopparapu's[62] conservative calculations, is between 0.12 and 0.22 Astronomical Units, well inside Mercury's average 0.347AU (32 million miles, 51 million km).

The graph shows the star system from above with the grey shading indicating the Habitable Zone and the black circle the orbit of the planet. (Each planetary graph will be sized to the longest part of a planet's orbit).

All Right Ascension and Declination numbers are adjusted to the J2000 epoch. To find a star in the night sky you take the published R.A. and Declination of a star and modify those by adding in the known proper motions as an angle and rate of change from the epoch position. This gives you the true position of the star.

For HIP 57050, the proper motions is 0.612 arcseconds per year, at an angle of 258.8°.

Most stars have been under observation for 100 years and the proper motions are very accurate.

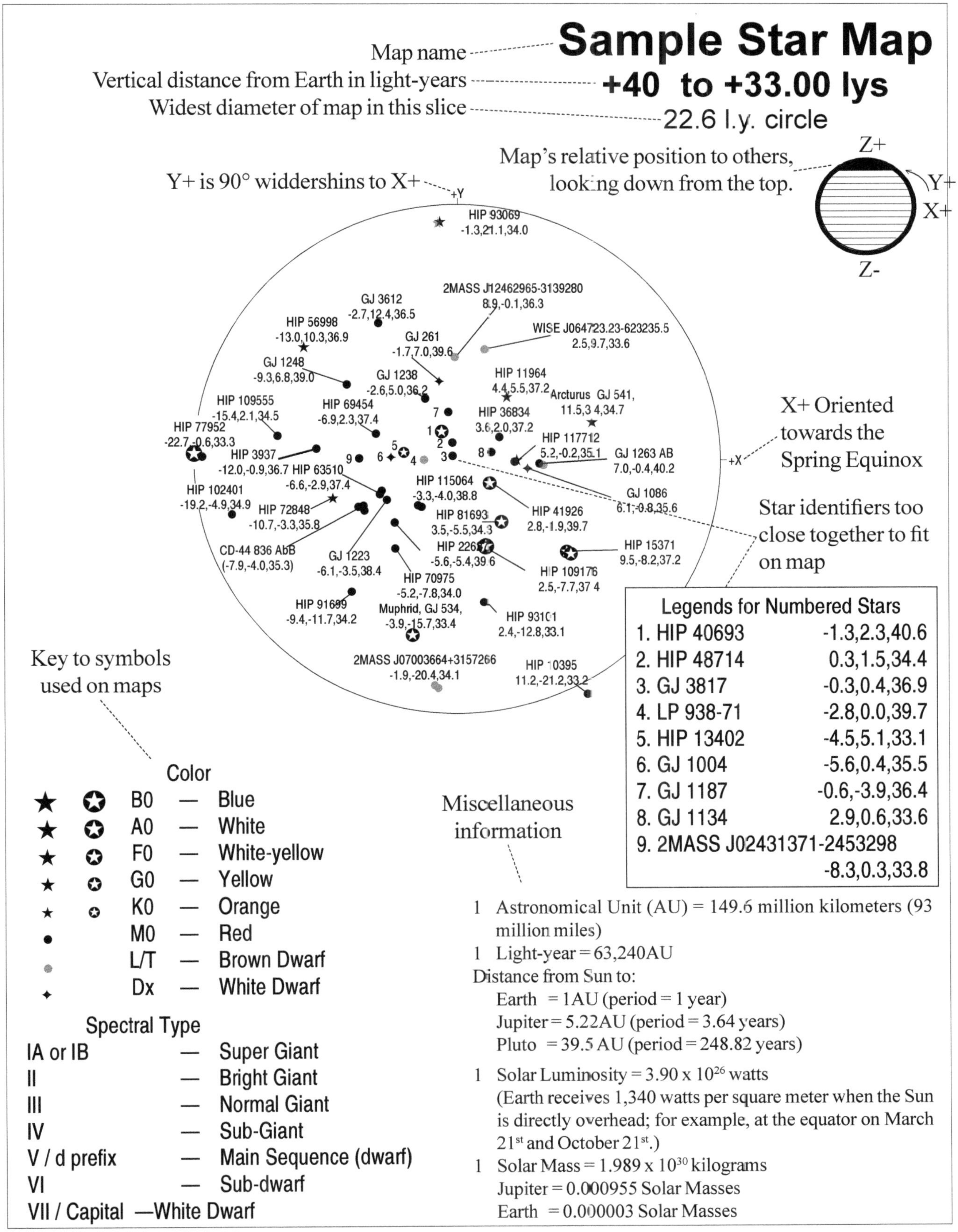

Fig. 25. Sample Star Map page, labeled for clarity (not an actual map from this book). Please note that stars are not evenly or just randomly distributed in our galaxy. They are in clumps, strings, and rivers. Sometimes there are huge empty areas.

Star Map 1

These stars are at the top of the eighty light-year globe around Sol. They are all a minimum of thirty-three light-years from Earth. There are eleven systems with sixteen stars in this section. As of this printing, none of these systems are known to have exoplanets. Most of them are small dim stars with only one being more than twenty percent as bright as out sun, HIP 117712A, which is twenty-three percent as bright.

Name	R.A.	Dec.	Spec.	Mass	Lum.	H.Z.
GJ 1053	03 10 58.62000	73 46 18.90	M6	0.109	0.0001	0.01-0.02
	Also known as G 221-5, LHS 18, LP 30-331, and NLTT 9965.					
GJ 1238	19 24 16.34000	75 33 12.10	M5.5	0.091	0.0001	0.01-0.02
	Also known as G 261-6, LHS 3461, LP 25-636, and NLTT 47831.					
GJ 3266	04 12 17.03160	64 43 55.71	M4	0.138	0.0004	0.02-0.03
	A Flare star. Also known as G 247-15, LHS 1638, and NLTT 12684.					
GJ 3417	06 57 57.11890	62 19 19.36	M4.5V	0.30	0.0004	0.02-0.04
	B	-	M6.5V	0.15	0.00005	0.007-0.01
	A Flare star. The two stars have a projected semi-major axis of 16.5-17AU, between Saturn (9AU) and Uranus (19AU), and a period of about 67 years. Estimated age of the binary system is 60-300 Myr. Also known as LHS 1885, WDS J06579+6220, and 1RXS J065756.6+621932.					
GJ 3612	10 35 27.26000	69 26 59.500	M4V	0.207	0.0019	0.04-0.08
	Also known as G 236-34, G 286-34, and LHS 283.					
HIP 9291	01 59 23.51467	58 31 16.07	M4Ve	0.197	0.0015	0.04-0.07
	A Flare star. Also known as V596 Cassiopaeiae, G 244-5, GJ 82, LTT 10672, and Ross 15.					
HIP 36834	07 34 27.43320	62 56 29.39	M0V	0.28	0.0063	0.08-0.14
	Also known as G 234-5, GJ 9236, LHS 6128, and NLTT 18045.					
HIP 43820	08 55 24.81900	70 47 39.16	M1V	0.415	0.029	0.17-0.31
	B	-	M1V	0.388	0.023	0.14-0.27
	A binary system with a separation distance ranging from 13-44AU. Also known as ADS 7067, CCDM J08555+7048, GJ 325, HD 75632, and WDS J08554+7048.					
HIP 47620	09 42 34.84688	70 02 01.98	M2.5V	0.288	0.0069	0.08-0.15
HIP 47650	-	-	M3.5	0.237	0.0032	0.06-0.10
	HIP 47650, the secondary, is a Flare star. The separation between the two stars ranges from 414 to 449AU, about ten to twelve times as far as Pluto is from out sun. Also known as G 235-35 and G 252-42, GJ 360 and GJ 362, LTT 12561 and LTT 12564, and WDS J09427+7004.					
HIP 117712	23 52 25.31799	75 32 40.51	K3V	0.696	0.2347	0.48-0.88
	Ab	-	?	-	-	-
	B	-	M2	0.22	0.0023	0.04-0.08
	The pair are a Spectroscopic Binary with a third. The close binary, components Aa and Ab, have a period of 7.75 days with a combined mass of $0.696M_{\odot}$. Components AaAb and B have a separation ranging from 15.6 to 28.6AU (about halfway between Saturn and Uranus's orbit out to almost Neptune's orbit, but insufficient data for a true reading of the orbital elements, with an estimate of 300 years for the orbital period[53]). The habitable zone is outside of Mercury's orbit by about fifteen percent and extends to outside Venus' orbit by the same percentage. The secondary star is far enough away that it shouldn't interfere in any habitable planet's orbits. Also known as BD+74°1047, GJ 909, HD 223778, G 242-42, and WDS J23524+7533.					
LHS 2025	08 31 30.11500	73 03 45.91	M4.0Ve	0.165	0.0008	0.03-0.05
	Also known as G 252-13, LP 35-219, and NLTT 19601.					

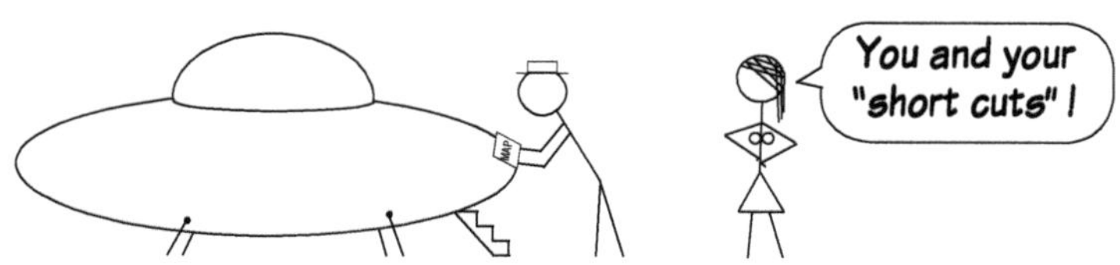

Star Map #1

+40 to +33.00

22.6 l.y. circle

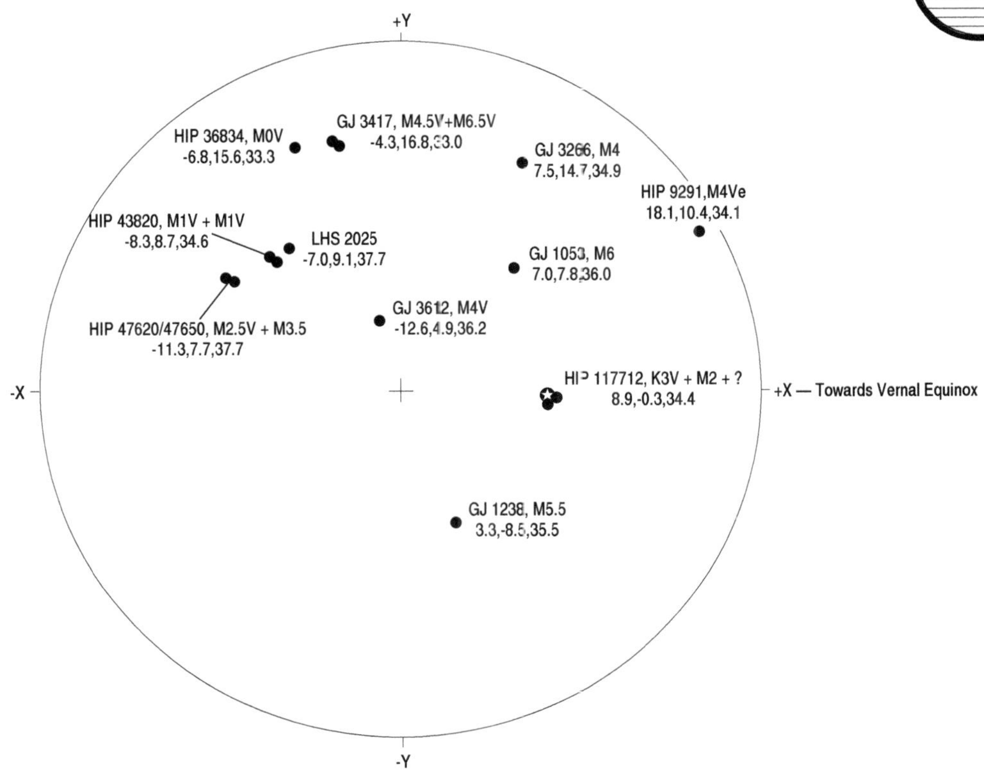

Color

★	✪	B0	—	Blue
★	✪	A0	—	White
★	✪	F0	—	White-yellow
★	✪	G0	—	Yellow
★	✪	K0	—	Orange
●		M0	—	Red
●		L/T	—	Brown Dwarf
✦		Dx	—	White Dwarf

Spectral Type

IA or IB	—	Super Giant
II	—	Bright Giant
III	—	Normal Giant
IV	—	Sub-Giant
V / d prefix	—	Main Sequence (dwarf)
VI	—	Sub-dwarf
VII / Capital	—	White Dwarf

1 Astronomical Unit (AU) = 149.6 million kilometers (93 million miles)

1 Light-year = 63,240AU

Distance from Sun to:

Earth = 1AU (period = 1 year)

Jupiter = 5.22AU (period = 3.64 years)

Pluto = 39.5 AU (period = 248.82 years)

1 Solar Luminosity = 3.90 x 10^{26} watts
(Earth receives 1,340 watts per square meter when the Sun is directly overhead; for example, at the equator on March 21st and October 21st.)

1 Solar Mass = 1.989 x 10^{30} kilograms
Jupiter = 0.000955 Solar Masses
Earth = 0.000003 Solar Masses

By Terry Kepner

Star Map 2

This section has thirty systems with a total of forty-seven stars. Six stars are more than twenty-percent as bright as our sun: HIP 2552A, 8362, 12777 (Theta Persei), 26779, and 73695 (Iota Bootis – a triple system that counts as two) . The systems are from twenty-seven to thirty-three light-years from Earth.

Name	R.A.	Dec.	Spec.	Mass	Lum.	H.Z.
GJ 51	01 03 19.72000	62 21 55.70000	M5V	0.131	0.0003	0.02-0.03
	A Flare star. Also known as V388 Cassiopeia, BD+61°195B, LFT 95, LHS 1183, and Wolf 47.					
GJ 275.2 A	07 30 42.80000	48 12 00.00000	sdM5	0.146	0.0005	0.02-0.04
GJ 275.2 B	B	-	DC	0.75	0.0002	0.01-0.02
	There are two stars in the system, component B is a White Dwarf. They range from 482-489AU in separation. Also known as LHS 229 and LHS 230, G 193-50 and G 193-51, G 107-69 and G 107-70, and WDS J07307+4813.					
GJ 394	10 30 25.30860	55 59 56.86700	K7.0V	0.422	0.0318	0.18-0.33
	Also known as 36 Ursa Majoris, BD+56°1458, CCDM J10306+5559B, and WDS J10306+5559B.					
GJ 537	14 02 33.24000	46 20 26.60000	M2V	0.339	0.0133	0.11-0.21
	B	-	M2.5V	0.312	0.0094	0.09-0.17
	A binary with a separation ranging from 11AU to 19AU. Also known as CCDM J14025+4620, BD+47°2112, NLTT 36091 (A), NLTT 36092 (B), and WDS J14024+4620.					
GJ 1004	00 12 14.80000	50 25 21.40000	DA7.6	0.75	0.0002	0.01-0.02
	A White Dwarf. Also known as EGGR 381, G 217-37, LHS 1038, and WD 0009+501.					
GJ 1187	14 57 53.74800	56 39 24.24000	M5.5V	0.088	0.0001	0.01-0.01
	A Flare star. Also known as LHS 3006, G 201-27, and NLTT 38963.					
GJ 1243	19 51 09.32250	46 29 00.21300	M4.0V	0.170	0.0008	0.03-0.05
	A Flare star. Also known as G 208-42 and 1RXS J195109.4+462854.					
GJ 3182	02 48 36.44000	54 23 22.50000	DAZ9	0.75	0.0001	0.01-0.01
	A White Dwarf. Also known as EGGR 473, G 174-14, NLTT 8988, and WD 0245+541.					
GJ 3512	08 41 20.13400	59 29 50.59000	M5.5V	0.092	0.0001	0.01-0.02
	Also known as G 234-45, LHS 252, LP 90-18, and NLTT 20004.					
GJ 3526	09 02 52.86930	68 03 46.59400	M4.0Ve	0.164	0.0007	0.03-0.05
	Also known as G 234-53, LHS 2930, LP 60-179, and NLTT 20759.					
GJ 3855	14 30 37.87900	59 43 24.94000	M6.5Ve	0.047	0.0000	0.00-0.00
	A Flare star. Also known as LP 98-79, and NLTT 37621.					
HIP 473	00 05 41.01290	45 48 43.49100	K6V	0.50	0.0319	0.18-0.33
	B	-	M0.5V	0.53	0.0237	0.15-0.28
	C	-	?	0.47	0.0003	0.01-0.03
	This is a wide quad-system. Components A and B are close Spectroscopic Binaries with a separation range of 21-29AU. The third has a separation range of 62-67AU from A and 87AU from B. Its orbit is inclined at least 55° with respect to the nearly circular orbit of AB. Component C has not been directly observed since 1887. Stellar mass estimates are based on orbital motions. The system age is estimated at 2 Gyrs[48]. The fourth (HIP 428, GJ 2, DM + 44 4548 — See Map #3) is suspected of being a member, but might be merely in Common Motion (that is, its movement and parallax are similar to the other system). It has a wide separation range in excess of 1,600+AU.[46] Also known as GJ 4, ADS 48, DM+45°4408, HD 38, and WDS J00057+4549.					
HIP 2552	00 32 29.43301	67 14 08.41380	M2V	0.377	0.2640	0.50-0.93
	Ab	-	M3V	0.138	0.0418	0.20-0.37
	Ba	-	M5	0.162	0.0010	0.03-.06
	Bb	-	M9/L	0.005/0.002	?	?
	A Flare star. Originally thought to be a simple binary, observations have shown that both components A and B are each actually two smaller stars in a close orbit. The two binary systems have a separation range of 20-40.5AU with an orbital period of about 320 years.					

(continued)

Star Map #2

+32.99 to +27.00

29.5 l.y. circle

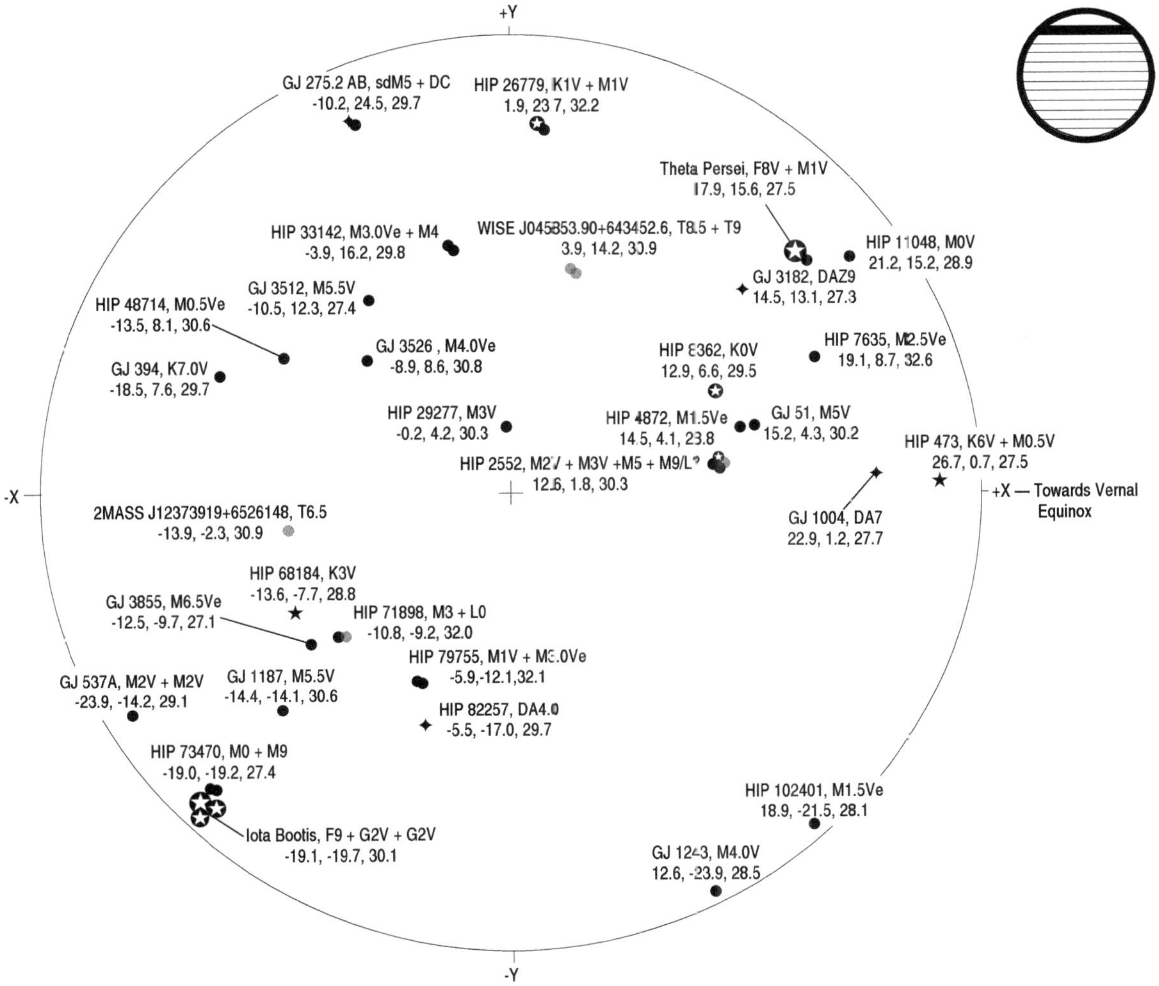

Color

★	✪	B0	—	Blue
★	✪	A0	—	White
★	✪	F0	—	White-yellow
★	✪	G0	—	Yellow
★	✪	K0	—	Orange
●		M0	—	Red
●		L/T	—	Brown Dwarf
✦		Dx	—	White Dwarf

Spectral Type

IA or IB	—	Super Giant
II	—	Bright Giant
III	—	Normal Giant
IV	—	Sub-Giant
V / d prefix	—	Main Sequence (dwarf)
VI	—	Sub-dwarf
VII / Capital	—	White Dwarf

1 Astronomical Unit (AU) = 149.6 million kilometers (93 million miles)

1 Light-year = 63,240AU

Distance from Sun to:

Earth = 1AU (period = 1 year)

Jupiter = 5.22AU (period = 3.64 years)

Pluto = 39.5 AU (period = 248.82 years)

1 Solar Luminosity = 3.90×10^{26} watts

(Earth receives 1,340 watts per square meter when the Sun is directly overhead; for example, at the equator on March 21st and October 21st.)

1 Solar Mass = 1.989×10^{30} kilograms

Jupiter = 0.000955 Solar Masses

Earth = 0.000003 Solar Masses

By Terry Kepner

Name	R.A.	Dec.	Spec.	Mass	Lum.	H.Z.

Components Aa and Ab have an estimated separation range between 2.7-2.8AU and a period of 16 years. Components Ba and Bb have a 15 year orbit[64]. The mass estimate for component B was 0.177 ±0.014$M_{\odot}$ before it was discovered that B was a binary. Mass estimates are 0.162 ±.014$M_{\odot}$ for Ba and 0.0152 ±0.0053$M_{\odot}$ for Bb (assuming a circular solution) or 0.0147 ±0.0027$M_{\odot}$ (15.4 ±22.8M_J) for Bb (assuming an elliptical solution). Component Bb may be either a giant planet or a Brown Dwarf.

Also known as V547 Cassiopeia, BD+66°34, CCDM J00325+6714, and G 243-30.

HIP 4872	01 02 38.86846	62 20 42.17260	M1.5Ve	0.324	0.0111	0.10-0.19

This star is Common Motion Pair with GJ 51 (this map), which means they have similar motions but do not appear to be orbiting each other. Also known as G 243-52, GJ 49, LFT 94, LHS 1179, LTT 10363, and Wolf 46.

HIP 7635	01 38 21.62000	57 13 57.10000	M2.5Ve	0.247	0.0037	0.06-0.11

Also known as G 219-15, GJ 63, LHS 6031, LFT 140, LTT 10570, and Ross 10.

HIP 8362	01 47 44.83458	63 51 09.00400	K0V	0.747	0.7000	0.84-1.53

This is a BY Draconis Variable. This star could have inhabitable planets, but the dramatic changes in brightness due to starspots and its atmospheric discharges would probably require them to be at least at the middle to outer edge of the habitability zone. It's age is estimated at 600 Myrs[49]. The Washington Visual Double Star Catalog lists BD+63°24 (see Map #3) as a companion to HIP 8362, but their parallaxes indicate a separation of almost ten light-years, and their R.A.s differ by over 01 hr 29 minutes! Also known as BD+63°23, GJ 75 A, LFT 162, LHS 1297, HD 10780, V987 Cassiopeia, and WDS J01477+6351.

HIP 11048	02 22 14.64357	47 52 48.09340	M0V	0.367	0.0182	0.13-0.25

Also known as BD+47°612, G 173-53, GJ 96, and NLTT 7753.

HIP 12777 (Theta Persei)	02 44 11.98704	49 13 42.41110	F8V	1.19	2.0179	1.40-2.59
	B	-	M1V	0.3	0.009	0.09-0.18

These two stars have a separation of about 250AU, with a period of 2,720 years. There is a wide habitable zone around the primary and the secondary is far enough out, at least six times Pluto's orbit, to present no problems. The primary's age is estimated at 2.8 Gyrs[49]. Also known as 13 Persei, CCDM J02441+4913, GJ 107, LTT 10894, and WDS J02442+4914.

HIP 26779	05 41 20.33480	53 28 51.80450	K1V	0.76	0.3409	0.58-1.07
HIP 26801	B	-	M1V	0.34	0.0150	0.12-0.22

There are two stars in the system, the primary is a BY Draconis Variable with a separation range of 455-465AU. HIP 26779 also known as GJ 211, HD 37394, LHS 1774, V538 Aurigae, and WDS J05413+5329. HIP 26801 also known as GJ 212, HD 233153, and LHS 1775.

HIP 29277	06 10 19.84874	82 06 24.32040	M3V	0.263	0.0043	0.06-0.12

Also known as G 222-11, GJ 226, LFT 445, LTT 11765, and NLTT 15960.

HIP 33142	06 54 04.23741	60 52 18.36350	M3.0Ve	0.27	0.0035	0.06-0.11
	B	-	M4?	0.24	0.0019	0.04-0.08

A binary system with a separation range of 2.18AU, a period of 12 years, and a 0.30 eccentricity[64]. The stars are too close for planets to orbit them individually. The joint habitable zone is too close for stable planets. Also known as G 250-29, GJ 3412, LFT 493, LTT 11937, and WDS J06541+6052.

HIP 48714	09 56 08.67038	62 47 18.47010	M0.5Ve	0.381	0.0212	0.14-0.27

Also known as G 235-49, GJ 373, LFT 688, LTT 12638, and 1RXS J095609.5+624728.

HIP 68184[38]	13 57 32.05750	61 29 34.30120	K3V	1.109	0.1888	0.41-0.72

This star's estimated age is 3.0-3.3 Gyrs[48]. Also known as BD+62°1325, G 239-8, and HD 122064.

HIP 71898	14 42 22.01460	66 03 21.18992	M3	0.25	0.0041	0.06-0.12
	B	-	L0	<0.08	0.0015	0.03-0.07

There are two stars in the system, the second is a Brown Dwarf with an estimated period of 370±100yr and a separation range of 40-50AU. Also known as G 239-25, GJ 9492, LTT 14363, WDS J14424+6603, and 1RXS J144224.8+660334.

Name	R.A.	Dec.	Spec.	Mass	Lum.	H.Z.
HIP 73470	15 00 55.57934	45 25 34.34600	M0	0.387	0.0226	0.15-0.27
	B	-	M9	0.167	0.0007	0.03-0.05

A binary system with a separation range of from 1.9-8.3AU. Also known as BD+45°2247, CCDM J15009+4526, G 179-6, GJ 572, LTT 14455, and WDS J15009+4526.

Name	R.A.	Dec.	Spec.	Mass	Lum.	H.Z.
HIP 73695 (Iota Bootis)	15 03 47.68180	47 39 14.45072	F9	1.084	1.0127	1.00-1.85
	B	-	G2V	0.844	0.5085	0.70-1.30
	C		G2V	0.844	0.5085	0.70-1.30

A triple star system. Components A and B form a very elongated elliptical orbit (27.4-68.8AU), a period of 219 to 253 years (not precisely known), and a 0.55 eccentricity[54]. Component B has a close binary companion, also a G2V, with an orbital period of 6.43 hours and a separation of 750,000 miles (three times the distance from the Earth to the Moon). It is a Contact Binary in that the two stars' atmospheres are intermixed and the stars are pulled out of spherical into tear-drop shapes. Their age estimate is 1.89 Gyrs[48]. One source claims at least five gigayears, but then the F9 star would have evolved off main sequence. Also known as BD+48°2259, CCDM J15038+4739, Iota Bootis, GJ 575, HD 133640, and WDS J15038+4739.

Name	R.A.	Dec.	Spec.	Mass	Lum.	H.Z.
HIP 79755	16 16 42.74558	67 14 19.84900	M1V	0.522	0.1123	0.35-0.66
HIP 79762	B	-	M3.0Ve	0.251	0.004	0.06-0.11

A binary system separated by a range of 339-345AU and an estimated 1Gyr age[48]. HIP 79762 is a BY Draconis variable. Also known as BD+67°935, CCDM J16167+6715, G 257-32, GJ 617, LFT 1263, and WDS J16167+6714. HIP 79762 is also known as G 257-32, GJ 617, and LFT 1264.

Name	R.A.	Dec.	Spec.	Mass	Lum.	H.Z.
HIP 82257	16 48 25.63718	59 03 22.70200	DA4.0	1.00	0.0010	0.03-0.06

A Pulsating White Dwarf. Also known as DN Draconis, EGGR 368, GJ 1206, and WD1647+591.

Name	R.A.	Dec.	Spec.	Mass	Lum.	H.Z.
HIP 102401	20 45 04.09818	44 29 56.66200	M1.5Ve	0.270	0.0055	0.07-0.13

Also known as CCDM J20451+4430A, G 209-41, GJ 806, and LTT 16068.

Name	R.A.	Dec.	Spec.	Mass	Lum.	H.Z.
WISE J045853.90+643452.6	04 58 53.90	64 34 51.90	T8.5	0.013	-	-
	B	-	T9	0.012	-	-

An ultracool Brown Dwarf binary (600°K and 500°K respectively) with a total system mass of 25M_J. Estimated semi-major axis is 5AU with a 70-year period. Position has an uncertainty of 4.5 light-years due to the dimness of the two stars. Also known as WISE J0458+6434[89].

Name	R.A.	Dec.	Spec.	Mass	Lum.	H.Z.
2MASS J12373919+6526148	12 37 39.19600	65 26 14.81000	T6.5	0.075	0.0000	0.01-0.01

A Brown Dwarf.[39] Also known as WISEP J123737.39+652608.2.

Fig. 26. Earth and Moon as photographed by the Galileo spacecraft in 1992. Photograph courtesy of NASA.

Star Map 3

This section has only a forty-two systems, with fifty-three stars. Only five provide more than twenty-percent of the luminosity of our sun: HIP 1599 (Zeta Tucanae), 14632 (Iota Persei), 47080 (11 Leonis Minoris), 88972, and 89937(Chi Draconis). HIP 57050 has one known gas-giant exoplanet in the habitable zone.

Name	R.A.	Dec.	Spec.	Mass	Lum.	H.Z.
HIP 57050 (GJ 1148)	11 41 44.63	42 45 07.10	M4.0Ve	0.34	0.019	0.12-0.22
One exoplanet (GJ 1148 b, HIP 57050 b, Ross 1003 b) has been discovered, so far. Further observations are needed to determine if there is a secondary planet or not because of unresolved residuals in the data after removing this planet.[50] The planet is about 0.298M_J, about the same as Saturn, and has an orbital period of 41.39 days with a semi-major axis of 0.164AU and an eccentricity of 0.314. The orbital period of this planet corresponds to an orbit in the habitable zone of HIP 57050, with an expected planetary temperature of ~230° K (Earth's expected planetary temperature without an atmosphere is 254°K). A moon of the gas giant might be inhabitable, but, using our solar system as an example, the moons of a gas giant planet total only 0.02% of its entire mass, meaning the largest we might expect such a moon to be is one-fifth the size of Mars, similar to Titan. Such a small rocky moon would be unable to retain an atmosphere to make it habitable on the time-scale of gigayears. Also known as GJ 1148, LHS 2443, and Ross 1003.						
BD+63°24	00 18 34.65	63 50 48.02	B8	0.313	0.0096	0.10-0.18
The Washington Visual Double Star Catalog lists BD+63°24 as a companion to HIP 8362, but their parallaxes indicate a separation of almost ten light-years, and their R.A.s differ by over 01 hr 29 minutes! SIMBAD lists it as a B-type star when, from it's apparent magnitude and distance, it should be a K-type. Also known as 2MASS J00183462+6350480.						
CCDM J18211+7245	18 21 02.31	72 46 54.24	?	0.169	0.0008	0.03-0.05
	B	-	?	0.095	0.00008	0.008-.016
This is a binary system with a separation between 66-72AU. Also known as WDS J18211+7244.						
G 165-58	14 15 56.37	36 16 36.80	M3.5Ve	0.173	0.0009	0.03-0.05
Also known as NLTT 36791 and 2MASS J14155637+3616368.						
GJ 170	04 30 25.27	39 51 00.05	M4.5	0.123	0.0002	0.01-0.03
A BY Draconis Variable. Also known as V546 Persei, G 81-21, LHS 1674, and Ross 594.						
GJ 339.1	09 15 56.23	53 25 24.90	DCP7	0.750	0.0003	0.02-0.03
A White Dwarf. Also known as EGGR 250, G 195-19, NLTT 21302, and WD 0912+536.						
GJ 1119	09 00 32.54	46 35 11.76	M4.5V	0.141	0.0004	0.02-0.04
A Flare star. Also known as G 115-42, LP 165-10, and LTT 12354.						
GJ 1151	11 50 57.87	48 22 39.60	M7V	0.131	0.0003	0.02-0.03
Also known as G 122-49, LHS 316, NLTT 28752, and 2MASS J11505787+4822395.						
GJ 1223	18 02 46.24	37 31 04.88	M5.0	0.106	0.0001	0.01-0.02
Also known as G 182-36, LHS 457, NLTT 45855, and 2MASS J18024624+3731048.						
GJ 1227	18 22 27.19	62 03 02.54	M4.5Ve	0.124	0.0002	0.02-0.03
Also known as G 227-29, LP 103-305, NLTT 46427, and 2MASS J18222719+6203025.						
GJ 1234	19 18 58.63	38 43 21.50	DC7	0.750	0.0002	0.01-0.02
A White Dwarf. Also known as EGGR 375, G 208-17, NLTT 47677, and 2MASS J19185863+3843214.						
GJ 1253	20 26 05.28	58 34 22.48	M5.0V	0.113	0.0002	0.01-0.02
Also known as G 230-40, LHS 3549, LTT 15977, NLTT 49289, and Wolf 1069.						
GJ 3378	06 01 11.06	59 35 50.82	M4.0Ve	0.179	0.0010	0.03-0.06
Also known as G 192-13, LHS 1805, LP 86-137, and LTT 11755.						

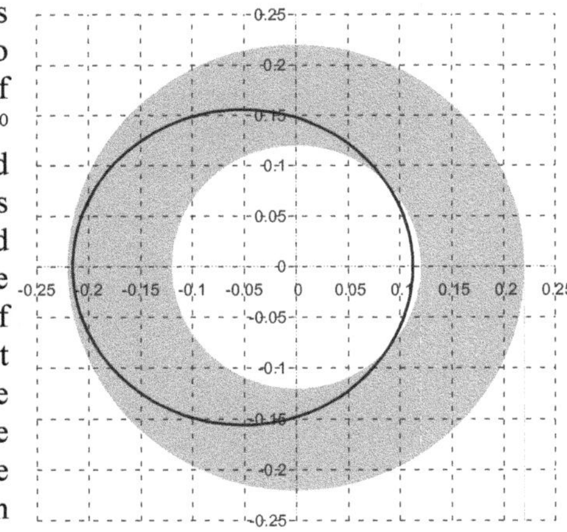

Star Map #3

+26.99 to +21.00

34.0 l.y. circle

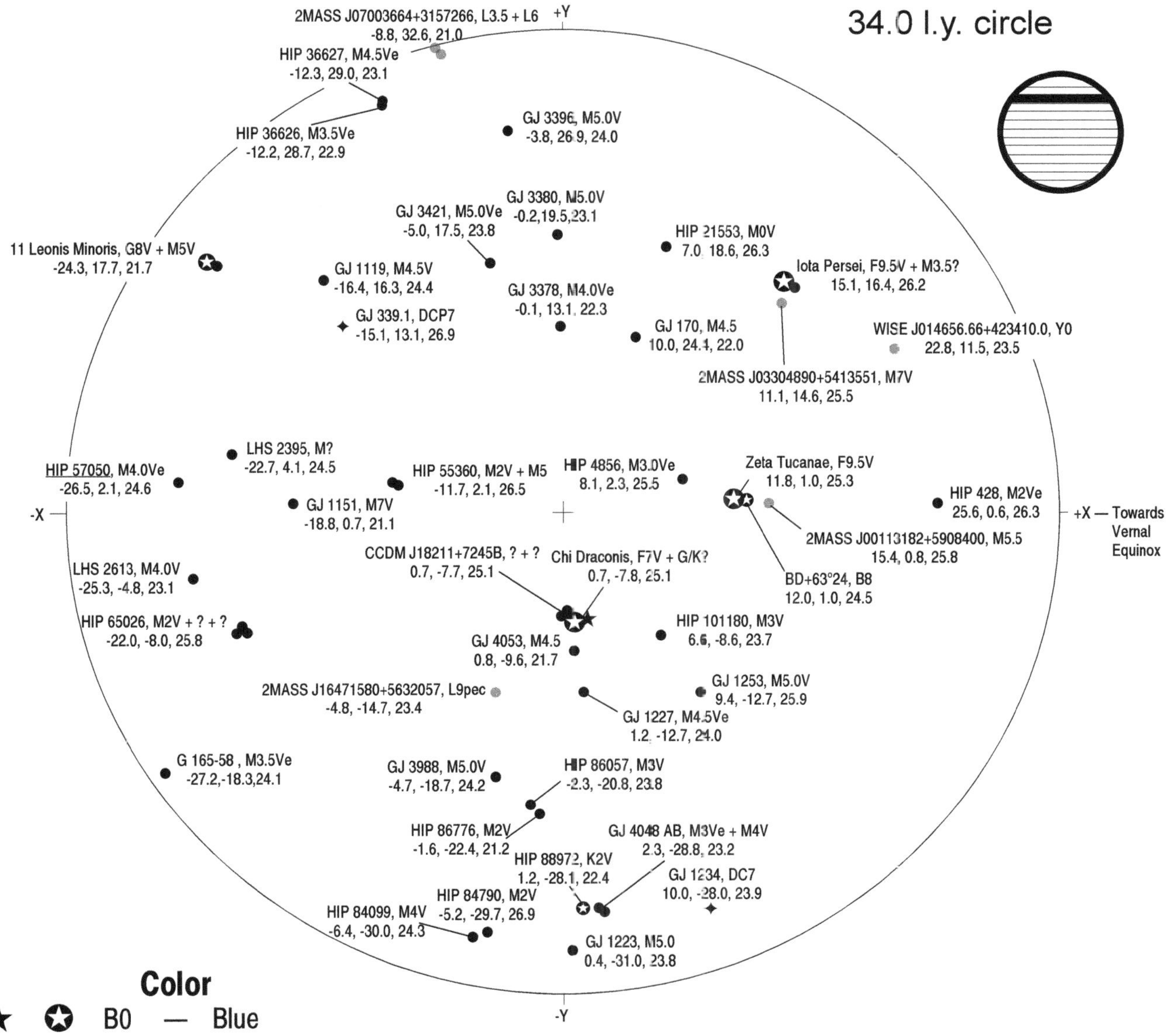

Color

★	✪	B0	—	Blue
★	✪	A0	—	White
★	✪	F0	—	White-yellow
★	✪	G0	—	Yellow
★	✪	K0	—	Orange
●		M0	—	Red
●		L/T	—	Brown Dwarf
✦		Dx	—	White Dwarf

Spectral Type

IA or IB	—	Super Giant
II	—	Bright Giant
III	—	Normal Giant
IV	—	Sub-Giant
V / d prefix	—	Main Sequence (dwarf)
VI	—	Sub-dwarf
VII / Capital	—	White Dwarf

1 Astronomical Unit (AU) = 149.6 million kilometers (93 million miles)
1 Light-year = 63,240AU
Distance from Sun to:
Earth = 1AU (period = 1 year)
Jupiter = 5.22AU (period = 3.64 years)
Pluto = 39.5 AU (period = 248.82 years)

1 Solar Luminosity = 3.90 x 10^{26} watts
(Earth receives 1,340 watts per square meter when the Sun is directly overhead; for example, at the equator on March 21st and October 21st.)

1 Solar Mass = 1.989 x 10^{30} kilograms
Jupiter = 0.000955 Solar Masses
Earth = 0.000003 Solar Masses

By Terry Kepner

Name	R.A.	Dec.	Spec.	Mass	Lum.	H.Z.
GJ 3380	06 02 29.18	49 51 56.16	M5.0V	0.102	0.0001	0.01-0.02
Also known as G 192-15, LHS 1809, NLTT 15934, and 2MASS J06022918+4951561.						
GJ 3396	06 31 50.73	41 29 45.49	M5.0V	0.104	0.0001	0.01-0.02
A Flare star. Also known as LP 205-44, NLTT 16614, and 2MASS J06315073+4129458.						
GJ 3421	07 03 55.65	52 42 07.60	M5.0Ve	0.134	0.0003	0.02-0.03
Also known as G 193-27, LFT 506, LHS 224, and 2MASS J07035565+5242075. Noted in SIMBAD as a possible binary, no information on secondary star.						
GJ 3988	17 03 23.85	51 24 21.90	M5.0V	0.128	0.0003	0.02-0.03
Also known as G 203-42, LHS 3262, NLTT 44121, and 2MASS J17032384+5124219.						
GJ 4048 A	18 18 04.28	38 46 34.20	M3Ve	0.207	0.0018	0.04-0.08
GJ 4049 B	B	-	M4V	0.141	0.0004	0.02-0.04
A binary system with a separation of 42-50AU. Also known as LHS 462 and LHS 461, G 204-57 and G 204-57, NLTT 46274 and NLTT 46272, and WDS J18180+3846.						
GJ 4053	18 18 57.24	66 11 33.42	M4.5	0.116	0.0002	0.01-0.02
A Flare star. Also known as G 258-33, LHS 3376, LP 71-165, and NLTT 46337.						
HIP 428	00 05 10.88	45 47 11.64	M2Ve	0.316	0.0100	0.10-0.18
This star is suspected of being a member of HIP 473 (GJ 4, ADS 48 — See Map #2), but might be merely in Common Proper Motion (that is, its movement and parallax are similar to the other system). It has a wide separation range in excess of 1,600+AU.[46] Also known as BD+44°4548, CCDM J00057+4548, GJ 2, G 171-39, LTT 10011, and WDS J00057+4549.						
HIP 1599 (Zeta Tucanae)	00 20 04.25	64 52 29.25	F9.5V	1.015	1.0615	1.01-1.88
Being barely larger than our own sun, HIP 1599 has a useful Habitable Zone life only a 0.03AU bigger than ours. It's age is estimated at 3.3-4 Gyr.[48, 49]. Also known as Zeta Tucanae, GJ 17, HD 1581, LHS 5, and NLTT 1045.						
HIP 4856	01 02 32.23	71 40 47.33	M3.0Ve	0.269	0.0052	0.07-0.13
A Flare star. Also known as BD+70°68b, G 242-76, GJ 48, LFT 93, LHS 131, and Ross 318.						
HIP 14632 (Iota Persiei)	03 09 04.01	49 36 47.79	F9.5V	1.169	1.8682	1.35-2.50
	B	-	M3.5?	0.176	0.0009	0.03-0.06
The Catalog of Components of Double & Multiple Stars (CCDM) indicates this is a binary system, but the Washington Visual Double Star Catalog says the two stars merely share the same proper motion and distance (100 observation years) and are not a physical pair. HIP 14632's age is estimated at 4.1 Gyrs[49]. Also known as CCDM J03091+4936, GJ 124, HD 19373, LFT 256, LTT 11020, and WDS J03091+4937.						
HIP 21553	04 37 40.93	52 53 37.01	M0V	0.404	0.0266	0.16-0.30
A Flare star. Also known as GJ 152, G 191-4, HD 232979, LFT 362, LHS 1688, and LTT 11464.						
HIP 36626	07 31 57.71	36 13 09.79	M3.5Ve	0.280	0.0062	0.08-0.14
HIP 36627	07 31 57.33	36 13 47.38	M4.5Ve	0.216	0.0022	0.05-0.09
	C	-	?	?	?	?
There are three stars in the system. HIP 36626 is a Flare star and close binary with a separation range of 3.4-7.2AU. HIP 36627 is a BY Draconis Variable and its separation from HIP 36626 ranges from 179-183AU. Also known as BD+36°1638AB, CCDM J07320+3613AB, G 90-8 and G 90-7, GJ 277, NLTT 17999 (A) and NLTT 17998 (B), and WDS J07319+3613.						
HIP 47080 (11 Leonis Minoris)	09 35 39.50	35 48 36.48	G8V	0.886	0.6166	0.77-1.43
	B	-	M5V	0.179	0.00102	0.03-0.06
A binary system with a separation of about 29-33AU. This is a RS CVn variable, variability is probably sunspot activity, with an 18-day cycle. The system's age is estimated at 2.31 Gyrs[48], most likely a bit less. Also known as 11 Leonis Minoris, BD+36°1979, CCDM J09357+3549, GJ 356, HD 82885, LHS 2156, and WDS J09357+3549.						
HIP 55360	11 20 04.82	65 50 47.34	M2V	0.327	0.0114	0.11-0.19
	B	-	M5	0.180	0.0004	0.02-0.04
A binary system with a separation of 0.64AU and a period of 2.5 yrs. The primary is a Flare star. Also known as BD+66°717, GJ 424, LFT 795, and WDS J11200+6551.						

Name	R.A.	Dec.	Spec.	Mass	Lum.	H.Z.
HIP 65026	13 19 45.65	47 46 40.95	K0V	1.760 (0.43)	0.0342	0.18-0.34
	B	-	K0V?	1.110 (0.32)	0.0109	0.10-0.19
	C	-	M?	0.850 (0.24)	0.0036	0.06-0.10

A triple system. While the known components have a separation range of ~8AU, a period of 48.7 years, and a 0.22 eccentricity[64], the third is recently discovered with a separation range of only 0.53AU. The mass estimates given are way out of line with both the spectral type, K0V, and the apparent magnitudes. The values in parentheses are my calculations, as are the values for luminosity and the habitable zone. Also known as BD−48°2108, GJ 508, HD 115953, and WDS J13198+4747.

HIP 84099	17 11 34.74	38 26 33.92	M4V	0.222	0.0024	0.05-0.09

Also known as GJ 3992, LTT 15087, Wolf 654, and 2MASS J17113472+3826341.

HIP 84790	17 19 52.71	41 42 49.73	M2V	0.239	0.0033	0.06-0.10

Also known as G 204-2, GJ 671, and LHS 3281.

HIP 86057	17 35 13.61	48 40 51.13	M3V	0.283	0.0064	0.08-0.15

Also known as CPD-48°9312, GJ 680, LTT 6988, and 2MASS J17351362-4840510.

HIP 86776	17 43 55.96	43 22 42.99	M2V	0.257	0.0044	0.07-0.12

Also known as BD+43°2796, G 204-27, GJ 694, and LFT 1371.

HIP 88972	18 09 37.41	38 27 27.99	K2V	0.696	0.2351	0.48-0.89

A variable star, estimated 6 Gyr age[37]. Also known as BD+38°3095, GJ 706, HD 166620, and LFT 1396.

HIP 89937 (Chi Draconis)	18 21 03.38	72 43 58.25	F8IV-V	0.96 ±0.03	0.96	1.30-2.41
	Ab	-	G/K?	0.75 ±0.03	0.75	-

A Spectroscopic Binary system with a distance range of about 0.7AU and 4.99 Gyrs[37] estimated age. The latest estimate on masses were determined by dynamical mass ratio and are well *below* the masses expected for an F8IV-V and late-G/early-K dwarf pair. My calculations, show 1.149$M_{\odot}$ and 0.720$M_{\odot}$, while Martin & Mignard[54] show 0.88±0.07$M_{\odot}$ and 0.73±0.07$M_{\odot}$ and in agreement with older estimates. The period is 280.32 days, with a probable 0.45 eccentricity[64].

If component Ab's eccentricity is low, a planet with a 1.8AU orbit would be just over 1.1 AU from component B at its closest, while the other sun would be 1.8AU away. A barely stable orbit, but on the scale of our solar system that would place the planet just outside the orbit of Mars (about 1.62AU at its farthest from our Sun). Component Ab's habitable zone is inside the primary's inner zone limit, any planets there would be uninhabitable.

CCDM J18211+7245 B does *not* belong to this system, they are moving in different directions. WDS J18211+7244 B is NOT chi Draconis B. Also known as BD+72°839, CCDM J18211+7245 A, Chi Draconis A, GJ 713 A, and WDS J18211+7244 Aa,Ab.

HIP 101180	20 30 32.04	65 26 58.40	M3V	0.234	0.0030	0.05-0.10

Also known as G 262-15, GJ 793, LFT 1552, LHS 3558, LTT 15991, and NLTT 49417.

LHS 2395	11 19 30.590	46 41 43.70	M?	0.078	0.0000	0.01-0.01

Also known as LP 169-22 and 2MASS J11193058+4641437.

LHS 2613	12 42 49.96	41 53 46.99	M4.0V	0.176	0.0010	0.03-0.06

Also known as G 123-55, 1RXS J124249.8+415351, and 2MASS J12424996+4153469.

2MASS J00113182+5908400	00 11 31.83	59 08 40.00	M5.5V	0.077	0.0000	0.01-0.01
2MASS J03304890+5413551	03 30 48.90	54 13 55.10	M7V	0.074	0.0000	0.01-0.01
2MASS J07003664+3157266	07 00 36.64	31 57 26.69	L3.5	0.084	0.0001	0.01-0.01
	B	-	L6	<0.08	0.0001	0.01-0.01

This is a binary Brown Dwarf system with a separation distance about 0.9AU.[43] Also known as WDS J07006+3157.

2MASS J16471580+5632057	16 47 15.80	56 32 05.73	L9pec	0.056	0.0000	0.00-0.01

A Brown Dwarf.[43] Also known as WISEP J164715.59−563208.2.

WISE J014656.66+423410.0	01 46 56.66	42 34 10.05	Y0	0.020	0.0000	0.00-0.00

A Brown Dwarf.[43]

Star Map 4

Although there are forty-nine systems with seventy-five stars in this section, there are thirteen confirmed exoplanets in three systems — HIP 37826 (Beta Gemini) 43587 (55 Cancri), and 114622 (GJ 892). In addition to those three, there are ten other stars that are at least twenty-percent as bright as our sun: HIP 171 (85 Pegasi), 3821 (Achird), 5336 (Mu Cassiopaeiae), 10644A (Delta Trianguli), 56997A, 61317 (Chara), 81693 (Zeta Herculis), 91262 (Vega), 96100A (Alsafi), and 109176 (Iota Pegasi).

Name	R.A.	Dec.	Spec.	Mass	Lum.	H.Z.
HIP 37826 (Beta Geminorun)	07 45 18.94	28 01 34.31	K0III	1.47±0.45	25.6	4.99-9.24

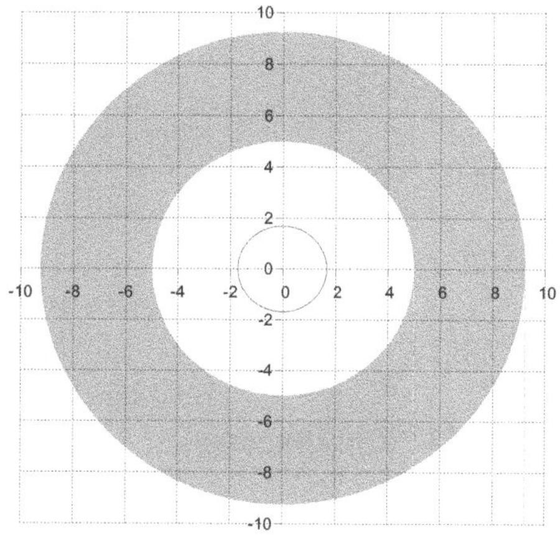

The 17th brightest star in the Earth's night sky. Even though it is designated Beta, it is brighter than Castor, Alpha Geminorum. Because Castor, and its companion, are A1V and A2V main sequence stars, Pollux has probably changed over the last few hundred years to become brighter.

Pollux is thirty-five light-years away and is a Population II star. Yellowish in color, with a surface temperature of 4,500 degrees Kelvin, it has a luminosity of about 25 suns and a radius nine times that of our sun, 4.2 million miles(6.47 million kilometers). It has a radial velocity of 1.9 miles per second away from Earth, with a true space velocity of about nineteen miles per second. Pollux has evolved off mainsequence and expanded in size.

One exoplanet was discovered in 2006, (Thestias, Pollux b, Beta Geminorum b, HD 62509 b, HIP 37826 b). The planet is about $2.9M_J$, and has an orbital period of 589.64 days with a semi-major axis of 1.69AU and an eccentricity of 0.02. The planet is well inside the Habitable Zone envelope and so any moons would be uninhabitable.

This star is also known as BD+28°1463, Beta Geminorum, CCDM J07454+2802, HD 62509, LHS 1945, Pollux, and WDS J07453+2802.

Name	R.A.	Dec.	Spec.	Mass	Lum.	H.Z.
HIP 43587 (55 Cancri)	08 52 35.81	28 19 50.95	G8V	0.95	0.4331	0.65-1.20
	B	-	M4.0Ve	0.17	0.0007	0.028-0.049

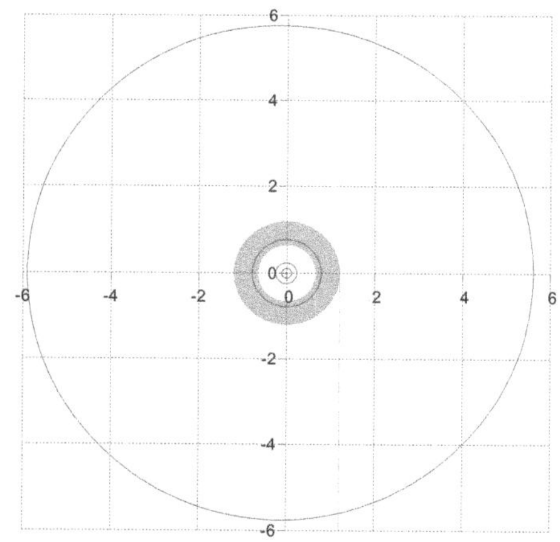

This star is known as a "solar-analogue," it closely matches our sun in color, size, and composition. Its estimated age is 7.5-10 Gyrs[48]. Also known as Copernicus, GJ 324, HD 75732, NLTT 20414, WDS J08526+2820A, and 55 Cancri.

Separated by over two light-years, NLTT 20418 is considered 55 Cancri B. They form a Common Motion Pair that may or may not be gravitationally bound.

Five exoplanets have been discovered, so far:

55 Cnc e, Janssen, was observed to transit in front of its star, providing information unavailable for the other planets. It has a diameter, 2.00±0.14, almost exactly twice that of Earth's and is postulated to be a mostly carbon planet.

The fourth planet, 55 Cancri f, has a mass half that of Saturn and fourteen times more than Earth, which means it probably has a deep non-oxygen atmosphere[24]. It orbits at the inner edge of the Habitability Zone. The temperatures on the planet are estimated at 200-300°K (-73 to 27°C, -100 to 80°F).

Planet Candidate	Mass M_J	Semimajor axis (AU)	Orbital period (days)	Eccentricity
e (Janssen)	$8.63M_E$	0.0156	17.67hrs	0.06
b (Galileo)	0.824	0.115	14.65	0.014
c (Brahe)	0.169	0.24	44.34	0.053
f (Harriot)	0.144	0.781	260±1dy	0.2±.2
d (Lipperhey)	3.85	5.77	5,218±230dy	0.025

Star Map #4

+20.99 to +15.00

37.0 l.y. circle

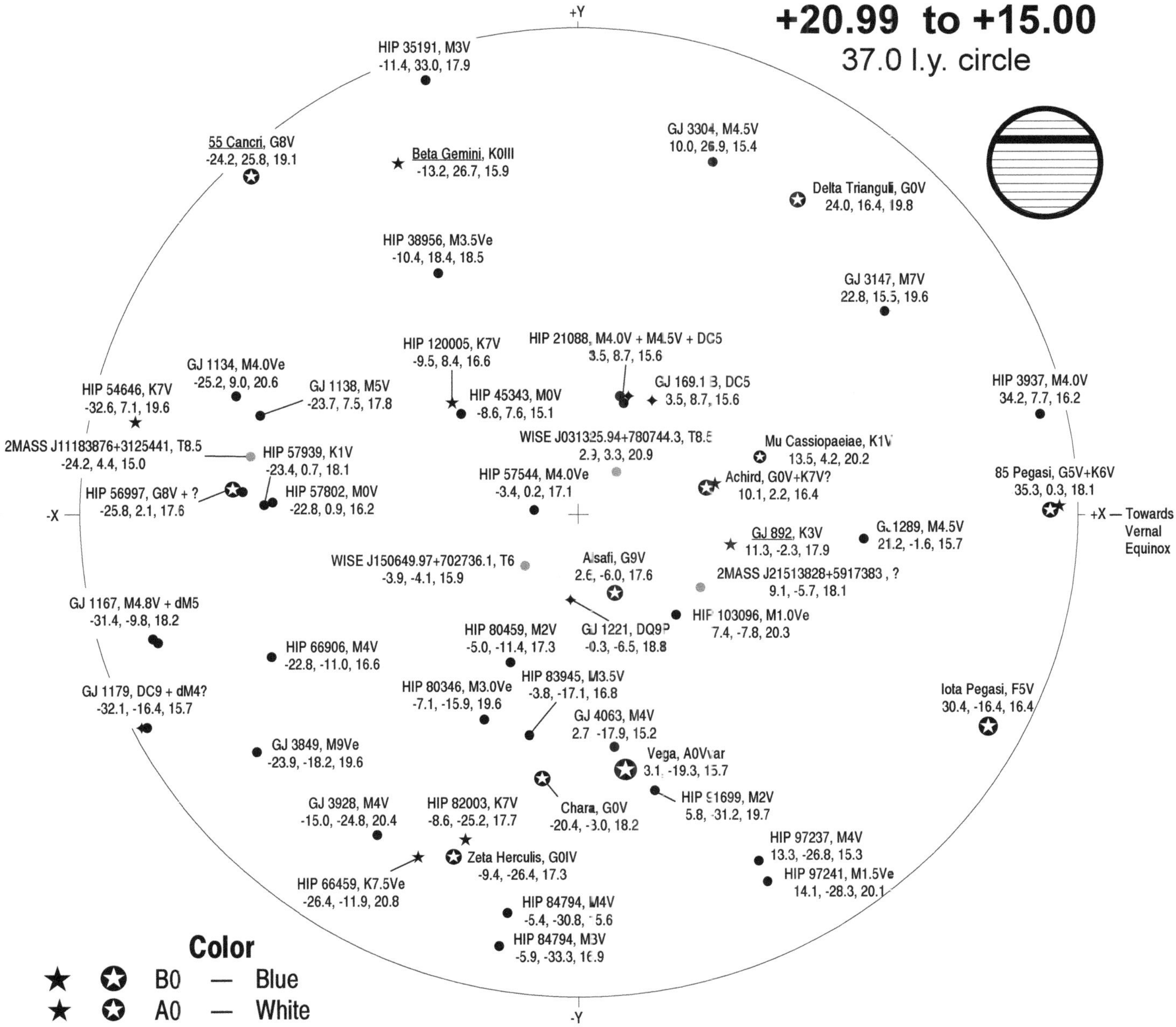

Color

★ ✪ B0 — Blue
★ ✪ A0 — White
★ ✪ F0 — White-yellow
★ ✪ G0 — Yellow
★ ✪ K0 — Orange
● M0 — Red
● L/T — Brown Dwarf
✦ Dx — White Dwarf

Spectral Type

IA or IB	—	Super Giant
II	—	Bright Giant
III	—	Normal Giant
IV	—	Sub-Giant
V / d prefix	—	Main Sequence (dwarf)
VI	—	Sub-dwarf
VII / Capital	—	White Dwarf

1 Astronomical Unit (AU) = 149.6 million kilometers (93 million miles)
1 Light-year = 63,240AU
Distance from Sun to:
Earth = 1AU (period = 1 year)
Jupiter = 5.22AU (period = 3.64 years)
Pluto = 39.5 AU (period = 248.82 years)

1 Solar Luminosity = 3.90 x 10^{26} watts
(Earth receives 1,340 watts per square meter when the Sun is directly overhead; for example, at the equator on March 21st and October 21st.)

1 Solar Mass = 1.989 x 10^{30} kilograms
Jupiter = 0.000955 Solar Masses
Earth = 0.000003 Solar Masses

By Terry Kepner

Name	R.A.	Dec.	Spec.	Mass	Lum.	H.Z.
HIP 114622 (GJ 892)	23 13 16.97	57 10 06.08	K3V	0.729	0.282	0.52-0.97

A Flare star with two unconfirmed companions with separations of 86AU and 97AU. Also known as BD+56°2966, CCDM J23132+5709, GJ 892, HD 219134, LFT 1767, and WDS J23133+5710.

Seven planets have been detected. Planet b was detected via transiting in front of its primary and thus its radius is known as $0.14R_J$. The others were detected via radial velocity measurements.

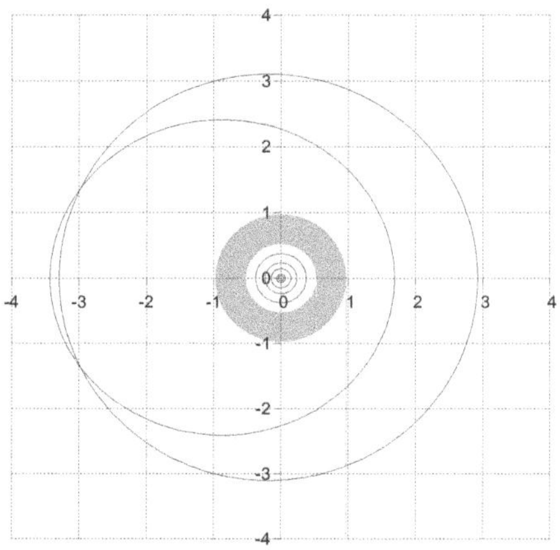

Planet Candidate	Mass M_J	Semimajor axis (AU)	Period (days)	Eccentricity
b	$4.36\pm0.44M_E$	0.038	3.09	0.0
c	$2.78\pm0.65M_E$	0.064	6.76	0.0
f	$8.9M_E$	0.145	22.8	0.0
d	$8.94\pm1.13M_E$	0.235	46.7	0.0
g	$10.8M_E$	0.375	94.2	assumed 0.0
e	0.22	2.56	1,842	0.34
h	0.34	3.11	2,247	0.06

GJ 1138	10 49 45.61	35 32 51.57	M5V	0.145	0.0004	0.02-0.04
	B	-	?	-	-	-

A binary system with a separation of range 1.8AU. SIMBAD has no more information on the secondary. Also known as G 119-36, LHS 293, and WDS J10498+3533.

GJ 1134	10 41 38.09	37 36 39.78	M4.0Ve	0.153	0.0006	0.02-0.04

Also known as G 146-58 and LHS 287.

GJ 1167	13 09 34.95	28 59 06.58	M4.8V	0.125	0.0002	0.02-0.03
	B	-	dM5	0.080	0.00004	0.006-0.012

A wide binary system with a separation range of 950-960AU, where component A is a Flare star and B is at the Brown Dwarf limit. Also known as CCDM J13096+2859, G 164-47, LP 322-836, LTT 13799, and WDS J13097+2900. Component B is also known as LHS 361, LP 322-835.

GJ 1179	13 48 03.00	23 34 46.30	M5V	0.094	0.00008	0.009-0.016
	B	-	DA10	0.750	0.0001	0.01-0.01

This is a binary system with a separation of about 892 AU. Component B is a White Dwarf. Also known as LHS 362, LP 380-6, and WDS J13484+2337. Component B is also known as EGGR 438, LP 380-5, and WD 1345+234.

GJ 1221	17 48 08.17	70 52 35.30	DQ9P	0.750	0.0001	0.01-0.01

A White Dwarf star. Also known as G 240-72, LHS 455, LP 44-113,and WD 1748+708.

GJ 1289	23 43 06.28	36 32 13.24	M4.5V	0.145	0.0004	0.02-0.04

Also known as LHS 4003 and G 171-12.

GJ 3147	02 17 09.93	35 26 33.02	M7V	0.076	0.0000	0.01-0.01

A Flare star. Also known as LHS 1378, LP 245-10, and 2MASS J02170993+3526330.

GJ 3304	04 38 12.55	28 13 00.11	M4.5V±0.5	0.23	0.0008	0.03-0.05
	B	-	M4.0±0.5	0.20		

A binary system with a separation of 11.4±3.4 AU, and a predicted orbital period of 76+36/-35 yr. The estimated system age is 60-300 Myr[56]. Another paper concluded the masses were 0.28±0.06 and $0.19\pm0.05M_\odot$; with a semi-major axis of ~13.4 AU[57]. One or both stars are a Flare star. Also known as G 39-29, LTT 11472, and WDS J04382+2813 AB.

GJ 3849	14 28 43.23	33 10 39.14	M9Ve	0.033	0.0000	0.00-0.00

A Brown Dwarf. Also known as LHS 2924, LP 271-2, and 2MASS J14284323+3310391.

GJ 3928	15 55 31.74	35 12 03.19	M4V	0.20±0.06	0.0003	0.02-0.03
	B	-	M7	0.08±0.03	0.00006	0.008-0.014

This is a binary system with a separation of 19.8±5.7 AU, and a predicted orbital period of 216 +101/-97 years[56]. Also known as G 180-11 and WDS J15555+3512.

Name	R.A.	Dec.	Spec.	Mass	Lum.	H.Z.
GJ 4063	18 34 36.64	40 07 26.39	M4V	<0.080	0.0011	0.03-0.06

A Brown Dwarf. Also known as LP 229-17, WISEP J183436.70+400724.3, and 2MASS J18343664+4007266.

HIP 171 (85 Pegasi)	00 02 10.15	27 04 56.13	G5V	0.705	0.5214	0.71-1.32
	B	-	K6V	0.789	0.07	?

A Spectroscopic Triple, the separation between A and B is 10.3AU[52], with a period of 26.27 years and 0.38 eccentricity[64]. The widest separation was in 1970. Component B is under-luminous by a factor of 15. Astronomers have no explanation for this. No information on third star in SIMBAD at present. Also known as 85 Pegasi, GJ 914, BD+26°4734, LHS 101, and WDS J00022+2705.

HIP 3821 (Achird)	00 49 06.29	57 48 54.67	G0V	0.972	1.0282	1.00-1.85
	B	-	K7V?	0.428	0.0335	0.18-0.33

This is a Spectroscopic binary system with a semi-major axis of 115AU, a period of 480 years, and an eccentricity of 0.497. The periastron, closest approach, was in 1887AD. Also known as Achird, BD+57°150, Eta Cassiopeia, HD 4614, and WDS J00491+5749.

HIP 3937	00 50 33.23	24 49 00.21	M4.0V	0.198	0.0015	0.04-0.07
	B	-	?	0.142	0.0004	0.02-0.04

This is a binary system, with a separation range of 4.8AU. The primary is a BY Draconis Variable. Also known as 1RXS J005033.3+244901 and WDS J00505+2450.

HIP 5336 (Mu Cassiopaeiae)	01 08 16.39	54 55 13.22	K1V	0.766	0.3439	0.58-1.07
	Ab	-	?	0.255	0.00421	0.064-0.118

This is a Spectroscopic Binary with a separation ranging from 1.3-3.5AU and a period of about eight years. Also known as Mu Cassiopaeiae, BD+54°223, CCDM J01080+5455 A, GJ 53, HD 6582, and WDS J01083+5455 AaAb (do *not* confuse with WDS J01083+5455 B).

HIP 10644 (Delta Trianguli)	02 17 03.23	34 13 27.22	G0V	1.57	0.9297	0.95-1.76
	Ab	-	?	-	-	-

This is a double-lined (SB2) Spectroscopic Binary system with a period of 10.02 days and a system mass of 1.57 ±4.2$M_\odot$[53]. Estimated age is 1-2Gyrs[48]. Also known as CCDM J02170+3414 A, Delta Trianguli, GJ 92, HD 13974, LFT 198, and WDS J02171+3413 Aa,Ab.

HIP 21088	04 31 11.51	58 58 37.46	M4.5V	0.185	0.0012	0.03-0.06
	B	-	DC5	1.000	0.0008	0.03-0.05

This is a binary system with a separation of 70-104AU Component A is an astrometric binary (companion is invisible, but is known to be present from its effect on measurements relating to the other). Component B is a white dwarf in slow retrograde motion about the mass-center. Also known as CCDM J04312+5858A, GJ 169.1, LHS 26, Stein 2051, and WDS J04312+5858. Component B is also known as EGGR 180 and WD 0426+588.

HIP 35191	07 16 19.77	27 08 32.99	M3V	0.268	0.0052	0.07-0.13

Also known as BD+27°1348, G 109-55, GJ 9227, and NLTT 17613.

HIP 38956	07 58 12.69	41 18 13.28	M3.5Ve	0.175	0.0009	0.03-0.06

Also known as G 111-47, GJ 1105, and LHS 1963.

HIP 45343	09 14 24.26	52 41 16.77	M0V	0.379	0.0205	0.14-0.26

A Flare star and suspected Spectroscopic Binary. In catalogs it is listed as a companion to HIP 120005, but SIMBAD has parallaxes listed that place them almost 1.9ly apart. See HIP 120005, this map, for details. Also known as BD+53°1320, CCDM J09144+5241A, GJ 338, HD 79210, LHS 260, and WDS J09144+5241.

HIP 54646	11 11 05.17	30 26 45.65	K7V	0.467	0.0475	0.21-0.40
BD+31°2238a	B	-	M2V	0.326	0.01130	0.10-0.19

While both stars are listed as a pair and they appear to form a Common Motion Pair, they seem to be in a hyperbolic orbit. Separation ranges from 176AU (1844AD) to 164AU (2014AD). Component A's age is estimated at 4.11Gyrs[48]. Some catalogs list a "C" component, but it has a different apparent motion and distance. The pair are also known as BD+31°2240, CCDM J11110+3028, GJ 414, HD 97101, and WDS J11111+3027.

Name	R.A.	Dec.	Spec.	Mass	Lum.	H.Z.
HIP 56997	11 41 03.01	34 12 05.88	G8V	0.847	0.7130	0.83-1.49
	B	-	?	0.214	0.0021	0.045-0.08

This is an optical binary system with a separation range of 940-971AU[38]. Component A is a variable with an estimated 0.8-1.2Gyrs age. Also known as BD+35°2270, CCDM J11411+3412, GJ 434, NLTT 26534, WDS J11411+3412, and 61 Ursa Majoris. Component B also known as NLTT 26531.

HIP 57544	11 47 41.37	78 41 28.18	M4.0Ve	0.182	0.0011	0.03-0.06

Also known as G 254-29, GJ 445, LHS 2459, and 8pc 185.48.

HIP 57802	11 51 07.33	35 16 19.25	M0V	0.290	0.0071	0.08-0.15

Also known as BD+36°2219, G 148-13, GJ 450, and NLTT 28756.

HIP 57939 (Groombridge 1830)	11 52 58.76	37 43 07.23	K1V	0.626	0.1540	0.39-0.72
	B	-	M V-VI		0.0010	0.03-0.05

A Population II star, with a suspected flaring companion – CF Ursae Majoris; it is not clear that the companion actually exists. If it does, the companion has an orbit of 13AU, a period of 50 to 100 years, and an eccentricity of 0.6. The eccentricity brings the stars within five AU. These two stars are members of the great spherical halo around the hub of the Milky Way. Population II stars are very old and part of the first generation of stars to form in our galaxy, as a result they have little or no elements heavier than hydrogen and helium mixes, any planets would be gas giants and would have to be farther out than about 17 AU or inside 2AU to have a stable orbit. Also known as BD+38°2285, G 122-5, GJ 451, Groombridge 1830, HD 103095, and LHS 44.

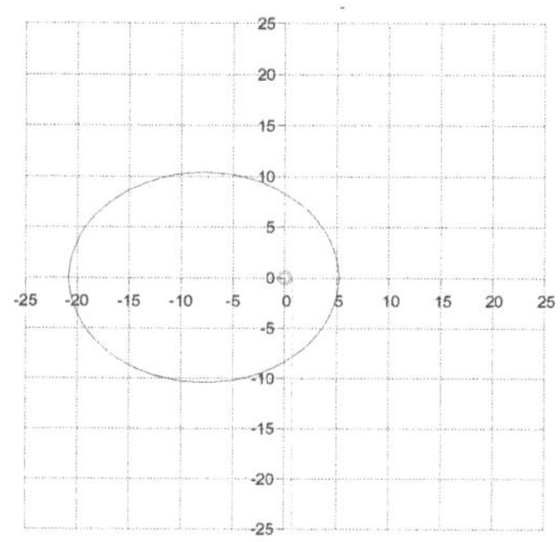

HIP 61317 (Chara)	12 33 44.54	41 21 26.92	G0V	1.001	1.0031	0.99-1.83
	Ab	-	?	?	?	?

Spectroscopic Binary system (Aa,Ab) with a separation of 0.65AU and a Beta CVn-type Variable star, its age is estimated at 5.13Gyrs[48]. No information on the Ab component is available. The nominal B component is not physically bound to A. Also known as Beta Canes Venaticorum, Chara, CCDM J12337+4121, GJ 475, HD 109358, LHS 2579, and WDS J12337+4121.

HIP 66459	13 37 28.76	35 43 03.94	K7.5Ve	0.383	0.0215	0.14-0.27

Estimated age is 8Gyrs[48]. Also known as BD+36°2393, G 165-19, GJ 519, and LTT 13964.

HIP 66906	13 42 43.27	33 17 24.35	M4V	0.182	0.0011	0.03-0.06

Also known as G 165-25, GJ 3801, LHS 2784, and Ross 1015.

HIP 80346	16 24 09.32	48 21 10.46	M3.0Ve	0.575	0.0038	0.06-0.11
	Ab	-	?	0.147	0.0140	0.12-0.21

A Spectroscopic Binary system with a separation range of 1.3-3.26AU. Based on IR colors and velocities, it is probable that the pair is of low metallicity and probably old disk population, however the models do not fit all the data adequately. Masses based on Martin and Mignard[54]. Also known as CCDM J16240+4821, G 202-45, GJ 623, LFT 1273, and WDS J16240+4822 Aa,Ab.

HIP 80459	16 25 24.62	54 18 14.77	M2V	0.232	0.0029	0.05-0.10

Also known as G 202-48, GJ 625, NLTT 42804, and 8pc 151.93.

HIP 81693 (Zeta Herculis)	16 41 17.16	31 36 09.78	G0IV	1.523	5.3853	2.29-4.24
	B	-	K0V	0.863	0.55556	0.73-1.36
	C	-	?	-	-	-

A well-known binary system that is actually a triple. Discovered by William Herschel in 1782. The AB system has a period of 34 years, an orbital separation of 12AU, 0.46 eccentricity, and combined mass of 2.45$M_{\odot}$[64]. Component C, a close third in a 12-year orbit, has been confirmed, with a separation range of 5-7AU, (roughly between Jupiter and Saturn, by comparison). Primary's mass is 1.26$M_{\odot}$–2.44$M_{\odot}$, my math says 1.523$M_{\odot}$. Zeta Herculi A is a Giant star that has evolved away from main sequence. It has also increased its size accordingly. Habitable planets could exist in the current Habitable Zone, but are too recently in that condition to have evolved life. An interesting situation if there is a habitable planet orbiting B. Also known as Zeta Herculis, ADS 10157, BD+31°2884, CCDM J16413+3136, HD 150680, LHS 3234, and WDS J16413+3136.

Name	R.A.	Dec.	Spec.	Mass	Lum.	H.Z.
HIP 82003	16 45 06.35	33 30 33.22	K7V	0.449	0.0406	0.20-0.37
Estimated age is 7.67Gyrs[48]. Also known as BD+33°2777, GJ 638, HD 151288, and LTT 14967.						
HIP 83945	17 09 31.54	43 40 52.82	M3.5V	0.170	0.0008	0.03-0.05
Also known as G 203-47, GJ 3991, LSPM J1709+4340, and NLTT 44290.						
HIP 84794	17 19 54.20	26 30 03.10	M3V	0.241	0.0034	0.06-0.11
GJ 669 B	B	-	M4V	0.144	0.0004	0.02-0.04
This is a binary system with a separation range of 79-82AU, both components are Flare star stars. Component B is also known as Ross 867 and V639 Herculis. Component A is also known as CCDM J17199+2630, GJ 669, LTT 15139, Ross 868, V647 Herculis, and WDS J17199+2629.						
HIP 91262 (Vega)	18 36 56.33	38 47 01.28	A0Vvar	2.558	42.8408	6.45-11.95
A Delta Scuti Variable. While occasionally literature lists companions (B, C, D, E, etc.) based on proper motions these are all background stars. Also known as Alpha Lyrae, Vega, ADS 11510, CCDM J18369+3847, GJ 721, HD 172167, LTT 15486, and WDS J18369+3846.						
HIP 91699	18 41 59.03	31 49 49.76	M2V	0.235	0.0031	0.05-0.10
Also known as G 206-40, GJ 470, LTT 15513, and Ross 145.						
HIP 96100 (Alsafi)	19 32 21.59	69 39 40.23	G9V	0.746	0.3101	0.55-1.02
Part of an optical pair only, this star is not in a bound system. Also known as Alsafi, Sigma Draconis, BD+69°1053, CCDM J19322+6941, HD 185144, and WDS J19324+6940.						
HIP 97237	19 45 45.48	27 07 31.85	M4V	0.132	0.0003	0.02-0.03
	B	-	M8?	0.105	0.00012	0.01-0.02
	C	-	M9?	0.085	0.00005	0.007-0.01
There are three stars in this system with AB separation ranges of 2.9-11.7AU, and AC from 75-88AU. Also known as CCDM J19458+2707, GJ 766, LHS 478, Ross 165, and WDS J19458+2710.						
HIP 97241	19 45 49.73	32 23 13.62	M1.5Ve	0.269	0.0052	0.07-0.13
	B	-	?	0.225	0.0025	0.05-0.09
This is a binary system with a separation of 81-92AU. Also known as G 125-30, GJ 4122, LTT 15769, and WDS J19458+3223.						
HIP 103096	20 53 19.79	62 09 15.80	M1.0Ve	0.343	0.0138	0.12-0.21
This is an optical binary system (different proper motions). Also known as BD+61°2068, CCDM J20532+6210, GJ 809, HD 199305, and WDS J20533+6209.						
HIP 109176 (Iota Pegasi)	22 07 00.66	25 20 42.40	F5V	1.440	3.4600	1.67-2.90
An optical Spectroscopic Binary system (different apparent motions)[38]. It has an estimated 0.22-3.11Gyr age[48]. Also known as Iota Pegasi, GJ 848, HD 210027, and WDS J22070+2521.						
HIP 45343	09 14 24.69	52 41 11.09	M0V	0.490	0.0209	0.14-0.26
	Ab	-	?	0.20	-	-
HIP 120005	B	-	K7V	0.48	0.02960	0.17-0.31
	Bb	-	?	0.23	-	-
A Flare star. Both components are Spectroscopic Binaries. HIP 45343 is listed as a companion to HIP 120005, but SIMBAD has parallaxes listed that place them ~1.9ly apart. Despite that, the two are apparently separated by about 100AU, with a period of 975 years and a 0.28 eccentricity (a deviation of ~20AU from a circular orbit). Both companions are close to their primaries, and allow planets in the Habitable Zone. For some reason the smaller star is known as the "A" member. Estimated system age is 0.48-.7Gyrs[48]. Also known as GJ 338, HD 79210J, and WDS J09144+5241. Component B is also known as BD+53°1321, GJ 338, HD 79211, and LHS 261.						
WISE J031325.94+780744.3	03 13 25.94	78 07 44.35	T8.5	0.049	0.0000	0.00-0.00
A Brown Dwarf.[43]						
WISE J150649.97+702736.1	15 06 49.97	70 27 36.00	T6	0.031	0.0000	0.00-0.00
A Brown Dwarf.						
2MASS J11183876+3125441	11 18 38.76	31 25 44.16	T8.5	0.071	0.0000	0.00-0.01
A Brown Dwarf.						
2MASS J21513828+5917383	21 51 38.29	59 17 38.46	?	0.207	0.0018	0.04-0.08
No definite spectral class has been noted for this star.						

Star Map 5

With seventy systems and one hundred and seven stars, this section has six confirmed and two probable exoplanets orbiting six host stars: HIP 3093, 21932, 57087, 83043, 86162, and 2MASS J07464256+2000321. There are nine with a luminosity of $0.20L_{\odot}$ or more: HIP 27913 (54 Orionis), 55203B (Al Kafzah al Ula), 57632 (Denebola), 64394 (Beta Commae Berenices), 64797, 67927 (Muphrid), 69673 (Arcturus), 72848 (DE Bootis), 78072 (Gamma Serpentis), and 86974 (Mu Herculis). Muphrid and Arcturus are evolved stars and have left the main sequence. Denebola is a Super Giant and will nova long before life could evolve.

Name	R.A.	Dec.	Spec.	Mass	Lum.	H.Z.
HIP 3093 (HD 3651)	00 39 21.80	21 15 01.70	K0V	0.781	0.479	0.60-1.11
	C	-	T7.5	0.051	0.0000	0.00-0.01

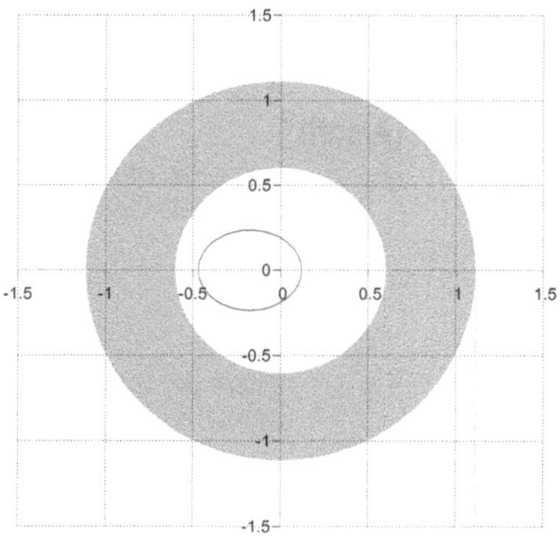

A binary system where component A is a variable star with an estimated 6.98Gyrs age[48]. Component A has a diameter of $1.015D_{\odot}$. Component B is *not* a companion. Component C is a T-dwarf based on mid-IR colors and magnitudes. It has a mass of 0.051 ± 0.014 $M_{\odot}$, a separation of ~222AU, and an age estimate of 7-10Gyrs[37]. The T-type dwarf is referred to by Luhman et al. as the B component, either because the non-physical STT 550 was not considered, or the WDS was not consulted. In any event, this component referred to in the WDS hierarchy as C is sometimes called B in other literature. Also known as BD+20°85, GJ 27 AC, HD 3651, WDS J00394+2115, and 54 Piscium.

One exoplanet, HD 3651 b, has been discovered, so far.[40] The planet, the 104th discovered[32], has a 0.294AU semi-major-axis, a 62.218 day period, a 0.596 eccentricity, and a $0.2289M_J$ minimum mass, slightly below that of Saturn. The inner half of the habitable zone is probably dominated by the giant planet, but the outer regions might have stable orbits possible. Underwood, et al, report that a terrestrial planet orbit could only be confined to the outer portion of the habitable zone for at least one billion years.[36]

Name	R.A.	Dec.	Spec.	Mass	Lum.	H.Z.
HIP 21932 (GJ 176)	04 42 55.77	18 57 29.40	M2.5Ve	0.287	0.0068	0.08-0.15

One exoplanet, GJ 176 b, has been discovered in orbit around this star, there is the possibility of a second planet. The known planet is about $0.026M_J$, about 8.2 times more massive than Earth, making it a Super-Earth. It has an orbital period of 8.78 days with a semi-major axis of 0.065AU and an eccentricity of zero. The star is also known as BD+18°683, GJ 176, HD 285968, LFT 372, and Ross 33.

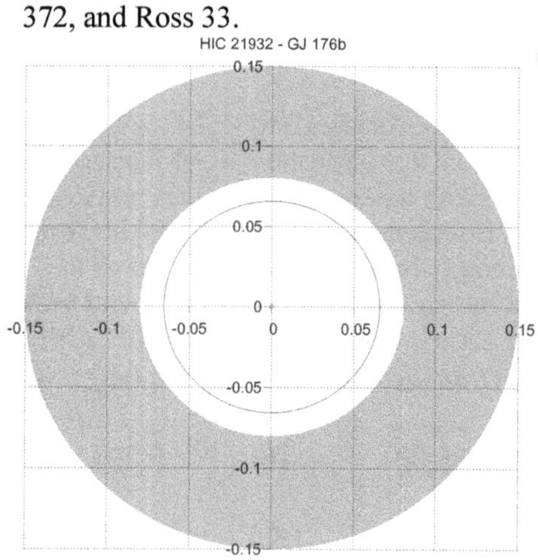

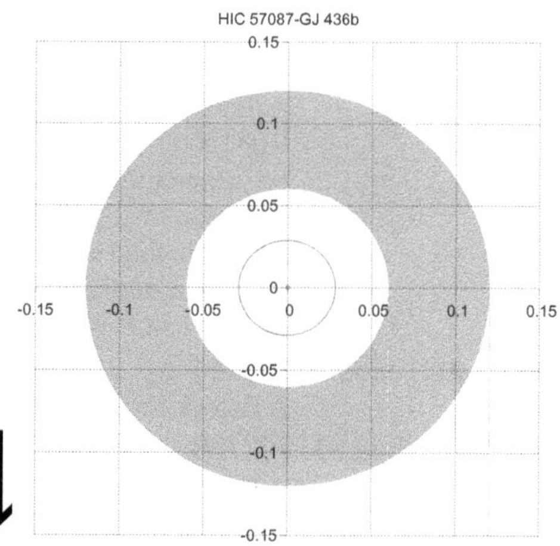

Name	R.A.	Dec.	Spec.	Mass	Lum.	H.Z.
HIP 57087 (GJ 436)	11 42 11.09	26 42 23.65	M2V	0.41	0.0044	0.06-0.12

One confirmed and two unconfirmed suspected exoplanets have been discovered, so far, in orbit around this star[63], also known as G 121-7, GJ 436, LHS 310, and Ross 905. (*continued*)

Star Map #5

+14.99 to +9.00

39. l.y. circle

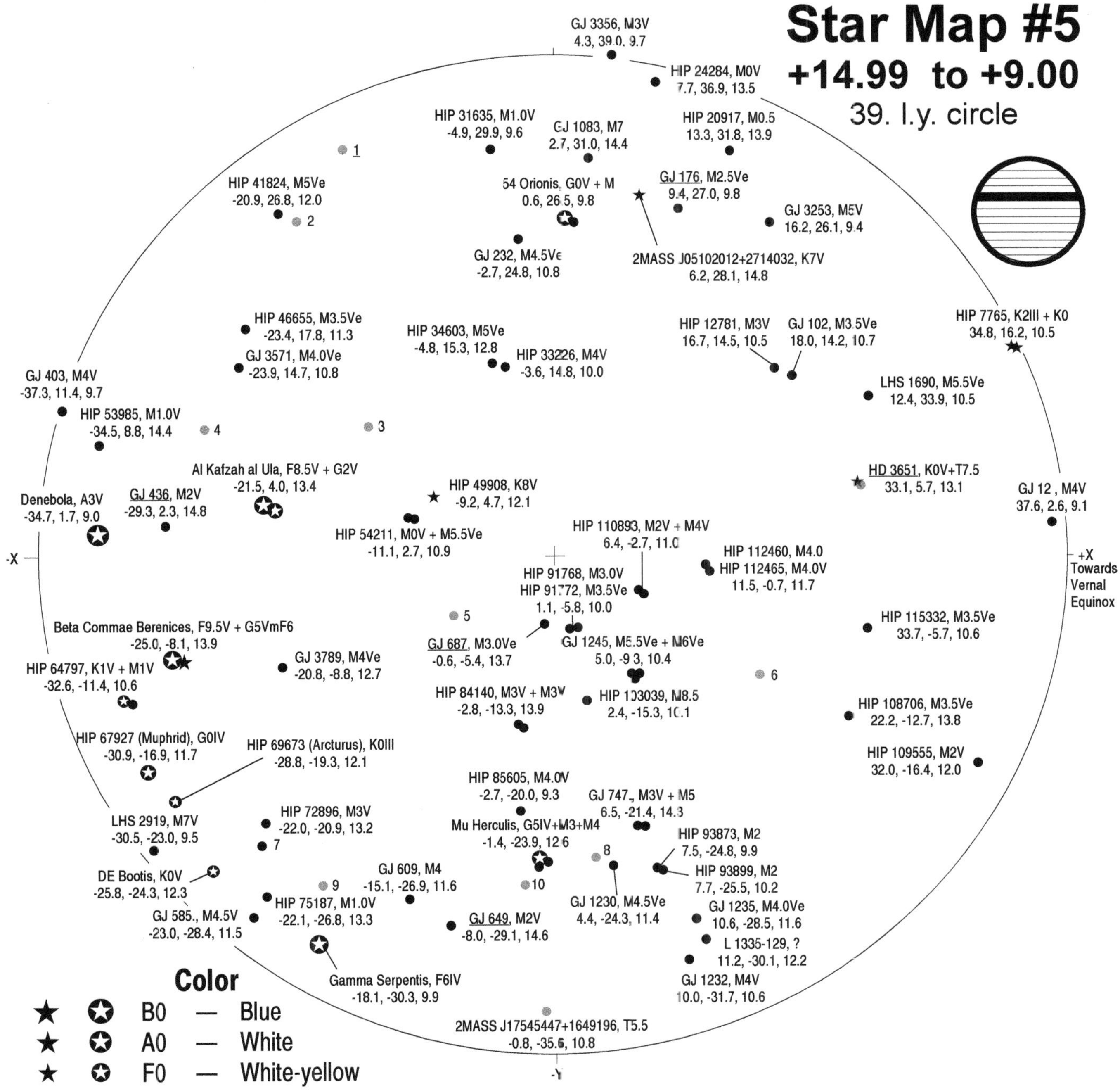

Color

★	✪	B0	—	Blue
★	✪	A0	—	White
★	✪	F0	—	White-yellow
★	✪	G0	—	Yellow
★	✪	K0	—	Orange
●		M0	—	Red
●		L/T	—	Brown Dwarf
✦		Dx	—	White Dwarf

Spectral Type

IA or IB	—	Super Giant
II	—	Bright Giant
III	—	Normal Giant
IV	—	Sub-Giant
V / d prefix	—	Main Sequence (dwarf)
VI	—	Sub-dwarf
VII / Capital	—	White Dwarf

Legends for Numbered Stars

1. 2MASS J07464256+2000321, L0.5V, -16.0, 31.8, 12.9
2. 2MASS J08251968+2115521, L7.5V, -19.2, 26.1, 12.6
3. 2MASS J09373487+2931409, T6.0, -14.1, 10.1, 9.8
4. 2MASS J10475385+2124234, T6.5, -30.5, 9.9, 12.6
5. WISE J140518.39+553421.3, Y0, -7.6, -4.6, 13.0
6. WISE J220905.73+271143.9, Y0, 17.5, -9.2, 10.1
7. 2MASS J15010818+2250020, M8.5V -22.4, -22.6, 13.4
8. WISEP J1828+2650, Y0 3.0, -23.7, 12.1
9. WISE J154214.00+223005.2, T9.5, -17.7, -25.9, 13.0
10. WISE J173835.53+273259.0, Y0, -2.4, -25.9, 13.6

By Terry Kepner

Name	R.A.	Dec.	Spec.	Mass	Lum.	H.Z.

The known planet, GJ 436 b, is about $0.072M_J$, about 22.6 times more massive than Earth. This planet transits in front of its primary so we also know it is about 55,000 km (34,000 miles) in diameter, similar to Uranus and Neptune. It has an orbital period of 2.64 days with a semi-major axis of 0.028AU and a 0.16 eccentricity. The unconfirmed planets were directly observed by the astronomers using the Spitzer Space Telescope, are smaller than Earth, ~0.3 times as massive, and are *inside* GJ 436 b's orbit, rendering them uninhabitable.

Name	R.A.	Dec.	Spec.	Mass	Lum.	H.Z.
HIP 83043 (GJ 649)	16 58 08.85	25 44 38.98	M2V	0.322	0.0108	0.10-0.19

One exoplanet, GJ 649 b, has been discovered, so far, orbiting this star. The planet is about $0.325M_J$, about 103 times more massive than Earth. It has an orbital period of 598.3 days with a semi-major axis of 1.13AU and a 0.3 eccentricity. The star is also known as BD+25°3173, G 170-6, GJ 649, LHS 3257, and Ross 860.

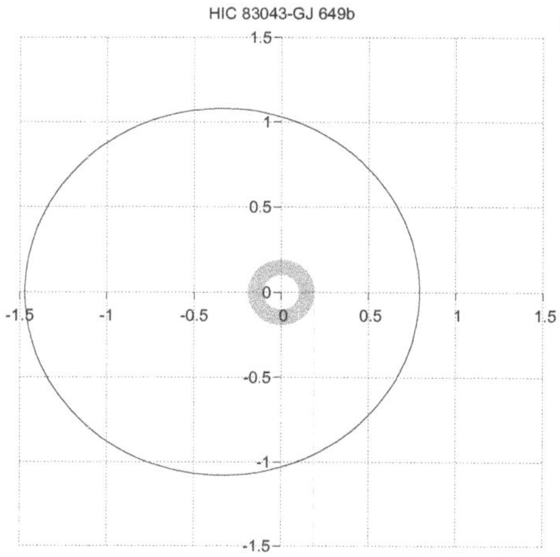

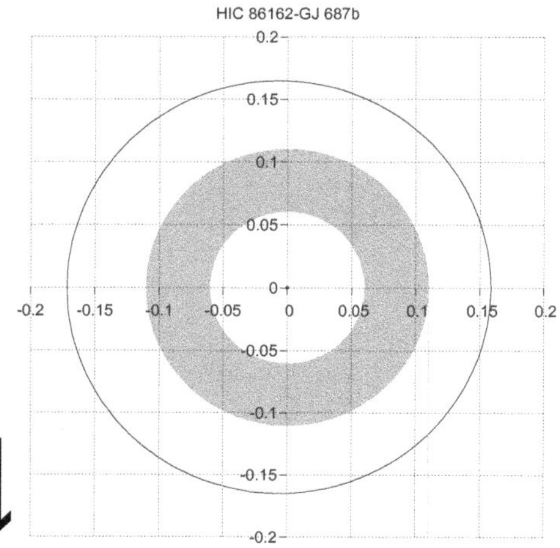

Name	R.A.	Dec.	Spec.	Mass	Lum.	H.Z.
HIP 86162 (GJ 687)	17 36 25.89	68 20 20.91	M3.0Ve	0.244	0.0035	0.06-0.11

Previously, it was thought there were three stars in this system. Aa,Ab is an astrometric binary with a separation range of 3.8AU. The AB pair, with an apparent separation ranging from 490-2,276AU, is optical, based on study of relative motion of the components using the method of apparent motion parameters, meaning component B is not a true companion to A. Component B is BD+68°947 with a distance parallax of 11.26mas, putting it 289ly from Earth. Component A is also known as BD+68°946, CCDM J17366+6822, G 258-11, GJ 687, LHS 450, and WDS J17364+6820.

One exoplanet, GJ 687 b, has been discovered, so far. The planet is about $0.059M_J$, just a bit more massive than Neptune, and has an orbital period of 38.14 days with a semi-major axis of 0.165AU and a 0.04 eccentricity. The planet is well outside this small star's Habitable Zone, so no habitable moons.

Name	R.A.	Dec.	Spec.	Mass	Lum.	H.Z.
2MASS J07464256+2000321	07 46 42.56	20 00 32.18	L0.5	0.080	0.0000	0.01-0.01
	B	-	L1.5	0.075	0.0000	0.01-0.01

A Brown Dwarf binary system with a separation range of 0.97-1.9AU with a estimated age of 150-500 Myrs.[39, 43]

One exoplanet, 2M 0746+20 b, has been discovered, so far orbiting the two Brown Dwarfs. It has an minimum $30M_J$ ($0.97 R_J$), 2.897AU semi-major axis, and 0.487 eccentricity. It was detected via direct imaging. Also known as WDS J07467+2001AB and WISEP J074642.23+200031.5.

Name	R.A.	Dec.	Spec.	Mass	Lum.	H.Z.
GJ 12	00 15 49.20	13 33 21.90	M4V	0.202	0.0017	0.04-0.07

Also known as G 30-55 and LHS 1050.

Name	R.A.	Dec.	Spec.	Mass	Lum.	H.Z.
GJ 102	02 33 37.17	24 55 39.24	M3.5Ve	0.132	0.0003	0.02-0.03

Also known as G 36-24, LFT 215, and LP 354-46.

Name	R.A.	Dec.	Spec.	Mass	Lum.	H.Z.
GJ 232	06 24 41.32	23 25 58.56	M4.5Ve	0.133	0.0003	0.02-0.03

Also known as G 104-37, LHS 1846, and Ross 64.

Name	R.A.	Dec.	Spec.	Mass	Lum.	H.Z.
GJ 403	10 52 04.41	13 59 51.00	M4V	0.176	0.0010	0.03-0.06

Also known as G 44-42 and LHS 295.

Name	R.A.	Dec.	Spec.	Mass	Lum.	H.Z.
GJ 585	15 23 51.13	17 27 56.95	M4.5V	0.138	0.0004	0.02-0.03

Also known as G 136-103, LHS 396, and Ross 508.

Name	R.A.	Dec.	Spec.	Mass	Lum.	H.Z.
GJ 609	16 02 50.98	20 35 21.80	M4	0.166	0.0008	0.03-0.05

Also known as G 137-78, LHS 411, and 2MASS J16025098+2035218.

Name	R.A.	Dec.	Spec.	Mass	Lum.	H.Z.
GJ 747	19 07 42.83	32 32 39.66	M3V	0.213	0.0016	0.04-0.07
	B	-	M5	0.199	-	-

This is a Spectroscopic Binary system with a separation range of 1.4-2.1AU, a period of 2,110 days, and a 0.274 eccentricity[65]. Also known as ADS 12061, CCDM J19075+3231, G 207-16, LHS 471, and WDS J19074+3230.

Name	R.A.	Dec.	Spec.	Mass	Lum.	H.Z.
GJ 1083 (Riepe's Double)	05 40 25.70	24 48 09.02	M7V	0.098	0.0001	0.01-0.02
	B	-	-	-	-	-

This is a binary system with a separation range of 1.63-4.9AU. Component A, V780 Tauri, is a Flare star. Also known as Riepe's Double, G 100-28, LTT 17846, and WDS J05404+2448.

Name	R.A.	Dec.	Spec.	Mass	Lum.	H.Z.
GJ 1230	18 41 09.81	24 47 19.53	M4.5V	0.099	0.0001	0.01-0.02
	B		M4.5Ve	0.067	0.00002	0.004-0.008
	C		-	-	-	-

A triple system where component A is a Flare star, component B is a Brown Dwarf, and no information is available on the third, probably also a Brown Dwarf. Components A and B have a semi-major axis of ~40AU and an estimated age of 30-300Myrs. Also known as G 184-19, GJ 1230, LHS 3405, and WDS J18411+2447.

Name	R.A.	Dec.	Spec.	Mass	Lum.	H.Z.
GJ 1232	19 09 50.98	17 40 07.45	M4V	0.136	0.0003	0.02-0.03

Also known as G 185-9, LHS 3438, and 2MASS J19095098+1740074.

Name	R.A.	Dec.	Spec.	Mass	Lum.	H.Z.
GJ 1235	19 21 38.67	20 52 02.82	M4.0Ve	0.139	0.0004	0.02-0.04

Also known as G 185-18, LHS 476, and 2MASS J19213867+2052028.

Name	R.A.	Dec.	Spec.	Mass	Lum.	H.Z.
GJ 1245	19 53 54.46	44 24 53.08	M5.5Ve	0.098	0.0001	0.01-0.02
	Ab	-	L8?	0.042	0.00000	0.001-0.003
	B	-	M6Ve	0.064	0.00002	0.004-0.007

There are three stars in this system, making it one of the closest triples to Earth. Components A and B are both Flare stars with an average of 3.0 and 2.6 flares per day, respectively. Separation range for Aa,Ab is ~4.6±0.05 AU. Separation distance between A and B is estimated at 81-99AU. Also known as G 208-44 and G 208-45, LHS 3494 and LHS 3495, V1581 Cygni (A), and WDS J19539+4425 Aa,Ab.

Name	R.A.	Dec.	Spec.	Mass	Lum.	H.Z.
GJ 3253	03 52 41.69	17 01 05.70	M5V	0.122	0.0002	0.01-0.03
	B	-	-	-	-	-

This is a Spectroscopic Binary system.[41] Also known as G 3-39, LHS 1610, Wolf 227, and 2MASS J03524169+1701056.

Name	R.A.	Dec.	Spec.	Mass	Lum.	H.Z.
GJ 3356	05 34 52.12	13 52 47.20	M3V	0.218	0.0023	0.05-0.09

Also known as LTT 11684, Ross 46, and 2MASS J05345212+1352471.

Name	R.A.	Dec.	Spec.	Mass	Lum.	H.Z.
GJ 3571	09 53 55.23	20 56 46.01	M4.oVe	0.112	0.0002	0.01-0.02

A Flare star.[41] Also known as G042-024, LHS 2206, and 2MASS J09535523+2056460.

Name	R.A.	Dec.	Spec.	Mass	Lum.	H.Z.
GJ 3789	13 31 46.61	29 16 36.61	M4Ve	0.167	0.0008	0.03-0.05
	B	-	-	-	-	-

This is a binary system with a separation range of 1.4AU where the Component A is a Flare Star. Also known as DG Canum Venaticorun, G165-008, LP 323-158, and WDS J13318+2917.

Name	R.A.	Dec.	Spec.	Mass	Lum.	H.Z.
HIP 7762	01 39 56.07	15 15 33.63	K2III	0.432	0.0349	0.18-0.34
HIP 7765	B	-	K0	0.393	0.02380	0.152-0.281
	C	-		0.172	0.00087	0.029-0.054

This system is a triple with an evolved Giant as the primary. The distance between components A and B ranges from 107-123AU and the distance from A to C ranges from 476-482AU. Also known as ADS 1307, BD+14°253, CCDM J01399+1515, LTT 10585, and WDS J01399+1515. Component B is known as BD+14°251 and HD 10182.

Name	R.A.	Dec.	Spec.	Mass	Lum.	H.Z.
HIP 12781	02 44 15.50	25 31 24.10	M3V	0.225	0.0026	0.05-0.09

A Flare star. Also known as VX Arietis, G 36-31, GJ 109, LFT 224, and Ross 556.

HIP 20917	04 29 00.12	21 55 21.71	M0.5	0.609	0.1378	0.37-0.72

A Flare star.[38] Also known as BD+21°652, GJ 169, HD 28343, and LTT 11433.

HIP 24284	05 12 42.22	19 39 56.37	M0V	0.274	0.0057	0.07-0.14

Also known as G 85-52, GJ 192, and LTT 11604.

HIP 27913 (54 Orionis)	05 54 22.98	20 16 34.22	G0V	1.109	1.1500	1.06-1.78
	B	-	M	0.274	0.00567	0.07-0.13

This is a binary system with a separation range of 3.26-4.8AU, the primary is an RS CVn Variable.[38] Also known as 54 Orionis, BD+20°1162, CCDM J05544+2017, GJ 222, HD 39587, and WDS J05544+2017.

HIP 31635	06 37 10.79	17 33 53.32	M1.0V	0.315	0.0099	0.10-0.18

Although listed in both CCDM and WDS, this is a solitary star. Proper motion or other technique indicates that component B (HIP 31635B) is not physically bound to component A. Also known as BD+17°1320, CCDM J06372+1734, HD 260655, LHS 1858, WDS J06372+1733, and Wolf 287.

HIP 33226	06 54 48.96	33 16 05.43	M4V	0.222	0.0024	0.05-0.09

Also Known as G 87-12, GJ 251, HD 265866, LHS 1879, and 8pc 181.32.

HIP 34603	07 10 01.83	38 31 46.06	M5Ve	0.170	0.0008	0.03-0.05

This is an RS CVn Variable star. Despite being listed with A and B in some catalogs, it is not part of a binary system and not listed in either the CCDM or WDS catalogs. Also known as QY Aurigae, G 87-26, GJ 268, LFT 512, and 8pc 157.24.

HIP 41824	08 31 37.56	19 23 39.41	M5Ve	0.217	0.0022	0.05-0.09
	Ab	-	?	0.04	-	-
	Ba	-	?	0.24	-	-
	Bb	-	?	0.18	-	-
	D	-	?	?	-	-

There are five stars in this system with an estimated age between 30-300 Myr. Component A is actually an Eclipsing Binary, with a close separation of 0.014AU, a period of 2.77 days, and a zero eccentricity. Component B is a Flare star. Recently, a faint companion to B was discovered with a separation range of 2.58AU. The separation between component binaries A and B ranges from 49-62AU. Another faint star, component D, orbits the Aa component at a range of ~2.84AU[65]. Also known as CCDM J08316+1924, G 9-8, GJ 2069, and WDS J08317+1924.

HIP 46655	09 30 44.58	20 55 11.00	M3.5Ve	0.197	0.0015	0.04-0.07

Also known as G 48-20, GJ 1125, LFT 653, and 2MASS J09304457+0019214.

HIP 49908	10 11 22.14	49 27 15.25	K8V	0.448	0.0402	0.20-0.37

A Flare star with an estimated 6.6Gyrs age[48]. Despite its listing in CCDM and WDS, it is not part of a system. Also known as BD+50°1725, CCDM J10114+4927, GJ 380, HD 88230, and WDS J10114+4927.

HIP 53985	11 02 38.34	21 58 01.70	M1.0V	0.405	0.0753	0.28-0.55

A BY Draconis Variable.[38] Also known as BD+22°2302, DS Leonis, GJ 410, and HD 95650.

HIP 54211	11 05 28.57	43 31 36.39	M0V	0.274	0.0056	0.07-0.14
WX Ursae Majoris	B	-	M5.5Ve	0.072	0.0000	- - -

This is a binary system with a separation range of 369-373AU. B is Flare star. Also known as BD+44°2051, CCDM J11055+4332, LHS 38, and WDS J11055+4332.

HIP 55203 (Al Kafzah al Ula)	11 18 10.90	31 31 44.98	F8.5V	0.990	0.9612	0.97-1.79
	B + c	-	G2V	0.890	0.6263	0.78-1.44
	D	-	T8.5	14-38M_J	-	-

A quintuplet system with an estimate age of 0.19Gyrs[48]. Components A and B are known to have close companions. Component A has an unseen astrometric companion (unnamed) with a period of 1.82 years; it occupies A's Habitable Zone. Component B, a Spectroscopic SB1 binary, has a companion, Bc, with a period of 3.98 days. The AB pair has a computed orbit of semi-major axis

Name	R.A.	Dec.	Spec.	Mass	Lum.	H.Z.

~18AU, a period of 59.95 years, and a 0.41 eccentricity, but this was computed before the companions were detected[64]. Component D is a Brown Dwarf with a separation of 4,000AU from the AB system. Also known as Xi Ursae Majoris, Al Kafzah al Ula, BD+32°2132, CCDM J11182+3132, GJ 423, HD 98230, and WDS J11182+3132.

HIP 57632 (Denebola)	11 49 03.57	14 34 19.40	A3V	1.900	13.0190	3.55-6.59

A Delta Scuti Variable, its luminosity varies slightly with about ten fluctuations per day. When it was named in 1603 it was the *second* brightest star in the constellation Leo, it is now the *third* brightest star in the constellation. Its age is estimated at 400 Myrs. It rotates faster than our sun with a noticeable equatorial bulge. It has a significant debris disk and astronomers believe planets are still forming, the disk is about 39AU in radius. Although listed in both CCDM and WDS, this star has no stellar companions. Also known as Denebola, Beta Leonis, ADS 8314, BD+15°2383, CCDM J11490+1433, GJ 448, HD 102647, LHS 2462, and WDS J11491+1434.

HIP 64394 (Beta Comae Berenices)	13 11 52.39	27 52 41.45	F9.5V	1.043	1.1818	1.07-1.98
	B?	-	G5VmF6	0.260	0.00454	0.066-0.123

Possibly a long-period spectroscopic binary. Components A and B are listed in WDS as an optical pair, based on study of relative motion of the components using the method of apparent motion parameters. Component A's estimated age is 2.67-2.69Gyrs[48]. Component B's apparent Spectral Type and Color make it undersized by a factor of 3 if it is at all associated with Component A. Also known as Beta Comae Berenices, BD+28°2193, CCDM J13118+2753, GJ 502, HD 114710, and WDS J13119+2753.

HIP 64797	13 16 51.05	17 01 01.84	K1V	0.681	0.2147	0.46-0.85
	B	-	M1V	0.352	0.01529	0.12-0.23

This is a binary system with a separation range of 6.7-62.9AU, however the two stars appear to be in a hyperbolic orbit[52]. Component A has an estimated age of 2.67Gyrs[48]. Also known as BD+17°2611, HD 115404, LHS 2713, and WDS J13169+1701.

HIP 67927 (Muphrid)	13 54 41.07	18 23 51.79	G0IV	1.670	7.7844	2.75-5.09
	B	-	M7?	-	-	-

This is a long-period Spectroscopic Binary system with a period of 495 days (about 1.5AU apart). The age is estimated at 1.7 Gigayrs, based on the evolution of Component A, a Sub-giant evolving off the main sequence into a Red Giant. With stars this close together, planets must be 2AU out for stable orbits. There is a wide habitable zone, although seasons would be quite complex. Remember, planets would orbit the center of this system, *not* either of the two stars. Thus, while the two stars are 1.5AU apart, they orbit a common point between the two of them. So would any planets. From the planet's surface it would look like one sun came 0.75AU closer while the other dropped 1.5AU away, then they reversed positions.

Arcturus is only 3.24lys from Muphrid, and both are ~35lyrs from Earth.

Originally identified as being in orbit with A, the B-component is also called BD+19°2726 and they are separated by a range of 598-634AU, but are *not* a binary, merely two stars passing close.

Also known as Muphrid, Eta Bootis, BD+19°2725, CCDM J13547+1824, GJ 534, HD 121370, LTT 14060, and WDS J13547+1824.

HIP 69673 (Arcturus)	14 15 39.67	19 10 56.67	K0III	1.080	103	12.8-23.8

Arcturus is a Red Giant Branch star and evolved off the main sequence. It is the brightest star in the Northern Hemisphere and the fourth brightest star in the sky. It has a diameter ~20 million miles (25 times that of Sol) and has only a bit more mass than our sun. Surface temperature is 4,200°K, and it is a golden yellow, or topaz, color. While it is ~103 times brighter than our sun, that underestimates its energy output by missing the infrared, which raises its output to 170 times that of our sun. It's age is estimated at 6-8.5Gyrs. The Hipparcos Mission data suggests there might be a companion, twenty times dimmer, orbiting at 1.1AU, but no confirming evidence has been found, yet.

It has a high actual space velocity of almost 122 km/sec (76 miles/second) toward the constellation of Virgo. It is almost at its closest to Earth, and in four thousand years will begin to recede from us. In 500,000 years it will be so far away it will not be noticeable to the naked eye.

It is a Population II star, a member of the great spherical halo around the hub of the Milky

Name	R.A.	Dec.	Spec.	Mass	Lum.	H.Z.

Way, and is currently cutting through the galactic plane. A Population II is very old and part of the first generation of stars to form in our galaxy, as a result it has little or no metal. Any planets formed around it would be hydrogen and helium mixes only. Only gas giant planets would be large enough to survive. No heavy molecules existed when this star formed.

Also known as Arcturus, Alpha Bootis, BD+19°2777, GJ 541, HD 124897, and LHS 48.

HIP 72848 (DE Bootis)	14 53 23.76	19 09 10.08	K0V	0.777	0.3637	0.59-1.10

An RS CVn Variable star with an estimated age of 590-690 million years[48]. Also known as DE Bootis, BD+19°2881, GJ 567, HD 131511, and LHS 5279.

HIP 72896	14 53 51.47	23 33 20.79	M3V	0.204	0.0017	0.04-0.08
	B	-	M4?	0.163	0.00070	0.026-0.048

This is a binary system with a separation range of 5-5.6AU. Also known as G 166-53, GJ 568, LHS 2997, Ross 52, and WDS J14540+2335.

HIP 75187	15 21 52.93	20 58 39.93	M1.0V	0.165	0.0432	0.22-0.42

A BY Dra Variable star.[38] Also known as OT Serpentis, BD+21°2763, and GJ 9520.

HIP 78072 (Gamma Serpentis)	15 56 27.18	15 39 41.82	F6IV	1.274	2.6324	1.60-2.96

While listed in both CCDM and WDS, component B is unassociated. Component A has an estimated 3.49Gyrs age[48]. Also known as Gamma Serpentis, BD+16°2849, CCDM J15564+1540, GJ 603, HD 142860, and WDS J15565+1540.

HIP 84140	17 12 07.61	45 40 11.43	M3V	0.266	0.0050	0.07-0.13
	B	-	M3V	0.266	0.0050	0.07-0.13

This is a binary system with stellar masses being almost equal, 0.26±0.05$M_{\odot}$ based on a distance of 19.49ly, with a period of 12.95 yrs and a semi-major axis is 7.3AU[53, 54, 64]. Also known as BD+45°2505, CCDM J17121+4540, GJ 661, HD 155876, LFT 1327, and WDS J17121+4540.

HIP 85605	17 29 36.24	24 39 14.12	M4.0V	0.169	0.0008	0.03-0.05

A solitary star. Also known as CCDM J17296+2439B, 8pc 202.69, and WDS J17296+2439B.

HIP 86974 (Mu Herculis)	17,44,30	27,44.9	G5IV	1.196	2.7	1.6-3.0
	Ab	-	M4V	0.32	0.0099	0.10-0.18
	B	-	dM4	0.230	0.0028	0.051-0.096
	C	-	dm4	0.207	0.0018	0.042-0.078

A well observed triple star system, now known as a quad system. Component A is a large-amplitude astrometric binary, with a period of 65 years, semi-major axis 12.4AU, and 0.32 eccentricity. The mass and luminosity of component Ab, which hasn't been directly observed, is an estimate based on the mass of component A. Components B and C are a close pair of dim red stars with a total spectral class of dM4. The two stars orbit with a period of 43.2 years, a semi-major axis of 11.4AU, and a 0.18 eccentricity (they range from 9.4 to 13.5AU apart). Components A,BC have a separation range between 120-270AU with an estimated 0.6 eccentricity. Component A is evolving off the main sequence as it switches from primarily fusing hydrogen to fusing helium.

The estimated age of the system is 6.4 Gyrs. Also known as Mu Herculis, ADS 10786, BD+27°2888, GJ 695, HD 161797, LHS 3326, and WDS J17465+2743Aa,Ab.

HIP 91768	18 42 46.67	59 37 49.47	M3.0V	0.018	0.0027	0.051-0.095
HIP 91772	B	-	M3.0V	0.016	0.0022	0.047-0.087
	C	-	?	0.085	0.00013	0.011-0.021

A suspected triple system. Components A and B have a separation range of 186-224AU. Components A and C have a separation range 800-3,000AU. Separation between B and C ranges between 866-3,241AU. While they have the same parallax, indicating they are a physical system, their relative motions indicate they are merely an optical triple. Also known as ADS 11632, BD+59°1915, CCDM J18428+5937, GJ 725, LHS 58 (HIP 91768), HD 173739 (HIP 91768), and WDS J18428+5938. Component B is also known as HD 173740 and LHS 59.

HIP 93873	19 07 05.56	20 53 16.96	M2	0.228	0.0027	0.05-0.09
HIP 93899	B		M2	0.231	0.0028	0.05-0.10

This is a binary system with a separation range of 770-776AU. Also known as CCDM

Name	R.A.	Dec.	Spec.	Mass	Lum.	H.Z.
J19072+205, GJ 745, LHS 3432, Ross 730, and WDS J19072+2053. HIP 93899, Component B, is also known as Ross 731.						
HIP 103039	18 35 37.90	32 59 54.59	M8.5	0.114	0.0002	0.01-0.02
Also known as LP 816-60, NLTT 50038, and 2MASS J18353790+3259545.						
HIP 108706	22 01 13.12	28 18 24.86	M3.5Ve	0.178	0.0010	0.03-0.06
A Flare star. Also known as V374 Pegasi, G 188-38, GJ 4247, and NLTT 52699.						
HIP 109555	22 11 30.09	18 25 34.28	M2V	0.302	0.0083	0.09-0.17
Also known as G 126-61, GJ 851, LHS 6399, and Ross 271.						
HIP 110893	22 28 00.37	57 41 49.09	M2V	0.308	0.0019	0.04-0.08
	B	-	M4V	0.166	0.00034	0.018-0.034
This is a binary system with a separation range of 21-34AU, a period of 44.64 years, and 0.41 eccentricity. The total system mass is estimated at $0.47M_{\odot}$[64]. Also known as CCDM J22281+5741, GJ 860, HD 239960, and WDS J22280+5742.						
HIP 112460 (EV Lacertae)	23 46 51.53	45 20 22.14	M4.0	0.202	0.0017	0.04-0.07
HIP 112465	B	-	M4.0V	0.202	0.0017	0.04-0.07
	C	-	M6	0.190	0.00014	0.011-0.022
A Flare star. This is a triple system, where components B and C have a separation range of 10-14AU and component A has a separation range of 425-694AU to component B and 300-336AU to Component C. Also known as EV Lacertae, CCDM J22468+4420, GJ 873, LFT 1737, and WDS J22468+4420.						
HIP 115332	23 21 37.44	17 17 25.39	M3.5Ve	0.213	0.0021	0.04-0.08
Also known as G 68-8, GJ 4333, LHS 543, and NLTT 56616.						
L 1335-129	19 21 38.00	20 51 36.00	?	0.139	0.0004	0.02-0.04
No definite spectral class has been noted for this star. Position uncertain in arcseconds.						
LHS 1690	04 39 31.64	16 15 44.70	M5.5Ve	0.085	0.0001	0.01-0.01
Also known as LP 415-302, NLTT 13692, and 2MASS J04393163+1615447.						
LHS 2919	14 28 04.20	13 56 13.70	M7V	0.056	0.0000	0.00-0.01
Also known as LP 500-35, NLTT 37424, and 2MASS J14280419+1356137.						
WISE J140518.39+553421.3	14 05 18.39	55 34 21.40	Y0	0.009	0.0000	0.00-0.00
A Brown Dwarf.[40]						
WISE J154214.00+223005.2	15 42 14.00	22 30 05.20	T9.5	0.013	0.0000	0.00-0.00
A Brown Dwarf.[40]						
WISE J173835.53+273259.0	17 38 35.53	27 32 59.10	Y0	0.012	0.0000	0.00-0.00
A Brown Dwarf.[40]						
WISE J220905.73+271143.9	22 09 05.73	27 11 44.00	Y0	0.017	0.0000	0.00-0.00
A Brown Dwarf.[43]						
WISEP J1828+2650	18 28 31.08	26 50 37.72	Y0	0.021	0.0000	0.00-0.00
A Brown Dwarf.[39]						
2MASS J05102012+2714032	05 10 20.12	27 14 03.20	K7V	0.086	0.0001	0.01-0.01
2MASS J08251968+2115521	08 25 19.68	21 15 52.12	L7.5V	0.06	0.0000	0.00-0.01
A Brown Dwarf.[39]						
2MASS J09373487+2931409	09 37 34.88	29 31 41.00	T6.0	0.040	0.0000	0.00-0.00
A Brown Dwarf.[39]						
2MASS J10475385+2124234	10 47 53.85	21 24 23.50	T6.5	0.040	0.0000	0.00-0.00
A Brown Dwarf.						
2MASS J15010818+2250020	15 01 08.18	22 50 02.04	M8.5V	0.095	0.0001	0.01-0.02
A Brown Dwarf.						
2MASS J17545447+1649196	17 54 54.47	16 49 19.67	T5.5	0.050	0.0000	0.00-0.00
A Brown Dwarf.[43]						

Star Map 6

With sixty-six systems and eighty-six stars, this section has four confirmed and three possible exoplanets orbiting five host stars: HIP 1475 (GJ 15), 22627 (GJ 179), 54035 (Lalande 21185), 63510 (Ross 458), and WDS J14164+1348B. There are only five with a luminosity of twenty percent of our sun or more: HIP 7981 (107 Piscium), 22449 (Tabit), 72659AB (Xi Bootis), and 77257 (Lambda Serpentis). Tabit is an F8 star and will nova long before life could naturally develop and HIP 77257 is a G0 star moving from the main sequence into the giant stage — any inhabitable planets would soon not be (on a galactic time-scale, that is).

Name	R.A.	Dec.	Spec.	Mass	Lum.	H.Z.
HIP 1475 (GJ 15)	00 18 22.88	44 01 22.62	M1V	0.024	0.0056	0.07-0.14
	B	-	M3.5Ve	0.140	0.0004	0.02-0.04

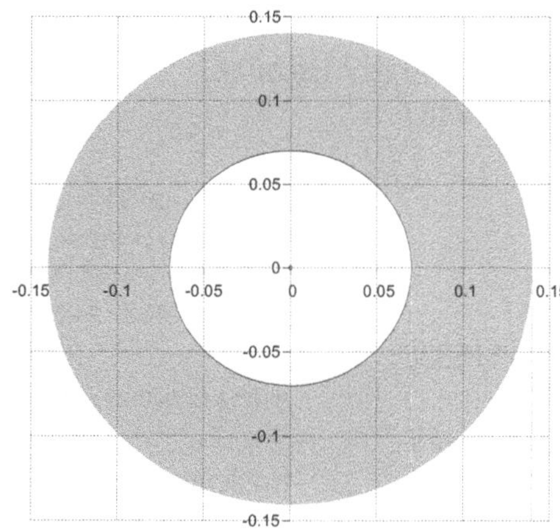

A binary system with a separation range of 147-157AU, a period of 2,600-3,000 years and either a zero or 0.25 eccentricity. Both are DY Draconis Variables, Flare stars, (GX and CQ Andromedae, respectively)[44]. Component B is Spectroscopic binary, (SB1). There is a component C – GJ 15C, GSC 02794-01389 – but based on proper motions and parallax, it is much farther distant than GJ 15AB. Also known as BD+43°44, CCDM J00184+4401, GJ 15, HD 1326, LFT 31, and WDS J00184+4401.

One exoplanet, GJ 15A b, has been discovered, so far. The planets has a minimum mass of about 0.016M_J, with a semi-major axis of 0.07 AU, a period of 11.44 days, and a zero eccentricity. Most of the energy (over 90%) put out by M-color stars would be in the infrared. For humans, the day would be noticeable more by the increase in warmth than by any dramatic decrease in daylight brightness.

Name	R.A.	Dec.	Spec.	Mass	Lum.	H.Z.
HIP 22627 (GJ 179)	04 52 06.00	06 28 36.00	M3.5	0.357	0.0020	0.04-0.08

Also known as G 83-37, GJ 179, NLTT 14088, Ross 401, and Wolf 1539.

One exoplanet has been discovered, GJ 179 b, so far. Its mass is 0.824M_J (roughly equal to 260 Earths), the semi-major axis is 2.412AU, with an orbital period of 2,288 ±59 days and a 0.21 ±0.08 eccentricity.

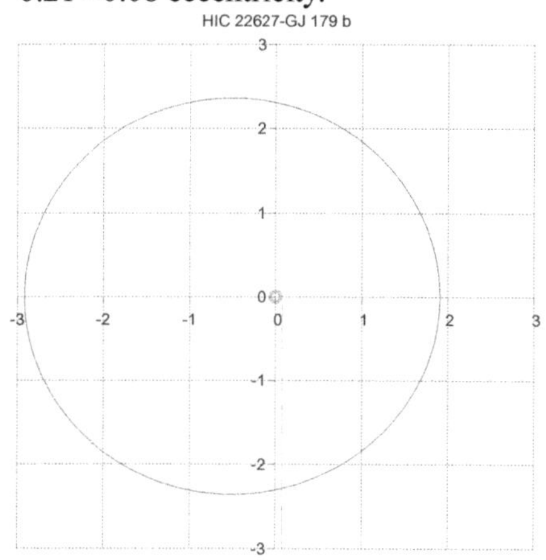

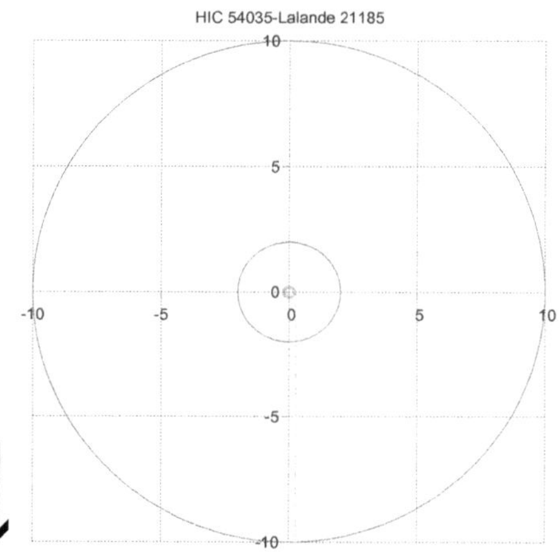

Name	R.A.	Dec.	Spec.	Mass	Lum.	H.Z.
HIP 54035 (Lalande 21185)	11 03 20.19	35 58 11.56	M2V	0.46	0.021	0.14-0.26

A Flare star. It has a radius of 0.393Rsol and an estimated 5-10 Gyr age. It is receding from us at 85.6km (53.5 miles) per second. Also known as BD+36°2147, CCDM J11033+3558, HD 95735, Lalande 21185, LHS 37. This is the fourth closest system to our sun after Alpha Centauri, Barnard's Star, and Wolf 359.

There have been claims of planet discoveries around this star since 1951, but corroborating evidence has *not* been found and there is doubt that the system exists as described. (*continued*)

Star Map #6

+8.99 to + 3.00

40 l.y. circle

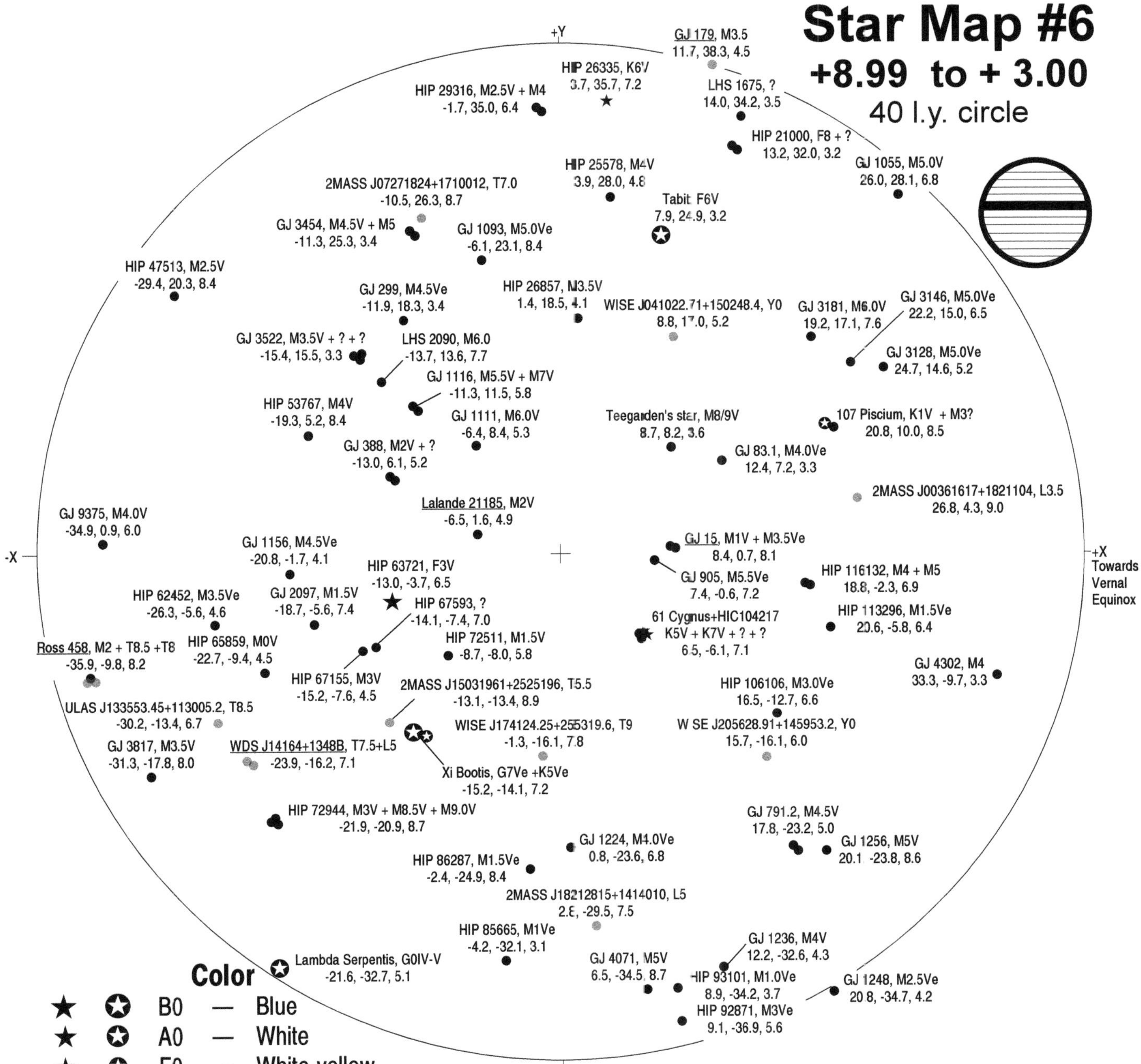

Color

★	✪	B0	—	Blue
★	✪	A0	—	White
★	✪	F0	—	White-yellow
★	✪	G0	—	Yellow
★	✪	K0	—	Orange
●		M0	—	Red
●		L/T	—	Brown Dwarf
✦		Dx	—	White Dwarf

Spectral Type

IA or IB	—	Super Giant
II	—	Bright Giant
III	—	Normal Giant
IV	—	Sub-Giant
V / d prefix	—	Main Sequence (dwarf)
VI	—	Sub-dwarf
VII / Capital	—	White Dwarf

1 Astronomical Unit (AU) = 149.6 million kilometers (93 million miles)

1 Light-year = 63,240AU

Distance from Sun to:

Earth = 1AU (period = 1 year)

Jupiter = 5.22AU (period = 3.64 years)

Pluto = 39.5 AU (period = 248.82 years)

1 Solar Luminosity = 3.90 x 10^{26} watts
(Earth receives 1,340 watts per square meter when the Sun is directly overhead; for example, at the equator on March 21st and October 21st.)

1 Solar Mass = 1.989 x 10^{30} kilograms

Jupiter = 0.000955 Solar Masses

Earth = 0.000003 Solar Masses

By Terry Kepner

Name	R.A.	Dec.	Spec.	Mass	Lum.	H.Z.

The inner planet, Lalande 21185 b, has a 2AU semi-major axis, a 5.8 year period, an eccentricity assumed to be zero (but actually unknown), and a $0.9M_J$ mass.

The outer planet, Lalande 21185 c, has a 10AU semi-major axis, a 30 year period, an assumed zero eccentricity (but actually unknown), and a $1.6M_J$ mass.

These two planets were optically detected by measuring the "wobble" in the primary's path through space rather than using radial velocity measurements. There may be a third planet orbiting farther out, assuming that the mass of the second planet has not been underestimated.

The habitable zone is very close to the star, about 6.5 million to 7.2 million miles. At that distance, however, the rotation of a terrestrial planet would be tidally locked with the star. One side would have perpetual daylight and the other darkness after only a few million years. Such a planet would complete its orbit around the star in less than eleven days.

HIP 63510 (Ross 458)	13 00 46.58	12 22 32.63	M2	0.340	0.0134	0.11-0.21
	B	-	M7	-	-	-
	C	-	T8±1	0.01	-	-

There are three stars in the system, where component A is a Flare star. Distance between A and B ranges between 0.98-2.4AU. Only recently discovered, component C orbits A and B at a distance between 498-500AU. System age is estimated at 475 million years. Also known as DT Virginis, BD+13°261, GJ 494, LHS 2665, Ross 458, WDS J13008+1223, and Wolf 462.

The planet, Ross 458AB c orbits the Ross 458 AB pair, the first circum-binary planet discovered. It has a mass of $11.3\pm4.5M_J$, $1.07R_J$ radius, and the semi-major axis is 1,168AU. Eccentricity is unknown and the period is estimated at 33,000 years. With the discovery of the Brown Dwarf, this is the first planet discovered to orbit a triple star system.

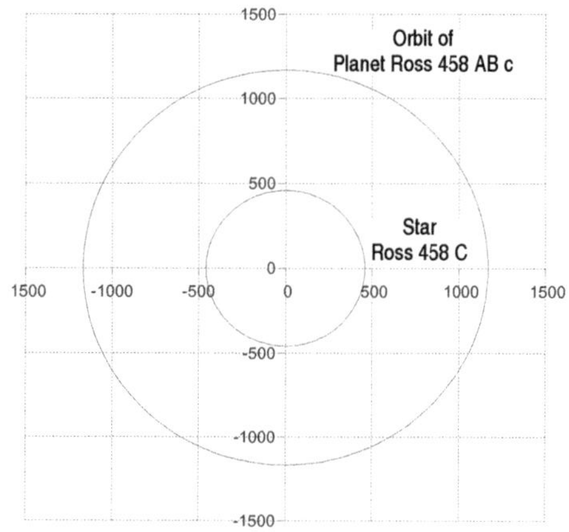

GJ 83.1	02 00 12.95	13 03 07.01	M4.0Ve	0.118	0.0002	0.01-0.03

A Flare star. Also known as TZ Arietis, CSI+12-01575, GJ 9066, and LFT 171.

GJ 299	08 11 57.57	08 46 22.05	M4.5Ve	0.127	0.0003	0.02-0.03

Also known as G 50-22, LHS 35, Ross 619.

GJ 388 (Algieba)	10 19 36.28	19 52 12.13	M2V	0.228	0.0027	0.05-0.09
	B	-	?	?	?	?

A Flare star with a very low-mass companion having an 18.5 year period. The flares eliminate any chance of habitable planets. It also would scorch any ship that strayed close enough to examine any planets orbiting the system. Also known as Algieba, Gamma Leo, AD Leonis, ADS 7724, BD+20°2465, CCDM J10199+1951, LHS 5167, and WDS J10200+1950.

GJ 791.2	20 29 48.34	09 41 20.25	M4.5V	0.286	0.0004	0.02-0.04
	B	-	?	0.126	0.00002	0.004-0.007

A binary star where component A is a Flare star. The two have a separation of 0.963, a 1.47 year period, and a 0.519 eccentricity. Despite fourteen different observations component B was detected only three times.[68] Also known as HU Delphini, LHS 3556, and WDS J20298+0941.

GJ 905	23 41 54.98	44 10 40.78	M5.5Ve	0.099	0.0001	0.01-0.02

A BY Draconis Variable. Also known as HH Andromedae, LFT 1816, and Ross 248.

GJ 1055	03 09 00.15	10 01 25.78	M5.0V	0.106	0.0001	0.01-0.02

Also known as G 76-62, LHS 1504, NLTT 10009, and 2MASS J03090015+1001257.

GJ 1093	06 59 28.68	19 20 57.74	M5.0Ve	0.086	0.0001	0.01-0.01

Also known as G 109-35, LHS 223, NLTT 17247, and 2MASS J06592868+1920577.

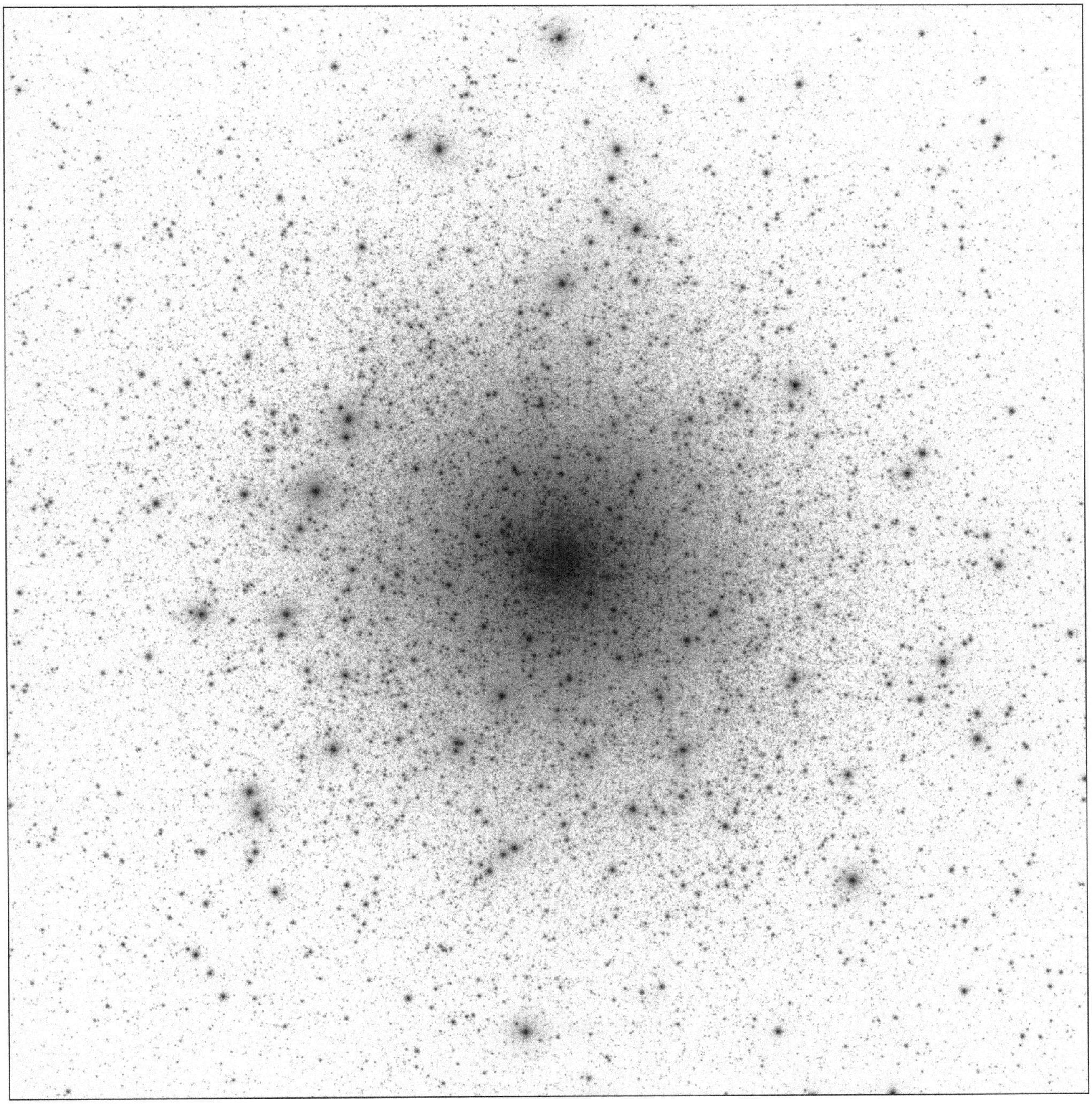

Fig. 27. This bright cluster of stars is 47 Tucanae (NGC 104), shown here in this 2013 image taken by ESO's VISTA (Visible and Infrared Survey Telescope for Astronomy) from the Paranal Observatory in Chile. When this cluster was examined for eight days by a planetary search team, they expected to find fifteen to twenty planets transiting in front of their primaries. None were found. It was concluded that the extreme closeness of nearby stars disrupted planet formation for most of the stars, and any gas or dust was ejected from the cluster or absorbed by the stars. This cluster is located around 15 000 light-years away from us and contains millions of stars, some of which are unusual and exotic. Globular clusters are vast, spherical clouds of old stars bound together by gravity. They are found circling the cores of galaxies, as satellites orbit the Earth. These star clumps contain very little dust and gas, and thus are not forming any new stars. The image is reversed black-and-white for clarity.

Name	R.A.	Dec.	Spec.	Mass	Lum.	H.Z.
GJ 1111	08 29 49.34	26 46 33.74	M6.0V	0.059	0.0000	0.00-0.01
	Also known as DX Cancri, G 51-15, LHS 248, and 2MASS J08294949+2646348.					
GJ 1116	08 58 15.19	19 45 47.08	M5.5V	0.092	0.0001	0.01-0.02
	B	-	M7	0.091	0.0001	0.01-0.02
	A binary system with an estimated 7.27-9.6AU semi-major axis. Estimated age is 1-10 Gyrs. Also known as EI Cancri, G 9-38, LDS 3836, and WDS J08582+1945.					
GJ 1156	12 18 59.39	11 07 33.90	M4.5Ve	0.098	0.0001	0.01-0.02
	A Flare star. Also known as GL Virginis, G 12-30, LFT 895, and NLTT 30309.					
GJ 1224	18 07 32.92	15 57 46.46	M4.0Ve	0.116	0.0002	0.01-0.02
	A Flare star. Also known as G 154-44, LHS 3359, NLTT 45963, 2MASS J18073292-1557464.					
GJ 1236	19 22 02.07	07 02 31.00	M4V	0.181	0.0011	0.03-0.06
	Also known as G 22-26, LHS 3457, and 2MASS J19220206+0702310.[53]					
GJ 1248	20 03 50.99	05 59 44.00	M2.5Ve	0.202	0.0017	0.04-0.07
	Also known as G 23-24, LHS 3511, NLTT 48648, and 2MASS J20035098+0559440.					
GJ 1256	20 40 33.64	15 29 57.20	M5V	0.135	0.0003	0.02-0.03
	Also known as CSI+15-20382, G 144-25, LHS 495, and NLTT 49676.					
GJ 2097	13 07 04.30	20 48 38.54	M1.5V	0.133	0.0003	0.02-0.03
	Also known as LP 378-541 and 2MASS J13070434+2048390.					
GJ 3128	02 02 16.20	10 20 13.69	M5.0Ve	0.077	0.0000	0.01-0.01
	Also known as LHS 1326, LP 469-67, and 2MASS J02021620+1020136.					
GJ 3146	02 16 29.88	13 35 12.38	M5.0Ve	0.071	0.0000	0.01-0.01
	A Flare star. Also known as LHS 1375, and 2MASS J02162977+1335136.					
GJ 3181	02 46 34.86	16 25 11.60	M6.0V	0.055	0.0000	0.00-0.01
	Also known as LHS 1443, LP 411-6, and 2MASS J02463486+1625115.					
GJ 3454	07 36 25.11	07 04 43.13	M4.5V	0.18±0.03	0.0003	0.02-0.03
	B	-	M5	0.13±0.01	0.0003	0.02-0.03
	A binary system where one of the two is a Flare star. Projected separation is between 5.4-7.6AU (between Jupiter and Saturn) with an estimated 1-10Gyr age. Also known as G 89-32, NLTT 18152, WDS J07364+0705, WISEP J073625.27+070440.[41]					
GJ 3522	08 58 56.32	08 28 26.06	M3.5V	0.198	0.0015	0.04-0.07
	Ab	-	?	-	-	-
	B	-	?	-	-	-
	A triple system where Component A is a Flare star and has a close Spectrocopic binary on a 7.6 day period. Component B is a wider orbit with a 5.66 year period, a 5AU semi-major axis, and an ~.7 eccentricity, giving it a comet-like orbit. No information on the companions is given in SIMBAD. Also known as G 41-14, LHS 615, and WDS J08589+0829.[41]					
GJ 3817	13 58 13.93	12 34 43.80	M3.5V	0.188	0.0012	0.03-0.06
	Also known as G 65-19, LHS 2830, and Ross 837.					
GJ 4071	18 42 44.99	13 54 16.80	M5V	0.162	0.0007	0.03-0.05
	A Flare star. Also known as V816 Herculis, G 141-29, LTT 15516, and UCAC4 520-081040.					
GJ 4302	22 54 46.48	05 28 26.20	M4	0.126	0.0003	0.02-0.03
	Also known as G 156-63, LHS 3872, and, 2MASS J22544645-0528264.					
GJ 9375	11 54 07.91	09 48 22.82	M4.0V	0.161	0.0007	0.03-0.05
	A Flare star. Also known as CSI+10-11516, GJ 452.1, LHS 2472, and Ross 119.					
HIP 7981 (107 Piscium)	01 42 29.76	20 16 06.60	K1V	0.747	0.3116	0.55-1.02
	B	-	M3?	0.175	0.0009	0.03-0.056
	A binary system with a separation range between 293-411AU. Component A is a variable star. Also known as 107 Piscium, BD+19°279, CCDM J01425+2016, GJ 68, HD 10476, LHS 1287, and WDS J01425+2016.					

Name	R.A.	Dec.	Spec.	Mass	Lum.	H.Z.
HIP 21000	04 30 12.57	05 17 55.74	F8	0.310	0.0092	0.09-0.18
	B	-	?	0.259	0.0045	0.066-0.122
	A binary system with a separation of 16-23.6AU. Star is very low mass for its color type. Also known as ADS 3266, BD+04°701, CCDM J04302+0518, and WDS J04302+0518.					
HIP 22449 (Tabit)	04 49 50.41	06 57 40.58	F6V	1.255	2.4837	1.55-2.88
	Obviously an optical binary, HIP 22449 is possibly a Delta Scuti variable with an estimated 0.92-1.52Gyrs age[48]. Also known as Tabit, BD+06°762, CCDM J04499+0657 A, GJ 178, HD 30652, NLTT 1401, and WDS J04498+0658 A.					
HIP 25578	05 28 00.15	09 38 38.13	M4V	0.158	0.0006	0.02-0.05
	Also known as G 97-42, GJ 203, LHS 1761, and Ross 41.					
HIP 26335	05 36 30.98	11 19 40.32	K6V	0.571	0.0823	0.29-0.56
	An RS CVn Variable[38]. Also known as V2689 Orionis, BD+11°878, GJ 208, and HD 245409.					
HIP 26857	05 42 09.26	12 29 21.62	M3.5V	0.163	0.0007	0.03-0.05
	A BY Dra Variable star. Also known as V1352 Orionis, GJ 213, LFT 425, and Ross 47.					
HIP 29316	06 10 54.80	10 19 04.99	M2.5V	0.281	0.0062	0.08-0.14
	B	-	M4?	0.169	0.0008	0.028-0.052
	This is a binary system with a separation range of 3-4.7AU. Also known as BD+10°1032, CCDM J06109+1019, GJ 228, LHS 1830, Ross 79, and WDS J06109+1020.					
HIP 47513	09 41 10.35	13 12 34.43	M2.5V	0.287	0.0068	0.08-0.15
	Also known as G 42-17, GJ 361, and LHS 2173.					
HIP 53767	11 00 04.25	22 49 58.64	M4V	0.241	0.0034	0.06-0.11
	Also known as G 58-32, GJ 408, LHS 6193, and Ross 104.					
HIP 62452	12 47 56.62	09 45 05.03	M3.5Ve	0.198	0.0015	0.04-0.07
	Also known as CSI+10-12455, GJ 486, LHS 341, and Wolf 437.					
HIP 63721	13 03 28.67	25 47 49.15	F3V	0.270	0.0054	0.07-0.13
	An optical binary listed in both CCDM and WDS a separation range of 286-410AU, component B (HIP 63716) is over 1,000 light-years farther away. Very under mass and under luminous for its spectral class. Also known as BD+26°2420 A, CCDM J13035+2548 A, HD 113447, and WDS J13035+2548 A.					
HIP 65859	13 29 59.78	10 22 37.79	M0V	0.320	0.0105	0.10-0.19
	Also known as BD+11°2576, GJ 514, LHS 352, and Ross 490.					
HIP 67155	13 45 43.77	14 53 29.46	M3V	0.309	0.0091	0.09-0.17
	A Flare star. Also known as BD+15°2620, GJ 526, HD 119850, LHS 47, and Wolf 498.					
HIP 67593	13 51 00.90	23 45 56.05	?	0.104	0.0001	0.01-0.02
	No definite spectral class has been noted for this stars. Although listed in both CCDM and WDS as a binary system with an apparent separation range of 244-326AU, component A (HIP 67594) is ~140 light-years farther away. Also known as BD+24°2650 B, CCDM J13510+2346 B, HD 120751 B, and WDS J13510+2346 B.					
HIP 72511	14 49 32.62	26 06 20.19	M1.5V	0.125	0.0002	0.02-0.03
	Although listed with HIP 72509 as the B component with a horizontal separation of 380AU, HIP 72509 is actually two light-years farther from Earth, thus 72511 is a solitary star. Also known as CCDM J14495-2606, CD-25°10553, GJ 9495, LHS-380, and WDS J14497-2605.					
HIP 72659 (Xi Bootis)	14 51 23.37	19 06 01.69	G7Ve	0.929	0.7450	0.85-1.58
	B	-	K5Ve	0.831	0.4761	0.68-1.26
	A well-known binary system discovered by Sir William Herschel in 1780. The semi-major axis is 31AU, with a period of 151.6 years and 0.51 eccentricity[38, 64]. Component B is a BY Draconis Variable. The two system is estimated at 200-260 million years old[48]. The orbit is well outside the Habitable Zone range for both stars, and stable planetary orbits are possible out to 3.8AU for Component A and 3.5AU for Component B. Also known as Xi Bootis, ADS 9413, BD+19°2870, CCDM J14513+1906, GJ 566, HD 131156, and WDS J14514+1906.					

Name	R.A.	Dec.	Spec.	Mass	Lum.	H.Z.
HIP 72944	14 54 29.23	16 06 03.82	M3V	0.279	0.0061	0.08-0.14
	Ba	-	M8.5V	0.055-0.078	-	0.005-0.009
	Bb	-	M9.0V	0.048-0.07	-	0.004-0.008
	There are three stars in this system. Component A is a Flare star and separated from its Ba and Bb binary companions by about 29-30AU. Components Ba and Bb have a semi-major axis of 0.9AU, a period of ~892 days, and 0.32 eccentricity. The Ba and Bb binary has an apparent age of 250-500 million years. No other companions were detected down to a magnitude of 16.5[45, 67]. Also known as BD+16°2708, CCDM J14545+1606, GJ 569, NLTT 38745, WDS J14545+1606.					
HIP 77257 (Lambda Serpentis)	15 46 26.61	07 21 11.04	G0IV-V	1.152	1.7617	1.31-2.42
	Estimated age is 4.94-6.04Gyrs[48]. SIMBAD lists this star as a Spectroscopic Binary, but neither CCDM nor WDS list it and the Tycho catalog explicitly says it is not listed in the Tycho Double Star catalog. Also known as Lambda Serpentis, BD+07°3023, GJ 598, HD 141004.					
HIP 85665	17 30 22.73	05 32 54.67	M1Ve	0.344	0.0140	0.12-0.22
	Despite being listed in CCDM and WDS, this is a solitary star and not physically bound to any other stars. Also known as BD+05°3409, CCDM J17304+0533, G 139-43, GJ 9592, WDS J17304+0533, and Wolf 751.					
HIP 86287	17 37 53.34	18 35 30.16	M1.5Ve	0.291	0.0071	0.08-0.15
	Also known as BD+18°3421, G 170-55, GJ 686, LHS 452, and 2MASS J17375330+1835295.					
HIP 92871	18 55 27.41	08 24 09.02	M3Ve	0.290	0.0615	0.26-0.50
	SIMBAD lists this star as a Spectroscopic Binary, but neither CCDM or WDS list it, nor is it mentioned in other cataloges.[38] Also known as V1285 Aqluilae, CSI+08-18531, and GJ 735.					

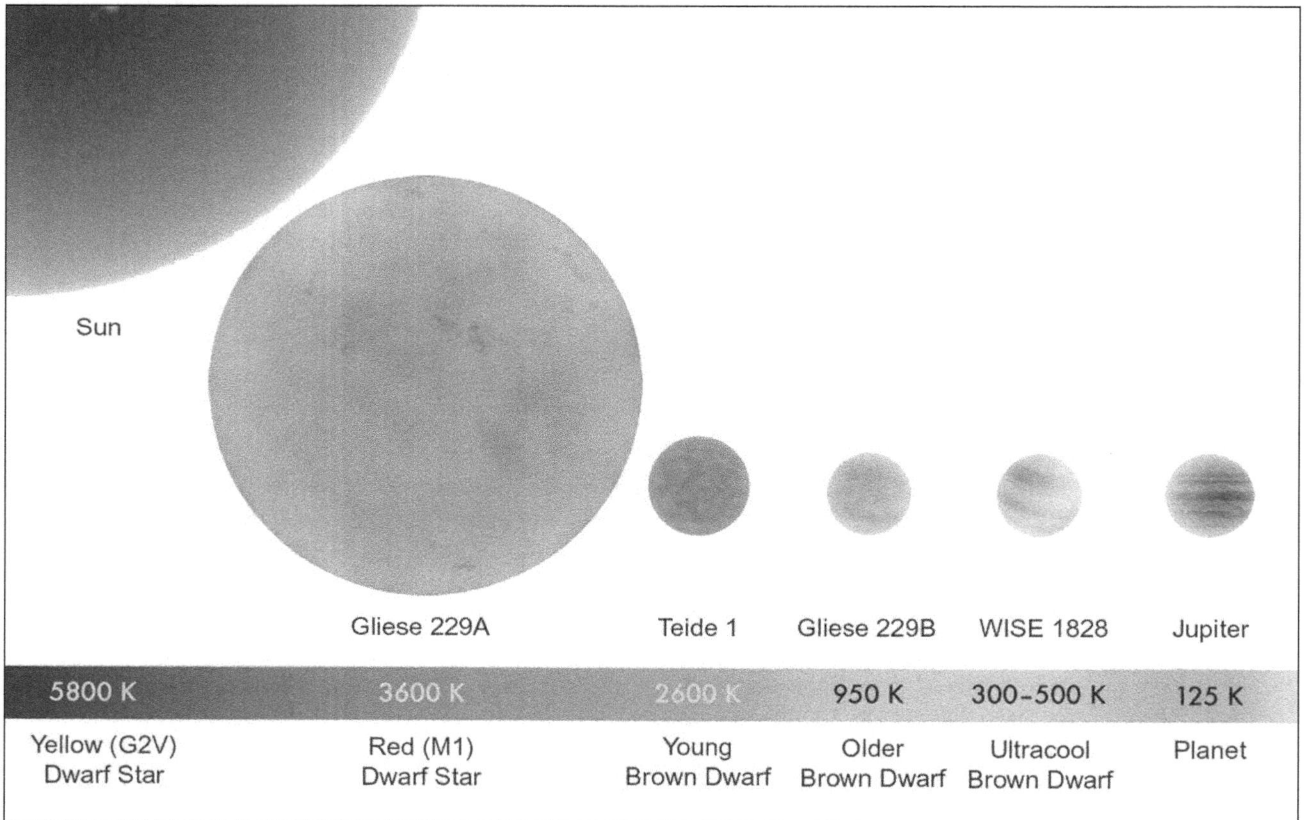

Fig. 28. A size comparison of our Sun, Gliese 229A, several Brown Dwarfs, and Jupiter. Notice that the Brown Dwarfs are uniformly almost the same size as Jupiter, despite being up to eighty times more massive. Jupiter's temperature is generated by both heat from the Sun and by its ongoing contraction, about 2 cm each year.[69, 70] When it was first formed, Jupiter was much hotter and was about twice its current diameter[71]. If Saturn were to be added to Jupiter, the diameter of the combined planet would actually be smaller than it is now. For temperature comparison, Earth's temperature, without an atmosphere, would be 254°K (-19°C, -2.2°F).

Name	R.A.	Dec.	Spec.	Mass	Lum.	H.Z.
HIP 93101	18 58 00.13	05 54 29.22	M1.0Ve	0.365	0.0178	0.13-0.24
Also known as BD+05°3993, G 22-10, GJ 740, HD 176029, and LHS 470.						
HIP 104214 (61 Cygni)	21 06 53.95	38 44 57.98	K5V	0.511	0.0681	0.26-0.48
HIP 104217	B	-	K7V	0.053	0.0335	0.18-0.33
BD +38°4345	C	-	?	0.181	0.001	0.032-0.056
	F (previously Aa)	-	?	?	?	?
Component A is a BY Dra Variable, with a spectroscopic companion F (recently renamed from Aa) at a separation of ~0.049AU[52]. Components A and B share proper motion characteristics and are a physical pair with a separation of 85.6AU[52] and a period of ~772years. Component B is a Flare star and known as BD+38°4344. Component C, is a Flare star, is known as BD+38°4345 and is not a physical member of the AB group based on the relative proper motions. Also known as 61 Cygni, BD+38°4343, CCDM J21069+3844, GJ 820, HD 201091, LFT 1604, and WDS J21069+3845.						
HIP 106106	21 29 36.81	17 38 35.85	M3.0Ve	0.228	0.0027	0.05-0.09
Also known as GJ 829, LHS 508, Ross 775, and 8pc 148.29[53].						
HIP 113296	22 56 34.80	16 33 12.35	M1.5Ve	0.332	0.0121	0.11-0.20
Also known as BD+15°4733, G 67-37, GJ 880, HD 216899, LHS 533, and Ross 671.						
HIP 116132	23 31 52.17	19 56 14.15	M4	0.228	0.0027	0.05-0.09
	B	-	M5	0.22	0.0003	0.018-0.033
This is a binary system with a separation range of 32-45AU, and an orbital period ~359 years. Both components Flare stars. Based on observations, both stars appear over massive for their spectral classes at ~0.22$M_\odot$ each[53]. Also known as EQ Pegasi, BD+19°5116, CCDM J23319+1956, GJ 896, and WDS J23317+1956.						
LHS 1675	04 31 07.34	05 20 25.30	?	0.138	0.0004	0.02-0.03
No definite spectral class has been noted for this star.						
LHS 2090	09 00 23.59	21 50 05.43	M6.0	0.058	0.0000	0.00-0.01
Also known as 2MASS J09002359+2150054[41].						
Teegarden's Star	02 53 00.84	16 52 53.28	M8/9V	0.001	0.0000	0.00-0.01
Also known as 2MASS J02530084+1652532[41].						
ULAS J133553.45+113005.2	13 35 53.45	11 30 05.20	T8.5	0.034	0.0000	0.00-0.00
A Brown Dwarf[39].						
WDS J14164+1348B	14 16 24.08	13 48 26.34	T7.5	0.064	0.0000	0.00-0.01
	B	-	L5	-	-	-
A Brown Dwarf binary system with a separation range of ~244AU[43]. Component A has a 15-30M_J companion or planet with a separation of ~75AU. Also known as SDSS J1416+1348 B.						
WISE J041022.71+150248.4	04 10 22.71	15 02 48.46	Y0	0.010	0.0000	0.00-0.00
A Brown Dwarf[40].						
WISE J174124.25+255319.6	17 41 24.25	25 53 19.66	T9	0.029	0.0000	0.00-0.00
A Brown Dwarf[43].						
WISE J205628.91+145953.2	20 56 28.92	14 59 53.22	Y0	0.010	0.0000	0.00-0.00
A Brown Dwarf[40].						
2MASS J00361617+1821104	00 36 16.17	18 21 10.47	L3.5	0.070	0.0000	0.00-0.01
ABrown Dwarf[43, 39].						
2MASS J07271824+1710012	07 27 18.25	17 10 01.20	T7.0	0.039	0.0000	0.00-0.00
ABrown Dwarf[39].						
2MASS J15031961+2525196	15 03 19.61	25 25 19.68	T5.5	0.049	0.0000	0.00-0.00
A Brown Dwarf.						
2MASS J18212815+1414010	18 21 28.15	14 14 01.04	L5	0.066	0.0000	0.00-0.01
A Brown Dwarf[43].						

Star Map 7

This is the slice that is Earth's home. There are one hundred and eleven stars in eighty-one systems, with seven confirmed and four unconfirmed exoplanets hosted by four stars, not counting our own: HIP 16537 (Epsilon Eridani), HIP 68649 (GJ 536), HIP 74995 (GJ 581), and HIP 109388 (GJ 849). Even though it is the most heavily populated section, only twelve stars have a luminosity greater than nineteen percent that of our Sun: HIP 3765 (Wolf 25), 15457 (Kappa Ceti), 16537 (Epsilon Eridani), 19849 (Keid), 32349 (Sirius), 37279 (Procyon), 57757 (Beta Virginis), 61941 (Gamma Virginis), 81300 (12 Ophiuchi), 86400, 88601 (70 Ophiuchi), and 97649 (Altair).

Name	R.A.	Dec.	Spec.	Mass	Lum.	H.Z.
Sun	0	0	G2V	1.00	1	0.98-1.82

A system with eight recognized planets. There is one asteroid belt and a distant outer icy ring, the Kuiper Belt. The inner belt is between Mars and Jupiter, at about 2.3-3.3 AU.

The innermost is Mercury, known since ancient times. It has an 88 day period, a semi-major axis of 0.387AU, and a 0.41 current eccentricity (calculations show that over billions of years it's eccentricity ranges from zero to 0.45 due to the influence of the other planets). Its mass is $0.00016M_J$ ($0.055M_E$). It has a 3:2 rotational resonance, e.g. it rotates on its axis three times every two orbits, and is inclined 3.38° to Sun's equator.

Venus, the second planet, is also known from ancient times. It has a 243 day period, a 0.7AU semi-major axis, and 0.006 eccentricity. Its thick opaque atmosphere is 96.5% carbon-dioxide with a surface pressure 92 times that of Earth. When the Sun first entered the main sequence Venus was in the Habitable Zone, but as the Sun has increased its energy output by twenty-percent since then, it is now too close. It has an inclination of 3.86° to Sun's equator

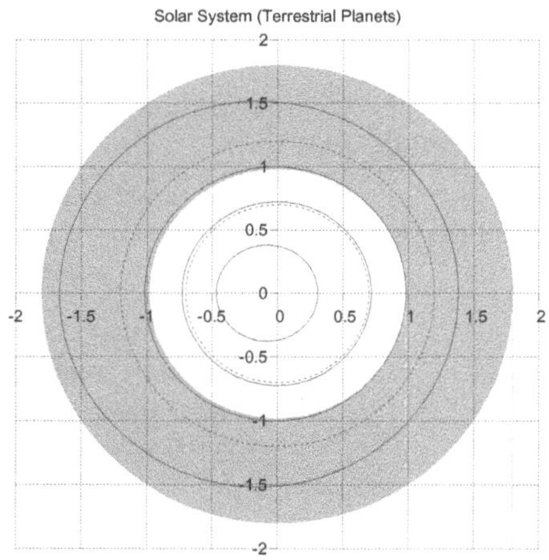

The inner four planets of our solar system. The dotted lines indicate the Habitability Zone at the Sun's Zero Main-Sequence start.

Earth, the only inhabited planet, is 1AU from the Sun with a period of 365.256 days and 0.016 eccentricity. It has a $0.003146M_J$. Its orbital speed is 29.78 kilometers (18.5 miles) per second. It has a current 7.155° inclination to the Sun's equator. It has one moon.

Mars is the fourth planet and is at the outer edge of the Habitability Zone. Its semi-major axis 1.52AU, the period is 686.9 days, with a 0.0934 eccentricity. Its mass is $0.00033M_J$ ($0.107M_E$). It is tilted 5.65° to the Sun's equator. It has two asteroid-sized moons.

Jupiter is the largest planet in the system, with a $0.001M_\odot$ (sixty-percent of all the mass in the solar system not in the Sun), equal to 318 Earths. It has a 5.2AU semi-major axis, 11.86 year period, and 0.048 eccentricity. It is inclined 6.09° to the Sun's equator. It has 67 known moons.

Saturn, the sixth planet from the Sun, is the only planet with visible rings. It has a 9.55AU semi-major axis, 29.45 year period, and 0.055 eccentricity. Its mass is $0.298M_J$, about ninety-five times that of the Earth. It is inclined 5.51° to the Sun's equator. It has 62 known moons.

Uranus has a 19.2AU semi-major axis, 84.02 year period, and 0.046 eccentricity. Its mass is $0.045M_J$, about $14.5M_E$. Its orbit is inclined 6.48° to the Sun's equator. Unlike the other planets, Uranus' poles lie almost on its orbital path. It has 27 known moons. While visible to the naked eye, it was only recognized as a planet in 1781 by Sir William Herschel.

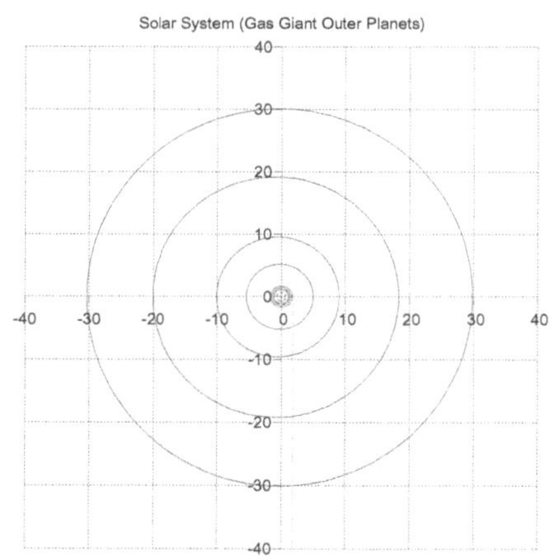

Neptune is the outermost recognized planet with 30.1AU semi-major axis, 164.8 year period, and 0.009 eccentricity. Its mass is $0.054M_J$, about $17.1M_E$. It's orbit is inclined 6.43° to Sun's equator. It has 14 known moons. It was detected when deviations in Uranus' plotted orbit were discovered. It wasn't until 1846 that Johann Gottfried Galle found the elusive planet.

Star Map #7

+2.99 to -2.99

40 l.y. circle

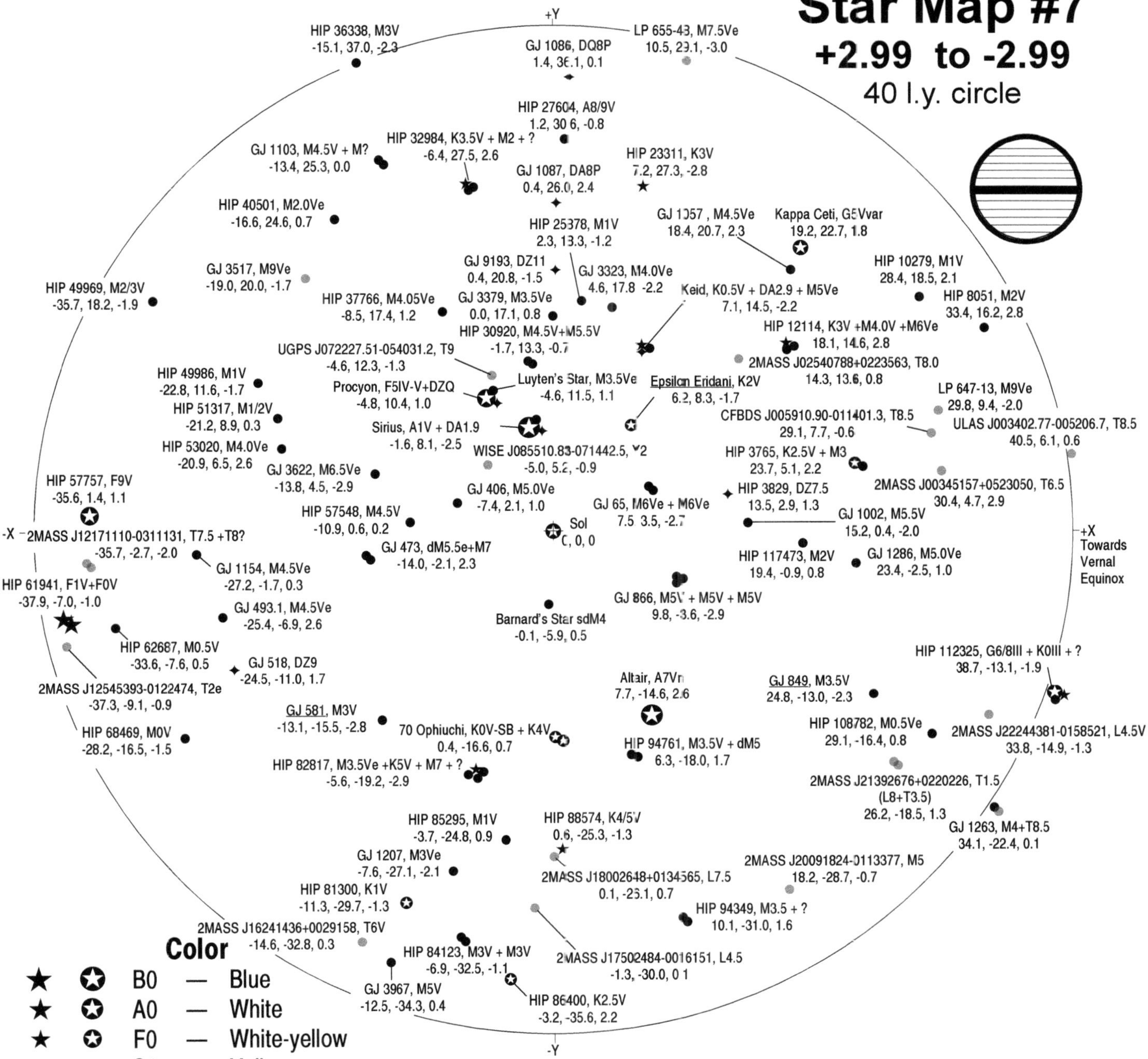

Color

- ★ ✪ B0 — Blue
- ★ ✪ A0 — White
- ★ ✪ F0 — White-yellow
- ★ ✪ G0 — Yellow
- ★ ✪ K0 — Orange
- ● M0 — Red
- ● L/T — Brown Dwarf
- ✦ Dx — White Dwarf

Spectral Type

IA or IB	— Super Giant
II	— Bright Giant
III	— Normal Giant
IV	— Sub-Giant
V / d prefix	— Main Sequence (dwarf)
VI	— Sub-dwarf
VII / Capital	— White Dwarf

1 Astronomical Unit (AU) = 149.6 million kilometers (93 million miles)

1 Light-year = 63,240AU

Distance from Sun to:

Earth = 1AU (period = 1 year)
Jupiter = 5.22AU (period = 3.64 years)
Pluto = 39.5 AU (period = 248.82 years)

1 Solar Luminosity = 3.90×10^{26} watts
(Earth receives 1,340 watts per square meter when the Sun is directly overhead; for example, at the equator on March 21st and October 21st.)

1 Solar Mass = 1.989×10^{30} kilograms
Jupiter = 0.000955 Solar Masses
Earth = 0.000003 Solar Masses

By Terry Kepner

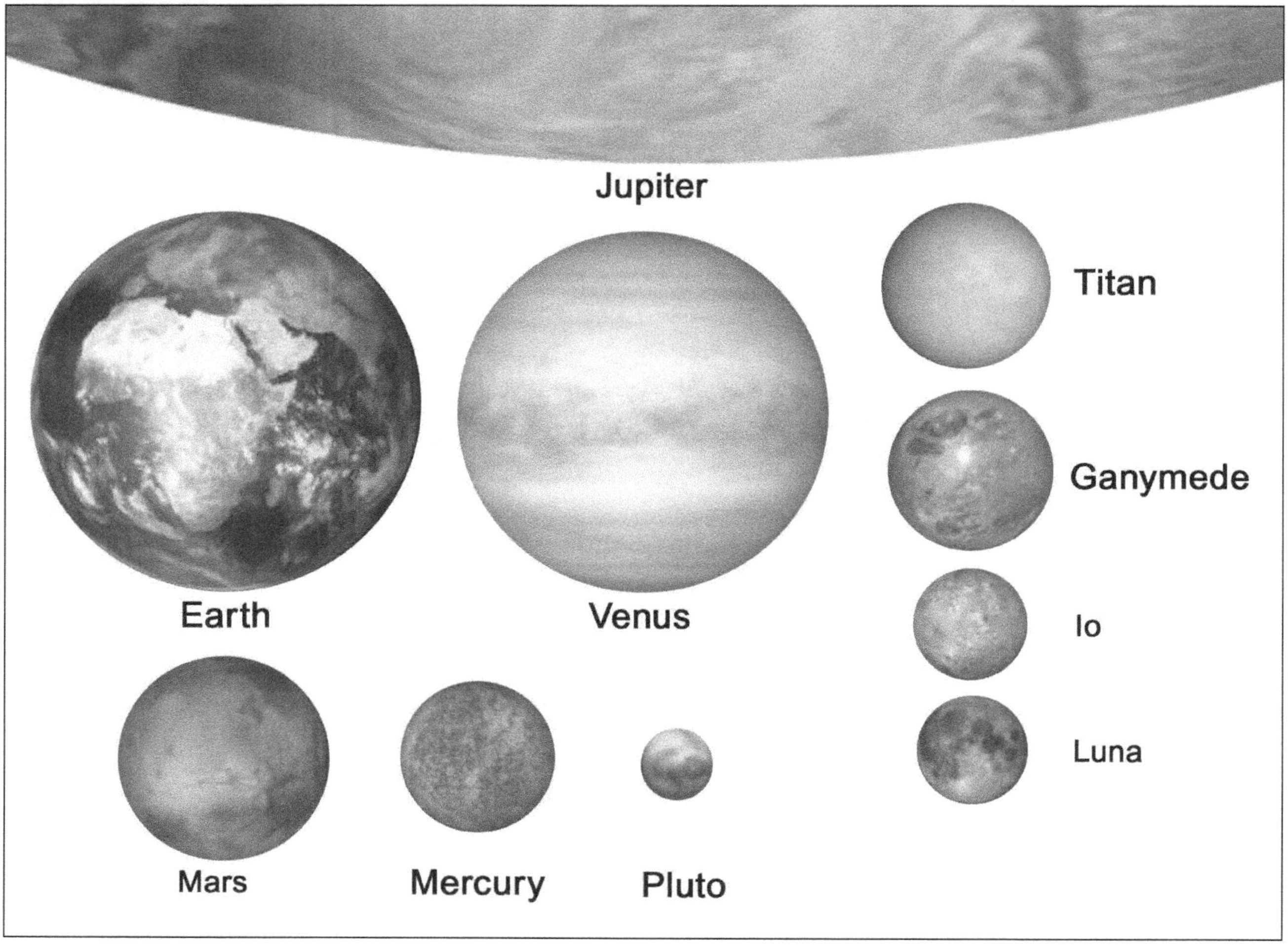

Fig. 29. A to-scale size comparison of the Solar System's inner planets and larger moons. Notice that Pluto is smaller than the four largest moons in our solar system. Mercury, despite its smaller diameter, is more massive than Titan or Ganymede.

Name	R.A.	Dec.	Spec.	Mass	Lum.	H.Z.
HIP 16537 (Epsilon Eridani)	03 32 55.84	-09 27 29.7	K2V	0.83	0.34	0.57-1.06

A BY Draconis Variable with a $0.82D_{\odot}$, a 5,084°K temperature, a rotation of 11.2 days, and an estimated age is 660 million years. Also known as Epsilon Eridani, Ran, BD-09°697, CCDM J03329-0927 A, GJ 144, LFT 291, HD 22049, and WDS J03329-0927 A.

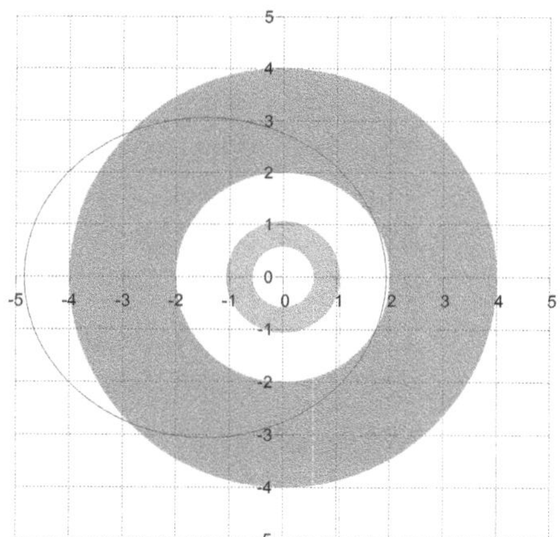

It has an active chromosphere, supporting this young age conclusion. The system includes two belts of rocky asteroids and an outer icy ring. One is at about 3AU, the second is at about 20AU, and the icy ring extends from 40AU-110AU. The inner asteroid belt is a twin of the belt in our solar system, while the outer asteroid belt holds 20 times more material. Moreover, the presence of these three rings of material implies that unseen planets confine and shape them. The structures may be maintained by a second and/or third planet.[72] Further observation is needed.

The exoplanet (AEgir, Epsilon Eridani b), the fifty-first discovered[31], has a 3.39±.07AU semi-major axis, a 2,550±48 day period, a 0.25 eccentricity, and a $1.05M_J$ minimum mass. In the diagram above, the Habitability Zone is the inner light gray ring and the first asteroid belt is the darker gray outer ring. Note that the exoplanet crosses through the asteroid belt, throwing considerable doubt on the published planetary eccentricity. Considering the size of the exoplanet, the asteroid ring should have been completely destroyed in a relatively short time.

The dust ring gap between the two inner asteroid rings *could* be explained by the presence of a planet at 40AUs, a period of greater than 140 years, and a 0.1M_J mass. The eccentricity would be 0.3 or more. Maintaining the inner belts and the inner edge to the third may require the presence of three large exoplanets in this system, including Epsilon Eridani b.

The presence of a planet outside the habitable zone tends to have a greater influence on the stability of orbits than a planet that is below the zone. Thus, while the giant planet only approaches to within 1AU of the habitable zone, that's more than enough to disrupt any planets in the zone.

Orbital simulations show that out of 100 test planets, none are still in orbit after one million years[34]. Underwood, et al, report that a terrestrial planet orbit would not remain in the habitable zone for the last one billion years.[36]

HIP 74995 (GJ 581) 15 19 26.82 -07 43 20.2 M3V 0.31 0.0018 0.04-0.08

A BY Draconis Variable, this star has an estimated age of 8 Gyrs, with an effective surface temperature of 3,498°K, and is about one-third the diameter of our sun. There is a debris disk that appears to orbit between 12-60AU. Also known as BD-07°4003, G 151-46, GJ 581, LHS 394, and Wolf 562.

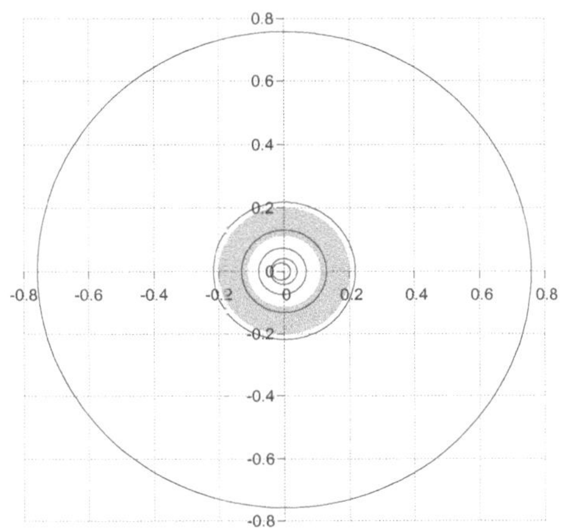

Three confirmed and three disputed exoplanets have been discovered, so far. One of the disputed planets, GJ 581 f, is most likely nonexistent while the data on the other two is inconclusive.

GJ 581 e was discovered in 2009, is first in order from the star, and the fourth planet discovered in the system. Research shows it is facelocked; that is, one side is perpetually facing its sun. It has a 0.028AU semi-major axis (4.5 million kilometers, 2.8 million miles, — by comparison, Mercury is at a distance of 58 million kilometers, 36 million miles, 0.387 AU, and completes an orbit in 88 days). It has a 3.15 day period, a zero eccentricity, a minimum 1.7M_E. Because the planets in this system orbit in the same plane, like the planets in our solar system, there is an upper limit on how massive the planets can be without disrupting the system. This maximum is between 1.6 and 2 times their minimum masses. For this innermost planet that maximum is 3.4M_E.

GJ 581 b was discovered in 2005, the first for this system but the second in order from the star. It has a 0.040AU semi-major axis (about 6 million kilometers, 37 million miles), a 5.36 day period, a 0.031 eccentricity, a 0.05M_J minimum mass (just a bit under Neptune's mass, or fifteen times the Earth's mass), and a maximum is 0.10M_J, just under twice as massive as Neptune, or thirty times more massive than Earth.

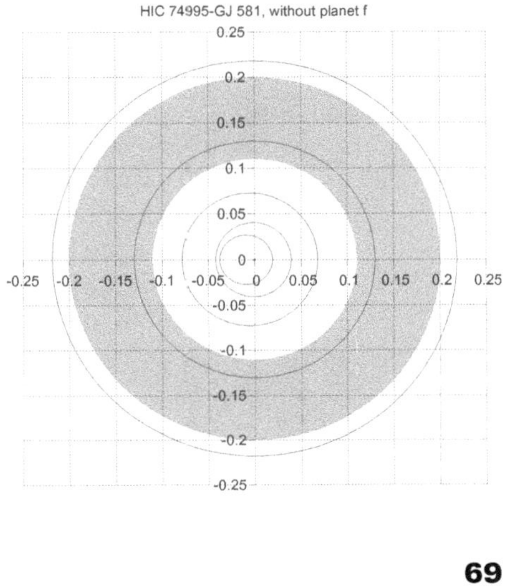

GJ 581 c was discovered in 2007, is third in order from the star, and the third planet discovered in the system. Research shows it is facelocked; that is, one side is perpetually facing its sun. It has a 0.073AU semi-major axis, a 12.9 day period, a 0.07 eccentricity, a minimum 0.016M_J, about five and a half times more massive than Earth, and a maximum of 0.032M_J, or eleven times more massive than Earth.

GJ 581 g, also known as Zarmina, was announced in 2010[74] and is fourth in order from the star. It has a 0.13AU semi-major axis, a 32 day period, an assumed zero eccentricity, a minimum 2.2M_E, and a maximum of 4.4M_E. This planet orbits in the Habitable Zone. Like the other planets in this close-in system, it is probably facelocked to its sun. Planet g should be warmer than Mars, but colder than Earth. With an Earth-like atmosphere the average temperature should be between -37 to 12°C (-35 to 10°F), Earth's average temperature is 15°C (59°F). For various reason planets d, g, and f are disputed with good arguments from both sides. If planet d is admitted, then planet g is required to fit the data envelope.

GJ 581 d was discovered in 2007, is fifth in order from the star, and the second planet discovered in the system. It orbits in the Habitable Zone, but research shows it is facelocked; that is, one side is perpetually facing its sun. It has a 0.218AU semi-major axis, a 66.8 day period, an assumed zero eccentricity, a minimum $0.021M_J$, about seven times more massive than Earth, and a maximum of $0.042M_J$, or fourteen times more massive than Earth. This planet was disputed as "stellar noise" 2012 by a second team, and then a third team in 2014 claimed it could be exist.

GJ 581 f was announced in 2010[74] with GJ 581 g. It is the farthest out at 0.758AU, an estimated 445 day orbital period, and a zero eccentricity. However, subsequent observations and interpretation of the previous data disputes its existence. Further analysis has supported GJ 581 d and g, but has not supported GJ 581 f. Interestingly, the team that announced planets f and g also announced that their data confirmed Planets b, c, d, and e!

HIP 109388 (GJ 849) 22 09 40.34 -04 38 26.6 M3.5V 0.49 0.01637 0.16-0.31

Also known as BD-05°5715, GJ 849, LHS 517, NLTT 53078, and Wolf 1329.

Two exoplanets have been discovered, GJ 849 b, in 2007, and GJ 849 c, in 2014. GJ 849 c is still unconfirmed with few definite details.

GJ 849 b has a semi-major axis of 2.35AU, a period of 1,880 days, a 0.04 eccentricity, and a minimum $0.83M_J$. It orbits well outside the star's Habitable Zone.

GJ 849 c is a period of 7,049 days with an error range that could make it as low as 843 days to as high as 9,204 days, and has an estimated semi-major axis of 5.11AU, which would vary as dramatically as the period depending on its true orbit. It has a projected 0.218 eccentricity, and a minimum $0.77M_J$.

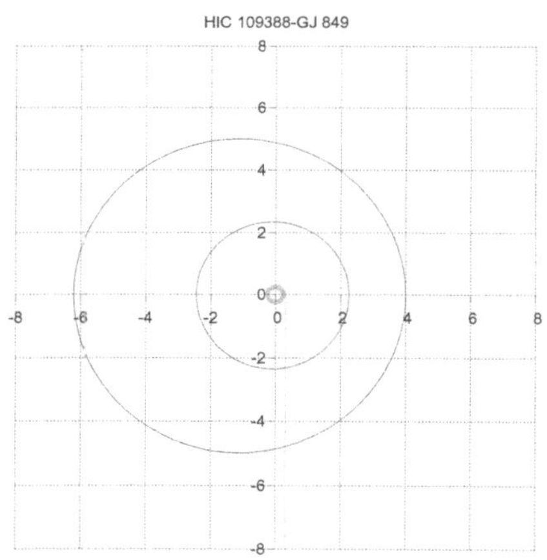

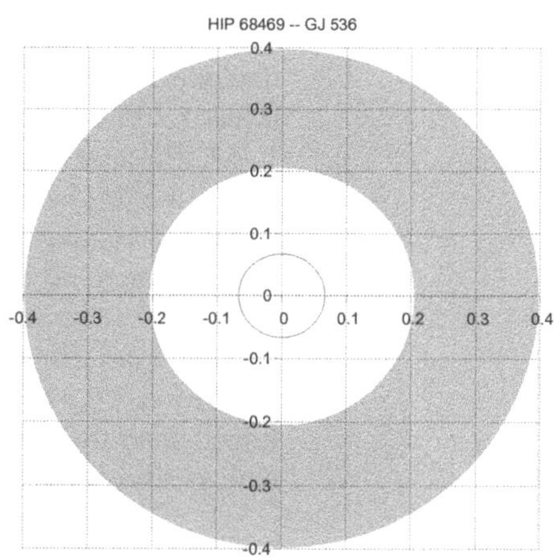

HIP 68469 (GJ 536) 14 01 03.18 -02 39 17.5 M0V 0.315 0.0098 0.20-0.398

Also known as BD-01°2892, G 64-35, GJ 536, HD 122303, and NLTT 35989.

There is one known exoplanet, GJ 536 b. It has a semi-major axis of 0.0666AU, a period of 8.7 days, an eccentricity consistent with zero, and a minimum 5.36 +0.69/-0.62 M_E. Other super-Earths are possible, with a minimum $2M_E$ at the inner edge of the H.Z. to $10M_E$ at the outer edge. Gas giants are possible, but only with long periods. Planets with masses greater than $2M_{Neptune}$ are disallowed with periods shorter than 20 years.[95]

GJ 65 01 39 01.45 -17 57 02.0 M6Ve 0.083 0.0000 0.01-0.01

B - M6Ve 0.073 0.0000 0.01-0.01

A binary system with a separation of 5.8AU, period of 25-50 years, and an 0.5 eccentricity. Both components are Flare stars. Also known as CCDM J01388-1758, G 272-61, L 726-8, UV Ceti, and WDS J01388-1758.

Name	R.A.	Dec.	Spec.	Mass	Lum.	H.Z.
GJ 406	10 56 28.86	07 00 52.77	M5.0Ve	0.09	0.0000	0.00-0.01

A Flare star, with unusually low surface temperature, discovered by Professor Max Wolf at Heidelberg. It is a young star, less than one gigayear in age. It is the seventh closest star to Earth at a distance of 7.75 light-years and is moving at 33 miles per second, with a towards-Earth component of just 7.8 miles per second. Its diameter is estimated to be about the same as Jupiter's. While its visual luminosity is just 0.00002$L_{\odot}$, its total energy output is 0.0014$L_{\odot}$, which is mostly infrared heat. Also known as CN Leonis, G 45-20, LHS 36, and Wolf 359.

GJ 473	12 33 17.38	09 01 15.77	dM5.5e	0.14	0.00016	0.01-0.02
	B	-	M7	0.13	0.00015	0.01-0.02

This is a binary system with a separation range of 5.2-9AU, a period of 15.5years, and a 0.3 eccentricity. One or both components may be a Flare star. Also known as FL Virginis, G 12-43, WDS J12335+0901, and Wolf 424.

GJ 493.1	13 00 33.50	05 41 08.11	M4.5Ve	0.122	0.0002	0.01-0.03

A Flare star. Also known as Also known as G 62-5, LFT 962, Wolf 461, and 2MASS J13003350+0541081.[53]

GJ 518	13 36 31.81	03 40 45.90	DZ9	0.550	0.0001	0.01-0.02

A White Dwarf. Also known as EGGR 100, LHS 46, WD 1334+039, and Wolf 489.

GJ 866	22 38 33.72	-15 17 57.3	M5V	0.1187	0.0001	0.01-0.02
	Ab	-	M5V	0.093	?	?
	B	-	M5V	0.1145	0.00006	0.007-0.014

This is a very low-mass triple system. Component A is a BY Draconis Variable star. Components Aa and Ab are a 3.78-day Spectroscopic Binary, with a 0.09AU semi-major axis and zero eccentricity, orbiting Component B every 822.6 days with a separation of 5.9-6.8AU and 0.439 eccentricity (Masses accurate to 1%)[65]. Also known as EZ Aquarii, G 156-31, LFT 1729, WDS J22385-1519.

GJ 1002	00 06 43.25	-07 32 14.7	M5.5V	0.086	0.0001	0.01-0.01

Also known as G 158-27, LHS 2, and 2MASS J00064325-0732147.

GJ 1057	03 13 22.99	04 46 29.37	M4.5Ve	0.110	0.0001	0.01-0.02

A BY Draconis Variable. Also known as CD Ceti, G 77-31, LHS 168, and NLTT 10256.

GJ 1086	05 51 19.48	00 10 21.30	DQ8P	0.750	0.0001	0.01-0.02

A White Dwarf. Also known as EGGR 248, G 99-37, and 2MASS J05511947-0010213.

GJ 1087	05 56 25.47	05 21 48.60	DA8P	0.750	0.0001	0.01-0.02

A White Dwarf. Also known as V1201 Orionis, EGGR 290, LHS 212, and NLTT 15834.

GJ 1103	07 51 54.65	00 00 11.76	M4.5V	0.132	0.0003	0.02-0.03
	B	-	M?	0.050	0.00001	-

A binary system with a separation range of 19-33AU. Also known as LHS 1951, CSI+00-07494, G 112-50, NLTT 18546, and WDS J07519+0001. Component B is known as LHS 1952 & NLTT 18546.

GJ 1154	12 14 16.53	00 37 26.36	M4.5Ve	0.118	0.0002	0.01-0.03

A Flare star. Also known as G 13-22, LHS 2531, and NLTT 30062.

GJ 1207	16 57 05.71	-04 20 56.0	M3Ve	0.165	0.0007	0.03-0.05

A Flare star. Also known as G 19-7, LHS 3255, and 2MASS J16570570-0420559.[41]

GJ 1263	21 46 40.45	00 10 24.06	M4	0.181	0.0011	0.03-0.06
	B	-	T8.5	-	-	-

This is a binary system with a separation range of 400±22 AU. Mass of the companion is 20-32M_J, an effective surface temperature of 570±25°K, and a radius 0.094±0.004$R_{\odot}$. Observations using the Keck laser guide star AO indicated no evidence of any close companions to the T8.5 companion. Also known as LHS 3708, G 26-30, WDS J21467-0010, and Wolf 940.

GJ 1286	23 35 10.50	02 23 21.44	M5.0Ve	0.086	0.0001	0.01-0.01

Also known as LHS 546, G 157-77, 8pc 138.30, and 2MASS J23351050-0223214.

GJ 3323	05 01 57.46	-06 56 45.9	M4.0Ve	0.135	0.0003	0.02-0.03

Also known as LHS 1723, 8pc 163.00, and 2MASS J05015746-0656459.[41]

Name	R.A.	Dec.	Spec.	Mass	Lum.	H.Z.
GJ 3379	06 00 03.49	02 42 23.67	M3.5Ve	0.159	0.0006	0.03-0.05

Also known as G 99-49, NLTT 15908, 2MASS J06000351+0242236, and 8pc 186.20.[41]

GJ 3517	08 53 36.19	-03 29 32.1	M9Ve	0.035	0.0000	0.00-0.00

A Brown Dwarf. Also known as LHS 2065, NLTT 20475, and WISEP J085335.80-032934.2.

GJ 3622	10 48 12.58	-11 20 08.2	M6.5Ve	0.053	0.0000	0.00-0.01

A Flare star. Also known as LHS 292, 2MASS J10481258-1120082, and 8pc 220.30.

GJ 3967	16 40 06.00	00 42 18.80	M5V	0.134	0.0003	0.02-0.03

A Flare star. Also known as LP 625-34, NLTT 43307, and 2MASS J16400599+0042188.

GJ 9193	05 55 09.48	-04 10 04.3	DZ11	0.750	0.0001	0.01-0.01

A White Dwarf. Also known as EGGR 45, GJ 223.2, LHS 32, and WD 0552-041.[43]

HIP 3765 (Wolf 25)	00 48 22.97	05 16 50.21	K2.5V	0.664	0.1949	0.43-0.81
	B		M3?	0.235	0.00303	0.05-0.10

This is a binary system with a separation range of 20.7AU with component A having an estimated 10.58Gyr age[48]. Component B was seen on two out of 166 photographic plates over 42 years (starting in 1922), leading to the conclusion that B is an extreme Flare star ranging from magnitude 6 to below magnitude 12.[53] Also known as 8pc 134.04, BD+04°123, CCDM J00483+0516, GJ 33, HD 4628, LHS 121, WDS J00484+0517, and Wolf 25.

HIP 3829 (Van Maanen's Star)	00 49 09.90	05 23 19.01	DZ7.5	0.680	0.0001	0.01-0.02

A White Dwarf. Also known as Van Maanen's Star, EGGR 5, LAWD 6, GJ 35, WD 0046+051, and Wolf 28.

HIP 8051	01 43 20.18	04 19 17.97	M2V	0.255	0.0043	0.06-0.12

Also known as CSI+04-01408, G 3-14, GJ 70, LHS 1290, and 2MASS J01432015+0419172.

HIP 10279	02 12 20.98	03 34 32.23	M1V	0.296	0.0077	0.09-0.16

Also known as BD+02°348, GJ 87, LHS 14, and Wolf 124.

HIP 12114	02 36 04.89	06 53 12.74	K3V	0.641	0.1688	0.40-0.75
BX Ceti	B	-	M4.5V	0.165	0.0007	0.03-0.05
	C	-	M6ve	0.053	-	-

There are three stars in this system. Component A has an estimated age of 10.25Gyrs[48]. Component B is a BY Draconis Variable and Spectroscopic Binary. The semi-major axis between Components A and B is 1.9AU[52]. The Separation between Components A,B and C is 1,715AU. Despite its distance, Common Proper Motion indicates component C is part of the A,B system, making this a wide triple system. Component C is a Brown Dwarf. Also known as BD+06°398, CCDM J02361+0653, GJ 105, HD 16160, and WDS J02361+0653.

HIP 15457 (Kappa Ceti)	03 19 21.69	03 22 12.71	G5Vvar	0.905	0.6717	0.81-1.50

A BY Draconis Variable with an estimated 450-500 million year age[48]. While listed in the CCDM and WDS catalogs, components B and C are not part of the system and are distant. Also known as CCDM J03194+0321 A, GJ 137, HD 20630, Kappa Ceti, LTT 11094, and WDS J03194+0322 A.

HIP 19849 (Keid)	04 15 16.31	-07 39 10.3	K0.5V	0.667	0.197	0.44-0.81
	B	-	DA2.9	0.44	0.0035	-
	C	-	M5Ve	0.184	0.0011	0.03-0.06

A triple system where components A and BC have a semi-major axis of ~578AU. Component A has an estimated 4.78Gyrs age[48]. Components B and C have a semi-major axis of 34.8AU, a period of 252 years, and a 0.41 eccentricity[52]. Component B is a White Dwarf. Component C is a Delta Scuti Flare star and a strong X-ray source.

Also known as Keid, Omicron Eridani, BD-07°780, CCDM J04153-0739, GJ 166, HD 26965, NLTT 12863, and WDS J04153-0739. Component B is also known as NLTT 12868. Component C is also known as NLTT 12869.

HIP 23311	05 00 48.99	-05 45 13.2	K3V	0.642	0.1701	0.41-0.75

Estimated age is 10.91Gyrs[48]. Also known as BD-05°1123, GJ 183, HD 32147, and LHS 200.

Name	R.A.	Dec.	Spec.	Mass	Lum.	H.Z.
HIP 25878	05 31 27.35	-03 40 38.0	M1V	0.354	0.0157	0.12-0.23

While listed in both CCDM and WDS, component B is not a binary companion to A. Also known as CCDM J05314-0341 A, GJ 205, LFT 416, and WDS J05314-0336 A.

Name	R.A.	Dec.	Spec.	Mass	Lum.	H.Z.
HIP 27604	05 50 39.43	-01 25 44.2	A8/9V	0.335	0.0125	0.11-0.20

An optical triple system. Components A and B (HIP 27600) have distance parallaxes that place them several hundred light-years farther away than component C. It is severely undersized for its Spectral Class. Also known as ADS 4442 C, CCDM J05506-0126 C, HD 39170, and WDS J05506-0126 C.

Name	R.A.	Dec.	Spec.	Mass	Lum.	H.Z.
HIP 30920	06 29 23.52	-02 48 51.1	M4V	0.203	0.0005	0.02-0.04
	B	-	M5.5V	0.103	0.00003	0.005-0.009

This is a binary system with a separation range of 8.4-18AU, a period of 16.5 years, and a 0.371 eccentricity[65, 64]. Component A is a Flare star. Also known as V577 Monocerotis, CCDM J06294-0249, GJ 234, Ross 614, and WDS J06293-0248.

Name	R.A.	Dec.	Spec.	Mass	Lum.	H.Z.
HIP 32349 (Sirius)	06 45 08.91	-16 42 58.0	A1V	2.245	25.4000	4.96-9.20
	B	-	DA1.9	0.98	-	-
	C	-	?	-	-	-

There are three stars in this system, however component C is not proven and only seen twice in the last century, in 1920 and 1974. There is a very compelling argument that this is a chance alignment of a non-physical background Flare star appearing close to Sirius AB in the 1920-30 and 1974 time period. Recorded radial velocity measurements provide no evidence of a close companion associated with Sirius. This is the brightest of the stars in the sky. It is 1.8 times as big as our Sun. Sirius is a member of a moving group of stars often called the Ursa Major Stream, with members scattered all over the sky. All exhibit the same space motion, but it is not known if the association is real or merely coincidence.

Sirius has been observed accurately for two complete orbits of the system to be recorded. The orbit has a 0.58 eccentricity and a semi-major axis of 24AU, its closest approaches, periastrons, were in 1944 and 1994. While planets in stable orbits could exist, the previous Red Giant stage of the B component would probably have severely disrupted their habitats.

Sirius seems to have changed color over the last few thousand years. Ancient documents reveal that Ptolemy, Seneca, Aratus, Cicero, and Horace all referred to it as ruddy, reddish, and red — a contrast to today's brilliant white color. The solution seems to be that the B companion was a red giant less than two thousand years ago, whereas today it is among the hottest white-

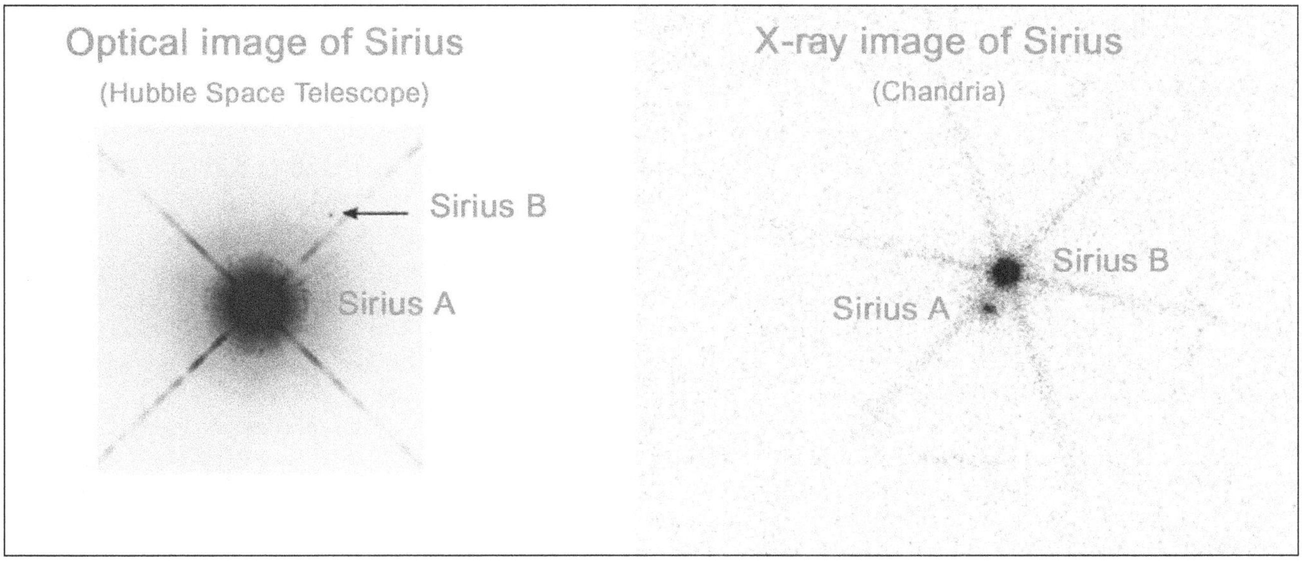

Fig. 30. A comparison of Sirius A and B in Optical and X-ray frequencies. Notice that the White Dwarf companion, Sirius B is much bright than its primary in the X-ray frequencies, a normal occurrence for nova remnants. Also note that optical images usually result in four-point star shapes while X-ray pictures have six-point stars.

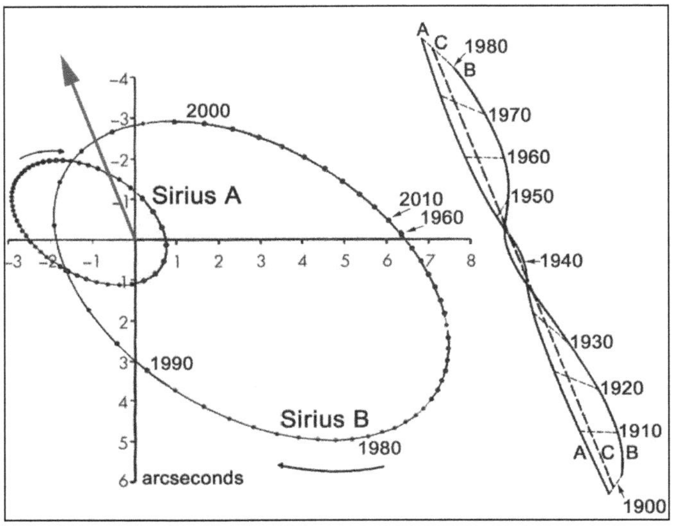

Fig. 31. The movements of Sirius A and B in their orbits as well as the way they moved in the sky as seen from Earth between the years 1900 to 2010 A.D.

The line marked A is the path followed by Sirius A while the line labeled B traces Sirius B's movement. The dashed line marked C is the path Sirius A would have followed if it were a solitary star, instead this is the path that marks the location of the center of gravity of this binary system. The arrows indicate the directions the two stars are moving, as well as the entire binary system.

Since 1894, some apparent orbital irregularities in the Sirius system have been observed, suggesting a third companion star, most likely a Brown Dwarf, but this has never been confirmed. The best fit to the data indicates a six-year orbit around Sirius A and a mass of only 0.06 $M_{\odot}$.[97]

Sirius B has nearly the diameter of the Earth, 12,000 kilometers (7,500 mi).[98]

Name	R.A.	Dec.	Spec.	Mass	Lum.	H.Z.

dwarf stars known. This seems to contradict current theories that say it takes 100,000 years to go from the giant stage to white-dwarf. On the other hand, some astronomers believe that certain red giants could make such a rapid transition under the right conditions.

Also known as Sirius, the Dog Star, the Nile Star, The Sparkling One, and The Scorching One. There is some evidence that the name is derived from the Sanskrit word Surya, The Shining One. Similarly, the Babylonians called it Star of the Dog, apparently derived from Assyrian, in which it was called Dog of the Sun. For an interesting read, Google™ Dogon, the Nommos, and Sirius. By astronomers, also known as Alpha Canis Majoris, BD-16°1591, HD 48915, LHS 219, and WDS J06451-1643.

Name	R.A.	Dec.	Spec.	Mass	Lum.	H.Z.
HIP 32984	06 52 18.05	05 10 25.36	K3.5V	0.592	0.1225	0.34-0.64
	Ba	-	M2	0.268	0.0051	0.07-0.13
	Bb	-	?	0.216	0.0021	0.045-0.09

This is a binary system with a separation range of 378-384AU. Component Ba has a companion Bb with a separation range of 1.3AU. Also known as GJ 250, HD 50281, LHS 1875, and WDS J06523-0510.

Name	R.A.	Dec.	Spec.	Mass	Lum.	H.Z.
HIP 36208 (Luyten's star)	07 27 24.49	05 13 32.83	M3.5Ve	0.26	0.0014	0.10-0.19

H.Z. numbers supplied by NASA. Also known as Luyten's star, G 89-19, LHS 33, BD+05°1668.

Name	R.A.	Dec.	Spec.	Mass	Lum.	H.Z.
HIP 36338	07 28 45.43	-03 17 53.3	M3V	0.235	0.0030	0.05-0.10

Also known as G 112-21, GJ 1097, LHS 1920, and NLTT 17919.

Name	R.A.	Dec.	Spec.	Mass	Lum.	H.Z.
HIP 37279 (Procyon)	07 39 18.11	05 13 29.95	F5IV-V	1.588	6.3588	2.48-4.60
	B	-	DZQ	0.65	0.00052	-

This is a Spectroscopic Binary system with a semi-major axis of 15.9AU, 0.31 eccentricity, and a period of 40.82 years. The estimated age of the system is 2.2-4.51Gyrs[48]. Component A is overbright for its classification, suggesting it is in the process of becoming a Subgiant star. The estimated progenitor mass for component B, now a White Dwarf, is 2.59+0.44/-0.26$M_{\odot}$. It is estimated that component B was a main sequence star for about 700 Myrs before becoming a White Dwarf roughly one billion years ago. Inhabitable planets could exist around component A.

Also known as Prokyon (Before the Dog, by the Greeks), Al Shi'ra al Shamiyyah (Arabian), Siair Siami (Riccioli), Kakkab Paldara (Babylonian) and Nan Ho (Chinese). Known by astronomers as Procyon, Alpha Canis Minoris, BD+05°1739, CCDM J07393+0514, GJ 280, HD 61421, LHS 233, and WDS J07393+0514.

Name	R.A.	Dec.	Spec.	Mass	Lum.	H.Z.
HIP 37766	07 44 40.17	03 33 08.83	M4.05Ve	0.175	0.0009	0.03-0.06

A BY Draconis Variable. Also known as CSI+03-07421, GJ 285, LHS 1943, and YZ Canis Minoris.

Name	R.A.	Dec.	Spec.	Mass	Lum.	H.Z.
HIP 40501	08 16 07.98	01 18 09.26	M2.0Ve	0.275	0.0057	0.07-0.14

Also known as G 113-20, GJ 2066, and NLTT 19217.

Name	R.A.	Dec.	Spec.	Mass	Lum.	H.Z.
HIP 49969	10 12 04.69	-02 41 05.0	M2/3V	0.284	0.0065	0.08-0.15
Also known as G 53-28, GJ 381, LHS 2250, and NLTT 23666.						
HIP 49986	10 12 17.66	-03 44 44.3	M1V	0.311	0.0094	0.10-0.18
An RS CVn Variable star.[53] Also known as BD-03°2870, G 53-29, GJ 382, and LTT 3734.						
HIP 51317	10 28 55.55	00 50 27.62	M1/2V	0.270	0.0053	0.07-0.13
Also known as BD+01°2447, G 55-24, GJ 393, LHS 2272, and Ross 446.						
HIP 53020	10 50 52.03	06 48 29.22	M4.0Ve	0.168	0.0008	0.03-0.05
A BY Draconis Variable star. Also known as G 44-40, LHS 294, and Wolf 358.						
HIP 57548	11 47 44.40	00 48 16.40	M4.5V	0.007	0.0003	0.02-0.03
A Flare star. Also known as FI Virginis, LHS 315, NLTT 28570, and Ross 128.						
HIP 57757 (Beta Virginis)	11 50 41.71	01 45 52.99	F9V	1.324	3.074	1.73-3.20
An optical binary, component B is unassociated. Estimated to be 3-5.49Gyrs old[48]. Also known as Beta Virginis, BD+02°2489, CCDM J11507+0146, GJ 449, and WDS J11507+0146.						
HIP 61941 (Gamma Virginis)	12 41 39.98	-01 26 58.2	F1V	1.474	4.720	2.14-3.97
	B	-	F0V	1.437	4.265	2.034-3.77
This is a binary system with a semi-major axis of 3.6AU, a period of 169 years, and a 0.88 eccentricity, a comet-like orbit. Component A is a suspected variable. Estimated age is 1.14Gyrs[48]. Combined mass estimated at 2.69±0.20. Discovered in 1718 by Bradley and Pound. Also known as BD-00°2601, CCDM J12417-0127, Gamma Virginis, GJ 482, Porrima, and WDS J12417-0127.						
HIP 62687	12 50 43.56	00 46 05.23	M0.5V	0.553	0.0979	0.32-0.61
Estimated at 680 million years age[48]. Also known as BD+00°2989, GJ 488, and HD 111631.[38]						
HIP 81300 (12 Ophiuchi)	16 36 21.44	-02 19 28.5	K1V	0.754	0.3230	0.56-1.04
A BY Draconis Variable. Might be a binary star with a separation of 840+AU. Also known as 12 Ophiuchi, CCDM J16363-0220, GJ 631, HD 149661, and WDS J16364-0219.						
HIP 82817	16 55 28.75	-08 20 10.7	M3.5Ve	0.354[54]	0.0075	0.09-0.16
	Ba	-	K5V	0.511[54]	0.003	0.05-0.10
	Bb	-	M7?	0.314[54]	-	-
VB8	Ca,Cb	-	?+?	0.052	-	-
A possible septuple (7) system with HIP 82809 (Map #8). A is a Flare star. Component B is a Spectroscopic Binary. Total system (A, Ba, Bb) mass is about 1.15$M_{\odot}$. Masses accurate to 1.4%. The AB semi-major axis is 1.8-2AU, with a 627 day period, and 0.042 eccentricity. The BaBb period is 2.96 days with a 0.0209 eccentricity. VB8, an astrometric binary, is a possible companion at a distance of 674AU. HIP 82809 is an astrometric binary, and confusingly, is sometimes referred to in the literature as GJ 644C. The separation distance between HIP 82817 (GJ 644 AB), VB8, and HIP 82809 is about 1,500AU. Common apparent motions of HIP 82809, HIP 82817, and VB8 imply a septuple.[54, 64, 65] Also known as BD-08°4352, GJ 644 AB,C, HD 152751, LHS 428, V1054 Ophiuchi, WDS J16555-0820 AB, and Wolf 630.						
HIP 84123	17 11 52.25	-01 51 06.3	M3V	0.318	0.0023	0.05-0.09
	B	-	M	0.25	0.0018	0.04-0.07
This is a binary system with a semi-major axis of 3.9-4.3AU, a 34 year period, and 0.19 eccentricity.[64] Also known as CCDM J17119-0151, GJ 660, LHS 3269, and WDS J17119-0151.						
HIP 85295	17 25 45.57	02 06 51.48	M1V	0.451	0.0415	0.20-0.37
Estimated at 2.2Gyrs age[48]. Also known as GJ 673, HD 157881, LHS 447, and Wolf 718.						
HIP 86400	17 39 16.91	03 33 18.87	K2.5V	0.675	0.2071	0.45-0.83
SIMBAD lists this as a Spectroscopic Binary, however it is not listed in either the CCDM or the WDS. Also known as BD+03°3465, GJ 638, HD 160346, and LTT 15233.						
HIP 87937 (Barnard's Star)	17 57 48.49	04 41 36.20	sdM4	0.144	0.0035	0.05-.09
The second closest star to us, Barnard's Star is a red dwarf with an estimated diameter of 84,000 miles (135,000 km). It is a BY Draconis Variable with an age of 7-12Gyrs and an apparent rotation of 130 days. In the 1970's an exoplanet was announced. It has since been refuted. Also known as Barnard's Star, BD+04°3561, CCDM J17578+0441, GJ 699, and LHS 57.[87]						

Name	R.A.	Dec.	Spec.	Mass	Lum.	H.Z.
HIP 88574	18 05 07.57	-03 01 52.7	K4/5V	0.299	0.0080	0.09-0.16

Also known as BD-03°4233, GJ 701, HD 165222, LHS 3356, and 8pc 128.28.[53]

Name	R.A.	Dec.	Spec.	Mass	Lum.	H.Z.
HIP 88601 (70 Ophiuchi)	18 05 27.28	02 30 00.35	K0-V	0.817	0.4449	0.66-1.22
	B	-	K4V	0.70	0.13	0.26-.57

A resolved Spectroscopic Binary system with a semi-major axis of 4.56AU, a period of 88.12 years, and 0.495 eccentricity. Its estimated age is 6.2±1Gyrs.[64] Fortunately, the closest approach still leaves sufficient room for stable orbits below 2AU. Component A is a BY Draconis Variable with a diameter of $0.91D_{\odot}$. In 1943 there was a claim of planets orbiting the star, but that has since been refuted. Also known as 70 Ophiuchi, BD+02°3482, CCDM J18055+0230, GJ 702, HD 165341, LHS 458, and WDS J18055+0230. Component B is also known as LHS 459 and NLTT 45900.

Name	R.A.	Dec.	Spec.	Mass	Lum.	H.Z.
HIP 94349	19 12 14.59	02 53 11.05	M3.5	0.379	0.0029	0.05-0.10
	B	-	-	0.192	0.0005	0.02-0.04

This is a binary system with a separation range of 0.6-1.AU.[55] Also known as CCDM J19122+0253, G 22-18, GJ 748, LHS 472, WDS J19121+0254, and Wolf 1062.

Name	R.A.	Dec.	Spec.	Mass	Lum.	H.Z.
HIP 94761	19 16 55.25	05 10 08.05	M3.5V	0.279	0.0061	0.08-0.14
van Biesbroeck's Star	B	-	dM5e	0.075	-	0.001-0.003

This is a binary system with a separation range of 434 AU — the orbital elements are not well known — with an estimated age of one gigayear. Component A is a BY Draconis Variable. Component B, a Flare star, is much more well-known than the primary, mostly because until recently it had the lowest visual luminosity of any known star, 1/570,000 that of our Sun. If put in the place of our sun, it would appear only slightly brighter than the full moon. Component B appears to be smaller than the minimum size needed for hydrogen-to-helium burning. Gravitational contraction may be the primary component of energy production The extreme faintness of the star is due, in part, to the fact that much of the energy it puts out is in the infrared spectrum. Also known as CCDM J19169+0510, GJ 752, HD 180617, LFT 1467, Ross 652, WDS J19169+0510, and Wolf 1055. Component B is also known as van Biesbroeck's Star and VB 10.

One exoplanet, VB 10b, was announced in 2009, but has subsequently been refuted.[51]

Name	R.A.	Dec.	Spec.	Mass	Lum.	H.Z.
HIP 97649 (Altair)	19 50 46.99	08 52 05.95	A7Vn	1.763	9.6657	3.06-5.68

A Variable star. Component B is not gravitationally bound and thus this is an optical binary and not a true binary. Altair has an apparent age of 1.2Gyrs and rotates once every 8.9 hours. Given that it is almost twice the size of our sun, this high rotation gives it an oblate shape with its equatorial diameter being twenty percent larger than its polar diameter. Also known as Alpha Aquilae, Altair, ADS 13009 A, CCDM J19508+0852 A, GJ 768, HD 187642, LHS 3490, and WDS J19508+0852 A.

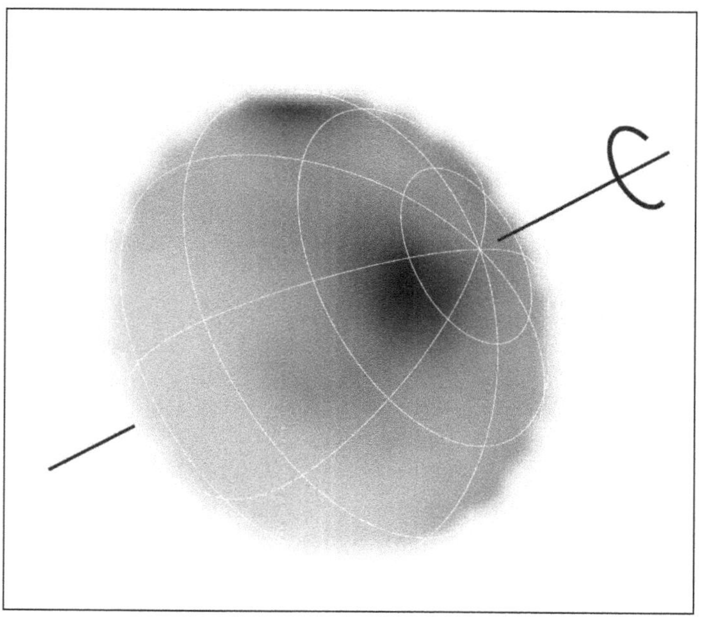

Fig. 32. Altair's surface imaged by the combined light from four widely separated telescopes.[96] Altair requires only 8.9 hours to spin once on its axis, a rotational velocity of 240 km/s (150 mi/s), and a significant proportion of the velocity that would cause the star to break up — 400 km/s (247 mi/s). This rapid rotation flattens the star from a sphere to an oblate sphere. Estimates are that Altair's flattening is about twenty percent. The image clearly shows the effects of gravity darkening on the highly-distorted star's photosphere. Standard models for a uniformly rotating star cannot explain the image and require differential rotation or rewriting of the existing gravity darkening laws, or both.

The polar region has an estimated 8,710°K temperature while the equator is only 6,850°K. Relative to our line of sight, Altair is tilted approximately sixty-one degrees from vertical, and the pole is inclined approximately fifty-seven to sixty-two degrees away from us, depending on the gravity darkening coefficient.

Name	R.A.	Dec.	Spec.	Mass	Lum.	H.Z.
HIP 108782	22 02 10.27	01 24 00.82	M0.5Ve	0.360	0.0168	0.13-0.24
Also known as BD+00°4810, G 93-66, GJ 846, HD 209290, LHS 3745, and Wolf 1340.						
HIP 112325	22 45 04.42	-02 39 23.2	G6/8III	1.060	0.0232	0.14-0.25
	B	-	K0III	0.341	0.0135	0.11-0.21
	C	-	K?III	0.374	0.0196	0.13-0.26
This a triple system with a component A to components B and C separation of 68-5-90.5AU, a period of 195 years, and 0.54 eccentricity.[38, 73] Components B and C separation range is 0.9-2.74AU. All three stars have evolved off the main sequence. Also known as ADS 16235, BD-03°5501, CCDM J22451-0240, HD 215415, and WDS J22451-0240.						
HIP 117473	23 49 12.52	02 24 04.40	M2V	0.286	0.0067	0.08-0.15
A BY Draconis Variable. Also known as BR Piscium, BD+01°4774, G 31-6, GJ 908, and LHS 550.						
LP 647-13	01 09 51.17	-03 43 26.4	M9Ve	0.035	0.0000	0.00-0.00
A Brown Dwarf. Also known as NLTT 3868 and 2MASS J01095117-0343264.						
LP 655-48	04 40 23.25	-05 30 08.2	M7.5Ve	0.048	0.0000	0.00-0.00
A Brown Dwarf. Also known as LTT 13728 and 2MASS J04402325-0530082.						
CFBDS J005910.90-011401.3	00 59 10.83	-01 14 01.30	T8.5	0.063	0.0000	0.00-0.01
A Brown Dwarf.[39, 40, 43] Also known as WISEP J005911.09-011400.6.						
UGPS J072227.51-054031.2	07 22 27.87	-05 40 31.1	T9	0.014	0.0000	0.00-0.00
A Brown Dwarf.[40, 39]						
ULAS J003402.77-005206.7	00 34 02.82	00 52 05.70	T8.5	0.042	0.0000	0.00-0.00
A Brown Dwarf.[40]						
WISE J085510.83-071442.5	08 55 10.83	-07 14 42.5	Y2	~0.007 (3-10M_J)	-	-
The closest single Brown Dwarf to Earth, with a temperature between -48 to -13°C (-54-+9°F).[43] If the mass is towards the bottom of the estimate, this could be a gas giant planet ejected from its system.						
2MASS J00345157+0523050	00 34 51.57	05 23 05.10	T6.5	0.081	0.0000	0.01-0.01
A Brown Dwarf.						
2MASS J02540788+0223563	02 54 09.51	02 23 58.64	T8.0	0.023	0.0000	0.00-0.00
A Brown Dwarf.[39]						
2MASS J12171110-0311131	12 17 11.10	-03 11 13.1	T7.5	0.043	0.0000	0.004-0.007
	B	-	T8?	0.039	0.0000	0.001-0.002
This is a binary Brown Dwarf system with a separation range of ~1.0AU.[37, 39] Their masses are 30M_J and 22M_J, respectively. Also known as WDS J12172-0311 and WISEP J121710.30-031113.2.						
2MASS J12545393-0122474	12 54 53.93	-01 22 47.4	T2e	0.078	0.0000	0.01-0.01
A Brown Dwarf.[43]						
2MASS J16241436+0029158	16 24 14.36	00 29 15.82	T6V	0.077	0.0000	0.01-0.01
A Brown Dwarf.[39, 40, 43]						
2MASS J17502484-0016151	17 50 24.84	00 16 15.11	L4.5	0.067	0.0000	0.00-0.01
A Brown Dwarf.[43]						
2MASS J18002648+0134565	18 00 26.48	01 34 56.58	L7.5	0.063	0.0000	0.00-0.01
A Brown Dwarf.						
2MASS J20091824-0113377	20 09 18.24	-01 13 38.4	M5	0.109	0.0001	0.01-0.02
A Brown Dwarf.						
2MASS J21392676+0220226	21 39 26.76	02 20 22.70	T1.5	0.088	0.0001	0.01-0.01
			or	or	or	or
	A		L8.5	0.052	0.00001	0.002-0.004
	B		T3.5	0.049	0.00001	0.002-0.004
A *possible* Brown Dwarf Binary. If it is a binary, then the spectral types are L8.5 and T3.5.[43]						
2MASS J22244381-0158521	22 24 43.81	-01 58 52.1	L4.5V	0.062	0.0000	0.00-0.01
A Brown Dwarf.						

Star Map 8

In this slice there are eighty-six stars in sixty-three systems, with nineteen confirmed and five unconfirmed exoplanets hosted by nine stars: HIP 8102 (Tau Ceti), 40693 (HD 69830), 64924 (61 Virginis), 70890 (Proxima Centauri), 71681 (HD 129116, Alpha Centauri B), HIP 80824 (Wolf 1061) , 113020 (GJ 876), TRAPPIST-1, and WISE J104915.57-531906.1 (Luhman 16AB). There are only nine stars that put out more than 19% as much light as our sun: 8102 (Tau Ceti) 13402, 17378 (Delta Eridani), 40693 (HD 69830), 64924 (61 Virginis), 71681 (HD 129116), 71683 (Alpha Centauri A) and 84405 (36 Ophiuchi A and B).

Name	R.A.	Dec.	Spec.	Mass	Lum.	H.Z.
HIP 8102 (Tau Ceti)	01 44 04.08	-15 56 14.9	G8.5V	0.780	0.52	0.71-1.31

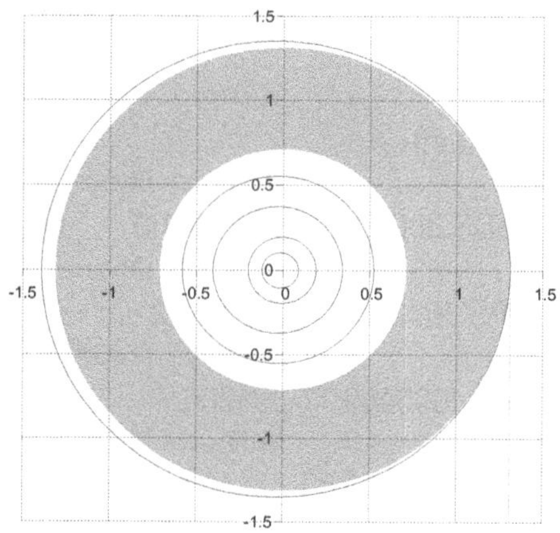

A well-known subject of science-fiction stories, Tau Ceti is part of an optical binary. Component B has different proper motions and distance. This star is known as a "solar analogue" because it is so similar to our own Sun, despite its small size. There is an extensive debris disk around the star, containing almost ten times the material orbiting our Sun. Asteroid strikes on the planets are a constant event, with impacts such as are suspected of ending the dinosaurs on Earth occurring much more frequently[75]. Also known as Tau Ceti, BD-16°295, CCDM J01441-1557 A, GJ 71, HD 10700, LHS 146, and WDS J01441-1556 A.

Five exoplanets have been discovered, so far[76]. All the planets are comparably sized to Earth. Surface gravity is a function of the mass of a planet versus its radius. Planet b below, while twice as massive as Earth, increases its radius by only about thirty percent, thus its surface gravity is only $1.28M_E$[77]. Terrestrial planets larger than about $6M_E$ will most likely develop deep non-oxygen atmospheres[24].

Planet Candidate	Mass M_E	Semimajor axis (AU)	Orbital period (days)	Eccentricity	Surface $Gravity_E$
b	2.0	0.105	13.9	0.16 ±0.22	1.28 ±0.05[77]
c	3.1	0.195	35.4	0.03 ±0.28	1.45 ±0.05[77]
d	3.6	0.374	94	0.08 ±0.26	1.5 ±0.05[77]
e	4.3	0.552	168	0.05 ±0.22	1.6 ±0.05[77]
f	6.6	1.35	640	0.03 ±0.26	1.72 ±0.05[77]

Debris belt: 10–55 AU (by comparison the Kuiper Belt is 30–50AU)

Name	R.A.	Dec.	Spec.	Mass	Lum.	H.Z.
HIP 40693 (HD 69830)	08 18 23.94	-12 37 55.81	G8+V	0.888	0.6220	0.78-1.44

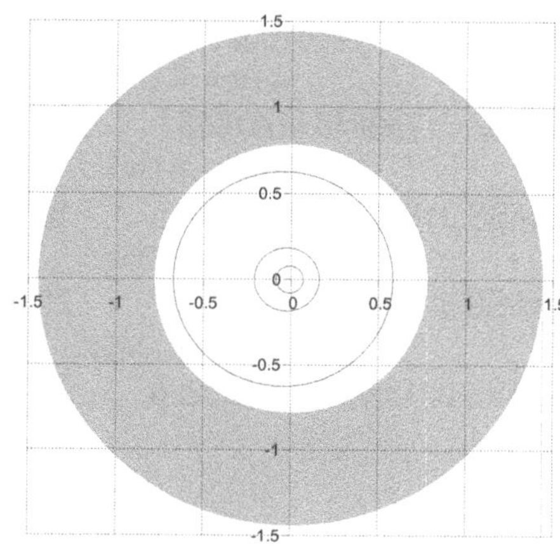

A younger star quite similar to our Sun, with an estimated age of 5.67Gyrs[48]. Also known as BD-12°2449, GJ 302, HD 69830, LHS 245, and NLTT 19296.

Three Neptune-sized exoplanets have been discovered, so far. The star has a debris/asteroid belt located at the outer edge of its habitable zone, which means any inhabitable planets would have to be towards the middle of that zone or the planet would have forced the inner edge of the belt outward. Planet d has an orbital resonance of about 2:1 or 5:2 which helps both maintain their positions. The likelihood of a planet closer to the debris belt is almost zero. Simulations show that the system is in a dynamically stable configuration. Theoretical calculations favour a mainly rocky composition for both inner planets, while the outer planet probably has a significant gaseous envelope surrounding its rocky/icy core. According to less conservative calculations planet d orbits in the inner edge of the Habitability Zone. Unfortunately, the 10,000:1 mass ratio of a gas giant planet to its satellites means the largest moon we could expect to find around planet d would be about three percent the mass of our Moon. *(continued)*

Star Map #8

-3.00 to -8.99

40 l.y. circle

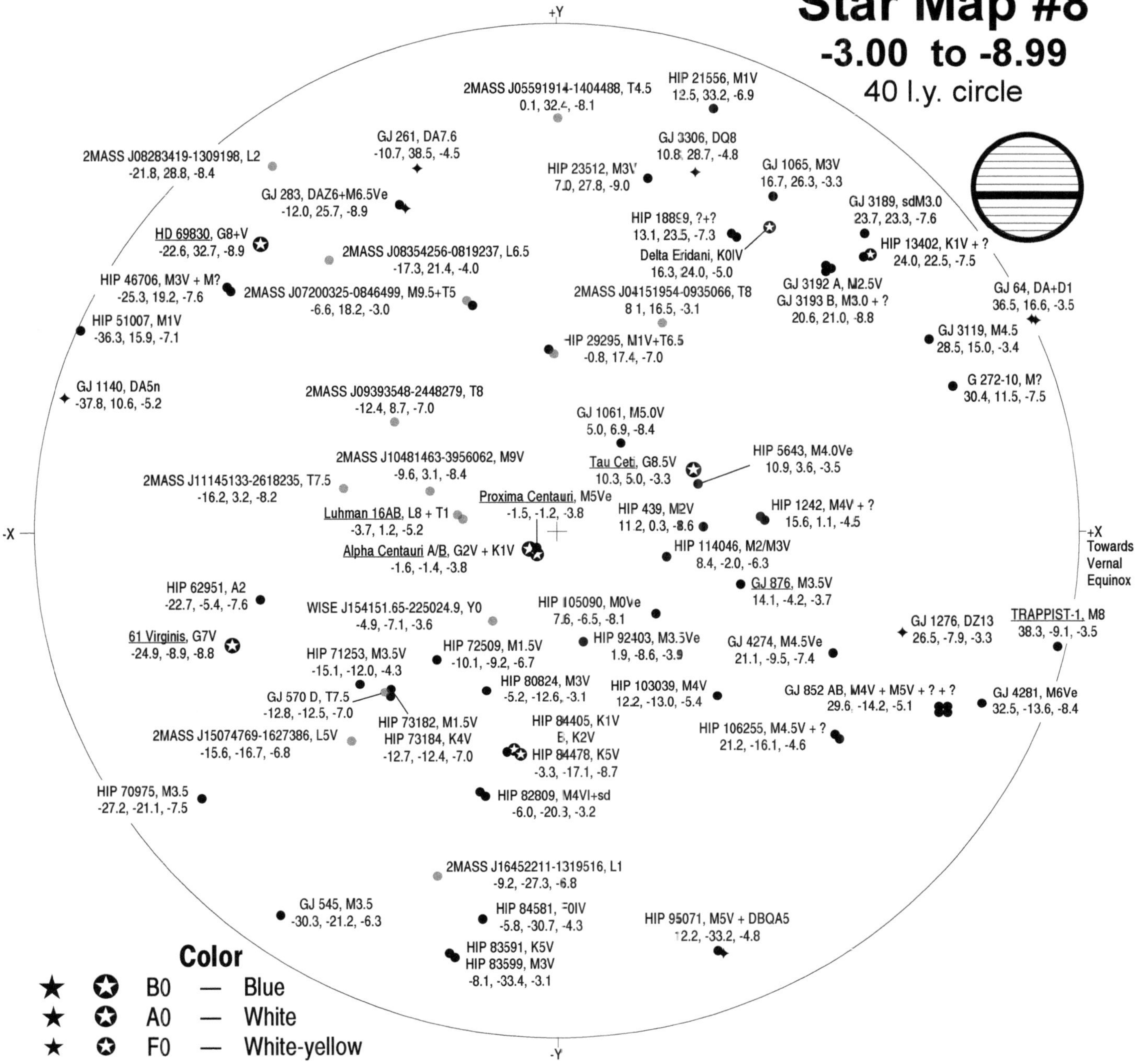

Color

★	✪	B0	—	Blue
★	✪	A0	—	White
★	✪	F0	—	White-yellow
★	✪	G0	—	Yellow
★	✪	K0	—	Orange
●		M0	—	Red
●		L/T	—	Brown Dwarf
✦		Dx	—	White Dwarf

Spectral Type

IA or IB	—	Super Giant
II	—	Bright Giant
III	—	Normal Giant
IV	—	Sub-Giant
V / d prefix	—	Main Sequence (dwarf)
VI	—	Sub-dwarf
VII / Capital	—	White Dwarf

1 Astronomical Unit (AU) = 149.6 million kilometers (93 million miles)

1 Light-year = 63,240AU

Distance from Sun to:

Earth = 1AU (period = 1 year)
Jupiter = 5.22AU (period = 3.64 years)
Pluto = 39.5 AU (period = 248.82 years)

1 Solar Luminosity = 3.90 x 10^{26} watts
(Earth receives 1,340 watts per square meter when the Sun is directly overhead; for example, at the equator on March 21st and October 21st.)

1 Solar Mass = 1.989 x 10^{30} kilograms
Jupiter = 0.000955 Solar Masses
Earth = 0.000003 Solar Masses

By Terry Kepner

Name	R.A.	Dec.	Spec.	Mass	Lum.	H.Z.

Planet Candidate	Mass M_E	Semimajor axis (AU)	Orbital period (days)	Eccentricity	Radius
b	10.2	0.0785	8.667	0.1 ±0.04	unk
c	11.8	0.185	31.56	0.13 ±0.06	unk
d	18.1	0.627	197	0.07 ±0.07	~4 R_E
Debris belt		0.93–1.16 AU			

HIP 64924 (61 Virginis)	13 18 24.31	-18 18 40.3	G7V	0.898	0.85	0.84-1.56

An optical binary system, component B is BD-17°3815 and not associated with 61 Virginis. It is older than our Sun with a 7.35Gyrs estimated age[48], and appears chromospherically inactive. It is orbiting the through our galaxy approximately 22,000 lys from the core with a 0.15 eccentricity. Also known as 61 Viginis, BD-17°3813, CCDM J13185-1818, GJ 506, HD 115617, LHS 349, and WDS J13184-1819.

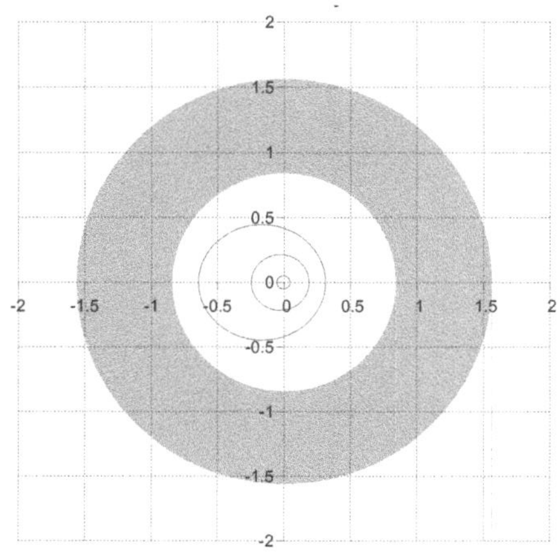

61 Virginis has two confirmed and one unconfirmed exoplanets[79]. Calculations suggest that the configuration is dynamically stable. The inner two planets are considered "Super-Earths," with the second planet Neptune-sized. The outer planet is below the Habitability Zone. The distant debris belt implies that other planets might exist in the range between the inner edge of the Habitability Zone and 30AU, including terrestrial-sized planets in the Habitability Zone.

Planet Candidate	Mass M_E	Semimajor axis (AU)	Orbital period (days)	Eccentricity	Surface $Gravity_E$
b	5.1	0.050	4.2	0.12	1.65 ±0.05[77]
c	18.2	0.217	38.0	0.14	
d	24	0.476	124.0	0.35	
Debris belt		30–100AU			

HIP 70890 (Proxima Centauri)	14 29 42.94	-62 40 46.1	M5.5Ve	0.123	0.00155	0.04-0.07

Proxima is a Flare star and may be a member of the Alpha Centauri system. At a distance of 15,000AU, a quarter of a light-year, it would have a period of ~500,000 years. Proxima is older than our Sun at 4.85Gyrs (vs 4.6Gyrs) and has a diameter of $0.14R_\odot$. It is the closest star to us (4.29 light-years), and our Sun is 13,000 times brighter. If it replaced our sun, it would be forty-five times as bright as a Full Moon, giving the appearance of a twilight when the star was directly overhead. It has a diameter of 40,000 miles. The flares appear to be no more powerful than our Sun's flares — but on such a dim star they can make a dramatic increase in energy output. Also known as Proxima, GJ 551, LHS 49, and NLTT 37460.[87]

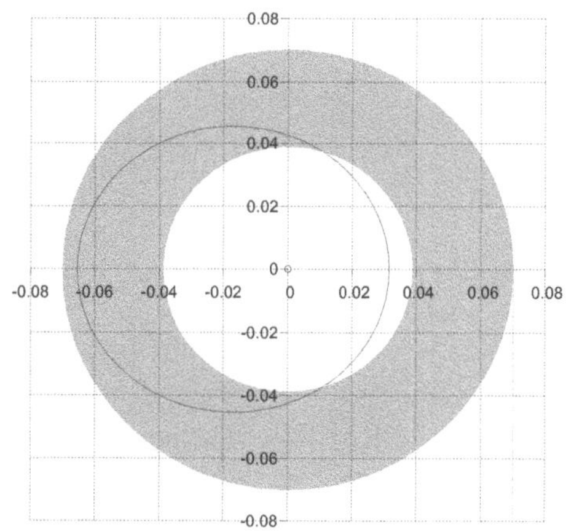

The exoplanet, Proxima b[80], has $1.27M_E$ minimum mass, a 1.1 R_E radius, 11.186 day period, and 0.35 eccentricity. It has a temperature of 234°K (-39°C, -38°F), assuming no atmosphere, only slightly colder than Earth's 254°K. The most common arguments against habitability are tidal locking, a strong stellar magnetic field, strong flares, and high UV & X-ray fluxes; The presence of another super-Earth mass planet cannot yet be ruled out.

HIP 71683 (Alpha Centauri)	14,36,11	-60,37.8	G2V	1.11	1.519	1.21-2.25
HIP 71681 (HD 129116)	B	-	K1V	0.934	0.500	0.69-1.29

Alpha Centauri's proper name is Rigel Kentaurus. Located a mere 4.34 light-years away (25 trillion miles), the two stars orbit with a period of about 79.85 years, with a semi-major axis of 17.57AU — closest approach of 11AU (1955) and a farthest separation of 35AU (1915), for an eccentricity of 0.52. Planets are possible around both stars, as long as the orbits are below 2AU in radius. There is some evidence that component B, now a pure orange in color, has increased brightness by a factor of two. The system age is estimated at between 4.4 and 7.1Gyrs.[64] Also known as Alpha Centauri, CCDM J14396-6050, Rigel Kentaurus, and WDS J14396-6050.

Two possible exoplanets have been announced, Alpha Centauri B b and Alpha Centauri B c. Alpha Centauri B b has been refuted.

In 2012, a planet around Alpha Centauri B, Alpha Centauri B b, was announced, but in 2015 a new analysis concluded that it almost certainly does not exist and was just a spurious artefact of the data analysis technique the announcing team used[82].

In 2015, a second group[83] looking for Alpha Centauri B b was unable to detect the planet, but did detect a planetary transit, Alpha Centauri B c, corresponding to a 20.4 day upper limit period and an upper limit 0.24 eccentricity. Based on that period, the semi-major axis should be 0.146AU.

The dashed line in the diagram below is the refuted planet, Alpha Centauri B b.

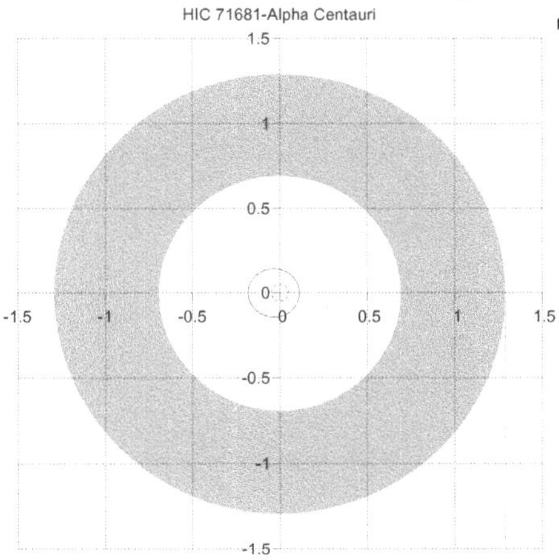

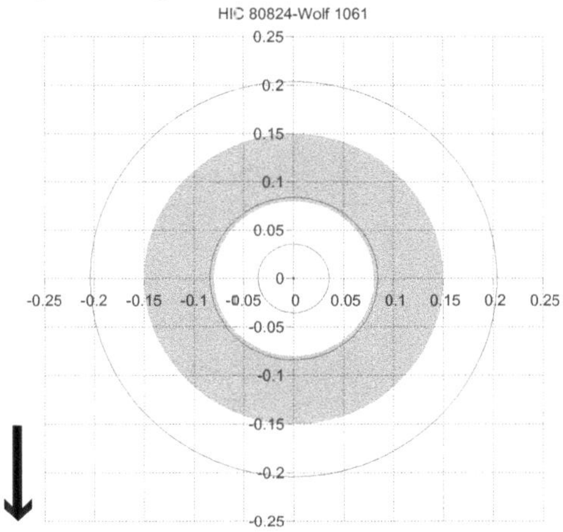

HIP 80824 (Wolf 1061) 16 30 18.05 -12 39 45.3 M3V 0.289 0.007 0.08-0.15

A BY Dra Variable. Also known as V2306 Ophiuchi, BD-12°4523, G 153-58, GJ 628, LHS 419, NLTT 4292, and Wolf 1061. Three exoplanets have been discovered[93].

Planet Candidate	Mass M_E	Semimajor axis (AU)	Orbital period (days)	Eccentricity	Surface $Gravity_E$
b	1.36	0.0355	4.88	0.0	1.25 ±0.05[77]
c	4.25	0.0842	17.86	0.0	1.58 ±0.05[77]
d	5.21	0.2039	67.27	0.0	1.68 ±0.05[77]

HIP 113020 (GJ 876) 22 53 16.73 -14 15 49.3 M3.5V 0.32 0.013 0.11-0.20

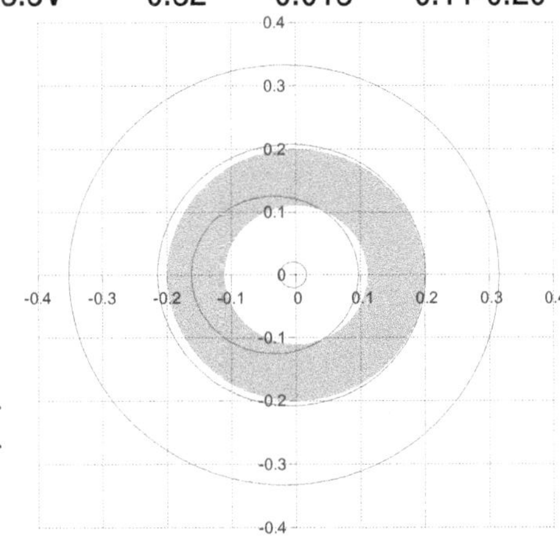

A BY Draconis Variable star. Although its visual luminosity is only $0.0016L_{\odot}$, most of its energy output is infrared, raising its effective luminosity to $0.013L_{\odot}$, and expanding its Habitable Zone accordingly. It is about one-third the size of our sun and is receding from us at a calculated 1.7 km (1.05 miles) per second (with an error rate of 100%!). No definite age estimate exists, with various calculations ranging from 100myrs to 9.9Gyrs. Also known as IL Aquarii, GJ 876, LHS 530, and Ross 780.

Four exoplanets have been discovered, so far. This was the first discovery of a planet around an M dwarf by radial velocity measurements[26], and the only one out of 24 M-type stars studied over a period of four years.

The third planet, GJ 876 b, the first discovered in this system and the twelfth ever discovered (1998, Lick Observatory, Keck Observatory[26], Haute-Provence Observatory, France, and European Southern Observatory, Chile[27]), has a 0.208AU semi-major axis, a 61 day period, a 0.10 eccentricity, and a $1.94M_J$ minimum mass, with a $2.4M_J$ upper mass limit.

The second planet, GJ 876 c, the fifty-fifth planet ever discovered (2000, Lick Observatory and Keck Observatory[33]) discovered, has a 0.129AU semi-major axis, a 30.088 day period, a 0.256 eccentricity, and a $0.61M_J$ minimum mass. *(continued)*

These two giant planets are in a 2:1 orbital "resonance" about the primary that is remarkably stable. Both are also in the Habitable Zone for this star. A terrestrial-sized moon might be possible, but only about 7 million miles separate the two planets at closest approach eliminating any independent terrestrial planets in the Habitable Zone. The third planet might have enough gravitational influence to remove such a terrestrial moon from the second planet and eject it from the star system in a short time[35]. Orbital simulations show that out of 100 test planets, none are still in orbit after one million years[34]. Underwood, et al, concur, reporting that a terrrestrial planet would not remain in the habitable zone for the last one billion years.[36]

The innermost planet, GJ 876 d, and third planet discovered, has a 0.020AU semi-major axis, a 1.93 day period, a 0.207 eccentricity, and a 0.018M_J minimum mass.

The outermost planet, GJ 876 e, has a 0.333AU semi-major axis, a 124.26 day period, a 0.055 eccentricity, and a 0.039M_J minimum mass.

Name	R.A.	Dec.	Spec.	Mass	Lum.	H.Z.
TRAPPIST-1	23 06 29.28	-05 02 28.5	M8	0.08	0.0005	0.02-0.03

Also known as 2MASS J23062928-0502285.

This star has three exoplanets, all discovered by direct observation of transits in front of their primary during their orbits.

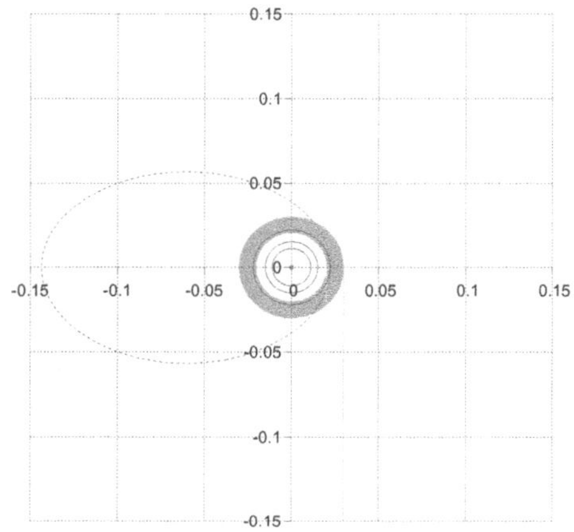

TRAPPIST-1 b was the first discovered, and has a semi-major axis of 0.011, a period of 1.51 days, and the eccentricity is unknown. Its mass is unknown, but its radius is approximately 1.11R_E, which, if it is a rocky planet, most likely puts its mass at 1.2M_E[77]. Objects would weigh about ten percent more on its surface than on Earth.

TRAPPIST-1 c has a semi-major axis of 0.015, a period of 2.42 days, and the eccentricity is unknown. Its mass is unknown, but its radius is approximately 1.05±.05R_E, which, if it is a rocky planet, most likely puts its mass at the same as Earth's[77]. Objects would either weight the same or be up to ten percent heavier. It orbits just inside the inner Edge of the star's Habitable Zone and receives as much energy from its star as does Venus from our Sun.

TRAPPIST-1 d has only been seen to transit twice and its data is accordingly vague. It has a semi-major axis of between 0.022-0.146, a period ranging between 4.55-72.8 days, and the eccentricity is unknown. Its mass is unknown, but its radius is approximately 1.17±.07R_E, which, if it is a rocky planet, most likely puts its mass just barely above that of Earth's[77]. Depending on its orbits eccentricity, it could remain entirely in the Habitable Zone or spend a large fraction of its orbit frozen.

All three planets are orbiting so close to their star that they are facelocked with one side always facing their primary or their rotation is in orbital resonance, that is a simple 1:2, 2:3, etc, ratio of rotations to orbits. This is determined by the orbital eccentricity. Close-in planets are

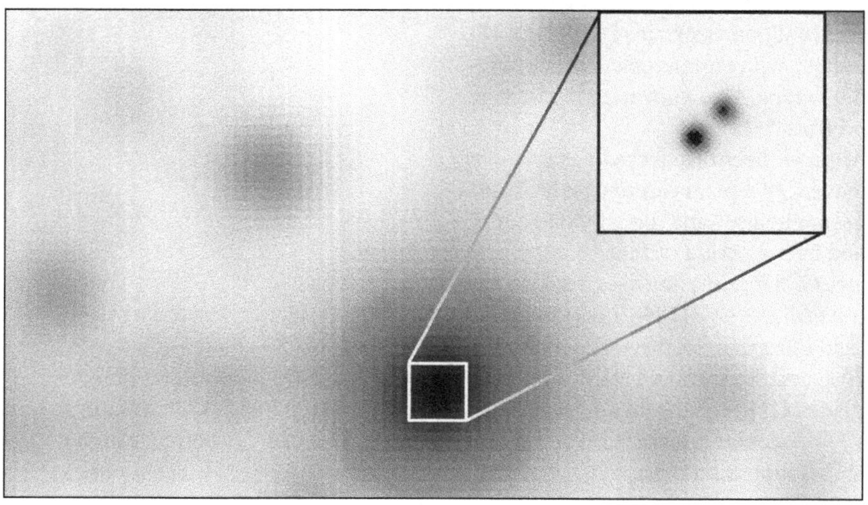

Fig. 33. WISE J104915.57-531906.1, also known as Luhman 16AB, is centered in the lower part of the larger image (in reversed black and white), taken by the NASA's Wide-field Infrared Survey Explorer (WISE). This is the closest star system discovered since 1916, and the third closest to us. It is 6.5 light-years away. At first, the light appeared to be from a single object, but a sharper image from Chile's Gemini Observatory revealed that it was from a pair of cool star-like bodies called brown dwarfs. Their temperatures are 1,350°K (1,970°F) and 1,210°K (1,718°F), respectively.

Name	R.A.	Dec.	Spec.	Mass	Lum.	H.Z.

subject to tidal forces that quickly push the planets to a near-zero eccentricity. If it's zero, then the planets are facelocked. TRAPPIST-1 d's eccentricity *might* be explained by an orbital resonance with the interior two planets. The dotted line in the diagram above shows TRAPPIST-1 d with an eccentricity of 0.73 (assuming 0.022 is the closest and 0.146 is the farthest in its orbit).

WISE J104915.57-531906.1	10 49 18.91	-53 19 10.08	L8	0.045	-	-
(Luhman 16 AB)	B		T1	0.04	-	-

A Brown Dwarf binary system, the closest to Earth known, estimated age is 1.5Gyrs. Semi-major-axis is 3AU with a 25 year period; eccentricity is unknown. Archival data going back twenty-three years shows an unresolved astrometric drift in the positioning data, indicating the probability of a planet orbiting one of the two substellar Brown Dwarfs. *If* it exists it has a mass between a few times Jupiter up to $30M_J$. Orbital information is unknown.[81] Also known as Luhman 16 AB.

G 272-10	01 23 18.02	-12 56 23.0	M?	0.151	0.0005	0.02-0.04

Also known as CSI-13 249 4, NLTT 4623, and 2MASS J01231802-1256233.

GJ 64	01 37 59.34	-04 59 44.3	DA	0.75	0.0009	0.03-0.05
	B	-	D1	0.75	0.0009	0.03-0.05

This is a binary White Dwarf system; they are close, but not a contact binary. Also known as EGGR 11, LAWD 10, LHS 1270 and WD 0135-052.

GJ 261	07 01 54.84	-06 27 45.2	DA7.6	0.095	0.0001	0.01-0.02

A White Dwarf. Also known as L 886-6, LHS 1892, WD 0659-063, and 2MASS J07015484-0627452.

GJ 283	07 40 20.79	-17 24 49.2	DAZ6	0.140	0.0004	0.02-0.04
	B	-	M6.5Ve	?	?	?

This is a binary system with a separation range of 120-127AU.[43] Also known as CCDM J07402-1725, EGGR 54, LAWD 25, LHS 235, and WDS J07402-1724. Component B is also known as LHS 234.

GJ 545	14 20 07.39	-09 37 12.7	M3.5	0.165	0.0007	0.03-0.05

Also known as CSI-09-14175, G 124-25, LHS 369, and Ross 848.

GJ 570 D	14 57 14.96	-21 21 47.8	T7.5	0.040	0.0000	0.00-0.01

A Brown Dwarf usually listed as part of a system with HIP 73182 and HIP 73184, but different parallaxes indicate that the components are not physically bound.[37, 39] Also known as WDS J14575-2125G, WISEP J145715.85-212207.6, and 2MASS J14571496-2121477.

GJ 852	22 17 18.96	-08 48 12.3	M4V	0.141	0.0004	0.02-0.04
	Ba	-	M5V	0.090	0.00007	0.008-0.015
	Bb	-	?	?	?	?
	C	-	?	?	?	?

There are four stars in this system. Component A has a 39-45AU separation range from B and a 16-46AU separation range from B. Components B and C have a 28AU separation range. Component B is an astrometric binary with a projected 3.93-5.6AU separation. Also known as WDS J22173-0847 and Wolf 1561.

GJ 1061	03 35 59.69	-44 30 45.3	M5.0V	0.003	0.0001	0.01-0.01

Also known as LHS 1565, and 2MASS J03355969-4430453.[41]

GJ 1065	03 50 44.32	-06 05 40.0	M3V	0.152	0.0005	0.02-0.04

Also known as G 160-28, LHS 183, and 2MASS J03504432-0605400.

GJ 1140	10 57 35.17	-07 31 23.3	DA5n	0.750	0.0002	0.01-0.03

A White Dwarf. Also known as EGGR 74, G 163-27, LAWD 34, LHS 2333, and WD 1055-072.

GJ 1276	22 53 53.39	-06 46 54.4	DZ13	0.54	0.00004	0.01-0.01

A very cool, 4,000°K, White Dwarf. Also known as EGGR 453, LHS 69, and WD 2251-070.

GJ 3119	01 51 04.05	-06 07 04.8	M4.5	0.106	0.0001	0.01-0.02

A Flare star.[41] Also known as G 159-3, LHS 1302, and 2MASS J01510405-0607047.

GJ 3189	02 58 10.21	-12 53 06.7	sdM3.0	0.165	0.0007	0.03-0.05

Also known as LHS 1481, NLTT 9474, and 2MASS J02581021-1253066.

Name	R.A.	Dec.	Spec.	Mass	Lum.	H.Z.
GJ 3192 A	03 01 51.39	-16 35 30.67	M2.5V	0.186	0.0012	0.03-0.06
GJ 3193 B	B	-	M3.0	0.191	0.0013	0.03-0.06
	C	-	?	0.159	0.00064	0.02-0.04

The Washington Visual Double Star Catalog lists this star as a triple system.[41] Components A and B have a separation range of 20-43AU. Separation range between components A and C is 12-36AU while the separation between components B and C is 1.8-7.9AU. (over a 70 year time frame). Component GJ 3192 A also known as BD-17°588 B, NLTT 9671, and WDS J03019-1633 B. Component GJ 3193 B also known as BD-17°588 A, NLTT 9672, and WDS J03019-1633 A.

GJ 3306	04 37 47.39	-08 49 08.9	DQ8	0.750	0.0002	0.01-0.02

A White Dwarf. Also known as EGGR 41, LHS 194, NLTT 13658, WD 0435-088, and 2MASS J04374739-0849089.

GJ 4274	22 23 06.97	-17 36 25.0	M4.5Ve	0.120	0.0002	0.01-0.03

A Flare star. Also known as LHS 3799, NLTT 53683, and 2MASS J22230696-1736250.

GJ 4281	22 28 54.40	-13 25 17.8	M6Ve	0.061	0.0000	0.00-0.01

Also known as LHS 523, NLTT 53958, and 2MASS J22285440-1325178.

HIP 439	00 05 24.42	-37 21 26.5	M2V	0.398	0.0250	0.15-0.29

A Flare star. Also known as CD-37°15492, GJ 1, HD 225213, LHS 1, and NLTT 134.[87]

HIP 1242	00 15 28.11	-16 08 01.6	M4V	0.151	0.0005	0.02-0.04
	B	-	?	0.129?	0.0003	0.018-0.03

This is a binary system with a semi-major axis of 4AU, a period of 4.8yrs, and a 0.08 eccentricity. Total system mass is estimated at $0.28M_{\odot}$[64]. Also known as G 158-50, GJ 1005, LHS 1047, and WDS J00155-1608 AB.

HIP 5643	01 12 30.63	-16 59 56.3	M4.0Ve	0.005	0.0002	0.01-0.02

Also known as YZ Ceti, GJ 54.1, LHS 138, and 2MASS J01123052-1659570.

HIP 13402	02 52 32.12	-12 46 10.9	K1V	0.728	0.2816	0.52-0.97
	B	-	?	0.054	0.00001	0.002-0.005

WDS catalog lists this as a binary system with a separation range of 85AU. Most other resources don't. Component A is an RS CVn Variable with an estimated age of 140-620 million years[48]. Also known as BD-13°544, GJ 117, HD 17925, LTT 1372, and WDS J02525-1246.

HIP 17378 (Delta Eridani)	03 43 14.90	-09 45 48.2	K0IV	0.7?	2.327	1.50-2.78

An RS CVn Variable. Most mass estimates ($1.21\text{-}1.33M_{\odot}$) are based on its apparent magnitude, which is higher now that it has evolved off the main sequence. Based on those estimates, this should be a F-type star, not the K0IV it appears as, thus, if it is a K-type star, its mass is more properly in the $0.5\text{-}0.7M_{\odot}$ range. Habitable planets, when the star was main sequence, would have had orbits between about 0.3-0.7AU, the current Habitable Zone of 1.5 to 2.78AU is well outside that upper range. A cold planet like Mars, at the former outer edge, would now be the equivalent of Mercury. Also known as BD-10°728, Delta Eridani, GJ 150, HD 23249, LHS 1581, and Rana.

HIP 18899	04 03 03.85	-15 09 09.5	?	0.263	0.0048	0.07-0.13
	B	-	?	0.208	0.0018	0.04-0.07

This is a binary system with a separation range of 127-169AU. No definite spectral class has been noted for these stars. Also known as CCDM J04031-1509, BD-15°708, and WDS J04031-1509.

HIP 21556	04 37 41.86	-11 02 19.9	M1V	0.366	0.0180	0.13-0.24

Also known as BD-11°916, GJ 173, NLTT 13657, and 2MASS J04374188-1102198.[87]

HIP 23512	05 03 20.08	-17 22 24.7	M3V	0.191	0.0013	0.04-0.07

Also known as GJ 3325, LHS 1731, NLTT 14433, and 2MASS J05032009-1722245.

HIP 29295	06 10 34.61	-21 51 52.7	M1V	0.409	0.0280	0.16-0.30
	B	-	T6.5	0.044	0.00000	0.002-0.003

This is a binary system with a separation range of 67-77AU. Component A is a Flare star, B is a Brown Dwarf.[87] Also known as GJ 229, HD 42581, LFT 459, and WDS J06106-2152.

Name	R.A.	Dec.	Spec.	Mass	Lum.	H.Z.
HIP 46706	09 31 19.41	-13 29 18.9	M3V	0.43	0.007	0.08-0.16
	B	-	M?	0.45	0.006	0.07-0.14

This is a binary system with a separation range of 3.2-3.9AU, a period 18.4 years, and a 0.26 eccentricity[64]. One or both components are a Flare star. System mass is eastimated at $0.85M_{\odot}$. Also known as CCDM J09313-1329, GJ 352, LHS 2151, Ross 440, and WDS J09313-1329.

HIP 51007	10 25 10.83	-10 13 43.2	M1V	0.316	0.0100	0.10-0.18

Also known as BD-09°3070, GJ 390, LHS 2259, NLTT 24293, and 2MASS J10251088-1013434.

HIP 62951	12 53 58.71	-18 02 04.7	A2	0.373	0.0193	0.14-0.25

This is a optical binary with component A being 700 light-years more distant despite visually appearing to be only 176-180AU apart. It is under-mass for its spectral classification. Also known as CCDM J12540-1802 B, BD-17°3725. and WDS J12540-1802 B.

HIP 70975	14 31 01.16	-12 17 45.9	M3.5	0.200	0.0016	0.04-0.07

Also known as GJ 9484, LHS 2932, NLTT 37557, and Wolf 1478.

HIP 71253	14 34 16.81	-12 31 10.3	M3.5V	0.173	0.0009	0.03-0.05

A BY Dra Variable. Also known as HN Librae, BD-11°3759, GJ 555, LHS 2945, NLTT 37751, and 2MASS J14341683-1231106.

HIP 72509	14 49 31.76	-26 06 42.6	M1.5V	0.119	0.0002	0.01-0.03

Although listed as a binary in both CCDM and WDS with HIP 72511 (Map #6) as the A component —with a horizontal separation of 329-380AU — HIP 72509 is actually two light-years farther from Earth, thus 72509 is a solitary star. Also known as CCDM J14495-2606 B, GJ 9495 B, LHS 379, NLTT 38454, and WDS J14497-2605 B.

HIP 73182 (GJ 570 BC)	Ba	-21 24 41.5	M1.5V	0.348?	0.0147	0.12-0.22
	Bb (previously C)	-	?	0.463?	-	-

Although listed as a single system with HIP 73184 and GJ 570 D, different parallaxes indicate that the components are not physically bound. Components Ba and Bb are a Spectroscopic Bi-

Fig. 34. Taken by NASA's Near Earth Asteroid Rendezvous (NEAR Shoemaker) mission in 2000, this is a close-up view of 433 Eros, approximately 34.4×11.2×11.2 km (21.4×7.0×7.0 mi) in size, the second-largest near-Earth asteroid. It has a 1.54AU semi-major axis (1.1AU to 1.783AU), a period of 1.76 years, and a 0.223 eccentricity. It is similar in size and mass to the asteroid thought to have brought about the extinction of the dinosaurs. Also know as 1898 DQ and 1956 PC.

Fig. 35. NEAR Shoemaker's image of asteroid 433 Eros taken from a range of 700 meters (2,300 feet). The image is 33 meters (107 feet) across. The large, oblong rock casting a big shadow measures 7.4m (24 ft) by 2.3m (7.4 ft). Small craters and cracks are visible in individual boulders. NEAR scientists have found that most of the larger rocks strewn across Eros were ejected from a single crater, tentatively named *Shoemaker*, in an impact approximately 1 billion years ago. The daytime temperatures on Eros can reach 100°C (373°K, 212°F) at its closest approach to the sun. Nighttime temperatures fall to about -150°C (123°K,). Eros's density is 2.67 g/cm3, about the same as the density of Earth's crust. A single rotation takes 5.27 hours, and is end-over-end in direction.

Name	R.A.	Dec.	Spec.	Mass	Lum.	H.Z.

nary with a semi-major axis of 1.3AU, a 308 day period, and 0.76 eccentricity. Their combined mass is estimated at $0.83M_{\odot}$. Also known as ADS 9446 B, CCDM J14574-2124B, GJ 570 BC, HD 131976, LHS 386, and WDS J14575-2125 Ba,Bb.

HIP 73184 (GJ 570 A)	14 57 28.00	-21 24 55.7	K4V	0.588	0.1197	0.34-0.63

A BY Draconis Variable. Although listed as a single system with HIP 73182 and GJ 570 D, different parallaxes indicate that the components are not physically bound. It has a separation range of 94-252AU from HIP 73182, and 514-1,944AU from GJ 570 D. It has an estimated age of 1.36Gyrs[48]. Also known as ADS 9446 A, CCDM J14574-2124 A, GJ 570 A, HD 131977, LHS 387, and WDS J14575-2125.

HIP 82809	16 55 25.27	-08 19 20.7	M4VI	0.165	0.0007	0.03-0.05
	B	-	sd	?	?	?

This is a Spectroscopic Binary system with an unknown separation range. A possible septuple (7) system with HIP 82817. The separation distance between HIP 82817, VB8 and HIP 82809 is about 1,500AU. Common motions of HIP 82809, HIP 82817, and VB8 imply a septuple. Also known as BD-08°4352 C, CCDM J16555-0820 C, GJ 643 AB, LHS 427, NLTT 43797, WDS J16555-0820 C, and Wolf 629.

HIP 83591	17 05 03.39	-05 03 59.4	K4/5V	0.508	0.0664	0.25-0.47
HIP 83599	-	-	M3V	0.297	0.0078	0.09-0.16

A binary system with a separation range of 2,770AU. Despite this great distance, common apparent motions indicate this is a true binary[52]. Also known as BD-04°4225, CCDM J17051-0504, HD 154363, LHS 431, WDS J17050-0504, and Wolf 635. Component B is also known as BD-04°4226, GJ 654, LHS 432, Wolf 636.[52]

HIP 84405 (36 Ophiuchi)	17 15 20.85	-26 36 09.0	K1V	0.850	0.2574	0.50-0.93
	B	-	K2V	0.850	0.4536	0.66-1.23
HIP 84478	C	-	K5V	0.522	0.0744	0.27-0.50

Components A and B have a semi-major axis of 49AU and a high 0.922 eccentricity (a comet-like orbit). Component C, an RS CVn Variable is a distant ~7,000AU, almost two hundred times the distance between components A and B. Common apparent motions indicate these stars are physically bound. The Habitable Zones for all three stars could harbour planets, although orbits beyond 1.5 AU are inherently unstable for both 36 Ophiuchi A and 36 Ophiuchi B. Also known as 36 Ophiuchi, CCDM J17155-2635 AB, CD-26°12026, NLTT 44415, and WDS J17153-2636 AB. Component C is also known as V2215 Ophiuchi, CD-26°12036, GJ 664, HD 156026, and NLTT 44446.

HIP 84581	17 17 23.34	-07 52 34.6	F0IV	0.276	0.0058	0.075-0.18

HIC 84582 is *not* a companion although listed as such in several catalogs. Also known as BD-07°4419 B, CCDM J17174-0752 B, HD 156344 B, and WDS J17174-0752 B.

HIP 92403	18 49 49.36	-23 50 10.4	M3.5Ve	0.170	0.0038	0.06-0.11

A Flare star. Also known as V1216 Sagittarii, GJ 729, LHS 3414, NLTT 4704, and Ross 154.

HIP 95071	19 20 34.92	-07 40 00.0	DBQA5	1.000	0.0011	-
	B	-	M5V	0.160	0.0007	0.025-0.046

A White Dwarf, B is a Variable. This is a binary system with a separation range of 142-143AU. Also known as CCDM J19206-0740, EGGR 131, GJ 754.1, GJ 9653, NLTT 47693, WDS J19206-0740, and WD 1917-077. Component B also known as NLTT 47691.

HIP 103039	20 52 33.01	-16 58 29.0	M4V	0.164	0.0007	0.03-0.05

Also known as LP 816-60, NLTT 50038, and 2MASS J20523304-1658289.

HIP 105090	21 17 15.26	-38 52 02.4	M0Ve	0.046	0.0244	0.15-0.29

An ultraviolet Flare star with an estimated age of 1.5-2.56Gyrs[48]. Also known as AX Microscopii, CD-39°14192, GJ 825, HD 202560, Lacaille 8760, and NLTT 50917.

HIP 106255	21 31 18.61	-09 47 26.4	M4.5V	0.291	0.0009	0.03-0.05
	B	-		0.162	0.0001	0.01-0.02

This is a binary system with a separation range of 0.97-1.5AU, a 703 day period, and 0.416 eccentricity. Masses accurate to 4%[65]. Component A is a BY Draconis Variable. Also known as BB Capricorni, CCDM J21313-0947, GJ 831, LHS 511, WDS J21313-094, and Wolf 922.

Name	R.A.	Dec.	Spec.	Mass	Lum.	H.Z.
HIP 114046	23 05 52.03	-35 51 11.0	M2/M3V	0.030	0.0091	0.09-0.17
A Pre-main sequence star. Also known as Lacaille 9352, CD-36°15693, GJ 887, HD 217987, LFT 1758, and 2MASS J23055131-3551130.						
WISE J154151.65-225024.9	15 41 51.66	-22 50 24.9	Y0	0.011	0.0000	0.00-0.00
A Brown Dwarf.[43]						
2MASS J04151954-0935066	04 15 19.54	-09 35 06.7	T8	0.043	0.0000	0.00-0.01
A Brown Dwarf.[37,39] Also known as WISEP J041521.20-093500.6.						
2MASS J05591914-1404488	05 59 19.14	-14 04 48.8	T4.5	0.063	0.0000	0.00-0.01
A Brown Dwarf.[39] Also known as WISEP J055919.58-140452.6.						
2MASS J07200325-0846499	07 20 03.25	-08 46 49.9	M9.5	0.073	0.0000	0.01-0.01
	B	-	T5			
This is a Spectroscopic Binary system with a separation range of 1.19AU, a 4.1+2.7/-1.3 year period, and unknown eccentricity. There is a high likelihood that this radio-emitting very low-mass binary made a close pass to the Sun in the past 100,000 years.						
2MASS J08283419-1309198	08 28 34.19	-13 09 19.9	L2	0.039	0.0000	0.00-0.00
A Brown Dwarf.[43] Also known as V484 Hydrae.						
2MASS J08354256-0819237	08 35 42.56	-08 19 23.7	L6.5	0.049	0.0000	0.00-0.00
A Brown Dwarf.[43] Also known as V488 Hydrae.						
2MASS J09393548-2448279	09 39 35.49	-24 48 27.9	T8	0.054	0.0000	0.00-0.01
A Brown Dwarf.[37]						
2MASS J10481463-3956062	10 48 14.64	-39 56 06.2	M9V	0.033	0.0000	0.00-0.00
A Brown Dwarf.						
2MASS J11145133-2618235	11 14 51.33	-26 18 23.5	T7.5	0.030	0.0000	0.00-0.01
A Brown Dwarf.[37] Also known as WISEP J111448.80-261828.2.						
2MASS J15074769-1627386	15 07 47.69	-16 27 38.6	L5V	0.067	0.0000	0.00-0.01
A Brown Dwarf.[39]						
2MASS J16452211-1319516	16 45 22.11	-13 19 51.7	L1	0.080	0.0000	0.01-0.01
A Brown Dwarf.[43]						

Fig. 36. Chariklo is the only known asteroid in our Solar System with rings. It is the largest, ~250-300 km (160-186 mi), of the Centaur Asteroids, which orbit between Saturn and Uranus. An oblate sphere in shape, it has a 15.78AU semi-major axis, 62.74 year period, and 0.172 eccentricity. It had been thought that rings could only be stable around much more massive bodies. Chariklo's rings *should* disperse over a period of a few million years, so either they are very young, or they are actively contained by unseen shepherd moons with a mass comparable to that of the rings. The inner, more substantial ring, Oiapoque, is 7 km. (4.3 mi) wide and 0.4 km thick (0.14 mi) with a radius of 391 km (243 mi), and Chuí, the outer ring, is 3 km (1.86 mi) wide, 0.06 km (0.037 mi) thick with a radius of 405 km (251). The Centaurs originated in the Kuiper belt less than ten million years ago and are in unstable orbits, although Chariklo appears to have the most stable orbit of the group. It is speculated that they were disturbed from their orbit and brought closer to the Sun by a gravitational interaction with Neptune less than ten million years ago. The sun is to the upper right in this artwork[84].

Star Map 9

There are eighty-seven stars in sixty-two systems in this section. There are thirteen confirmed exoplanets orbiting eight host stars: HD 95872, HIP 15510 (HD 20794), 24186 (Kapteyn's Star), 84709 (GJ 667 C), 85523, 99825, 106440, 113368 (Fomalhaut), and one exoplanet that is most likely a Brown Dwarf, SCR J1845-6357 Ab B. There are seven stars that are more than twenty percent as luminous as our Sun: HIP 15510 (HD 20794), 27072 A and B (Gamma Leporis A and B), 84709, 99825 (HD 192310), 107556 (Deneb Algedi), 108870 (Epsilon Indi), and 113368 (Fomalhaut A).

Name	R.A.	Dec.	Spec.	Mass	Lum.	H.Z.
HIP 15510 (HD 20794)	03 19 55.65	-43 04 11.2	G8III	0.842	0.5018	0.70-1.29

This is a high-velocity star; that is, it is moving quickly compared to the average — relative to our Sun, it is moving at a space velocity of 101 km (62.7 mi) per second. At 0.40, it has a relatively high galactic orbital eccentricity, ranging between 4.6 and 10.8 kiloparsecs from the core. Its estimated age is 6.22Gyrs[48]. Also known as GJ 139, HD 20794, LHS 19, and 82 Eridani.

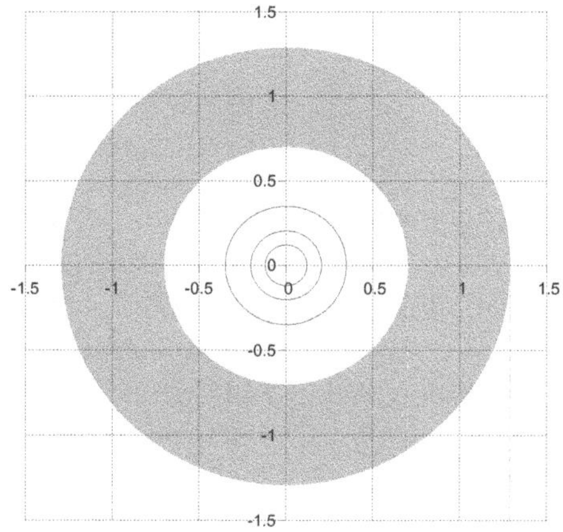

Three exoplanets have been discovered, so far.[48] Unfortunately, all three are well inside the projected Habitability Zone for this star. HD 20794 c is estimated to have a non-atmospheric surface temperature of 388°K (115°C, 239°F); significantly above the boiling point of water. With an atmosphere, the Greenhouse Effect would drive that temperature higher.

Planet Candidate	Mass M_E	Semimajor axis (AU)	Orbital period (days)	Eccentricity	Surface $Gravity_E$
b	2.7	0.120	18.31	0	1.4[77]
c	2.3	0.203	40.11	0	1.32[77]
d	4.7	0.349	90.30	0	1.62[77]
Debris belt		19–30 AU			

HIP 22762 (GJ 180)	04 53 49.97	-17 46 24.2	M3V	0.338	0.0130	0.11-0.20

Also known as GJ 180, LHS 1712, and NLTT 14144.[87]

Two Super-Earth-sized Exoplanets have been discovered.

GJ 180 b has a 0.103AU semi-majore axis, a 17.3 day period, and 0.11 eccentricity. Its minimum mass is estimated at 8.3 -5/+3M_E with a projected 1.9R_E[77].

GJ 180 c has a 0.129AU semi-majore axis, a 24.3 day period, and 0.09 eccentricity. Its minimum mass is estimated at 6.4±4M_E with a projected 1.79R_E[77].

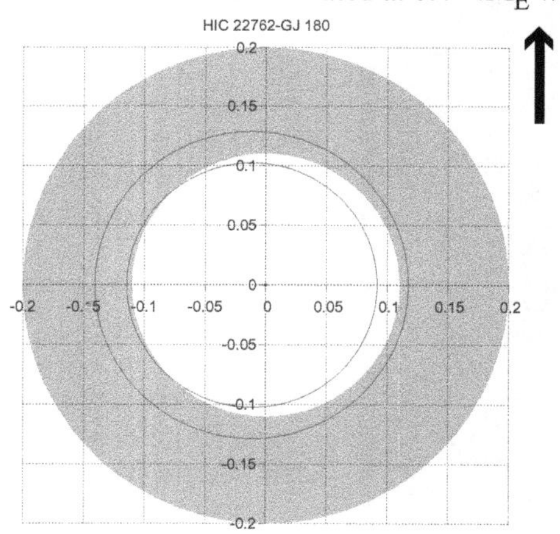

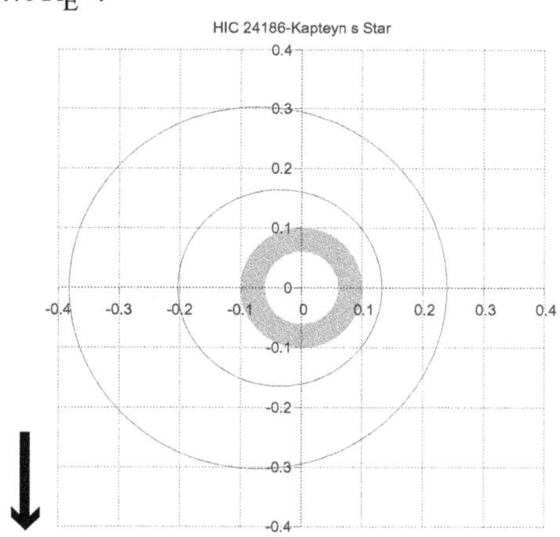

HIP 24186 (Kapteyn's Star)	05 11 40.58	-45 01 06.2	sdM1	0.238	0.0032	0.06-0.10

A BY Draconis Variable. This star has a radius of 0.291$R_{\odot}$ and is 250 times fainter than our Sun, but ten times brighter than Barnard's Star, also a red dwarf. It has an unusually high space velocity of

Star Map #9

-9.00 to - 14.99

39. l.y. circle

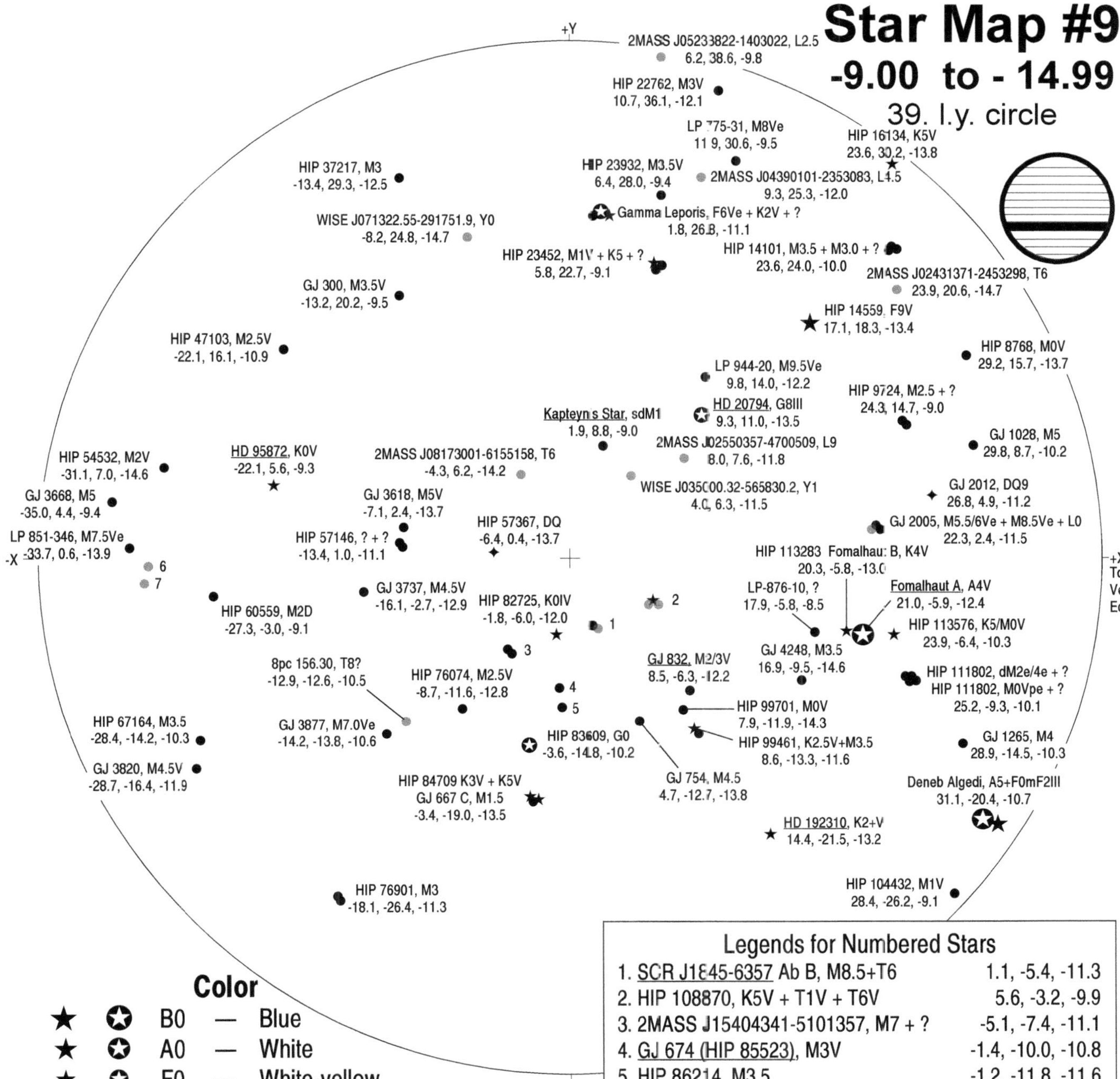

Legends for Numbered Stars

1.	SCR J1845-6357 Ab B, M8.5+T6	1.1, -5.4, -11.3
2.	HIP 108870, K5V + T1V + T6V	5.6, -3.2, -9.9
3.	2MASS J15404341-5101357, M7 + ?	-5.1, -7.4, -11.1
4.	GJ 674 (HIP 85523), M3V	-1.4, -10.0, -10.8
5.	HIP 86214, M3.5	-1.2, -11.8, -11.6
6.	2MASS J12052666-2333125, DA5.7	-32.3, -0.8, -14.1
7.	2MASS J12140866-2345172, M4.5D	-32.6, -2.0, -14.4

Color

★	✪	B0	— Blue
★	✪	A0	— White
★	✪	F0	— White-yellow
★	✪	G0	— Yellow
★	✪	K0	— Orange
●		M0	— Red
●		L/T	— Brown Dwarf
✦		Dx	— White Dwarf

Spectral Type

IA or IB	— Super Giant
II	— Bright Giant
III	— Normal Giant
IV	— Sub-Giant
V / d prefix	— Main Sequence (dwarf)
VI	— Sub-dwarf
VII / Capital	— White Dwarf

1 Astronomical Unit (AU) = 149.6 million kilometers (93 million miles)

1 Light-year = 63,240AU

Distance from Sun to:

Earth = 1AU (period = 1 year)
Jupiter = 5.22AU (period = 3.64 years)
Pluto = 39.5 AU (period = 248.82 years)

1 Solar Luminosity = 3.90 x 10^{26} watts
(Earth receives 1,340 watts per square meter when the Sun is directly overhead; for example, at the equator on March 21st and October 21st.)

1 Solar Mass = 1.989 x 10^{30} kilograms
Jupiter = 0.000955 Solar Masses

By Terry Kepner

290 kilometers (175 miles) per second and orbits the galaxy in a retrograde direction. It is receding from us at 233 kilometers (145 miles) per second. It is an old star, its age is estimated at 11Gyrs. It is most likely a member of a dwarf galaxy absorbed by the Milky Way billions of years ago. Also known as Kapteyn's Star, VZ Pictoris, CD-45°1841, GJ 191, HD 33793, and NLTT 14668.

Two Super-Earth exoplanets were discovered in 2014.[86]

Kapteyn b has a 0.168AU semi-major axis, a 48.6 day period, and 0.21 eccentricity. Its mass is estimated at 4.8±1.0M_E. Less conservative estimates of the Habitability Zone place it in Kapteyn's Habitability Zone.

Kapteyn c has a 0.311AU semi-major axis, a 121.5 day period, and 0.23 eccentricity. Its estimated mass is 7.0±1.0M_E.

Name	R.A.	Dec.	Spec.	Mass	Lum.	H.Z.
HIP 84709	17 18 58.83	-34 59 48.6	K3V	0.748	0.3130	0.55-1.02
	B	-	K5V	0.508	0.066	0.25-0.47
GJ 667	C	-	M1.5	0.34	0.0137	0.11-0.21

This is a triple system. Components A and B have 13AU semi-major axis, 42.15 year period, and 0.58 eccentricity; system mass is estimated at 1.27$M_\odot$.[38, 64] Component A is a suspected variable and Component C is a Flare star. Component C orbits the AB pair at a distance of 237-264AU. The system age is estimated at greater than 2Gyrs. Also known as CCDM J17190-3459, GJ 667, HD 156384, LHS 442 (A), LHS 442 (B), LHS 443 (C), and WDS J17190-3459.

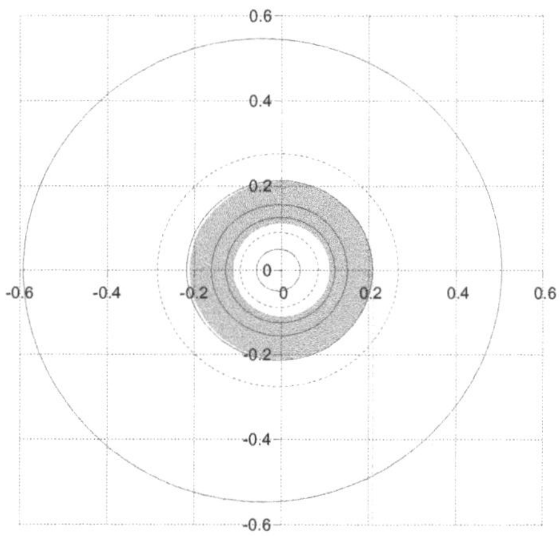

Five exoplanets, GJ 667 Cb through Cg, have been discovered in orbit around Component C. Two additional planets have been claimed, but are unconfirmed and may be artifacts caused by noise in the data. Three of the planets orbit at the very edge or in the conservative range of the Habitability Zone, and definitely in the Zone for slightly more liberal estimates, *See* Figure 33 below.

Planet Candidate	Mass M_E	Semimajor axis (AU)	Orbital period (days)	Eccentricity	Surface Gravity (M_E)
b[78, 91]	5.6	0.05	7.2	0.15	1.70 ±0.05[77]
(h - possible)[90]	1.1	0.0893	16.9	0.06 ±0.38	1.09 ±0.05[77]
c[78, 91]	3.7	0.125	28.1	0.02 ±0.17	1.50 ±0.05[77]
f[90]	2.7	0.156	39	0.03 ±0.19	1.40 ±0.05[77]
e[90]	2.7	0.213	62.2	0.02 ±0.24	1.40 ±0.05[77]
d (refuted)[91]	5.1	0.276	91.6	0.03 ±0.23	1.68 ±0.05[77]
g[90]	4.6	0.549	256.2	0.08 ±0.49	1.60 ±0.05[77]

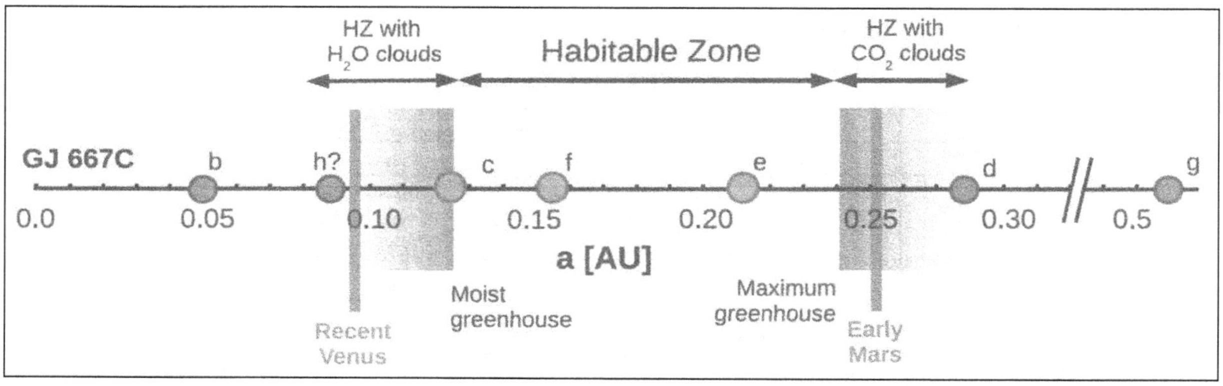

Fig. 37. The planetary system of GJ 667C as plotted by Anglada-Escude, et al[90], with the Habitable Zone they envision around the star. Planets c, f, and e are within the HZ using the conservative calculations in this book. Proportionately compared to our Solar System, planet c is farther out than Venus while planet e is closer in than Mars. Planet f is close to where we find Earth. All three planets are Super-Earths and possibly habitable by people, depending on the atmospheric makeup. They are probably facelocked or in spin orbit resonance. Planet d has been refuted. Planet h has not actually been detected.

Name	R.A.	Dec.	Spec.	Mass	Lum.	H.Z.
HIP 85523 (GJ 674)	17 28 39.94	-46 53 42.6	M3V	0.35	0.016	0.12-0.23

A Pre-main sequence star with an estimated 550 million year age. Also known as CD-46°11540, GJ 674, and NLTT 44819.

One exoplanet, GJ 674 b, has been discovered. It has a 0.0386AU semi-major axis, a 4.69 day period, and a 0.26 eccentricity. Its minimum mass is estimated at $0.034M_J$, about eleven times the mass of Earth.

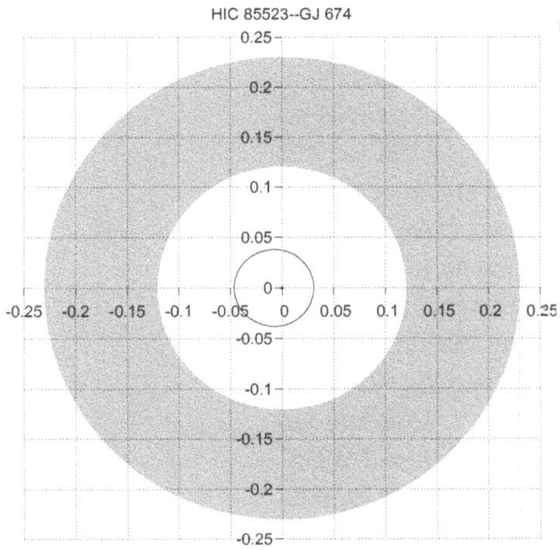

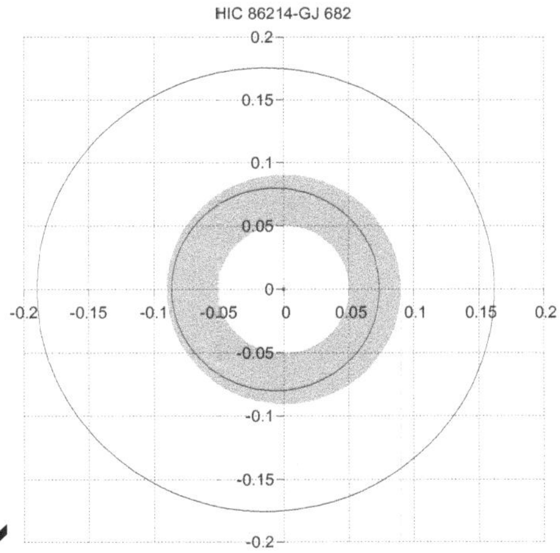

HIP 86214 (GJ 682)	17 37 03.66	-44 19 09.1	M3.5	0.27	0.0020	0.05-0.09

Also known as CD-44°11909, GJ 682, LHS 451, NLTT 45107, 2MASS J17370367-4419088.[87]

Two exoplanets, both potential Super-Earths[87], have been discovered.

GJ 682 b has with a 0.080AU semi-major axis, a 17.47 day period, and 0.08 eccentricity. Its minimum estimated mass is 4.4 $-2/+4M_E$, with a projected $1.6R_E$[77].

GJ 682 c has with a 0.176AU semi-major axis, a 57.32 day period, and 0.08 eccentricity. Its minimum estimated mass is 8.7 $-4/+6M_E$, with a projected $1.9R_E$[77].

HIP 99825 (HD 192310)	20 15 17.39	-27 01 58.7	K2+V	0.726	0.2784	0.52-0.96

A Variable star with an estimated 870 million year age[48]. Also known as CD-27°14659, GJ 785, HD 192310, and NLTT 48922.

Two exoplanets have been discovered, so far. HD 192310 b has a 0.322AU semi-major axis, a 74.72 day period, and a 0.13 eccentricity. Its minimum mass is estimated at $0.053M_J$, almost the same as Neptune and about seventeen times more massive than Earth.

HD 192310 c, has a 1.18AU semi-major axis, a 525.8 day period, and a 0.32 eccentricity. Its minimum mass is estimated at $0.073M_J$, almost thirty percent more massive than Neptune.

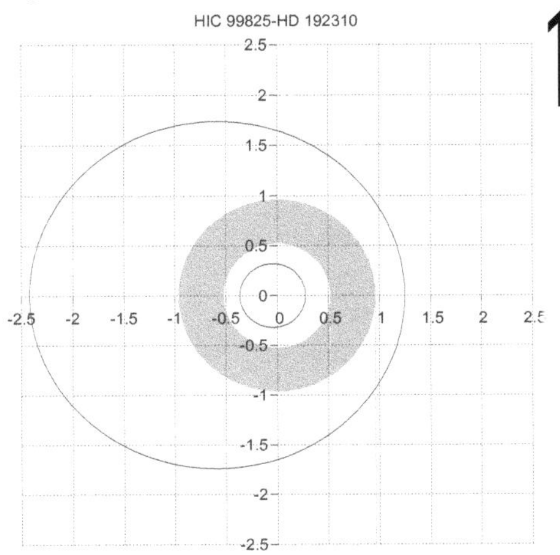

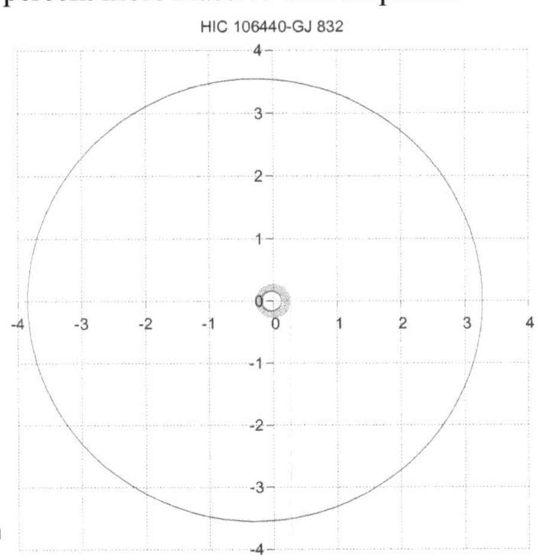

HIP 106440 (GJ 832)	21 33 33.97	-49 00 32.4	M2/3V	0.45	0.023	0.15-0.27

Also known as CD-49°13515, GJ 832, HD 204961, and LHS 3685. Two exoplanets, GJ 832 b and GJ 832 c have been discovered.

(continued)

Name	R.A.	Dec.	Spec.	Mass	Lum.	H.Z.

GJ 832 b has a 3.56AU semi-major axis, a 3657 day period, and a 0.08 eccentricity. Its minimum mass is estimated at $0.648M_J$, more than double that of Saturn.

GJ 832 c has a 0.162AU semi-major axis, a 35.68 day period, and a 0.18 eccentricity. Its minimum mass is estimated at $0.016M_J$. It is a Super-Earth at $5.3M_E$ with a $1.7R_E$.[77, 85]

Name	R.A.	Dec.	Spec.	Mass	Lum.	H.Z.
HIP 113368 (Fomalhaut A)	22 57 39.04	-29 37 20.0	A4V	1.992	15.7421	3.91-7.24
HIP 113283 (TW Piscis Austrini)	22 56 24.05	-31 33 56.0	K4V	0.568	0.1041	0.32-0.59
LP 876-10 (Fomalhaut C)	22 48 04.47	-24 22 07.5	M4V	0.130	0.0002	0.02-0.03

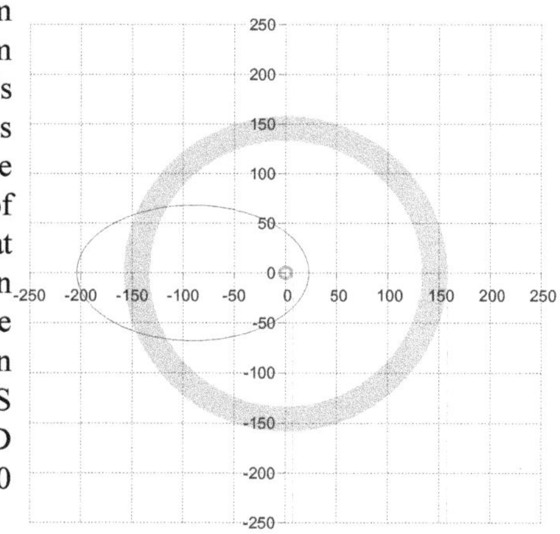

Despite the fact that the three stars are greatly separated from each other (TW Piscis Austrini is almost a full light-year from Fomalhaut, and 3.2 light-years LP 876-10; while LP 876-10 is 2.5 light-years from Fomalhaut), common apparent motions — to within a tenth of a kilometer — suggest these stars are gravitationally bound to each other. Independent estimates of their ages also agree to a significant degree, placing them at about 450±40 million years and supporting the supposition that they are bound. HIP 113283 is a BY Draconis Variable with an estimated 100-380 million years age[48]. Also known as Fomalhaut, GJ 881, HD 216956, NLTT 55380, and WDS J22577-2937Aa,Ab. HIP 113283 also known as GJ 879, HD 216803, NLTT 55315, and WDS J22577-2937 B. LP 876-10 also known as NLTT 54872 and WDS J22577-2937 C.

The dust disk encircling Fomalhaut runs from about 0.08-290AU with apparent gaps at 0.12-0.2AU, 0.63-7.9AU, and 13-34AU. These gaps still have dust in them, just not nearly as much as the other areas. Fomalhaut's young age and the extensive dust disk have made it an attractive target for insights into planet formation.

One exoplanet has been discovered, so far. Fomalhaut b, also known as Dagon, has a 113 AU semi-major axis, a 1,700-2,000 year period, and 0.8 eccentricity. It is currently about 18AU from the inner edge of the main dust belt (at about 133AU). Its mass is *thought* to be less than $3M_J$ but is currently unknown as it was directly imaged by HST observations over 1.73 years. The two grey circles in the diagram above are the Habitable Zone (inner small circle) and the main belt of the dust ring encircling Fomalhaut (outer, lighter grey circle).

Name	R.A.	Dec.	Spec.	Mass	Lum.	H.Z.
HD 95872	11 03 28.07	-22 05 38.4	K0V	0.919	0.714	0.83-1.54

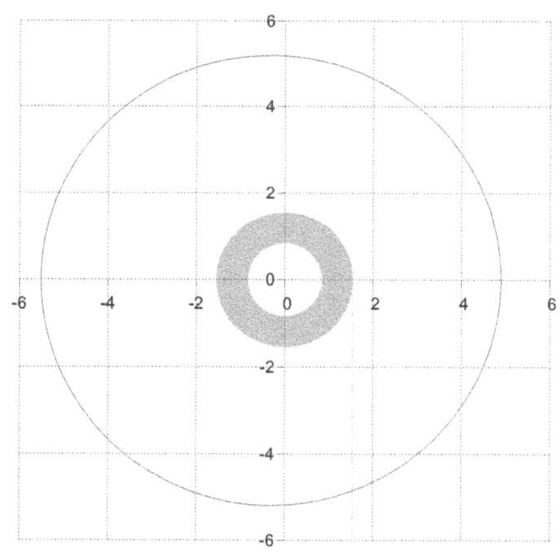

This star has an estimated 10±3Gyrs age and is close to a solar-analogue, that is it is quite like our own Sun only slightly smaller and dimmer. Also known as BD-21°3221, CPD-21°4847, NLTT 26130.

One exoplanet, HD 95872 b, has been discovered, so far.[92] The planet has minimum $4.6M_J$, a semi-major axis of 5.2AU, a 4,375 day (11.97 year) period, and an estimated 0.06 eccentricity. This is a Jupiter analogue orbiting about where Jupiter does in our solar system. The residuals after removing this planet do not indicate the presence of any other large planets. Unfortunately, the "jitter" or noise in the signal introduced by stellar activity is well above the levels needed to mask the gravitational effects of any rocky terrestrial planets, or any planets below Neptune in size, on the star and thus disallow radial velocity measurement detection.

Name	R.A.	Dec.	Spec.	Mass	Lum.	H.Z.
SCR J1845-6357	18 45 05.41	-63 57 47.5	M8.5	0.001	0.0000	0.00-0.00
	B	-	T6	0.021-0.042	-	-

This is a binary system with a separation range of ~4.5AU. The estimated age for the system is less than 100 million years. Also known as SCR J1845. The Extrasolar Planet Encyclopaedia

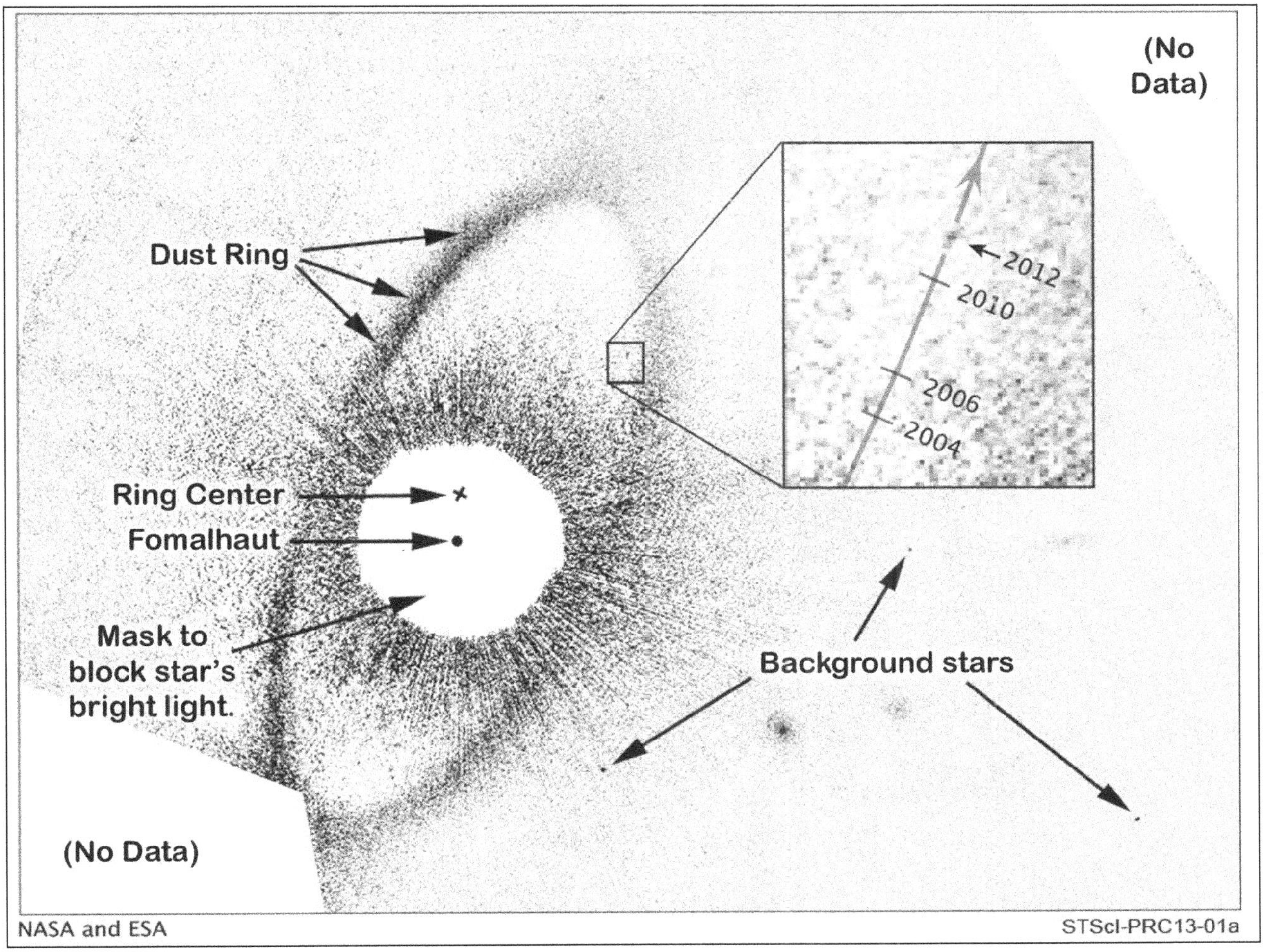

Fig. 38. A reverse infrared image of the vast debris disk around Fomalhaut. The outer debris belt is wider than previously thought, spanning from 23 to nearly 32 billion kilometers (14 and 20 billion miles) from the star. The planet, Fomalhaut b, is as close to its star as 7.4 billion kilometers (4.6 billion miles or 49 AU), and as far away as 43 billion kilometers (27 billion miles or 290 AU). This circumstantial evidence suggests there may be other planets in the system that gravitationally disturbed Fomalhaut b to give it such a highly eccentric orbit. This as yet undiscovered planet gravitationally ejected Fomalhaut b from a position closer to the star, and sent it flying in an orbit that extends through and beyond the dust belt. The ring center being displaced from the star is another indication that other planets are sculpting the dust belts into their current configuration.

Name	R.A.	Dec.	Spec.	Mass	Lum.	H.Z.

claims the B component is planet, however at $45M_J$ it is at the Brown Dwarf/planet edge and is most likely a Brown Dwarf.[41]

Name	R.A.	Dec.	Spec.	Mass	Lum.	H.Z.
GJ 300	08 12 40.88	-21 33 05.6	M3.5V	0.163	0.0007	0.03-0.05

Also known as LHS 1989, NLTT 19136, and 2MASS J08124088-2133056.[41]

Name	R.A.	Dec.	Spec.	Mass	Lum.	H.Z.
GJ 754	19 20 47.95	-45 33 28.3	M4.5	0.137	0.0004	0.02-0.03

Also known as LHS 60 and 2MASS J19204795-4533283.

Name	R.A.	Dec.	Spec.	Mass	Lum.	H.Z.
GJ 1028	01 04 53.68	-18 07 29.2	M5	0.107	0.0001	0.01-0.02

Also known as G 268-110, LHS 134, and NLTT 3576.

Name	R.A.	Dec.	Spec.	Mass	Lum.	H.Z.
GJ 1265	22 13 42.78	-17 41 08.2	M4	0.131	0.0003	0.02-0.03

Also known as LHS 3776 and NLTT 53236.

Name	R.A.	Dec.	Spec.	Mass	Lum.	H.Z.
GJ 2005	00 24 44.19	-27 08 24.2	M5.5	0.172	0.0000	0.005-0.01
	B	-	M9.5	0.077	0.00000	0.001-0.002
	C	-	L0	0.071	0.00000	0.001-0.002

There are three stars in this system. The separation range for components A and B is 6.5-8AU;

Name	R.A.	Dec.	Spec.	Mass	Lum.	H.Z.

separation range for components A and C is 9.7-11AU; and the B and C components have a separation range of about 2.2-2.9AU. In 1999 it was reported that component A had a close companion, 0.74AU, but the companion has not been seen since. It had a magnitude of 18.00, only a bit brighter than the 18.68 of component B. Also known as LHS 1070, NLTT 1292, and WDS J00247-2653AB,BC.

GJ 2012	00 41 26.04	-22 21 02.0	DQ9	0.750	0.0001	0.01-0.02

A White Dwarf.[43] Also known as EGGR 246, G 266-157, LHS 1126, and WD 0038-226.

GJ 3618	10 44 21.32	-61 12 38.4	M5V	0.199	0.0016	0.04-0.07

Also known as LHS 288 and 2MASS J10442131-6112384.[41]

GJ 3668	11 31 08.35	-14 57 20.1	M5	0.119	0.0002	0.01-0.03

Also known as LHS 306, NLTT 27616, and 2MASS J11310835-1457201.

GJ 3737	12 38 49.16	-38 22 52.5	M4.5V	0.126	0.0003	0.02-0.03

Also known as LHS 337 and 2MASS J12384914-3822527.[41]

GJ 3820	13 59 10.45	-19 50 03.4	M4.5V	0.159	0.0006	0.02-0.05

A Flare star. Also known as LHS 2836, NLTT 35884, and 2MASS J13591045-1950034.

GJ 3877	14 56 38.31	-28 09 47.3	M7.0Ve	0.048	0.0000	0.00-0.00

A Flare star. Also known as LHS 3003, NLTT 38829, and 2MASS J14563831-2809473.

GJ 4248	22 02 29.29	-37 04 51.0	M3.5	0.171	0.0009	0.03-0.05

Also known as LHS 3746, and 2MASS J22022935-3704512.

HIP 8768	01 52 49.17	-22 26 05.4	M0V	0.396	0.0246	0.15-0.29

A Flare star with an age estimate of 1.08Gyrs[48]. Also known as CD-23°693, G 272-114, GJ 79, HD 11507, and LHS 1307, and NLTT 6302.

HIP 9724	02 05 04.84	-17 36 52.6	M2.5	0.270	0.0053	0.07-0.13
	B	-	?	?	?	?

This is a Spectroscopic Binary system with an unknown separation range. Also known as BD-18°359, GJ 84, LHS 149, NLTT 6957, and 2MASS J02050492-1736528.

HIP 14101	03 01 51.20	-16 35 33.0	M3.5	0.273	0.0055	0.07-0.14
	B	-	M3.0	0.245	0.00363	0.06-0.11
	C	-	?	0.214	0.00209	0.045-0.083

This is a triple system, according to the Washington Double Star Catalog, which states "proper motion or other technique indicates that this pair is physical," for all three entries (i.e., AB, AC, and BC). Components A and B have a separation range of 17.5-38AU; A and C have a range of 10-32.4AU; and B and C have a range of 1.6-6AU. Also known as BD-17°588, CCDM J03019-1635, and WDS J03019-1633.

HIP 14559 B	03 07 58.22	-28 13 16.2	F9V	0.158	0.0006	0.02-0.05
	C	-	?	0.099	0.00009	0.009-0.017

This is a binary system with a separation range of 81-244AU. HIP 14559 is listed as being a companion to HIP 14555 in the catalogs, but HIP 14555 is 52 light-years away. Also known as CCDM J03079-2813 B, CPD-28°332, NLTT 9985, and WDS J03079-2813 C.

HIP 16134	03 27 52.40	-19 48 16.1	K5V	0.472	0.0494	0.22-0.41

This star's estimated age is 1.21Gyrs[48]. Also known as BD-20°643, GJ 142, HD 21531, LHS 1548, and NLTT 10996.

HIP 23452	05 02 28.41	-21 15 24.2	M1V	0.54	0.0206	0.14-0.26
	B	-	K5V	0.30	0.0035	0.05-0.10
	C	-	?	0.169	0.0008	0.028-0.052

There are three stars in this system. Components A and B have a semi-major axis of 13AU, a 44 year period, and 0.89 eccentricity. The combined A+B mass is estimated at $0.84M_{\odot}$, Components A and B have an estimated age of 6.98Gyrs[48]. The C component orbits components A and

Name	R.A.	Dec.	Spec.	Mass	Lum.	H.Z.
B with a separation ranging from 78-198AU[64]. Also known as CCDM J05025-2115, GJ 185, HD 32450, and WDS J05025-2115.						
HIP 23932	05 08 35.04	-18 10 19.3	M3.5V	0.271	0.0054	0.07-0.13
Also known as GJ 190, LHS 203, and NLTT 14559.[87]						
HIP 27072 (Gamma Leporis)	05 44 27.79	-22 26 54.1	F6Ve	1.201	2.08	1.42-2.63
	B	-	K2V	0.670	0.202	0.44-0.82
	C	-	?	0.208	0.0018	0.04-0.08
This is a binary system with a separation range of 609-614AU. Component A's age is estimated at 2.77-2.8Gyrs[48]. Oddly, component B has been reported as being green, red, and orange, by different observers over the last hundred years. Whether this is due to any true changes in color or not is unknown. Also known as Gamma Leporis, CCDM J05445-2226, HD 38393, GJ 216, NLTT 15560 and WDS J05445-2227; Component B is AK Leporis and NLTT 15558; Component C, listed in both CCDM and WDS, is CPD-22°883 and TYC 5930-1780-1, has common apparent motions that indicate it is *not* gravitationally bound to components A and B, despite its angular distance of only 256-700AU.						
HIP 37217	07 38 40.95	-21 13 28.5	M3	0.205	0.0018	0.04-0.08
Also known as GJ 3459, LHS 1935, NLTT 18223, and 2MASS J07384089-2113276.						
HIP 47103	09 36 01.63	-21 39 38.8	M2.5V	0.324	0.0110	0.10-0.19
Also known as GJ 357, LHS 2157, NLTT 22154, and 2MASS J09360161-2139371.[87]						
HIP 54532	11 09 31.34	-24 35 55.1	M2V	0.277	0.0059	0.08-0.14
Also known as GJ 9349, LHS 2358, and NLTT 26464, and 2MASS J11093138-2435548.						
HIP 57146 B	11 43 11.78	-39 25 56.3	?	0.231	0.0028	0.052-0.097
	C	-	?	0.233	0.0029	0.053-0.099
The CCDM and WDS catalogs list this as a triple system with HIP 57148 as component A. HIP 57148 is actually over 185 light-years more distant. HIP 57146, components B and C, form a binary with a separation range of 29.9-30.9AU. No definite spectral types are noted for either star.						

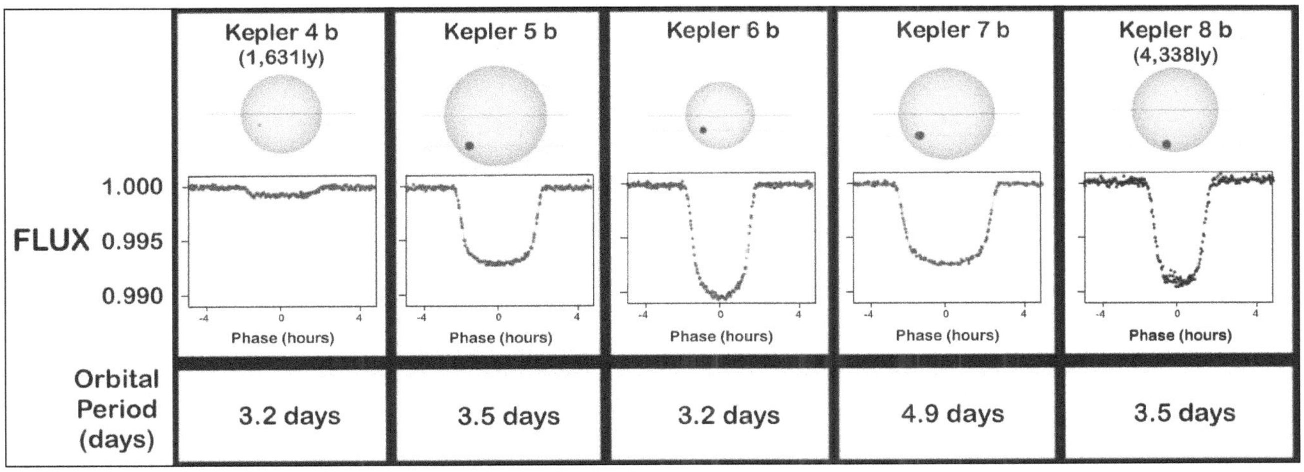

Fig. 39. Discovering planets via transit. These light curves of the Kepler Planet Finder Mission's first five planet discoveries show not only the *drop* in star brightness as each planet transits across the star, but is also an indication of the planet's inclination – how far from the center the planet is passing across the star. Knowing the size of the star from its Stellar Classification we can determine the size of the planet based on how rapidly the light curve change begins and ends each transit. Any changes in the star's spectrum during the transit can tell us if the planet has an atmosphere, and its makeup. Similarly, knowing the size the star and the transit time can tell us the orbital period for planets too far from the star to observe periods that might be months or years in length. Each of the dots in the curves is a single data point. Unfortunately, less than 0.47% of the potential orbital orientations for a planet at 1AU result in planetary transits. Only the distances to Kepler 4 b and 8 b are known. Credit: NASA/Kepler Planet Finder Mission

Name	R.A.	Dec.	Spec.	Mass	Lum.	H.Z.

Also known as CCDM J11432-3926BC, HD 101847BC, WDS J11432-3926BC, and 2MASS J11431189-3925575.

HIP 57367	11 45 42.91	-64 50 29.4	DQ	0.750	0.0004	0.02-0.04

A White Dwarf. Also known as GJ 440, LAWD 37, LHS 43, NLTT 28447, and WD 1142-645.

HIP 60559	12 24 52.50	-18 14 32.2	M2D	0.207	0.0018	0.04-0.08

Also known as GJ 465, LHS 45, NLTT 30653, Ross 695, and 2MASS J12245243-1814303.

HIP 67164	13 45 50.70	-17 58 05.6	M3.5	0.198	0.0015	0.04-0.07

Also known as GJ 3804, LHS 2794, NLTT 35132, and 2MASS J13455074-1758047.

HIP 76074	15 32 12.93	-41 16 32.1	M2.5V	0.268	0.0052	0.07-0.13

Also known as GJ 588, LHS 397, NLTT 40449, and 2MASS J15321302-4116314.

HIP 76901	15 42 06.54	-19 28 18.3	M3	0.198	0.0016	0.04-0.07
	B	-	?	?	?	?

SIMBAD lists this as a Spectroscopic Binary system, but the CCDM, the Tycho Double Star Catalog, and the WDS have no entries that support this. Also known as GJ 595, LHS 54, NLTT 40918, and 2MASS J15420677-1928167.

HIP 82725	16 54 32.50	-62 24 11.7	K0IV	0.125	0.0002	0.02-0.03

Listed with HIP 82724 as a companion in CCDM and WDS, but different distance parallaxes and proper motions indicate this is an optical binary and not a physical one. HIP 82724 is 16.23 light-years away from HIP 82725 and is listed on Map 11. Also known as CCDM J16545-6224 B, WDS J16545-6224 B, and 2MASS J16543253-6224142.

HIP 83609	17 05 20.95	-33 46 03.4	G0	0.285	0.0066	0.08-0.15

Listed with HIP 83612 as a companion in CCDM and WDS, but different distance parallaxes and proper motions indicate this is an optical binary and not a physical one. Also known as CCDM J17054-3346 B, WDS J17054-3346 B, and 2MASS J17052073-3346001.

HIP 99461	20 11 11.93	-36 06 04.3	K2.5V	0.660	0.1893	0.43-0.79
	B	-	M3.5	0.163	0.0007	0.026-0.048

This is a binary system with a separation range of 67.7AU and an estimated 6.22Gyrs age[48, 52] Also known as CCDM J20112-3605, GJ 783, LHS 486, and WDS J20112-3606.

HIP 99701	20 13 53.39	-45 09 50.4	M0V	0.368	0.0183	0.13-0.25

A Pre-main sequence star with an age estimate of 850-860 million years[48]. Also known as CD-45°13677, GJ 784, HD 191849, LFT 1532, NLTT 48880, and 2MASS J20135335-4509506.

HIP 104432	21 09 17.42	-13 18 09.0	M1V	0.389	0.023	0.15-0.27

Also known as GJ 821, LHS 65, NLTT 50633, and 2MASS J21091740-1318080.[87]

HIP 107556 (Deneb Algedi)	21 47 02.44	-16 07 38.2	A5	1.648	7.3840	2.68-4.96
	B	-	F0mF2III	0.102	0.0001	0.010-0.019

This is an eclipsing Algol-type Binary (not touching) system with a 1.39-2.77Gyrs[48] estimated age. They have a separation range of 240-333AU. Also known as Deneb Algedi, Delta Capricorni, CCDM J21470-1607, GJ 837, HD 207098, and WDS J21470-1608.

HIP 108870 (Epsilon Indi)	22 03 21.65	-56 47 09.5	K5V	0.589	0.2207	0.46-0.85
	Ba	-	T1	0.058?	0.0000	0.00-0.00
	Bb	-	T6	0.058?	0.0000	0.00-0.00

This is a triple system where Component A is a pre-main sequence star and Components Ba and Bb are a binary pair of Brown Dwarf stars, with a system age estimate of 900 million years[48]. It is 80% the size of the Sun and is moving through space at 55 miles per second, 25 miles per second towards Earth. This system has been optically examined for planets, and electronically examined for laser pulses, radio signals, and other signs of an advanced civilization. The

Name	R.A.	Dec.	Spec.	Mass	Lum.	H.Z.
results, so far, have been zero. The separation range of Component A to the Brown Dwarf pair is 1,460AU. Components Ba,Bb have a 35AU semi-major axis, a 140-180 year period, with an unknown eccentricity. Total mass of pair is $0.116M_{\odot}\pm0.001$ (about $121M_J\pm0.1$)[39]. Also known as Epsilon Indi, HD 209100, LHS 67, NLTT 52724, and WDS J22034-5647.						
HIP 111802 (FK Aquarii)	22 38 45.29	-20 37 15.3	M0Vpe	0.338	0.0131	0.11-0.21
	Ab	-	?	?	?	?
	Ba	-	dM2-4e	0.344	0.0140	0.12-0.22
	Bb	-	?	?	?	?
This is a double binary system with a separation range of 94-153AU. Component A is a BY Draconis Variable and a 4.1 day Spectroscopic Binary. Component B is a Flare star and is a 1.8 day SB1-type binary. The companion to B may be a Brown Dwarf. Component A also known as FK Aquarii, BD-21°6267, GJ 867 A, HD 214479, NLTT 54421, and WDS J22388-2037 A. Component B also known as CCDM J22388-2037 B and WDS J22388-2037 B.						
HIP 113576	23 00 16.12	-22 31 27.6	K5/M0V	0.431	0.0344	0.18-0.34
This star's estimated age is 4.9Gyrs[48]. Also known as GJ 884, LHS 3885, HD 217357, NLTT 55523, and 2MASS J23001607-2231276.						
LP 775-31	04 35 16.13	-16 06 57.5	M8Ve	0.050	0.0000	0.00-0.00
Also known as NLTT 13580 and 2MASSI J0435161-160657.						
LP 851-346	11 55 42.86	-22 24 58.6	M7.5Ve	0.134	0.0003	0.02-0.03
Also known as 2MASS J11554286-2224586.						
LP 944-20	03 39 35.22	-35 25 44.0	M9.5Ve	0.032	0.0000	0.00-0.00
A Brown Dwarf. Also known as WISEP J033935.48-352541.0 and 2MASS J03393521-3525440.						
WISE J035000.32-565830.2	03 50 00.32	-56 58 30.2	Y1	0.011	0.0000	0.00-0.00
A Brown Dwarf.[43]						
WISE J071322.55-291751.9	07 13 22.55	-29 17 51.9	Y0	0.019	0.0000	0.00-0.00
A Brown Dwarf.[43]						
2MASS J02431371-2453298	02 43 13.72	-24 53 29.8	T6	0.045	0.0000	0.00-0.00
A Brown Dwarf.[39] Also known as WISEP J024313.48-245331.5.						
2MASS J02550357-4700509	02 55 03.57	-47 00 50.9	L9	0.011	0.0000	0.00-0.00
A Brown Dwarf.[39] Also known as DENIS J025503.3-470049.						
2MASS J04390101-2353083	04 39 01.01	-23 53 08.3	L4.5	0.052	0.0000	0.00-0.00
A Brown Dwarf.[43]						
2MASS J05233822-1403022	05 23 38.22	-14 03 02.2	L2.5	0.042	0.0000	0.00-0.00
A Brown Dwarf.[43]						
2MASS J08173001-6155158	08 17 30.01	-61 55 15.8	T6	0.072	0.0000	0.01-0.01
A Brown Dwarf.[39] Also known as DENIS J081730.0-615520.						
2MASS J12052666-2333125	12 05 26.66	-23 33 12.5	DA5.7	0.750	0.0006	0.02-0.05
A White Dwarf. Also known as NLTT 29555 and WD 1202-232.						
2MASS J12140866-2345172	12 14 08.66	-23 45 17.2	M4.5D	0.125	0.0002	0.02-0.03
A strong X-ray source. Also known as 1rxs J121408.0-234516.						
2MASS J15404341-5101357	15 40 43.41	-51 01 35.7	M7	0.251	0.0039	0.06-0.11
	B	-	?	?	?	?
This is a binary system, but no further information is available at present. Component B could be either a slightly smaller M-type star or a Brown Dwarf.						
8pc 156.30	14 56 38.58	-30 10 33.6	T8?	0.047	0.0000	0.00-0.00
A suspected Brown Dwarf based solely on its magnitude.						

Star Map 10

There are fifty-two stars in forty systems in this section. There are three confirmed exoplanets orbiting two host stars: HIP 56528 (GJ 433) and 57443 (HD 102365). There are seven stars with a $0.2L_{\odot}$ or greater: HIP 57443 (HD 102365), 41926, 56452, 58910 (2 stars), 84720, and HIP 99240 (Delta Pavonis).

Name	R.A.	Dec.	Spec.	Mass	Lum.	H.Z.
HIP 56528 (GJ 433)	11 35 26.94	-32 32 23.9	M1.5	0.376	0.0200	0.14-0.25

Also known as CD-31°9113, GJ 433, LHS 2429, NLTT 27914, and 2MASS J11352695-3232232.[87]

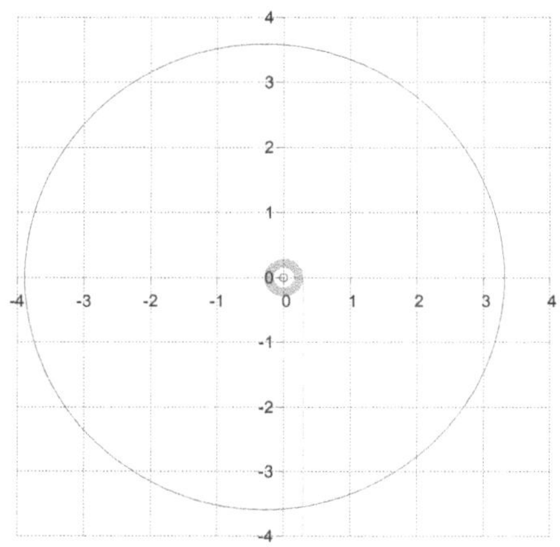

Two exoplanets, one a Super-Earth, have been discovered, so far, and the residual values *imply* the presence of two other planets with *possibly* 36 and 50 day periods[87]. The radial velocity data shows an additional signal with a period of 10 years. However, there is a strong correlation with various stellar activity indicators and it is most likely due to a magnetic cycle similar to the Sun's 11 year sunspot activity cycle.[94]

GJ 433 b has a 0.06AU semi-major axis, a 7.3 day period, and 0.05 eccentricity. Its projected minimum mass is $5.3{\pm}2M_E$ and it has a projected $1.7R_E$[77].

GJ 433 c has a 3.6AU semi-major axis, a 2,947.6 day period, and 0.08 eccentricity. Its projected minimum mass is $45{\pm}1M_E$, about two-and-a-half times the mass of Neptune, and has a projected $2.8R_E$[77].

Name	R.A.	Dec.	Spec.	Mass	Lum.	H.Z.
HIP 57443 (HD 102365)	11,44,8	-40,13.7	G2V	0.900	0.8563	0.91-1.68
	B	-	M3.5V	0.082	0.00005	0.007-0.012

A binary system with an age estimate of 5.67Gyrs[48] and a separation range of 211AU[52], over nine times the distance Neptune is from our Sun. Component A has an age estimate ranging from 4.5-9.5Gyrs. The two stars form a common motion pair and are gravitationally bound. Eccentricity of orbit and type of companion is not known. Also known as GJ 442, HD 102365, LHS 311, NLTT 28512, and WDS J11467-4029. Component B is also known as LHS 313 and NLTT 28513.

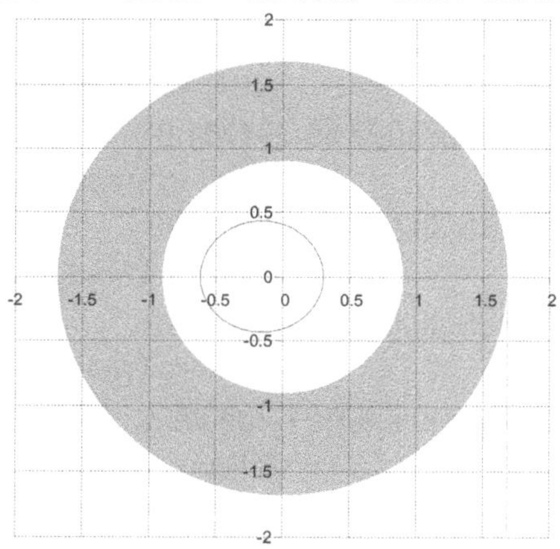

One exoplanet, GJ 442 b, has been discovered, so far, orbiting component A. GJ 442 b has a 0.46AU semi-major axis, a 122.2 day period, and 0.34 eccentricity. Its projected minimum mass is $0.05M_J$, making it a Neptune-sized planet at a minimum.

Name	R.A.	Dec.	Spec.	Mass	Lum.	H.Z.
CSI-57-17438	17 46 4?.??	-57 16 ??.?	M2.5V	0.183	0.0011	0.03-0.06

This star's position is highly uncertain.

Name	R.A.	Dec.	Spec.	Mass	Lum.	H.Z.
GJ 318	08 41 32.50	-32 56 34.0	DA5.5	1.000	0.0011	0.03-0.06

A White Dwarf. Also known as CD-32°5613, LHS 253, and WD 0839-327.

Name	R.A.	Dec.	Spec.	Mass	Lum.	H.Z.
GJ 467	12 28 39.89	-71 27 50.3	M3V	0.105	0.0001	0.01-0.02
	B	-	M4.5V	0.064	0.00002	0.004-0.007

A binary system with a separation range of 130-132AU. Also known as LHS 328 and WDS J12287-7129.

Name	R.A.	Dec.	Spec.	Mass	Lum.	H.Z.
GJ 915	00 02 10.76	-43 09 56.0	DAP5.8	0.750	0.0003	0.02-0.03

A White Dwarf.[43] Also known as EGGR 165, LHS 1005, and WD 2359-434.

Name	R.A.	Dec.	Spec.	Mass	Lum.	H.Z.
GJ 1128	09 42 46.35	-68 53 06.0	M4.0V	0.126	0.0003	0.02-0.03

Also known as LHS 271, NLTT 22480, and 2MASS J09424635-6853060.

Name	R.A.	Dec.	Spec.	Mass	Lum.	H.Z.
HIP 4569	00 58 27.93	-27 51 25.3	M3V	0.218	0.0023	0.05-0.09

Also known as CD-28°302, GJ 46, LHS 129, and NLTT 3208.

Star Map #10

-15.00 to -20.99

37.0 l.y. circle

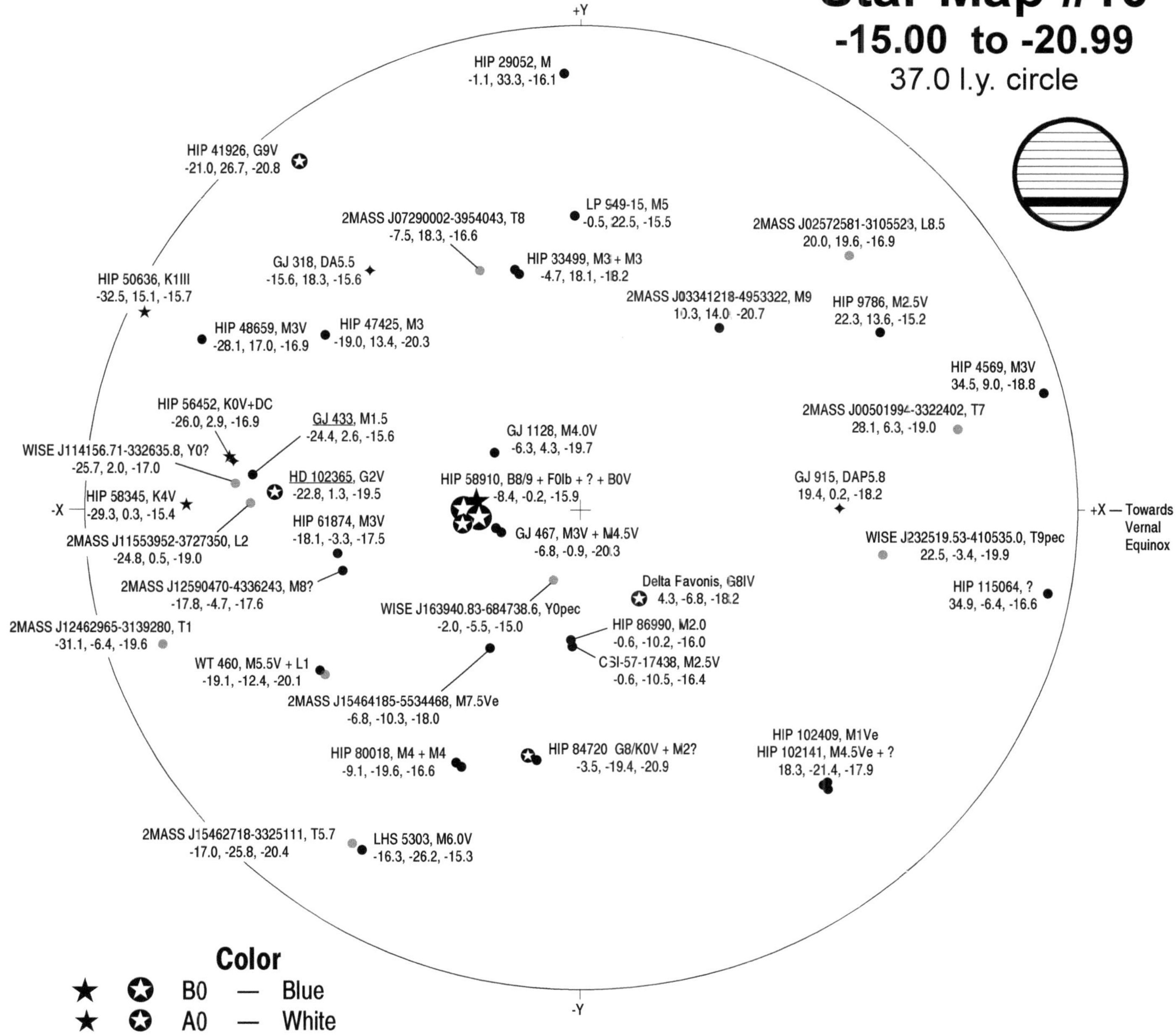

Color

★	✪	B0	— Blue
★	✪	A0	— White
★	✪	F0	— White-yellow
★	✪	G0	— Yellow
★	✪	K0	— Orange
•		M0	— Red
•		L/T	— Brown Dwarf
✦		Dx	— White Dwarf

Spectral Type

IA or IB	— Super Giant
II	— Bright Giant
III	— Normal Giant
IV	— Sub-Giant
V / d prefix	— Main Sequence (dwarf)
VI	— Sub-dwarf
VII / Capital	— White Dwarf

1 Astronomical Unit (AU) = 149.6 million kilometers (93 million miles)

1 Light-year = 63,240AU

Distance from Sun to:

Earth = 1AU (period = 1 year)

Jupiter = 5.22AU (period = 3.64 years)

Pluto = 39.5 AU (period = 248.82 years)

1 Solar Luminosity = 3.90 x 10^{26} watts

(Earth receives 1,340 watts per square meter when the Sun is directly overhead; for example, at the equator on March 21st and October 21st.)

1 Solar Mass = 1.989 x 10^{30} kilograms

Jupiter = 0.000955 Solar Masses

Earth = 0.000003 Solar Masses

By Terry Kepner

Name	R.A.	Dec.	Spec.	Mass	Lum.	H.Z.
HIP 9786	02 05 48.55	-30 10 35.8	M2.5V	0.172	0.0009	0.03-0.05
	Also known as GJ 3135, LHS 1339, NLTT 7002, and 2MASS J02054859-3010361.					
HIP 29052	06 07 43.73	-25 44 41.5	M	0.203	0.0017	0.04-0.08
	Also known as LP 838-16, NLTT 16103, and 2MASS J06074375-2544414.					
HIP 33499	06 57 46.60	-44 17 28.3	M3	0.221	0.0024	0.05-0.09
	B	-	M3`	0.221	0.0024	0.05-0.09
	This is a binary system with a separation range of 8.5-20AU. The two stars are almost equal in mass and size. Also known as CCDM J06578-4417, CD-44°3045, GJ 257, NLTT 17239, and WDS J06579-4417.					
HIP 41926	08 32 51.49	-31 30 03.0	G9V	0.734	0.2902	0.53-0.98
	Also known as GJ 309, HD 72673, LHS 249, NLTT 19772, and 2MASS J08325148-3130031.					
HIP 47425	09 39 46.36	-41 04 03.2	M3	0.244	0.0035	0.06-0.11
	Also known as CD-40°5404, GJ 358, LHS 2166, and 2MASS J09394631-4104029.					
HIP 48659	09 55 23.86	-27 15 40.6	M3V	0.197	0.0015	0.04-0.07
	Also known as LP 847-48, NLTT 22957, and 2MASS J09552387-2715405.					
HIP 50636	10 20 32.43	-23 38 40.8	K1III	0.338	0.0130	0.11-0.21
	This is an optical binary system. Although appearing to be only 81-85AU apart, the distance parallax for component A, HIP 50638, places it 250 light-years more distant.[38] Also known as BD-22°2899 B, CCDM J10206-2338 B, HD 89694, and WDS J10206-2338 B.					
HIP 56452	11 34 29.48	-32 49 52.8	K0V	0.714	0.2604	0.50-0.93
	B	-	DC	0.75	0.00008	0.008-0.016
	This is a binary system where component B is a White Dwarf. They have a separation range of 94.5-102AU. Also known as CCDM J11345-3250, GJ 432, HD 100623, LHS 308, NLTT 27854, and WDS J11345-3250. Component B is also know as NLTT 27855 and WD 1132-325.					
HIP 58345	11 57 56.20	-27 42 25.3	K4V	0.586	0.1175	0.34-0.63
	This star's estimated age is 440 million years[48]. Also known as GJ 453, HD 103932, LHS 319, NLTT 29099, and 2MASS J11575619-2742251.					
HIP 58910	12 04 48.78	-62 00 08.5	B8/9Iab/b	8.5	9,772	1.96-3.64
	Ba	-	F0Ib-II	1.7	?	?
	Bb	-	?	9.1	?	?
	C	-	B0?V	7.5	3,467	1.85-3.43
	This is a quad system. Component B is an Spectroscopic Binary of Beta Lyrae type (semi-detached – it's losing mass to the companion because the other has pulled its atmosphere past the Roche Limit), with a 106.4 day period, and a 3.26AU separation. Component Ba's *initial* mass was $8.1M_{\odot}$ and Bb's was $1.9M_{\odot}$. The system's age is estimated at 30 million years. Components A and B have a 234-238AU separation range; A and C are 260-277AU; and B and C are 467AU, making an oblique triangle. Also known as BY Crucis, CCDM J12048-6200, HD 104901, and WDS J12048-6200.					
HIP 61874	12 40 46.28	-43 33 58.9	M3V	0.156	0.0006	0.02-0.04
	Also known as GJ 9415, LHS 340, NLTT 31495, and 2MASS J12404633-4333595.					
HIP 80018	16 20 03.50	-37 31 44.4	M4	0.237	0.0032	0.06-0.10
	B	-	M4	0.170	0.0008	0.03-0.05
	This is a binary system with a separation range of 30-45AU. Also known as CCDM J16201-3732, CD-37°10765, and WDS J16202-3734.					
HIP 84720	17 19 03.83	-46 38 10.4	G8/K0V	0.768	0.3486	0.58-1.08
	B	-	M0?	0.374	0.019	0.14-0.25
	This is a binary system with a separation range of 24-66AU. Also known as CCDM J17191-4638, HD 156274, LFT 1334, and WDS J17191-4638.					
HIP 86990	17 46 34.22	-57 19 08.5	M2.0	0.191	0.0013	0.04-0.07
	Also known as GJ 693, LHS 454, NLTT 45375, and 2MASS J17463427-5719081.					
HIP 99240 (Delta Pavonis)	20 08 43.60	-66 10 55.4	G8IV	1.071	1.318	1.13-2.09
	A Variable star. A Subgiant about to stop fusing hydrogen in its core and start the process to become					

<table>
<tr><th>Name</th><th>R.A.</th><th>Dec.</th><th>Spec.</th><th>Mass</th><th>Lum.</th><th>H.Z.</th></tr>
<tr><td></td><td colspan="6">a red giant. Even though its effective temperature is lower than our Sun, 5,604°K, it has a $1.22R_\odot$ and is brighter and slightly more massive. It has an estimated 6.6-6.9Gyr age. It is considered an excellent candidate for a developed civilization by the SETI Institute. As yet, no habitable planets have been detected, however the size and brightness of the star makes transit detection difficult, just as the robust stellar atmospheric activity makes it difficult for Radial Velocity measurements. Also known as Delta Pavonis, CPD-66°3474, GJ 780, HD 190248, and LFT 1520.</td></tr>
<tr><td>HIP 102409</td><td>20 45 09.53</td><td>-31 20 27.2</td><td>M1Ve</td><td>0.394</td><td>0.0242</td><td>0.15-0.28</td></tr>
<tr><td>HIP 102141</td><td>B</td><td>-</td><td>M4.5Ve</td><td>0.290</td><td>0.0071</td><td>0.08-0.15</td></tr>
<tr><td></td><td>C</td><td>-</td><td>?</td><td>0.211</td><td>0.0020</td><td>0.04-0.08</td></tr>
<tr><td></td><td colspan="6">This is a wide triple system where components B and C have a separation range of 12-16AU and component A is about 26,000AU distant. Common proper motions indicate the three are gravitationally bound. Component A is a BY Draconis variable, component C is a Flare star. At one time the BC pair were known as LDS 720 despite having never been observed by Luyten. Also known as AT Microscopii A and AT Mic Microscopii B, CCDM J20451-3122, GJ 799 (A), GJ 803 (BC), LDS-720 (BC), NLTT 49690 and NLTT 49691, and WDS J20452-3120.</td></tr>
<tr><td>HIP 115064</td><td>23 18 23.07</td><td>-24 59 54.5</td><td>?</td><td>0.291</td><td>0.0072</td><td>0.08-0.15</td></tr>
<tr><td></td><td colspan="6">This is an optical binary system that appears to have separation range of 71-97AU but component A is actually over 250 light-years more distant. No definite spectral class has been noted for these stars. Also known as CCDM J23184-2500 and WDS J23184-2500.</td></tr>
<tr><td>LHS 5303</td><td>15 52 44.60</td><td>-26 23 13.4</td><td>M6.0V</td><td>0.168</td><td>0.0008</td><td>0.03-0.05</td></tr>
<tr><td></td><td colspan="6">Also known as DENIS J155244.6-262313 and 2MASS J15524460-2623134.</td></tr>
<tr><td>LP 949-15</td><td>06 04 52.13</td><td>-34 33 36.2</td><td>M5</td><td>0.138</td><td>0.0004</td><td>0.02-0.03</td></tr>
<tr><td></td><td colspan="6">A Flare star. Also known as AP Columbae, LTT 2449, and 2MASS J06045215-3433360.</td></tr>
<tr><td>WISE J114156.71-332635.8</td><td>11 41 56.71</td><td>-33 26 35.8</td><td>Y0?</td><td>0.023</td><td>0.0000</td><td>0.00-0.00</td></tr>
<tr><td></td><td colspan="6">A Brown Dwarf.[43].</td></tr>
<tr><td>WISE J163940.83-684738.6</td><td>16 39 40.83</td><td>-68 47 38.6</td><td>Y0pec</td><td>0.023</td><td>0.0000</td><td>0.00-0.00</td></tr>
<tr><td></td><td colspan="6">A Brown Dwarf.[43]</td></tr>
<tr><td>WISE J232519.53-410535.0</td><td>23 25 19.54</td><td>-41 05 34.9</td><td>T9pec</td><td>0.038</td><td>0.0000</td><td>0.00-0.00</td></tr>
<tr><td></td><td colspan="6">A Brown Dwarf.[43]</td></tr>
<tr><td>WT 460</td><td>14 11 59.98</td><td>-41 32 21.2</td><td>M5.5V</td><td>0.079</td><td>0.0000</td><td>0.01-0.01</td></tr>
<tr><td></td><td>B</td><td>-</td><td>L1</td><td>-</td><td>-</td><td>-</td></tr>
<tr><td></td><td colspan="6">This is a binary system with a separation range of 3.8AU.[41] Also known as WDS J14120-4132 and 2MASS J14115998-4132211.</td></tr>
<tr><td>2MASS J00501994-3322402</td><td>00 50 19.94</td><td>-33 22 40.2</td><td>T7</td><td>0.039</td><td>0.0000</td><td>0.00-0.00</td></tr>
<tr><td></td><td colspan="6">A Brown Dwarf. Also known as WISEP J005021.03-332229.2.</td></tr>
<tr><td>2MASS J02572581-3105523</td><td>02 57 25.81</td><td>-31 05 52.3</td><td>L8.5</td><td>0.064</td><td>0.0000</td><td>0.00-0.01</td></tr>
<tr><td></td><td colspan="6">A Brown Dwarf.[43] Also known as DENIS J025725.7-310552.</td></tr>
<tr><td>2MASS J03341218-4953322</td><td>03 34 12.18</td><td>-49 53 32.2</td><td>M9</td><td>0.088</td><td>0.0001</td><td>0.01-0.01</td></tr>
<tr><td></td><td colspan="6">Also known as DENIS J033411.3-495333.</td></tr>
<tr><td>2MASS J07290002-3954043</td><td>07 29 00.02</td><td>-39 54 04.4</td><td>T8</td><td>0.067</td><td>0.0000</td><td>0.00-0.01</td></tr>
<tr><td></td><td colspan="6">A Brown Dwarf. Also known as WISEP J072859.49-395346.7.</td></tr>
<tr><td>2MASS J11553952-3727350</td><td>11 55 39.52</td><td>-37 27 35.0</td><td>L2</td><td>0.079</td><td>0.0000</td><td>0.01-0.01</td></tr>
<tr><td></td><td colspan="6">A Brown Dwarf.[43]</td></tr>
<tr><td>2MASS J12462965-3139280</td><td>12 46 29.65</td><td>-31 39 28.0</td><td>T1</td><td>0.080</td><td>0.0000</td><td>0.01-0.01</td></tr>
<tr><td></td><td colspan="6">A Brown Dwarf.[43] Also known as WISE J124629.65-313934.2.</td></tr>
<tr><td>2MASS J12590470-4336243</td><td>12 59 04.71</td><td>-43 36 24.4</td><td>M8?</td><td>0.256</td><td>0.0043</td><td>0.06-0.12</td></tr>
<tr><td></td><td colspan="6">Also known as SIPS J1259-4336.</td></tr>
<tr><td>2MASS J15462718-3325111</td><td>15 46 27.19</td><td>-33 25 11.2</td><td>T5.7</td><td>0.044</td><td>0.0000</td><td>0.00-0.00</td></tr>
<tr><td></td><td colspan="6">A Brown Dwarf.[39] Also known as WISEP J154627.30-332508.0.</td></tr>
<tr><td>2MASS J15464185-5534468</td><td>15 46 41.85</td><td>-55 34 46.8</td><td>M7.5Ve</td><td>0.059</td><td>0.0000</td><td>0.00-0.01</td></tr>
<tr><td></td><td colspan="6">Also known as DENIS J154641.8-553446 and SCR J1546-5534.</td></tr>
</table>

Star Map 11

There are twenty-nine stars in twenty-four systems in this section. There is one confirmed exoplanet: HIP 48331. There are seven stars with at least twenty-percent or greater luminosity when compared to our Sun: HIP 2021 (Beta Hydrae), 7751 (p Eridani), and 42808.

Name	R.A.	Dec.	Spec.	Mass	Lum.	H.Z.
HIP 48331 (HD 85512)	09 51 07.05	-43 30 10.0	K6Vk	0.69	0.126	0.35-0.65

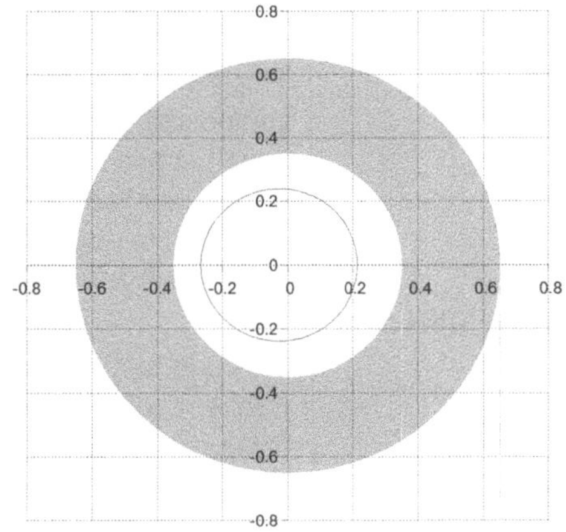

This star has an estimated 5.61Gyr age. Also known as GJ 370, HD 85512, LHS 2201, and NLTT 22790.

One exoplanet, HD 85512 b, has been discovered, so far. This exoplanet has a 3.6M_E minimum, a 58.43 day period, 0.26AU semi-major axis, and 0.11 eccentricity. Based on its mass, it has an estimated 1.3R_E radius, a minimum surface gravity of about 1.4G_E, and assuming an atmosphere like Earth's despite its far greater mass, an estimated temperature of 298°K (24.85°C or 76.73°F) at the top of its atmosphere. Less conservative Habitable Zone calculations place the planet just inside the Habitable Zone's inner edge. However, if it has an atmosphere, it is probably similar to Venus with a thick carbon-dioxide presence and little to no surface water due to a runaway Greenhouse Effect.

CD-44°836	02 45 14.31	-43 44 10.2	?	0.170	0.0008	0.03-0.05
	Ab	-	?	0.08?	-	-
	B	-	?	0.184	0.00114	0.03-0.06

There are three stars in the system. Distance between Aa and its smaller companion, Ab, is between 1.53-2.5AU. Component Ab appears to be larger than a Brown Dwarf, but not by much. The distance between components A and B ranges from 228-257AU. Common proper motions indicate that component A and B are gravitationally bound. Also known as WDS J02452-4344.

GJ 293	07 53 08.15	-67 47 31.4	DA9.0	0.590	0.0001	0.01-0.02

A White Dwarf star. Also known as EGGR 53, LAWD 26, LHS 34, and WD 0752-676.

GJ 438	11 43 19.81	-51 50 25.9	K0	0.251	0.0040	0.06-0.12

Also known as LHS 2447, NLTT 28348, and 2MASS J11431977-5150255.

HIP 2021 (Beta Hydrae)	00 25 45.07	-77 15 15.2	G0V	1.310	2.9453	1.69-3.13

Also known as Beta Hydrae, GJ 19, HD 2151, LHS 6, NLTT 1346, and 2MASS J00254416-7715157.

HIP 5496	01 10 22.90	-67 26 41.8	M2.5	0.262	0.0047	0.07-0.12
	B	-	?	0.234	0.0029	0.05-0.1

This is a binary system with a separation range of 0.81AU.[41] Also known as GJ 54, LHS 1208, NLTT 3945, and WDS J01104-6727.

HIP 7751 (p Eridani)	01 39 47.53	-56 11 47.0	K2V	0.696	0.2347	0.47-0.88
	B	-	K2V	0.676	0.2093	0.45-0.84

This is a binary system with a 7.8AU semi-major axis, 483 year period, 0.53 eccentricity, and an estimated 4.78Gyr age[48]. These two stars are both red stars, with a significant portion of their energy being in the red and infrared light spectrum. It would be a lot like living in photograpHIP darkroom with very bright red lights. You could see, but the colors we are used to seeing would be considerably distorted. Also known as p Eridani (*NOT* Rho Eridani – there are three stars named Rho Eridani, all over 150+ light-years distant), CCDM J01398-5612, CPD-56°329, GJ 66 HD 10360, LTT 902, and WDS J01398-5612.

HIP 10395	02 13 53.62	-32 02 28.4	M2V	0.307	0.0089	0.09-0.17

Also known as GJ 91, LHS 1361, NLTT 7390, and 2MASS J02135359-3202282.

HIP 11964	02 34 22.56	-43 47 46.8	K7V	0.418	0.0306	0.17-0.32

A BY Draconis Variable. Also known as CD-44°775, GJ 103, HD 16157, and LTT 126.

Star Map #11

-21.00 to -26.99

34.0 l.y. circle

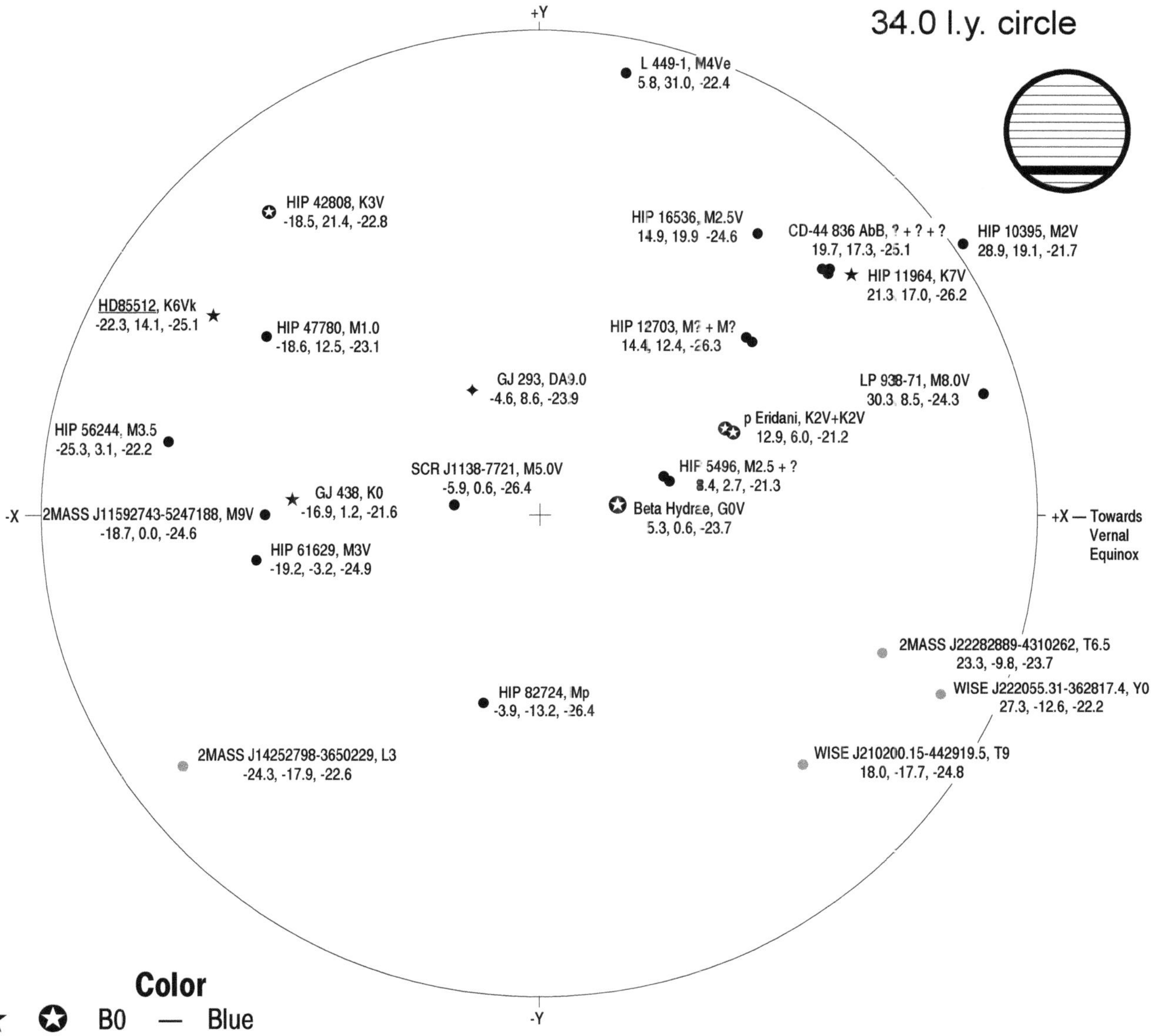

Color

★	✪	B0	—	Blue
★	✪	A0	—	White
★	✪	F0	—	White-yellow
★	✪	G0	—	Yellow
★	✪	K0	—	Orange
●		M0	—	Red
●		L/T	—	Brown Dwarf
✦		Dx	—	White Dwarf

Spectral Type

IA or IB	—	Super Giant
II	—	Bright Giant
III	—	Normal Giant
IV	—	Sub-Giant
V / d prefix	—	Main Sequence (dwarf)
VI	—	Sub-dwarf
VII / Capital	—	White Dwarf

1 Astronomical Unit (AU) = 149.6 million kilometers (93 million miles)

1 Light-year = 63,240AU

Distance from Sun to:

Earth = 1AU (period = 1 year)

Jupiter = 5.22AU (period = 3.64 years)

Pluto = 39.5 AU (period = 248.82 years)

1 Solar Luminosity = 3.90×10^{26} watts
(Earth receives 1,340 watts per square meter when the Sun is directly overhead; for example, at the equator on March 21st and October 21st.)

1 Solar Mass = 1.989×10^{30} kilograms

Jupiter = 0.000955 Solar Masses

Earth = 0.000003 Solar Masses

Name	R.A.	Dec.	Spec.	Mass	Lum.	H.Z.
HIP 12702	02 43 14.79	-54 07 01.8	M?	0.383	0.0215	0.14-0.27
HIP 12703	B	-	M?	0.236	0.0031	0.05-0.10
	This is a binary system with a separation range of 146-153AU. The spectral types are uncertain. Also known as CCDM J02432-5407, WDS J02432-5407, and 2MASS J02431464-5407025.					
HIP 16536	03 32 55.85	-44 42 07.0	M2.5V	0.218	0.0023	0.05-0.09
	Also known as CD-45°1184, GJ 145, NLTT 11234, and 2MASS J03325585-4442070.					
HIP 42808	08 43 18.03	-38 52 56.5	K3V	0.669	0.2001	0.44-0.82
	A Pre-main sequence star. Also known as CD-38°4789, GJ 320, HD 74576, NLTT 20139, and 2MASS J08431805-3852569.					
HIP 47780	09 44 29.83	-45 46 35.4	M1.0	0.295	0.0076	0.09-0.16
	Also known as GJ 367, LHS 2182, NLTT 22506, and 2MASS J09442986-4546351.					
HIP 56244	11 31 46.51	-41 02 47.1	M3.5	0.216	0.0022	0.05-0.09
	Also known as V857 Centauri, CSI-40-11294, GJ 431, LHS 2423, NLTT 27672, and 2MASS J11314655-4102473.					
HIP 61629	12 37 52.21	-52 00 05.3	M3V	0.251	0.0040	0.06-0.11
	A Pre-main sequence Star. Also known as CPD-51°5356, GJ 479, LHS 336, NLTT 31327, and 2MASS J12375231-5200055.					
HIP 82724	16 54 32.14	-62 23 58.8	Mp	0.181	0.0011	0.03-0.06
	Listed with HIP 82725 as a companion in CCDM and WDS, but different distance parallaxes and proper motions indicate this is an optical binary and not a physical one. HIP 82725 is 16.23 light-years away from HIP 82724 and is listed on Map 9. Also known as CCDM J16545-6224 A, WDS J16545-6224 A, and 2MASS J16543221-6224011.					
L 449-1	05 17 22.92	-35 21 54.5	M4Ve	0.220	0.0023	0.05-0.09
	Also known as CD-35°2213, UCAC4 274-006404, and 2MASS J05172292-3521545.					
LP 938-71	01 02 51.00	-37 37 43.8	M8.0V	0.044	0.0000	0.00-0.00
	A Brown Dwarf. Also known as DENIS J010250.6-373744, LHS 132, NLTT 3459, and 2MASS J01025100-3737438.					
SCR J1138-7721	11 38 16.72	-77 21 48.5	M5.0V	0.090	0.0001	0.01-0.01
	Also known as 2MASS J11381671-7721484.[41]					
WISE J210200.15-442919.5	21 02 00.15	-44 29 19.5	T9	0.047	0.0000	0.00-0.00
	A Brown Dwarf.[43]					
WISE J222055.31-362817.4	22 20 55.32	-36 28 17.5	Y0	0.023	0.0000	0.00-0.00
	A Brown Dwarf.[43]					
2MASS J11592743-5247188	11 59 27.43	-52 47 18.9	M9V	0.092	0.0001	0.01-0.02
	A Brown Dwarf. Also known as DENIS J115927.4-524718.					
2MASS J14252798-3650229	14 25 27.98	-36 50 23.0	L3	0.080	0.0000	0.01-0.01
	A Brown Dwarf. Also known as DENIS J142527.9-365023.					
2MASS J22282889-4310262	22 28 28.89	-43 10 26.2	T6.5	0.042	0.0000	0.00-0.00
	A Brown Dwarf.[43] Also known as WISEP J222829.00-431029.4.					

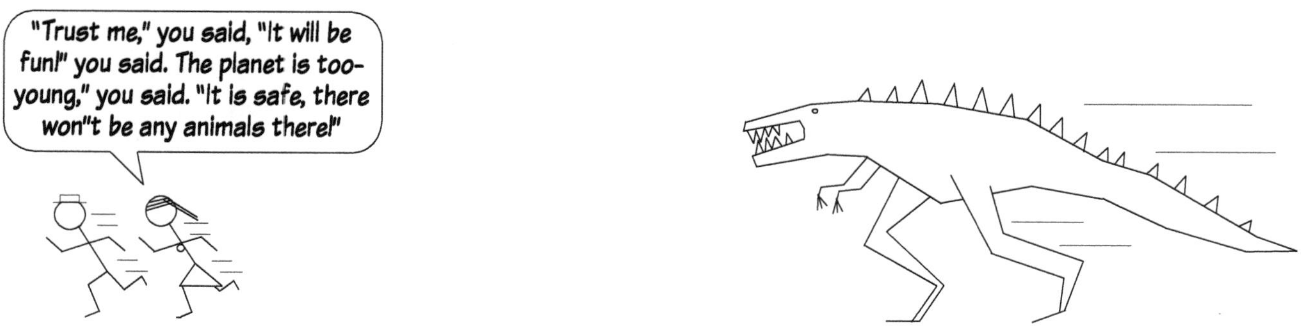

Fig. 40. Comparison of two largest moons in the Solar System, Jupiter's Ganymede and Saturn's Titan, with Earth and the Moon. Ganymede (top left) has a diameter of 5,268 km (3,273 mi) and is fifty percent larger than Earth's Moon (3,474 km, 2,171 mi). It is eight percent larger than the planet Mercury, but its mass is only forty-five percent of that planet. At 2.02 times the mass of the Moon, it is the most massive planetary satellite and harbors a thick ocean under its surface, ~800 km to the rocky "seafloor." Ganymede is two percent larger than Saturn's Titan, (top middle) which has a thick atmosphere that is orange in color due to a dense organonitrogen haze that hides its surface. Titan is primarily composed of water ice and rocky material and it's diameter is fifty percent larger than Earth's Moon at 5,150 km (3,200 mi). It is larger than the smallest planet, Mercury, but like Ganymede is only forty percent as massive. It has 1.80 times the mass of the Moon, but due to its large amounts of ices its surface gravity is only eighty-five percent as much. Photographs of Earth and the moons are courtesy of NASA's various space missions.

Star Map 12

There are thirty-eight stars in thirty systems in this section. There are two confirmed exoplanets: GJ 1132 and HIP 48331 (GJ 86). There are four stars with at least twenty-percent the luminosity of our Sun: HIP 48331 (GJ 86), 23693 (Zeta Doradus), 29271 (Alpha Mensae), and 105858 (Gamma Pavonis).

Name	R.A.	Dec.	Spec.	Mass	Lum.	H.Z.
GJ 1132	10 14 51.89	-47 09 24.6	M4-5V	0.181	0.0044	0.07-0.12

A small star with an estimated 5gyr age, a $0.207R_{\odot}$, and an atmospheric temperature of 3,270°K. Also known as LHS 281, UCAC4 215-047789, and 2MASS J10145184-4709244.

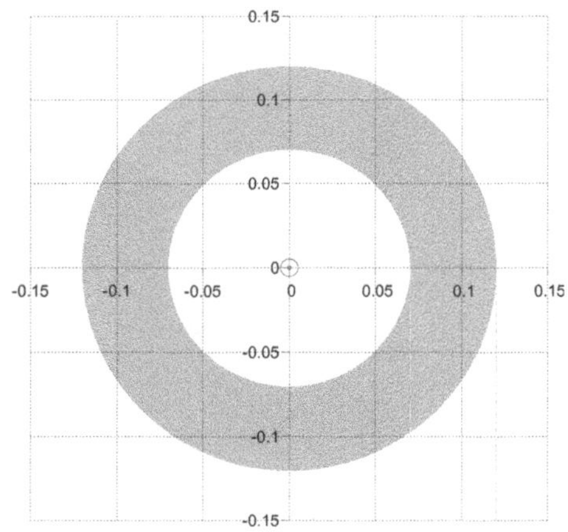

One exoplanet, GJ 1132 b, has been discovered, so far, via stellar transiting.[88] It has a 0.015 semi-major axis, a 1.628 day period, and a zero eccentricity. The planet's radius is estimated at $1.16\pm0.11R_E$, Its mass at $1.62\pm0.55M_E$, a surface gravity of $\sim1.19G_E$, and a surface temperature between 409-579°K (276-582°F). Its composition appears to match Venus/Earth in an iron core, silicate mantle. This same composition appears to match the masses and radii of Kepler-78 b, Kepler-10 b, Kepler-93 b, Kepler-36 b, CoRoT-7 b, and HD 219134 b. All of these planets are smaller than 1.6 Earth radii, a transition radius above which most planets require thick hydrogen/helium envelopes to explain their densities. Its close orbit means it is either facelocked to its primary or in spin orbital resonance.

Name	R.A.	Dec.	Spec.	Mass	Lum.	H.Z.
HIP 10138 (GJ 86)	02 10 25.93	-50 49 25.4	K1V	0.732	0.2875	0.53-0.98
	B		D?	0.59	?	?

A Pre-main Sequence star with an age estimate of 1.79-2.46Gyrs[48]. This is a binary system with a separation range of 27.8-69.8AU, a 120-481 year period, and 0.00-0.61 eccentricity (the upper ranges are considered less likely). The K-type star has a 5,163±37°K effective temperature and a 31-day rotation. A 3.2 Gyr age is estimated. The B companion is a white dwarf.[29] Also known as CD-51°532, GJ 86, HD 13445, LHS 13, and WDS J02104-5049.

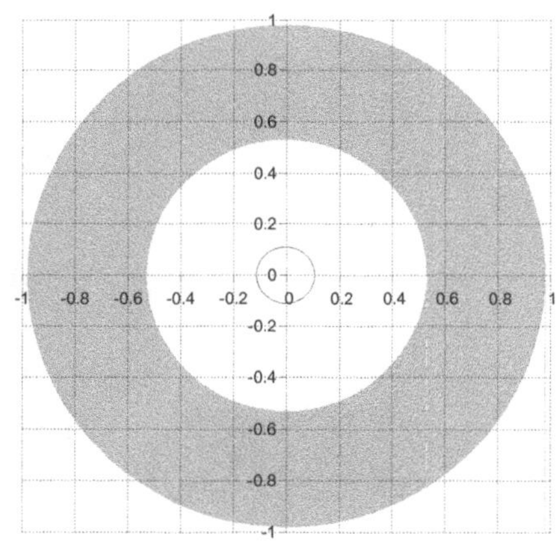

One exoplanet, GJ 86 b, has been discovered, so far.[28, 48] It has a 0.11±.007AU semi-major axis, 15.78±.02 day period, 0.04 eccentricity, and a $4\pm0.02M_J$ minimum mass.

Orbital simulations show that out of 100 test planets, eighty-four are still in orbit after one million years (simulations of our solar system yields only eighty-one out of 100)[34]. Underwood, et al, report that a terrestrial planet orbit could remain in the habitable zone for the last one billion years.[36]

Name	R.A.	Dec.	Spec.	Mass	Lum.	H.Z.
GJ 2036	04 53 31.20	-55 51 37.1	M3Ve	0.262	0.0047	0.07-0.13
	B	-	M3Ve	0.215	0.0021	0.045-0.084

This is a binary system with a separation range of 38-46AU. Component A is a Pre-main sequence star, Component B is a Flare star. Also known as CCDM J04535-5552, UCAC4 171-004894, WDS J04535-5551. Component B is also know as UCAC4 171-004893.

Name	R.A.	Dec.	Spec.	Mass	Lum.	H.Z.
GJ 3112	01 43 01.03	-67 18 29.3	DA8.1	0.580	0.0002	0.01-0.03

A White Dwarf.[43] Also known as LHS 145, NLTT 5777, and WD 0141-675.

Name	R.A.	Dec.	Spec.	Mass	Lum.	H.Z.
HIP 14754	03 10 31.02	-68 36 03.3	DA3.0	0.75	0.0022	0.05-0.09
	B	-	?	0.114	0.00017	0.012-0.023

A White Dwarf star. This is a binary system with a separation range of 75.5AU. Also known as CPD-69°177, GJ 127.1, and WDS J03105-6836.

Star Map #12

-27.00 to -32.99

29.5 l.y. circle

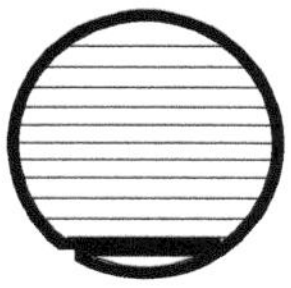

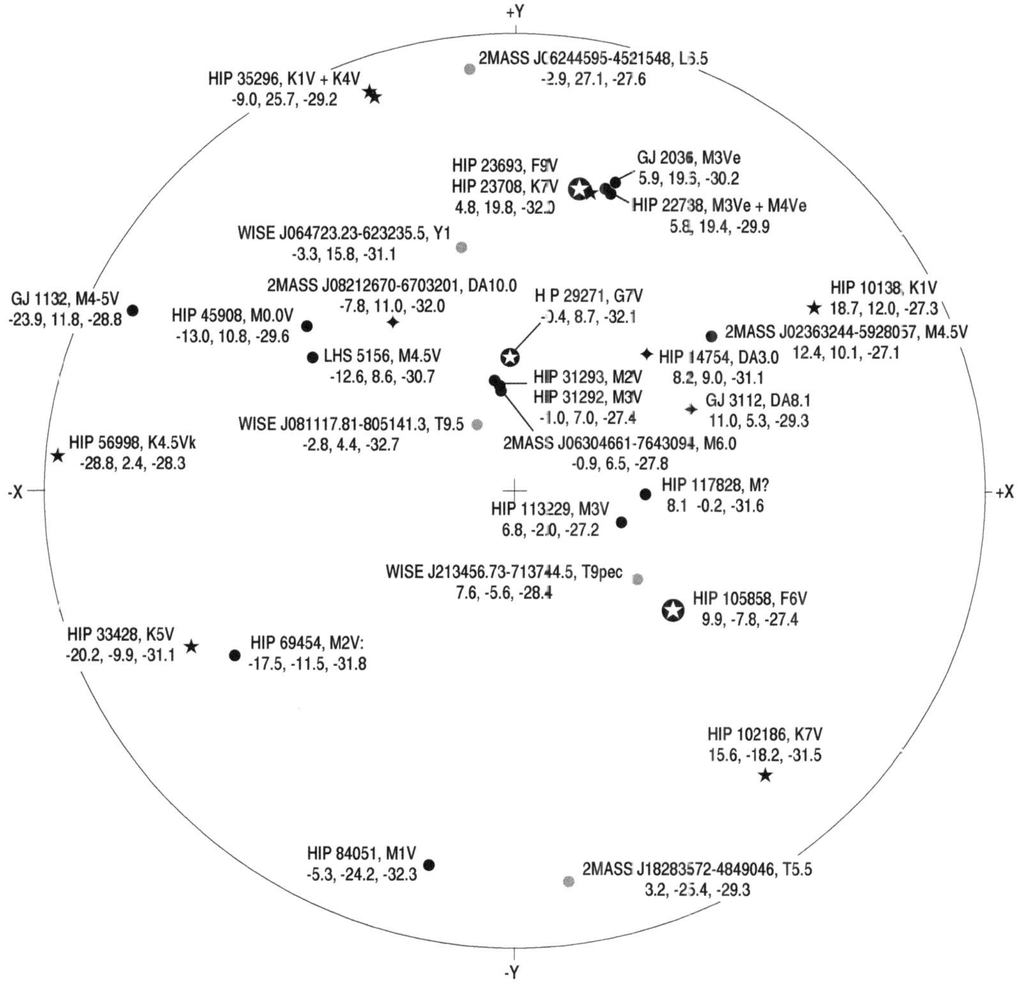

Color

★	✪	B0	—	Blue
★	✪	A0	—	White
★	✪	F0	—	White-yellow
★	✪	G0	—	Yellow
★	✪	K0	—	Orange
●		M0	—	Red
●		L/T	—	Brown Dwarf
✦		Dx	—	White Dwarf

Spectral Type

IA or IB	—	Super Giant
II	—	Bright Giant
III	—	Normal Giant
IV	—	Sub-Giant
V / d prefix	—	Main Sequence (dwarf)
VI	—	Sub-dwarf
VII / Capital	—	White Dwarf

1 Astronomical Unit (AU) = 149.6 million kilometers (93 million miles)

1 Light-year = 63,240AU

Distance from Sun to:

Earth = 1AU (period = 1 year)
Jupiter = 5.22AU (period = 3.64 years)
Pluto = 39.5 AU (period = 248.82 years)

1 Solar Luminosity = 3.90×10^{26} watts
(Earth receives 1,340 watts per square meter when the Sun is directly overhead; for example, at the equator on March 21st and October 21st.)

1 Solar Mass = 1.989×10^{30} kilograms
Jupiter = 0.000955 Solar Masses
Earth = 0.000003 Solar Masses

By Terry Kepner

Name	R.A.	Dec.	Spec.	Mass	Lum.	H.Z.
HIP 22738	04 53 31.20	-55 51 37.1	M3Ve	0.314	0.0285	0.17-0.34
	B	-	M4Ve	0.242	0.0034	0.06-0.10
This is a binary system with a separation range of 38-46AU.[38] Also known as CCDM J04535-5552, CD-56°1032, and WDS J04535-5551.						
HIP 23693 (Zeta Doradus)	05 05 30.65	-57 28 21.7	F9V	1.212	1.5000	1.14-2.01
HIP 23708	B	-	K7V	0.403	0.0264	0.16-0.30
A true binary with a wide separation range of 1,576-1,581AU.[38] Also known as Zeta Doradus, GJ 189, HD 33262, NLTT 16264, and WDS J05055-5728. Component B, HIP 23708, is also known as CD-57°1079 and GJ 1075.						
HIP 29271 (Alpha Mensae)	06 10 14.47	-74 45 10.9	G7V	0.893	1.1800	1.07-1.89
HD43834B	B		M3.5	0.213	0.0020	0.04-0.08
Estimated age is 5.49Gyrs[48]. Has a companion candidate known only as HD43834B.[38, 48] Also known as Alpha Mensae, CD-74°294, GJ 231, HD 43834, and LTT 2490.						
HIP 31293	06 33 43.29	-75 37 47.9	M2V	0.252	0.0040	0.06-0.12
HIP 31292	B	-	M3V	0.197	0.0015	0.04-0.07
A binary system with a separation range of 146-166AU where both components are Pre-main sequence stars. Also known as CDM J06337-7538, NLTT 16774, and WDS J06337-7538. Component B is also known as LDS 169 and NLTT 16774.						
HIP 33428	13 44 48.85	-54 07 17.3	K5V	0.343	0.0138	0.11-0.21
Also known as GJ 254, HD 266611, NLTT 17193, and 2MASS J06570468+3045235.						
HIP 35296	07 17 29.56	-46 58 45.3	K1V	0.628	0.1558	0.39-0.72
	B	-	K4V	0.523	0.0745	0.26-0.49
This is a binary system with a 3.24-7AU semi-major axis and a 94 year period. The orbit determined by Heintz (1995) plus the Hipparcos parallax gives an impossibly small mass-sum for the system. Probably both semi-major axis and period are much larger (no complete orbit for another century). Also known as GJ 269, CCDM J07175-4659, HD 57095, and WDS J07175-4659.						
HIP 45908	09 21 37.60	-60 16 55.0	M0.0V	0.339	0.0132	0.11-0.21
Also known as GJ 341, HD 304636, LHS 2128, NLTT 21618, and 2MASS J09213761-6016551.						
HIP 56998	11 41 02.46	-44 24 18.6	K4.5Vk	0.538	0.0840	0.29-0.53
This star's estimated age is 730 million years[48]. Also known as GJ 435, HD 101581, LHS 2441, and NLTT 28235.						
HIP 69454	14 13 12.87	-56 44 31.4	M2V:	0.303	0.0084	0.09-0.17
Also known as CPD-56°6199, GJ 2106, NLTT 36550, and 2MASS J14131288-5644314.						
HIP 84051	17 10 59.15	-52 30 55.8	M1V	0.326	0.0113	0.10-0.19
Also known as CPD-52°10487, NLTT 44262, and 2MASS J17105916-5230559.						
HIP 102186	20 42 18.78	-52 41 57.3	K7V	0.420	0.0313	0.17-0.32
This star's estimated age is 490 million years[48]. Also known as CD-53°8617, GJ 798, HD 196877, LHS 496, NLTT 49687, and 2MASS J20421878-5241572.						
HIP 105858 (Gamma Pavonis)	21 26 26.60	-65 21 58.3	F6V	1.058	1.2519	1.10-2.04
A Variable star with a 6.56Gyr age estimate[48]. Also known as Gamma Pavonis, CD-65°2751, GJ 827, HD 203608, and LHS 3674.						
HIP 113229	22 55 47.89	-75 27 21.9	M3V	0.254	0.0041	0.06-0.12
Also known as GJ 877, LHS 531, NLTT 55234, and 2MASS J22554532-7527320.						
HIP 117828	23 53 50.11	-75 37 57.1	M?	0.295	0.0076	0.09-0.16
Also known as CPD-76°1619, DENIS J235349.8-753756, and NLTT 58294.						
LHS 5156	09 42 49.60	-63 37 56.1	M4.5V	0.143	0.0004	0.02-0.04
Also known as L 140-289, LTT 3567, and 2MASS J09424960-6337560.						
WISE J064723.23-623235.5	06 47 23.23	-62 32 35.5	Y1	0.018	0.0000	0.00-0.00
A Brown Dwarf.[43]						

Name	R.A.	Dec.	Spec.	Mass	Lum.	H.Z.
WISE J081117.81-805141.3	08 11 17.81	-80 51 41.3	T9.5	0.023	0.0000	0.00-0.00
A Brown Dwarf.[43]						
WISE J213456.73-713744.5	21 34 56.73	-71 37 43.6	T9pec	0.037	0.0000	0.00-0.00
A Brown Dwarf.[43]						
2MASS J02363244-5928057	02 36 32.37	-59 28 06.2	M4.5V	0.104	0.0001	0.01-0.02
Also known as UCAC4 153-002437 and 1RXS J023630.5-592827.[41]						
2MASS J06244595-4521548	06 24 45.95	-45 21 54.8	L6.5	0.059	0.0000	0.00-0.01
A Brown Dwarf.[43] Also known as DENIS J062445.8-452156.						
2MASS J06304661-7643094	06 30 46.86	-76 43 09.5	M6.0	0.092	0.0001	0.01-0.02
	B	-	M8.5?	0.088	0.00006	0.008-0.014
This is a binary system with a separation range of 5.88-8.5AU.[41] Also known as DENIS J063046.5-764309, UCAC3 27-11458, and WDS J06308-7643.						
2MASS J08212670-6703201	08 21 26.70	-67 03 20.1	DA10.0	0.750	0.0003	0.02-0.03
A White Dwarf.[43] Also known as WD 0821-669.						
2MASS J18283572-4849046	18 28 35.72	-48 49 04.6	T5.5	0.050	0.0000	0.00-0.00
A Brown Dwarf.[43] Also known as WISEP J182835.97-484903.0.						

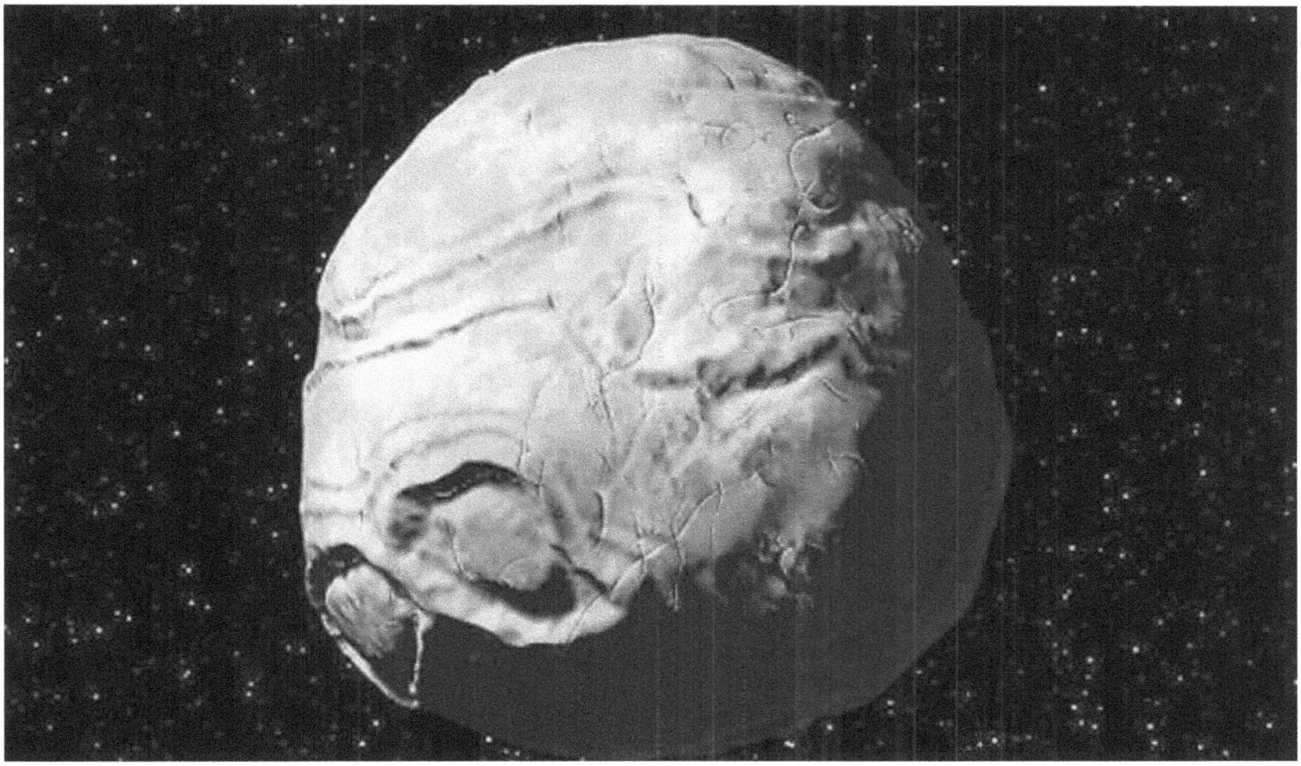

Fig. 41. The unusual asteroid Cruithne. It has an orbital period exactly the same as Earth's despite having an eccentric and inclined orbit that takes it almost to Mercury's orbit and slightly beyond Mars' orbit, but significantly above and below the solar system's planetary orbital plane. And Earth and Cruithne interact on a regular basis, albeit in a very unusual and complex way: it alternately approaches and retreats from Earth! In its orbit, sometimes Cruithne is closer to the sun than Earth, and thus it is moving faster. Because it is moving faster, it begins to come close to Earth. However, as it gets closer, the Earth's gravity starts pulling at it, making it go faster. As Cruithne speeds up, its orbit moves outwards from the sun until the asteroid is farther from the sun than Earth. Being farther from the sun, Cruithne is now moving slower than Earth and Earth begins to draw away from it. Eventually, Earth, now moving faster because it has the inside orbit, begins to catch up to the slower moving Cruithne. As the Earth approaches its gravity begins to pull Cruithne backwards towards Earth and this slows Cruithne down in its orbit. Before the Earth can get too close, though, Cruithne's orbit is once more inside that of the Earth and it begins to draw ahead. Eventually, Cruithne begins to approach Earth from behind as it is once more in a faster orbit. And the whole process repeats on a cycle of about 752 years. Its last closest approach was 1997.

Star Map 13

There are fifteen stars in twelve systems in this section. There are no known exoplanets at this time. There are five stars with at least twenty-percent or greater luminosity when compared to our Sun: HIP 15330 (Zeta01 Reticuli), 15371 (Zeta02 Reticuli), 69972, 77952, and 80686.

Name	R.A.	Dec.	Spec.	Mass	Lum.	H.Z.
HIP 13389	02 52 22.16	-63 40 47.3	M2.5	0.311	0.0093	0.09-0.18
	Also known as GJ 118, LHS 160, NLTT 9248, and 2MASS J02522213-6340475.[87]					
HIP 15371 (Zeta02 Reticuli)	03 18 12.81	-62 30 22.9	G0V	0.984	0.9391	0.95-1.77
HIP 15330 (Zeta01 Reticuli)	B	-	G4V	0.906	0.6740	0.80-1.49
	This is a wide binary system with a separation range of 5,241AU[52], a 3.06Gyr age estimate[48]., and with Component A suspected of being a Spectroscopic Binary. Components Aa,Ab are a suspicious listing with only one observation listed in WDS. The Aa,Ab Spectroscopic Binary was not detected with Radial Velocity measurements and three separate attempts to resolve the hidden Ab secondary have failed. The system is thus a probable double and not a triple system. Also known as Zeta02 Reticuli, CCDM J03180-6232, GJ 138, HD 20807, LHS 172, NLTT 10597, and WDS J03182-6230. Component B is also known as Zeta01 Reticuli, GJ 136, HD 20766, LHS 171, and NLTT 10575.					
HIP 69972	14 19 04.83	-59 22 44.5	K3IV	0.676	0.2085	0.45-0.83
	Also known as CPD-58°5467, GJ 542, HD 125072, LHS 2892, NLTT 36884, and 2MASS J14190485-5922447.					
HIP 77952 (Beta Trianguli Australis)	15 55 08.56	-63 25 50.6	F1V	1.697	8.2849	2.83-5.26
	B	-	M?	0.129	0.0003	0.016-0.030
	This is a binary system with a separation range of 717AU with estimated 12Myr age. Also known as Beta Trianguli Australis, CCDM J15551-6326, GJ 601, HD 141891, NLTT 41426, and WDS J15551-6326. Component B is also known as L 153-157.					
HIP 80686 (Zeta Trianguli Australis)	16 28 28.14	-70 05 03.8	F9V	1.032	1.1332	1.05-1.94
	SIMBAD says this is a Spectroscopic Binary, but there are no supporting in CCDM or WDS. It has a 420-900 million years estimated age[48]. Also known as Zeta Trianguli Australis, CD-69°1532, GJ 624, HD 147584, LTT 6558, and NLTT 42751.					
HIP 93069	18 57 30.59	-55 59 30.8	K5Ve	0.424	0.0324	0.18-0.33
	B	-	K7Ve	0.393	0.0239	0.15-0.28
	This is a binary system with a separation range of 14-23AU. Also known as CCDM J18575-5600, CPD-56°9037, HD 175224, WDS J18575-5600.					
HIP 108569	21 59 34.70	-59 45 10.1	M0.5	0.420	0.0310	0.17-0.32
	Also known as GJ 842, LHS 3741, NLTT 52576, and 2MASS J21593479-5945104.[87]					
HIP 116745	23 39 37.38	-72 43 19.7	K3V	0.604	0.1335	0.36-0.67
	This star's estimated age is 6.6Gyrs[48]. Also known as CD-73°1672, GJ 902, HD 222237, LHS 3994, NLTT 57525, and 2MASS J23393736-7243197.					
L 34-26	07 49 12.65	-76 42 06.7	M3Ve	0.229	0.0027	0.05-0.10
	Also known as NLTT 18592, 1RXS J074912.9-764202, and 2MASS J07491271-7642065.					
WISE J014807.25-720258.7	01 48 07.25	-72 02 58.7	T9.5	0.024	0.0000	0.00-0.00
	A Brown Dwarf.[43]					
2MASS J14540797-6604476	14 54 07.98	-66 04 47.7	L3.5	0.080	0.0000	0.01-0.01
	A Brown Dwarf.[43] Also known as DENIS J145407.8-660447.					
2MASS J23594034-7335055	23 59 40.34	-73 35 05.5	T5.5	0.049	0.0000	0.00-0.00
	A Brown Dwarf.[43] Also known as WISE J235941.07-733504.8.					

Star Map #13

-33.00 to -40.00

22.6 l.y. circle

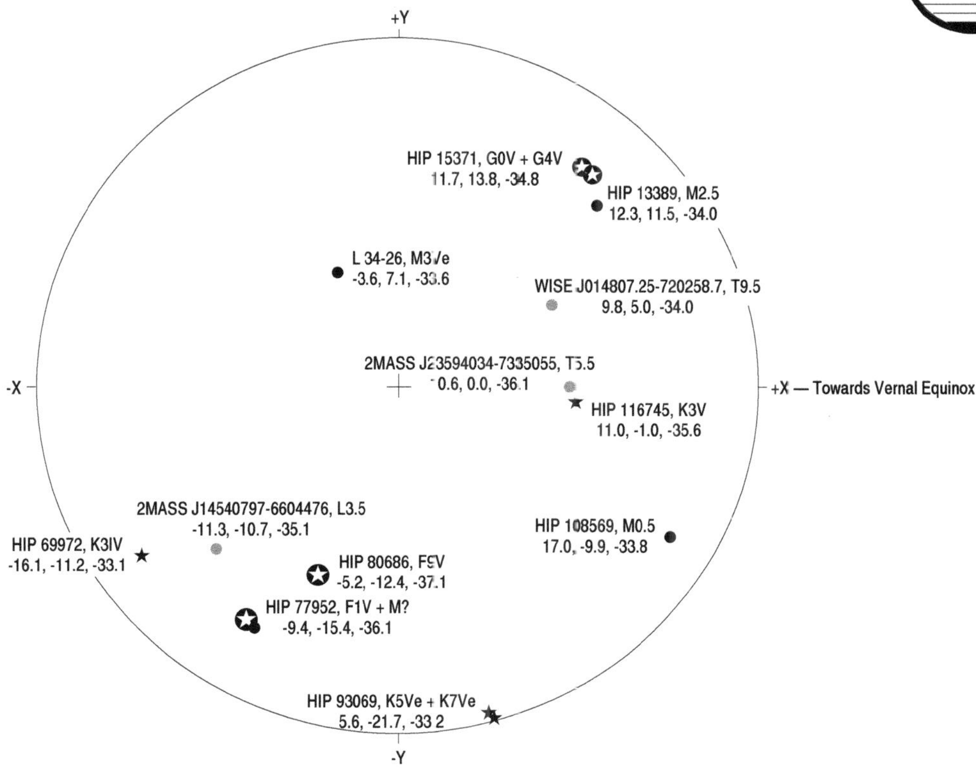

Color

★	✪	B0	—	Blue
★	✪	A0	—	White
★	✪	F0	—	White-yellow
★	✪	G0	—	Yellow
★	✪	K0	—	Orange
●		M0	—	Red
●		L/T	—	Brown Dwarf
✦		Dx	—	White Dwarf

Spectral Type

IA or IB	—	Super Giant
II	—	Bright Giant
III	—	Normal Giant
IV	—	Sub-Giant
V / d prefix	—	Main Sequence (dwarf)
VI	—	Sub-dwarf
VII / Capital	—	White Dwarf

1 Astronomical Unit (AU) = 149.6 million kilometers (93 million miles)

1 Light-year = 63,240AU

Distance from Sun to:

Earth = 1AU (period = 1 year)

Jupiter = 5.22AU (period = 3.64 years)

Pluto = 39.5 AU (period = 248.82 years)

1 Solar Luminosity = 3.90 x 10^{26} watts
(Earth receives 1,340 watts per square meter when the Sun is directly overhead; for example, at the equator on March 21st and October 21st.)

1 Solar Mass = 1.989 x 10^{30} kilograms
Jupiter = 0.000955 Solar Masses
Earth = 0.000003 Solar Masses

Appendix A
The Constellations

Latin Name	Genitive	Abbr.	English Name
* Andromeda	Andromedae	And	Andromeda
Antila	Antliae	Ant	The Air Pump
Apus	Apodis	Aps	The Bird of Paradise
* Aquarius[ZOD]	Aquarii	Aqr	The Water Carrier
* Aquila	Aquilae	Aql	The Eagle
* Ara	Arae	Ara	The Altar
* Aries[ZOD]	Arietis	Ari	The Ram
* Auriga	Aurigae	Aur	The Charioteer
* Bootes	Bootis	Boo	The Herdsman
Caelum	Caeli	Cae	The Graving Tool
Camelopardalis	Camelopardalis	Cam	The Giraffe
* Cancer[ZOD]	Cancri	Cnc	The Crab
Canes Venatici	Canum Venaticorum	CVn	The Hunting Dogs
* Canis Major	Canis Majoris	CMa	The Larger Dog
* Canis Minor	Canis Minoris	CMi	The Smaller Dog
* Capricornus[ZOD]	Capricorni	Cap	The Goat
* Carina[CPV]	Carinae	Car	The Keel (of the ship)
* Cassiopeia	Cassiopaeiae	Cas	Cassiopeia
* Centaurus	Centauri	Cen	The Centaur
* Cephus	Cephei	Cep	Cepheus
* Cetus	Ceti	Cet	The Whale
Chamaeleon	Chamaeleontis	Cha	The Chameleon
Circinus	Circini	Cir	The Pair of Compasses
Columba	Columbae	Col	The Dove
Coma Berenices	Comae Berenices	Com	Berenice's Hair
* Corona Australis	Coronae Australis	CrA	The Southern Crown
* Corona Borealis	Coronae Borealis	CrB	The Northern Crown
* Corvus	Corvi	Crv	The Crow
* Crater	Crateris	Crt	The Cup
Crux	Crucis	Cru	The Cross
* Cygnus	Cygni	Cyg	The Swan
* Delphinus	Delphini	Del	The Dolphin
Dorado	Doradus	Dor	The Swordfish
* Draco	Draconis	Dra	The Dragon
* Equuleus	Equulei	Equ	The Little Horse
* Eridanis	Eridani	Eri	The River
Fornax	Fornacis	For	The Furnace
* Gemini[ZOD]	Geminorum	Gem	The Twins
Grus	Gruis	Gru	The Crane
* Hercules	Herculis	Her	Hercules
Horologium	Horologii	Hor	The Clock
* Hydra	Hydrae	Hya	The Water Serpent
Hydrus	Hydri	Hyi	The Water Snake
Indus	Indi	Ind	The Indian
Lacerta	Lacertae	Lac	The Lizard
* Leo[ZOD]	Leonis	Leo	The Lion
Leo Minor	Leonis Minoris	LMi	The Smaller Lion
* Lepus	Leporis	Lep	The Hare
* Libra[ZOD]	Librae	Lib	The Scales
* Lupus	Lupi	Lup	The Wolf
Lynx	Lyncis	Lyn	The Lynx
* Lyra	Lyrae	Lyr	The Lyre
Mensa	Mensae	Men	The Table Mountain
Microscopium	Microscopii	Mic	The Microscope
Monoceros	Monocerotis	Mon	The Unicorn
Musca	Muscae	Mus	The Fly
Norma	Normae	Nor	The Ruler
Octans	Octantis	Oct	The Octant
* Ophiuchus	Ophiuchi	Oph	The Serpent Carrier
* Orion	Orionis	Ori	Orion
Pavo	Pavonis	Pav	The Peacock
* Pegasus	Pegasi	Peg	Pegasus
* Perseus	Persei	Per	Perseus
Phoenix	Phoenicis	Phe	The Phoenix
Pictor	Pictoris	Pic	The Easel
* Pisces[ZOD]	Piscium	Psc	The Fishes
* Piscis Austrinus	Piscis Austrini	PsA	The Southern Fish
* Puppis[CPV]	Puppis	Pup	The Stern (of the ship)
Pyxis	Pyxidis	Pyx	The Mariner's Compass
Reticulum	Reticuli	Ret	The Net
* Sagitta	Sagittae	Sge	The Arrow
* Sagittarius[ZOD]	Sagittarii	Sgr	The Archer
* Scorpius[ZOD]	Scorpii	Sco	The Scorpion
Sculptor	Sculptoris	Scl	The Sculptor's Tools
Scutum	Scuti	Sct	The Shield
* Serpens[SC]	Serpentis	Ser	The Serpent
Sextans	Sextantis	Sex	The Sextant
* Taurus[ZOD]	Tauri	Tau	The Bull
Telescopium	Telescopii	Tel	The Telescope
* Triangulum	Trianguli	Tri	The Triangle
Triangulum Australe	Trianguli Australis	TrA	The Southern Triangle
Tucana	Tucanae	Tuc	The Toucan
* Ursa Major	Ursae Majoris	UMa	The Larger Bear
* Ursa Minor	Ursae Minoris	UMi	The Smaller Bear
* Vela[CPV]	Velorum	Vel	The Sails (of the ship)
* Virgo[ZOD]	Virginis	Vir	The Virgin
Volans	Volantis	Vol	The Flying Fish
Vulpecula	Vulpeculae	Vul	The Fox

Table 1. The constellations. Asterisks indicate the original forty-eight constellation. Remember that some constellations we look at in the sky at night are actually smaller pieces of a larger constellation. The Big Dipper, as we call it, is actually the center portion of the constellation Ursa Major.

Notes:

ZOD Indicates the twelve Constellations of the Zodiac, that band of constellations that lie along the ecliptic and are in the apparent annual path of the sun and monthly path of the moon.

CPV *Carina, Puppis,* and *Vela* are subdivisions of the original constellation Argo Navis, the legendary ship Argo. It was broken up to make for a more manageable arrangement. Some sources list the constellation Pyxis as a part of it.

SC Contains two parts separated by the constellation *Ophiuchus. Serpens Cauda*, the head, is the eastern half. *Serpens Caput,* the tail, is the western half. It is considered one constellation, anyway.

Appendix B: Habitable Zones for F, G, and K Stars

Mass of Star	Habitable Zone at zero age (start) main sequence				Habitable Zone averages during main sequence				Habitable Zone at end of main sequence			Orbital period at Orbit of Greatest Opportunity			Maximum times			
(Solar mass)	Luminosity at start of main sequence (Sol = 1)	Inner radius (AU)	Outer radius (AU)	Width of habitable zone (AU)	Average Luminosity during main sequence (Sol = 1)	Average Inner radius (AU)	Average Outer radius (AU)	Average Width of Habitable Zone (AU)	Luminosity at main sequence end (Sol =1)	Inner radius (AU)	Outer radius (AU)	Orbit of Greatest Opportunity (AU)	Orbit in Earth Years	Orbit in Earth days	Total time on the main sequence (Gyr)	Time in Habitable Zone at Orbit of Greatest Opportunity (Gyr)	Time for planet in Orbit of Greatest Opportunity to facelock (Gyr)	Maximum time for biological evolution (Gyr)
0.1	0.00096	0.030	0.043	0.013	0.00096	0.030	0.043	0.013	0.00096	0.030	0.043	0.043	0.028	10.1	3162.28	2529.82	0.001	0.001
0.2	0.00566	0.072	0.103	0.032	0.00568	0.072	0.104	0.032	0.00570	0.072	0.104	0.103	0.074	27.1	559.02	447.21	0.031	0.031
0.3	0.01303	0.109	0.157	0.048	0.01312	0.109	0.157	0.048	0.01322	0.110	0.158	0.157	0.113	41.4	202.86	162.29	0.170	0.170
0.4	0.02262	0.143	0.207	0.063	0.02294	0.144	0.208	0.064	0.02329	0.146	0.210	0.207	0.148	54.2	98.82	79.06	0.500	0.500
0.5	0.03787	0.186	0.267	0.082	0.03893	0.188	0.271	0.083	0.04020	0.191	0.275	0.267	0.195	71.4	56.57	45.25	1.502	1.502
0.6	0.06790	0.248	0.358	0.109	0.07301	0.258	0.371	0.114	0.07938	0.269	0.387	0.358	0.276	101.0	35.86	28.69	6.014	6.014
0.7	0.12753	0.340	0.491	0.150	0.15080	0.370	0.533	0.163	0.18151	0.406	0.585	0.491	0.411	150.0	24.39	19.51	star collapses first	19.514
0.8	0.23632	0.464	0.668	0.204	0.31975	0.539	0.777	0.238	0.45113	0.640	0.923	0.668	0.610	222.8	17.47	13.98	star collapses first	13.98
0.9	0.41764	0.616	0.888	0.272	0.60168	0.740	1.065	0.326	0.92045	0.915	1.318	0.888	0.882	322.0	13.01	10.41	star collapses first	10.41
1	0.69775	0.796	1.147	0.351	1.01820	0.962	1.386	0.424	1.58891	1.202	1.731	1.147	1.229	448.9	10.00	8.00	star collapses first	8.00
1.1	1.10484	1.002	1.444	0.442	1.59821	1.205	1.737	0.531	2.28613	1.442	2.077	1.444	1.654	604.2	8.09	6.47	star collapses first	6.47
1.2	1.66917	1.232	1.775	0.543	2.32376	1.453	2.094	0.640	3.08035	1.673	2.411	1.775	2.158	788.3	5.96	4.77	star collapses first	4.77
1.3	2.42214	1.484	2.138	0.654	3.26841	1.724	2.483	0.760	4.24815	1.965	2.831	2.138	2.741	1001.3	4.54	3.63	star collapses first	3.63
1.4	3.39703	1.757	2.532	0.774	4.44319	2.010	2.895	0.886	5.84925	2.306	3.322	2.532	3.405	1243.5	3.56	2.85	star collapses first	2.85
1.5	4.62807	2.051	2.955	0.904	6.00791	2.337	3.367	1.030	7.97627	2.693	3.879	2.955	4.148	1514.9	2.84	2.28	star collapses first	2.28
1.6	6.15035	2.365	3.407	1.042	7.95007	2.688	3.873	1.185	10.13678	3.036	4.373	3.407	4.971	1815.5	2.22	1.78	star collapses first	1.78
1.7	8.00018	2.697	3.885	1.188	10.33208	3.065	4.415	1.350	13.19471	3.463	4.990	3.885	5.873	2145.3	1.85	1.48	star collapses first	1.48
1.8	10.21410	3.047	4.390	1.343	13.19280	3.463	4.989	1.526	16.53484	3.877	5.586	4.390	6.856	2504.1	1.57	1.25	star collapses first	1.25
1.9	12.83217	3.415	4.921	1.505	16.59563	3.884	5.596	1.712	21.15924	4.386	6.318	4.921	7.918	2892.2	1.34	1.07	star collapses first	1.07
2	15.89278	3.801	5.476	1.675	20.58890	4.326	6.233	1.906	26.71161	4.928	7.099	5.476	9.061	3309.5	1.15	0.92	star collapses first	0.92

The Habitable Zone is that area around a star at which water is a liquid on the surface of an Earth-sized planet. The main sequence is defined as the period of time that a star burns hydrogen. A star gains luminosity as it ages, ie., our Sun is 20% brighter today than it was at its start on the main sequence. The orbit of greatest opportunity is where a planet would spend the longest time in the HZ. Luminosity and Mass are measured on a scale where our Sun = 1. AU is the Astronomical Unit, 92,960,116 miles, the average distance from the Sun to the Earth. Gyr is the abbreviation for 10^9 years. Facelock refers to the situation where one side of a planet always faces the star, or where its "day" is a simple fraction (2/3, 3/4, 4/5) of its orbital year; for example, Mercury's day is 2/3's of its year, thus it rotates three times for every two orbits. The time for a planet to "facelock" is based on a 6 hour starting rotational period, the time of Earth's estimated day when it formed. The numbers in the chart above are approximations based on calculations that are believed to be correct. The Habitable Zone is the weakest because the feedback cycle that prevents runaway carbon-dioxide generation, like happened to Venus, is not well understoo

Appendix C: References

AAS - American Astronomical Society
AJ - Astronomical Journal
ApJ - Astrophysical Journal
ApJS - Astrophysical Journal Supplement
ApJL - Astrophysical Journal Letters
arXiv - the reference number for papers stored at astro-ph
astro-ph. - Astrophysical Journal web archive for submitted papers.
A&A - Astronomy and Astrophysics
BAAS - Bulletin of the American Astronomical Society
ESA - European Space Agency
ESO - European Southern Observatory
EXO - Exoplanet Orbit Database and the Exoplanet Data Explorer at exoplanets.org.
GRA - Geophysical Research Abstracts
IAP - Institut D'Astrophysique de Paris
IAU - International Astronomical Union
IAUC - International Astronomical Union Circular
JBIS - Journal of the British Interplanetary Society.
IJS - International Journal of Astro-biology
JGR - Journal of Geophysical Research
MNRAS - Monthly Notices of the Royal Astronomical Society
Nature - Nature magazine
PASP - Publications of the Astronomical Society of the Pacific
SIMBAD - Set of Identifications, Measurements, and Bibliography for Astronomical Data, maintained by the Centre de Données astronomiques de Strasbourg.
VizieR - The VizieR database of astronomical catalogues.

1. *Astronomy* magazine, 1993, April, 18.
2. *Astronomy* magazine, 1993, April, 26.
3. Israelian, G., Santos, N. C., Mayor, M., & Rebolo, R. 2001, Nature, 411, 163.
4. Osorio, M.R.Z., et, al., 2002, Science, 290, 103.
5. Burgasser, A.J., Kirkpatrick, J.D., McGovern, M.R., McLean, I.S., Prato, L., Reid, I.N., 2004, ApJ, 604, 827.
6. Lecavelier des Etangs, A., Vidal-Madjar, A., McConnell, J. C., Hébrard, G., 2004, A&A 418, L1-L4.
7. *Sky & Telescope*, 1993, April, 32.
8. Michael Bloch, 2012, Green Living Tips.com, http://www.greenlivingtips.com/eco-news/14-maldives-islands-already-abandoned.html, "14 Maldives Islands Already Abandoned"
9. Benest, D. & Gonczi, R., 2004, IAU Colloquium #197, Cambridge University Press, 77.
10. Schatz, H., 2003, Michigan State University.
11. Gonzalez, G., Brownlee, D., Ward, P., 2001, Icarus, 152, 185.
12. Brown, T.M., Charbonneau, D., Gilliland, R.L., Albrow, M.D., et al., 2000, AAS, 196th meeting 2.03.
13. Wolszczan, A., Frail, D., 1992, Nature, 255, 145.
14. Rasio, F.A., 1994, ApJ, 427, 107L. (pulsar planets)
15. Barnes, J.W., O'Brien, D.P., 2002, ApJ, 575, 1087.
16. Russell, C.T., Luhmann J.G., 1997, Chapman and Hall, "Jupiter: Magnetic Field and Magnetosphere," Encyclopedia of Planetary Sciences, pp. 372-373.
17. Lang , Kenneth R., 2011, Cambridge University Press, "The Cambridge Guide to the Solar System," 2nd ed.
18. Dvorak, R., Pilat-Lohinger, E., Schwarz, R., Freistetter, F., 2004, A&A, 426, L37.
19. Leger, A., Selsis, F., Sotin, C., Guillot, D., Despois, D., Mawet, D., Ollivier, M., Labeque, A., Valette, C., Brachet, F., Chazalas, B., Lammer, H., 2004, Icarus Notes.
20. Latham, D., Stefanik, R., Mazeh, T., Mayor, M., Burki, G., 1989, Nature, 339, 38L.
21. Marcy, G. & Butler, R.P., 1997, ApJ, 481, 926.
22. Charbonneau, D., Brown, T., Latham, D., Mayor, M., 2000, ApJ, 529, L45.
23. Han, E., Wang, S., Wright, J.T., Feng, Y.K., Zhao, M., Fakhouri, O., Brown, J.I., Hancock, C., 2014, PASP, 943, 827.
24. Rogers,L., 2015, ApJ, 801, 41.
25. Mackwell, S., Simon-Miller, A., Harder, J., Bullock, M., "Comparative Climatology of Terrestrial Planets," pg 128.
26. Marcy, G.W., Butler, R.P., Vogt, S.S., Fischer, D., Lissauer, J.L., 1998, ApJ, 505, L147.
27. Fischer, D. A., Marcy, G. W., Butler, R. P., Vogt, S. S., & Apps, K. 1999, PASP, 111, 50.
28. Queloz, D., Mayor, M., Weber, L., Blecha, A., Burnet, M., Confino, B., Naef, D., Pepe, F., Santos, N., Udry, S., 2000, A&A, 354, 99.
29. Els, S. G., Sterzik, M. F., Marchis, F., Pantin, E., Endl, M., Kürster, M., 2001, A&A 370, L1.
30. Leggett, S.K. TR Geballe, X. Fan, DP Schneider, JE Gunn et al., 2000, ApJ, 536, L35.
31. Hatzes, A., Cochran, W., McArthur, B., Baliunas, S. L., Walker, G., et al. 2000, ApJ, 544, L145.
32. Fischer, D.A., Butler, R.P., Marcy, G.W., Vogt, S.S., Henry, G.W., 2003, ApJ, 590, 1081.
33. Marcy, G.W., Butler, R.P., Fischer, D., Vogt, S.S., Lissauer, J.L., Rivera, E.J., 2001, ApJ, 556, 296.
34. Menou, K., Serge Tabachnik, S., 2003, ApJ, 583, 473.
35. Asghari, N., Broeg, C., Carone, L., Casas-Miranda, R., 2004, A&A, 426, 353.
36. Underwood, D.R., Jones, B.W., Sleep, P.N., 2003, accepted by IJS, 2003astro.ph.12522U.
37. Leggett, S., Marley,, M., Freedman, R., Daumon, D., Liu, M., Geballe, T., Golimowski, D., Stephens, D., 2007, ApJ, 667, 537.
38. Chandler, C., McDonald, I., Kane, S., 2016, ApJ, 151, 3, 59.
39. Kirkpatrick, J., Cushing, M., Gelino, C., et al., 2011, ApJS, 197, 19K.
40. Faherty, J., Burgasser, A., Walter, F., Van der Bliek, N., Shara, M., West, A., Vrba, F., Anglada-Escude, G., 2012, ApJ, 752, 56F.
41. Henry, T., Jao, W., Subasavage, J., Beaulieu, T. Ianna, P., Costa, E., Mendez, R., 2006, AAS, 132, 2360.
42. Kirkpatrick, et al, 2012, ApJ, 753, 156K.
43. Subsavage, J., Jao, W., Henry, T., Bergeron, P., Dufour, P., Ianna, P, Costa, E., Mendez, R., 2013, arXiv:0902.0627v1.
44. Tanner, A., Gelino, C., Law, N., 2010, PASP, 122, 1195.
45. Lane, B., ZapateroOsorio, M., Britton, M., Nartin, E., Kulkarni, S., 2001, ApJ, 560, 390L.
46. Kiyaeva, 0., Kiselev, A., Polyakov, E., Rafal'skii,V., 2001, Astronomy Letters, 27, 6, 391.
47. Woitas, J., Tamazian, V., Docobo, J., Leinert, Ch., 2003, A&A ,406, 293–298. (110)
48. Vican, L., 2012, AJ, 143, 135V.
49. Holmberg, J., Nordstrom, B., Andersen, J., 2009, A&A 501, 941H.
50. Haghighipour, N., Vogt, S., Butler, R., Rivera, E., Laughlin, G., Meschiara, S., Henry, G., 2010, ApJ, 715, 271F.
51. Lazorenko, P., Sahlmann, J., Segransan, D., Figueira, P., Lo-

vis, C., Martin, E., Mayor, M., Pepe, F., Queloz, D., Rodler, F., Santos, N., Udry, S., 2011, A&A ,527A, 25L.
52. Allen, C., Poveda, A., Herrera, M., 2000, A&A, 356, 529A.
53. Heintz, W., Borgman, E., 1984, A&J, 89, 1068H.
54. Martin, C., Mignard, F., A&A., 1998, 330, 585M.
55. Benedict, G., McArthur, B., Franz, O., Wasserman, L., Henry, T., Takato, T., Strateva, I., Crawford, J., Ianna, P., McCarthy, D., Nelan, E., Jefferys, W., van Altena, W., Shelus, P., Hemenway, P., Duncombe, R., Story, D., Whipple, A., Bradley, A., Fredrick, L., 2001, AJ, 121, 1607B.
56. Daemgen, S., Siegler, N., Reid, I.N., Close, L.M., 2007, ApJ, 654, 558D.
57. Janson, M., Bergfors, C., Brandner, W., Kudryavtseva, N., Hormuth, F., Hippler, S., 2014, ApJ, 789, 102.
58. Jones, B.W., 2008, IJS, 7 (3&4), 279.
59. Zsom, A., Seager, S., de Wit, J., Stamenkovic, V., 2013, arXiv:1304.3714v3 (astro-ph.EP).
60. Hart, M. H., 1979, Icarus, 37, 351.
61. Fogg, M. J., 1992, JBIS, 45, 3F.
62. Kopparapu, R., 2013, ApJ, 767L, 8K.
63. Maness, H., Marcy, G., Ford, E., Hauschildt, P., Shreve, A., Basri, G., Butler, R., Vogt, S., 2007, PASP, 119, 90M.
64. Soderhjelm, S., 1999, A&A, 341, 121S.
65. Segransan, D., Delfosse, X., Forveille, T., Beuzit, J.-L, Udry, S., Perrier, C., and Mayor, M., 2000, A&A, 364, 665.
66. Gatewood, G., 1996, BAAS, 28, 885. (129)
67. Lane, B, Zapatero Osorio, M., Britton, M., Martin, E., Kulkarni, S., 2001, ApJ 560, 390.
68. Benedict, G, McArthur, B., Franz, O., Wasserman, L., & Henry, T., 2000, AJ 120, 1106.
69. Guillot, T., Stevenson, D., Hubbard, W., Saumon, D., 2004, *Jupiter: The Planet, Satellites and Magnetosphere*, "Chapter 3: The Interior of Jupiter".
70. In Bagenal, F., Dowling, T., McKinnon, W., "Jupiter: The Planet, Satellites and Magnetosphere." Cambridge University Press. ISBN 0-521-81808-7.
71. Bodenheimer, P., 1974, Icarus, 23, 319–25.
72. Backman, D., Marengo, M., Stapelfeldt,K, Su, K, Wilner, D., Dowell, C., Watson, C. D., Stansberry, J., Rieke, G, Megeath, T., Fazio, G., and Werner, M., 2009, ApJ, 690, 1522.
73. Baize, P., Petit, M., 1989, A&AS, 77, 497B.
74. Vogt, S., Butler, R, Rivera, E, Haghighipour, N., Henry, G., Williamson, M., 2010, arXiv:1009.5733.
75. Greaves, J., Wyatt, M., Holland, W., Dent, W., 2004, MNRAS, 351L, 54G.
76. Tuomi, M., Jones, H., Jenkins, J., Tinney, C., Butler, R., Vogt, S., Barnes, J., Wittenmyer, R., O'Toole, S., Horner, J., Bailey, J., Carter, B., Wright, D., Salter, G., Pinfield, D., 2013, A&A, 551A, 79T.
77. Seager, S., Kuchner, M., Hier-Majumder, C., and Militzer, B., 2007, ApJ, 669, 1279.
78. Lovis, C.,Mayor, M., Pepe, F., Alibert, Y., Benz, W., Bouchy, F., Correia, A., Laskar, J., Mordasini, C., Queloz, D., Santos, N., Udry, S., Bertaux, J.-L., Sivan, J.-P., 2006, Nature, 441, 305L.
79. Vogt, S., Wittenmyer, R., Butler, R., O'Toole, S., Henry, G., Rivera, E., Meschiari, S., Laughlin, G., Tinney, C., Jones, H., Bailey, J., Carter, B., Batygin, K., 2010, ApJ., 708, 1366.
80. Anglada-Escudé, G., Amado, P., Barnes, J., Berdiñas, Z., Butler, R., Coleman, G, de la Cueva, I., Dreizler, S., Endl, M., Giesers, B., Jeffers, S., Jenkins, J., Jones, H., Kiraga, M., Kürster, M., López-González, M., Marvin, C., Morales, N., Morin, J., Nelson, R., Ortiz, J., Ofir, A., Paardekooper, S.-J., Reiners, A., Rodríguez, E., Rodríguez-López, C., Sarmiento, L. F., Strachan, J., Tsapras, Y.,Tuomi, M., Zechmeister, M., 2016, Nature, 536, 437.
81. Bonfin, H., Pourbaix, D., Mužic, K., Ivanov, V., Kurtev, R., Beletsky, Y., Mehner, A., Berger, J., Girard, J., Mawet, D., 2014, A&A, 561, L4.
82. V. Rajpaul, V., Aigrain, S., Roberts, S., 2016, MNRAS, 456, L6.
83. Brice-Olivier, D, Ehrenreich, D, Queloz, D, Seager, S., Gilliland, R, Chaplin, W. Proffitt, C., Gillon, M., Guenther, M., Benneke, B., Dumusque, X., Lovis, C., Pepe, F., Segransan, D., Triaud, A., Udry, S., 2015, MNRAS, 450, 2043.
84. Braga-Ribas, F., Sicardy, B., Ortiz, J.L., et al., 2014, Nature, 508, 72.
85. Wittenmyer, R., Tuomi, M., Butler, R., Jones, H., Anglada-Escude, G., Horner, J., Tinney, C., Marshall, J., Carter, B., Bailey, J., Salter, G., O'Toole, S., Wright, D., Crane, J., Schectman, S., Arriagada, P., Thompson, I, Minniti, D., Jenkins, J., and Diaz, M., 2014, ApJ, 791, 114,
86. Anglada-Escudé, G., Arriagada, P., Tuomi, M., Zechmeister, M., Jenkins, J., Ofir, A., Dreizler, S., Gerlach, E., Marvin, C., Reiners, A., Jeffers, S., Butler, R., Vogt, S., Amado, P., Rodríguez-López, C., Berdiñas, Z., Morin, J., Crane, J., Shectman, S., Thompson, I., Díaz, M., Rivera, E., Sarmiento, L., Jones, H., 2014, MNRAS, 443L, 89A.
87. Tuomi1, M., Jones, H., Barnes, J., Anglada-Escude, G., Jenkins, J., 2014, MNRAS, 441, 1545T.
88. Berta-Thompson, Z., Irwin, J., Charbonneau, D., Newton, E., Dittmann, J., Astudillo-Defru, N., Bonfils, X., Gillon, M., Jehin, E., Stark, A., Stalder, B., Bouchy, F., Delfosse, X., Forveille, T., Lovis, C., Mayor, M., Neves, V., Pepe, F., Santos, N., Udry, S., Wünsche, A., 2015, Nature, 527, 204.
89. Gelino, C., Kirkpatrick, J., Cushing, M., Eisenhardt, P., Griffith, R., Mainzer, A., Marsh, K., Skrutskie, M., Wright, E., 2011, AJ, 142, 57G.
90. Anglada-Escudé, G., Tuomi, M., Gerlach, E., Barnes, R., Heller, R., Jenkins, J., Wende, S., Vogt, S., Butler, R., Reiners, A., Jones, H., 2013, A&A, 556, A126.
91. Robertson, P., Mahadevan, S., 2013, ApJL, 793, L24.
92. Endl, M., Brugamyer, E., Cochran, W., MacQueen, P., Robertson, P., Meschiari, S., Ramirez, I., Shetrone, M., Gullikson, K., Johnson, M., Wittenmyer, R., Horner, J., Ciardi, D., Horch, E., Simon, A., Howell, S., Everett, M., Caldwell, C., Castanheira, B., 2016, ApJ, 818, 34E.
93. Wright, D., Wittenmyer, R., Tinney, C., Bentley, J., Zhao, J., 2016, ApJ, 817L, 20W.
94. Delfosse, X., Bonfils, X., Forveille, T., Udry, S., Mayor, M., Bouchy, F., Gillon, M., Lovis, C., Neves, V., Pepe, F., Perrier, C., Queloz, D., Santos, N., Segransan, D., 2012, submitted to A&A, arXiv:1202.2467 (astro-ph.EP).
95. Mascareño, A., González, J., Rebolo, H., Astudillo-Defru, N., Bonfils, X., Bouchy, F., Delfosse, X., Forveille, T., Lovis, C., Mayor, M., Murgas, F., Pepe, F., Santos, N., Udry, S., Wünsche, A., Velasco, S., 2016, submitted and accepted in A&A, arXiv:1611.02122v2 (astro-ph.EP).
96. Monnier, J., Zhao, M., Pedretti, E., Thureau, N., Ireland, M., Muirhead, P., Berger, J.-P., Millan-Gabet, R., Van Belle, G., Brummelaar, T., McAlister, H., Ridgway, S., Turner, N., Sturmann, L., Sturmann, J., Berger, D., 2007, Science, 317, 342
97. Benest, D., Duvent, J., 1995, A&A, 299, 621B.
98. Barstow, M., Bond, H., Holberg, J., Burleigh, M., Hubeny, I., Koester, D., 2005, MNRAS, 362, 1134B.

Index

Symbols

A

B

C

F

G

H

I

J

K

L

O

P

Q

R

S

www.ingramcontent.com/pod-product-compliance
Ingram Content Group UK Ltd.
Pitfield, Milton Keynes, MK11 3LW, UK
UKHW051334010825
7193UKWH00016B/151

9 781633 846197